西北大学"双一流"建设资助项目

献礼西北大学建校120周年

人民文库 第二辑

中 东 史

（修订本）

彭树智｜主编

王铁铮　黄民兴　邵丽英　韩志斌｜著

人民出版社

责任编辑：杨美艳
装帧设计：肖　辉　王欢欢

图书在版编目（CIP）数据

中东史/彭树智 主编．—修订本．-北京：人民出版社，2022.8
（人民文库．第二辑）
ISBN 978－7－01－024871－4

Ⅰ．中…　Ⅱ．①彭…　Ⅲ．中东-历史　Ⅳ．K37

中国版本图书馆 CIP 数据核字（2022）第 113281 号

中东史
ZHONGDONG SHI
（修订本）

彭树智　主编　　王铁铮 等　著

人民出版社 出版发行
（100706　北京市东城区隆福寺街 99 号）

北京新华印刷有限公司印刷　新华书店经销

2022 年 8 月第 1 版　2022 年 8 月北京第 1 次印刷
开本：710 毫米×1000 毫米 1/16　印张：38.75
字数：588 千字

ISBN 978－7－01－024871－4　定价：138.00 元

邮购地址 100706　北京市东城区隆福寺街 99 号
人民东方图书销售中心　电话（010）65250042　65289539

出 版 前 言

1921年9月,刚刚成立的中国共产党就创办了第一家自己的出版机构——人民出版社。一百年来,在党的领导下,人民出版社大力传播马克思主义及其中国化的最新理论成果,为弘扬真理、繁荣学术、传承文明、普及文化出版了一批又一批影响深远的精品力作,引领着时代思潮与学术方向。

2009年,在庆祝新中国成立60周年之际,我社从历年出版精品中,选取了一百余种图书作为《人民文库》第一辑。文库出版后,广受好评,其中不少图书一印再印。为庆祝中国共产党建党一百周年,反映当代中国学术文化大发展大繁荣的巨大成就,在建社一百周年之际,我社决定推出《人民文库》第二辑。

《人民文库》第二辑继续坚持思想性、学术性、原创性与可读性标准,重点选取20世纪90年代以来出版的哲学社会科学研究著作,按学科分为马克思主义、哲学、政治、法律、经济、历史、文化七类,陆续出版。

习近平总书记指出:"人民群众多读书,我们的民族精神就会厚重起来、深邃起来。""为人民提供更多优秀精神文化产品,善莫大焉。"这既是对广大读者的殷切期望,也是对出版工作者提出的价值要求。

文化自信是一个国家、一个民族发展中更基本、更深沉、更持久的力量,没有文化的繁荣兴盛,就没有中华民族的伟大复兴。我们要始终坚持"为人民出好书"的宗旨,不断推出更多、更好的精品力作,筑牢中华民族文化自信的根基。

人民出版社

2021 年 1 月 2 日

目　　录

绪　论

何谓中东史

一、何谓"中东"?

中东史,顾名思义是中东地区自古代迄于当代的通史。

但是,"中东"的地区称谓却不是一直存在的,而是人类文明交往的历史结果。

初看起来,用"中东"来称谓西亚北非地区,并不合乎亚洲人的视角:在亚洲人的方位上,现在通用的中东,明明是"西",而不是"东",更谈不上是"中东"了。然而,在欧洲人看来,中东这样的定位,却是合乎情理的。

从人类文明交往史看,在16世纪以后,欧洲强势文明的东扩过程中,逐渐出现了"近东"、"中东"和"远东"等地理方向的称谓。这些称谓如萨义德在《东方学》中所言,其政治地缘内涵,实质上反映了"西方向东方一步一步的入侵"①。1900年,英国将军托马斯·爱德华·戈登爵士为了区别"近东"和"远东",首次提出了具有"东西方之间"含义的"中东"地理概念,为之赋予更为明显的"欧洲中心论"的政治色彩。第二次世界大战期间,英军的"中东司令部"设在埃及的开罗,强化了"中东"地区称谓的认同感,国际传媒、政坛和学界越来越多使用它,从而为非欧洲人所广泛接受。随着第二

---

① 爱德华·W.萨义德著:《东方学》,王宇根译,生活·读书·新知三联书店1999年版,第94页。

次世界大战后殖民体系的瓦解和民族独立国家体系的形成,时过境迁,早期出现的各种"中东"含义已经泛化,习非成是地成为一个惯用的地区称谓了。

这里用得着《荀子·正名》中的话:"名无固宜,约之以命。约定俗成谓之宜,异于约则谓之不宜。""中东"之名,经过长期工业文明形态取代农业文明形态转型过程的使用而确定下来,现在已经成为国际政治和世界历史研究中所公认的"约定俗成"的地区性概念了。①

"中东"地区称谓虽为人们广为使用,就其具体范围的认识却不尽相同。一般都认同西亚北非广大地区为中东范围,而对它所包括的国家则因人因时而异。本书在诸多的表述中,采用了较为通用的"十八国说":即阿富汗、沙特阿拉伯、以色列、伊拉克、也门、巴勒斯坦、叙利亚、伊朗、土耳其、埃及、科威特、阿曼、阿拉伯联合酋长国、卡塔尔、巴林、黎巴嫩、约旦、塞浦路斯。"十八国说"从国家现状说明中东地区所包括的区域范围,当然这并不意味着中东史仅仅局限于这一核心地区的历史。人类文明交往的进程,必然扩大活动范围,如马格里布诸国和苏丹等外缘各国也要在有关部分加以论述。

另一方面,中东史是中东地区整体空间、时间和人间之和,而不是中东地区各个国家史的简单相加。中东史的基本特征是中东地区整体地区性形态与结构的发展史。一区多样、同区异国、常区时变这三种一与多、同与异和常与变的文明互动因素是组成中东地区基本面貌的总括。凡属中东地区古今之大事,都在中东史论述范围。对于这些大事,都要依据历史连续性原则,进行梳理、连缀和扩展,使之组成点、线、面相统一的文明交往史长卷。中东史研究的普遍意义,在于汇总这一地区历史和现实中不断连续性的文明创造,把许多个别孤立事件联结成一个地区性整体,给予每个独立事件在文明交往链条上以确定的位置。中东史所关注的是,在全球视野下中东地区经济、政治、社会、文化的巨大变革和人与自然环境的互动关系。中东地区在人类文明史上有独特的地位,本书着力在文明交往相互作用中去探寻它的结构性体系和发展性形态。

---

① 详见彭树智主编:《中东国家和中东问题》,河南人民出版社 1991 年版,第 1—7 页。

二、用何类尺子衡量中东史?

国家组成地区。国家史和地区史都属于"小历史",所以中东史应从"大历史"的尺度作宏观的审视。什么是"大历史"?"大历史"首先是自然史和人类史。这就是马克思和恩格斯所说的"我们仅仅知道一门唯一的科学,即历史科学。历史可以从两方面来考察,可以把它分为自然史和人类史。但这两方面是不可分割的;只要有人存在,自然史和人类史就彼此相互制约。"①人类是自然之子。自然环境与社会环境如影随形。自然生态环境是人类赖以生存和发展的物质基础。人猿揖别后人类并未脱离自然。自然史和人类史虽彼此分工但又彼此联系。这一史实在中东地区表现得特别突出。中东的地区性特征是它的地理位置、大河、环海、沙漠、地形、地貌、气候、资源、能源等方面的特征。这些特征决定了中东地区人群物质生产活动的类型和社会结构形态以及政治、精神的生活方式。作为人类文明交往的十字路口和亚、非、欧交通枢纽和桥梁,中东不仅极易受外来文化影响,而且在内外交往中成为各种矛盾的焦点和世所瞩目的热点。

其次,"大历史"是人类的文明史。人类脱离蒙昧、野蛮状态以后,便逐渐发展到具有经济、社会、文化传承和政治制度开化状态的文明史时期。中东是人类文明的起源地区。公元前6000年以后,两河流域产生了哈孙那文化和萨马拉文化。交往在中东文明转变中起了关键作用。随着人类交往范围的不断扩大,世界上最早的文字以及从氏族到王国、帝国的古代人类社会发展的全过程,也最早发生在这里。早在公元前2000年成文的《古尔伽美什史诗》也吟咏出人类生死观的哲理思想:"古尔伽美什……你被赋予王位,这是你的命运,永恒的生命却不是你的命运……你为什么要寻找? 你寻找的生命根本找不到。当神创造世界的时候,死就已成为人类命运的一部分。"这是对追求长生不老的统治者的启蒙。尼罗河流域的埃及文明,是中东也是世界最古老的文明之一。它以发达的中央集权国家和农业经济,显示了一个真理:只有人类的劳动和自然界一起,才成为财富的源泉。中东的

---

① 《马克思恩格斯选集》第1卷,人民出版社1995年版,第66页。

帝国文明(波斯帝国、亚历山大帝国、萨珊帝国、塞琉古帝国、托勒密帝国、帕提亚帝国)的兴衰更替交往,特别是阿拉伯—伊斯兰文明的形成与发展,反映了中东古代文明交往的三个突出的特点:第一,蕴含着人类文明交往史上中东"文脉"的连续性与中断性的辩证联系脉络;第二,塑造了伊斯兰教、阿拉伯国家和阿拉伯地区相互重叠的中东区域性三个同心圆的结构形态;第三,进而演变为东方三大伊斯兰帝国(土耳其奥斯曼帝国、波斯萨法维帝国和印度莫卧儿帝国)这个有强烈辐射性维度的伊斯兰文明圈。

最后,"大历史"对中东地区影响最大的是世界史。世界史是人类文明交往的新时代和"大历史"尺度。用简单的尺子无法衡量复杂的中东地区。"世界史尺度"是衡量中东地区最重要的尺度之一。前面已经提到,标志这个地区的"中东"称谓,正是在"历史转变为世界史"过程中产生的。世界史是人类的工业文明时期,由于新的生产力和交往力的交互推动而形成为整体性、体系性结构的世界史。这就是大工业"首次开创了世界历史,因为它使每个文明国家以及这些国家中每一个人的需要的满足都依赖于整个世界,因为它消灭了各国以往自然形成的闭关自守的状态。"①这也是因为"各个相互影响的活动范围在这个发展进程中越是扩大,各民族的原始封闭状态由于日益完善的生产方式、交往以及因交往而自然形成的不同民族之间的分工消灭得越是彻底,历史也就越是成为世界史"。② 在人类文明进入世界性的普遍交往过程中,中东地区被卷入世界资本主义体系,成为其中殖民体系的一部分。与此相伴随的是,中东地区也开始产生了民族主义思潮、民族主义运动和民族独立国家的建立过程。但是,在历史转变为世界史的时代,中东地区与西方的交往在很长时间中处于不平等的状态,现代时期才有文明选择的自觉,其标志是20世纪初期民族觉醒。这一次中东的土耳其、伊朗的革命成为亚洲觉醒的先声。在第一批民族独立国家(土耳其、伊朗、沙特阿拉伯和阿富汗)建立之后,以凯末尔为代表的中东世俗化改革和沙特王国的非世俗化渐进改革模式,构成了中东现代化的基本趋向。中东史的当代时期,是殖民体系崩溃、民族独立国家体系形成和现代化的文明交往

---

① 《马克思恩格斯选集》第 1 卷,人民出版社 1995 年版,第 114 页。
② 《马克思恩格斯选集》第 1 卷,人民出版社 1995 年版,第 88 页。

的新时期。中东不同政体和国体结构的民族国家,承载着不同现代化模式演进趋向,导致了文明交往过程中选择的多样性。阿拉伯国家和非阿拉伯国家之间的交往呈现交织状态。当代中东文明交往中,充满着民族性与全球性、现代性与伊斯兰性、战争与和平之间互动互变的复杂过程。全球现代化是经济变革、社会转型、国家重塑和人文创造的世界历史性潮流。世界历史性的文明自觉,把中东深深卷入了世界历史的进程之中。尤其是全球性网络用交往的拉力把不同文明"拉"在一起,使之冲突融合;又用交往的推力把不同文明"推"开,使之在变革中回归本位,从而加深了中东地区的一与多、同与异、常与变社会结构模式的演进过程。

三、何谓文明自觉?

历史自觉是深层的文明自觉。从"大历史"观察中东史,从中东史反思"大历史",把中东史和人类文明兴衰紧密联系在一起,用历史体悟借鉴现实实践,其中所遵循的是文明交往到文明自觉的思维轨迹。所谓文明自觉,是以思想文化自觉为核心、以文明交往自觉活动为主线的人类创造历史的理论和实践活动。文明交往自觉的理论要点,可简略地概括为如下相互联系又相互区别的九个方面:

1. 一个中轴律:人类文明交往互动的辩证规律。交往互动是矛盾对立与统一的辩证形态和矛盾辩证运动过程。在文明交往过程中,文明对抗、冲突和文明共处、同进是文明交往互动中两种对立又相互渗透转化的形式。认识和把握交往互动规律的自觉性表现为:在深刻的矛盾对立中把握文明交往互动,把对抗、冲突和共处、同进统一于历史选择的相融点上,使之在这个中轴律上良性和平衡地运转。

2. 两类经纬线:人类文明交往互动的经线为相同文明之内的相互融合,纬线为不同文明之间的相互交流。文明之间的交往互动首先取决于各个文明内部交往互动发展程度;同时,每个文明的整体内部结构,也都取决于它的生产以及内部和外部文明交往发展的程度。这种内外关系的经纬线多重交织,在人类生产、生活、生存、发展中织成了文明交往史的多彩长卷,从而使人类在回应全球文明化的整体性、联系性问题中获得自觉。

3. 三角形主题:人类文明交往互动围绕着人与自然、人与社会、人与自我身心这三大主题的三角形路线进行。三角形的底线为人与自然之间的交往互动,三角形的两边分别为人与社会和人与自我身心之间的交往活动。人类立足于整体存在的底线上,自觉性表现为:对自然认知上有"知物之明",对社会认知上有"知人之明",对自我身心认知上有"自知之明"。人类文明交往是知而后明,明而后行,在实践中知,又以知导行。

4. 四边形层面:人类文明的互动交往包括物质文明、精神文明、制度文明和生态文明四个层面的无数相互交错的力量,这些力量的作用与反作用推动着历史事件的产生。这种多元的交往力制约着各个人的意志,使其以融合的总平均结果,出现于人类文明交往的每一阶段的历史结局上。文明交往的自觉性表现为人的集体理性追求的自利与利他、权利与责任相统一的社会制度建构上。

5. 五种社会交往形态:人类文明交往史上有五种社会交往形态,即社会结构、社会制度、社会关系、社会意识和社会生活。从根本上说,文明是社会性的,它是由生产和交往实践所决定的历史社会形态。五种社会交往形态中,社会结构为基础,社会制度是文明的本质所在,正是社会制度构成了各种社会内在的体制形态。社会关系是人类本质属性之间的联系;社会意识是人类精神世界的理论思维形态,而社会生活是文明交往的基本前提和首要的历史活动。

6. 六条交往力网络:人类文明交往的驱动力是与生产力相伴随的交往力,二者又是历史传统的积累和现实体躯的创造力。这六条交往力是:精神觉醒力、思想启蒙力、信仰穿透力、经贸沟通力、政治权制力和科技推动力。这六种交往力产生于物质、精神、制度和生态文明,从不同角度、不同领域的交往互动作用过程中,形成了思想解放、文明自觉的文明开放的多点、多线相互联系信息网络。

7. 七对交往概念:一切社会变革都必然深化为哲学思考,而哲学则具有创造概念的特点。文明交往的自觉也是哲学的自觉,其概念有七对:传承与传播、善择与择善、了解与理解、对话与对抗、冲突与和解、包容与排斥、适度与极端。其中,传承为文明内部发展之脉,传播为文明外部交往之路,选择是文明交往之键,理解的前提是尊重对方,极端为文明交往随时所应预防的危险倾向。

8. 八项变化：文明交往的世界是变化的世界，它通之于变，成之于明，归之于化。人类文明交往是变动化的实践活动，变化变通的要旨在"化"。文而"化"之为文化，文而明之为文明，但只有"化"才能明，才能使文明交往互动走向深化和自觉。变化的要义有八：教化、涵化、内化、外化、同化、转化、异化、人化。《易·系辞》所讲的"穷神知化"，也是指"化"的因时、因地、因人而变。

9. "九何"而问：人类文明交往的自觉在于问题意识的引导，它引导人们自觉地发现、提出、分析和解决问题。这些问题可归纳为"九何"：何时？何地？何人？何事？何故？何果？何类？何向？何为？"九何"的"九"，意指数之极，言问题多而求索不止，并非限于"九"而止步。获得自觉的周期率是：从问题始，以问题终，一个问题总在引发另一个问题，问疑不息，由一个思维周期，上升到更新周期。"九何"旨在自觉认识到人的自我理解和实践上的局限性。

总之，全球化时代的文明交往和文明自觉，具有十分丰富的内容和宽广的研究空间。以上概括仅仅是我从历史研究，特别是从中东史研究中思考的初步心得。一得之见，谨供学界同行讨论，以期共同提高学术研究的自觉性。

四、中东人在作何种思考？

文明自觉论对研究历史和现实问题的意义，在于它重视不同文明之间和相同文明之内的相互联系和影响，在于它关注这种相互联系和影响在不同时代、不同地区和不同国家所达到的程度与发挥的作用；不仅如此，更重要的是从这些联系、影响和作用中，自觉进行历史性的总结，发现一些共同的、可供实践借鉴的规律性问题。

我在《文明交往论》中提到："文明交往论所研究的基本课题，是对人类文明交往及其规律的认识。例如文明交往中出现的不平衡问题，其中包括在静态上表现为现实文明的差距，在动态上表现为发展速度的变动性与暂时性，在进程中表现为文明的交替超越性、先进与落后的互变性。"[①]这个

---

① 见彭树智：《文明交往论》，陕西人民出版社 2002 年版，第 46 页。

"例如",其实就是指的中东。因为中东社会在 21 世纪将面临着严峻的挑战,在过去 500 年的大部分时间中,中东社会一直落后于欧洲社会。中东有着光辉灿烂的悠久文明历史。处于落后地位的中东先进人士,有着追赶西方、复兴自己文明和变落后为先进的强烈愿望。他们为此目的而行动的时候,必须回答"中东人会思考吗?"这个问题。

对于这个问题,早在 19 世纪上半期,"近代埃及改革之父"穆罕默德·阿里已经进行了自觉、明确而肯定的回应。马克思对穆罕默德·阿里的评价,正是从"中东人会思考"这个角度出发的。他说:在奥斯曼帝国中,穆罕默德·阿里是"**唯一**能用真正的头脑代替'讲究的头巾'的人",其治理下的埃及,是"奥斯曼帝国中**唯一**有生命力部分。"①马克思在两个"唯一"处,都用了黑体字,强调了穆罕默德·阿里在同西方文明的交往中所表现的首创性、活动力和想象力,特别是思考力。实际上,这是当时一种文明交往的自觉,是改变落后面貌的自觉,是把中东放在世界历史这个大历史潮流中的自觉。

文明交往是人类交往的文明化过程。在人类进入普遍交往的当今时代,这个过程还在继续。文明自觉是一趟看不见终点的列车。人类的人文精神随着时代的发展,不断觉醒、不断摆脱新的思想枷锁而获得新的思想解放。"中东人会思考吗?"这个问题在新条件下还要不断地得到回应,还要对新问题寻找新的答案。中东民族独立国家体系是中东现代文明交往中选择的结果,但是这个体系还有许多缺环。最大的问题是巴勒斯坦人民建国的愿望至今未能实现,而近邻以色列建国已半个多世纪。即使以色列,也未能完全实现其建国目标,世界上三分之一的政府还没有承认它,中东只有埃及、约旦、阿联酋、巴林和摩洛哥与之建交。塞浦路斯也是中东民族独立国家体系的另一重大问题,希腊族和土耳其族的"同国异梦"、南北对峙的分裂局面,也因文明交往过程中非文明自觉性而留下了缺环。这使人想起了阿拉法特的"讲究的头巾":他的头巾呈现着不规则的巴勒斯坦地图形状,白格代表城区居民,红格代表着沙漠中的贝都因人,黑格代表农民。他常把巴勒斯坦地图包在自己头上。被称为"鸡头帽子"的阿拉伯头巾(黑色或白

---

① 《马克思恩格斯全集》第9卷,人民出版社1964年版,第222、231页。

色方格),左耳露出,脖子上另一条同样图案的围巾缠绕整齐,塞在军便服领子内。他从1969年40岁起戴此头巾,一直到2004年75岁去世,伴随着他为争取民族独立和建立民族独立国家而奋斗的大半生。"阿拉法特式的头巾",使马克思当年称赞穆罕默德·阿里"**唯一**能用真正的头脑代替'讲究的头巾'的人"表现出新的意义:阿拉法特把"真正的头脑"与"讲究的头巾"有机地统一起来了。这也是当代中东先进人士在为改变中东落后面貌而行动时,对"中东人会思考吗?"的自觉回应。因为没有民族独立国家的建立,一切现代化问题都无从谈起,发展便失去了政治前提条件。

现代化是当代中东社会文明交往中关键的自觉理念。现代化的本质是人的文明自觉化过程,是人的理智、理想、道德和健康成长过程。文明交往的主动性、积极性在塑造着"现代人"的文明素质和社会参与行为。许多中东先进人士也在思考社会转型和"现代化"文明自觉的交往互动。以色列哲学家马丁·布伯(1878—1965)的对话主义本体论,就是对中东社会冲突的深刻反思。他从古老希伯来精神中寻觅文明交往的真谛,他从"主体性"向"主体间性"转变,证明了"交往理性"所透视的"对话"原则,并非哈贝马斯的独家发明。对话,无论在当今政治或文化方面,都已成为文明交往的通用词。正因为如此,《不列颠百科全书》称他为"20世纪精神文化生活中最有影响的人物之一"。[①] 包容和对话一样,也是文明交往应有之义。黎巴嫩诗人阿多尼斯早年追随叙利亚国家社会主义党而入狱,失去民族国家归属,以至于使他发出了自己"只有一个国度:自由"的慨叹。2009年3月访华谈政治问题时他不再是指责,而是包容和建设。他在回答《中华读书报》记者的提问中解释说,政治有两重含义:一是实践,二是建设一种文化,"要让每一个个体充分发挥能量","只有每一个人都能发挥作用,这个社会才能成为好的社会"。[②] 这正是现代化进程中"现代人"应具备的文明自觉。

但是,当代中东现代化进程和战争交织在一起,和平的艰难进程时不时压倒了现代化进程。内讧不已与外部强势的严重冲击往往使现代化陷入了困境。这种激烈冲突和动荡的社会环境,令人备感文明交往自觉的重要。

---

① 详见彭树智主编,肖宪著:《中东国家通史·以色列卷》"编后记",商务印书馆2004年版,第347—350页。

② 康慨:《阿多尼斯访华》,《中华读书报》2009年3月18日"国际版"。

"和解",本为中东社会所必需,然而,"和解"为集团利益、权力斗争所困扰,又恰恰成为中东最为缺失的文明理念。"和平",实为中东地区发展所必需,然而,正是"和平"为冲突的武装化和没完没了的冤冤相报所取代,恰恰成为中东最可望而不可即的文明理想。中东的先进人士都是思念"和解"、"和平"的。人们不会忘记拉宾在为和平献身前所唱的"不要颂扬战争"的《和平之歌》,因为这首歌最后的警句是:"高唱一支和平之歌,这是我们当务之急。"人们也不会忘记,巴勒斯坦裔美国文化学家、《东方学》作者萨义德晚年做的最后一件事,是组织巴勒斯坦和犹太青年的交响乐团,用音乐这种优美的文明交往形式,宣传两个苦难民族年轻一代的和谐相处。和平,也如以色列诗人耶胡达·阿米凯所说的,不是毫无结果的和平协议上和平和停火的和平,而是"因为大地必须有的它:野生的和平"。这句诗化的语言和西蒙·佩雷斯关于"和平进程不会消亡,人们需要和平如同需要呼吸空气一样"的话一样,是文明自觉的名言。

在史言史,言在书中。史学要素有三:史实、史论、史趣。史实为史之基、之真;史论为史之魂、之善;史趣为史之形、之美。三者有机的统一,方为上乘。《中东史》虽不能奢望上乘,然心只有向往之。因为只有法乎其上,方可望达到其中。它力求在理解中东过去、现在和未来之间的广深联系中,以简明的形式,表述如此漫长、如此复杂的独特地区通史。它追求的目标是:对于历史具有现实感和对现实具有历史感,使历史研究具有连续发展性,使现状研究具有相对稳定性。最近,以色列国家安全研究所首席研究员查基·沙洛姆说:"巴以冲突的解决,很需要中国智慧。"①我想,这个"中国智慧"首先是:"和为贵"、"仇必和而解"、"冤家宜解不宜结"和"睦邻修远"。而且需要指出的是,查基·沙洛姆的姓氏"沙洛姆"(Shalom)在希伯来语中意即"和平",而阿拉伯语中对应的词为"色兰"(Salam,又作"色俩目"),发音相近,是穆斯林常用的问候语。耶路撒冷(Jerusalem)在希伯来语中意思是"和平之城"。可见,在民族、语言上有亲缘关系的两个民族,尽管双方在现实中存在尖锐冲突,但它们对和平的追求是共同的。

既然学史使人明智,既然人们只能在直接碰到的、既定的、从过去继承

---

① 《环球时报》2009 年 3 月 20 日,查基·沙洛姆同该报记者的谈话。

下来的条件下创造历史,既然灾难以历史进步来补偿,既然冲突是和解的"血门",那么在《中东史》的开篇便应当引用一首人们互唱互和的中国民歌,与读者一道来体味其中蕴含的文明交往的自觉与自信:"唱山歌哎!/这边唱来那边和,/山歌好比春江水,/不怕滩险弯又多!"

第　一　章

人类早期文明在中东的生成和聚散

第一节　中东文明的起源

一、中东的地理、物产和地缘意义

中东包括今天的西亚北非 18 国,即埃及、巴勒斯坦、以色列、黎巴嫩、叙利亚、伊拉克、也门、沙特阿拉伯、阿拉伯联合酋长国、卡塔尔、巴林、阿曼、科威特、约旦、土耳其、伊朗、阿富汗和塞浦路斯。

中东地理位置重要,素有"三洲五海之地"之称。该地区是亚欧非三大洲的结合部,周围环绕有黑海、地中海、红海、阿拉伯海、里海和波斯湾等国际海域,这些海域大大便利了中东与世界各地的联系。沟通上述海域的博斯普鲁斯海峡、达达尼尔海峡、苏伊士运河、曼德海峡和霍尔木兹海峡等,是重要的国际航道。中东地区因此成为沟通大西洋和印度洋、东方和西方的联系纽带和十字路口。

中东地区的地形以高原为主,境内包括阿拉伯高原、伊朗高原、安纳托利亚高原等。同时沿海分布有平原,但平原面积狭小,而沙漠面积广大,其中的绿洲适宜人类居住。本地区河流稀少,不利航运,但广大的沙漠则为使用骆驼的商队贸易提供了通途。有一些专有名词描述中东的不同区域:

"新月地带"(又作"新月形沃地"等)包括今伊拉克东北部,土耳其东南边缘,叙利亚北部与西部,黎巴嫩、巴勒斯坦以及约旦西部,此地带因水源丰富而土壤肥沃;"列万特"(又作"黎凡特",Levant;出自拉丁文,意为"日出")指地中海东岸地区,尤其是叙利亚和黎巴嫩;"马什里克"(Mashriq,阿拉伯语"东方")指埃及、苏丹及其以东的阿拉伯国家。

中东气候炎热,常年干燥少雨,降水集中在冬季,水资源匮乏,但少数地区仍有充足的水源。从气候上看,中东可分为以下类型区:(1)热带干旱与半干旱气候区,包括阿拉伯半岛大部、埃及南部和美索不达米亚平原南部,气温冬暖夏热,年温差不大,降水稀少。(2)亚热带干旱与半干旱气候区,包括伊朗高原和美索不达米亚平原北部,冬季温和,夏季炎热,降水稀少。(3)地中海式气候区,包括小亚细亚南部和埃及沿海、地中海东岸地区,夏季炎热少雨,冬季温和湿润,年降水较多。(4)温带大陆性半干旱气候区,包括安纳托利亚高原和亚美尼亚高原,冬冷夏热,降水较少。

中东的耕地资源也较为稀少,阿拉伯半岛耕地占国土总面积的比例在1%以下,其他多数国家在2%—6%,较高的国家有:以色列12.2%,叙利亚21.0%,黎巴嫩23.1%,土耳其26.6%,塞浦路斯27.6%。[①]

中东多数国家的矿产资源较为单一,如海湾国家以丰富的油气资源举世闻名,其他国家的重要矿产有埃及和叙利亚的铁和磷酸盐、以色列和约旦的钾盐、阿富汗的青金石和天然气等。另外,许多地方的木材和石料也十分匮乏。但伊朗和土耳其两国的矿产品种多样,前者有石油、天然气、铁、铅、铜、锌等,后者的铬、汞、锑、硼和重晶石储量居世界前列,并有丰富的煤、铁、铜、锰等资源。

中东地区有较为丰富的生物资源,这为早期文明的诞生创造了有利条件。例如,西南亚有原型野生小麦、红小麦、大麦(分布于新月地带),以及野生的豌豆、扁豆等植物品种。可供驯养的野生动物有绵羊、山羊、猪、牛等。

从地缘位置上看,中东在世界古代文明交往的历程中具有重要意义。中东是世界上最早诞生农业文明的地区,它与欧亚大陆的其他古代农业文

---

① 彭树智主编:《二十世纪中东史》,高等教育出版社2001年第2版,第211、219页。

明大体上处于同一纬度上,如中国、印度、希腊、北非等,丝绸之路将这些文明中的大多数联结了起来,而中东正处于这一商道的中央,发挥了极其重要的中介作用。在这一地区的北方,是游牧民生活的广阔的欧亚内陆草原,而南方的农业文明区成为它们袭扰的对象,游牧文明与农耕文明的冲突成为影响古代世界的最重要的矛盾,中东是受影响最大的典型地区。当然,这种冲击也造成了文明的多样性并加快了变迁的速度。然而,中东本身还面临着来自南方游牧民的冲击,例如阿拉伯半岛。而且,欧亚内陆草原的游牧民属于草原游牧部落,而中东的游牧民属于沙漠游牧部落,双方在长途跋涉的范围、部落冲突程度和等级制等方面有所区别,①而最终却在中东文明演变的舞台上相遇并创造了新的辉煌(中古的草原游牧部落有塞尔柱突厥人、蒙古人和奥斯曼人)。

一般说来,与中东交往最为频繁的地区是周边的地中海地区、北非、外高加索、中亚、南亚和东亚。② 著名英国学者汤因比认为,在中东地区内部,叙利亚和阿姆河—锡尔河流域(包括阿富汗和河中)及其邻近地区是世界高级宗教(三大一神教和大乘佛教)两大发源地,其原因在于它们均为重要的"交通环岛区"。③ 中东重要的世界历史意义因此彰显。

二、交往在中东文明转变中的作用

中东是世界文明的摇篮,发现有大量的早期人类活动遗存。在古代遗址保存较好的上埃及,最早的旧石器时代开始于 175 万—75 万年前,结束于约公元前 1 万年,其代表文化先后有奥杜韦文化和阿舍利文化,后者分布广泛。在巴勒斯坦的太巴列湖南岸,发现了据说是更新世(约 200 万—1 万年前)早期的人类遗迹;在伊朗克尔曼沙赫省也发现了更新世中期的阿布维利和阿舍利文化类型的手斧。

---

① [英]巴里·布赞、理查德·利特尔:《世界历史中的国际体系》,刘德斌主译,高等教育出版社 2004 年版,第 166 页。

② 根据《新英国百科全书》1974 年版,"古代近东"在近代史学中包括东南欧和努比亚(苏丹)。

③ [英]阿诺德·汤因比:《历史研究》,刘北成、郭小凌译,上海人民出版社 2000 年版,第44 章。

西南亚也发现有旧石器时代中期尼安德特人材料和多处穆斯特文化遗址(8万—3万年前),如伊拉克北部的沙尼达洞,该地属于内容丰富的沙尼达文化,生活有洞居史前人类,以石叶文化著称。旧石器时代晚期以欧洲类型命名的奥瑞纳文化起源于西亚,分布于巴勒斯坦、叙利亚到阿富汗以东地区,年代约为公元前3.5万年。

公元前10000—前4300年,处于全新世即后冰期时代的西亚地区冰河融化,气候转暖,并趋于干燥,但较今天更为湿润。本地区从旧石器时代末期开始先后发展到中石器、新石器(分前陶和有陶两个阶段)和铜石并用时代,逐渐转入种植植物和驯养家畜,出现定居的农业生活,这标志着人类结束了以采集经济为主的蒙昧时代而进入野蛮时代,尽管当时狩猎仍是主要的生产方式;这也是由氏族公社制全盛到逐步衰落,由母权制到家长制,并开始向文明过渡的时期。在西亚,公元前10千纪开始驯养家畜;到前7千纪,对野生植物的种植也开始了。镰刀、磨、碾石等在前9千纪已出现,不过当初仅用来收割或加工野生植物。公元前5000年以后,在河流平原地区出现了人工灌溉。在新石器时代,在原始村落的基础上出现了中心聚落;而到铜石并用时代则形成了许多拥有中心建筑和神庙的都邑,即最早的政治、贸易、宗教和文化中心。

中东是欧亚大陆农业革命及发展的独立中心及源头之一,是世界上最早进入新石器和铜石并用时代的地区,人类种植的小麦、燕麦、大麦、亚麻及驯养的山羊、绵羊、牛、毛驴、单峰驼均起源于中东。同时,农业的产生是在高原、山地,而不在大河平原。

为数众多的考古文化在西亚地区形成了一种特殊景观,即大批高出地面的土丘(阿拉伯语称 Tell),它们是新石器时代农业村落的遗址,系由古人世代居住的泥砖住宅废墟累积形成。仅在伊拉克,到1949年已发现土丘5000座。

定居生活的发展促进了各地之间的交往,如黑曜石贸易。黑曜石是一种玻璃质火山岩石,适合于制造锋利的石器以及各种工艺品和装饰品。西亚黑曜石产地集中于小亚细亚中南部和东部,各地的新石器居民点均是通过与上述地区的贸易获得黑曜石的。交易的其他商品还包括石料、金属、食物、编织物、兽皮和小饰品等,而交易的范围更囊括了地中海、中亚和南亚的广阔地域。

此外,人口压力的增长迫使许多定居点居民放弃了地力耗尽的耕地,从高原、山地向大河平原以至外地移民,从而将当地的先进文化传播到其他地区,例如伊拉克的欧贝德文化传播到了两河流域北部,并扩散到了叙利亚、伊朗和阿拉伯半岛,而西亚的农具、动植物品种、制陶和建筑技术则传播到了欧洲、北非、中亚、南亚甚至东亚。埃及的新石器文化因与西亚的交往而发展迅速,超过了北非其他地区。随着移民的发展,尽管早期中东的新石器文化数量较多,但最终却主要集中于少数地区,例如两河流域和埃及。

定居生活也造成了对耕地、产品等的争夺,导致了各定居点之间的冲突甚至战争。西亚最早的村落有许多都是设防村落,如巴勒斯坦的耶利哥(今杰里科)前陶新石器 A(公元前 7500—前 7000 年)的定居村落已有城堡、城墙和壕沟,而耶利哥被认为是世界最早的城市诞生地。约书亚率领的犹太军队用号角吹倒的,竟然可能是世界最早的城墙![1]

中东各地区间密切的交往形成了本地区文明起源并延续至文明时期发展的整体性和独特性(这种整体性还扩大到欧洲、中亚、南亚等地区),[2]其表现在:(1)人种和语言的统一。从人种上看,中东地区以高加索人种的长头黑发暗白肤色的伊比利亚人为主,语言上在新石器时代以前也有某种统一性,文明时期则表现为阿卡德语和阿拉米语先后成为通用语言。(2)经济发展的特点是生产原料的大规模贸易、金属工具的使用和大规模灌溉工程。(3)石器以几何形细石器为主,纺织品(亚麻和羊毛织物)和驯化的动植物品种也具有统一性。(4)宗教中出现了独立于人类社会之外的具有创造性(即创世)的神灵,社会制度中相应出现了国王与神庙的分立。[3] (5)社会发展的早熟和欧亚中心的地理位置促成中东文化的广泛外传。

从大约公元前 4300 年至前 3500 年,西亚进入了由野蛮向文明转变的过渡时期,进入了晚期铜石时代,考古学上称之为欧贝德文化或埃利都·欧贝德文化时期。

---

[1] 根据最新的考古发掘,耶利哥城墙倒塌的真正原因是多次地震。参见黄洋等:《世界古代中世纪史》,复旦大学出版社 2005 年版,第 167 页。

[2] 参见王新中:《远古西亚与旧大陆整体性研究》,西北大学博士论文,2001 年。

[3] 第(2)和第(4)点系已故美籍华裔考古学家张光直的观点,他认为上古中东和欧洲是同一种发展模式,而不同文明的基础是在旧石器时代奠定的。参见张光直:《考古人类学随笔》,生活·读书·新知三联书店 1999 年版。

第二节　两河流域与埃及的上古文明

一、上古两河流域文明发展的特点

伊拉克地处幼发拉底河与底格里斯河中下游地区,古希腊人称其为"美索不达米亚",意即"两河之间"。在地形上,美索不达米亚低地海拔仅45.7米,其东北部为扎格罗斯山脉,西南部为阿拉伯高原,属荒漠地带,而南部濒临波斯湾,为冲积平原,多湖泊沼泽。两河流域在地理上以今天的希特—萨马拉为界,北部名为亚述,南部为巴比伦尼亚。巴比伦尼亚也以尼普尔为界,分为北方的阿卡德和南方的苏美尔两个地区。两河流域地处东西方交通要冲,有水陆商路通往南欧、高加索、阿拉伯半岛、南亚等地区。

波斯征服以前两河流域文明的历史发展有如下特点:

第一,两河流域是世界古代文明的摇篮。

多数学者认为,两河流域是人类文明的起源地。公元前6000年以后,两河地区进入新石器时代,其代表是北方的哈孙那文化和南方的萨马拉文化。公元前5000年以后,哈雷夫文化取代了哈孙那文化,它延续至公元前4000年。在南方的底格里斯河中游,公元前5700—前5600年间兴起了萨马拉文化。它分布于雨水线以南,需要人工灌溉,由此加速了社会分工和分化。约公元前5000年,萨马拉文化发展为欧贝德文化,并成为两河历史的主流。这一时期南部居民进入铜石并用时代,氏族公社开始解体,农业生产日益繁荣。欧贝德文化传播到了两河流域北部,成为第一个统一的地区性史前文化。

约公元前3700—前3100年,两河流域进入乌鲁克时期,其后出现捷姆迭特·那色文化(公元前3100—前2900年),均发展于南方。这是阶级分化和早期城邦发展的时期。约公元前3100年出现了最早的图画文字,即楔形文字的前身,两河文化开始跨入文明的门槛。乌鲁克时期的语言为苏美尔语,它与闪族语或印欧语言均无关系,而关于苏美尔人的起源一直存在争

从苏美尔的乌尔王陵中出土的铜牛（牛首镶有青金石）

议（可能的来源地有印度、伊朗、俾路支斯坦和小亚细亚）。但从欧贝德与乌鲁克时期神庙风格的接近及在原有神庙旧址上一再修建新的神庙等事实看，苏美尔人并非从外地迁入，其文化直接起源于欧贝德文化。①

第二，它完整地揭示了古代社会从氏族部落到城邦，再到王国和帝国的发展全过程，展现了文明交往范围不断扩大的历史画卷。

早在乌鲁克时期，两河流域已经进入早期城邦的发展。从公元前 2900 年起，两河历史进入早王朝时期，即真正的城邦时代。早王朝分前、中、后三个时期。前期止于公元前 2750 年，即苏美尔传说中的洪水时代，它是《旧约·创世纪》中洪水故事的原型。中期止于公元前 2650 年，此时出现王宫。后期止于公元前 2347 年，亦称古苏美尔时期。两河流域的著名城邦有乌鲁克、埃利都、乌尔、拉尔萨、乌玛、拉加什、苏路帕克、尼普尔、西巴尔、基什等。在北方的阿卡德，出现了阿卡德、马里等城邦。

苏美尔各邦之间在种族、语言、宗教、文化等方面存在着统一性，但经济利益的矛盾导致了战争。一些强大的城邦称霸一方，由此形成了城邦联盟。最终，乌玛国王卢加尔萨吉西统一了整个两河流域。但真正实现统一的是北方的阿卡德人。

公元前 2371 年，阿卡德君主萨尔贡（公元前 2371—前 2316 年）在两河流域建立了第一个统一王国阿卡德王国（约公元前 2371—前 2230 年）。此后两河流域进入了王国时代，主要的王国有乌尔第三王朝（公元前 2113—前 2006 年）、古巴比伦王国（公元前 1894—前 1595 年，又名巴比伦第一王朝）和加喜特王朝（约公元前 1530—前 1155 年，又名巴比伦第三王朝）。

强大的两河流域王国为获取各种战略资源和控制商路而开始对外扩张。例如，阿卡德王国的势力，北达亚美尼亚和库尔德斯坦山区，东至扎格

---

① 彭树智主编，黄民兴著：《中东国家通史·伊拉克卷》，商务印书馆 2002 年版，第 10 页。

罗斯山,西据叙利亚、黎巴嫩和巴勒斯坦,直抵地中海边。古巴比伦王国统一了除亚述以外的整个两河流域,汉穆拉比(公元前 1792—前 1750 年)是该王朝最著名的国王。因此,这些王国已经成为多民族国家。

亚述的崛起使两河流域进入了帝国时代。亚述的历史包括古亚述、中亚述和新亚述三个时期,其中古亚述为古代城邦时期(约公元前 2000—前 1400 年),其时亚述人建立了阿淑尔城,亚述商人还在小亚细亚建立了若干商业殖民地。中亚述(公元前 1400—前 1070 年)时期,阿舒尔乌巴里特一世(约公元前 1365—前 1330 年)与赫梯联手进攻米坦尼,他被公认为亚述帝国的创始人。此后,亚述灭米坦尼,夺取了加喜特巴比伦的部分领土。从公元前 11 世纪中期起,属于闪人的阿拉米人大规模入侵两河流域,中亚述由此结束。

新亚述(公元前 934—前 610 年,又名新亚述帝国)时期,中东各大国均处于衰微中,而亚述迅速崛起,通过大规模的对外征战,征服了本地区的所有文明国家,其领土囊括了土耳其东部、外高加索、波斯西部、叙利亚、腓尼基和西奈半岛,从波斯湾延伸至地中海。空前的政治统一,造就了近东第一个横跨亚非大陆的多民族大帝国,标志着中东经济文化的发展和交流进入了一个新时期。

公元前 627 年,迦勒底贵族那波帕拉沙尔反叛,新巴比伦立国。公元前 612 年,巴比伦、米底联军攻占尼尼微。公元前 605 年,巴比伦军队大败埃及、亚述联军,亚述帝国灭亡。新巴比伦的领土远比亚述帝国为小,延续时间也短。公元前 539 年,居鲁士灭新巴比伦。迦勒底王朝的亡国结束了两河流域独立国家和文明的历史,开创了它作为近东其他大帝国组成部分和受其他文化同化的历史。尼布甲尼撒二世(公元前 604—前 562 年)是该王朝最著名的国王。

第三,两河流域频繁地遭受以游牧民为主的外来入侵,同时入侵者最终被同化。

两河流域地处西亚和东西方的交通要道,加上低洼的地势、肥沃的平原和富裕的城市,它成为欧亚各民族穿梭往来的要道和兵家必争之地,也吸引了无数的入侵者,主要是游牧民族:阿摩利人(古巴比伦)、加喜特人、亚述人、迦勒底人(新巴比伦)、埃兰人和米底人,还有日后的波斯人、马其顿人、帕提亚人……他们基本属于两个集团,即中亚的骑马民族和阿拉伯半岛的骑骆驼民族(但阿富汗的游牧民也骑乘双峰驼,而阿拉伯人骑乘单峰驼),对马和骆驼的驯养、战车的发明、高度的机动性、军事与生活活动合一和财富(牲畜)的流动性使游牧民族最终获得了对于农耕民族的绝对优势。① 但在征服之后,侵略者最终却为两河文明所同化,正如马克思所说,"野蛮的征服者总是被那些他们所征服的民族的较高文明所征服,这是一条永恒的历史规律"。② 这样,由苏美尔人开创的两河文化得以传承。而且,属于不同语言集团(闪含语系和印欧语系)的入侵者为两河流域注入了新鲜血液和新的文化成分。这也是人类文明交往的必然规律。当然,两河国家也不时地发动侵略战争,建立起幅员日益辽阔的帝国。

第四,两河流域拥有高度发达的经济和社会,对外贸易尤其占有重要地位。

两河城邦经济的主体是神庙。神庙的土地来自部落土地,除宗教、公益用途外有部分分给神职人员、手工业者和丧失公民权的依附者耕种或出租。以上土地均不得买卖。神庙的经济主宰地位产生于其食品储备和组织大型水利工程的需要。到古苏美尔初期已出现固定的神庙劳动者。另外,对奴隶需求不大,奴隶主要用于家内或王室经济,而奴隶贸易也已出现。神庙经济的一个重要特征是产品配给制,接受配给品的是神庙中劳动的成年男女和儿童。

城邦经济还包括村社经济和私人经济(如王室经济和贵族经济)。有地的村社成员为全权公民,向国家纳税,服劳役和兵役(轻步兵),贵族也服兵役(战车兵或重步兵)。从古苏美尔时期起,大规模的土地交易推动了依附者集团的形成。到早王朝后期,国王日益控制了神庙经济,王室经济不断壮大。

乌尔第三王朝时期,大量商业资本因缺乏投资渠道而流入农业,加上村

---

① 这一时期的入侵者属于游牧世界对农耕世界的第一次大冲击,发生在公元前 2 千纪中叶以后,入侵者主要是来自北方以马拉战车为武装的游牧半游牧部族,包括印欧系和其他语系诸民族,如赫梯、喜克索斯、加喜特、雅利安、亚述、斯基泰(西徐亚)、乌拉尔图、胡里特、希腊人和中国的殷商。有关游牧世界对农耕世界的三次大冲击,参见吴于廑:《世界历史上的游牧世界与农耕世界》,《云南社会科学》1983 年第 1 期。

② 《马克思恩格斯全集》第 7 卷,人民出版社 1961 年版,第 247 页。

社土地制逐渐衰落,加速了农村的社会分化,但土地公有制的残余仍存。王室建立了较大规模的奴隶制经济,奴隶贸易十分流行。另外,王室经济也大量使用雇工。到古巴比伦时期,长期的异族入侵已改变了本地区的土地制度,原有的神庙经济遭受重创,口粮配给制不复流行,大量土地转入王室、官员、军官、士兵或公社之手,租地制和债奴制广为流行。加喜特时期口粮配给制再度复兴,直到公元前 2 千纪末才最终消失。

早王朝时期的农业已相当发达,农业产量很高,但畜牧业和手工业的生产率较低。除纺织业外,五金、建筑、石雕、榨油等手工业亦发达。阿卡德时期的农业中,开始使用沙杜夫(桔槔)作为汲水工具,青铜器和石雕工艺比早王朝时期更趋成熟。乌尔第三王朝时,青铜器的使用更加广泛,灌溉进一步扩大和改善,农业中已使用带播种器的犁。古巴比伦时期,园艺业发展为独立的生产部门。而到亚述时期,铁器十分流行,推动了生产力的进一步发展。

由于物产相对单一和过境贸易的繁荣,两河地区外贸发达。在早王朝时,外贸已达到一定规模;阿卡德在小亚细亚建立了商站,并与印度河流域和塞浦路斯保持了密切的贸易往来。古巴比伦时期国内贸易以农产品为主,包括食品、油类和羊毛等;在外贸方面,主要从黎巴嫩进口木材,从小亚细亚进口金属,从巴林输入椰枣、铜、宝石,从印度输入象牙,出口商品包括农产品、纺织品和油类等。贸易的发达推动了金融的发展。乌尔第三王朝时,白银已成为基本的交换媒介。加喜特王朝时,来自埃及的大量黄金使其在巴比伦第一次成为货币。至新巴比伦王国时,首创了银本位制。

新巴比伦祭司集团的势力也在不断扩展,成为城市社会和政治、经济生活的中心,从而削弱了中央政府的权力。在政府中,旧贵族权力显赫,其中以名年官为主。但公元前 8 世纪以后,随着帝国版图的扩大,新的军事和政治贵族的势力不断膨胀。

第五,两河流域的政治制度在西亚具有代表性,并成为西亚的政治中心。

在政治方面,学界公认两河和西亚国家起源于神庙。其原因在于神庙在经济、社会、宗教等方面的主导地位。城邦首领有执政,也有国王,后者的名称可以说明国家与神庙的关系。早期国王名为"恩"、"恩西",而"恩"原是高级祭司,"恩西"原指神庙中的管理人或奠基者,他们最初均住在神庙附近。后期国王称为"卢加尔",其住处远离神庙,日后发展为王宫。卢加尔最初为长老会临时选举的公民军统帅,以后逐渐固定化,总揽政治、军事、经济、司法和宗教大权,职务趋于世袭。

早王朝时期除城邦首领外还存在长老会和公民会议。其中,长老会由氏族贵族组成,它制约着城邦首领的权力,但后者仍可以通过公民会议来贯彻自己的意志。因此,早王朝的国家应是古代贵族共和国。不过,随着城邦首领权力的增长,他也逐渐神化。同时,为了维持权力并与贵族进行斗争,国王也相当重视公益性工程和"济困扶危"的立法活动,拉加什的乌鲁卡其那改革就是由国王进行的一次"济困扶危"的改革。

王国和帝国的君主进一步神化。阿卡德王国的萨尔贡自称"普天下之王",乌尔第三王朝的舒尔吉(约公元前2095—前2048年)被称为"神舒尔吉",古巴比伦的汉穆拉比自诩为"众神之王"。同时,中央集权也在不断加强。阿卡德王国建立了两河历史上第一支职业军队和官僚体系。汉穆拉比建立了庞大而复杂的官僚机构,包括中央部门和地方行政机构。而且,他本人亲自领导政府各部,审理各种上诉案件和申诉,处理其他各类政务。

亚述帝国时期的中央集权达到了高峰。皇帝对臣民拥有生杀予夺之权,所有贵族、大臣、属国君王和百姓均需向神宣誓效忠国王。亚述帝国的地方建置分为行省和属国两大部分。省长负责维持秩序、保养道路、保证过往商队安全和贡品运输,向过的国王和军队提供给养,向中央提供士兵、劳工和部分税收。大城市设有总督和市长。属国的君王仍保持其职位,但需将王子和本国的贵族送往阿淑尔作为人质。官职往往世袭。国王还建立了告密制度,对腐败官员施以重刑,并通过钦差大臣和顾问参与决策和行政工作。同时,帝国还建立了驿站、瞭望塔和烽火台,作为国防和传递情报的工具。

帝国统治的一种重要手段是强制移民政策,这方面以亚述为突出,后者因此被冠以种种恶名。但事实上,亚述的人口迁移是有选择的,实为人口交换,且常以家庭迁移和定居形式进行。他们在新的定居地区多垦荒务农,并为国家提供劳动力、士兵甚至宫廷的工匠或文书,其社会地位接近亚述人。① 此外,实行移民政策的并非亚述一家,像赫梯在每次征服之后都会进

---

① Amelie Kuhrt, *Ancient Near East, c.3000 – 330BC*, London and New York, 1995, p.533.

行移民,新巴比伦更以"巴比伦之囚"著称。

两河流域和西亚的另一个特点,是城市在帝国时代仍然保留了自治地位(并延续到伊斯兰时代开始)。这些城市保持了由长老委员会组成的自治的市政机构,并对国家事务有发言权。城市也继续享有传统特权,并保留了对城郊大片土地的控制。这种统治方式可以较好地维持帝国对地方的控制和经济利益,也使皇帝获得了遏制各省总督权力的手段。①

两河政治也因其司法而闻名于世。乌尔第三王朝的舒尔吉统治时期颁布了世界历史上第一部法典《乌尔纳姆法典》,它涉及民法、刑法、婚姻法、诉讼法等许多部门法。而最著名的当属古巴比伦的汉穆拉比颁布的法典,其内容涉及司法行政,保护财产,土地房屋,商业高利贷及债务奴役,婚姻家庭和继承,伤害,职业,农牧业,租赁及雇佣,奴隶买卖及处罚。该法典是古代两河流域最为完备的法典,受到了苏美尔法律传统及以后诸多法典的影响。

第六,独具特色的文化体系。

苏美尔文字是两河流域对世界文明的重要贡献。该文字以削成三角形的苇管或骨棒、木棒刻在泥板上,笔画呈楔形,故称楔形文字。泥板晒干或焙干后可永久保存。以后,阿卡德人、阿摩利人、亚述人和巴比伦人均采用了楔形文字。楔形文字哺育了高度繁荣的两河文学,其作品多与宗教有关,形式包括神话传说、英雄叙事诗、劳动歌谣、寓言、赞歌、祈祷文和箴言等。最著名的作品是《吉尔伽美什史诗》,这是已知的世界文学中最早的史诗,其他名作有《创世诗》和《伊什塔尔的下降》。

两河流域的科学以经验为基础,最发达的学科是数学和天文,二者与农业生产和占卜有关。在数学方面,苏美尔人最早掌握了位置值,并采用了十进位和六十进位两种进位法,后者用于天文和计时。在代数方面,巴比伦人掌握了四则运算、分数、平方根、立方根和某些三元方程式的运算。天文观测由祭司掌管。古巴比伦人已区分了恒星和行星,知道五大行星的运行轨道,确定了黄道。另外,文献中也有关于流星、彗星的记载。到新巴比伦时期已能预测日月甚至行星的实时位置和新月及满月的时间。古巴比

---

① 黄民兴:《关于上古中东帝国的几个问题》,《西北大学学报》2000 年第 4 期。

伦的历法为阴历,一年 12 个月,每个月 4 周,每周 7 天,同时置有闰月。

两河流域的艺术十分发达,表现在陶器、金属工艺、雕塑、圆筒印、珠宝加工、彩绘瓦、地毯编织、建筑等诸多领域。而且大量艺术品均有宗教含义。在亚述艺术品中,巨大的带翼人首雄狮或公牛的雕像气势不凡。在建筑领域,形同小山的塔庙极具特点,它们兴建在高台上,《圣经》中著名的巴别塔即属此类。巴比伦城的建设也十分壮观,尤其是该城的伊什塔尔门。另外,新巴比伦王国尼布甲尼撒二世为来自米底的王后修筑的"空中花园"被希腊人列为古代世界七大奇迹之一。

苏美尔的每个城邦一般都有一个主神,即保护神。随着一些邦实力的增长,其神灵逐渐成为巴比伦尼亚,甚至邻近地区普遍崇拜的对象。如安努、恩利尔和伊阿合称天、地、水三大神,尤其是安努位居诸神之王。尼普尔成为本地区重要的宗教中心。此后,巴比伦的建国又使马尔杜克跃居众神之首,同样,亚述则奉阿苏尔神为主神,其神话完全继承了巴比伦的体系。对变幻无常的洪水(两河经常改道,并由洪泛在下游形成大面积的沼泽)和外族入侵的恐惧使两河宗教带有悲观色彩,人生的目的只是为了服务于神,同时两河流域也因此发展出各种占卜法,其中主要有"梦占"、"肝脏占"(观察祭祀中宰杀的动物肝脏)和占星术。

二、上古埃及文明史的独特性

"埃及"一词通常被认为源自拉丁语,是古希腊人对尼罗河下游地区的称谓。埃及文明起源于东北非,地理上包括两个地区:上埃及,境内多山,邻近努比亚(今苏丹);下埃及,主要包括尼罗河三角洲,面对地中海,并通过西奈半岛与亚洲相连。埃及在地理位置上十分重要,它位于亚非大陆的连接处,邻近东南欧,从而为与三大洲的文明交往创造了条件。埃及在地理上相对封闭,东边的红海、北边的地中海、西南面的撒哈拉沙漠构成地理障碍,使得外敌入侵相对困难。早期的外敌主要来自利比亚和努比亚,还有经西奈入境的亚洲民族。同时,埃及的土地资源有限,主要分布于尼罗河沿岸和三角洲,但定时洪泛的尼罗河也为农业提供了稳定的水源和养料。

埃及上古文明史的独特性可以归结如下:

第一,悠久而独特的文明起源。

多数学者认为,古埃及人属于非洲人种,即尼格罗人种。[①] 从语言学上看,他们是非洲的含米特语系的部落与亚洲的闪米特语系的部落长期融合而成的,其语言属于闪含语系。埃及文明的起源只比两河流域稍晚,学者认为,尼罗河流域很可能也是世界上农业的起源地区之一,曾发现过人工栽培的大麦和小麦,并有驯化的牛和绵羊。约公元前4500年,埃及进入铜石并用时期,即前王朝,尼罗河流域逐步迈入文明的"门槛"。巴达里文化(约公元前4500—前4000年)开始了农牧业混合型文化,这一时期的主要成就是铜器的使用,西奈半岛可能是世界上最早炼铜的地方。涅伽达文化Ⅰ期(约公元前4000—前3500年)已有发达的燧石工业,社会处于氏族公社末期,出现了私有制和王权的萌芽。涅伽达文化Ⅱ期(约公元前3500—前3100年)是氏族制度解体、国家逐步确立的时期,出现了城邦,希腊人称为诺姆,汉译为州;此时象形文字逐步形成。生活在公元前3150年前后的蝎王,是迄今世界历史上第一位已知姓名的国王。不过,一些学者认为,埃及早期历史上不存在城市,这是其文明起源的重要特点之一。

第二,中央集权国家形成早,统一与分裂、宗教与世俗的矛盾构成政治发展的主旋律。

尽管文明起源稍迟,但相对封闭的外部环境、由尼罗河构成的顺畅的国内交通系统、相对单一的民族成分等因素促成了中央集权国家的早熟。汤因比甚至认为埃及从历史的开端便实现了国家统一,而不同于从城邦最终走向大一统的希腊。[②]

早王朝(公元前3100—前2686年)时期埃及已实现统一。托勒密王朝的希腊祭司马涅托认为,上埃及的美尼斯(希腊语名称)首次统一埃及,建立了第1王朝,并在三角洲南端建立了都城孟菲斯。也有学者根据考古发现,认为最早称霸埃及的应该是纳尔迈,这一时期上埃及有16个州,下埃及有10个州。各州为争夺人口、牲畜和财富,兵戈不断,并形成了联盟。同时,埃及也对努比亚、利比亚用兵,远征西奈半岛。第5任国王登第一次采

---

① 基一泽博编辑:《非洲通史》第一卷,中国对外翻译出版公司1984年版,第207、487页。

② 阿诺德·汤因比:《历史研究》,刘北成、郭小凌译,上海人民出版社2000年版,第37页。

用表示上下埃及统一的红白双冠,第 10 任国王哈谢海姆威真正完成了统一,首次采用了代表上下埃及的"荷鲁斯和塞特"的双重王衔,早王朝的王权逐步完善,王位实现了世袭。

古王国(公元前 2686—前 2181 年,第 3—6 王朝)实现了大一统,这一时期以建造金字塔而闻名。王国首次征服努比亚,创建海军,开辟了通往叙利亚的海上通道,舰队曾访问蓬特(索马里或埃塞俄比亚)和巴勒斯坦。王权的神化明显加强,国王拉杰德夫首次自封"拉之子",胡夫则留下了宏大的金字塔作为王权象征。然而,祭司集团的势力日益上升,并最终建立了第 5 王朝。随着王权的衰落和人民反抗的加强,古王国结束,第一中间期开始,包括第 7—10 共 4 个王朝。这一时期的主要特征是中央政权严重瘫痪,小国林立,战乱频仍,宗教信仰受到冲击,人民起义、贵族叛乱和贝都因人入侵震撼着政权。最终,崛起于底比斯的第 10 王朝征服了定都赫拉克利奥坡里斯的第 9 王朝,统一了全国。

中王国(公元前 2040—前 1786 年,第 11 王朝中后期至第 12 王朝)恢复了埃及的统一,但中央集权已不如古王国。依靠新兴的中小奴隶主阶层涅杰斯的支持,国王加强了对贵族的斗争,禁止他们收税和建立军队。在对外方面,中王国把南方边界逐步推进到第二与第三瀑布之间,并在南方边境和西奈修建堡垒和城墙。第 12 王朝末期,国家再度陷入混乱,第二中间期(约公元前 1786—前 1567 年)开始。这一时期先后出现了几个地方王朝(第 13—17 王朝),国家四分五裂,爆发了大规模的贫民奴隶起义,社会秩序极度混乱,著名的《伊普味陈辞》对此作了生动描述。

来自西亚的游牧民族喜克索斯人在此期间入侵埃及,建立了第 15 至 16 王朝。他们基本维持了埃及原有的政治制度和行政机构,全盘吸收了埃及文化。喜克索斯人的统治是外族第一次统治埃及,它促进了埃及军事制度的变革,加强了埃及与西亚的联系。公元前 1553 年,崛起于底比斯的第 17 王朝将喜克索斯人驱逐出境,建立新王国。

新王国(公元前 1567—前 1085 年)是古埃及最为辉煌的时期,包括第 18—20 王朝,首都为底比斯。帝国吸取了喜克索斯人入侵的教训,致力于控制通往埃及的叙利亚。图特摩斯三世时,埃及的力量达到顶峰,其军队粉碎了叙利亚联军和米坦尼军队,埃及领土扩大到幼发拉底河以东,巴比伦和赫梯先后向埃及称臣纳贡。在南方,多由王子担任的库什总督受命统治努比亚。新王国的中央集权也发展到极致。法老(原意为"大房子",为埃及臣民对君主的称呼)的意志就是法律,他任命所有重要官吏,后者包括两位维齐(宰相),他们分别统治上埃及、努比亚和下埃及、西亚;库什总督;阿蒙第一先知管理宗教事务,权力仅次于维齐。新王国的军事机器也很发达,它拥有强大的陆海军,陆军的主要兵种有步兵和战车兵。

新王国的建立使底比斯的太阳神阿蒙成为埃及的最高神,统治者将其与太阳神拉合并,称为"阿蒙-拉"。阿蒙祭司集团获得大量土地、奴隶及其他财富,地位迅速上升。因此,法老开始宣传古老的日盘神阿吞,阿蒙霍特普四世(公元前1379—前1362年)更是以阿吞代替阿蒙,自称阿吞之子,改名"埃赫那吞"("阿吞的侍者"),关闭阿蒙神庙,并营建新都阿玛尔那,结果遭到阿蒙祭司的强烈反对。埃赫那吞去世后继位的图坦哈蒙恢复了阿蒙信仰,还都底比斯,宣布从建筑物上抹去所有"阿吞"和"埃赫那吞"的字样。此后继位的拉美西斯二世(公元前1304—前1237年)再次发动大规模对外扩张,与赫梯争夺叙利亚。长期的内乱外争,加上公元前13世纪末海上民族的入侵,使新王国逐渐衰落。

第三中间期始于祭司集团建立的第21王朝,此时作为雇佣军的利比亚人势力日增,先后建立了第22—23王朝。此后,努比亚发动入侵,灭第22、23、24王朝,建立第25王朝,即努比亚王朝。公元前664年,利比亚人的第26王朝(舍易斯王朝)建立,为后期埃及时代。此时的埃及出现复兴,驱逐了亚述人,并与犹大国结成了反对新巴比伦的联盟。

第三,社会经济的发达。

希腊历史学家希罗多德(约公元前484—前425年)曾感慨说:"埃及是尼罗河的赠礼"。尼罗河一年一度的稳定洪泛、肥沃的土壤、便捷的航运、国家的统一和与西亚、非洲、欧洲的密切联系为埃及经济的发展提供了有利条件。古王国时,土地的灌溉面积不断扩大,并逐步普及了犁耕,园艺业发展迅速。到中王国时,埃及摆脱了第一中间期的混乱,水利系统逐步恢复,尤其是在法尤姆修建了大型引排水工程,将大片荒地变为良田。新王国时期采用了轮种制,广泛使用梯形犁和骡马等畜力,并将新发明的沙杜夫用于生产,大大提高了灌溉效率,促进了农业发展。到舍易斯王朝时,埃及进入铁器时代。

埃及的手工业也很发达,包括纺织、冶金、五金、首饰、建筑等许多部门。青铜器出现于第 3 王朝末、第 4 王朝初,到中王国开始流行。中王国时,埃及创立了世界上最早的玻璃作坊,并发明了卧式织布机。新王国时出现了单人操作的立式织布机和使用脚踏风箱的青铜熔炉,发明了青铜的铸造工艺,金银首饰制作达到了令人惊叹的水平。

建筑业的发展突出反映在金字塔建筑上。早王朝的王陵为长方形的马斯塔巴,在地下墓中安置国王的木乃伊,到古王国乔塞尔王时出现了由一层层马斯塔巴构成的阶梯形金字塔。此后则出现了角锥体的金字塔,以吉萨金字塔群为代表,其中的胡夫金字塔是世界上最大的金字塔,原高 146.5 米,基座边长 230 米,由 230 万块平均重 2.5 吨的石块建成,最大的重 15 吨,而且石块之间不施灰泥,却严丝合缝。中王国的法老开始修建崖墓,新王国时发展为岩窟墓,形成著名的"国王谷"、"王后谷"。此外,由方尖碑、柱厅和圣湖等组成的神庙和法老葬祭庙也是很有特色的建筑,著名的有卡纳克神庙、卢克索神庙和阿布·辛贝的拉美西斯二世葬祭庙。

早在古王国时期,法老的远征即带有商业性,他们班师回国时常常带回海外的各种特产,如蓬特和巴勒斯坦的药材、宝石和木材。中王国与努比亚、叙利亚、巴勒斯坦、希腊和两河流域等地区均保持着密切的商业往来。新王国的内外贸易有进一步的发展,并以金银、铜和谷物作为交换媒介。

第四,独具特色的文化体系。

象形文字(此词并不符合埃及文字的特点,姑且沿用之)是埃及文化的基础。最早的埃及文字是图画文字,至少在公元前 3400 年以后演变为象形文字,后者包括近千个基本的图形符号,由表意、表音和限定符号组成。在漫长的实践中,书吏发明出祭祀体文字,至第 12 王朝时已脱离象形特征。公元前 700 年以后,又出现了一种字体简单、便于书写的世俗体,除宗教、官方和司法用途外也在商业和民间使用。埃及人书写的主要材料是纸草,它取材于尼罗河中的一种水生植物,并且通行于地中海地区,西方语言中的词汇"纸"即起源于"纸草"。

埃及的文学作品形式多样。早在古王国之前,就产生了歌谣、神话、戏剧、传记等多种体裁;中王国时开始出现小说、散文、教谕文学(国王或贵族对后代、大臣的教诲);新王国则以诗歌为代表,包括宗教赞美诗和爱情诗,埃赫那吞宗教改革时期更是形成了现实主义的文学风格,产生了一批优秀作品。埃及的雕塑和绘画艺术带有浓厚的宗教氛围,同时对来世的希冀又产生了现实主义的风格。

埃及人的天文知识丰富,他们掌握了日月及行星的运行规律,并知晓43个星座,发明了测定星体位置的天文仪器。通过观察天象和季节、昼夜的变化规律,他们可以准确地预测尼罗河泛滥的日期。埃及的历法由早期的阴历发展到后期通行阳历,阳历每年为365天,每天24小时。埃及的数学亦发达,掌握了十进位和分数概念,并创立了几何学,可以计算三角形、矩形、梯形、圆形的面积和角锥体、圆柱体的体积,制作木乃伊的经验也使埃及的医学十分先进,医生较为全面地掌握了人的生理状态及各种器官的功能,并有高超的牙科、外科、美容技术。

在埃及民间,有利于农业和航运的自然环境催生了一种乐观心态,加上当地干燥的气候使尸体干而不腐,从而产生了有关来世和复活的思想。古埃及人认为,人有灵魂,人死后可以复活,但前提是完好地保存尸体,由此形成了制作木乃伊的习俗。另外,人死后也要进入阴间,接受死而复生的植物之神、冥王奥西里斯和其他神灵的审判,行恶之人的灵魂将被魔怪吞食。所以,追求永生成为君主不懈努力的目标,这体现为修筑金字塔的热潮。埃及的原始宗教是典型的自然崇拜,牛、山羊、鳄鱼、鹰等动物均成为神祇,而随着国家的统一,太阳神拉和阿蒙成为主宰的神灵。英国学者缪勒认为,埃及后期出现了单一主神教,即有固定主神的多神教。埃赫那吞的宗教改革尤其体现了创立一神教的企图。

第三节　群星灿烂的中东上古文明

两河流域和埃及是中东两个起源最早、最为发达的文明中心,在它们的周围,受其影响出现了一系列新的文明,这些文明后来居上,不但在政治、军事上与两大中心争雄(如赫梯),而且在文化上反过来影响它们。① 这些文明主要集中在两个地区,即小亚细亚—叙利亚和伊朗—阿富汗。在东地中海沿岸的大叙利亚(即列万特,包括今黎巴嫩、巴勒斯坦—以色列、叙利亚和约旦)北连小亚细亚、希腊,南接埃及,东邻两河流域,形成一条文明发展的"黄金海岸",其东边则是两河的"黄金水道",二者以大叙利亚为连接点形成一个坐东面西的"Y"字形。在东边的分岔点是阿富汗,通往中亚、东亚和南亚,构成另一个坐西朝东的"Y"字形。东西两个"Y"字形是文明交往重要的"交通环岛区",是"文明的十字路口";②它们加上中间的两河流域和伊朗构成一个哑铃,即丝绸之路的西亚段,这个"金哑铃"反映出在欧亚非大陆的世界主要文明中心的分布和交往路线,成为文明创新和交往的大动脉。

一、小亚细亚三种文明与多方向的交往

三足鼎立的多元文明——希腊人称小亚细亚为"安纳托利亚",意即"日出"、"东方"。小亚细亚是一个古老的文明地区。小亚细亚地势以高原为主,农业发展受限,但畜牧业发达。境内有银、铜、锌等多种矿产,适于发展冶金。地处黑海、地中海和两河流域之间的地理位置,有利于东西方贸易和文明交往的发展。

小亚细亚自旧石器时代早期已有人类居住,公元前 7040 年的前陶哈奇拉尔文化是最早的农业文明。但在铜器时代,发展的速度大大延缓,青铜的出现较迟。其中一个重要原因在于小亚细亚缺乏锡,后者主要来自途经叙利亚的贸易。

在新石器时代和铜石并用时代,小亚细亚各地出现许多定居的农村公社。约公元前 3500 年起,小亚细亚进入青铜时代早期,公元前 3 千纪末 2 千纪初转入中期,各地陆续由野蛮进入文明,有的地方出现了城堡,如小亚

---

① 黄民兴:《论中东上古文明交往的阶段和特征》,《西北大学学报》2007 年第 2 期。
② 彭树智:《中东国家通史·叙利亚和黎巴嫩卷》"编后记",商务印书馆 2002 年版,第 426—429 页。

细亚西北的特洛伊,其文化完全是爱琴海风格。[1]

在小亚细亚中部的卡帕多西亚,公元前 3 千纪居住着哈梯人,他们既非印欧语居民也非闪族。他们处于定居的农耕畜牧经济发展阶段,建立了数个城邦,在语言上借用了两河流域的楔形文字。一般认为在公元前 3 千纪后期,印欧民族第一次大规模迁入中东,实际上是小亚细亚。入侵者是语言相近的赫梯人、鲁维人和帕莱克人,分布在小亚细亚中部、南部和西南、西北部,并逐渐与土著居民同化。鲁维人和帕莱克人开始从两河流域学习楔形文字,前者还使用象形文字。公元前 3 千纪末,亚述人在小亚细亚东部建立了 21 个商业殖民地,双方的贸易频繁。因此,在小亚细亚存在着本土、印欧、爱琴海三种文明和多方向的文明交往。

赫梯文明——其历史可分为古王国(公元前 1650—前 1500 年)、中王国(公元前 1500—前 1400 年)和新王国(公元前 1400—前 1200 年),这三个时期的政治形态和文化均有所区别。

赫梯古王国为城邦及其联盟的时代。各邦的中心最初在库萨尔,其统治者中最早的是皮塔那及儿子阿尼塔。他们征服了其他城邦,随之而来的是亚述商业殖民地的消失。公认的古王国第一位统治者是塔巴尔纳(公元前 1650 年即位),他不断征服,使赫梯统治的地区从北部延伸到南部的地中海沿岸。其子哈吐什尔一世时,赫梯正式立国,都哈图什。他还出兵北叙利亚,其继承者穆尔西里一世征服了阿勒颇,并于公元前 1595 年灭了古巴比伦。

尽管赫梯的扩张颇有成效,但对被征服地区的统治并不稳固。同时,赫梯社会的母系社会残余浓厚,因此贵族势力强大,统治者内部血腥的争权斗争常常危及政权稳定。公元前 16 世纪末,国王铁列平为此进行改革,他召开了贵族会议“图里亚斯”,确定了王位继承制:王位应由国王诸子按长幼顺序继承,在没有王子时由长女婿继承。他还规定由彭库斯(战士会议)保证王位继承法的执行。此时,彭库斯已由早期的全体战士会议演变为以军事贵族为主的组织。[2] 铁列平改革标志着赫梯国家的成熟。

---

[1]　Ekrem Akurgal, *Ancient Civilizations and Ruins of Turkey*, Turistik Yayinlar, 7th ed., 1990, p.5.

[2]　Trevor Bryce, *The Kingdom of the Hittites*, Oxford, 1998, pp.115 – 116.

铁列平之后,赫梯中王国开始。此时王国处于衰弱时期。而新王国也即赫梯帝国,这是赫梯历史上最强大的时期。此时的赫梯与埃及是中东最强大的两个帝国。前者先后征服半岛上许多民族,灭米坦尼,并与埃及新王国展开争夺叙利亚的斗争。约公元前1294年,赫梯与埃及在卡迭什会战,互有胜负,之后双方订立了和约(约公元前1284年),这是人类历史上第一部完全平等的国际条约。赫梯据此拥有叙利亚大部。

赫梯的扩张有利于外贸的发展,促进了经济繁荣,同时赫梯成为中东最早使用铁器的国家,这促进了土地的开垦,而青铜工具仍然广泛使用。同时,对外战争也使奴隶的数量增加,新王国时期颁布的赫梯法典反映了奴隶制度、土地制度、商品货币关系等多方面的情况。

然而,赫梯的庞大领土依靠的并不是巩固的对众多附属国的控制,而且本国中央集权的固有问题也未得到有效克服,这成为帝国的大患。公元前13世纪末,海上民族入侵地中海东部,赫梯的首都哈图什陷落,帝国遂告崩溃。

赫梯文化很有特色,它突出反映了这个印欧民族对文明交往的渴望。① 赫梯人在语言、宗教、文学、艺术、医学、军事、经济等领域大量吸收了哈梯、两河流域、胡里特、鲁维、帕莱克、埃及等文化的成分,从而加速了自身的发展。以两河文化而言,赫梯主要是通过胡里特人的中介吸收的(后期也直接吸收),同时又将以两河为代表的中东文化传播给西面的希腊(尽管双方的联系尚不密切)。在语言方面,赫梯创造了自己的楔形文字,同时使用鲁维人的象形文字。作为文明交往的一个明证,在哈图什发现了包括赫梯语、哈梯语、阿卡德语、苏美尔语、胡里特语、楔形文字和象形文字的鲁维语、帕莱克语等8种语言的泥板文书,这在整个古代世界历史上也是罕见的!据学者分析,赫梯的书吏可能精通所有这些语言。

新赫梯、乌拉尔图和希腊诸文明——赫梯帝国瓦解之后,西里西亚和北叙利亚还有残余的赫梯城邦,这些被称为"新赫梯王国"的赫梯城邦有胡里特人及其文化的成分,而使用鲁维语的象形文字。公元前8世纪,这些城邦最后被亚述帝国所灭。

---

① 参见李政:《神秘的古代东方》,中国青年出版社1999年版,第4章。

在小亚细亚东部的凡湖地区，居住着乌拉尔图人，当地盛产铁、铜、石料等。早在公元前2千纪末，乌拉尔图人已知道养马，公元前1千纪初开始用铁，其金属铸造和锻冶发达，建筑、雕刻、青铜工艺也很出名，文字属楔形文字。公元前1千纪初，乌拉尔图建国，都城图什帕（今凡城）。公元前9世纪后，实现政治统一。公元前8世纪成为西亚强国，领土延伸至南高加索。乌拉尔图由于其重要的战略位置和资源而与周边国家频发冲突，公元前7世纪和前6世纪之交为西徐亚人和米底人所灭。

在小亚细亚西北，约公元前1240年爆发了希腊本土进攻特洛伊的特洛伊战争。之后，海上民族的入侵最终摧毁了特洛伊，此时多利亚人也征服了希腊本土。小亚细亚开始经历200—400年的黑暗年代，中部人口稀少，游牧民大量迁入，城市消失。小亚细亚的原有民族卡斯卡人和来自欧洲的穆斯基人、弗里基亚人分别占据了原赫梯国土的东部、东南部和中部。

公元前8世纪末，穆斯基人和弗里基亚人融合为统一的弗里基亚王国，由穆斯基人的国王米塔治理，其时该国成为小亚细亚的主要国家，领土西达地中海。米塔建立了新都城戈尔迪翁，国内经济繁荣，其文化受到新赫梯王国和乌拉尔图人的强烈影响。

这一时期在小亚细亚西部也存在若干融合了土著成分的印欧小国，即吕底亚、吕基亚和卡里亚。位于西部中间的吕底亚（约公元前1300—前546年）以其富庶及宏伟的首都萨第斯著称。吕底亚人开采了当地的银金矿，铸造了可能是世界上最早的铸币（约公元前660年）。吕底亚与希腊贸易频繁，居民善于经商。吕基亚和卡里亚位于小亚细亚西南角，其中前者也以其首都的富丽而著称。

小亚细亚沿海是希腊人与西亚乃至整个外部世界联系的主要通道，他们由此经过塞浦路斯或列万特沿海到达埃及；另一条路线是从希腊本土经克里特到埃及。约公元前1130年以后，希腊的伊奥利安人和爱奥尼安人先后向小亚细亚移民，形成了伊奥利斯及其南面的爱奥尼亚殖民地。两地位于吕底亚、吕基亚和卡里亚西边的小亚细亚沿海，它们和北面的特洛阿斯构成主要的希腊文明区，其重要城邦有特洛阿斯的特洛伊、爱奥尼亚的米利都和以弗所，上述城市是南北贸易的中心，工商农渔和航海业都很发达，甚至向黑海沿岸移民，建立新的殖民地并控制了黑海的贸易权。约公元前660

年,希腊的麦加拉人在博斯普鲁斯海峡建立了拜占廷城。

公元前 8 世纪至前 7 世纪时,多利亚人的征服导致希腊本土文明的衰落,受到中东影响的小亚细亚诸希腊城邦遂发展成为古代希腊最重要的文化中心,直到公元前 6—前 5 世纪。正是在小亚细亚,希腊文明实现了重大的转变,从迈锡尼时代进入了荷马时代:政治制度从中东式的迈锡尼君主制演变为城邦民主制;由书吏垄断的线形文字演变为平民的字母文字;以米利都学派为标志诞生了古代希腊哲学,其特点是形成了不同于中东的"一个外在于宗教的、与宗教无关的思想领域";[1]爱奥尼亚还在文学(《荷马史诗》和《伊索寓言》)、历史(希罗多德的《历史》)和建筑(以弗所的亚特米斯神庙为世界七大奇迹之一)领域硕果累累。

公元前 6 世纪中叶,吕底亚经多年战争后,征服了小亚细亚的所有希腊城邦。至少在同一时期,希腊文化开始从小亚细亚西部向中部和东部传播。

小亚细亚南面的塞浦路斯以铜矿著名,公元前 13 世纪末至前 11 世纪初,希腊人从迈锡尼等地大量移入,从此在塞浦路斯的人口结构中居于优势。

二、叙利亚地区多族群、多宗教的文明交往

胡里特文明和阿摩利文明——公元前 3 千纪,胡里特人进入叙利亚,《旧约》中称何利人,其种族和语言不明,但与乌拉尔图人有关。[2] 他们建立了一些小国,公元前 17 世纪在卡布尔流域创立了强大的米坦尼帝国,它在约公元前 1500 年时臻于极盛。胡里特人以饲马和使用战车而闻名,他们也受到印欧民族(如鲁维人)和迈锡尼文化,尤其是两河流域文化的影响,例如他们以两河的宗教中心尼普尔和埃利都作为献祭之地,其神谱中包括众多两河神灵。政治上的统一促成宗教统一,史诗《乌里库米斯之歌》描述了

---

① [法]让-皮埃尔·韦尔南:《希腊思想的起源》,秦海鹰译,生活·读书·新知三联书店 1996 年版,第 2 页。
② 饶宗颐认为,胡里特人(Hurrian)在埃及文献中原称为 Hrw(Hur),而 Hrw 和 Hur 即是中国对西北民族的"胡"这一名称的来源。参见饶宗颐:《上古塞种史若干问题——于阗史丛考序》,载张广达、荣新江著:《于阗史丛考》,上海书店 1993 年版,第 8 页。

胡里特人的"众神之父"库马尔比之子、从海中现身的乌里库米斯与两河的安努之子、风暴神泰苏普交战的故事。[①]

来自阿拉伯半岛的闪族各集团也相继进入,包括阿摩利人、迦南人、阿拉米人和希伯来人。公元前3千纪末,阿摩利人迁移到叙利亚北部,建立了一些小王国,最重要的是位于幼发拉底河与卡布尔河交汇处的马里。马里为巴比伦尼亚与小亚细亚往来的中枢,战略意义重要。其经济繁荣,文化与巴比伦尼亚相近,城市遗址中发现了规模浩大的王宫,其精美绝伦的壁画令人称奇。马里频繁地遭到两河国家的攻击,最终为汉穆拉比毁灭。另一个重要国家是埃布拉,其农业、手工业和商业相当发达,鼎盛时期的埃布拉曾控制了广大的地域。

腓尼基文明——包括叙利亚地中海沿岸和黎巴嫩。这里地处东西方交通的联结点,有众多良港,商业和渔业发达;土地肥沃,雨量充沛,沿海地区适宜种植葡萄与橄榄,园艺业发达;山区出产雪松,远近闻名。手工业相当发达,著名的有造船、纺织、玻璃制造、制陶、木器、榨油、酿酒、冶金与五金等。腓尼基人能制造装有双层桨及冲角的船只。

腓尼基的原住民大概是胡里特人。公元前2千纪前后迦南人进入后,逐渐与胡里特人融合,形成自己的活动区域。迦南(Cannan)一词据考证起源于胡里特语,意即黎巴嫩东南部的低地(即巴勒斯坦)。后来希腊人称迦南人为腓尼基人,"腓尼基"意为"紫红之国",指当地从介壳动物中提取的名贵的紫红色染料。腓尼基人因此可能是以迦南人为主,融合了胡里特人、鲁维人和赫梯人(公元前1000年后进入)的民族。

腓尼基的城市国家出现于公元前3千纪末,如推罗、西顿、贝鲁特、毕布勒、乌伽里特等。它们均拥有自己的港口。这些国家多数为王国,但也存在长老会议或公民会议等类机构。也有的国家是共和国。如推罗,在公元前6世纪的一个短时期里,管理该国的是一些选举产生的行政官吏。祭司在国家中的权力也日益加强,其职务世袭,而推罗和毕布勒的国王本身即为大祭司。

---

① Pierre Grimal ed., *Larousse World Mythology*, The Hamlyn Publishing Group Ltd., 1965, pp.76 – 81.

各城邦互不相属,且互相对立,经常发生争夺霸权的斗争。起初,北方的霸主是乌伽里特,南方则是毕布勒。重要的地理位置、优良的港口、发达的经济和船队使腓尼基成为周围列强争夺和掠夺的对象,各城邦间的内斗更削弱了它们的实力。公元前2千纪中叶到前14世纪,埃及和赫梯先后成为本地区的主宰。此后,西顿成为各城邦中最强大的国家。但公元前1200年左右的海上民族入侵,结束了西顿的霸权和埃及、赫梯的争夺。之后,亚述、新巴比伦相继入侵,直到波斯帝国兴起,腓尼基终于被兼并。

腓尼基人是古代著名的商业民族。早在公元前3千纪末,就同埃及、克里特等地有商业往来。他们不仅出口本地产品,如酒、油、布匹、颜料、玻璃、金属制品、粮食、木材等,而且还大规模经营转口贸易,甚至从事海盗活动和奴隶贸易。海外贸易推动了殖民活动,从公元前2千纪起,商人在小亚细亚沿岸、塞浦路斯、希腊、马耳他、西西里、撒丁岛和北非建立商站和居留地,最著名的殖民地当数由推罗人在突尼斯建立的迦太基。公元前11世纪以后,腓尼基人取代希腊的米诺斯人主导了地中海的贸易。推罗人甚至乘船经过直布罗陀海峡,向北到达过不列颠。

腓尼基人更重要的贡献是字母文字的发明。商业和航海活动的需要促使腓尼基人寻找一种简便的文字作为记载和交往的工具。公元前2000年前后,在毕布勒产生了一种形同埃及象形文字的音节文字,共80个符号。公元前15世纪前后,居住在西奈半岛的闪米特人在埃及象形文字的影响下,进一步创造了一个由25—29个不同辅音组成的原始字母文字系统。公元前14世纪,乌伽里特创造了包括30个字母的楔形的字母文字。最终,毕布勒字母在公元前1000年最后定型,包括22个辅音字母。

腓尼基字母的产生是人类历史上的一场革命。它意味着繁难的埃及象形文字和两河流域的楔形文字,以及由此而来的僧侣、书吏阶层对文化的垄断即将退出历史舞台,随之而来的是文化更加普及的字母时代。在西方,它经由希腊字母发展为拉丁、伊达拉里亚和斯拉夫系统的字母,在东方则催生了古希伯来、阿拉米、古波斯、安息、亚美尼亚和阿拉伯等字母。

阿拉米文明——公元前2千纪中叶,阿拉米人(《圣经》中称"亚兰人")已定居于幼发拉底河中游,并继续向两河流域其他地区、叙利亚和巴勒斯坦迁移。他们吸收了阿摩利人和迦南人的文化,但保持了自身的文化特征,尤其是阿拉米语。

公元前 13 世纪末,阿拉米人的迁徙基本结束,他们在两河流域与叙利亚之间建立了一些小国。其中,帕丹阿拉木的首都在哈兰,后者地处商业要道,是阿拉米人历史上重要的文化中心。另一个阿拉米王国最后定都于大马士革,曾一度将以色列和犹大变为它的附属国。公元前 732 年,大马士革国家为亚述所灭,结束了阿拉米人在叙利亚的统治。

阿拉米人是一个善于经商的民族,其足迹遍布整个新月地带。他们把阿拉米语也传播给邻近的民族,它在公元前 500 年前后逐渐取代楔形文字的阿卡德语而成为西亚的官方语言,乃至商业、文化和民间的语言,像犹太人也转而采用了这种文字。阿拉米语的大传播为以后相近的阿拉伯语的传播奠定了基础。而且,它的影响远远超过了中东,它甚至发展为印度的天城体字母,以及中亚的粟特字母,并经由后者发展为中国的回鹘文、突厥文、蒙古文、满文和锡伯文的字母。①

阿拉米人的宗教受到两河流域的强烈影响。除主神阿达德及其配偶阿塔伽提斯之外,其万神殿中包括了一些两河神灵如亚述的沙玛什、雷舒夫和撒哈尔。

迦南文明和希伯来文明——巴勒斯坦地处埃及和叙利亚沙漠之间,西濒地中海。境内有约旦河、死海。肥沃的沿海平原和约旦河谷地适于农业,高地和草原则适于畜牧。

公元前 3 千纪,迦南人已定居于巴勒斯坦,从事农耕生产,《圣经》因此称巴勒斯坦为"迦南地"。公元前 3 千纪末,游牧的阿摩利人迁入。公元前 2 千纪前期,游牧的喜克索斯人建立了对包括埃及和巴勒斯坦在内的地域的统治。公元前 2 千纪后期,这里又出现了一些迦南人的小国。公元前 2 千纪末,海上民族侵入此地,称为腓力斯人,巴勒斯坦之名由此起源。

迦南人的文化也受到两河流域的深刻影响。其宗教与腓尼基人相似,崇拜自然神,其神灵中包括巴力,后者是迦南人崇拜的中心神,实即苏美尔的塔木兹;两河神灵伊什塔尔也在崇拜之列。

① 《中国大百科全书》之《语言·文字》卷,"中国诸民族文字"条,中国大百科全书出版社 1988 年版,第 522 页。

希伯来人可能也来自阿拉伯半岛,《圣经》中提到的希伯来人最早的居住地在两河流域的乌尔,他们以游牧业为生。此后,在族长亚伯拉罕率领下,他们西迁进入巴勒斯坦。迦南人称其为"希伯来人",即"渡河而来的人"。相传,亚伯拉罕的孙子雅各与神角力获胜,被神赐名为"以色列",意为"同神角力的人",因此希伯来人又称"以色列人"。他们从此开始了半农半牧的定居生活。

西奈山　据传摩西在此接受了上帝授予希伯来人的"十诫"

后来,迦南发生了严重的饥荒,希伯来人再次西迁进入埃及。他们在埃及和平地生活了400多年,此后埃及统治者对希伯来人的压迫日甚。于是,希伯来人在摩西率领下走出埃及。在西奈旷野漂泊的40年中,摩西声称上帝授予了希伯来人十条诫律,即著名的"摩西十诫"。希伯来人从此与上帝订约,接受后者为他们唯一的神。希伯来人终于在约书亚的率领下返回了上帝给他们的"应许之地"——"流淌着奶和蜜"的迦南。

此后,希伯来人经历了漫长的时间重新征服了迦南,完成了从游牧民族向农耕民族的过渡。从占领迦南(公元前1230年)到扫罗称王的这一时期,在希伯来人的历史上称为"士师时代"。12个定居支派(部落)由长老会议和推选产生的士师领导,士师原意为"法官",他们既是军事统帅,又是宗教领袖和法官,但职位不世袭。这是氏族制度解体的时代。

当时的希伯来人分为两大部落联盟。住在肥沃的北方平原的10个支派组成以色列部落联盟,而住在较贫瘠的南方山区的2个支派组成犹大部落联盟。[①] 他们夺取迦南人的土地分给各部落的家族,还把一些迦南人变

---

① 由犹大(Judah)与西缅两支派形成,因此后来的国家应称犹大国,而非一般教材中所说的"犹太国"。"犹太"(Jew)一词来源于希腊化时代的希腊文,指犹大国的后裔。参见王立群:《古代以色列历史文献、历史框架、历史观念研究》,北京大学出版社2004年版,第159页。

成奴隶。同时,希伯来人内部也在发生分化,并形成国家。

约公元前 1029 年,以色列民众会推举扫罗为王,他同时统辖了犹大部落联盟。扫罗建立了一支强大的军队,战胜了腓力斯人,并向周边的其他民族进攻。然而,犹大领袖大卫随后建立了独立国家,使扫罗遭到失败。扫罗死后,大卫即位为王,统一了犹大和以色列,定都耶路撒冷,并赶走了腓力斯人。其子所罗门通过联姻、缔和等方式与许多邻国结盟,积极发展海外贸易。他建立了赋税和徭役制度,设立常备军,巩固了君主专制统治,并发展手工业,大兴土木,修建起了著名的耶路撒冷圣殿,即"第一圣殿"。

所罗门死后,希伯来人国家分裂为以色列和犹大两个王国,以色列建都撒玛利亚,犹大国仍都耶路撒冷。两国一直实行贵族政治,保留了长老会议和民众会。随着铁器的流行和经济发展,希伯来社会分化加剧,越来越多的自由民失去土地,沦为债奴。于是,出现了一些名为"先知"的思想家,他们激烈地抨击为富不仁,预言以色列国家将被毁灭。

以色列和犹大的相互敌对削弱了各自的实力。公元前 722 年,亚述灭以色列,将国王及其臣民迁移到两河流域,同时把一些阿拉米和阿摩利居民迁入以色列。弱小的犹大因缴纳赎金得以幸免,但尖锐的社会矛盾依旧。公元前 7 世纪,国王约书亚实行改革,宣布将债务奴役期限限制为 6 年。然而,犹大国最终还是未能逃脱灭亡的命运。公元前 586 年,新巴比伦的尼布甲尼撒二世攻占耶路撒冷,掳走耶路撒冷的所有居民,史称"巴比伦之囚"。犹大国家宣告灭亡。

希伯来人的苦难却推动了中东第一种真正的一神教——犹太教的诞生。当希伯来人定居巴勒斯坦之时,他们同迦南人一样信奉各种自然神,也崇拜巴力,而雅赫维(上帝)是各部落的主神。在建国之后,雅赫维成为国家的保护神,各部落的神降为地方神,而首都也成为统一的崇拜中心。在"巴比伦之囚"期间,希伯来人最终形成了救世主的思想。新巴比伦的强大及其宗教体制给犹大贵族和祭司留下了深刻印象,他们崇拜的雅赫维此时已不再是一个限于一隅的民族神,而成了世界之神、宇宙之神。他们希冀救世主的来临,指引民族的复兴。未来的王国将是一个政教合一的统一王国。主张一神的犹太教终于确立了。犹太教通常被认为是一种民族宗教,但它在形成过程中大量吸收了中东各种宗教的因素,尤其是两河流域、埃及、波斯的宗教。

三、伊朗、阿富汗和阿拉伯半岛的早期文明

早期伊朗文明——在中东，伊朗是文明最早萌芽的地区之一，在伊朗东南部发现有更新世中期的砾石砍砸器。伊朗旧石器时代中期的遗址有贝希斯敦等，其中的莫斯特文化以石片工艺为主要特征，属于尼安德特类型的人。旧石器时代晚期的文化以巴拉多斯特遗址的石叶文化为代表。伊朗的新石器时代始于公元前8000年，主要分为三个文化群：西伊朗中部克尔曼沙赫文化群、西北部雷扎耶湖文化群和西南部的胡齐斯坦文化群；著名遗址有甘吉达雷，它被认为是西亚最早驯化山羊和出现制陶术的地方之一。

公元前6千纪中期，伊朗一些地区进入了铜石并用时代，如希阿尔克遗址和雅亚遗址。到公元前3500—前2500年，伊朗高原进入了早期青铜时代，出现了早期城市文明和原始象形文字。然而，这一时期伊朗大部分地区逐渐变成了干旱的亚热带沙漠气候，加上土地资源的不足、地力耗竭和城市内部的不稳定，最终导致了人口中心向大河平原转移，文明陷于停滞。

相比之下，位于两河流域地区的苏撒平原上的埃兰则发展迅速，成为伊朗古代最早的强国。埃兰语接近古达罗毗荼语，为线形文字，但后来借用了楔形文字的书写形式，其官职、人名和神名也多借自两河流域，并有类似于两河的塔庙式建筑。埃兰参与了西亚列强的争霸斗争，但不具有明显优势。

公元前2千纪前期，雅利安人从欧亚大草原进入伊朗，包括米底人、波斯人和西徐亚人。其实，"伊朗人"即"雅利安人"的异译，"伊朗"意即"雅利安人的国家"。① 在伊朗的雅利安社会此后逐渐进入铁器时代，其社会政治制度演变为酋邦制。米底人和波斯人既受伊朗西部土著文化的影响，也与亚述有贸易和文化交往，经济文化的发展加快。例如，埃兰人帮助波斯人创制了古波斯楔形文字、司法和历法。

米底和波斯最初依附于乌拉尔图、亚述和埃兰等国。公元前7世纪，米底立国，它成为伊朗的第一个帝国，曾与新巴比伦联手灭了亚述。米底的建国加速了古代伊朗境内各民族及其文化的融合过程，但它立国时间不长。

———————————

① "伊朗"是波斯人对自己国家的称呼；"波斯"一词来自伊朗的省份法尔斯。

早期阿富汗文明——阿富汗的文明也有悠久的历史。在加兹尼省发现过20—10万年以前的石器时代文化遗存。旧石器时代晚期的阿富汗北方是早期人工栽培植物的中心之一，当地文化以卡拉·卡马尔和阿克·库普鲁克两个遗址为代表。在库普鲁克遗址发现了亚洲最古老的石刻人头像，并可以区分出驯化了的绵羊和山羊。在达拉伊·库尔遗址的新石器时代地层中，还发现了"山羊崇拜"的相关文物，这种文化现象反映了当地同克什米尔及西伯利亚南部的密切联系。同时，卡拉·卡马尔遗址中的细石器与河中和中国西部的细石器具有类似性，从而揭示出上述地区存在文化交流的可能性。

随着北方人口的增加和动物群的枯竭，阿富汗南方便成为农牧业的起源地。最典型的遗址是坎大哈的孟吉卡克（公元前4000—前3000年）。孟吉卡克从一个半定居的小农业村落发展成为一个设有巨大粮仓的城镇，当地发掘出了宏伟的统治者官邸，以及陶轮和各种青铜工具、饰品等。公元前2000年，南方农耕文化开始衰落，在北方的马扎里沙里夫则出现了繁荣的绿洲农业。

阿富汗同周围地区有密切的交流。它同邻近的俾路支斯坦和南伊朗早期农耕文化有许多共同点；此外，它向印度的哈拉巴出口青金石和铜矿，向两河流域出口矿物和宝石，在阿富汗也出土过与哈拉巴文化的风格十分相似的陶器和装饰画，以及有两河流域文化印记的石制印章和雕像。

早期阿拉伯文明——据记载，公元前853年在亚述碑文中最早出现"阿拉伯"一词。约在公元前530年，波斯文献中出现了"阿拉比亚"一词，而希罗多德和其后的希腊、罗马史家均用"阿拉伯人"或"阿拉比亚人"指称整个半岛上的居民。

阿拉伯半岛是单峰驼的驯化地。由于半岛土地贫瘠，资源匮乏，经常有多余人口向北方移民。半岛上的阿拉伯人分为南方和北方两大部分。根据谱系学家的说法，前者是盖哈唐·本·阿比尔·伊本·沙利哈的后代，称为盖哈唐人，由于多定居于也门地区，所以又称盖哈唐也门人，为半岛上的土著，讲古典的阿拉伯语。后者是伊斯马义·本·易卜拉欣的后代阿德南的子孙，名为阿德南人，包括汉志人、内志人、奈伯特人、帕尔米拉人等，最初曾使用希伯来语，后因通婚而接受了盖哈唐人的语言，并逐渐形成北方的阿拉伯语。阿拉伯人包括绿洲的定居农民和游牧于沙漠的游牧民,多数游牧民饲养骆驼和山羊、绵羊,但有少数人从事商队贸易,游牧民实际上控制了利润巨大的贸易和具有军事意义的沙漠通道。

半岛文明起源较早的地方是也门。在哈达拉毛地区,曾发现过与东非相似的石器。公元前14世纪,在也门陆续出现一些早期国家,以马因为先。马因的版图曾从南方的哈达拉毛延伸至北方的汉志和巴勒斯坦南部,其居民操古阿拉伯语,使用的文字最初为腓尼基字母,后改为希木叶尔文字。农业是马因的基础,其商业也十分发达,马因人打通了经半岛北部通往埃及、叙利亚的商道,从事香料和手工业品贸易,商道沿线还设有驿站。

也门的另一个著名国家是萨巴(赛伯邑),即《圣经》中的示巴,约建于公元前10世纪,强盛时期拥有辽阔的版图。该国与半岛其他国家频繁发生战争,于公元前540年吞并了盖太班王国和哈达拉毛王国,统一了半岛。萨巴的农业和工程建设发达,马里卜水坝闻名遐迩,它与埃及、两河流域、波斯、印度、希腊和罗马有着密切的贸易关系。

在阿拉伯半岛东海岸地区,发现过公元前8000年(阿曼和科威特)和前6000年(卡塔尔)的史前文化遗存。此外,这里的居民与外界保持着密切的联系,如科威特的萨比耶遗址即属两河流域的欧贝德文化。在海湾的早期文明中,迪尔蒙(巴林)文明是一颗明珠。它在约公元前3000年发展成为古代世界的贸易中心之一,连接了两河流域、海湾和印度,其贸易货物包括硬木、象牙、天青石、黄金、玛瑙、珍珠、贝壳、银、铜锭、纺织品、橄榄油和谷物等。

位于阿曼湾沿岸的马干是另一个贸易中心。它是两河流域铜和制作雕像的闪长岩的来源地,并与印度和东非进行铜贸易。约公元前2500年,海湾地区开始出现农耕文明,例如阿联酋的乌姆纳尔文明(至公元前2000年)。公元前3千纪末,海湾出现第一个王国——海国王朝,其版图从阿拉伯河口一直延伸到巴林群岛,前16世纪初为加喜特人所灭。

阿拉伯半岛南部盛产香料,主要是乳香和没药,用于宗教仪式、医疗、防腐和生产香水,它们大量向埃及和两河流域出口。因此汉志由南到北存在着一条香料之路。叙利亚沙漠中的绿洲主要有塔德莫,汉志地区从南到北有蒂姆那、杜玛、库拉亚、塔布克、塔伊马、哈伊勒、赫格拉、法达克、亚迪、德丹、哈伊巴尔和雅特里布(麦地那)。它们地扼南北的商道,成为阿拉伯部落争夺的中心。

　　考古学家在邻近亚喀巴的蒂姆那发现了公元前2千纪末的炼铜作坊,其产品大概是向埃及出口的。此后,亚述的扩张使其与阿拉伯人发生了正面接触。公元前738年,亚述接受了阿拉伯"女王"扎比贝的贡礼,以便利用汉志阿拉伯人控制西奈沙漠和商道。但阿拉伯人经常卷入列万特和巴比伦反对亚述的行动,因而时常与亚述处于战争状态。公元前600年,尼布甲尼撒二世进军沙漠,掠走了阿拉伯人的神像。新巴比伦末王那波尼杜曾在塔伊马绿洲居住了10年,完全控制了香料之路的贸易。①

---

① M.C.A.MacDonald, "North Arabia in the First Millennium BCE", in Jack M.Sasson ed., *Civilizations of the Ancient Near East*, Vol. Ⅱ, New York, 1995, p.1357.

第 二 章

东西方古老帝国文明在中东的
冲突和融合

第一节　波斯帝国与中东多元文明的交汇

一、波斯帝国的文明秩序

与米底人同时进入伊朗的波斯人于公元前 8 世纪迁入法尔斯地区,可能受埃兰人某种形式的统治。公元前 700 年,波斯人首领阿黑门尼斯(公元前 700—前 650 年)以安善为中心建立了波斯王国,独立性开始加强。其子铁伊斯佩斯(约公元前 650—前 620 年)始称安善王,后其子居鲁士一世(公元前 620—前 590 年)继位。据希罗多德所记,当时波斯人分为 10 个农业部落和 4 个游牧部落。波斯王国主要由阿黑门尼德家族的两个支系统治,即居鲁士一世的后代(安善王)和阿里阿拉姆涅斯的后代(波斯王),居鲁士二世称王后开始独占波斯王位。

在波斯走向政治独立之时,东面的讲阿维斯陀语的雅利安人则在文化上做出了卓越的贡献。当时东伊朗原住民的文化已经衰落,因而东伊朗的雅利安部落受土著文化影响较小,更多地保存和发展了纯正的雅利安文化,在政治上则长期处于酋邦阶段,未能建立起强大的王国。然而,东部雅利安人从传统雅利安多神宗教中发展出了祆教。一般认为祆教产生于公元前1000年以前,前7世纪以后在西部伊朗也得到传播,成为体现米底人和波斯人文化特色与民族认同的宗教。事实上,东方的阿富汗也是祆教早期活动的重要地区,而且是创教者琐罗亚斯德可能的诞生地之一,当地盛行祆教甚至早于伊朗西部。①

祆教又名琐罗亚斯德教,主要经典为《阿维斯陀》。它强调对火的崇拜,把后者作为光明之神阿胡拉·马兹达的象征,因此传到中国被称为拜火教。它在许多方面都不同于中东传统宗教:(1)主张善恶二元论。善神阿胡拉·马兹达代表光明、正义、男性,恶神阿里曼代表黑暗、邪恶、女性。这实际上是雅利安人在社会变迁中定居农耕部落与游牧部落之间斗争的反映。(2)强调个人的主观能动性。提出命运决定人的物质状况,而行为决定人的精神状况;在善恶之争中,人有自由选择的意志,能协助善神取得胜利。(3)反对偶像崇拜。火庙中没有偶像。(4)主张灵魂转世和末日审判。人死后将接受审判,善者进天堂,恶者入地狱,但在末日降临时他们均须通过最后审判,无论善恶灵魂均可复活。(5)主张千年王国。善与恶斗争的历程即世界创造和劫灭的过程,分为四个阶段,各为一千年。第一阶段为静止阶段;第二阶段,善神马兹达创造物质世界;第三阶段,马兹达战胜恶魔,琐罗亚斯德诞生;第四阶段,琐罗亚斯德指定儿子为救世主,后者指引人类进入光明王国。(6)具有精英主义和等级主义的倾向。祆教教义重视秩序、合法性与和谐,火庙根据种姓而划分为三类,分别供祭司、贵族和农民使用。

米底末王阿司提阿该斯(公元前585—前550年)时期,波斯王国与米底帝国建立了联姻关系,这有利于波斯的发展。波斯国王冈比西斯一世(公元前590—前559年)娶米底公主芒达妮为妻,二人所生之子就是创建波斯帝国的居鲁士二世(居鲁士大帝)。据希罗多德的《历史》记载,米底王阿司提阿该斯曾做怪梦,宫廷祭司解梦说芒达妮所生之子将会夺取他的王位,然而奉命杀死居鲁士的宫廷总管擅自留下婴儿收养,成就了这位一代名君。

---

① 参见元文琪:《二元神论——古波斯宗教神话研究》,中国社会科学出版社1997年版,第97—101页;龚方震、晏可佳:《祆教史》,上海社会科学出版社1998年版,第150页。

居鲁士二世(公元前559—前530年)继位波斯国王后,对内进一步统一了波斯各部落并兴建都城帕萨加第。公元前553年,因米底贵族反叛,居鲁士起兵进攻米底,于公元前550年攻占米底都城埃克巴坦那,与波斯人同种同文的米底人成为波斯扩张的有力支持。公元前546年,居鲁士灭吕底亚,随后征服了小亚细亚沿海的希腊诸城邦。公元前539年,居鲁士又集中兵力进攻新巴比伦,巴比伦城内的祭司、商人献城投降,国王那波尼杜沦为阶下囚。此前,居鲁士也把注意力转向东方,征服了中亚南部、阿富汗大部,以阻止草原游牧民族对帝国的威胁。但在公元前530年出征马萨革泰人途中,他战败被杀。

居鲁士死后,其子冈比西斯二世(公元前530—前522年)继位。在稳定了中亚局势之后,便着手进攻埃及。他利用腓尼基人建立了海军,并争取到阿拉伯人为大军过境西奈提供方便。公元前526年,冈比西斯率军攻入埃及,到公元前525年基本占领埃及全境,并建立了埃及第27王朝——波斯王朝。正在此时,传来了他的弟弟巴尔迪亚自立为王的消息。据说,冈比西斯派人杀死了巴尔迪亚,自称为巴尔迪亚的祆教权僧高墨塔篡位。公元前522年,冈比西斯在返回波斯途中去世。

高墨塔篡位对帝国造成重大冲击,许多地方发生叛乱。阿黑门尼德家族的旁支成员大流士在大贵族的支持下处死高墨塔,登基为王。大流士一世(公元前522—前486年)用了一年多的时间,镇压了各地的起义和叛乱,巩固了濒于瓦解的帝国。他把平定高墨塔政变的经过,用古波斯文、阿卡德文和埃兰文三种文字镌刻在埃克巴坦那西面的贝希斯敦山崖上,此即著名的《贝希斯敦铭文》。公元前517年,大流士开始对外扩张,征服了印度河流域和爱琴海上的若干岛屿;约公元前513年,越过赫勒斯滂海峡,占领了马其顿和色雷斯,并讨伐了黑海北岸的西徐亚人。

长期以来,许多西方学者指出,根据大流士铭文和基于此的希罗多德记载所述的高墨塔动乱过程存在重重疑点,认为大流士所杀的其实正是巴尔迪亚本人。[①] 无论历史真相如何,大流士在巩固帝国、加强中央集权方面的

---

① 参见 Amelie Kuhrt, *Ancient Near East, c.3000－330BC*, London and New York, 1995, p.665;李铁匠:《大漠风流》,云南人民出版社2001年版,第53—55页。

功绩是巨大的,他是波斯帝国真正的开创者。大流士时代的波斯帝国是世界历史上第一个地跨欧亚非的大帝国①,其疆域西北达马其顿,西南到埃及,东北到粟特,东南至印度河口,面积约 500 万平方公里。波斯帝国是在铁器时代迅速崛起的帝国,它标志着中东边缘地区的文明终于完全超越原有的文明中心埃及和两河流域而成为主导文明,生产力的发展为更大规模的对外交往提供了坚实的经济基础和更有效的政治、军事力量。帝国内生活着众多的民族,西方学者将这个稳定的庞大帝国称为 Pax Achaemenica("阿黑门尼德治下的和平")或 Pax Persia("波斯治下的和平",也可意译为"波斯秩序")。我们用文明交往的视角,可称之为"波斯帝国的文明秩序"。

二、波斯帝国的内部交往

波斯在短短几十年内,就从一个部落邦国发展到地域王国,再扩张为一个版图辽阔、民族众多的跨洲帝国。如此迅速的变化对帝国统治构成了严峻的挑战。为了巩固统治,居鲁士和冈比西斯奉行了宽松的民族宗教政策。例如,米底、巴比伦和吕底亚的贵族都享有很多特权;在承认波斯人统治的前提下,各地旧有的统治方式基本上都保留下来;被征服地区居民的负担一般也较轻,一些过去被迫迁居异地的民族如犹太人等获准返回故乡;对爱奥尼亚希腊人的内部事务也很少干涉。在宗教方面,居鲁士亲自前往各地的神庙献祭,重修神庙,保留祭司和神庙的特权和利益。上述措施为帝国赢得了广泛的支持。不过,在居鲁士和冈比西斯时期,小亚细亚西部、埃及仍然爆发了叛乱。

从公元前 518 年起,大流士根据亚述帝国的经验,实行了一系列重大改革,完善了帝国统治。此后帝国的政治军事制度具有如下特点:

第一,宣扬君权神授和帝国的波斯性。《贝希斯敦铭文》强调大流士是受阿胡拉·马兹达庇佑获得王权的,因此君主专制具有神圣性和合法性。从阿塔薛西斯二世(公元前 404—前 359 年)开始,在帝国各省的省

---

① 日本学者谢世辉将横跨三大洲的帝国如波斯帝国、亚历山大帝国称为"大帝国"。参见谢世辉的《世界历史的变革——向欧洲中心论挑战》,蒋立峰译,人民出版社 1989 年版。

波斯帝国皇宫帕赛波利斯遗址

会建立了祆教的战争女神阿娜希塔的神庙，它们也加强了外省波斯社团的凝聚力。同时，皇室铭文也一再指出皇帝是波斯人，波斯的福祉是皇帝的首要大事。

第二，建立完善的中央政府和司法制度，遏制大贵族的权力。大流士在中央设立了由国王直接领导的最高行政机构——王室办公厅，处理各类行政事务及沟通中央和地方的联系。皇帝也掌握最高立法权和司法权，他的意志和命令就是法律。中央和地方分别设有高等法院和地方法院。皇帝也亲理国政，审理臣民的诉讼。另外，大流士也设法剥夺曾经帮助他夺权的大贵族的特权，如册立阿黑门尼德家族的后嗣而非与大贵族联姻的后代为太子，对擅闯皇宫的大贵族实行灭族等，这对传统的部落贵族是一个沉重打击。

第三，大兴土木，另建新都。大流士在波斯省兴建了宏伟华丽的帕赛波利斯作为新都，它显示了帝国的实力和富有。帝国还有三个首都，即苏撒、埃克巴坦那和巴比伦，这些首都加强了中央政府对相关省份的控制。

第四，建立行省制。帝国设立了20多个行省，省长称为萨特拉普，由国王任命，负责行政事务和向途经本省的军队提供粮草；另有国王任命的军事长官掌握行省军权；财政官控制各省国库，直接向皇帝负责；监察官则是"国王的耳目"，负责监视行省的军政官员。行省办公厅的官员处理日常事务。行省的最高军政职务通常由波斯人担任。

第五，修建了连接帝国各地的"御道"。其中最著名的路线是由苏撒到小亚细亚以弗所的道路，另有一条道路从巴比伦经波斯直达大夏和印度边境。御道沿途每隔25公里就建有驿站，为过往的政府使节提供粮草和食宿，在重要的山隘和渡口还设有驻军。御道保证了军队的迅速调遣和情报的快速传递，驻军则有效地维持了帝国的秩序。

第六,奉行软硬兼施的地方政策。波斯皇室和贵族均与地方贵族联姻。在省以下官僚机构中,有大批地方贵族充任各级官员,巴比伦贵族贝利西斯甚至担任过省长。原有的城市自治和乡村机构也基本保留下来了。在河中、吕底亚、大夏—粟特等行省,还存在着一些地方自治实体,如耶路撒冷的犹太社团。帝国对游牧部落也高度重视,阿拉伯人获得免税特权,负责保护商队安全;西徐亚人则被编入军队。另外,各地的传统宗教兴盛如常,地方法律制度也继续存在。但是,地方社团仍然受到中央的控制,反叛社团可能被驱逐到其他地区,其神庙则遭到无情的摧毁。

第七,完善的军事制度。大流士将帝国划为五大军区,大军区军事长官负责几个行省的军务;实行义务兵役制,战时所有 15 至 50 岁的男子均须服役;军队分为御林军、常备军(由波斯人和米底人组成,驻守战略要地)、地方部队(由不同民族组成的屯垦兵,负责地方治安)和一支特殊的波斯人精锐部队"万人不死军";军队的兵种多样,陆军包括步兵、骑兵、象兵、战车兵和工兵。

在经济上,大流士也确立了一套基本制度,采取了一些重要措施:

第一,在各行省及地方,根据地区、居民和行业的不同确定不同数量和种类的赋税。服兵役的波斯贵族免税,一般波斯人只交实物税,免交货币税,其他民族则无此豁免;农民除交税外,还要服各种劳役及为地方驻军提供给养。一些农民以服兵役为条件可以获得军田,如马田、弓田、战车田等。城市手工业者和商人也要交纳各种赋税。边远地区的部落和地方小王国每年则要交纳贡金,奉献贡物。各行省的实物税用于支付各级地方官吏的薪俸,同时行省向中央上缴货币税和一些实物。帝国每年从各行省得到的货币岁入达 12480 塔兰特白银(合 400 余吨)。

第二,统一货币和度量衡。帝国建立前,西亚各地商品交换中使用的媒介主要是银块或实物。公元前 517 年,大流士根据吕底亚人的铸币,规定了帝国流通的三种铸币:金币"大流克",只有皇帝才可铸造,流通于帝国全境;银币"舍克勒"是主要使用的货币,各行省可自行铸造;铜币为某些自治市和地方统治者铸造和使用的货币。此外,大流士也制定了统一的度量衡标准。

第三,皇室和波斯贵族在各行省占有大片土地和水源。波斯中小贵族以土地为依托形成移民社团,这些土地均有军队把守,不但攫取了地方资源,而且确保了对地方的控制。

第四,修建连接尼罗河与红海的运河,进行从波斯湾到印度的航行。这些活动也有政治含义。另外,帝国也雇用擅长航海的腓尼基人和希腊人发展海上交通。

大流士的改革以前所未有的规模促进了帝国各地的经济联系和发展。在巴比伦,新的水利设施和来自波斯的新的农业技术推动了农业的发展,一些农作物由过去的一年一季改为一年两季。商业也高度繁荣。但受益最多的是波斯本土,随征服活动带到波斯本部的大量财富、大批战俘及各种先进技术,极大地推动了当地经济的发展。过去,波斯的定居人口不多,也没有中心城市,现在则定居人口迅速增长,兴建了帕萨加第和帕赛波利斯两个大城市。4 世纪末的希腊作家甚至把波斯描述为人间天堂,其富庶超过所有其他行省。

在文化方面,帝国政府也奉行多元统一的政策。一方面,它允许各地使用不同的语言,而没有把古波斯文强加给地方,后者仅限于宫廷诏令和碑铭。但另一方面,它也大力推动阿拉米语的使用,后者成为政府公文的主要用语,包括在原先不太使用的东部行省。在建筑和艺术方面,波斯与帝国各地也呈现出相互交往的局面。

波斯帝国建国前后一个显著的文化事实是西亚地区宗教和思想的突破性发展。除祆教外,犹太人的民族意识和宗教思想均有重大发展,尤其是其宗教律法体系基本形成。同时,它也从祆教中吸收了灵魂不灭、末日审判、赏善罚恶、彼岸世界等信条。

当代德国哲学家卡尔·雅斯贝斯在《论历史的起源与目标》一书中提出了一个影响广泛的命题。他宣称,公元前 800 年至公元前 200 年之间,是人类文明的"轴心时代"。这一时期各个文明都出现了重大的思想创新:古希腊的文学、哲学,以色列的先知,波斯的祆教,印度的《奥义书》和佛教,中国的孔子、老子等。这些思想同化和接收了古老的高度文化并向周边传播,它们标志着人类开始意识到自身的整体存在及其局限,创造了至今人们仍在思考的基本范畴,促成了世界宗教的萌芽。[1] 尽管有学者怀疑产生时间

---

[1] 《卡尔·雅斯贝斯文集》,朱更生译,青海人民出版社 2003 年版,第 133—141 页。

在此之前的祆教是否应列入其中,但波斯帝国时期无疑是祆教的重要传播时期,而犹太教也经历了新的发展。可见,波斯帝国一家就在轴心文明中占有两大创新,并与另外两个创新(希腊和印度)重迭,波斯成为与希腊、印度、中国并列的世界四大文明中心,它们形成了"各自独特的哲学观念和社会制度"。①

祆教和犹太教的思想具有如下特征:主张二元神和一神论,提出神创论;以天堂地狱说和复活说为特征的终极关怀体系,表现出一定的"集体救赎"观念;反对偶像崇拜和祭神求福,注重伦理观念;形成广泛地指导、规范社会政治经济生活、内部自治的紧密型宗教社团,以及高度的政教合一国家;在社会观上,祆教主张精英主义和等级主义,而犹太教具有普世主义(上帝可以救赎其他民族)和平等主义倾向。此外,犹太教还最终形成了在思想和组织上都独立于国家的强大的民间教会机构。上述新的思想和组织特征为以后中东的世界宗教所继承和发展。②

三、波斯帝国文明的对外交往

波斯帝国的建立使游牧的波斯人第一次站在西亚—地中海区域的中心,来进行与外部世界的交往。以农业—耕作文明为主的波斯帝国,所面对的是西边以海洋—贸易文明为特点的希腊世界和南北边以游牧为主的欧亚草原部落(北高加索的西徐亚人、中亚北部的马萨革泰人)和沙漠部落(阿拉伯人)。

波斯帝国本身控制了西亚的交通干线(未来的绿洲丝路和海上丝路),享有贸易之便及其巨额利润。而北方的游牧部落则主宰了东西方的草原通道(未来的草原丝路),阿拉伯人控制了与埃及、东非和两河流域的贸易。建国后,帝国通过战争及和平交往与阿拉伯人建立了互利关系,控制了西徐亚人,将帝国的领土扩大到中亚,建立了花剌子模、大夏—粟特和阿里亚等行省,从而大体上稳定了南北边境。

---

① [美]斯塔夫里阿诺斯:《全球通史:从史前史到 21 世纪》(第 7 版),董书慧等译,北京大学出版社 2005 年版,第 86 页。

② 黄民兴:《试析上古中东宗教发展的特点》,《唐都学刊》2006 年第 3 期。

　　但在西边,波斯帝国与希腊处于直接对峙中。首先,对列万特、小亚细亚、巴尔干和色雷斯的占有使帝国掌控了东地中海、包括沿海的希腊城邦,并对希腊本土形成两面包抄之势;借助腓尼基人的帮助,波斯人已经具备了进行海上交往的军事和经济能力,对希腊人的政治统一和贸易利益构成严重挑战。其次,希腊各城邦的奴隶制已发展到极致,其内部已经没有发展空间,必须走向外部,进行更大规模的交往才能摆脱困境。以雅典为首的一些希腊城邦决心以武力对抗波斯。最后,腓尼基人希望依靠波斯的支持夺回在东地中海的商业利益。

　　东西方之间通过战争交往进行的第一次正面较量终于不可避免。希波战争拉开了波斯帝国与希腊城邦战争交往的序幕,亚历山大帝国的建立则是这场交往的大结局。

　　希波战争的起因是米利都暴动。公元前 499 年,以米利都为首的爱奥尼亚城邦发动反波斯叛乱,并焚毁了萨迪斯城。希腊本土的城邦雅典和爱勒特里亚派舰队前来支持,开始了希波战争的第一阶段。到公元前 493 年,大流士军队驱逐了雅典军队,镇压了反叛的城邦。此后,大流士先后两次率军入侵希腊:公元前 492 年,因海军在阿陀斯海角覆没而退兵;公元前 490 年,波斯陆军进占阿提卡,在马拉松战役中受到雅典重创,被迫撤回。公元前 480 年,薛西斯统帅水陆大军 50 余万、战舰 400 多艘亲征,温泉关战役后攻入雅典。但在公元前 480 年的萨拉米海战、公元前 479 年的普拉提亚战役及米卡尔角海战中,波斯军队连遭败绩,第三次进攻又告失败。公元前 479—前 449 年,战争进入第二阶段,雅典采取攻势,组织各城邦建立提洛同盟,进一步肃清波斯在小亚细亚沿海的势力。公元前 449 年,波斯与雅典谈判签订和约,波斯承认小亚细亚各希腊城邦的独立,并承诺不再派军舰进入爱琴海,希波战争以希腊的胜利宣告结束。

　　希波战争在世界历史上具有重要意义。世界文明发展的格局从此逐渐演变为东西方并立共处之势,并延续至今。

　　希波战后,雅典与斯巴达之间矛盾激化并发展为内战,波斯主要支持斯巴达。但斯巴达在希腊内战后成为希腊城邦的新霸主,并公开支持小居鲁士起兵与阿塔薛西斯二世争夺王位,且在小居鲁士失败后出兵小亚细亚的波斯行省,企图使当地摆脱波斯统治。公元前 394 年,波斯在小亚细亚沿岸的克尼达斯海战中大败斯巴达舰队,使其丧失了海上霸权。公元前 387 年,两国在苏撒签订了《国王的和约》,规定小亚细亚诸希腊城邦及塞浦路斯归波斯;其他希腊城邦享有自主权。波斯在希波战争结束 60 余年后,再次获得了对小亚细亚希腊城邦的控制权,但希波关系的基本格局并未发生重大变化。

在波斯帝国内部,衰落的趋势逐渐显现。尽管帝国的建立为对内对外的经济和文化交往创造了巨大的空间,但帝国仍然存在一些不可克服的矛盾,这表现在以下方面。首先,皇室内部存在争夺继承权的斗争。从大流士二世(公元前 423—前 405 年)到末帝大流士三世(公元前 336—前 330 年),几乎每一个皇帝在继位时都会出现问题,这无疑对皇权的稳定造成影响。其次,民族和社会矛盾导致了各地频繁和长期的叛乱、动荡。埃及先后发动了三次起义,并于公元前 404—前 343 年建立了埃及人的第 28—30 王朝,脱离帝国统治达 60 年;巴比伦(公元前 480 年)和西部各行省(公元前 366—前 359 年)都发生过大规模叛乱。

波斯帝国的建立不完全是军事征服的后果,而是在近东古代文明发展的基础上,农耕世界与游牧民族及不同文化之间的一次大综合,帝国由此形成了一套较为完整的管理制度,并为以后的帝国所继承。[1] 但是,这个老大帝国在很大程度上确实又是依靠武力维系的,一旦初期政治上的锐气丧失,随之而来的便是军事上的失利和帝国的解体。

第二节　亚历山大与中东的希腊化世界

一、亚历山大东征的后果

公元前 4 世纪,马其顿逐渐成为希腊各城邦的统一力量,并企图对外扩张,掠夺东方的财富。公元前 334 年春,年轻的亚历山大接替父王腓力的马其顿国王王位,率步兵 3 万、骑兵 5000、战船 160 艘越过赫勒斯滂海峡,入侵

---

① 黄民兴:《关于上古中东帝国的几个问题》,《西北大学学报》2000 年第 4 期。

波斯。

公元前334年,马其顿军队在马尔马拉海南岸的格拉尼库河附近与波斯军队初次交锋,大获全胜。公元前333年,亚历山大率部直逼叙利亚,与大流士三世亲临指挥的10万波斯大军在伊苏斯会战,马其顿人再次获胜。此后,马其顿军队南下进攻地中海沿岸港口,在腓尼基的推罗遭到顽强抵抗,经7个月的猛攻才得手,城内男子惨遭屠杀,妇孺被卖为奴。当年11月,马其顿军队进入埃及,受到当地祭司的欢迎,亚历山大被称为"阿蒙神之子"。公元前331年,亚历山大与大流士三世的20万军队在巴比伦城以北的高加米拉展开最后的大决战,取得决定性胜利。之后,马其顿军队占领帕赛波利斯,纵火焚烧了这座宏伟的都城。大流士三世兵败东逃,于公元前330年在中亚被部将所杀,波斯帝国宣告灭亡。

然而,亚历山大的使命并非轻松。马其顿军队向帝国的东部省份继续推进,于公元前330年到达中亚。在这里,马其顿人遭到当地部落的凶猛抵抗。历经3年战斗之后,亚历山大于公元前327年进军印度西北部。当地人的不屈抵抗、酷暑、暴雨和瘟疫使马其顿军队疲惫不堪,亚历山大被迫于公元前326年回师,于次年抵达巴比伦。

亚历山大东征的结果是建立了一个地跨欧亚非三大洲的空前的大帝国。亚历山大有"世界帝国"的思想,即把所有臣民都统一为一个民族。尽管他的征服相对顺利,但波斯帝国各地民众的激烈反抗证明,上述想法的实现将面临重重困难。精明的马其顿君主采取了下述手段:

第一,建城移民。即在各地建立希腊城市,大批迁入希腊移民,包括商人、行政官员、专业人员、教师和雇佣兵。亚历山大在埃及的尼罗河入海口,亲自勘选了以他本人命名的亚历山大城址,作为统治埃及的中心。这是他在东方建造的第一座城市,而他先后在中东建立了20多座城市,最远的在粟特。这些城市地处主要商道,既有战略意义又有商业价值。

第二,笼络贵族。在巴克特里亚,亚历山大与贵族奥克夏特的女儿罗克珊娜和大流士三世之女斯塔提拉结婚。在他的带动下,有1万名马其顿军人与亚洲女子通婚。波斯贵族也被编入马其顿军队。亚历山大还将首都设在波斯旧都巴比伦。

第三,尊重东方宗教。亚历山大奉行宗教宽容政策。他在埃及拜谒阿蒙神庙,为女神伊西丝建庙,由此赢得了当地祭司的好感。[①]

第四,建立中央集权体制。亚历山大把马其顿—希腊与东方的政治传统相结合,建立了独特的专制君主政体。他以当地原有统治者的继承人自居,身着波斯、米底君王的袍服,采用波斯的宫廷礼仪。在地方上,基本沿袭了波斯帝国的行省制,但削弱了地方权力。各地总督除马其顿人、希腊人外也有不少当地人,但后者一般只负责民政事务。除巴比伦外,各行省原有的铸币权均被取消。亚历山大采用阿提卡标准铸造银币;金币则自创式样。从波斯金库中获得的金银被铸成货币投入流通,使征服地区的经济与希腊本土经济进一步融合。

亚历山大东征标志着东西方文明交往进入了一个全新的阶段。由此,作为中东边缘外围的地中海希腊文明与中东文明在一个帝国的范围内,实现了大规模的交流、碰撞和融合,而且亚历山大帝国沟通了西方世界所了解的所有主要文明(希腊、埃及、两河流域、中亚和印度),从而实现了古代欧亚大陆西部文明的全面交流。正如一位美国学者所说的:"亚历山大东征初步打开了古代世界的边界,从此,没有任何群体能够孤立于世界政治与文化的潮流之外。显然,这种现象会导致最初的困惑与焦虑,但最终却发展了世界公民的概念。"[②]

东征开创了历史上所谓的"希腊化"(Hellenism)时代,即公元前334年至公元前1世纪。它一般指亚历山大征服后的西亚、北非、中亚、南亚和希腊世界,包括他去世后建立的三个王朝(塞琉古王朝、托勒密王朝和安提柯王朝)。而从塞琉古中分裂出来的帕加马和巴克特里亚也是希腊化国家的组成部分,甚至帕提亚和罗马共和国都可以算作广义的希腊化国家。从字义上看,希腊化指希腊文明对东方的影响,其实这一时期地中海和西亚北非历史的基本特点是东西方文明的大交汇,以及东方各文明之间更加密切的交往。"希腊化"的术语反映出强烈的西方中心倾向。[③]

---

① 在亚历山大之前的希腊人是看不起东方人的。

② Menahem Mansory, *Jewish History and Thought*, Ktav Publishing House, 1991, pp.28–29.转引自张倩红:《以色列史》,人民出版社2008年版,第40页。

③ 在20世纪初期,西方学者开始提出"东方化时代"(The Orientalizing Period)的概念,指古代希腊艺术深受东方世界的影响,尤其是从公元前750年到前650年的一个世纪里。参见陈恒:《美索不达米亚遗产及其对希腊文明的影响》,《上海师范大学学报》2006年第6期。

二、希腊化世界内部的文明交往

公元前 323 年,亚历山大病故,他一手建立的庞大帝国立即解体,马其顿将领展开了混战。公元前 301 年后,在原有帝国的版图内形成了三个各自独立的王国,即安提柯王朝统治下的马其顿、塞琉古王朝(公元前 305—前 64 年)统治下的西亚和托勒密王朝(公元前 305—前 30 年)统治下的埃及。公元前 247 年和前 250 年,阿富汗的巴克特里亚(公元前 250—前 140年)和波斯的帕提亚(公元前 247—公元 226 年)先后脱离塞琉古宣布独立;在小亚细亚,帕加马(公元前 284—前 133 年)也成为独立王国。

托勒密王朝以埃及为主体,最强盛时领土还包括南叙利亚、巴勒斯坦、小亚细亚西南部、色雷斯和赫勒斯滂沿岸地区及地中海的一些岛屿,首都为亚历山大城。塞琉古王朝的建立者是塞琉古一世(公元前 305—前 280年),在巅峰时领土囊括了除埃及、印度和腓尼基以外的原波斯帝国的版图,其首都设在安条克(今土耳其的安塔基亚),故中国史书称为条支。另外,底格里斯河上的塞琉西亚和埃克巴坦那也是首都。因此,一般史书将塞琉古王朝称为"叙利亚王国"并不准确。巴克特里亚王国(中国史书称大夏)的版图还包括阿利亚、粟特和马尔吉安纳,其首都为巴克特拉。

事实上,希腊自古以来即与中东有着密切关系,甚至被 1974 年版的《新英国百科全书》列入"古代近东"范围。但在希腊化以前,希腊在中东地区的地理和文明中处于边缘地位,它更多地是从近东尤其是埃及和两河流域汲取先进文明的影响,文明交往主要呈现单向性,例如在字母文字和文化方面。① 同时,希腊文化也在向中东输出。希波战争中,波斯把大批希腊战俘、居民迁往帝国各处,这些人成为希腊文化的传播者,以至于波斯帝国后期出现了所谓"前希腊化文化"。②

在此基础上,希腊化时期中东的文明交往呈现出一些新的特点:

---

① 黄民兴:《试论古代两河流域文明对古希腊文化的影响》,《西北大学学报》1999 年第 4 期。

② 彭树智主编,王新中、冀开运著:《中东国家通史·伊朗卷》,商务印书馆 2002 年版,第 86 页。

　　第一,文化交融是军事征服的后果。这种情况在世界历史上十分常见,但在希腊化时代更是如此。因为作为马其顿征服的后果,希腊文化在亚洲的传播范围极为辽阔(东及中国),这对于一个小民族来说是不同寻常的;并且这种传播带有强制性和殖民性,同时表现出某种游离性的特点。

　　希腊文化主要存在于在东方建立的、享有某种自治地位的希腊城市(polis)中。在托勒密王朝统治下的埃及,主要有亚历山大、诺克拉第斯和托勒迈伊三座希腊城市。在西亚,塞琉古一世就兴建了24座城市。这些城市不复是以往的希腊城邦,而从属于希腊化王国。它们从城市规划、建筑风格、机构设置上看均为希腊式的,拥有希腊式的行政院、市政机构、人民大会、学校、剧院、祭坛、神庙和体育馆,居民主要为希腊人。即使是定居在中东原有城市(如巴比伦)中的希腊人,他们也多形成独立的社区,而与当地人相隔离。[①] 此外,塞琉古君主在东方推行强硬的希腊化政策。在埃及,托勒密王朝规定仅希腊人拥有公民权。[②] 在小亚细亚,帕加马的希腊文化尤其是雕塑高度发达(如宙斯神庙前的大祭坛及其上的浮雕),城中的图书馆藏书达20万册,仅次于亚历山大城图书馆。

　　在所有希腊城市中,保存最完整的是1962年发现的被称为“城市之母”的巴克特拉,位于阿富汗喷赤河与考恰克河交界处,当地人称为“阿伊哈努姆”。该城市有居民区、行政区、剧场、军火库,以及五彩缤纷的华美浴池和圆柱式神殿。阿伊哈努姆遗址集中反映了希腊巴克特里亚文化的特征:西方希腊文化同东方波斯、印度和阿富汗本土文化的交融。它一方面有希腊神话、建筑、语言和格言;另一方面又有阿黑门尼德式建筑、神祇、阿拉米语和佉卢语,以及祆教、印度教、佛教的存在。它的艺术为希腊风格所支配,但同时也受到波斯、印度和中国的影响。[③]

　　第二,文化交往从以往的单向性发展为双向性。即落后文明对先进文明的影响大大加强。在中东,第一次大规模地引进了以希腊为代表的西方

　　① R.J.van der Spek, “The Babylonian City”, in Amelie Kuhrt & Susan Sherwin-White eds., *Hellenism in the East: the Interaction of Greek and non-Greek Civilization from Syria to Central Asia after Alexander*, University of California Press, 1987, pp.57－74.

　　② 刘文鹏:《古代埃及史》,商务印书馆2000年版,第611页。

　　③ 彭树智、黄杨文:《中东国家通史·阿富汗卷》,商务印书馆2000年版,第48、49页。

文明,而主要的文明形式有巴比伦、波斯和希腊文化。[1] 同时,以西亚北非为代表的东方文化向希腊的输出也空前加强,例如中东的天文学、占星术和宗教。

第三,文明中心从以往多数地处内陆的帝国首都和城邦(底比斯、巴比伦和雅典等)迁移至地处欧亚大陆交界处和沟通波斯湾与地中海的水系、交通便利的新兴大城市或首都(地中海滨的亚历山大、安条克、帕加马和罗得岛,底格里斯河畔的塞琉西亚等)。

这些新兴城市虽然地处古老的埃及、叙利亚、小亚细亚和两河流域,但已经是希腊化城市,并且位于地区交通的枢纽,便于与希腊的交通,因而发展成为希腊化世界的政治、经济和文化中心。托勒密王朝的亚历山大城尤其突出,其博物院包括图书馆、天文台、动植物园、展览厅、讲演堂、餐厅、宿舍等设施,王国向来访学者提供优厚待遇。它先后接待过许多极负盛名的希腊学者,如卡里马库斯、阿波罗尼乌斯、忒奥克里图斯、欧几里得、埃拉托色尼等。亚历山大城图书馆藏书达 50 多万册,几乎包括了所有古代希腊著作和部分东方典籍。在西亚,塞琉古首都安条克有人口 50 万,底格里斯河畔的塞琉西亚人口达 60 万,后者成为巴比伦尼亚重要的政治、军事和贸易中心。

相比之下,雅典等希腊城市虽然初期因对外贸易的扩大而呈现繁荣,但随着公元前 3 世纪末希腊海外移民浪潮的终止,在中东的希腊移民经济逐渐独立,希腊本土的外贸陷入困境。商业萎缩和人口过剩引发了贫困,许多城市也重新出现了内部纷争而日趋衰微。同时,希腊城市对东方原料的依赖也不断加深。因此,大批希腊人,包括知识精英移民到中东的希腊城邦。在中东,巴比伦在亚历山大帝国和塞琉古帝国时还曾是首都,但最终让位于邻近的塞琉西亚(和后来的泰西封),人口不断减少;到萨珊帝国时期,这座一度声名显赫的城市已经沦为废墟。以巴比伦为代表的古老的中东楔形文字文明趋于衰落,取代而之的是字母文字文明(阿拉米文明、希腊文明)。

第四,文化交往的趋势是纯粹的东方文化和希腊文化的消失,取而代之的

---

[1] Amelie Kuhrt, "Berossus' *Babyloniaka* and Seleucid Rule in Babylonia", in Kuhrt & Sherwin-White eds., *Hellenism in the East*, p.144.

是融合型的文化。这一时期东西方文明的交流和融合表现在以下领域:

政治领域——希腊化国家继承了亚历山大的统治方式,政治体制更多地带有东方色彩。在埃及,托勒密王朝建立了以国王为首的中央集权制。国王把埃及视同私产,其权力超过了从前所有的马其顿国王;他们生前死后都被奉作神明崇拜(如安条克四世自称"埃皮法内斯",即"显应之神"),国王的祭拜庙遍布全国各地。[①] 国家主要依靠马其顿人、希腊人进行统治。托勒密王朝保持了以往的州—县—村三级行政体制,均设专门的官吏管理。在州里,真正掌握实权的是由希腊—马其顿人担任的将军,他兼顾司法事务,财政事务另由财务官主持。祭司集团的地位开始下降。国王掌管宗教大权,神庙土地收归王室。

塞琉古王朝的政治体制承袭波斯帝国之制,表现出浓厚的东西融合的色彩。在血统上,第二位皇帝安条克一世(公元前280—前261年)即为混血儿,以后的一些国王继续与小亚细亚的原波斯皇室成员联姻,从而加强了政治合法性。王朝的君主亦称王权神授,宫廷采用波斯礼仪。帝国的官僚机构相当复杂,宫廷设宰相、议事会、秘书处,地方设20—26省,各省高级官吏设置同托勒密王朝。

尽管作为最高统治者的希腊人建立了独立的城市,但新发现的资料说明,在政权里的中下层官员(如埃及的州长)、军官和法官包括了大批当地人,后者有时甚至身居高位。西亚城市仍然保留了自治地位,市政官员、财政官员和将军直接向国王负责,连巴比伦的神庙长老也直接与皇帝联系,这些都削弱了省长的权力。塞琉古国王的建筑铭文、印章及其对地方宗教的尊重等均说明,君王们在竭力模仿地方统治者的言行。更有趣的是,巴比伦的希腊祭司、历史学家贝罗苏斯著的《巴比伦史》把塞琉古帝国视为两河君主传统和文明的传人,它与托勒密埃及的希腊祭司马尼托所著《埃及史》完成了马其顿—希腊统治者与近东政治传统的同一化过程。[②]

司法领域——在埃及,存在着希腊城市法(也负责农村的希腊居民)和土著民族法两种并行的法律,二者相互影响,但前者逐渐取得主导地位。在

---

① 沈坚:《关于希腊化时代的历史考察》,《史学集刊》1992年第3期。
② Amelie Kuhrt, "Berossus' *Babyloniaka* and Seleucid Rule in Babylonia", p.55.

当地的希腊城市中,则完全通行自己的法律。①

经济领域——在托勒密王国,国王是埃及所有土地的最高所有者,但私人土地制有了明显发展,引进了新的作物、家畜和耕作方法,大量农产品开始出口。国家也控制了手工业,希腊商人也首次引进了铸币,发展起银行业务。在塞琉古王国,出现了征服者的大土地制和城邦公民土地制。②

语言领域——希腊化时期是中东语言发生重大转折的时期,即由繁难的早期古代语言(埃及文字和两河的楔形文字)向字母文字(如希腊语和阿拉米语)全面过渡的时期。西亚语言吸收了希腊语的部分词汇,当地人还部分使用了希腊姓氏,广为流行的阿拉米语与希腊语同为塞琉古的官方语言。阿卡德语则一度被用于王室奠基铭文。在埃及,原有的文字发展为采用希腊字母的科普特语,并为后来的基督教徒所使用。同时,部分希腊人也学习当地语言(埃及的克娄巴特女王即会说埃及语),以方便经商或掌握当地的某种特殊技能,还有少数文化人甚至向外界宣传埃及的文化。曾经是中东通用语言的阿卡德语到公元前1世纪时作为宗教和天文用语已被放弃,楔形文字从此成为死文字。

民族成分——希腊化推动了希腊人大量向中东移民,直到公元前3世纪末移民浪潮才逐渐平息。在中东的希腊人主要居住在城市,埃及的希腊城市法禁止其居民与土著人通婚。但实际上,托勒密和塞琉古的许多君主均为混血,如著名的埃及末代女王克娄巴特。血缘和姓氏的混杂改变了希腊人的含义,"谁有希腊的思想观点,不论是什么国籍都可以是希腊人"。③

艺术领域——西亚艺术吸收了希腊艺术的风格,如货币上使用希腊图案,建筑物上则出现了希腊式圆柱(巴比伦尼亚的尼普尔的宫殿即为一例)。但总而言之,东方风格仍然保持了主体地位。例如,公元1世纪的帕提亚建筑已把希腊风格仅仅作为一种装饰,希腊式圆柱演化为半圆柱形的点缀。④ 同时,希腊也吸收了中东的文化元素,前者的镶嵌画中出现了许多有关尼罗河的作品,以及埃及洪水节的主题等。

---

① 刘文鹏:《古代埃及史》,第593—594页。
② 沈坚:《关于希腊化时代的历史考察》。
③ [以色列]阿巴·埃班:《犹太史》,阎瑞松译,中国社会科学出版社1986年版,第71页。
④ 彭树智主编,黄民兴著:《中东国家通史·伊拉克卷》,第67页。

　　史地、文学领域——巴比伦有悠久的修史传统,亚述编年史素负盛名。这一传统并未因希腊人的统治而失传,塞琉古时期的著作有反映巴比伦观点的《迪奥多查伊编年史》,贝罗苏斯的《巴比伦史》则是官方立场的作品,埃及的类似著作有马尼托的《埃及史》,后者为埃及上古史确立了沿用至今的王朝划分体系。希腊人还在其著作中大量介绍了埃及的历史、地理,许多埃及的文学作品因希腊人的翻译得以传世。

　　天文学——巴克特里亚国王弥兰陀创立了一种希腊纪元。同时,埃及的历法也对希腊产生了重大影响,后者采用了埃及的太阳历,一年分 12 个月,每月 30 天,另加 5 天。在巴比伦广为流行的占星术在这一时期也传入了希腊,所不同的是,巴比伦主要利用占星术来预测国王吉凶和国祚大事,而希腊人则将巴比伦占星术用于预言个人命运的一面。[1]

　　宗教领域——在埃及,希腊化君主建立了希腊神庙。但他们对东方宗教也相当尊崇(只有巴勒斯坦的犹太教例外)。据说亚历山大曾下令修复巴比伦的马尔杜克神庙。在埃及,他还朝拜了锡瓦的阿蒙神庙。[2] 托勒密王朝也重建或重修了埃及的许多神庙,当地的伊西丝崇拜盛极一时,并向地中海其他地区传播。塞琉古帝国的安条克一世的圆筒印铭文与新巴比伦国王的铭文一样,记叙了修建神庙之事。他也向月神奉献,其后的君主则支持巴比伦传统的新年节庆祝活动。[3] 普通希腊人也是如此。在埃及,他们前往神庙朝拜,向当地的神灵祈福,甚至有人用本地神灵如伊西丝和荷鲁斯的名字作为自己的名字。

　　宗教大动荡、大融合也反映在其他方面。例如,埃及的希腊人将阿蒙神认同于宙斯,将荷鲁斯认同于阿波罗。同时,在希腊的神灵中出现了完全来源于埃及的贝斯神,它职掌免除灾难、保佑妇女生育。[4] 托勒密王朝时还创立了塞拉皮斯崇拜,它融汇了埃及与希腊的因素,成为王朝的保护神,并于公元前 3 世纪以后传播于海外。汤因比认为,由于希腊本土宗教的不成熟,希腊化政权融合不同信仰而发明宗教崇拜是为了“缓解宗教真空在希腊世

----

① 参见江晓原:《历史上的星占学》,上海科技教育出版社 1995 年版。
② 刘文鹏:《古代埃及史》,第 580—581 页。
③ Amelie Kuhrt, "Berossus' *Babyloniaka* and Seleucid Rule in Babylonia", p.52.
④ 刘文鹏:《古代埃及史》,第 628—629 页。

界臣民心中产生的恐慌"。① 在希腊,古典文化的时期宣告结束,出现了主张拥抱世界的学说(斯多葛派)和悲观厌世的学说。其中,斯多葛派由塞浦路斯的腓尼基城邦居民芝诺创立,它"用希腊哲学的术语提出一种与以色列和犹太先知们的观念有血缘关系的世界观"。②

同时,进入希腊化时期之后,波斯和两河流域出现了多种二元神教,如诺斯替教和摩尼教,早已形成的祆教进一步完善。另外,中东也仍然存在着一些小宗教如拜星教及原始拜物教。

希腊化时期不仅仅是东西方文明的大交流,而且是东方各文明交往的新阶段。例如,巴比伦文明的因素出现于东方的巴克特里亚,在当地著名的考古遗址阿伊哈努姆,发现了一座两河风格的神庙,以及两河特有的裸体女神陶像。③ 影响中东的不仅仅是希腊文化,还有印度和中国文化(例如在巴克特里亚)。

另一方面,希腊化遭遇了中东部分人民的顽强抵抗。例如,自高自大的希腊人在埃及遭到了"野蛮的"土著人的敌视,后者以长达 3 个世纪之久的罢工、逃亡和暴动进行反抗。然而,反抗最知名的当属犹太人,某种程度上还有波斯人。犹太人分为亲希腊派和反希腊派。在埃及,托勒密王朝奉行宽容政策,犹太人享有充分的自由,他们在亚历山大城形成了庞大的社团。这些犹太人仍然信奉犹太教,但将希腊语作为自己的语言,并在非宗教领域接受了希腊文化。在塞琉古统治下的巴勒斯坦,当局推行强硬的希腊化政策,在耶路撒冷和犹太村镇推广异教习俗,并亵渎了圣殿。④ 犹太人于公元前 165 年举行了著名的马加比起义,反抗马其顿政权,直到公元前 63 年为罗马军队征服为止。犹太人通过自己的不屈抗争保留了传统的犹太宗教,维护了中东文化的多样性。

此外,波斯在帕提亚时期仍然受到希腊文化的强烈影响,但其固有的宗

---

① [英]阿诺德·汤因比:《历史研究》,刘北成、郭小凌译,上海人民出版社 2000 年版,第369 页。

② 阿诺德·汤因比:《历史研究》,第 369 页。

③ Malcolm Colledge, "Greek and non-Greek Interaction in the Art and Architecture of the Hellenistic East", in Kuhrt & Sherwin-White eds., *Hellenism in the East*, pp.142 - 143, 155.

④ 阿巴·埃班:《犹太史》,第 74—76 页。

教祆教早已开始传播,祆教在帕提亚之后的萨珊帝国成为国教。同时,帕提亚以其强盛的国力,有力地削弱了塞琉古王国。

三、希腊化国家由冲突走向解体

希腊化世界的分裂和争霸、内部的削弱和与周边国家(尤其是后起的罗马)、部落的矛盾导致了东地中海地区频繁的冲突和战争,希腊化国家先后走向解体。

在东方的巴克特里亚,德米特里一世在位时(约公元前190—前160年)曾占领印度西北部,国势达到鼎盛。此后王国出现分裂,内讧不断。约公元前140年,北方游牧的塞种部落联盟灭希腊巴克特里亚王国,建立塞种巴克特里亚王国。

在西亚,局势远为复杂得多。公元前3世纪,托勒密王国与塞琉古王国为争夺东地中海与爱琴海的霸权,先后进行了五次战争,史称"叙利亚战争"。战争以塞琉古王国的胜利告终。长期的战争严重消耗了托勒密埃及的国力,兼之内部民族矛盾和社会矛盾的激化,前3世纪末叶以后王国开始了衰落。

叙利亚战争同样削弱了塞琉古王国的实力,而在西方,则崛起了一个强大的对手——罗马共和国,后者为夺取土地、奴隶和商业资源而征服了意大利、西西里、撒丁岛、西班牙之后,将目光转向东方的希腊化世界。罗马同时运用分化瓦解和军事手段,于公元前197年击败马其顿,控制希腊各邦。此时,塞琉古竭力在希腊煽动反对罗马的活动。公元前190年,罗马与塞琉古大战于小亚细亚的马革尼西亚,此役罗马人大获全胜,夺占了小亚细亚西部领土。公元前127年以后,塞琉古失去了两河流域,而龟缩于叙利亚、腓尼基等地区。在此前后,帕加马为了在列强的争斗中求得生存,主动投靠罗马。该国末任国王阿塔卢斯三世立下遗嘱,将国家拱手让给罗马。公元前133年,帕加马为罗马所并。

地处黑海南岸、立国于公元前302年的本都此时成为小亚细亚最强大的国家。公元前120年登基的本都国王米特达拉梯六世不断扩大领土,并公然煽动当地的希腊城邦反抗罗马。公元前88—前63年,经过三次米特达拉梯战争,罗马获胜,大将庞培同时灭塞琉古王国,占领亚美尼亚和大叙利亚地区。

这一时期的埃及卷入了罗马的内战。公元前 48 年,恺撒在希腊境内击败庞培,后者在埃及被杀。随后,恺撒扶持美艳的埃及王后克娄巴特为托勒密国王。公元前 42 年,罗马史上的"后三头"中的安东尼受命统治包括希腊在内的东方各省,但几年后他与屋大维发生冲突,而与克娄巴特结婚。公元前 32 年,双方的海军在伊庇鲁斯阿克兴角交战,安东尼战败。公元前 30 年,屋大维占领埃及,安东尼和克娄巴特分别自杀,托勒密王国寿终正寝。

到公元 2 世纪为止,罗马帝国控制了小亚细亚、叙利亚、亚美尼亚、埃及、阿拉伯半岛东北部和两河流域上游等地区。中东进入了一个新的历史时期。

第三节 罗马化与波斯文明的复兴

一、地中海东部的罗马化

罗马帝国的建立开创了"罗马治下的和平"(Pax Romana),地中海成为帝国的内湖,本地区的文明交往进入了一个新阶段。与主要版图在中东的希腊化世界不同,罗马的根基在西方,中东只是这个大帝国的组成部分。同时,罗马帝国(公元前 27—公元 476 年)和拜占廷(公元 395—1543 年)与帕提亚(公元前 247—公元 226 年)和萨珊(公元 226—642 年)的对峙,不仅仅是本地区东西两大帝国的对峙,而且是两种文化的对峙(基督教与祆教)。另一方面,中东的罗马化与先前的希腊化存在着密切关系,因为罗马本身就受到希腊文化的深刻影响,尤其是在东方。同时,中东对于罗马具有重大的政治、军事和经济意义,前者是帝国工农业产品的重要产地、东西方贸易的重要通道和对抗帕提亚的前沿阵地。[1]

---

[1] 有学者认为,帕提亚的崛起妨碍了罗马与希腊和东方的贸易,因而罗马商人鼓动政府向帕提亚开战,而叙利亚的主要价值就在于对抗帕提亚。见 Maurice Sartre, *The Middle East under Rome*, trans.by C.Porter and E.Rawlings, Harvard University Press, 2005, p.34.

罗马征服中东以后,在一些地区建立行省实行直接统治,在其他地区则允许原有的统治者继续统治,往往在出现叛乱或政策变动后才设行省。在中东各地,当地的希腊城市和希腊居民、城市居民都是罗马统治的主要支柱。罗马在中东的行省及成立时间如下:小亚细亚的亚细亚省(原帕加马,公元前 133 年)、西里西亚省(公元前 64 年)、比提尼亚—本都省(公元前 64 年)、加拉提亚省(公元前 25 年)、卡帕多西亚省(公元 17 年)、吕西亚—潘菲利亚省(公元 43 年),叙利亚省(公元前 64 年),塞浦路斯省(公元前 58—前 30 年),犹地亚省(公元 6 年),亚美尼亚省(公元 114 年),阿拉伯省(公元 115 年),两河流域的美索不达米亚省(公元 116 年)和奥斯尔欧尼省(公元 195 年)。因此,罗马在中东地方建置的完成经历了两个半世纪。

埃及并非行省,而属于皇帝的"私人领地"。罗马沿袭了托勒密的行政体制,但有一定变化。奥古斯都(屋大维)派一名最高长官常驻埃及,其下设立由裁判官、卷宗官和采邑税务官等组成的政务会。"亚历山大及全国的最高僧侣"负责埃及的宗教事务,他本人是罗马行政官。在省政权和地方行政机构之间还有一类名为埃庇斯特拉提戈斯的官员,由罗马人充任,分管底比斯、中埃及和三角洲的地方行政,有权任命地方官吏,但无军权和财权。州长可由希腊人担任,并有皇家书吏和会计师辅佐监督。在城市里,奥古斯都将希腊人的"学院"改组成官方行政单位,后者逐渐演化为市议会。

在西亚,战略位置重要的叙利亚是皇帝直辖行省(另一类行省由元老院管辖),总督由元首任命;总督之下设财政官负责财政事务和帝国领地,并有两位长官分管犹大国和德卡波利斯(约旦河东岸由 10 座城市组成的联盟)事务。同时,西亚无论是希腊城市还是土著城市均实行自治(埃及没有),大马士革、帕尔米拉等土著城市

叙利亚帕尔米拉的罗马建筑遗迹

仍维持由神庙长老主持城邦事务的体制;①罗马大力扶持城市的发展,还在一些城市中建立了罗马殖民地。例如,拥有罗马殖民地的巴勒斯坦城市有托勒密、莱吉奥、雅法、内龙尼亚腓立比和尼亚波立。② 罗马在叙利亚的属国有犹大、奈伯特等,其领地不在叙利亚行省范围内。罗马官员不领薪金,由富裕市民充任,从而形成了一个义务公职体系;但由土著居民担任的下层官员则有薪金。

在司法上,各省实行罗马法,同时保留了一些希腊和土著的法律。在军事上,中东是驻军的重地,埃及驻有 3 个军团(后减至 2 个),叙利亚则有 4 个(后增至 5 个)。此外,各地还有一定数量的罗马辅助部队。2 世纪以后,无论正规军还是辅助部队其兵源主要来自当地农村。

稳定的政局、交通的发展、统一的行政机构和币制等促进了各地经济的发展。政府修筑了著名的罗马大道。例如,埃及的亚历山大城是罗马在非洲的交通枢纽,有大道向西通往摩洛哥的丹吉尔,向东通往安条克,再北上到达博斯普鲁斯③,形成了一个壮观的环地中海公路体系。各省的人口增加,农业和园艺业进一步推广,银行业快速发展,贸易迅速恢复,包括国际贸易、省际贸易和省内贸易。埃及向罗马提供谷物、亚麻布、纸张、玻璃和纸草,成为帝国的"粮仓",叙利亚提供玻璃器皿、染料、亚麻布和呢绒,小亚细亚提供木材。事实上,中东各行省的经济发展水平超过罗马和意大利:亚历山大城是帝国工业最发达的城市和外贸产品最重要的生产基地,人口仅次于罗马,而且亚历山大城、安条克和以弗所的繁华堪与罗马城比美。中东许多城市也拥有帝国西部城市所拥有的完善的基础设施和公共建筑,包括排水系统、广场、市场、公共浴堂、竞技场、神庙、市政厅、剧院、圆形剧场、图书馆等。④ 今天,这些设施的遗迹在一些古城仍然历历在目。在叙利亚和小亚细亚的许多省会还建有罗马神庙。⑤

---

① [美]M.罗斯托夫采夫:《罗马帝国社会经济史》上册,马雍、厉以宁译,商务印书馆 1985 年版,第 385 页。

② [以色列]埃利·巴尔纳维主编:《世界犹太人历史》,刘精忠等译,中国人民大学出版社 2007 年版,第 49 页。

③ 冯定雄:《古罗马在非洲的道路建设》,《西亚非洲》2008 年第 3 期。

④ M.罗斯托夫采夫:《罗马帝国社会经济史》上册,第 203 页。

⑤ maurice Sartre, *The Middle East under Rome*, p.58.

罗马皇帝、皇室和贵族在中东占有大片土地,帝国政府也控制了各省的矿山;而一些罗马人和意大利人(包括农民)也到中东经商、放债,购置土地和房产,尽管定居的不多,罗马退伍军人还在小亚细亚建立了殖民地。公元212年,罗马颁布法令,授予帝国全体自由人以公民权;同时,亚洲行省的贵族也进入了元老院和骑士阶层。但总而言之,中东居民似乎仍较帝国西部居民低一等。在埃及,罗马人和希腊人免除人头税,而埃及人必须缴纳,这是一种新税。罗马居民、军队的需求和各地城市的建设造成了沉重的财政负担。据统计,罗马人在埃及征收的实物税有50种之多,货币税竟多达450余种,大大超过了托勒密时期。苛刻的税收政策导致了埃及农民的赤贫化和大批逃亡。公元172年,爆发了布克里人起义,起义军屡次打败罗马军团。

中东的罗马化是有限的,基本局限于城市。正如一位埃及学者所说:"印欧语系文化的奇特特征从没有在埃及深深地扎根……"。① 同时,某种程度上希腊化仍在发展,例如,在约旦地区。罗马人还在埃及建立了一座希腊城市。另一方面,罗马也在经历"东方化"。通过移民等各种手段,中东的工农业技术(如叙利亚的吹玻璃技术)、银行业、城市风尚传入了意大利甚至帝国的其他西部行省。② 在罗马的著名学者中包括不少来自中东的人士,如哲学家柏罗丁(约公元205—270年,新柏拉图主义创始人,生于埃及)、地理学家兼历史学家斯特拉波(约公元前64—公元23年,著有《地理学》,生于小亚细亚)、历史学家阿里安(约公元96—180年,著有《亚历山大远征记》,生于小亚细亚)和医学家盖仑(公元129—199年,提出血液循环学说,生于小亚细亚)。③ 中东的占星术和宗教也传入罗马。罗马的占星术全盘继承自深受巴比伦影响的希腊,帝国时代最著名的天文学家为埃及的托勒密(公元2世纪),其所著的13卷《天文大集》提出地心说,成为以后一千年中拜占廷、阿拉伯和欧洲天文学的"圣经"。在宗教方面,埃及的伊西丝成为地中海地区广受崇拜的女神,来自波斯的太阳神米特拉也于公元前

---

① [埃及]威塞姆·A.法拉格:《当今世界史教学中的"中东埃及"》,魏万磊译,载"学术中国"网,2007-09-28,http://www.xschina.org/show.php?id=10706。

② M.罗斯托夫采夫:《罗马帝国社会经济史》上册,第37、42、114、261页。

③ [美]威尔·杜兰:《恺撒与基督》,东方出版社2003年版,第674—675、651、682、683页。

67 年传入罗马,并形成秘教——米特拉教。后者已具有世界性宗教的倾向,其仪式包括吃面包和饮葡萄酒。美国学者杜兰指出,以理性主义著称的希腊哲学在罗马帝国时代逐渐转向信仰,而东方宗教的平民性、平等性及对心灵的慰藉深深吸引了罗马民众。①

当然,对罗马帝国影响最大的中东宗教是基督教。罗马人最初允许哈斯蒙尼王朝的后代统治犹大自治国,允许犹太人自由信仰,但罗马的重税及其不干涉犹太人与其他族群(主要是希腊人)冲突的做法激起了犹太人民的强烈不满,加上救世主思想的传播,犹太人多次发动起义,反抗罗马当局和支持当局的犹太祭司阶层。公元 6 年,爆发了西卡尼派起义,起义失败后罗马取消犹大国,建立了"犹地亚"行省。公元 66—73 年爆发"犹太战争",此后罗马人毁灭了第二圣殿;公元 132—135 年,爆发巴尔·科赫巴起义,在此前后皇帝哈德良将省名从犹地亚改为"巴勒斯坦"。在这几次起义中,有100 多万犹太人被杀,数十万人被俘为奴。② 此后,犹太人开始了大流散,他们被禁止返回耶路撒冷。

犹太社团的困苦使许多人转向宗教。基督教最初只是犹太教的一个支派,据传说,基督教的创始人是巴勒斯坦的加利利人耶稣。他反对犹太教的陈规,宣传死后复活、天国幸福、救世主降临等信条。耶稣的传教使犹太宗教当局深为恐慌,将其交给总督彼拉多处死。但基督教继续传播,它超越了民族、种族、肤色乃至部落、性别、年龄、财产的限制,从而具有普世性。早期基督教是下层农村民众的宗教,它吸引了大批信徒,并迅速传入了帝国的西部行省。

基督教迅速传播的根本原因在于,基督教是在吸收犹太教神学、米特拉教、斯多葛主义、新柏拉图主义、诺斯替教和俄尔甫斯教等中东和希腊宗教、思想的基础上形成的,它能够为希腊人和西方人所理解和接受。同时,中东文化与希腊文化的这一次大综合是在中东而非希腊实现的,它再次证明了作为文明交汇中心的大叙利亚的魄力。从世界范围看,只有在中东,宗教才最终完成了从多神教向一神教的过渡(犹太教、基督教和以后兴起的伊斯

---

① 威尔·杜兰:《恺撒与基督》,第 651、691 页。
② 张倩红:《以色列史》,第 48 页。

兰教是真正达到完善程度的一神教,尤其是犹太教和伊斯兰教),这是中东文明的一个重要特点。

起初,罗马将基督教作为异教加以禁止,甚至处死基督教徒,但这无法阻止其传播。313 年,罗马皇帝君士坦丁颁布米兰敕令,最终使基督教合法化。325 年,尼西亚会议通过了尼西亚信经作为基督教的官方信条。392 年,皇帝提奥多西一世宣布基督教为国教。汤因比认为,东方宗教中"最希腊化的"基督教的传播意味着希腊文明的正式终结①,这是中东文明对希腊文明的一次成功的大反击。

3 世纪以后,罗马帝国在经济、政治上都逐步走向衰落,尤其是西部,后者承受着蛮族入侵的主要压力,因为欧亚大草原的坡度使得西部的水草更加丰茂,从而吸引了来自东方的游牧民族。② 这是游牧世界对农耕世界第二次大冲击的高潮。③ 因此,人口和经济上均占优势、对外贸易发达、军事上面临强敌帕提亚的东部日渐成为帝国的重心。395 年,帝国正式分裂为东罗马和西罗马,以希腊城市拜占廷为基础、以罗马为原型建立的君士坦丁堡成为帝国东部的首府,东罗马帝国的首都,帝国因此又称"拜占廷帝国"。

拜占廷帝国与罗马帝国有较大的区别。在政治上,帝国推行以皇帝为中心的中央集权制,实行皇位世袭制,开创了王朝统治。皇帝被神化为国家意志的最高代表,集政治、军事、司法、宗教等各种权力于一身,同时形成了由皇帝任命、对皇帝效忠并领取薪俸的官僚阶层。在经济上,拜占廷帝国较西罗马更为形式多样,其奴隶制不太发达,而在土地制度上存在农村公社占有制、自由农占有制和隶农制,因而经济更具灵活性和应变能力。④ 330 年,君士坦丁堡落成,号称"新罗马",骑士以上的所有罗马贵族和大批文人、工匠从西部迁入,该城人口到 4 世纪末增加到 50—100 万。优越的地理位置使君士坦丁堡享有"东西方的金桥"美誉(马克思语),该城成为国际贸易的大港和东西罗马的学术中心。由于蛮族的渗透,斯拉夫人大量进入巴尔干

---

① 阿诺德·汤因比:《历史研究》,第 369 页。

② 斯塔夫里阿诺斯:《全球通史》,第 177 页。

③ 第二次大冲击主要是公元前 2 世纪到公元 7 世纪间由东向西、由骨牌效应推动的横扫欧亚草原的征服活动,包括精于骑兵战术的游牧民族,有匈奴、大月氏、鲜卑、拓跋、突厥、塞人(即西徐亚人)、白匈奴、柔然、日耳曼、斯拉夫、阿拉伯人等。

④ 陈志强:《拜占廷帝国史》,商务印书馆 2003 年版,第 9、10 页。

地区定居,从而改变了帝国欧洲部分的民族构成,但帝国的核心居民仍然是希腊人和希腊化的小亚细亚人。

与西罗马相比,拜占廷帝国的一个突出特点是希腊文化的浓郁影响,希腊语是帝国的流行语言,尽管拉丁语是官方语言。拜占廷帝国融合罗马帝国的政治传统、希腊文化和基督教,创造了独特的拜占廷文化,如建筑艺术的代表、雄伟庄严的圣索非亚大教堂。帝国文化的繁荣也反映在下列事实上:在基督教的五大教区中,西部仅有罗马一个,东部则占有四个,即君士坦丁堡、亚历山大、安条克和耶路撒冷。随着君士坦丁堡地位的提高,该城的大教长逐渐上升到东部教会的最高地位,从而预示着与西部教会的分裂。

中东第一次形成了一种基于单一宗教的文化格局,然而,希腊文明与中东文明的斗争仍在延续。4—7世纪,东部教会各派围绕着"三位一体"和基督"神人二性"问题展开激烈争斗,西部教会也时而介入。在300多年的争论中,形成了以亚历山大和安条克为中心的两大派别,前者在皇帝支持下胜出,产生"尼西亚信经"和"迦西敦信式"作为正统教义的标准,拒绝上述标准的各派被斥为"异端",包括阿里乌派、阿波利拿里派、聂斯脱利派、优迪克派和一志论派。

在上述"异端"中,阿里乌派主张"一位论",认为基督是人而非神,系上帝所造,其品级低于上帝。聂斯脱利派(中国称景教)源于君士坦丁堡大主教聂斯脱利,他提出"二性二位论",否认基督的神性和人性结合为一个统一本体,认为神性本体附在人性本体上,玛利亚只是基督之母而非上帝之母。聂斯脱利的信徒遭到镇压,因而逃往叙利亚和美索不达米亚。优迪克派主张基督只有一性即神性,其人性已融入神性之中。该派后来发展成一性论派,传播到叙利亚、埃及、埃塞俄比亚等地,如埃及的科普特教会。总之,上述"异端"充分反映出中东特有的一神思想观念。

二、帕提亚和萨珊王朝时期的波斯文明

当西方的罗马占领并统治地中海东岸时,它面对的是一个东方的强国——帕提亚。

公元前3世纪中叶,帕奈游牧部落南下进入伊朗高原的帕提亚,即今土

库曼斯坦南部和伊朗东北部地区。他们的语言属伊朗语族。帕奈人加入了当地人反对塞琉古王朝的斗争,并于公元前247年宣布独立,建立阿尔息斯王朝,中国史书称为"安息"。帕提亚的立国将西亚的希腊化世界一分为三,即西边的塞琉古、中央的帕提亚和东边的巴克特里亚,但帕提亚本身也是一个半希腊化国家。

帕提亚于公元前141年攻占巴比伦,控制了幼发拉底河以东地区。此后,它阻止了塞琉古的西侵,抵御了罗马军队的一次次东征。全盛时的帕提亚包括了东起印度河、西至幼发拉底河、北迄亚美尼亚和阿姆河的辽阔地域。帕提亚社会的结构性特征主要由波斯、巴比伦和希腊三种文化因素组成。所以,游牧的帕奈人继承了塞琉古王国和各种地方文化的遗产。

在政治上,帕提亚基本沿袭了塞琉古帝国的体制。国王拥有绝对权力,他的身边是希腊式的卫兵,王国的货币上印有"胜利者"、"拯救者"等希腊头衔和希腊神祇图案。[①]帕提亚国王的王位一般为世袭,但有时也实行兄终弟及,且贵族委员会和智者及祆教祭司可共商王位人选。此外,国王可与同胞姐妹结婚。因此,帕奈人带有浓厚的母系氏族残余。

从政府建制上看,中央政府可能是一个由大贵族和属国王公组成的委员会。地方建制分行省与属国两类,塞琉古时期的行省全部保留,而罗马史家普林尼提及的属国有18个,如大米底、亚美尼亚等。省以下有希腊城市、原希腊军事殖民地和本地城市。希腊城市和军事殖民地享有自治权,但公元1世纪以后其权力和地位下降了。在语言上,希腊语是官方语言,而在巴比伦尼亚,阿拉米语仍广为使用。国家的法律制度继续受到希腊的部分影响。

帕提亚的首都最初在中亚的尼萨,后迁至百牢门等地。至帕克鲁斯国王时,泰西封成为冬都。政府还在巴比伦北边新建了沃尔加西亚城,它与泰西封、埃克巴坦那、拉加和何卡托皮勒均为王国首都。

帕奈人的军队原先由骑兵组成,进入波斯后采纳塞琉古军队的战术,实行雇佣军制,设立了轻装步兵、重装步兵和骑兵。但在与罗马军队交战后,又根据波斯模式进行改革,组建了由骑马射手和重装骑兵组成的骑兵和步

---

① Malcolm A.R.Colledge, *The Parthians*, London, 1967, pp.60, 87, 104.

兵。改革后的帕提亚军队拥有强大的突破力和防守能力。同时,军队主要由贵族在战时征召的农民和奴隶组成。王国在后期重新采用了募兵制。

贵族在帕提亚社会中地位显赫。大贵族主要分布在波斯本土,拥有自己的军队、宫廷和嫔妃,中小贵族也有相当的实力。在经济上,帕提亚早期的税收似乎沿用了塞琉古制度;王国也继续使用塞琉古的货币,直到米特里达梯一世(公元前171—前138年)之后才开始铸造新币,新币仍模仿前朝风格,并使用阿提卡的重量和金属标准。[①] 巴比伦尼亚是王国最发达的地区,这一时期的农业进一步发展,灌溉技术有改进,运河网得到有效的保养,土地主要掌握在王室、贵族和神庙手中,村社也支配一定的土地,并负责灌溉用水的分配和纳税。农民仍依附于土地,奴隶也参加劳动,且有一部分属于自己的经济。

贸易的发展促成了一批新城市的兴盛,如巴比伦尼亚北部的哈特拉和中部的沃尔加西亚,商人成为一个富有的阶层。在巴比伦尼亚城市中,主要居民仍是土著居民,但地区人口的主体是阿拉米人。商业繁荣和移民也吸引了新的民族。城市中有帕提亚人、希腊人和叙利亚商人,在乡村尤其是沙漠中,则有大批来自半岛的阿拉伯人,他们在哈特拉与小亚细亚的艾德萨之间经商。引人注目的是,到公元1世纪,以男性为主的希腊移民开始与当地人联姻,从而作为一个民族日渐消失;[②]塞琉西亚及其他一些希腊城市也先后为帕提亚人、土著人和罗马人所占据,作为王国异质成分的希腊城市已不复存在。

帕提亚在文化上表现出强烈的希腊影响。例如,国家沿用了希腊历法,希腊服饰为部分居民所使用。在贵族的宴会中会演唱《荷马史诗》和波斯的《列王纪》,而宫廷中则上演希腊戏剧(首都尼萨遗址曾发掘出一座希腊剧院)。[③]

从公元1世纪开始,民族成分在帕提亚文化中的地位不断上升。帕提亚人根据阿拉米文字创立了安息语,并成为伊朗的主要民族语言。祆教的主要经典《阿维斯陀》、民间的英雄史诗和诗歌传奇等被记载下来,通过吟

---

① Malcolm A.R.Colledge, *The Parthians*, pp.72,74.

② Malcolm A.R.Colledge, *The Parthians*, p.96.

③ Malcolm A.R.Colledge, *The Parthians*, p.94.

游诗人广泛传播。流行的天葬和内婚制也符合祆教的规定。

虽然帕提亚在对外战争中捷报频传,然而两河流域作为主战场受到了破坏,长期的战争也严重消耗了帕提亚的国力。无止境的王朝内讧更削弱了中央政权。公元 1 世纪以后,4 德拉克姆的钱币被废弃,银币贬值。3 世纪初,巴比伦、塞琉西亚等城市无可挽回地衰落了。226 年,从波斯崛起的萨珊王朝灭帕提亚王国。帕提亚的亡国标志着西亚东部始于亚历山大东征的希腊化最终告一段落,本地区进入历史的新时期——进一步的波斯化。

公元 224 年,帕提亚的波斯侯阿达希尔起兵反叛,于 226 年建立萨珊王朝(226—642 年),又名新波斯帝国,国土范围与帕提亚相当,首都仍为泰西封。萨珊的中央集权强于帕提亚,但也经历了一个发展过程,其中胡斯洛一世(531—579 年)的改革具有决定性影响。他正式创立东、西、南、北四大行政区,下辖二三十个行省,其中有一些是帕提亚时期的小国,仍保持半独立地位。省长为原来的"王"、萨珊王子或将军。到后期,"王"的人数渐少,省长增多。行省的下级行政单位一般为州、县,另外各省还有许多王室领地。

萨珊国王自称"诸王之王"、"阿胡拉·马兹达的崇拜者",但大贵族仍握有大权。由王室成员、祆教僧侣和大贵族组成的御前会议负责遴选国王。中央政府的首脑称哈扎尔帕特,是国王的主要谋士,多由王室成员或大贵族充任。书吏长负责起草王室文件、外交照会和管理王室机构。其他还有管理财政、税收、手工业、国库、邮政的部门,政府也利用钦差和密探体系加强统治。法庭由祭司管理,由书吏长、高级祭司组成的法官团在理论上可以通过指责国王的文件。

萨珊王朝时期新建了一些城市。塞琉西亚于 165 年为罗马军队焚毁,阿达希尔在此另建新城,名韦·阿达希尔。在首都泰西封附近,尚有六城分布于底格里斯河两岸,阿拉伯语统称七城为"麦达因"。在萨珊城市中普遍存在城市自治,但帝国政府也采取各种限制措施,尤其在司法方面。发展中的城市工商业者坚定地支持帝国的中央集权政策,反对大贵族。

萨珊军队在早期包括禁卫军、边防军,其中禁卫军能征善战,尤精于攻城战,这是罗马人的影响所致。军队主力是由自由民组成的重装骑兵,由农民组成的步兵只起辅助作用。

萨珊的社会结构表现出种姓制的特征,居民划分为四个等级:(1)祭司,其内部又列出不同品级,如法官、祭司、监护人、导师等。(2)武士,即服兵役的世俗地主,其内部又分为王族和世家大族、大贵族和自由民(多依附于王室和大贵族,是萨珊骑兵的主力)。(3)文官,包括星相家、医生、诗人、乐师等。(4)农夫,包括农民、工匠和商人。另据中国古籍,萨珊社会尚有贱民等级,名为"不净人"。上述等级世袭,各有其特殊的法律和服饰,仅前三个等级间可以通婚。到6世纪中叶,萨珊的等级体制已趋向解体。

政治上的统治促成波斯人向其占领地区移民。在伊拉克的西部和南部驻扎了大批波斯军队,波斯贵族定居于大城市,波斯农民则主要分布于伊拉克南方的农村。因此,波斯贵族垄断了伊拉克的军队、行政和宗教事务,其中既有袄教徒,也有人数不断上升的基督徒。不过,地方政府从上层到下层均有大批当地人的官员。伊拉克的本地居民主要是阿拉米人,集中分布于农业区,即南方的河流沿岸和底格里斯河上游。阿拉米人也聚居于大城市,其上层已日趋波斯化,尤其是世代为官的家族。作为西亚最大的语言集团,阿拉米人中包括基督徒、犹太人(他们已采纳阿拉米语作为日常用语,而将希伯来语保留为宗教用语)和萨比教徒(又名拜星教,为多神教)。一些阿拉伯人、波斯人和希腊人也逐渐阿拉米化了。

国家的统一和政治稳定促进了经济繁荣。在农业方面,水利事业进一步发展。同时,奴隶使用于水利和农业生产中,而萨珊法典规定农业奴隶须与土地一起转移,这似乎意味着他们在向佃农转变。然而,农民仍是主要的生产者,他们保留着村社组织,法典中曾提及照看村社畜群和私人牲畜的牧民。根据拜占廷属两河流域的资料,当地的农民分为自由农和依附佃农,到5世纪,这一区别已经消失。在主教和寺庙的土地上出现了农奴。国王向官吏贵族尤为服役贵族的大量赐地,使大量土地成为免纳赋税的私有土地。不堪重税的农民纷纷从王室领地上逃走,而托庇于大地主门下,从而导致了村社进一步瓦解、国有土地的荒芜和税收流失。而且,水源也逐渐私有化。因此,许多学者认为,伊拉克和伊朗的封建化是在萨珊时期完成的。

萨珊的城市经济包括农业、手工业、商业和外贸,这证明城市尚未完全实现农业与非农业的分离。其中,手工业的部门有纺织、服装、印染、皮革、陶瓷、酿酒、榨油、罐头、编织等。城市中的各个地区相互分离,每个行业均建有行会,工匠职业一般是世袭的,而外地人不得在城内从事工商业。另外,法官、律师、僧侣等特权阶层可以经营工商业,并成立单独的行会。

萨珊的文化富有文明交往的特色。① 它继承和发扬古代东方传统,汲取希腊、罗马及其他外来成分,形成独特类型。在长期交往中,萨珊工匠从中国学习丝织技术并将它融于本土斜纹布匹和纬线显花传统之中,改进后的技术又在 6 世纪末和 7 世纪初反过来为中国织工采用。成书于萨珊时期的《一千故事集》是阿拉伯文《一千零一夜》的最初蓝本,其体裁依照印度的《五卷书》。《佛陀传》和《布达萨夫和白劳赫尔》则源于梵语佛经。

祆教在萨珊王朝逐步确立了其国教地位。最初,沙普尔一世时曾奉行宗教宽容政策,但以后历代君主出于政治上的原因,多迫害摩尼教和基督教,从而巩固了祆教的地位。在 3 世纪末 4 世纪初,祆教最终成为国教。帝国后期的祆教拥有完整的经典、严密的教会组织和宗教社团体系,从而与希腊化时期的宗教形成鲜明的区别。祆教教会从政府那里得到大量土地,控制了司法制度,并以等级主义的教义和礼仪为种姓制度辩护。在教会内部形成了金字塔式的结构,作为最高权威的总教长大穆贝德由国王任命,负责教义解释、任命圣职和实施教法;其下大教长穆贝德负责大省教务,穆护和叶尔贝德负责一般省份和州的教务。同时,不少僧侣也直接担任世俗官职,从而加强了对政府的制约。在伊拉克,祆教主要限于波斯人,但也有一些阿拉伯人改宗祆教。主要的祆祠在波斯,伊拉克只有一些小庙。

与祆教相反,基督教的发展因拜占廷与萨珊的敌对关系而遭受挫折。耶兹底格德一世(399—420 年)与拜占廷友好,遂允许本国基督徒兴建教堂、教徒自由迁徙和举行宗教活动等。410 年在伊拉克召开的宗教大会决定采用尼西亚信条,统一拜占廷、萨珊两国的教会。但此后,两国的矛盾终于导致了萨珊教会的自立。同时,帝国看中了基督教的“异端”聂斯脱利派(景教),后者因此在萨珊大行其道。在帝国晚期,景教争取了大批波斯贵族的改宗,从而对祆教构成严峻挑战。

在萨珊帝国建立之时,在伊拉克也兴起了一种新的世界性宗教,即摩尼教。摩尼(216—276 年)生于巴比伦地区的马迪努村,父母均为帕提亚王室之后。他吸收了祆教、诺斯替教和佛教教义,建构了摩尼教二宗三际的教义

---

① 详见孙培良:《萨珊朝伊朗》,西南师范大学出版社 1995 年版,第 210—238 页。

体系。其主要特点是主张禁欲主义,抨击袄教祭司的腐化堕落,反对贫富分化的社会现实,认为禁欲修身可以成为圣人、辅助善神战胜恶神。由于该教义符合帝国扩张的企图,因而得到了沙普尔的支持,它迅速传播到帝国全境。但是,摩尼教对现实的敌视最终招致政府的镇压。276年,摩尼被捕遇害,大批信徒遭到屠戮。此后,许多信徒逃往中亚、叙利亚、北非、高加索地区,促进了摩尼教在域外的传播。

严酷的镇压并未敉平社会矛盾,一场新的宗教革新在马兹达克派的旗号下再次展开。5世纪末,袄教僧侣马兹达克开始宣传新的教义,力主推翻作为恶神化身的不平等社会,在善神的帮助下建立人人平等、共同占有土地和水源的新社会,重建公社,实现财产均等。491年,泰西封饥民发动起义,并迅速波及全国,农民、奴隶、手工业者和城市贫民广泛参加了起义。529年,王子胡斯洛最终镇压了起义,随后登基为胡斯洛一世(531—579年)并进行了重大改革,其主要措施有:兴修水利,发展工商业;培植承担军役的封建主以取代旧贵族;设立大行政区,总督直接对国王负责;任命商人和高利贷者协助政府管理财务;设立常备军(但军队主体仍是由农民组成的骑兵和步兵),建立四大军区;改行新税制,依据土质、作物种类、灌溉条件和收成状况造册,实行固定税率,僧侣、士兵和官吏也需交纳部分税款。改革增加了政府岁入,加强了中央集权和帝国的军事力量。

虽然萨珊取得了一些军事胜利,但自6世纪始,其衰颓的迹象也日趋明显。首先,连年战争严重消耗了国力,加重了民众的负担和国内的社会矛盾。尤其在作为主要战场的伊拉克。7世纪初,伊拉克经济一片凋敝,运河失修,河流改道,城市衰败。同时,马兹达克运动虽然沉重打击了大贵族,但王权的衰落使贵族再次起而挑战。628—632年,竟先后有十余位君主在位,其中多人死于反叛的贵族、总督之手,还有两位女性君主。另外,基督教与袄教及教俗封建主之间的斗争也削弱了帝国的根基。

三、罗马、波斯和其他地区的文明交往

在中东,本阶段文明交往的主要内容是前后相承的罗马、拜占廷与帕提亚、萨珊东西两大力量的对峙和交流,这既体现在政治军事上,也体现在经

济文化上。双方在政治上的矛盾有重要的经济根源,即波斯控制了罗马通往东方的主要陆上和海上通道,而这一时期正是丝绸之路开通的关键时期。

公元前 1 世纪中叶之后,罗马即成为帕提亚的西邻,两河流域成为双方角逐的沙场。公元前 54—前 53 年,罗马大将克拉苏率 4 万之众渡过幼发拉底河,在卡雷城附近决战,帕提亚军队诱敌深入,全歼罗马军队,克拉苏阵亡。公元前 36 年,安东尼率 10 万大军再次东侵,损兵 3 万而退。此后,双方处于相持状态,罗马曾于公元 1 世纪上半叶支持两河流域的亲罗马派夺权,但未成功。公元 115—116 年和公元 164—165 年,罗马人两度占领两河流域,但均未保住这一成果。公元 260 年,萨珊军队再次大败罗马,俘虏皇帝瓦勒里安。

萨珊自立国以来,与拜占廷的战争主要是为了争夺亚美尼亚、叙利亚及通过两地区的商路。在立国之初的 200 年间,两国曾九度开战,互有胜负,伊拉克部分领土和亚美尼亚经常易手,而两国也多次签订和约甚至盟约。622 年以后,拜占廷对萨珊的战争转入攻势,627 年于尼尼微大败波斯军队,几乎夺取泰西封。次年,萨珊被迫与君士坦丁堡议和,归还从拜占廷夺取的伊拉克、叙利亚、巴勒斯坦和埃及。数月后,卧床不起的萨珊皇帝甚至宣布拜占廷皇帝为萨珊太子的保护人。[①]

为了突破波斯的封锁,罗马也寻求与远在东方的大国结盟,而东方的中国为了对付北方的游牧民族同样把目光转向西方。和帝永元九年(公元 97 年),东汉都护班超遣甘英使大秦(罗马),抵达条支[②],试图东渡罗马。但极力控制丝路贸易的帕提亚人以路遥浪大为由劝阻甘英,后者终于却步。甘英是史书所载第一个到达波斯湾的中国人,此行意味着欧亚大陆东西两大帝国的第一次外交互动尝试,具有重大的历史意义。同样,拜占廷也极力与控制欧亚草原丝路的突厥人建立联盟。6 世纪,突厥人和粟特人曾遣使前往波斯谋求通商,但波斯国王当着使团的面将他们带来的生丝全部焚毁,第二次则鸩杀了使团成员。但突厥与拜占廷建立了联盟,带去了丝绸,突厥和

---

① ［南斯拉夫]乔治·奥斯特洛格尔斯基:《拜占廷帝国》,陈志强译,青海人民出版社 2006 年版,第 83 页。

② 中国古书中的"条支"即伊拉克,源于波斯人对阿拉伯人之称呼(Tajik 或 Tazi),"大食"也源出于此。

粟特商人直达君士坦丁堡。626—628年,拜占廷对波斯开战,西突厥曾施以援手。① 由此可见,欧亚大陆历史的整体性较过去有了大幅度的提升。

罗马与波斯在文化上的对立表现在基督教与祆教的对立。但这并非绝对,其实正如以上所述,双方在文化上也是密切交往的,包括宗教方面(如波斯米特拉教的西传)。在科技领域,帕提亚人提水用的水轮、水磨、风磨、筑路技术和驿传制度传入罗马,而罗马的砖石建筑技术曾应用于帕提亚的水坝建设。此外,帕提亚军队向罗马学习了步兵战术、构筑工事的技术和阵地战战术,罗马则模仿帕提亚建立了铁甲骑兵,并运用了后者的战术。②

公元前2世纪末,张骞凿通西域,欧亚大陆的主要文明从此联结成为一个整体,丝绸之路成为传播文明的大通道。早在罗马共和末年,中国丝绸已远销罗马。公元14年,罗马元老院被迫下令禁止男性臣民穿丝绸服装;到2世纪,丝绸也受到了下层平民的喜爱。③ 在3世纪后期的罗马,丝绸甚至与黄金等价;因此,罗马每年对东方都要支付2000万美元的黄金以弥补巨额的外贸逆差。④ 丝绸之路从中国长安开始,经波斯的埃克巴坦那到塞琉西亚,而后经左格马到安条克;另有一条商路从塞琉西亚经叙利亚的帕尔米拉绿洲到达地中海。商人贩运的主要商品有奴隶、干果、染料、香水、橄榄油、脂肪、皮革、盐、食品、牲畜、青铜像等;从中国进口的商品有牲畜、金银、宝石、地毯、夏布、丝绸、铁、桃子、杏等,向中国输出的商品有葡萄酒、石榴、鸵鸟等。在托勒密王朝末年或罗马初年,埃及人发现了季风,再加上与东方的贸易由奢侈品转向日用品,罗马因此与印度实现海上直航,从印度大量进口棉花;到1世纪后期和2世纪,罗马与中印的贸易正规化,并将商业扩展到苏门答腊。⑤

由于丝绸的重要性,拜占廷于6世纪获取了桑蚕制丝的秘密,开始生产生丝。但其数量和质量均无法满足国内丝织业的需求,仍需从波斯进口生丝,这是拜占廷与突厥结盟的背景。

---

① 张绪山:《六七世纪拜占廷帝国对中国的丝绸贸易活动及其历史见证》,《北大史学》第11辑,北京大学出版社2005年版,第37页。

② 彭树智主编,王新中、冀开运著:《中东国家通史·伊朗卷》,第101页。

③ 杨共乐:《罗马史纲要》,东方出版社1994年版,第232页。

④ [美]汤普逊:《中世纪经济社会史》,耿淡如译,商务印书馆1997年版,第26页。

⑤ M.罗斯托夫采夫:《罗马帝国社会经济史》上册,第143、146、224页。

在波斯的东方,阿富汗遭受了中亚民族的不断入侵。约公元前 130 年,塞种巴克特里亚王国为大月氏所灭,后者建立大月氏巴克特里亚王国,势力强大。公元 1 世纪中期,大月氏五翕侯中的贵霜翕侯统一各部,建立贵霜王朝,这一时期形成了综合了佛教文化内容与希腊文化形式的璀璨的犍陀罗文化。5 世纪 20 年代以后,信奉祆教的白匈奴逐步征服了阿富汗,并对西邻的萨珊构成威胁。

5 世纪以后,白匈奴开始屡屡进犯呼罗珊地区,萨珊与之作战十余年而不能取胜,被迫岁岁纳贡求和。6 世纪以后,萨珊扩张的矛头开始指向阿拉伯半岛,以便控制从也门经汉志通往地中海和叙利亚的商路。575 年,波斯军队占领也门。在中亚,萨珊与突厥结盟,攻灭白匈奴。然而,突厥人很快成为新的威胁。582 年,驻阿塞拜疆的波斯军队击退来犯的突厥人,杀死统率的可汗。在南方,到 632 年为止,萨珊与阿拉伯人进行了十余年的战争,一度居优势地位。

拜占廷与萨珊两大帝国厮杀不止,使双方的国力受到严重削弱。在南方广阔的阿拉伯半岛,一支新生的力量即将登上历史舞台,它将彻底改变中东历史的进程。

第 三 章

阿拉伯—伊斯兰文明的形成和传播

第一节 穆罕默德与阿拉伯
半岛的新宗教

一、蒙昧时代的阿拉伯社会

从上古埃及和两河流域的衰落开始,中东历史演变的特点之一是边缘文明的兴起及其占据主流地位,同时文明交往的范围不断扩大,伊斯兰文明的兴起即最新的例证。

在中东,阿拉伯半岛是一个社会经济落后的地区。但如前所述,在半岛上早已存在一些较为发达的国家,像也门的马因和萨巴。公元前 115 年,希木叶尔人在南阿拉伯人中崛起,成为马因—萨巴语言文化的继承者。其经济以农业和商业为主,建筑业发达。公元 3 世纪末,希木叶尔国势强盛,军队曾出征伊拉克、波斯等地。此后,南阿拉伯势力渐微,已不能独占红海贸易。罗马商船进入印度洋,使希木叶尔人的繁荣受到重大影响。希木叶尔国晚期,基督教和犹太教传入也门地区。525 年,该国被信奉基督教的埃塞俄比亚人所灭。埃塞俄比亚人统治南阿拉伯时期,曾于 570 年进攻麦加,但未能得手,此即著名的"象年战争"。573 年,波斯人赶走埃塞俄比亚人,成为也门地区的统治者。基督教和犹太教的相互倾轧,加上异族统治,使南阿拉伯商业衰落,农业凋零。

马里卜水坝使也门拥有发达的灌溉农业,后者因此享有"阿拉伯福地"的美名。但水坝多次决口,造成3—5世纪南阿拉伯人的大移民,他们以部落为单位迁往两河流域北部和叙利亚定居,建立了城市和村庄。大迁徙对半岛产生了多方面的重大影响:南北各部落的广泛接触逐渐形成了一种以古莱什语(北方语)为主的统一的标准语,为日后南方阿拉伯人接受伊斯兰教创造了重要的先决条件;经商知识传到北方,汉志地区在5世纪末出现了商业活动和大小集市;一神教的思想意识也传到北方,对当地拜物教徒产生了强烈影响。[1]

拜占廷和萨珊两大帝国竭力阻止阿拉伯人的北上。在邻近两大帝国的地区,从公元前6世纪起,当地的阿拉伯人和迁入的南方移民陆续建立了若干国家,如奈伯特、帕尔米拉、加萨尼和希拉。它们把半岛与两大帝国隔开,阻止了半岛上贝都因人的北袭和两大帝国的南侵,同时成为重要的商业和文化中转站。

奈伯特人(又译"纳巴泰人")是古代阿拉伯游牧部落的一支,公元前6世纪在今约旦地区建国。奈伯特在公元前1世纪时国势鼎盛,其疆域北至大马士革,南到半岛上的希季尔,但此后逐渐衰落,公元106年沦为罗马帝国的阿拉伯行省。其首都佩特拉有商路通往叙利亚、红海、波斯和埃及,一直是商队贸易的要冲。奈伯特人形成了独有的文明。他们以北方的阿拉伯语为生活用语,并借用阿拉米字母来拼写自己的语言。奈伯特文字体系后为北方阿拉伯语采用,成为现在的阿拉伯字母的始祖。

帕尔米拉地处从大马士革到幼发拉底河的战略要道上,其居民多为希腊化的阿拉米人,统治者为阿拉伯人。帕提亚征服伊拉克后,帕尔米拉成为东西方贸易的重要通道,声誉鹊起。同时,该国因经济文化发达,也成为西亚强国之一。252年,国王伍得奈斯因在罗马人对萨珊人的战争中建功立业,受封为东方的副君和大将,统有小亚细亚、埃及、叙利亚和半岛北部。帕尔米拉的强盛引起罗马的猜忌。266年,国王父子遭暗杀;272年,罗马大军

---

① 纳忠:《阿拉伯通史》上卷,商务印书馆1997年版,第42—43页。

掳走王后,帕尔米拉从此成为一片废墟。

加萨尼国位于大马士革东南,系由北迁的南阿拉伯人(艾兹德人)所建,包括叙利亚东南、约旦和西奈半岛部分地区。5世纪末叶,该国被纳入拜占廷的势力范围,用以防御沙漠中贝都因人的侵扰和对付波斯盟国希拉。554年,加萨尼军队大败希拉,引起了拜占廷的猜疑,其两任国王先后被流放。7世纪初,加萨尼因波斯人的打击而走向衰落。加萨尼的文化是基督教—希腊文化与阿拉米文化的融合。

240年,同样来自也门的莱赫米人建立希拉国。其国位于幼发拉底河右岸,东邻波斯,领土从今伊拉克的巴比伦省向南延伸到波斯湾。希拉臣属于萨珊王朝,后者利用其保卫波斯边疆,与加萨尼人为敌。约602年,希拉国的阿拉伯政权结束,波斯总督直接掌权。希拉水陆交通便利,商业繁盛,外贸发达;其文化是叙利亚文化与波斯文化的混合,居民主要信奉景教。莱赫米人在沟通波斯与阿拉伯半岛的经济、文化方面发挥了重要作用。

中古初期,半岛中部地区的阿拉伯人多为逐水草而居的贝都因人。后来,其中部分人定居务农,或在城镇经商。当时的城镇以塔伊夫、雅特里布(麦地那)、麦加等最为重要。塔伊夫气候凉爽,盛产水果和蔷薇油。雅特里布在麦加以北,地处沟通也门与叙利亚的商道上,是一个肥沃的绿洲,盛产椰枣。麦加在气候和物产上不如前两座城市,但它的地位十分重要,有道路通往也门、地中海、波斯湾和红海,城市所在的河谷中有沙漠商队亟需的甘泉。6世纪以后,拜占廷与萨珊的连年战争使幼发拉底河连接波斯湾的商道无法使用,埃及的混乱状态也导致尼罗河通红海的商路瘫痪,也门则长期陷于外国的统治之下,于是,麦加作为商道中转站的地位便日益凸显。在伊斯兰教兴起前夕,掌管天房的麦加古莱什部落逐渐形成一个商业集团。他们定期组织大规模的商队贸易,并主导了城市里的政治、经济和军事事务。与此同时,麦加城周围还出现了不少集市贸易,从而扩大了麦加在半岛上贝都因人中的影响和威望。

6世纪时,半岛中部、北部阿拉伯各部落曾建立肯德王国,它是伊斯兰教兴起前半岛北部出现的第一个强大王国,对未来的伊斯兰征服运动具有重大意义。

伊斯兰教产生前,阿拉伯人信仰多种宗教,主要盛行拜物教,每个部落都有自己的部落神。人们认为,神灵存在于一切事物之中,并崇拜鬼魂和祖先。此外,农业区居民崇拜太阳神,牧区的贝都因人多崇拜月神。阿拉伯人最重要的宗教仪式是朝觐,特别是拜谒麦加的克尔白(天房),参加当地一年一度的典礼和祭祀。克尔白原是一个简单朴实的立方体建筑物,自古被认为是神圣的禁地,其墙上有一块黑色陨石被当做神物崇拜。麦加因此成为阿拉伯人多神教的中心。

阿拉伯半岛也有外来宗教,主要是源自巴勒斯坦的犹太教和来自罗马帝国和埃塞俄比亚的基督教。二者对阿拉伯人的信仰曾经产生很大影响。波斯的萨比教和祆教也曾传入,但影响不大。外来宗教未能在阿拉伯半岛扎下根,但它们把一神教的观念带给了阿拉伯人。在此背景下,出现了哈尼夫派,它同时否定拜物教、偶像崇拜和外来宗教,号召民众信奉传说的易卜拉欣的宗教,把古莱什人崇信的真主(安拉)奉为至上主神。哈尼夫派的产生为伊斯兰教的兴起铺平了道路。

二、穆罕默德的传教和建教

6、7世纪之交,长期的战乱、外来侵略和传统商路的改变,以及拜占廷和萨珊两大帝国阻止阿拉伯移民北迁的措施,使半岛上人口增长与环境的矛盾恶化,[①]造成西亚地区普遍的社会经济危机和频繁的部落战争,并加剧了阿拉伯半岛宗教信仰的混乱;同时半岛过境贸易的繁荣,也在部落氏族之间和内部形成了严重的两极分化,对传统的部落结构造成侵蚀。一些阿拉伯志士仁人企盼一场宗教改革,以摆脱拜物教、偶像崇拜等陋习,反对外来宗教,创立一种能真正适合半岛社会需要的新宗教,摆脱社会经济危机。在大变革的形势下,伊斯兰教应运而生。

伊斯兰教创始人是穆罕默德。570年,穆罕默德诞生于麦加古莱什族著名的哈希姆家族,但家族的势力到他出生时已经衰落。他出生前,父亲在经商途中病逝,他6岁又丧母,8岁以后去放牧,12岁便随伯父外出经商。他为人忠实可靠,并在经商生涯中结识了犹太教和基督教信徒,25岁时受

---

① 哈全安:《阿拉伯的封建形态研究》,天津人民出版社2000年版,第18—19页。

雇于富商寡妇赫迪哲。雇主发现穆罕默德精明强干、忠诚老实,便提出与他结婚。穆罕默德的社会地位由此提高,他有了精力和时间考虑重大事情。此后,他常到麦加郊外的希拉山洞里隐修,昼夜苦思冥想。

据说在 610 年的一天晚上,穆罕默德在山洞里正当精神恍惚之际,突然接到"蒙召"的"启示"。从此,他以"真主"的"使者"和阿拉伯人"先知"的名义,开始传播伊斯兰教("伊斯兰"意即"顺服",指顺服真主的旨意)。最初,他在亲朋好友中秘密宣传,妻子赫迪哲、堂弟阿里和好友艾卜·伯克尔等成为第一批信仰者,随后,奥斯曼、祖拜尔等少数古莱什上层人士也入教成为穆斯林(伊斯兰教信徒)。穆罕默德针砭时世的传教深受穷人的欢迎。

然而,以古莱什族倭马亚家族的艾卜·苏福扬为代表的麦加贵族统治集团却竭力反对穆罕默德,甚至迫害他,因为新宗教贬低了传统部落神和古莱什贵族的地位。他们担心麦加因此丧失宗教中心和朝觐及贸易中心的地位①,以及自己失去在麦加政治生活中的影响,便对穆斯林采取了嘲笑、谩骂、经济制裁、中止商业往来、拒绝通婚等攻击行为。为保存实力,穆罕默德便命奥斯曼率部分穆斯林前往埃塞俄比亚,他本人则在麦加坚持传教。

620 年,穆罕默德先后失去了伯父阿布·塔利卜和妻子赫迪哲,但他并未退缩。621 年,即伊斯兰教历 7 月 27 日夜,据说他乘仙马从麦加前往耶路撒冷,在那里升至七层天,并于当夜顺利返回麦加住所。此后,穆斯林把耶路撒冷视为仅次于麦加和麦地那的伊斯兰教圣地,定该日为登霄节。此举为穆斯林与犹太人关系的改善奠定了基础。当时,汉志地区居住有很多犹太部落,特别是麦地那的犹太人在经济文化上占有优势,经常与当地的阿拉伯部落发生摩擦,双方需要有人居间调解。

当穆罕默德在麦加遭遇困难之时,伊斯兰教却在一神教影响较大的麦地那顺利得到了传播。620 年,几个麦地那人见到了穆罕默德并皈依伊斯兰教。622 年 6 月底,有 75 名麦地那穆斯林来到麦加,宣誓保护穆罕默德及其家属和信徒,并邀请他们去麦地那。于是,穆罕默德先行安排弟子们分

---

① 哈全安认为,穆罕默德并未贬低麦加的宗教地位,因为他公开反对的欧萨、默那、拉特三女神的祭坛均不在麦加。参见哈全安:《阿拉伯的封建形态研究》,第 32—33 页。

批悄悄离开,他本人则于当年9月24日最后抵达麦地那。此即著名的"徙志"(音译"希吉来")。

徙志标志着穆罕默德由传教转入建教时期,以及伊斯兰社团的初创。穆罕默德首先率领穆斯林建立了世界上第一座清真寺,它成为传教布道、团结教众的中心。同时,穆罕默德也创建了政教合一的社团"安拉的民族"(乌玛)。乌玛的成员包括"迁士"(来自麦加的穆斯林)和"辅士"(原居麦地那的穆斯林),这样,以部落忠诚为特征的传统部落、氏族血缘关系就为"天下穆民皆兄弟"的教友关系和新兴政权的地域关系所取代。作为"真主"的"使者",穆罕默德成为这个神权政体的宗教领袖,同时也是国家元首、最高立法者、最高仲裁者和军队统帅。社团内部没有僧侣和教阶制度,也没有教廷。这是一个独具特点的、有凝聚力的雏形国家。

穆罕默德也十分重视处理好阿拉伯人同犹太人之间的关系。为此,穆罕默德承认《旧约》是真主颁降的经典,认可犹太人是"有经人"(迪米),允许其享有信仰自由,并确定耶路撒冷为朝拜方向。同时,犹太人以集体名义加入乌玛,遵守其基本原则。[1]

随着上述问题的解决,穆罕默德开始全力对付拜物教徒,用和平和武力两种方式传教。624年,穆罕默德率穆斯林袭击从叙利亚返回麦加的古莱什贵族的商队,双方交战于白德尔。穆斯林军以少胜多,缴获了大量战利品。白德尔战役的胜利使穆斯林士气大振,提高了穆罕默德在半岛的声望,为乌玛的发展奠定了基础。

古莱什部落的阿布·苏福扬于625年率军来犯。双方在麦地那城外的伍侯德山下激战,穆斯林军因部分人擅自撤离而失败,穆罕默德负伤,叔父海木宰阵亡。627年,古莱什贵族组成包括贝都因人和犹太人在内的1万联军再攻麦地那。穆罕默德采纳了波斯门徒赛勒曼的建议,掘壕固守,史称"壕沟战役"。联军久攻不克,围城一月后自行退兵。

穆斯林地位的稳固使其与犹太人之间出现矛盾。自白德尔战役后,穆

---

[1]　当代研究伊斯兰教的学者认为,乌玛有两种含义,即狭义的宗教团体(伊斯兰社团)和广义的政治团体,后者包括受穆斯林统治的其他宗教社团(参见秦惠彬主编:《伊斯兰文明》,中国社会科学出版社1999年版,第162页)。广义的乌玛与下文所说的"伊斯兰秩序"和"伊斯兰地区"(Dar el Islam)同义。

罕默德先后将犹太人的3个部落驱逐,并把朝拜方向由耶路撒冷改为麦加,规定以星期五代替星期六(犹太人的安息日)作为聚礼日,以回历9月为斋月,确定了朝觐麦加、天课和战利品分配制度。所有这些进一步完善了伊斯兰的制度,有助于缓和与麦加贵族的关系。

628年,穆罕默德在麦加郊外的侯德比叶村与麦加贵族进行了谈判,双方商定休战,穆斯林获准来年自由到麦加朝觐。这一协议为伊斯兰教在半岛各部落中迅速传播创造了前提。629年,穆罕默德率众赴麦加小朝,包括阿慕尔和哈立德在内的一些古莱什贵族归顺。

"离开拉姆拉前往麦加的商队"(阿拉伯绘画,巴格达,1237年)

630年,穆罕默德率大军占领麦加,麦加贵族接受了伊斯兰教。这是一个具有历史意义的重大事件。穆罕默德随后确定麦加为伊斯兰教圣地,下令捣毁"天房"里的所有偶像,只有那块被阿拉伯人奉为神圣的玄石作为伊斯兰教的圣物得以保留,"天房"由此成为伊斯兰教的朝觐中心。穆罕默德又致函半岛各部落,要它们在4个月内销毁各自保留的偶像,皈依伊斯兰教,不愿意放弃拜物教的部落则遭受武力打击。631年,半岛上各部落纷纷派代表团到麦地那,向穆罕默德表示皈依,该年史称"代表团年"。到631年春,半岛各部落已基本归顺,在半岛上第一次出现了一个统一的阿拉伯伊斯兰国家,麦地那成为它的首都。632年,穆罕默德率领众穆斯林到麦加进行朝觐。返回麦地那3个月后,身患重病的穆罕默德去世。

伊斯兰教的兴起是一场伟大的宗教革命和社会革命。它结束了半岛上拜物教盛行、多种宗教并存的时期,开创了独尊真主、信仰统一的新时期。由于伊斯兰教提倡天下穆民皆兄弟,从而打破了狭隘的氏族关系,消除了部落间的内战和彼此之间连绵不断的血亲复仇战争,结束了动乱局面,实现了民族团结,达到了社会统一。伊斯兰教主张限制高利贷剥削,赈济贫民,提倡善待和释放奴隶,缓和了阶级矛盾,解放了生产力,促进了生产的发展。

作为伊斯兰教的创始者,穆罕默德对历史的发展做出了巨大的贡献。[1]

三、四大哈里发的对外征战

此时的阿拉伯半岛,伊斯兰教的统一还远未完成,巩固新兴国家的重任便落在了穆罕默德的接班人身上。然而,穆罕默德身后无子,他在世时也未指定继承人。因此,围绕着接班人问题展开了激烈斗争,共有四个派别,即辅士派、迁士派、合法主义派和倭马亚派。

迁士派和辅士派都宣称穆罕默德的继承者应从本派产生。最终,众人决定采纳部落方式,推举最早跟随穆罕默德且德高望重的艾卜·伯克尔(632—634年在位)为继承人,哈里发的选举由此成为定制。属于合法主义派的哈希姆家族认为阿里是穆罕默德的当然接班人,因为阿里是穆罕默德的堂弟兼女婿,并且是最早入教的几名穆斯林之一,但阿里为避免分裂接受了选举结果。第四派为古莱什部落的倭马亚家族,属于麦加贵族,他们对失去昔日的特权地位感到不满,但未提出自己的继承人。穆罕默德的继承人名为"哈里发"(Khalifa),意即"继承人"和"代理人",它准确地描述了这一职位的性质("先知"的继承人和"真主"的代理人),尽管当时人们完全没有这样的意识。[2]

四大哈里发时期(632—661年)从此开始。艾卜·伯克尔首先面临巩固政权的问题。穆罕默德去世后,半岛上的许多并未真正归顺伊斯兰教的部落纷纷脱离麦地那的统治,对新兴的乌玛构成严重威胁。艾卜·伯克尔采取强硬措施,穆斯林军队平定了反叛部落,迫使它们重新接受伊斯兰教,再次统一了半岛。

在统一半岛之后,对外征战提上了议事日程。征战可以把阿拉伯人的尚武精神及时导向对外拓展,化解部落间的冲突,夺取丰富的战利品,同时缓和半岛的社会经济问题,消除罗马和波斯对半岛的威胁。艾卜·伯克尔组建了以部落为单位的远征军。633年秋,以"真主的宝剑"闻名的哈立德

---

① 彭树智主编:《阿拉伯国家史》,高等教育出版社2002年版,第49页。

② [英]伯纳德·路易斯:《中东:激荡在辉煌的历史中》,郑之书译,中国友谊出版公司2000年版,第69页。

率军攻占希拉王国。另一员大将阿慕尔挥师直指叙利亚;在哈立德的增援下,阿拉伯军队于634年7月夺取拜占廷控制下的巴勒斯坦的艾扎那代因。不久,艾卜·伯克尔去世。

第二任哈里发欧麦尔(634—644年在位)在东西两线同时采取攻势。在东线,由赛尔德·本·艾比·瓦嘎斯统率的穆斯林大军,于637年5月在卡迪西叶与波斯军进行决战,结果大获全胜,萨珊国王叶兹德吉尔德仓皇逃跑。阿拉伯军队于6月攻占萨珊首都泰西封,于641年占领摩苏尔,642年于尼哈温德全歼波斯军。国王叶兹德吉尔德于651年在木鹿被杀。萨珊王朝宣告灭亡。在西线,哈立德统率的大军作战神勇,于635年9月夺占大马士革。636年8月,在叶尔穆克大败拜占廷军,阿拉伯军穷追直抵叙利亚边境的陶鲁斯山脉。638年,耶路撒冷守军投降。至此,大叙利亚地区完全为阿拉伯人所控制。此后,阿慕尔大军兵锋直指埃及。639年12月,阿慕尔夺取阿里什;641年4月,占领今开罗附近的巴比伦城堡;11月,亚历山大的拜占廷主教立约投降。642—643年,阿拉伯军队占领今利比亚的昔兰尼加地区。644年11月,欧麦尔被一个波斯籍祆教徒刺死。

第三任哈里发奥斯曼(644—656年在位)继续前任的征战政策。在东线,阿拉伯军队先后征服了呼罗珊、吐火罗斯坦(今阿富汗),以及阿塞拜疆和亚美尼亚的部分地区。同时,奥斯曼委任堂弟穆阿维叶为叙利亚总督,任命乳弟阿卜杜拉为埃及总督,两人分别创建了阿拉伯海军。655年,埃及和叙利亚的联合舰队大败拜占廷舰队,此为著名的"船桅之役"。第四任哈里发阿里(656—661年在位)执政时期,阿拉伯国家暂时停止了对外征战。

阿拉伯的对外征战属于游牧世界对农耕世界第二次大冲击的范围,它无论在规模还是在速度上,都是世界历史上前所未有的,这有许多原因。第一,伊斯兰教对劫掠成性、争勇好斗、一盘散沙的阿拉伯人产生了强大的凝聚力和感召力,阿拉伯人一跃成为中东历史舞台上一支信仰坚定、战斗力强的新生力量。第二,阿拉伯军队拥有适合沙漠作战、可驮运辎重的驼骑兵,与战马配合作战,加上灵活的战术,做到行动迅速、进退自如,农耕民族视为畏途的沙漠却是阿拉伯军队最佳的交通途径和避难所。同时,阿拉伯人严守穆罕默德和四大哈里发的指令,他们纪律严明,吃苦耐劳,不杀俘虏,不毁教堂。第三,拜占廷和波斯经历长期的统治,早已衰朽,长期的相互战争消耗了两国的元气,无力抵抗阿拉伯人的强大攻势。第四,被征服地区民众的支持。两大帝国的许多民众始终把基督教视为外来宗教,而叙利亚和埃及的基督教会作为"异端"长期遭受拜占廷教会的压制;此外,两大帝国的税负沉重。因此,阿拉伯人的宗教宽容和薄赋政策甚得人心。更何况伊拉克人、叙利亚人和巴勒斯坦人与半岛上的阿拉伯人有着悠久的历史渊源。第五,阿拉伯人的策略得当。对于敌国居民,阿拉伯军队提供三种选择,即改宗伊斯兰教,享受穆斯林的待遇;立约投降,获得穆斯林的保护;抵抗者格杀勿论。这一策略也起了很大作用。

随着对外征战的结束,一个横跨亚非的阿拉伯帝国形成了。除阿拉伯人外,这个庞大的多民族国家还包括了波斯人、伊拉克人、叙利亚人、埃及人等其他民族。

为了对帝国进行管理,四大哈里发进行了一系列的制度建设,大体包括以下方面:第一,确定《古兰经》的版本和伊斯兰教礼仪。由于流行的《古兰经》抄本有不同的读法,奥斯曼指定专人校对,于656年确定了正式文本《古兰经奥斯曼定本》。《古兰经》的定稿意味着以古莱什方言为标准的《古兰经》语言的确定,它对标准阿拉伯口语和书面语的形成起了重大的促进作用,从而有力地推动了阿拉伯世界的文明交往。此前,欧麦尔于639年将徙志之年确定为伊斯兰教历(回历)的元年。第二,完善国家制度。欧麦尔创立了有关税收、战利品分配、财会、年俸等的政策。根据规定,留居半岛并占有土地者,须缴纳什一税。当时被征服地区的税收制度因地而异,如各地皈依伊斯兰教者免纳人丁税,但要缴纳土地税或商业税;立约投降地区的穆斯林不缴人丁税,但须缴纳天课;犹太教徒和基督徒必须缴纳人丁税和土地税或商业税等。第三,保留原有的行政体系和人员。在被征服的叙利亚、北非和萨珊王朝旧地,原有的办事机构和行政人员得以保留,并沿用拜占廷人和波斯人的制度,使用希腊语和波斯语。行省的划分也保持原貌,甚至萨珊的货币也继续使用。第四,建立新的驻防城市。哈里发禁止阿拉伯军队劫掠当地居民,或夺取土地、务农经商。穆斯林受命在农业区与沙漠的边缘地带建立营地,就地放牧牲畜,并以此作为军事行动的基地。由此在被征服地区建立了一系列驻防城市,如伊拉克的库法和巴士拉、埃及的福斯塔特(开罗)。①

事实上,新兴的哈里发国家的控制能力仍然是相当弱的。虽然穆罕默德自麦地那时代后期起即向各地派遣名为瓦利的长官,负责宣教、规定宗教义务、仲裁纠纷、募集战士、征纳天课,但他们主要是依靠劝说和协商的方式。穆罕默德在一些地区设立的行政区划(维拉叶特)也大都形同虚设。②

同时,在新兴的阿拉伯国家中,潜藏着各种尖锐的社会矛盾。一方面,在政治上,表现为圣门弟子(包括迁士派和辅士派)与麦加部落贵族的竞争,这一冲突影响到国家的性质,即到底是伊斯兰国家还是部落贵族领导下的阿拉伯国家。在政策上,欧麦尔奉行伊斯兰化方针,宠信圣门弟子,以入教先后划分等级和年金。奥斯曼则任用麦加贵族和亲信,重新分配收入,照顾新移民氏族利益。另一方面,社会分化在逐步发展。哈里发政权致力于建立一个由阿拉伯穆斯林统治的国家,形成穆斯林统治者与非穆斯林被统治者之间的区分。在穆斯林内部,按入教和参加征服先后、阿拉伯人固有的血缘高贵、种族、年龄及兵种的区别形成分裂,出现了新贵(拥有土地、官职、财富等)。

正是由于上述矛盾,奥斯曼遭到暗杀,这削弱了哈里发的精神和道义威信。阿里出任哈里发之后,引起以穆罕默德遗孀阿伊莎为首的一派和倭马亚贵族的不满。656 年,第一次内战爆发,结果阿里胜利,俘获阿伊莎。由于战事围绕着阿伊莎的驼轿进行,故名"骆驼之役"。657 年,倭马亚贵族、叙利亚总督穆阿维叶与阿里的军队在幼发拉底河畔交战,其时阿里阵营内部因和战问题出现分歧,分裂出主战的哈瓦利吉派。661 年,阿里被哈瓦利吉派分子刺杀,正统哈里发时代宣告终结。

四、伊斯兰文明与中东古文明传承的连续性

不少学者认为,伊斯兰文明的兴起意味着中东历史与过去的了断,一

---

① 车效梅:《中东中世纪城市的产生、发展与嬗变》,中国社会科学出版社 2004 年版,第23 页。

② 哈全安:《阿拉伯的封建形态研究》,第 45、46 页。

个全新的文明代替了旧文明,中东的民族、语言和宗教文化都出现了巨大的变化。但是,有充分的事实说明,历史的古老文明虽然在形式上灭亡了,而其丰富的文化遗产仍然通过种种方式保留了下来,从各个方面深刻地影响了后来者,文明的传承正是在连续和中断的辩证法中实现的。

就中东伊斯兰文明而言,下列方面证明了这种文明的连续性。

第一,作为文明载体的人口的传承。尽管阿拉伯人的扩张使西亚北非实现了阿拉伯化,但这并不意味着原有居民的消失。在血缘上阿拉伯化最突出的地区,是与半岛紧密相连的新月地带,而在北非地区则不那么明显。根据阿拉伯学者的研究,今天的埃及居民虽然融合了阿拉伯、希腊、罗马、突厥等许多征服民族的成分,但法老时代的埃及人仍然占到今天埃及居民血统的 88%。① 因此,阿拉伯人的定义不再根据血统,而是根据语言和文化,而正是这一点使广阔的阿拉伯世界在漫漫的历史长河中维持了它的整体性。

第二,语言文字。非阿拉伯民族如波斯、库尔德、突厥等,它们的阿拉伯化主要反映在其语言采用了阿拉伯字母和吸收了部分阿拉伯语的词汇,但它们并未放弃自己的民族语言。至于形成后来的阿拉伯世界的西亚北非地区,其所以能够较为容易地实现彻底的阿拉伯化,其原因之一是上述地区在征服前已经在语言上通用阿拉米语,后者接近阿拉伯语。而且阿拉伯语中也保留了少量前伊斯兰时代语言的痕迹,如来自叙利亚语、希伯来语、拉丁语和波斯语的词汇。② 而在埃及,作为古老的法老时代语言最后形式的科普特语至今仍然在科普特教会的仪式中使用。

第三,民俗。以埃及人为例,它直到现代仍保持了一些前伊斯兰时代的习俗:(1)厚葬之风。古埃及人相信人死后其灵魂仍然存在,并且死人会复活,而复活的前提是妥善保存尸体,由此形成了制作木乃伊和建造金字塔的习俗。伊斯兰化之后,厚葬之风依然流行,在开罗城外形成了规模宏大的死人城。(2)节日。现在的尼罗河感恩节起源于上古,每年 6 月河水上涨前举行,据说是纪念女神伊西丝因丈夫奥西里斯遇害,痛哭流泪导致尼罗河水

---

① 杨灏城:《埃及穆斯林和科普特人的纷争》,载杨灏城、朱克柔主编:《民族冲突与宗教争端——当代中东热点问题的历史探索》,人民出版社 1996 年版,第 349 页。

② 伯纳德·路易斯:《中东:激荡在辉煌的历史中》,第 325 页。

暴涨。再如闻风节也是起源于法老时代,每年 4 月 15 日人们都会到野外踏青。(3)《旧约》记载雅各为娶美女拉希尔,不得不在未来的岳父拉班家白干了 7 年活。而 19 世纪的瑞士旅行家在叙利亚发现,这一古老的东方习俗在当地仍然十分流行。① 像这样的例子还有不少。

第四,文学。《旧约》中的《雅歌》历来被认为是宗教诗,尽管内容是讴歌浪漫的爱情。1873 年,一位普鲁士外交官在叙利亚惊奇地发现,乡村婚礼上演奏的歌曲与《雅歌》惊人地相似。学者的考证也表明,《雅歌》是一部相关类型在中东广为流传的有关婚礼的以色列民歌集,至今仍在叙利亚农村的婚礼上吟唱。②

第五,建筑。生态环境的稳定决定了建筑风格的延续。在大马士革、阿勒颇和巴格达,传统的阿拉伯房屋式样仍然保持了古巴比伦时代的风格和特点。③ 在伊拉克南方的沼泽中,阿拉伯船民使用的与苇编房屋结为一体的船只可以追溯到苏美尔时代。在土耳其,传统房屋和清真寺的风格与叙利亚和伊拉克迥然不同,前者起源于前伊斯兰时代。

第六,宗教。如前所述,伊斯兰教本身保存了一些犹太教和基督教的成分④,而且伊斯兰教与上述两种宗教及祆教存在许多共同点:一神论(祆教除外),主张神创论、天堂地狱说和复活说,反对偶像崇拜,形成紧密型宗教社团和高度的政教合一国家,主张平等主义并拥有强大的民间宗教机构(祆教除外)。瑞士神学教授孔汉思指出,近东的"亚伯拉罕系三大宗教"共同点是信仰虔诚。⑤ 三大一神教的相通证明了宗教起源和发展的地域特点。汤因比认为,通过彻底坚持中东固有的一神观念,伊斯兰教终止了基督教过分希腊化的倾向,而成功地将其从中东的大多数地区清除出去。⑥

再有,新月是伊斯兰教的象征,而中东人对新月的喜好有着悠久的历史。在沙漠中,夜晚的月亮给游牧民带来清凉,使牧草着露,树木滋润。苏

① [波]科西多夫斯基:《圣经故事集》,张会森、陈启民译,新华出版社 1981 年版,第 63 页。
② 科西多夫斯基:《圣经故事集》,第 266—267 页。
③ G.Roux, *Ancient Iraq*, George Allen & Unwin Ltd., 1980, pp.205‑206.
④ 参见马通:《世界三大一神教的关系》,《阿拉伯世界》2001 年第 4 期。
⑤ 秦家懿、孔汉思:《中国宗教与基督教》,吴华译,生活·读书·新知三联书店 1997 年版,序。
⑥ [英]阿诺德·汤因比:《历史研究》,刘北成、郭小凌译,上海人民出版社 2000 年版,第 369 页。

美尔人即尊奉月神南那,阿卡德人同样崇拜月神辛。麦加原本也是一个拜月中心,当地尊奉的月神名为胡伯勒,它的偶像在天房里就矗立在玄石旁。① 虽然对月神的崇拜最终被废除,但阿拉伯人对新月的感情仍然保留下来了。

第七,法律。有学者认为,"伊斯兰法……没有形成系统的分类,不是一个种概念下包括几个属概念,而是不遗余力地列举一切可能发生和不可能发生的情况,试图将各种可能性都囊括无遗;往往围绕每一个中心概念,形成一系列假设的情况和相应解决办法。"②实际上,这种情形与古代伊拉克著名的汉穆拉比法典极为相似。③ 而且,伊斯兰法在形成时期,通过犹太法和其他媒介受到了罗马法的影响。

第八,正如上文和下文提到的,阿拉伯国家在初创时期在君主制度、行省划分、行政机构的设立、税收制度、货币、行政语言等许多方面都受到了萨珊帝国和拜占廷帝国的强烈影响,其官僚队伍还吸收了大批前公务人员。在埃及,直到 18 世纪末期,希腊语才从官方文件中完全消失。④ 此外,中东原有的城乡结构、家族社会、流通体系等均保留下来了。

正是由于上述原因,西方学者拉皮杜斯认为,"7 世纪阿拉伯人的征服和随之而来的伊斯兰化保持了中东制度(institutions)的连续性";⑤莫罗尼也指出,"约从公元 300 年到 600 年,西亚发生的变革使本地区的文化越来越具有'伊斯兰性'(Islamic)",⑥他所说的,主要是由祆教、犹太教和基督教为代表的其成员有强烈认同、内部有强大凝聚力、宗教与社会生活广泛联系的宗教社团的形成。不过,这并不能否认伊斯兰教兴起的伟大意义,这确实是一场伟大的宗教和社会革命。从文化角度看,它代表了中东人对自从亚历山大东征以来东西方文明交往过程的一次严肃的历史反思。换言之,

① 唐均:《贾希利叶时代阿拉伯人月神考述》,《阿拉伯世界》2000 年第 3 期。

② 高鸿均:《伊斯兰法:传统与现代化》,社会科学文献出版社 1996 年版,第 118—119 页。

③ 参见 Jean Bottero, *Mesopotamia: Writing, Reasoning, and the Gods*, trans. by Zainab Bahrani and Marc Van De Mieroop, Chicago and London, 1992, pp.173－177; 黄民兴:《汉穆拉比法典之新说》,《阿拉伯世界》1999 年第 4 期。

④ 伯纳德·路易斯:《中东:激荡在辉煌的历史中》,第 241 页。

⑤ Ira M.Lapidus, *A History of Islamic Societies*, Cambridge University Press, 1988, p.9.

⑥ M.G.Morony, *Iraq after Muslim's Conquest*, Princeton, 1984, p.3.

中东人决心在自己的土地上进一步减少希腊文化的因素(但决没有抛弃它),从而完成了新的一轮文明大综合。因此,伊斯兰教的兴起再次证明了交往主体性的必然性,而随着征服的完成,西亚北非的土地上就逐步形成了一个规模前所未有、特点鲜明、延续至今的阿拉伯—伊斯兰文明圈。从国际关系的角度看,此即所谓的"伊斯兰秩序"(Pax Islamica)的建立。伊斯兰文明是阿拉伯人的"轴心文明"。

由于地处欧亚非三大洲之间、早期发展的落后、社会经济的游牧性和由此而来的军事上的强大机动性,以及普世主义的宗教,阿拉伯—伊斯兰文明在交往上具有突出的主动性,即渴望汲取先进文明的成果,其表现之一是军事上强烈的进取心。[1] 同时,阿拉伯—伊斯兰文明的另一个显著特点就是其相对于其他文明所表现出来的强烈的主体性,当然,它同时也具有相当的变通性和多元性,这表现为帝国对内部非伊斯兰宗教的容忍及阿拉伯文明对其他文明的吸收和内部周期性的变革。

第二节　倭马亚王朝对阿拉伯帝国文明的开拓

一、帝国的对外征战与制度文明的确立

叙利亚总督穆阿维叶(661—680 年在位)的胜利,标志着麦加贵族对圣门弟子的胜利。[2] 由此建立了作为阿拉伯贵族国家的倭马亚王朝(661—750 年)。王朝定都大马士革,因旗帜尚白而被中国史书称为"白衣大食"。

帝国继续进行征战,矛头首先指向盘踞于小亚细亚和北非的拜占廷帝国。阿拉伯军队多次围攻君士坦丁堡,但其海军遭受"希腊火"重创而未能陷城。在东方,阿拉伯人于 715 年占领包括河中和吐火罗斯坦在内的全部

---

[1]　黄民兴:《"伊斯兰秩序"与"华夷秩序"——唐朝中国与阿拔斯王朝的地区秩序关系分析》,《唐都学刊》2008 年第 3 期。

[2]　Ira M.Lapidus, *A History of Islamic Societies*, p.58.

中亚,并于8世纪中叶最终控制了这一地区。8世纪初,阿拉伯人也征服了印度的信德和旁遮普地区。

在西方,阿拉伯军队攻占了迦太基等西北非地区。711年,摩尔人将领塔里克·伊本·齐亚德率部横渡直布罗陀海峡进入伊比利亚半岛,占领了西班牙大部领土。然而在732年,从西班牙进入法国的一支阿拉伯军队在普瓦提埃被墨洛温王朝宫相查理·马特所败,此后阿拉伯人终止了在欧洲的扩张。

至此,阿拉伯人的大规模对外征战基本结束,对外征战奠定了阿拉伯帝国的疆域范围。8世纪上半叶,阿拉伯帝国横跨亚、欧、非三大洲,成为当时世界上幅员最为辽阔的帝国,其版图东起印度河和帕米尔高原,西到大西洋边,南抵尼罗河下游,北达里海和咸海南岸。

在制度文明方面,倭马亚王朝的政治体制具有如下特点:第一,国家更多地表现出"阿拉伯帝国"的特点,这是麦加贵族掌权的必然结果。倭马亚人是依靠南方的也门人取得政权的,因而利用部落宗族主义和贵族维持统治。国家强调阿拉伯人和部落在政治体制中的重要性,致力于保护阿拉伯人在政治经济上的特权地位(如不缴纳人头税和高额土地税),后者是军人和统治者,往往单独住在驻防城市中;国家一般不鼓励向当地居民进行传教和改宗活动,而即便是作为非阿拉伯穆斯林的马瓦利,也遭受种种歧视;禁止混血的皇室后代出任哈里发(直到后期才有所松弛);等等。

第二,形成了世袭的君主制与宫廷制。倭马亚家族以哈里发的世袭制取代了选举制。当然,其世袭制并非严格的长子继承制。世袭的家族王朝取代了游牧部落的联盟,一个东方帝国形成了。

同时,哈里发也具备了君主的其他特征:(1)规定了严格的礼仪和宫廷制。例如,设立了专供哈里发使用的御座和清真寺内的专厢,哈里发坐在清真寺的椅子上宣教(过去是站着)。来访者不能随意入宫,必须由宫廷总管决定,围绕君主的不再是酋长,而是大臣、掌玺官、卫兵、书吏和亲信。当然,朝廷仍然保留了有各阶层代表参加的某种公众座谈会。(2)设立后宫。哈里发嫔妃成群,生活奢侈。(3)确立君主的意识形态和合法性基础。宗教的捍卫者、民众利益的维护者、文化艺术的赞助者等成为穆斯林君主的形象和合法性基础。因此,哈里发必须推动圣战,修造清真寺。

修建宏伟的清真寺(如哈里发阿卜杜拉·马立克在巴勒斯坦建造的岩顶清真寺)旨在与叙利亚宏伟的基督教堂比美,气势宏大的宫廷建筑也有显示君主地位的作用。独具特色的伊斯兰艺术也宣告形成。

第三,建立庞大的官僚机构和军队。(1)效法波斯和拜占廷,设立各部(迪万),如税务部、军务部、邮政局、书信局(兼负情报事务)等。设立上诉法院,实施酷刑,设立钦差官员、驿站和警察,留用前朝的波斯、拜占廷官员等。(2)官员等级制的形成。如森严的门卫制,另外,宏伟的总督官邸和大型议事厅取代了部落会议和议事厅(伊拉克的总督官邸之豪华堪与哈里发宫廷比美),设立总督卫队。(3)以装备精良、训练有素的叙利亚军队(有许多基督徒)代替临时征集的部落军队,对外战争从部落战争演变为经过精心规划的帝国战争。在军队中,采用了波斯的重装骑兵装备、攻城武器和弩,以及以耐力而著称的波斯马,波斯的随军武装仆从也被引入了。

值得注意的是,帝国的体制具有军事化的特点。作为统治者的阿拉伯军人从城市中控制着辽阔的被征服地区,而征服及其带来的战利品对帝国的生存具有重大意义。英国学者安德森认为,"除了征税外,文牍官僚机构从来没有得到很大的发展。国家机器基本上是职业军人的组合,是按照严格的中央集权的军团或更散漫的形式组织起来的"。[①]

第四,确立地方行省制度。帝国沿用了萨珊的省份划分,初期在全国设立9省,后改设5省:伊拉克省,包括今伊拉克南部(下伊拉克)、海湾沿岸、波斯、中亚和印度东北部,省会库法;杰齐拉省,包括伊拉克北部(上伊拉克)、阿塞拜疆、亚美尼亚和小亚细亚东部,省会摩苏尔;汉志省,包括汉志地区、半岛中部和也门地区,省会麦地那;埃及省,包括上下埃及,省会福斯塔特;易弗里基叶省,包括北非、安达卢西亚和西西里岛,省会凯鲁万。省以下设县,其划分与萨珊时期基本一致。各省基本上是自治的,总督拥有财政和税收权,但后来在各省设立了直属中央的财政官。在呼罗珊、上伊拉克和叙利亚,阿拉伯人的统治较为松弛,但逐渐加强了控制,并剥夺了城市对周边农村的权力,从而完全终结了西亚古老的城邦制度(罗马时期已开始将

---

① [英]佩里·安德森:《绝对主义国家的系谱》,刘北成、龚晓庄译,上海人民出版社2001年版,第531页。

城市整合进帝国的架构）。在埃及和下伊拉克,帝国直接利用了原有的中央集权机构。

第五,在政教关系上初步形成了哈里发和乌莱玛的二元体制。帝国机构的日趋庞大和专业化,使哈里发专注于行政和军事事务,宗教事务事实上集中于形成中的乌莱玛即宗教学者之手。他们从事教义学、教法学等方面的研究,与官方疏远,在民间则享有较高威望。形成这一局面的原因,在于伊斯兰不存在统一的宗教机构（清真寺相互之间没有隶属关系）和教阶制,而法学家"几乎垄断了伊斯兰法的发展"[1],这是伊斯兰文明不同于其他一些文明的一个重要方面。因此,统治者颁布和执掌公法,而以私法为主的教法则由法学家和教法官创制实施。[2]

总之,倭马亚王朝日渐从早期的部落联盟向一个东方帝国演变,其政治体制也表现出明显的过渡性,即部落的重要作用和中央集权的不完善（与萨珊王朝相比）。

在经济领域也表现出波斯化倾向。如采用其土地税和人头税制度（甚至其名称都保持一致,土地税为波斯语的"哈拉吉"）和财政簿记,税收登记仍使用波斯语和希腊语。波斯银币"迪尔汗"继续流通,上有国王头像、袄教圣火、星辰、新月和发行年份,总督新铸货币也沿用原有造型,只是增加了一个阿文句子"奉真主之名"。直到哈里发阿卜杜拉·马立克（686—705年）时期才出现了阿拉伯化的货币,并开始在行政中使用阿拉伯语。

在拜占廷,土地属于国有;而阿拉伯人的土地最初是部落所有,征服开始后逐步确立了伊斯兰的土地制度:土地属于国家。但在事实上,受拜占廷和萨珊的影响,伊斯兰的土地制度是多样化的。[3] 首先是国有地,阿里家族和穆阿维叶都曾夺取前萨珊王室和逃亡贵族的土地,划为哈里发所有的"撒瓦斐"（国有地）。其次是"伊克塔",即赐给阿拉伯贵族和军人的部分国有地;虽然伊克塔通译"采邑",但不同于西欧的采邑,因为其主人获得的

---

① 高鸿均:《伊斯兰法:传统与现代化》,第 105 页。

② 吴云贵:《伊斯兰教法概略》,中国社会科学出版社 1993 年版,第 183—184 页。

③ 参见彭树智主编《阿拉伯国家史》和纳忠《阿拉伯通史》（上）。安德森认为,由于沙里亚（伊斯兰教法）没有提出明确的财产权概念,穆斯林世界的土地所有权普遍带有模糊性和随意性。参见佩里·安德森:《绝对主义国家的系谱》,第 526 页。

只是一种代替俸禄的征税权,不能世袭、买卖、出租和转授,国王有权随时收回、削减或重新分配伊克塔,后者也不附带对农民的政治、司法或个人权力。起初,只有哈里发有权授予伊克塔,而到倭马亚时期,王公、大臣、总督和高级官员均可随意裂土赏赐,导致了伊克塔的迅速发展。① 再次是私有地,原有的波斯、拜占廷贵族拥有的土地,以及阿拉伯贵族垦荒、购买及当地农民托庇于他们的土地均为私有地("穆尔克")。此外,清真寺和慈善机构也占有部分土地,是为"瓦克夫"(宗教地产;该词也指宗教基金),不能买卖、转让、出借或典押;一些游牧和定居的部落也拥有大量土地。

税收方法因地而异,在下伊拉克采纳了波斯的土地税和人头税。土地税的征收依据面积,税率取决于土地的肥沃程度、作物、生产率、供水、交通状况、距市场的距离等因素。在上伊拉克和叙利亚,土地税根据一个农夫和几头牲畜一天能耕耘的土地的面积征收。在埃及,人头税是以村庄为基础征收的,各村的农民再自行决定每户的负担。

土地税分两种,其中高额土地税(哈拉吉)由马瓦利和非穆斯林缴纳,为收成的40%—50%;低额土地税(欧什勒)为什一税,由阿拉伯穆斯林缴纳。另外,非穆斯林还需缴纳人头税,作为受穆斯林保护的报酬,仅基督教僧侣可以免除。作为穆斯林,则要缴纳天课(宗教税,2.5%),这项税收实际上演变为普通的所得税,根据土地和牲畜的数量征收。总的来看,民众的税负较萨珊时期有所增加。此外,税收政策也时常变化。哈查吉任伊拉克总督期间(694—714年),废除马瓦利免缴人头税的规定,并责令阿拉伯地主缴纳高额土地税,引起各地的抗税斗争。

二、社会经济变动与文化的交融

阿拉伯社会的部落性突出表现在驻防城市的社会结构中。以伊拉克的库法和巴士拉为例,城市的街区是以部落区分的,一些街区建有自己的集市、清真寺、公墓和大门,甚至拥有独立的部落会议,街区内则依氏族聚居,

① 伊克塔往往会出现私有化趋势,但在新王朝建立后,政府常常会重新把原有的伊克塔土地控制在自己手中,直到19世纪中叶以后奥斯曼帝国的土地才不可逆转地向私有化发展。

新到移民均进入本部落的街区定居。另外,阿拉伯人内部很快出现了社会分化。因血统、社会地位而形成的部落、氏族和家族间的固定区分,以及入教时间和骑兵、步兵之间分配军饷的区别,导致了新贵阶层的形成。他们占有大量战利品,得到王室赐地或自行垦荒的土地,或因进入官场而迅速致富,从而演变为穆斯林地主和商人。这一过程到倭马亚王朝初期宣告完成。同时,多数普通的部落成员则饱受通货膨胀之苦,征服的放慢导致战利品减少,他们的地位已接近非穆斯林臣民,并逐渐从事手工业和农业。库法和巴士拉发展成为伊拉克的主要城市和国际贸易中心,吸引了大批非穆斯林。库法的居民最初只有 8.3 万,7 世纪末已超过 20 万。

　　被征服的当地人所受的待遇分为如下四种。(1)战俘和北方居民(包括业已定居在伊拉克的阿拉伯基督徒),早期多被送往麦地那,后来这一措施中止,被遣送者获准返回。(2)向征服者缴纳贡金并达成和平协议的居民,享有某些特权。(3)投降的波斯官兵,加入穆斯林军队作战并分取战利品。(4)其他居民,其待遇最低。在以上四类人中,加入穆斯林军队的投降者和战俘多数皈依伊斯兰教,改宗的还有波斯地主和进入政府做官的上层人士,这些新穆斯林即"马瓦利"。一些马瓦利甚至被吸收进阿拉伯部落,从而使部落逐渐徒具虚名。到 8 世纪中叶,改宗达到了较大规模,但限于驻防地及其郊区,并且多以个人形式进行。[①] 除了逃亡者的土地被没收外,波斯贵族的土地也日益流落到阿拉伯官员手中,8 世纪前者已为阿拉伯地主所取代。从宗教上看,当地人分为"迪米"和原始信仰的崇拜者。此外还有奴隶,伊拉克的奴隶主要来自波斯、中业战俘和奴隶市场,但在劳动力中不占主要地位。

　　阿拉伯政府采取了一些措施发展农业,如开挖运河、垦荒造田、兴修水利、疏浚涸谷等,有的总督还下令禁杀耕牛,轻徭薄赋。库法和巴士拉周围的沼泽被疏浚为良田,幼发拉底河上游成为水浇地,巴士拉地区发展起了大片的椰枣种植业,为此从东非输入了大批奴隶。不过,从农业开发中受益的主要是阿拉伯移民,而原有的农业区状况甚至有恶化的情况。总的来看,波斯和下伊拉克的农业较为繁荣,埃及、上伊拉克和叙利亚则出现衰落,后两个地区因失去了小亚细亚的农产品市场而遭受打击。

[①]　Ira M.Lapidus, *A History of Islamic Societies*, p.52.

这一时期城市工商业也有新的发展。库法和巴士拉成为重要的纺织业中心,伊拉克的绣花服装著称于阿拉伯世界,五金工业也闻名遐迩。另外,北方的木器制造和南方的造船业也都享有盛名。交通设施的改善和军需物资的供应推动了商业的迅速发展,库法、巴士拉和新建的瓦西特城成为重要的陆上贸易中心,巴士拉也是海上贸易的中心,来自中国、印度和阿拉伯半岛的商船在此出入频繁。伊拉克的谷物、水果、椰枣、丝绸、木材、珠宝、香料运销半岛各地,而来自中国、印度、中亚、非洲的丝织品、金银首饰、玉器、香料、药物、骏马等也源源流入。

在文化方面,出现了阿拉伯文化与波斯文化的相互交融。早在穆斯林征服之前,波斯文化已通过边界阿拉伯小国哈特拉、埃德萨以及贸易而对阿拉伯半岛产生影响,但大规模的影响是在征服后通过伊拉克完成的。进入哈里发政府的波斯贵族、军人、马瓦利成为文化传播的桥梁。作为征服者的阿拉伯新贵很快学会了役使大批仆役、随从和女佣,享用波斯食品,穿着波斯服饰,模仿他们的举止。不过,阿拉伯人并未接受萨珊的服饰等级制。阿拉伯人在定居方式、建筑、节日、风俗、语言、文学上也受到了波斯的影响。

语言方面的最大变化是阿拉伯化。受高度发达的波斯文化的影响,以及改宗伊斯兰教和在哈里发政府中的波斯书吏的影响,阿拉伯语吸收了部分波斯词汇。在8世纪中叶,阿拉伯语开始逐步取代波斯语和阿拉米语成为行政、宗教和文学用语,以及主要的口头语言。

在宗教方面,政府对非伊斯兰宗教交替采取了遏制、镇压和不干涉的政策。在征服初期,阿拉伯人没收了祆教的教产,甚至一度禁止其教徒信教,基督教的寺院有的也遭到抢劫,僧侣被杀戮。但真正遭到镇压的是反对当局的宗教(摩尼教)和原始拜物教。对于基督教、犹太教等"有经典的宗教",政府一般不予干涉,甚至还推动基督教会的改组。因此,上述宗教社团获准实行自治,尤其是在宗教和私法事务上,各社团的首领并负责向政府交税。因此,改宗伊斯兰基本上是一个自发的过程。实际上,这是继承了四大哈里发时期的做法和萨珊旧制。[①] 尽管阿拉伯人在征服中遇到了许多困

---

① 伯纳德·路易斯认为,阿拉伯帝国的宗教宽容更胜于萨珊帝国。参见伯纳德·路易斯:《中东:激荡在辉煌的历史中》,第71页。

难,但是一些被征服的民族此后成为阿拉伯军队的坚定盟友并在征服中发挥了巨大作用,如中亚的突厥人和北非的柏柏尔人。

而且,正是这些宗教内部的教派之争促使政府干涉其内部事务。对于它们而言,真正的威胁是大规模的改宗,包括改宗基督教(如祆教徒)。在伊拉克,到 8 世纪初,祆教仅存在于东部极少数纯为波斯人居住的地区,但基督教在大叙利亚地区仍十分盛行。同时,大批改宗伊斯兰教的前犹太人、基督徒和祆教徒则把各自宗教的某些特点带进了伊斯兰教。

在倭马亚时期,社会融合不断发展。阿拉伯人从游牧群体发展为城市居民和定居农民,与被征服的伊拉克人在职业、习俗、语言等方面日益趋同。但与此同时,社会的分裂也在不断加深,不同的阿拉伯部落集团、阿拉伯人与马瓦利、部落成员与行政官员、农民与地主、宗教领袖与政治精英之间的矛盾不断深化。例如,各地的也门人(南方阿拉伯人)代表从事农业和商业的阿拉伯人,主张考虑改宗者的利益,反对军事扩张而主张地方分权;盖斯人(北方阿拉伯人)则代表军人集团,力主集权、扩张和保留阿拉伯人的特权。

三、激烈的政治和宗教斗争

倭马亚王朝的社会矛盾反映在激烈的政治和宗教冲突上。王朝建立之初,阿里一派另立阿里之子侯赛因为哈里发。穆阿维叶去世后,其子叶齐德继位,遭到侯赛因的反对,第二次内战爆发。680 年 10 月,侯赛因率亲属、随从近百人赴库法,在库法城西北的卡尔巴拉村受到了 2 万政府军的阻击,侯赛因不幸遇难。此后,麦加、麦地那发生大规模叛乱,并波及埃及。在伊拉克,阿里派发动了起义,穆赫塔尔·本·艾比·奥拜德自称"伊玛目",并宣传"马赫迪"(救世主)思想,称马赫迪将在末日来临前消灭世界上一切非正义的现象,这对以后的什叶派思想影响极大。684—690 年,叙利亚军队先后镇压了各地的叛乱,巩固了王朝统治。

起义失败后,阿里派逐渐由政治集团演变为宗教派别,即什叶派("什叶"意为"党人"、"宗派")。该派只承认阿里及其后裔为哈里发的合法继承人,认为其他哈里发都是篡位者;侯赛因遇难的日子(希吉来历 61 年 1 月

10 日)以后成为什叶派的"阿术拉节"("阿术拉"意即"10"),侯赛因墓所在的卡尔巴拉也成为什叶派的圣城之一。什叶派对政教关系的观点与后来形成的主流的逊尼派不同,前者更强调密切的政教联系。由此,伊斯兰教正式出现分裂。

侯赛因死后,第一任哈里发艾卜·伯克尔之孙阿卜杜拉在麦加独立,自称哈里发,并得到阿拉伯半岛和伊拉克等地反政权势力的支持。到 692 年,倭马亚王朝平定阿卜杜拉的反叛,巩固了王朝统治。

历任哈里发的政策也有所不同。在马立克和韦立德(705—715 年)在位期间,帝国行政、语言、官员构成和货币的阿拉伯化大大加速,税收政策的改革向着平等划一的方向发展,富丽堂皇的清真寺在各地纷纷出现,宫廷的家长制色彩日益让位于等级森严的帝国制度,国家而非哈里发个人日益成为王朝的中心。

然而,帝国的各种矛盾并未根除。欧麦尔二世(717—720 年)致力于提高马瓦利的地位,将其列入军队编制,并要求阿拉伯地主同样支付高额土地税,免除马瓦利的人头税。但是,改革措施遭到既得利益阶层的强烈反对,从而导致了政策的摇摆不定,同时下层起义也接连不断。哈瓦立吉派在伊拉克、波斯和埃及频繁地与政府军作战。701 年,伊本·艾什阿斯率马瓦利在巴士拉起义;720—721 年,巴士拉的伊本·穆罕莱卜率领的南阿拉伯半岛部落起义,起义波及整个伊拉克、波斯和中亚。

除了各阶层民众和教派反王朝的斗争以外,王室继承制度的混乱和各省总督各自为政也削弱了帝国的实力。各种反政府力量汇合为三大势力:(1)什叶派。主张为侯赛因复仇,以波斯的什叶派圣城库姆为中心积极在伊拉克、波斯、埃及等地进行煽动,赢得了大批马瓦利的支持,逐渐成为伊拉克的主要教派之一。(2)阿拔斯家族。为穆罕默德的叔父阿拔斯的后人,因而与阿里家族同属哈希姆家族。阿拔斯家族后来控制了什叶派中的阿布·哈希姆为首的哈希姆支派的领导权,掌握了该派的宣传体系和起义组织。他们以库法为中心向各地尤其是呼罗珊派遣大批人员,进行组织宣传工作,发展成为反王朝的核心力量。(3)呼罗珊人。本地区的波斯人反对王朝歧视马瓦利的政策,留恋古波斯的辉煌文明,因而大批人追随什叶派和阿拔斯家族。以上三派建立了反对倭马亚王朝的联盟。

穆罕默德叔父阿拔斯的玄孙阿布·穆斯林在呼罗珊积极活动,赢得了大批马瓦利和阿拉伯人的支持,并建立了一支训练有素的军队。747 年 6 月,他高举作为阿拔斯派标志的黑旗,各界群众纷纷响应,起义军很快夺取省会木鹿。随后,起义军挥师西向,兵不血刃而轻取库法。隐藏在库法的阿拔斯派首领阿布·阿拔斯于 749 年 10 月登基为哈里发(749—754 年),创立阿拔斯王朝。倭马亚王朝末代皇帝麦尔旺二世(744—750 年)在扫平叙利亚叛军后,于 750 年 1 月进至底格里斯河上游,与阿拔斯军队展开决战。战斗以倭马亚人的惨败而告结束,麦尔旺二世仓皇逃往埃及,8 月死于卜绥尔城,以推翻倭马亚王朝为目标的"阿拔斯革命"宣告胜利。

第三节　阿拔斯王朝的辉煌与衰落

一、伊斯兰帝国性的中央集权体制

阿拔斯王朝(750—1256 年)旗帜尚黑,中国史书称"黑衣大食"。这一时期帝国基本放弃了倭马亚王朝执行的对外征战政策,同时内部经历了大范围的人口和社会流动及宗教上进一步的伊斯兰化,真正形成了吸收融合中东各地区古老文化的伊斯兰文明。阿拔斯帝国成为代表境内各民族而不仅仅是阿拉伯人的大帝国。

王朝的首都不再位于偏居帝国一隅的叙利亚,而东移至西亚的地缘兼经济文化中心伊拉克,这里邻近为阿拔斯建国立下殊荣的波斯人的故乡。开国君主艾卜·阿拔斯最初定都于库法,因该地什叶派势力浩大而迁往附近的哈希米亚,随后又移往北方的安巴尔。王朝的真正奠基者曼苏尔(754—775 年)起初定都于泰西封,后来决定在安巴尔以北建立新都巴格达(原为村名,意即"真主的花园")。巴格达位于两河之间,底格里斯河纵贯全城,这里土地肥沃,交通便利,易守难攻。766 年,城市经 4 年的施工宣告竣工,其平面为圆形,这是借鉴了波斯城市的布局,在阿拉伯城市建筑史上首开先河。

阿拔斯王朝是在什叶派和波斯人的支持下以呼罗珊为根据地创立的,其政治制度在继承倭马亚体制的基础上有了新的重大发展,并受到了波斯的深刻影响,它具有如下特点:

第一,中央集权和君主神化的发展。作为帝国的最高首脑,哈里发拥有军政大权及宗教大权。哈里发即位时,文武百官和外地代表齐集京城,向君王宣誓效忠。同时,阿拔斯王室也往往指定多位王储,这是导致王权衰落的重要原因之一。

阿拔斯王朝是反叛倭马亚王朝而建立的,因此其君主着力重建自身的合法性,其突出表现是王权神化的进一步发展。阿拔斯家族与穆罕默德同属哈希姆支系,因而具有一定优势,并以此作为其政治合法性基础。故此,哈里发自称"真主在大地上的影子"、"真主的旗帜"等,而驳斥什叶派对哈里发的继承权。在实践上,阿拔斯君主积极介入伊斯兰传教事业,这与倭马亚时期王室的消极态度恰成对比。在理论上,哈里发充分利用了当时教义学中有关《古兰经》"受造"的争议。其中,穆尔太齐赖派否定《古兰经》是元始的、永恒的,认为其是受造之作,哈里发马门(813—833年)将此定为官方信条,其真实含义是作为"受造"之物的《古兰经》应服从哈里发的权威解释。当时,绝大多数穆斯林学者都接受了这一说法。但王朝后期君权衰落,突厥将军大权在握,因此穆塔瓦基勒(847—861年)任哈里发后废除了这一信条。另外,后倭马亚王朝和法蒂玛王朝的统治者在10世纪也称哈里发,同时出现三位哈里发,伊斯兰世界只有一位哈里发的时代结束了。

第二,中央政府进一步完善,分工体系更加细密。在政府部门的设置上,阿拔斯王朝也继承了倭马亚王朝和萨珊帝国的制度。早期的中央政府主要由一些高级官员及其下属掌管,举凡大小政务均由哈里发作出决定。此后,政府各部逐渐形成,主要是邮政部、税收部、财政部和负责司法、警务、商业、农工等事务的部门。各部工作由宰相(维齐)协调,到马赫迪(775—785年)和哈伦·拉希德(786—809年)时期维齐已成要职,9世纪中叶后他们成为政府首脑,可以任命省级官员。为加强王权,财政部和邮政部均有专门机构进行核查,兼管情报工作的邮政部负责监督官员。

基本的地方建置仍为省,其划分与前朝相似,马门时全国有27省,包括杰齐拉和伊拉克在内。省长多为军事长官,且更换频繁,下设财政、税收和司法官员。有时,省长由曾为朝廷立功的将军或王室成员(如王子)担任,这样轮换制和军政权力分离的做法可能被放弃。中央政府对中亚和北非的控制较松,省长多由当地人出任,有时甚至是地方王朝的君主(如塔希尔朝和萨曼朝)。此外,除伊拉克外,全国分为东西两大行政区,东部地区包括波斯、呼罗珊、河中诸地区,而西部地区包括埃及、叙利亚、阿拉伯半岛和巴勒斯坦。

第三,王朝具有伊斯兰帝国的性质。这表现在以下方面:

1. 阿拔斯王朝的哈里发多为混血。同时,贵族、富人也纳异族女奴,出现后代混血,并且民间也有不同民族的联姻。

2. 国家机关和军队的异族化。波斯人大批进入政府机关,波斯文化进一步影响政府的运作,基督徒、犹太人也大批进入政府任职。军队早期有大批波斯人,后期则为突厥奴隶所取代。为了解决倭马亚王朝的遗留问题并适应新的形势,阿拔斯王朝采取了提升非阿拉伯穆斯林和非穆斯林社会地位的政策。即规定所有穆斯林人人平等,大批提拔非阿拉伯人尤其是波斯人和突厥人进入军政高层,与此相伴随的是阿拉伯人特权地位的消失、阿拉伯语的广泛普及和伊斯兰教的进一步传播,人口的流动和商业的扩张也加速了帝国内民族融合的进程。在军事上,阿拉伯人不再是专事征战的民族,征服的中止意味着不再需要庞大的阿拉伯军队和后备力量,国家的军事力量主要依靠由职业军人组成的禁卫军(以波斯人为主)和由募集于城乡的贝都因人、农民和市民组成的志愿军。在政府部门中,有大批波斯人和基督徒,而犹太人在金融、税收领域占有重要地位。当然,阿拉伯人仍控制着军队和司法机构,并通过阿拉伯语的官方地位而确保自身的地位。

随着阿拉伯人因逐渐定居而来的平民化,哈里发开始依赖突厥奴隶军队维持统治,这是中古伊斯兰军事—政治体制的一大特点,最终造成了哈里发权力的衰落。

3. 民族融合和伊斯兰化的发展。大批非阿拉伯人进入当地的阿拉伯城市,改宗伊斯兰教,阿拉伯人不再是职业军人,而是纷纷务农做工经商,与当地人融合,阿拉伯语在波斯以西地区广为传播,阿拉伯化不断发展;在波斯和中亚,当地人保存了自己的语言,但使用了阿拉伯字母并吸收了一些阿拉伯词汇。

4.政府在税收上采取平均政策,不太歧视马瓦利和非穆斯林。

第四,民间伊斯兰力量的成长。乌莱玛代表正统的伊斯兰信仰,但从未受到官方的重视。阿拔斯王朝为确立政权的合法性,开始青睐乌莱玛,例如马门曾任命教法学家阿布·优素福担任巴格达总法官一职。乌莱玛最终迫使哈里发放弃了《古兰经》"受造说",同时,在与什叶派的斗争中,逊尼派逐步形成。哈里发也承认了乌莱玛拥有经训教法的解释权和民事立法权,后者因此拥有独立的合法性基础,以及向哈里发挑战的潜力。乌莱玛包括神学家、法官(卡迪)、法典说明官(穆夫提)等。其时,逊尼派形成了四大教法学派,即哈乃斐、沙斐仪、罕百里和马立克学派。什叶派则形成了较为完备的经学体系及不同教派,以及较为严密的组织。基于苦行主义和神秘主义的苏菲派也开始形成。乌莱玛和苏菲派首领因为其在宗权事务上的垄断权而享有独立的合法性基础,从而完成了伊斯兰社会君主与宗教精英二元化的政治体制。① 西方学者霍奇森指出,正是乌莱玛通过其在法律学派、瓦克夫和苏菲派教团中的活动,构成传统伊斯兰国家的公共领域。② 正统的逊尼派、什叶派以及神秘主义的苏菲派从不同层面整合了伊斯兰社会,使之具有强大的凝聚力。

总之,阿拔斯帝国比倭马亚王朝进一步东方化了。帝国是以阿拉伯人为首,包括其他民族和其他宗教集团,由首都贵族与外省贵族、世俗贵族与宗教贵族的联盟构成的国家。这一庞大的体系实现了进一步的中央集权,同时蕴含着深刻的内部矛盾和分裂的可能。同时,伊斯兰社会进一步成熟,组织性增强(即自组织程度提高)。

二、阿拔斯王朝前期的经济繁荣

阿拔斯帝国财政主要依靠税收,其种类有土地税、人头税、牛羊税、海产

---

① 美国学者拉皮杜斯认为,中东的宗教和文化有两个中心,即宫廷和城市:"宫廷关心旨在表达能够证明哈里发的权威和主导精英的最高地位的宇宙观念的象征,相比之下,城市版的伊斯兰强调旨在追寻伊斯兰生活方式的个人虔诚。"参见 Ira M.Lapidus,*A History of Islamic Societies*,p.122。

② Marshall G.S.Hodgson, *The Venture of Islam: Conscience and History in a World Civilization*, Vol. 1.转引自 S.N.艾森斯塔特:《反思现代性》,旷新年、王爱松译,生活·读书·新知三联书店 2006 年版,第348页。西方学者一般认为,公共领域只是在近代西方才出现的。

税、天课和关税等，其中最重要的是土地税。马赫迪废除了根据土地面积收税的旧制，而根据土地的肥沃程度、灌溉状况和收成征收，从而增加了国库收入，也使农民避免了因年成变化而造成的损失。各省的税收一般支付省内的行政和军事开支。

在土地中，王室地产、瓦克夫、开垦的荒地、国家没收或购买的土地均不受各省政府管辖。在伊拉克和波斯西部，上述免税土地的数量很大。另外，王室也将土地赐给王室成员、亲信、文武官员作为伊克塔，这分为两类。第一类为荒地，三年免税，以后缴纳薄税，以鼓励垦荒。第二类为耕地，受地者（穆克塔，即采邑主）需向政府缴纳什一税，并向伊克塔上的农民征收高额土地税。伊克塔也不受省政府管辖，因而减少了地方财政收入。9世纪中叶以前，它的授予有一定限制，故而影响不大。

伊拉克是帝国最为富庶的省份。马门时期上、下伊拉克和波斯、呼罗珊四省的税收竟达帝国总岁入的3/4，为3.05亿迪尔汗。由于政府大力兴修水利，并委派官员专管灌溉，水浇地的面积增加了，伊拉克从南部沙漠地带到北方库尔德地区的土地均可耕种。农业生产因此迅速发展，农产品价格低廉，据记载300迪尔汗的收入即可满足一家人一年的生活费用。在阿拉伯诗歌中，伊拉克被形容为翠绿的绒毯，两河则被喻为绒毯上的两把灿烂夺目的宝剑。

在农业方面，值得一提的是引进了许多新的作物，其中包括来自印度的水稻，其种植范围从波斯向西一直延伸到叙利亚和埃及；其他作物主要来自印度、东南亚和波斯，例如甘蔗、硬麦、高粱、棉花、西瓜、柑橘、柠檬、酸橙、椰子、菠菜和茄子等，以及其他粮食、饲料、纤维、香料、化妆、药草类作物。其中有不少作物传入欧洲，而由甘蔗生产的蔗糖也成为中东向欧洲出口的一项主要货品。

随着征服战争和人口流动，大批异族异教手工业者流入城市，推动了城市手工业的发展。伊拉克南方盛产椰枣、橄榄油和肥皂，北方则以棉织品而闻名，摩苏尔出产著名的"摩苏尔纱"和皮衣、毛毯、挂毯等，巴格达生产各式玻璃器皿、皮革、纺织品、香水、珠宝等，而其中陶器极为著名。巴格达的陶器属于"波斯陶器"，有多彩釉、白釉彩绘和早期拉斯达彩陶器等各类优美的陶器，其装饰技法明显受到了中国陶器的影响。① 751 年怛逻斯战役后,被俘的唐军工匠把中国的造纸术传入阿拉伯,很快在撒马尔罕开设了伊斯兰世界第一家造纸厂,约 792 年在巴格达开设了第二家造纸厂。造纸术从此传遍了整个阿拉伯世界和欧洲,促进了世界文化的发展。

中东城市也得到进一步发展。到拉希德时代,巴格达人口达 150 万之众(也有人认为 10 世纪其人口为 50 万),为中东历史上所未有。巍峨的皇宫、雄伟的清真寺、繁华的市井、葱郁的林木、如梦的宴饮,巴格达的瑰丽因《一千零一夜》而享誉世界,成为东方历史上的一颗璀璨明珠。

阿拔斯王朝兴建于萨马拉的旋转型宣礼塔

阿拔斯帝国高度重视交通运输的发展。政府在全国范围内修路筑桥,开凿运河,设驿建馆。巴格达成为帝国交通的中心,主要的商路有:巴格达—加兹温—撒马尔罕—中国,巴格达—大马士革—北非—西班牙,巴格达—高加索—俄罗斯—东欧,巴格达—摩苏尔—阿勒颇—君士坦丁堡,巴格达—汉志—也门。在海上贸易方面,波斯的西拉夫和巴士拉是波斯湾的重要贸易口岸,977 年西拉夫毁于地震后巴士拉的地位进一步凸显。由于战争的停止,穆斯林商人开始取代犹太人和基督

徒,控制了东西方之间的贸易,阿拉伯商人的足迹遍布南亚、东南亚、远东、东非、欧洲,贩卖的物品有纺织品、宝石、铜镜、玻璃器皿、香料、蔗糖、药材、钢铁工具、瓷器、丝绸、矿物、蜂蜜、黄蜡、毛皮、象牙、金粉、金银器、虎豹、染料、奴隶等。贸易的发展沟通了欧亚间的文化往来,并促进了伊斯兰教及其文化的传播。英国学者路易斯评论说:"中古伊斯兰教世界的环境,独一无二地适合发展长程、大型的商业活动……从伊斯兰教世界的这一端到那一端,人们都能听懂阿拉伯语,至少作为国际和地区之间的交流媒

---

① 王明增编译:《伊斯兰时代的波斯陶器》,载范曾主编:《东方美术》,南开大学出版社 1987 年版,第 216—218 页。

介,而且是一种含蓄、丰富而细致的沟通媒介。"①

三、伊斯兰文明在交往中蓬勃发展

阿拔斯时期,在吸收波斯、希腊及印度文化因素的基础上,伊斯兰宗教及其文化有了深入发展,形成了系统化的各门学科,绽开了东西方文明交往的奇葩。

8世纪以后,伊斯兰教进一步向帝国内信奉异教的非阿拉伯民族传播,在地域上则向处于帝国边缘的中亚、南亚、北非、小亚细亚、西班牙等地区扩散。同时,宗教学科和教派也获得了长足发展。在教法学方面,形成了哈乃斐、马立克、沙斐仪和罕百里四大教法学派,建立了伊斯兰教法(沙里亚)体系;以研究审定圣训真伪为宗旨的圣训学的发展,导致了六大圣训集的编纂;注释《古兰经》的经注学和研究《古兰经》诵读法的诵经学也成为显学。在教义学上,以伊拉克为基地的穆尔太齐赖派吸收希腊的逻辑论辩方法,确立其神学体系,并否认《古兰经》的元始说。该派弟子艾什尔里(936年卒)则运用同样的方法维护传统信仰,他的主张日后成为官方教义。

什叶派在这一时期形成了较为完备的神学体系,确立了伊玛目教义的基本要点,即伊玛目(什叶派对其政教首领的称呼,阿里为第一任伊玛目)由真主命定而非由人选择;首任伊玛目知道下一任伊玛目为谁并指定其继位;伊玛目掌握来自先知的特殊知识,具有不谬性。因此,信仰伊玛目成为什叶派信仰真主独一及信仰穆罕默德先知、使者以外的第二个信条。同时,围绕着各种神学及政治问题形成了一些主要教派:(1)栽德派。8世纪中叶由第三世伊玛目栽德·本·阿里所创,承认前三任哈里发合法,认为阿里的任何后裔凡博学善战者均可出任哈里发,反对"隐遁伊玛目"(即末世伊玛目没有死,而是隐身了,将来会以马赫迪的身份再临人世)、塔基亚(即受迫害时可以隐瞒信仰,为《古兰经》所认可)和神秘主义。(2)伊斯马仪派。第六世伊玛目加法尔·萨迪克(700—765年)剥夺其子伊斯马仪的继承权而另立次子,762年伊斯马仪去世后其门徒认为他是第七世也是最后一代即

---

① 伯纳德·路易斯:《中东:激荡在辉煌的历史中》,第225页。

"隐遁"伊玛目。故该派又名"七伊玛目派"。(3)十二伊玛目派。因尊崇阿里及其直系后裔十二人为伊玛目而得名。形成于10世纪初,其主张较为温和,是什叶派的最大支派。

8世纪中叶以后,受基督教、诺斯替教、新柏拉图主义、波斯和印度思想的影响,基于苦行主义和禁欲主义的伊斯兰神秘主义逐步发展起来,它通过神秘的内在直觉获得有关真主的直接、亲身的经验。此即苏菲主义,它传播到整个伊斯兰世界,尤其流行于下层民众中。其中巴士拉的女圣徒拉比亚·阿达维亚(717—801年)创立的神秘的爱的思想,构成苏菲主义的真正基础。到10世纪,哈里发穆塔瓦基勒实行新的宗教政策,促成了正统的伊斯兰教派逊尼派的形成。逊尼派承认四大哈里发为穆罕默德的合法继承人,以经训作为立法根据,承认哈乃斐、马立克、沙斐仪和罕百里四大法派学派的正统地位。它成为伊斯兰世界的主要教派。

阿拔斯帝国对文化的发展也给予极大关注。随着阿拉伯人占领了曾经拥有灿烂古代文明的广大非阿拉伯地区,同时形势的变化也提出了许多亟待解决的新问题,因而了解和吸收其他文化成为大势所趋,由是开始了8世纪中叶至10世纪的著名的"百年翻译运动"。哈里发马门曾在巴格达开设"智慧宫",其中设有图书馆、科学院和翻译局三个部门。在这里从事翻译工作的除阿拉伯人和穆斯林外,还包括犹太人、基督徒、祆教徒和萨比教徒,涉及的译著语种包括波斯文、希腊文、阿拉米文、希伯来文、拉丁文、科普特文、奈伯特文、迦勒底文、梵文等。从领域上看,则涉及天文学、数学、医学、哲学、政治学、文学、逻辑学等诸多学科,翻译的名著有欧几里得的《几何原本》、托勒密的《天文大集》、柏拉图的《理想国》、亚里士多德的《物理学》、祆教经典《阿维斯陀》、印度的《卡里莱和迪木乃》等。翻译运动保存和传播了古代东西方各国的珍贵文献,为阿拉伯—伊斯兰文明的发展作出了卓越贡献。

以翻译运动为契机,伊斯兰科学文化迅速发展,在化学和炼金术、数学、天文学、占星术、医学、文学和语言学方面做出了重大贡献,在生物学、矿物学、地理学、历史学等领域也成绩不凡。同时,形成了不同于宗教的伊斯兰哲学,尤其是阿拉伯亚里士多德学派,代表人物有铿迪(801—873年)、法拉比(870—950年)和拉齐(864?—924年)。在历史学方面,号称"阿拉伯的希罗多德"的麦斯欧迪(957年卒)著有30卷百科全书式巨著《黄金草原》,塔巴里(838—923年)著有《编年史》。在数学方面,花拉子密(780—850年)应用了来自印度的"阿拉伯数字",成为代数学的先驱。阿拔斯的教育也极为发达,清真寺里均设有学校,巴格达的清真寺据说有3万座之多,而智慧宫就是第一所高等教育学校。

因此,阿拔斯王朝的文化表现为一元为主、纷繁竞争的局面。阿拉伯—伊斯兰文化不仅仅是传统阿拉伯文化的继承,它还成为包含各民族的"文化结晶"。① 从而,一个伊斯兰文化圈开始在中东形成,并延伸到南亚、中亚和北非。关于伊斯兰文明,有学者认为它主要是综合而非创新,但有很多学者予以否认。埃及学者艾哈迈德·爱敏在其多卷本的《阿拉伯—伊斯兰文化史》一书中指出:"阿拉伯人的功绩并不在于他们翻译和汲取了希腊的艺术、科学,而在于他们对希腊文化作了大量的增补并有所发明创造。"②法国年鉴派大师布罗代尔认为,正是在科学领域,穆斯林"做出了最具独创意义的贡献"。③ 英国学者路易斯认为,包括中国文明、印度文明和欧洲文明在内的其他文明"在本质上都是地方性的",而"中东地区的伊斯兰教文明在高峰时代,是傲视群伦地气派——在许多方面,它都是人类文明发展到当时的最高点。……他们缔造出一个宗教文明,它超出了单一种族、或是单一地区、或是单一文化的界限。中古盛期的伊斯兰教世界是国际化的、种族多元的、民族多样的,甚至可以洲际连结的。"④

四、外部交往、内部动乱与王权旁落

在对外交往方面,阿拔斯王朝基本处于守势,与周边各大国的关系在经过短期冲突后转向以和平交往为主。有学者认为,在伊斯兰教形成后,欧亚大陆的国际贸易和文化交流迅速扩大,更多的地区和国家卷入其中,如朝鲜

---

① 纳忠:《阿拉伯通史》,第573页。

② [埃]艾哈迈德·爱敏:《阿拉伯—伊斯兰文化史》第六册,赵军利译,商务印书馆1999年版,第219页。

③ [法]费尔南·布罗代尔:《文明史纲》,肖昶等译,广西师范大学出版社2003年版,第99页。

④ 伯纳德·路易斯:《中东:激荡在辉煌的历史中》,第356—357页。

半岛和日本、东南亚、俄罗斯、欧洲和非洲。①

阿拔斯与中国在中亚发生了冲突。早在倭马亚王朝晚期,兴盛的唐朝即致力于向西域和中亚拓展,构建一个以中国为中心的庞大的"华夷秩序"。② 它分别于634年和702年控制了天山南路和北路诸国,设立安西和北庭两个都护府。然而,倭马亚人最终在争夺中亚的斗争中胜出。751年,唐军在中亚的怛罗斯与阿拔斯军队交战失利。吐蕃的侵扰、安史之乱和随后的国内动荡,使唐朝最终放弃了中亚,而阿拉伯人也无力再行东扩。怛罗斯之战的结果,是造纸术和其他中国技艺的西传,促进了西亚、欧洲与东亚的文明交往。

中阿在冲突中同时开启了和平交往。据中国史书,651年大食首次遣使来华。752—798年,阿拔斯朝19次遣使入唐,并接受了唐朝使节。令人惊奇的是,734年唐朝甚至一度计划与大食共讨河中的突骑施;李泌宰相也曾于787年向唐德宗建议:"北和回纥,南通云南[南诏],西结大食、天竺,如此则吐蕃自困"③,但未实施。757年,大食军队4000人应唐朝之邀,入华帮助平定安史之乱。至此,两国间已经形成了合作关系,从而保证了横穿欧亚大陆的丝绸之路的畅通,并促进了丝路沿线城市的繁荣。晚唐以后,由于中国的经济重心南移,以及吐蕃对西域的控制,海上贸易逐渐成为中阿通商的主要路线。

在西方,阿拔斯王朝与法兰克建立了良好关系,以共同对付拜占廷帝国和西班牙的后倭马亚王朝。双方经常互派使节、互赠礼品,哈里发拉希德与查理曼大帝的关系尤其密切。阿拔斯与拜占廷曾多次开战,后者几度被迫求和,缴纳贡赋。858年以后,两国之间再未发生重大战事。

当阿拔斯帝国还处于巅峰之时,其衰落的征兆已经显现。这主要有两个方面的原因,即帝国的政治和社会经济变迁以及连续不断的人民起义和

---

① Jerry H.Bentley, *Old World Encounters: Cross-Cultural Contacts and Exchanges in Pre-Modern Times*, Oxford, 1993.转引自巴里·布赞和理查德·利特尔:《世界历史中的国际体系——国际关系研究的再构建》,刘德斌主译,高等教育出版社2004年版,第198页。

② 参见彭树智主编:《阿拉伯国家史》绪论,第14—15页;黄民兴:《"伊斯兰秩序"与"华夷秩序"——唐朝中国与阿拔斯王朝的地区秩序关系分析》。

③ 《资治通鉴·唐纪四十九》卷二百三十三。

教派运动。

如前所述,王权衰落的原因首先在于王室本身,即缺乏明确的继承制度。像拉希德曾指定两个儿子为王储,由此导致内战,类似的例子很多。另外,哈里发穆塔瓦基勒否定了穆尔太齐赖派的信条,这就在民众和乌莱玛中引发了对哈里发的怀疑,严重削弱了以宗教和君主相统一为号召的阿拔斯王朝的政治基础。

在政府内部,奴隶禁卫军的兴起具有重要而深远的影响。最初,波斯人在国家的政治体系中占有极其重要的地位,第一、二、四任哈里发的维齐均为波斯马瓦利,而第五任哈里发拉希德的维齐哈立德·巴尔马克更是权倾朝野。波斯人也是军队的主要组成部分,并有不少学者、教法学家、诗人、地主,在社会中起着非比寻常的作用。在文化运动中,他们大力翻译波斯古籍,宣扬波斯的礼仪、典章、思想文化,主张穆斯林各民族平等,此即"舒欧比"运动。然而,波斯人势力的过分增长使哈里发感到不安,遂唆使阿拉伯人与波斯人相互残杀。哈里发拉希德于802年诛杀世代为官的巴尔马克家族主要成员。

为了压制反叛的阿拉伯人,排斥波斯人,并对付桀骜不驯的地方总督,哈里发穆阿台绥姆(833—842年)开始执行一项新政策,即任用突厥奴隶军人。早在倭马亚王朝,哈里发及一些总督已从中亚招募突厥儿童作为奴隶,予以教育、训练,使其组成卫队(事实上,突厥人也已进入后宫,因而个别哈里发有突厥血统)。到前朝后期,使用突厥奴隶(古尔曼)卫队已成定制。阿拔斯王朝更以突厥奴隶组建禁卫军,这支部队由不同团队组成,它们各有自己的防区、清真寺和市场,由各自的指挥官负责训练、装备和军饷,因而具有很大的独立性。

突厥部队很快与军队中的阿拉伯、波斯士兵和巴格达市民发生了冲突。836年,政府被迫在首都以北另建萨马拉城,作为帝国的政治和军事中心,宫廷和军队均迁移至此,而巴格达仍是国家的经济和文化中心。然而,突厥部队内部的纷争随之而起,将军们向哈里发索要封地、干预朝政,乃至左右哈里发的继承事宜。9世纪中期以后,突厥将军成为帝国的主人,可以任意废立哈里发,或予以杀害,君主已成他们的玩偶。

帝国政府自身也出现权力的衰弱。由于高级官员任命各自的亲信担任秘书,政府中形成了不同的宗派。9世纪末,这些派别汇集成两大集团,即主要由景教徒或由基督徒改宗的马瓦利组成的贾拉赫派和由巴格达的什叶派组成的福拉特派。两大集团轮流控制维齐之职,大肆搜刮,以贿赂换取君主的欢心和晋职,其结果是国家权力的衰落和岁入流失。

为了阻止官场腐败,政府采取了大量颁授伊克塔的做法,以其代替官员和将军的俸禄,伊克塔的数量急剧上升。这一政策虽然一时增加了国库进账,但从长远看导致了税收流失,并影响了各省行政的正常运作。穆克塔(伊克塔的领受人)也逐渐发展成为权倾一方的大地主,农民为躲避重税而纷纷托庇于他们,地方的割据性因此加强。

王室挽救中央集权的另一项对策是包税制,即把地方税收的征收权让与地方官、商人等,而预先收取税款,此举主要实行于伊拉克和波斯西部。包税人从农民征收的款项大大多于向国家缴纳的税款,从而加重了民众负担,减少了国家未来的税收基础。他们以雄厚财力支付当地衙门的开支,甚至投资于水利建设等公益事业,形成了地方政府的私人化。

晚期的阿拔斯国家不可避免地陷入了普遍的经济衰退的泥沼。由于一个多世纪以来政府忽视了水利建设和开垦荒地,加上无休止的用兵,以及伊克塔和包税制的实施,到9世纪末10世纪初伊拉克经济已到达崩溃的边缘。下伊拉克农田荒芜,饥馑流行,一些地区荒无人烟,奴隶起义也造成农业损失。在摩苏尔地区,7世纪贝都因人的大量定居对农民构成强大压力,饱受牧民袭扰的农民纷纷弃田而走,9世纪定居农业全面衰落。埃及法蒂玛王朝致力于使国际贸易从波斯湾改道红海,伊拉克作为国际贸易中心的地位削弱了。经济衰退和政治权力的解体使社会秩序瓦解。在10世纪上半期的巴格达,宫廷及政府内部的派别纷争、军队对民众的暴行、教派斗殴、军队因欠饷而爆发的哗变、抢劫即将去职的维齐宅邸之类事件层出不穷。

随着中央财政和国防效能的下降,各省日趋独立,尤其是在非阿拉伯地区的边远省份。一些突厥军官窃取总督职位,宣布独立。有的总督则抗税不交,侵蚀中央权力。独立王朝最早出现在北非,如鲁斯塔姆王朝(761—909年)、伊德里斯王朝(788—974年)和阿格拉布王朝(800—909年)。822年,权势显赫的呼罗珊总督塔希尔不再在胡特巴(清真寺的聚礼日祈祷)中宣读哈里发的名字(即为哈里发祈福,表明对其权力的尊重),形成亚洲第一个半独立的地方王朝(至 872 年)。亚洲建立的其他地方王朝有锡斯坦的萨法尔王朝(867—904 年),呼罗珊的萨曼王朝(874—999 年),阿富汗的加兹尼王朝(962—1186 年),埃及和叙利亚的图伦王朝(869—905 年)和法蒂玛王朝(909—1171 年)等。因此,哈里发不得不依靠强大的总督(如独立前的塔希尔)和支持朝廷的地方王朝(如萨曼王朝)而维持统治。

沉重的经济剥削、混乱的社会秩序和中央权力的解体导致了 8 世纪以后大规模的人民起义和教派运动。其中,人民起义主要有波斯的蒙面人起义(776—783 年)和阿塞拜疆的巴贝克起义(816—837 年),二者均带有袄教的影响,因而也是以宗教形式表现的民族运动。在伊拉克,爆发了著名的黑奴起义(869—883 年),大批东非黑奴不堪忍受非人剥削而起义,人数达26 万人,起义军一度占领了巴士拉。在库法附近,属什叶派的卡尔马特派于 890 年聚众起义,该派主张财产公有、社会平等,其势力迅速壮大。起义军在波斯湾的巴林建立卡尔马特国家,其范围囊括了阿拉伯半岛的大部分地区,并一直延续至 12 世纪。

在阿拔斯王朝时期,国家并未面临外患,帝国衰落的原因来自内部。到10 世纪,阿拔斯王朝直接控制的地域仅限于伊拉克及波斯西部、亚美尼亚等省,沦为一个小朝廷。个别哈里发图谋中兴,但终究斗不过突厥将军。第20 任哈里发拉基(934—940 年)无力应付突厥将领永无止境的封地要求,不得不任命实力雄厚的伊拉克长官伊本·拉伊格为"总埃米尔"(或译"大元帅"),总揽全国政务。总埃米尔统率军队,掌管财政、税收及宗教大权,实际上凌驾于哈里发之上,甚至胡特巴中也列入其名字。这标志着王权的进一步衰落,预示着伊斯兰政治制度发展的新方向。

第 四 章

中东伊斯兰世界的分裂和动荡

第一节 群雄并立的中东伊斯兰世界

一、中东伊斯兰世界的多元化

945 年白益王朝(945—1055 年)的建立标志着中东政治、经济和社会变化新时期的开始。阿拔斯王朝从此名存实亡,随之而来的是阿拉伯人的"普世君主—普世帝国—普世宗教"体制的正式结束。一方面,在新的体制里,大一统的伊斯兰普世帝国为群雄并立的伊斯兰世界所取代,哈里发唯我独尊的地位为哈里发—素丹—乌莱玛三位一体的政治体制取代,而国家的统治者也不再是阿拉伯人,后者开始遭受异族近乎 10 个世纪的统治,伊拉克也不再是西亚政治、经济和文化的中心,取而代之的是东西两翼的波斯和埃及。在西欧,崛起的基督教国家开始向中东扩张,而伊斯兰世界则因内部的分裂和衰落无力抗争。但另一方面,伊斯兰社会也在进一步发展、成熟。中东进入了一个分裂和动荡的时代。

中东伊斯兰世界的多元化首先体现在边缘省份的独立。阿拉伯帝国领土的辽阔、其中央集权固有的脆弱性、统治者政策的失误及民族、教派、部落、语言、文化的多样性,使得分裂不可避免,尤其是在最晚征服的波斯—中亚和北非地区。这些独立和半独立的王朝包括上文提及的呼罗珊的塔希尔王朝和萨曼王朝,锡斯坦的萨法尔王朝,阿富汗的加兹尼王朝,埃及和叙利亚的图伦王朝、法蒂玛王朝,北非的鲁斯塔姆王朝、伊德里斯王朝和阿格拉布王朝;此外,在蒙古入侵之前还有西班牙的后倭马亚王朝(756—1031年),埃及和叙利亚的伊赫什德王朝(935—969年)、阿尤布王朝(1171—1250年),北非的穆拉比特王朝(西班牙语称"阿尔摩拉维德王朝",1061—1147年)、穆瓦希德王朝(西班牙语称"阿尔摩哈德王朝",1130—1269年),叙利亚的哈姆丹王朝(929—1055年),上伊拉克的马尔旺王朝(990—1096年)、赞吉王朝(1127—1262年)等。这些王朝具有如下特点:

第一,统治者多为非阿拉伯人,也有什叶派。少数王朝由阿拉伯人建立,如后倭马亚、法蒂玛王朝;但多数不是,如塔希尔、萨曼王朝为波斯人,加兹尼、图伦、伊赫什德、赞吉王朝为突厥人,阿尤布、马尔旺王朝为库尔德人,穆拉比特、穆瓦希德王朝为柏柏尔人等。而且,其中的突厥人(以及后来的蒙古人)来自中东以外地区。另外,伊德里斯、鲁斯塔姆、法蒂玛、哈姆丹王朝的统治者均为什叶派。这与倭马亚、阿拔斯两朝均由逊尼派阿拉伯人主导大相径庭。

第二,地方王朝建立的背景复杂。建立独立王朝的多半是阿拔斯帝国的总督或将领,许多学者往往指出他们这样做系出于个人野心。这只是问题的一个方面。事实上,作为新征服的边疆地区,波斯—中亚和北非分布着大量非阿拉伯民族,他们有自己的语言和文化,而阿拉伯统治者的高压政策和无情掠夺常常激起他们强烈的反抗。例如,中亚和波斯曾爆发过反对阿拉伯人的频繁起义(像708—710,727—737,747—748,751,759,776—883,777,806—810年等,几乎贯穿中亚从被征服到塔希尔王朝独立的整个时期)。这是上述地区独立的重要背景。在北非,逃亡到当地的什叶派和哈瓦利及派,以及逃避阿拉伯人统治的柏柏尔人(尽管他们已经信仰了伊斯兰教)也在推动独立方面起到了重要作用。

第三,一些地方王朝的经济文化繁荣,它们采取了各种相关措施。例如,一些国家建立了新的城市,后者成为重要的地区政治经济和文化中心,像开罗(法蒂玛王朝,969年)、非斯(伊德里斯王朝)和马拉喀什(穆拉比特王朝)。埃及在图伦王朝时期,大力兴修水利,复兴农业,改进税制,增加收入,稳定市场,活跃经济,使工农业均得到较大发展。到法蒂玛王朝(中国史书称为绿衣大食)时期,其版图包括了埃及、阿尔及利亚、摩洛哥、利比亚、西西里岛、叙利亚、巴勒斯坦和汉志,超过阿拔斯帝国,境内拥有亚历山大、迪米亚特、的黎波里、凯鲁万等大城市和港口,成为连接亚、非、欧的贸易枢纽。法蒂玛王朝奖励学术研究,发展文教事业,于972年创建爱资哈尔清真寺,成为伊斯兰的宗教和学术中心。后倭马亚王朝的首府科尔多瓦以其大学、图书馆和造纸厂而闻名,成为与巴格达和君士坦丁堡齐名的世界三大文化中心之一。在中亚,萨曼王朝统治下的撒马尔罕也发展成为伊斯兰世界堪与巴格达相媲美的文化中心。

必须指出的是,各个地方王朝奖掖学术、文艺,实际上有着重要的政治目的,即确立君主的政治合法性。在东方,从塔希尔、萨曼、萨法尔王朝到波斯的白益王朝,都出现了推动波斯文化复兴的势头,尤其是萨曼王朝。这一时期文化、科学界出现了许多杰出人物,如萨曼朝的哲学家兼医学家伊本·西那(阿维森纳,980—1037年;所著《医典》在17世纪以前一直是亚欧多国的主要医学教科书)和拉齐(约864—924年,著有《医学撮要》等著作),加兹尼朝的诗人费尔多西(940—约1020年,著有史诗《列王纪》),哈姆丹朝哲学家法拉比(870—950年,著有《知识大全》、《论灵魂》等著作)、地理学家比鲁尼(973—1048年,首次以三角测量法测地)和桂冠诗人穆台奈比(915—965年),穆瓦希德王朝的哲学家伊本·鲁世德(阿维罗伊,1126—1198年,提出双重真理说)等,可谓群星灿烂。

第四,一些地方王朝进行了重要的政治军事改革,但多数王朝都难以维持长期统治。在军政改革方面,萨曼王朝首创突厥奴隶军事化体制,即对大批突厥奴隶进行劳动训练和军事训练,提拔勇猛善战者为军官,乃至文官和将领。这一制度为以后的伊斯兰国家和塞尔柱帝国等所仿效,发挥了重大作用。[1] 另外,加兹尼国王马哈茂德(1051—1099年)首先使用了"素丹"(意为"权力")作为国王称号,加兹尼王国也开创了政教分权的先例。[2] 尽

---

① 纳忠:《阿拉伯通史》上卷,商务印书馆1997年版,第608页。

② 拉皮杜斯认为,从加兹尼王朝开始,奴隶军人、分权的政府和对波斯伊斯兰文化的保护就成为中东政权的特征。见 Ira M.Lapidus, *A History of Islamic Societies*, Cambridge University Press, 1988, p.141.

管如此,由于这些国家缺乏严格的王室继承制度和稳固的中央集权体制,以及根深蒂固的部落、民族(例如,统治者作为外来者,缺乏本地民众的支持)和教派纷争,因此很容易陷入分崩离析的境地。以加兹尼王国为例,在强悍的马哈茂德国王去世后,各省纷纷叛离,王国最终为古里人所灭。此外,一些强大的总督会宣布独立,取代原有的王朝。在以上提及的 17 个王朝中,存在不到 100 年的为 6 个,100—150 年的为 7 个。①

诗人费尔多西所著史诗《列王纪》中的场景:勇士鲁斯塔姆高举着阿夫拉西亚(波斯绘画,设拉子,1435 年)

第五,地方王朝推动了欧亚大陆文明交往的发展。首先,在国内,这些王朝在促进内部不同民族、文化融合方面发挥了重大作用,从而推动了阿拉伯化和伊斯兰化的发展。在西班牙,后倭马亚王朝努力消除阿拉伯人、叙利亚人、柏柏尔人、西哥特人之间的民族差别,促进了各民族的融合。值得注意的是,当地的犹太文化也受到影响,犹太人开始用阿拉伯文撰写作品,包括著名的犹太哲学家迈蒙尼德(1138—1204 年)的《密西拿》评注。在中亚和北非,突厥人和柏柏尔人成为信仰虔诚的穆斯林和阿拉伯人扩张的左膀右臂。其次,各国也促进了与周边非阿拉伯国家的文明交往。在中亚,加兹尼王朝对印度的征服使阿拉伯和波斯文化大量传入该地区,最终在以梵文字母书写的印地语基础上形成了使用阿拉伯字母书写的乌尔都语。在西班牙,繁荣的文化教育使欧洲的许多君主、主教、贵族将子弟送到当地的穆斯林大学求学,阿拉伯语成为欧洲公认的语言,贵族开始模仿阿拉伯人的生活方式,甚至《圣经》也被译为阿文。② 同样,9—11 世纪曾为穆斯

---

① 14 世纪突尼斯著名的阿拉伯哲学家伊本·赫勒敦在《历史绪论》一书中指出,文明也有生、长、盛、衰的过程,而游牧民族建立的国家在短短三代人之后就会因为聚合力的失去而走向衰落,从而招致游牧民的入侵和新王朝的建立。

② [巴基斯坦]赛义德·菲亚兹·马茂德:《伊斯兰教简史》,吴云贵等译,中国社会科学出版社 1981 年版,第 183、186 页。

林统治的西西里岛也在东西方文明交往中发挥了桥梁作用,穆斯林的宗教观念、纺织品、雕刻、书籍装帧和五金工艺等均对当地及欧洲内地产生了影响,许多阿拉伯学者在以后基督徒统治的时代继续活动。①

第六,地方王朝在防御基督教欧洲方面发挥了重要作用。伊斯兰世界的分裂不利于防御外敌,但一些强大的地方王朝事实上也在抵御入侵上扮演了重要角色,主要是赞吉王朝和阿尤布王朝(详见下文)。

地方王朝的建立大大缩小了阿拔斯王朝的领土,后者局限于伊拉克、波斯西部和亚美尼亚等省,而在这里,外来的入侵者也剥夺了哈里发的权力。

二、哈里发—素丹二元体制的形成

白益和塞尔柱时期,伊斯兰国家实现了进一步的政教分离,其原因如下:第一,阿拔斯王朝的衰落。第二,突厥政教分离的政治传统。第三,伊斯兰世界已形成一种共识,即哈里发只能由古莱什氏族成员担任,而白益和塞尔柱君主均无意破坏这一传统而窃取哈里发称号。第四,阿拉伯人和逊尼派对政权垄断的削弱以及奴隶军人的兴起。

白益(又译"布韦希")人属于德莱姆部族,分布于里海西南、伊朗高原北部山区,属波斯人的支系,倔犟好战,信奉什叶派。935年,出身白益家族、担任萨曼王朝驻哈马丹和伊斯法罕地方长官的阿里与两个弟弟哈桑和艾哈迈德起事,夺取波斯的法尔斯省。苦于突厥将军专权的哈里发穆斯台克非(944—946年)邀请白益氏兄弟进兵,艾哈迈德遂于945年率军进入巴格达,建立白益王朝(945—1055年)。

白益王朝的领土包括下伊拉克、杰齐拉、波斯、亚美尼亚等地区,首都在什叶派的中心、波斯的设拉子。至此,伊拉克最终失去了西亚政治中心之一的地位,但仍是文化中心。白益国王常任命王室成员出任各省总督,而对中央集权产生不利影响,但强大的国王也会夺回对外省的控制权。白益的军事制度与阿拔斯王朝后期相似,军队主要由信奉逊尼派的突厥骑兵和信奉

---

① 彭树智主编的《阿拉伯国家史》(高等教育出版社2001年版,第150页)和美籍黎巴嫩学者希提撰写的《阿拉伯简史》(马坚译,商务印书馆1973年版,第249页)都认为,西西里在传播穆斯林文化上的地位甚至超过十字军战争期间的叙利亚。

什叶派的德莱姆步兵组成,各部队间存在尖锐的矛盾。

在政治制度上,白益时期政教分离出现重大进展。开国君主艾哈迈德(945—949 年)从哈里发那里接受了总埃米尔的头衔和"穆依兹·道莱"("国家巨臂")称号,并自封为"马立克"(国王)。同时,白益君主借鉴了波斯的君主思想,使自己成为真正的君王。例如,白益国势鼎盛时期的阿杜德·道莱(意即"国家臂膀",为穆依兹之侄,949—983 年在位)自称"诸王之王"和"正义之王",这都是古波斯国王的称号。白益国王关于君权神授的宣传、国王的姓名组成、王室的各种仪式和货币图案均与古波斯有着千丝万缕的联系。阿杜德还把白益家族的祖先追溯到萨珊宗室。但是,白益国王仍尊重逊尼派哈里发的权威,奉其为伊斯兰世界的最高首脑,接受其册封,在胡特巴中把自己的名字列在哈里发之后。不过,哈里发的实际权力只限于宗教、司法和哈里发宫廷等领域。[①] 之所以如此,是因为哈里发在伊斯兰世界的巨大威望,以及逊尼派信徒在伊拉克人口中的高比例。

至此,阿拔斯王朝已徒有虚名,白益王朝开始实施世俗君主与宗教首脑(哈里发)分权的制度,而随后的塞尔柱帝国更把这一制度完善了。但是,上述权力分割是相对的。哈里发仍有一定的世俗权力,甚至在塞尔柱衰落时期能控制伊拉克中、南部的大部地区。而世俗君主也宣扬君权神授,他们(包括什叶派的白益君主)仍尊奉哈里发为名义上的最高领袖,接受其册封,在胡特巴中把自己的名字列在哈里发之后,并力图与哈里发家族联姻。

阿杜德时期的白益国家在版图和势力上都达到了顶峰,甚至也门、锡斯坦的君主也向他进贡,印度信德的国君则在胡特巴中列入了他的名字。哲学家阿布·苏莱曼·锡斯坦尼甚至根据历法和国王的政绩断言,阿杜德的统治标志着世界历史新时期的来临。然而,在他去世之后,白益王朝即走向衰落。11 世纪前半期,王朝的西、东两部分分别由总埃米尔贾拉勒·道莱与其侄卡利加尔统治。1044—1048 年,卡利加尔最终控制了整个伊拉克。造成国家衰落的一个原因就是哈里发图谋东山再起,后者把希望寄托于外部力量的支持,此即崛起于中亚的塞尔柱人。

---

① Joel L.Kraemer, *Humanism in the Renaissance of Islam: The Cultural Revival during the Buyid Age*, Leiden, 1986, pp.38－39.

塞尔柱王朝开国君主图格里勒·贝格像

塞尔柱人的统治标志着草原游牧民族时代的来临。塞尔柱人属突厥人的乌古思部落,最初居住于河中的吉尔吉斯草原。到 10 世纪后期,乌古思人内部出现社会分化,在作为最高统治者的酋长塞尔柱·本·达戛格率领下,开始向南方扩张。在已改宗伊斯兰的中亚地区,他们成为逊尼派穆斯林,从而为日后的西征做好了准备。

11 世纪初,在已故的塞尔柱之孙图格里勒·贝格(1037—1063 年在位,贝格原为官名,后用作荣誉称号)的统率下,乌古思大军南下呼罗珊,于 1037 年夺取加兹尼王朝的木鹿和尼沙普尔,并以木鹿为首都建立塞尔柱王国。乌古思人席卷波斯,于 1055 年进入巴格达。此前曾与之联络的哈里发戛伊姆(1031—1075 年)率王公大臣出迎,图格里勒随即将白益王朝末代国王下狱,塞尔柱帝国(1055—1194 年)由此建立。

塞尔柱国王阿勒卜·阿斯兰(1063—1072 年)向小亚细亚扩张,于 1071 年在凡湖以北的曼齐卡特大败拜占廷军队。他还先后降服了喀布尔与布斯特之间的苏布兰小王朝,控制了摩苏尔、叙利亚、巴勒斯坦和汉志,有效地阻止了什叶派法蒂玛王朝在上述地区的扩张。到马立克·沙(1072—1092 年)时期,塞尔柱国家的版图东起阿富汗,西至地中海岸,形成地域辽阔的大帝国。同时,图格里勒以后历任国王均努力防止大批进入西亚的土库曼部落(乌古思人之别名)进入伊拉克和波斯南部,而将其引向高加索和小亚细亚,这样一则可以避免游牧民对西亚定居经济的破坏,二则可以利用剽悍的土库曼人向基督教国家拜占廷和亚美尼亚展开圣战,拓展伊斯兰的疆土。这一战略对西亚历史影响深远,土库曼人和加齐武士向小亚细亚的进攻迫使拜占廷节节后退,使小亚细亚、高加索永久地突厥化了,在伊拉克和波斯也留下了一定数量的突厥居民。

突厥人进入阿拉伯帝国始于阿拔斯王朝后期,但正式建国还是在塞尔柱时期,突厥文化对阿拉伯文化的影响也进一步加强。塞尔柱的政治制度即为一例,后者是在白益王朝和加兹尼王朝政治制度的基础之上形成的,体现出阿拉伯、波斯和突厥政治传统的交汇。

在王室政治方面,塞尔柱人同样没有明确的王位继承制。根据突厥传统,国家是王朝的共同财产,王室所有成员均有神授的才干和权力。著名宰相尼扎姆·穆尔克曾主张采纳早先东方和伊斯兰的君权观念,一些素丹受其影响也纷纷册立王储,要求贵族宣誓效忠,但传统的突厥观念仍根深蒂固。在马立克·沙去世后,统一的帝国即不复存在。另外,由于突厥社会中妇女地位较高,王后甚至维齐之妻干政也屡见不鲜,有的王后还拥有自己的维齐和管理部门。

与白益王朝相比,塞尔柱帝国的君主制更为完善,真正形成了世俗君主与宗教领袖并立的二元政治结构。帝国的首脑自称为"素丹",图格里勒认为这是最高的独一无二权力的象征,从而使自己成为伊斯兰世界的最高行政首脑。国王同样宣传君权神授的思想,以宗教的捍卫者自居。他也获得了"东西方之王"、"诸王之王"等称号,并把伊拉克的哈里发领地视为帝国的一个省和哈里发的伊克塔,从而牢牢确立了自己相对于哈里发的优势地位,甚至哈里发也必须获得素丹的承认。但是,素丹依然认可哈里发作为伊斯兰世界最高宗教领袖的地位,接受其册封,并与哈里发联姻,加强其政治合法性。哈里发的权力局限于宗教和精神领域。素丹甚至任命了一批官员管理巴格达的事务:"阿米德"负责民政和财政事务,包括从哈里发的伊克塔征税及其开支;"什赫纳"负责伊拉克和巴格达的治安,协调教派关系。

塞尔柱帝国没有统一的首都,被定为首都的城市先后有尼沙普尔、木鹿、伊斯法罕、哈马丹等。只有马立克·沙曾于1091年一度迁都巴格达,但他不久即去世。首都的频繁变动从一个侧面说明了帝国政权的相对松散。帝国的中央政府由维齐领导,下设外交、军事、财政、监督四个部。另外,还设有监察部对除军事和司法以外的所有官员进行监督,以及传递情报的系统和负责邮政、公安、驿站、警察、告密的部门。地方的独立性表现在各省的马立克(王子)、什赫纳和省长均有自己的维齐和与中央相同的部门,马立克经允许可以铸币。另外,帝国还有一种起源于突厥的制度即"阿塔贝格"

("阿塔"意即"父亲"),阿塔贝格一般是王子或省长的太傅,负责其行政、政治和军事训练、指导,在王子年幼时可任摄政。他们在帝国以后的发展中起到重大作用。

塞尔柱的军队包括以下组成部分:(1)奴隶军队,来自各个民族,由素丹直接指挥。(2)特种部队,具有快速应变能力。(3)马立克、奴隶省长和维齐等官员的下属部队。(4)属国的部队。此外还有一些雇佣军和贝格率领的土库曼家丁。在以上部队中,奴隶军队和特种部队领取军饷,而分布于全国各地的骑兵则靠伊克塔为生。塞尔柱军队中骑兵比例很大,战斗力强。

马立克·沙去世后,庞大的塞尔柱帝国逐渐解体,国内战乱不断。王子巴尔基雅鲁克继位任素丹(1097—1105年)后,其兄弟穆罕默德和桑贾尔、叔父图图什和尼扎姆·穆尔克的遗孀哈吞均起而挑战,内战一直延续至巴尔基雅鲁克去世。

穆罕默德素丹(1105—1118年)的统治相对稳定,其时呼罗珊省政局稳定、经济繁荣,成为帝国事实上的中心。穆罕默德去世后,四个王子形成各霸一方、轮流称王的局面,有时会同时出现几个素丹。这一时期巴格达素丹的直辖地区仅限于巴格达地区和波斯的吉巴尔省和法尔斯省北部。此时的桑贾尔以王叔身份享有素丹称号,成为帝国实际上的最高首脑。

庞大的帝国解体为大塞尔柱宗主国和若干小塞尔柱国家,后者主要有叙利亚塞尔柱国(1094—1117年)、波斯西北部的米底塞尔柱国(1117—1157年)、克尔曼塞尔柱国(1041—1187年)和小亚细亚的罗姆塞尔柱国(1084—1300年),其中米底塞尔柱国于1157年取代大塞尔柱王朝统治巴格达。

中央权力的解体导致地方势力的崛起。在内战中,王子们被迫依靠突厥贵族的军队,而贵族时常易帜以打击中央政权,甚至公然组成联军"征讨"素丹。贵族势力的发迹成为新的阿塔贝克时代的内容。在阿塔贝克时代,出任太傅的奴隶贵族或其他贵族取代塞尔柱宗室,建立了独立的家族王朝,如摩苏尔的赞吉王朝、希拉的马兹亚德家族(1012—1150年)、迪亚巴克尔的乌尔图克家族(1101—1231年)和库尔德斯坦的阿塔贝克(1231—1262年)等。

本阶段巴格达哈里发开始东山再起。穆克塔菲(1135—1160年)组建了一支强大的禁卫军,加固城池,开挖城河,势力扩大到伊拉克的中部和南部。他甚至把素丹从巴格达逐走。哈里发纳绥尔(1180—1225年)极力加强与阿尤布人、罗姆素丹、古里人(在阿富汗)和花剌子模王室的关系,并于1157年粉碎了素丹与诸侯的讨伐联军。

为了最终战胜塞尔柱人,纳绥尔重操故技,邀请花剌子模进兵。花剌子模原为塞尔柱的突厥属国,位于阿姆河下游,已经伊斯兰化。1194年,花剌子模军队在波斯大败末代素丹图格里勒三世的军队,塞尔柱帝国宣告灭亡。

三、穆斯林国家与基督教国家的军事交往

伊斯兰国家与基督教国家的军事交往,最初一直是前者占有优势,这表现在阿拉伯帝国对拜占廷的进攻,以及后来对西班牙、西西里和小亚细亚的占领上。然而,从11世纪开始,力量逐渐加强的基督教国家开始了大反攻。

11世纪,比萨国从穆斯林手中夺得撒丁岛。1091年,诺曼人征服西西里岛,结束了阿拉伯人在当地的统治。1031年,后倭马亚王朝在西班牙的统治终止,当地出现了20多个短命的阿拉伯小王国。与此同时,基督徒在西班牙的领土收复运动("列康吉斯达")达到了前所未有的规模。1492年,天主教各君主征服了半岛南端格拉纳达的最后一个阿拉伯王国。对西西里和西班牙的征服使基督教国家基本上控制了西地中海,在此期间,它们也把目光转向了东地中海。

十字军对地中海东岸伊斯兰国家的入侵有着深刻的历史背景。第一,由于西欧人口不断增多,土地不敷使用,而流行的长子继承制使贵族的庶子无以为生;西欧多数土地已成为封建领地,使封建主在内部没有机会进行征服。同时,农民因受到沉重的剥削,渴望获得土地、摆脱债务。因此,西欧越来越多的无地骑士、破落的农民都渴望通过对外开拓脱离贫困。第二,拜占廷和阿拉伯人控制了东地中海的商路,因此意大利的商业城市希望在东地中海获得海港,打击商业对手。第三,教廷企图借此控制拜占廷的东正教会,甚至迫使东方的穆斯林改宗。1054年,罗马教皇与君士坦丁堡大教长相互开除对方的教籍,造成基督教第一次大分裂。这对教廷产生了直接影响。第四,拜占廷对塞尔柱人的西进感到惶恐,希望得到西欧天主教国家的

支持。第五,朝圣逐渐世俗化。从 10 世纪开始,西欧前往耶路撒冷朝圣的人数大幅增加,包括了各个阶层;同时,朝圣者的宗教热忱日渐让位于世俗的商业利益,他们把东方作为富裕土地的信息传达给西欧,使东方对西欧人有了双重诱惑。[①] 第六,穆斯林国家的分裂和衰弱,也为十字军入侵提供了便利。

1091 年以后,拜占廷皇帝阿历克修斯一世多次致函教皇乌尔班二世,要求基督教国家出兵驱逐塞尔柱人。1095 年 11 月,乌尔班二世在法国克勒芒宗教大会上,呼吁与会者停止封建混战,到东方去与"异教徒"作斗争,夺回"圣墓",拯救"圣地"耶路撒冷。他宣称,参加远征的人都可以免除罪孽,享受天国的幸福,而东方有丰富的战利品等待着他们。教皇的煽动激起了许多封建主和农民的热情,由于参战者的服装均饰以红十字,故称"十字军"。其成员除骑士和封建主外,还包括朝圣者、逃亡农奴、商人、冒险家和罪犯。威尼斯、热那亚和比萨等意大利商业城市为十字军提供了船只、给养和武器。

1096 年,第一次十字军东侵开始,参加的有法德的封建主和骑士约 15 万人。十字军兵分四路,于 1097 年会合于君士坦丁堡,之后渡海进入小亚细亚,同年占领当地塞尔柱人的首府尼西亚。1098 年 6 月,十字军占领安条克;1099 年 7 月,占领耶路撒冷。十字军在两地均进行了不区分年龄、信仰或性别的大屠杀,并大肆抢劫。此后,在所占地区建立了几个各自独立的欧洲式封建国家:耶路撒冷王国,包括巴勒斯坦和叙利亚南部;名义上隶属于耶路撒冷的安条克公国、的黎波里伯国和艾德萨伯国。十字军横征暴敛,激起了当地人民的多次起义。

摩苏尔的赞吉王朝成为抵御十字军的主力。1144 年,赞吉军队收复艾德萨,它标志着伊斯兰国家转入了反攻。在耶路撒冷王国的求助下,法德两国组织了第二次十字军东侵(1147—1149 年),但这次侵略很快以失败告终。1146 年,努尔丁继承赞吉王位,并迁都至阿勒颇。1169 年,努尔丁手下的将军西尔库之侄萨拉丁(1138—1193 年)出任埃及法蒂玛王朝的宰相,从而建立了对抗十字军的新中心。1171 年,萨拉丁推翻法蒂玛王朝,建立逊

---

① 赵立行:《西欧社会变动与十字军东征的进程》,《复旦学报》2002 年第 4 期。

尼派的阿尤布王朝。1174年,努尔丁去世,萨拉丁趁机宣布独立,此时王朝已控制了叙利亚、汉志和也门。1187年,萨拉丁在哈廷大败十字军,攻克耶路撒冷。

面对穆斯林的强劲攻势,欧洲组织了第三次十字军东侵(1189—1192年),由德皇红胡子腓特烈一世、法王腓力二世和英王狮心理查一世率领。然而,德皇在西里西亚渡河时溺死,其军队随之瓦解。法英军队进攻穆斯林守卫的阿卡达两年后陷城,之后英军攻占了塞浦路斯。1192年,英王与萨拉丁签订和约,据此,基督徒保留了沿海地带,穆斯林则保留了内地。1193年,萨拉丁去世。

第四次十字军东侵(1202—1204年)的目的是埃及,以便作为日后行动的基地。但在威尼斯的煽动下,十字军转而攻打君士坦丁堡,烧杀抢劫达三天。之后,威尼斯获得拜占廷城3/8的领土,十字军则建立了拉丁帝国(1204—1261年)和两个附属的公国。第四次东侵最鲜明地暴露了十字军侵略的本质,极大地打击了教皇的威信。

第五次(1217—1221年)、第六次(1228—1229年)和第七次(1248—1254年)东侵的目标是埃及,第八次东侵(1270年)的目标是突尼斯,但这几次东侵均告失败。此后,穆斯林军队开始逐步收复失地。埃及马木路克王朝的军队于1291年占领阿卡,守城的圣殿骑士团成员全部被杀。同年,推罗、西顿、贝鲁特等城市也被收复,十字军运动宣告结束。

十字军东侵是西方基督教国家与中东伊斯兰国家的一场直接冲突,它也是"欧洲国家第一次向欧洲境外的扩展,是欧洲人在外国土地上和外国人民中最早一次向外殖民的试验"。[1] 这一侵略使中东和西欧各国生灵涂炭,造成了巨大的物质损失。"在叙利亚,他们打到哪里,就在那里留下一片荒凉和废墟"。[2] 但是,从交往的角度看,它在客观上对欧洲产生了多方面的有益影响。

首先,它有助于欧洲基督徒与中东穆斯林的相互了解,大大开拓了欧洲人的视野。过去,基督徒多认为阿拉伯人是嗜血成性的"恶魔",但在经过

---

① ［美］汤普逊:《中世纪经济社会史》上册,耿淡如译,商务印书馆1997年版,第491页。

② 希提:《阿拉伯简史》,第271页。作者也详细介绍了东侵对欧洲社会的各种影响。

战争以及占领时期的长期交往后,他们惊奇地发现阿拉伯人具有优雅的气质,亲眼目睹了东方的繁华景象,感受到阿拉伯文明的优越。例如,西方人称赞萨拉丁有骑士风度,对被俘的基督徒宽宏大量,英王理查甚至建议把妹妹嫁给萨拉丁的弟弟。同时,阿拉伯人华丽的服饰、精细的烹饪和考究的室内装饰,都使西方人深受吸引。在东方出生的十字军第二代大部分都阿拉伯化了,能够流利地讲阿拉伯语。

其次,推动了东西方贸易和欧洲城市经济的发展。欧洲人带回来许多新奇的纺织品、食物(如棉花、稻米、芝麻和蔗糖)和香料,刺激了欧洲市场的需求,而意大利商人在地中海建立起众多贸易据点和商站,为密切的贸易关系奠定了基础,地中海贸易圈的雏形开始出现。"到东征结束时,由东方运往西欧的商品比以前约增加了十倍。"①新的东方词汇也进入欧洲的语言,如 cotton(棉花)、muslin(平纹细布)和 bazaar(市场)。十字军带回来的金银财宝和贸易的扩大促使欧洲的商业、银行和货币经济发生革命,并促进了城市的发展。

再次,推动了东方文化和古希腊文化的西传。东方的许多产品和纺织、冶金、制糖等技术,以及阿拉伯数字、代数、罗盘、火药和棉纸等传入西方,改变了西方人的生产和生活方式。阿拉伯语在欧洲的影响扩大,而《天方夜谭》同样给欧洲文学留下了印迹。此外,穆斯林军人的弩、铠甲、军乐队铜鼓、信鸽,甚至纹章、围城战术等也为欧洲人效仿。同时,欧洲人在阿拉伯世界的图书馆中接触到了译成阿文的大量古希腊典籍,这在一定程度上刺激了西方的文艺复兴。

最后,进一步打击了欧洲的封建势力。在战争中,很多领主陆续破产并阵亡,而参战的不少农奴甚至一些封建主回国后进入了城市成为市民。这些都推动了封建制度的衰落,而天主教会在东侵之后声名狼藉,其势力由盛转衰。

加上其他原因,十字军东侵之后的欧洲进入文艺复兴和宗教改革的时代,经济和政治的发展大大加快。相比之下,中东从这一交往中并未得到多大好处。法籍黎巴嫩裔学者阿敏·马洛夫认为,"耶路撒冷的劫掠,是伊斯

① 郭守田:《世界通史资料选辑(中古部分)》,商务印书馆 1974 年版,第 157—158 页。

兰和西方世界千年仇恨心结的开端"。① 美国学者约翰·埃斯波西托也指出,"在西欧,十字军的东征掀起了经济和文化上的革新;但在东方,战争却导致数世纪的衰败和文化上的封闭。在遭受四面八方打击后,穆斯林世界开始闭关自守,变得过度敏感、处处防人,容忍度差及格调降低"。② 不过,阿敏·马洛夫也承认,还"在法兰克人到来之前,阿拉伯人的文化已经是在原地踏步,陶醉在往日的美梦之中,虽然比诸新来的西方侵略者,仍旧是超乎其上,但业已开始走下坡"。③ 由此可见,文明交往中有关各方是否能够从中受益,不但取决于各方所处的地位,而且取决于它们在文明交往中的主动意识。

第二节　伊斯兰社会的成熟

一、社会经济的演变

阿拔斯王朝的社会基础是中央官僚与外省贵族的联盟,由此维持中央集权政府。而在王朝末期,外省的小地主阶层衰落,取而代之的是奴隶军事贵族及由采邑主和包税人构成的大地主阶层,中央集权的基础因此削弱。

白益王朝在土地制度上进行了变革,即以伊克塔代替军饷,这在伊斯兰历史上还是第一次。伊克塔制度的普及进一步打击了阿拔斯时期的土地贵族,同时形成了一个新的军事封建地主阶层。在白益统治之初,伊拉克经济仍是一片衰败景象,巴格达人口逐年下降,大批居民向相对繁荣的波斯移民。在城市里,突厥骑兵与德莱姆步兵、逊尼派与什叶派的冲突不断,匪盗横行,法治崩溃。972 年,巴格达的逊尼派与什叶派发生大规模冲突,据说

---

① [法]阿敏·马洛夫:《阿拉伯人眼中的十字军东征》,彭广恺译,河中文化实业有限公司2004 年版,第 XIII 页。

② [美]J.L.埃斯波西托:《伊斯兰威胁——神话还是现实?》,东方晓等译,社会科学文献出版社 1999 年版,第 49 页。

③ 阿敏·马洛夫:《阿拉伯人眼中的十字军东征》,第 272 页。

有 1.7 万人死亡,300 座商店和 22 座清真寺被付之一炬,大批商人出逃。[1]

不过,在穆依兹之后继位的阿杜德实行了强有力的统治。他严厉打击犯罪分子、极端的教派活动和游牧民对农民的骚扰,建立告密体系,稳定了社会秩序。同时,这位"诸王之王"拨出款项装修哈里发的王宫,并对巴格达的水渠、码头、桥梁、道路、市场、花园、民宅和清真寺进行较大规模的整修,使这座历史名城多少再现了昔日的风采。他也在巴格达修建了一座著名的医院。在南方,开展了垦荒活动,并修复了防洪的水闸。但是,阿杜德之后的历代国王和省长却不再重视经济,而将金钱用于修建豪华的宫殿和供养军队;伊克塔的普及和包税制打击了农民的生产积极性,农业的衰落则使国家财政缺乏资金;波斯和埃及成为本地区的主要商道,伊拉克的外贸几乎全面停顿,贵金属日益缺乏,农业日渐成为经济的基础,伊拉克依旧处于衰落中。

塞尔柱人继承并发展了白益的伊克塔制度。1087 年,穆尔克颁布法令,允许采邑主世袭其领地,尤其是拥有私兵的大封建主。此举旨在促使历来迁徙无常的突厥人重视农业,巩固农业的地位,它反映出阿拔斯王朝后期以来伊拉克商品货币经济退化、社会经济动荡的深刻背景。国王既向王室成员、名门显贵、将军总督授予土地,也向普通的骑兵颁授伊克塔,并将这一土地制度推广到叙利亚和呼罗珊,由此形成了一个突厥军事封建地主阶层。最初,国家对伊克塔的授予仍有较为严格的限制,领受人必须服兵役,其伊克塔还可根据王室的意愿予以轮换。政府官员有专人登记伊克塔应纳税款、领受伊克塔的部队人数和服役条件。但到帝国后期,政府已无力控制,伊克塔逐渐成为世袭,而采邑主对土地的收税权相应转为产权,使农民沦为依附地位。采邑主也利用积累的财富直接并吞小农的土地,将其与伊克塔相混合,进一步使伊克塔私有化。伊克塔的私有化是帝国最终解体的重要原因之一。

帝国初期大范围的政治统一及相对完善的治安和社会秩序为经济发展提供了较好的基础。马立克·沙时期大力开凿运河、修路架桥、建造客栈和清真寺。政府在道路沿线实行全面的治安控制,为商人提供水陆财产保险,

---

① Joel L.Kraemer, *Humanism in the Renaissance of Islam*, p.51.

在城市里建造市场,促进了商业和外贸的发展。另外,对黑海和地中海东岸的征服都带有明显的商业目的。经济的发展增加了国库收入,马立克·沙时期的帝国总岁入达到2.15万金币(图曼),一年土地税总收入为2万米斯卡尔(重量单位)黄金,而且这一时期的币值稳定。据说巴格达已拥有各类卫生措施,包括禁止公共澡堂污水流入底格里斯河,尽管这一记载可能有夸大的成分。巴格达的天文仪器、钟表和其他报时器具的生产闻名于中东,波斯陶器的生产也在继续。与阿拔斯王朝相比,这一时期的人民起义并不多。

二、伊斯兰文明的进一步发展

白益王朝和塞尔柱王朝是伊斯兰教进一步发展、伊斯兰社会逐渐成熟的重要时期。伊拉克的什叶派主要有两大教派,即栽德派和十二伊玛目派。栽德派是白益家族发源地的主要教派,但其影响不大。相反,十二伊玛目派却为多数德莱姆地主所钟爱,并吸引了许多商人、金融家、官员以及哈里发宫廷和白益宫廷中的人员。总而言之,白益的宗教政策是相对温和的,王室对哈里发的态度足可为证。此外,阿杜德也延聘了逊尼派学者担任王子的教师,并与哈里发联姻,尽管这一行动有明显的政治动机。同时,王室也采取了某些推动什叶派发展的措施。962年的法令规定希吉来历1月10日为阿术拉节,须举行悼念活动;12月8日为加迪尔·胡姆日,即穆罕默德任命阿里为他的继承人的日子,亦须举行庆祝活动。政府还在纳杰夫为阿里修建陵墓,在卡齐迈因为第七世和第九世伊玛目建造陵墓,并规定朝拜圣墓为定制。从此,到上述圣城朝拜和阿术拉节等节日成为什叶派宗教生活的重要内容。不过,政府对其他宗教也奉行容忍政策,如允许基督徒修建教堂和修道院,而阿杜德还任命了异教徒为政府官员,像维齐纳斯尔·哈伦为基督徒,国库总管是马兹达教徒。但也必须看到,宗教宽容的政策并不能完全防止教派冲突,尤其是因为伊拉克是当时伊斯兰世界逊尼派和什叶派冲突的中心。如哈里发卡迪尔和卡依姆均领导了反对什叶派的斗争,其动机之一是恢复自身的地位。同时,什叶派规定宗教节日也刺激逊尼派做出类似的决定。

塞尔柱人是虔诚的逊尼派,这就扭转了白益时期什叶派当权的局面。总的来看,帝国的宗教政策致力于维护逊尼派的地位,压制什叶派,但仍是相对温和的。这一政策也有着明确的功利性目的,即与法蒂玛王朝竞争,挫败可能反对帝国的什叶派组织,扩大政治合法性。

塞尔柱王朝建立后,无情地压制什叶派,袭击什叶派学者,迫使他们大批逃离巴格达。1092年,什叶派激进的支派阿萨辛派的刺客暗杀了维齐尼扎姆·穆尔克。对于逊尼派,帝国最初采取了保护哈乃斐教法学派而打击沙斐仪教法学派和艾什尔里学派的政策。但以后,当局逐渐采取了一种宽容政策,致力于逊尼派的统一。尼扎姆·穆尔克在各城市中建立了许多名为"马德拉萨"的经学校,其中最著名的是巴格达尼扎姆经学院;它们主要教授艾什尔里派神学与沙斐仪派法学,反击什叶派的思想。12世纪末以后,新建的经学校不再隶属于某个学派,而是教授先知言论和四大教法学派的学说。在思想上,著名的逊尼派神学家、曾在尼扎姆经学院任教的安萨里(1058—1111年)成功地使苏菲主义与正统信仰相结合。

在白益和塞尔柱时期,伊斯兰教本身经历了进一步的重大发展。首先,阿拔斯王朝崩溃前后的政治动荡和社会混乱,以及由于穆斯林对非穆斯林的敌视的增加而导致的非穆斯林社团组织的破坏,使大批非穆斯林民众纷纷改宗伊斯兰,伊斯兰真正从城市和精英的宗教发展为多数人的宗教。这一过程在下伊拉克、埃及和波斯完成于11世纪,在上伊拉克则晚至13世纪末。伊斯兰由此成为民众而非精英的宗教,基督教仅残存于叙利亚和黎巴嫩等地区,而小亚细亚大部到1071年以后也由突厥移民完成了伊斯兰化。

其次,到11世纪中叶,在白益王朝的保护下,什叶派教义和公共礼仪生活趋于完善,形成了真正的教派社会。纳杰夫等圣城中什叶派经学校的建立,吸引了伊拉克以外的什叶派学生和学者,进一步巩固了什叶派的地位。什叶派的发展刺激了逊尼派在各个方面的发展,其中由政府组织的经学院的大量建立,对于教法学派建立稳固的教育和政治基地及确立经济基础,起到了重大作用。乌莱玛控制了宗教基金,并通过联姻等方式与商人、官员、地主等旧贵族相融合,积极参加地方的税收、司法、水利、警察、慈善事务,甚至直接进入塞尔柱国家担任文书或官员,放弃了早先不卷入政治的立场。马德拉萨毕业生成为新式官员,取代了从上古以来就存在的书吏阶层。[1]

---

① 伯纳德·路易斯,《中东:激荡在辉煌的历史中》,第122页。

由此,乌莱玛由纯粹的精神领袖发展演变为拥有强大的经济和社会地位的新的上层阶级,成为外来的游牧贵族—奴隶军人政权与地方民众之间不可或缺的中介和桥梁,实现了新的社会整合,伊斯兰教的迅速普及尤其加强了他们的这一地位。不过,由于卡迪接受政府任命和薪金而在民众中威望较低,穆夫提和其他宗教人士在经济上依赖瓦克夫,依旧保持着独立性。

同时,苏菲主义也日渐发展成熟,完成了其理论的发展和苏菲思想、实践与其他形式的伊斯兰信仰的结合,形成了以教团为代表的完善的组织体系。苏菲派教团大体形成于 11 世纪中叶到 12 世纪中叶,在教团中门人弟子必须绝对服从导师,遵从其传授的精神传系,而由出众的弟子担任该教团精神传系的继承人;导师去世后即被尊为圣徒,其陵墓成为信徒拜谒的圣墓。14 世纪末,苏菲派的影响扩展到整个中东,其主要教团包括卡迪里教团(苏菲派历史上的第一个教团)、里法伊教团、沙兹里教团、毛拉维教团等。

因此,尽管 10—13 世纪的伊拉克和波斯经历了巨大的政治变动和社会动荡,但伊斯兰教的传播及以什叶派、逊尼教法学派和苏菲派教团为标志的具有社会权威的伊斯兰宗教机构的形成,意味着穆斯林社会的继续发展和逐渐定型,建立其特有的组织架构和动员体系。伊斯兰宗教、社会体系的完善,是它得以经历蒙古人的征服而保持其生命力的根本原因。

对于本阶段政治形势的变化,伊斯兰学者进行了新的理论阐释。著名学者安萨里指出:政府主要取决于军权,新的哈里发制度为一名义上至高无上的哈里发、握有实权的地方素丹和沙里亚的监护人乌莱玛。[1] 哈里发制只是权力的象征,素丹制成为伊玛目(即哈里发)制的组成部分。

与经济不振形成鲜明对照的是,白益时期的文化活动却相对繁荣。虽然哈里发宫廷仍然是文人墨客的麇集之地,但已好景不再,政治的多元化使得白益国王、维齐的宫廷官邸乃至其他地方王朝的首都成为繁荣的学术文化中心。阿杜德本人就是一位诗人,他的宫廷中有教法学家、诗人、天文学家、医生等各类人才,并建有一座规模宏大的图书馆;他的两个儿子也分别是诗人和天文学家,精通阿拉伯语。维齐沙普尔·阿达西尔在巴格达建有

---

[1]　吴云贵:《伊斯兰教法概略》,中国社会科学出版社 1993 年版,第 201 页。

一座藏书 10 万册的图书馆。在白益王朝时期,伊拉克出现了一批星光灿烂的学术泰斗,像哲学家法拉比和天文学家花拉子密(780—850 年),另外巴格达还有一个著名的什叶派哲学团体"精诚兄弟社"。

与白益王朝相似,塞尔柱帝国也具有种族语言的多元性。突厥人在语言、文化、风俗等方面与西亚缺乏历史的联系。由于王室竭力阻止突厥人向伊拉克和伊朗大量移民,突厥人在帝国多数地区人口并不多,主要限于统治阶层上层和军队。相反,包括波斯人在内的当地人仍是居民的主体,波斯人在行政机构中占有主要比例,一代名相尼扎姆·穆尔克即是波斯人。军队也包括各个民族,有突厥人、波斯人、阿拉伯人等。在语言方面,突厥语是宫廷用语,它已发展为成熟的文学语言;政府机关用语则是阿拉伯语和波斯语。

塞尔柱人采取奖励科学、文化的政策,因而这一时期的文化呈现出新的繁荣。尼扎姆·穆尔克曾写有一篇论述行政艺术的著名论文《政治论》,献给马立克·沙。这位宰相也大力鼓励文学和天文学的发展,杰出的天文学家、诗人兼数学家欧麦尔·海雅木(1048—1122 年)著有波斯语《四行诗集》(郭沫若译中文版名《鲁拜集》)。政府还修建天文台,1074—1075 年由海雅木主持的天文学家会议确定了新的波斯历法"哲拉里历",它较格列高里历更为精确。在建筑艺术方面,塞尔柱人以墓塔和圆顶陵墓而著称,并以几何对称和抽象风格见长。

三、阿拉伯—伊斯兰生态文明

生态文明与物质文明、精神文明和制度文明相对应,是人类文明交往的基本内容之一,它反映的是"人类社会与自然环境的综合性和整体性交往关系",而"文明的生态观是人、土壤、水、植物、动物处一个共同体之中,共生共荣、同衰同灭、休戚与共"①。

中国学者王会昌认为,在距今五六千年前后,全球气候变暖造成副热带高气压沙漠带北移,亚非季风势力深入内陆,使得包括中东地区在内的北半

① 彭树智:《文明交往论》,陕西人民出版社 2002 年版,第7—8 页。

球北纬 20—40 度之间出现一条文明带,而同样是近 3000 年来全球气候的变化,使副热带高气压沙漠卷土重来,从而使埃及和两河流域上古文明归于消失。① 西方学者汤普逊进一步运用复杂性科学方法与计量方法,发现了公元前 3400—前 1000 年美索不达米亚的气候变量(底格里斯河床变化与雨水变化)与社会经济变量(包括对内地的入侵、贸易崩溃、经济合同、城市人口、政权变更、领土变动、中央集权与分裂的情况)之间的关系。②

　　正是气候变化造成中古中东地区的气候以热带干旱与半干旱为主,境内近 80% 的区域属于荒漠半荒漠地区,河流稀少,适宜人类居住的平原和绿洲面积有限,生态环境脆弱。与此相关,本地区的自然灾害则较为频繁,包括地震、海啸、旱灾、涝灾、病灾和虫灾等。例如,几乎所有的中东国家都遭受过地震灾害,其中以伊朗、土耳其、阿富汗、叙利亚、巴勒斯坦和埃及等国家和地区受灾最为严重;地震震级高、烈度强,662—1268 年 7 级以上、死亡在 5000 人以上的地震共发生 35 次(不完全统计),而世界历史上伤亡最大的地震就发生在 1201 年的埃及和叙利亚,死亡人数高达 110 万。再以瘟疫为例,620—1270 年中东曾发生重大疫情 29 次(不完全统计),包括黑死病、天花、斑疹伤寒等流行病,其中 1270 年的瘟疫造成第八次东侵的十字军军人大批死亡,而 1347 年的黑死病使埃及和叙利亚损失了约 1/3 的人口。③另外,战争、游牧民族迁徙、政府管理的疏忽、过度灌溉和放牧等人为原因也造成了定居文明的萎缩、耕地和草原的侵蚀退化、灌溉系统的荒废等。

　　中东人在历史上也通过科学技术和社会组织的发展来应对各种灾害,包括创立几何学、天文学,发展各类灌溉(利用洪泻、沙杜夫、水坝、坎儿井等)、治理盐碱化技术、医学、建筑技术、粮食储备等。

　　尽管地理环境发生变化,但伊斯兰国家继承了上古文明的成果,续写了文明的辉煌篇章。伊斯兰教的生态观对阿拉伯、伊斯兰国家的生态文明有着重大影响。沙特阿拉伯学者马乌·伊齐·丁认为,伊斯兰教致力于保护

---

① 参见王会昌:《古典文明的摇篮与墓地》,华中师范大学出版社 1997 年版。
② William R. Thompson, "Complexity, Diminishing Marginal Returns, and Serial Mesopotamian Fragmentation", *Journal of World-Systems Research*, Vol.10, No.3, 2004.
③ 任德胜:《论自然灾害对中东文明发展的影响》,西北大学博士论文,2007 年,第 14—16、33—34 页。

环境的原理如下:(1)真主创造了世界,保护环境即是保留造物主的迹象。(2)大自然气象万千的组成是对造物主永恒赞美的实证。(3)所有自然法则是造物主制定的,其基础是存在的绝对连续(即整体性)。(4)《古兰经》认为人类并非世界上唯一的生命,因此其他生命也是存在物,值得人类的尊敬和保护。(5)伊斯兰的环境伦理基于下述概念,即人类所有关系的基础是"正义"和"平等"。(6)真主创造的宇宙的平衡必须予以保持。(7)环境是真主对整个人类的礼物,包括过去和未来。(8)唯有人类能够承担保护环境的重任。[①] 因此,人类成为真主在大地上的"代治者",必须处理好同大自然之间的关系。为此,人们必须接近自然而不崇拜自然,开发自然而不滥用自然,人与自然相依为命,共存共荣。否则,势必自毁家园,自食其果。[②]

与此相关的是,伊斯兰教保护私有财产,允许个人在财产分配和占有上的差异,但认为世间的一切财富均为真主所有,穆斯林的财富应当效力于伊斯兰社会的福祉而非个人安乐;它也赞扬劳动的价值,认为穆斯林应当劳动致富,享受生活,除教法禁止的行为外,其他职业都是正当的。伊斯兰教主张劳动与宗教活动的高度融合,教规要求穆斯林必须每日祈祷五次,并遵守每周一次的集体祈祷和每年的斋月。穆罕默德在麦地那曾要求穆斯林每天将 1/3 的时间用于劳动,1/3 的时间用于睡眠和休息,另外 1/3 的时间用于祈祷、娱乐、家庭和社会活动。[③] 这表明伊斯兰社会以信仰作为第一准则,将人的精神需求和物质需求相统一,把适度消费确立为一项宗教原则而对社会生活进行规范的企图。从更广阔的角度看,它反映出了对人与环境关系的深刻关切。[④] 同时,伊斯兰教也要求发展慈善事业、扶危济困、照顾孤寡老幼、征收天课、禁止高利贷、反对商业欺诈。

一些伊斯兰学者也对环境问题进行了深入的探讨。动物学家扎黑祖论述了人与环境、动物与环境的关系,反复提醒人们注意保护生存环境,否则

① Mawu Y.Izzi Deen, "Islamic Environmental Ethics, Law, and Society", in Louis P.Pojman ed., *Environmental Ethics: A Readings in Theory and Application*, 3rd ed., Wadsworth, 2001, p.261.

② 参见马明良:《伊斯兰生态文明初探》,《世界宗教研究》2003 年第 4 期。

③ Seyyed Hossein Nasr, *Traditional Islam in the Modern World*, London and New York, 1987, p.39.

④ 黄民兴:《简论伊斯兰教的劳动观念》,载朱崇礼主编:《伊斯兰文化论集》,中国社会科学出版社 2001 年版,第 232、234—236 页。

空气污染会导致水的污染,而水污染又会导致土壤的污染,进而会危及人和动物的健康。伊本·赫勒敦在其名著《历史绪论》中指出,气候、物产、地域对人的生活方式有很大的影响,而各民族不同的风俗习惯、风土人情、道德标准和思维方法,都是由于不同的生活方式造成的。所以他认为"阿拉伯人、蒙古人生活在条件十分艰苦的沙漠地区,培养了他们坚忍不拔、英勇善战和不怕牺牲的性格。一旦机会成熟,他们就冲向生活安逸、满足于现状的文明地区的居民,席卷各个城邦和国家"。因此他主张人类应该过艰苦的生活。他说:"那些生活艰苦的沙漠民族,他们的身体要比生活安逸的城市居民强壮,他们的肤色更健康,道德更高尚,体形更俊美,思想更纯正,更敏锐……"①

总之,伊斯兰的生态观念有利于保持生态平衡,确保文明的延续。具体而言,中东社会在衣食住行各个方面都采取了充分利用地方资源,尽可能地改善民众生活。在饮食等方面,游牧民对骆驼、农民对椰枣树做到物尽其用,获得营养丰富的食品和各种手工业原料、建材;在建筑上,中东住房墙厚窗狭的结构、曲折狭窄的街道及其飞檐提供了荫凉的理想环境,并做到就地取材;在服饰上,阿拉伯人的长袍和缠头能够有效地防止日晒和高温;在出行上,骆驼和毛驴提供了缺乏良好道路条件下的优良交通工具。事实上,中东国家生产的大多数产品都是供应地方的。另外,阿拉伯帝国也充分发展经济,积累了大量财富,从而发展起了高度的文明,拥有世界上最繁华的、人口众多的大城市,以及精美绝伦的建筑和艺术品。

8—13世纪,伊斯兰国家有一些重要发明和引进技术,如新的灌溉技术、水力、新的农作物品种、榨糖、炼钢、瓷器制造、玻璃制造、造纸、蒸馏、制皂、硝酸制造、硫酸制造、新的纺织技术等。② 曾担任巴格达医院院长的著名医学家拉齐,是世界上最早准确描述并鉴别天花与麻疹并开展治疗研究的人,所著的《天花与麻疹》是天花研究领域中最早的著作之一。面对自然

---

① 伊本·赫勒敦:《历史绪论》,[埃及]伊本·赫勒敦出版社,第247—248、149页。转引自李振中:《社会历史哲学奠基人伊本·赫勒敦》,《回族研究》2004年第1期。

② Charles Issawi, *The Economic History of the Middle East, 1800–1914: A Book of Readings*, University of Chicago Press, 1964, pp.5–6.10世纪时,巴士拉人甚至发明了利用涨潮海水的磨面机。见[埃及]艾哈迈德·爱敏:《阿拉伯—伊斯兰文化史》第六册,赵军利译,商务印书馆1999年版,第219页。

灾害,穆斯林也通过社会救助的方法进行弥补,像天课在某种意义上就发挥了自然灾害救济基金的作用。

第三节　蒙古军事入侵的后果

一、蒙古人的西侵与合赞汗的改革

1194 年塞尔柱亡国后,哈里发与留守巴格达的花剌子模驻军发生冲突,波斯民众起而杀戮凶恶的花剌子模士兵。花剌子模国王丁·穆罕默德忙于与东部的古里人及其他民族的战争,而无暇西顾。1217 年,丁·穆罕默德挥师西进,他在波斯召开了一次什叶派宗教会议,宣布阿拔斯家族篡夺了哈里发职务,而推举来自特尔莫德的阿拉·穆尔克为哈里发。丁·穆罕默德亲率大军护送什叶派哈里发上任,但为提前降临的大雪和土库曼人、库尔德人的骚扰所困,不得不从伊拉克边境匆匆撤军。1218 年春初,由于蒙古人大举入侵,花剌子模国王终于罢兵而去。

蒙古人是继塞尔柱人之后又一支大规模西侵的草原游牧民族。1219—1224 年,成吉思汗首度西征,占领包括阿富汗的赫拉特和巴尔赫在内的花剌子模主要城市,并洗劫了波斯北部的城市。成吉思汗去世后,蒙古军队再次西征,于 1231 年灭花剌子模残部,并于 1236、1237 年两度进攻巴格达,但未得手。1253 年 5 月,蒙古大汗蒙哥之弟旭烈兀率军三度西征,攻灭波斯马赞达兰地区的阿萨辛派要塞阿拉木特堡,并扫平叙利亚境内的伊斯马仪派势力。

此后,旭烈兀致书哈里发穆斯台尔绥木,责令哈里发拆除城墙,俯首称臣,哈里发予以断然拒绝。1258 年 1 月 16 日,两军于巴格达城外激战,蒙古人于半夜决堤,哈里发军队损失惨重,退守城内。2 月 10 日,哈里发率王子及文武百官出城投降。13 日,蒙古人入城,烧杀劫掠达 7 日之久,屠杀民众20 万人(有史家称 80 万,显系夸大)。20 日,蒙古士兵把哈里发塞入布袋中,末代哈里发死于马蹄之下,绵延 500 年的阿拔斯王朝就此终止。

蒙古大军随后攻占了伊拉克全境,并夺取叙利亚。在希拉、库法、纳杰夫等城,有 4 万民众被杀,从巴格达掠来的战利品被运往阿塞拜疆。然而,入侵埃及的蒙古军队遭受了失败。1260 年,在耶路撒冷以北的艾因扎鲁特战役中,埃及名将拜伯尔斯率马木路克军队重创蒙古人,打死蒙古统帅怯不的花,蒙古的西侵终止了。成吉思汗在世时曾把领土分封给四个儿子,以后随着征服地区的扩大,形成窝阔台、察合台、伊儿和钦察四大汗国。

如何评价以杀戮和破坏而闻名的蒙古征服呢? 显然,这种征服属于典型的"暴力交往",而"暴力交往是一种急风暴雨式的残酷交往形式,它具有和平交往所不具备的冲击力量,其结果是交往范围的迅速扩大和交往程度的空前扩展,并常常导致社会形态的更替"。[①] 蒙古征服属于世界历史上游牧民族对农耕民族的第三次也是最后一次大冲击,[②] 它建立了以广阔的蒙古统治地区为基础的所谓的"蒙古和平"(Pax Mongolia)的秩序,为文明交往的深入发展创造了条件。

伊儿汗系 1263 年大汗忽必烈赐予旭烈兀(1253—1265 年)的封号,意为"人民的统治者"。其版图东起阿姆河,西迄叙利亚边境,北至高加索山脉,南临印度洋,并对小亚细亚的罗姆国享有宗主权。首都初在马拉盖,后迁至邻近的大不里士,它成为当时西亚的政治、经济和文化中心;14 世纪,首都又迁至孙丹尼牙,巴格达仅为伊拉克省的省会(但阿八哈汗有时冬天也到巴格达过冬)。

伊儿汗国名义上从属于蒙古大汗,实际上已成为独立国家,并逐渐本土化。与突厥人相似,蒙古人也视国家为王室的共同财产,因此旭烈兀指定长子阿八哈统治下伊拉克、呼罗珊和马赞达兰,阿兰交给次子,上伊拉克、法尔斯和阿朗、阿塞拜疆也分别由三个王公管辖。成吉思汗规定,王位由在世的王子继承,这种含混的继承制度导致了争夺王位的激烈斗争。蒙古贵族的游牧性也表现在:他们宁愿住在城外的帐篷里,而不是住在城内。另外,首都大不里士所在的阿塞拜疆地区位于农、牧业区的交界处,正适合游牧贵族的生活习性。

伊儿汗国的统治阶级包括游牧军事贵族即"武人"(如蒙古人、突厥人、

[①]　彭树智:《文明交往论》,第 18 页。
[②]　游牧世界对农耕世界的第三次大冲击指 13—14 世纪的蒙古、突厥和帖木儿人的征服。

库尔德人等），以及波斯的僧侣封建主即"文人"，而被统治阶级则有"赖雅特"（百姓）和奴隶。由于蒙古人人数并不多，加上其文化落后，他们大量依靠地方贵族。如政府官员中主要是波斯人（包括波斯的非穆斯林居民），曾长期担任汗国宰相和伊拉克省长之职的居韦尼家族（该家族成员也担任过花剌子模宰相）即是波斯人，而乌莱玛也广泛出任法官、市场监督员等职务。蒙古军队中则有大批突厥人。

蒙古人最初信仰萨满教，而在伊儿汗国奉行宗教宽容的政策。旭烈兀之妻为景教徒，其谋士纳西尔丁·图西为什叶派信徒。阿鲁浑汗（1284—1291年）在位时犹太人和基督教徒势力尤大，其宰相萨都剌·道莱即为犹太人。当时，欧洲国家为对付伊斯兰埃及而极力笼络蒙古人，努力推动基督教在汗国的传播，而汗国也确实给予了基督教以一定优惠。但汗王较为推崇的宗教是佛教，至今在马拉盖郊外仍存有可能用于佛教目的的洞窟。另外，第三任汗王阿合马（1282—1284年）曾改奉伊斯兰教（"阿合马"即"艾哈迈德"，他的原名为"帖古迭尔"），这预示着蒙古贵族地方化的方向。

在经济上，蒙古人入侵给西亚各地造成广泛的破坏，但实际的破坏程度不如史书通常描述的那样严重，并且因地而异。[1] 叙利亚只受到少量影响，而真正受影响的主要是波斯和伊拉克，但即便在这里像波斯南部和伊拉克的希拉也并未遭难。在征服结束后，蒙古人开始执行休养生息的政策，促进经济的恢复。阿八哈汗（1265—1282年）时期任伊拉克省长的著名历史学家阿塔·马立克·居韦尼（1226—1283年）在兴建村镇、建造灌渠和垦荒上做了一些工作。但是，伊拉克作为一个边疆省份，已经不再受到重视，而逐渐衰落。[2]

然而，伊儿汗国早期的经济政策更多地注重于攫取而非生产，尤其表现在税收方面。政府的主要税收仍为土地税（哈拉吉），另外还有一系列带有蒙古特点的税收，例如库布切尔税，为对定居人民征收的人头税；卡兰税为一种蒙古式的特别税；塔姆加税为商业税。因此税收种类繁多，而且一年中重复征收的情况司空见惯。宰相萨都剌·道莱使用了包括肉刑在内的各种手段，大大增加了税款，并因此受到称赞。在土地制度方面，王室将大量土

---

[1] 参见 George Lane, *Early Mongol Rule in Thirteenth Century Iran: A Persian Renaissance*, London and New York, 2003, pp.213－225.

[2] David Morgan, *Medieval Persia, 1040－1797*, London and New York, 1988, p.81.

地赐封给贵族,包括牧场和可收税的耕地,另有蒙古、突厥游牧民占据了大片耕地。再加上水利设施失修,以及农民为躲避战祸而大批逃亡,造成耕地大量抛荒乃至沙漠化,伊拉克的农业持续衰落。由于劳动力减少,政府和地主开始剥夺农民迁徙的权利。同时,国家经常征发农民从事控制运河、修建宫殿等徭役,劳役地租也日益流行。海合都(1291—1295 年)的宰相为弥补国库亏空,首次发行名为"钞"的纸币,结果遭到抵制。经济危机威胁着汗国的生存,阿塞拜疆和波斯发生了多次大规模人民起义。

经济的落后和人民起义打击了蒙古贵族的统治,迫使他们寻求新的治国方略,由此出现了合赞汗(1295—1304 年)的改革,目的是促进经济恢复并照顾城乡定居人民的利益。1295 年 6 月,合赞汗皈依伊斯兰教,取名马赫穆德,并号素丹,王室成员和蒙古贵族也纷纷效法。此后,蒙古贵族加速本土化,融入突厥和波斯贵族之中。与此同时,佛教寺院、基督教堂、祆教火祠和犹太会堂也遭到破坏,基督徒和犹太人的社会地位下降,原先对非穆斯林征收的人头税(吉兹亚)恢复征收,但伊斯兰化的过程并非一蹴而就,而是经历了若干代人的时间。

合赞汗的改革包括如下内容:(1)税收改革。废除包税制,由官员进行户籍和土地调查,确定居民、贵族和清真寺的财产,并相应规定其税收,造册上报。每年春分、秋分两次征税,多征税者予以严惩。土地税以实物为主,大城市郊区则征货币税,税额为收成的 1/4—1/3。工商税一般为 1/10,但也有减半或取消不征的。1299 年曾颁令废除高利贷。(2)驿站制度改革。蒙古统治之初,信使(伊利奇)随意向沿途民众索取钱财,任意征用驿站马匹,加重了国库和百姓负担。合赞汗颁令裁减驿站,规定了驿使使用马匹的数量限制,明令只有国王和王子可以任命信使,并发给旅费。(3)奖励垦荒,整修灌渠。规定凡垦荒的农民,第一年免税,第二、三年视情况减税1/3—2/3。另从所征税款中拨出部分帮助农民购买耕牛、种子,并收回贵族抛荒的耕地。(4)改革土地制度。在早期伊儿汗国,王室向贵族赐地(伊克塔),士兵则没有。1303 年,合赞汗宣布向士兵颁授伊克塔,以服兵役为条件,封地可以继承,但不得转让、买卖、赠与,领受封地者须向政府交税。因此,从伊克塔可继承这一点看,伊儿汗国比塞尔柱帝国更进了一步。另外,伊克塔的位置多靠近士兵的牧场,便于其放牧。同时,伊克塔上的农民不得自由迁徙,凡迁走不满30年的必须遣回原籍,而封地领受人除赋税外不得向农民额外索取。(5)改善道路和司法。政府打击盗贼,在险要地段设置官员,兼负道路保养。明确规定了诉讼、法官任命和确定证人的程序。(6)币制和度量衡改革。铸造新币(分金银币),替代成色不一的各式旧币。以大不里士的度量衡为准,统一全国的度量衡。

改革的实施在一定程度上减轻了民众负担,增加了国库收入。政府岁入从合赞汗继位时的1700万第纳尔增加到他去世时的2100万第纳尔。蒙古在欧亚广阔领土上统治的确立和各汗国对交通、驿道的重视,促进了贸易的发展,中断多年的伊拉克与中国的贸易恢复了,汗国与中国元朝开展了以朝贡为名的频繁的双边贸易。巴格达的城市建设也有一定复苏,这也与蒙古人在该地区的大量定居有关。合赞汗还在一些地区划出部分土地,建造清真寺、学校、苏菲派道堂、公共澡堂、图书馆等。

在宗教上,这一时期什叶派和苏菲派获得进一步的发展。宗奉逊尼派的塞尔柱帝国的解体和哈里发被处死为什叶派的复兴创造了契机,他们积极向新的蒙古政权施加影响。什叶派中心之一的希拉主动归顺蒙古,什叶派学者纳西尔丁·图西(卒于1274年)帮助蒙古军队进攻阿萨辛派要塞并跟随其进入巴格达,而合赞汗皈依伊斯兰教的原因之一无疑是倾向于什叶派的中亚苏菲派库布拉维教团谢赫塞义德·丁·哈姆雅的影响。完者都(1304—1316年)正式改宗什叶派,定其为国教,他认为强调血缘谱系的什叶派比逊尼派更符合君主制度的需要。在王朝时期,什叶派乌莱玛的地位有所加强,其教法学也获得新的发展,所有这一切为什叶派成为伊拉克和波斯穆斯林的主要教派奠定了基础。同样,苏菲派教团体系也正是在蒙古时期最终成熟,神秘主义广泛地渗透到文学等其他领域。

伊儿汗国时期的文化有其特色。旭烈兀曾以从巴格达掠夺的天文仪器在马拉盖建成天文观象台,并聘用了印度和中国学者。合赞汗亦制定"伊儿汗历"(又名"合赞历"),以协调阴、阳历的年份,但此历颁布后使用时间并不长。这一时期波斯文学十分繁荣,代表人物有诗人萨迪(1208—1292年,著有诗集《果园》和散文集《蔷薇园》)和苏菲派诗人鲁米(1207—1273年,著有诗集《马斯纳维》),伊拉克的阿拉伯语文学也有发展。这一时期的史学发达,并受到中国的影响。在众多的史著中,著名历史学家阿塔·马立克·志费尼于 1257 年写成波斯语名著《世界征服者史》，详述了成吉思汗征服至 1257 年的历史。合赞汗改革的主持人、宰相拉施特（1247—1318年）曾著有《史集》一书，描述了蒙古、伊拉克、波斯的历史，并涉及法兰克人、犹太人和中国的历史，展现出中古"世界史"的眼光。

　　然而，合赞汗改革的成果有限，他的早逝是重要原因之一。伊儿汗国的经济始终未能恢复到塞尔柱时期的水平，前引税收数字足资证明。蒙古贵族本土化的进程并未完成，13—14 世纪土地从小地主向贵族手中进一步集中，宰相拉施特本人有土地 12700 费丹，合赞汗的私人土地达 2 万费丹。经济发展水平的落后、伊克塔制的推广、各地区经济联系的薄弱均导致了封建割据的发展。

　　蒙古统治时期，中东与东亚和欧洲的交往大大加强。由于旭烈兀曾支持蒙哥出任蒙古大汗，伊儿汗国与中国建立了密切关系，其国王均接受元朝册封，并使用汉文玉玺（包括不再称伊儿汗的合赞汗）。伊儿汗国也效法元朝改革政制。13 世纪，茶叶从中国传入了波斯。在文化方面，中国绘画对波斯绘画产生较大影响，主要是细密画中的大不里士画派；波斯建筑物中流行的库法字体等系模仿中国图案或篆体字而成。印刷术也是最先由中国传入伊儿汗国，后传入其他阿拉伯国家和欧洲。火器同样是由蒙古人带入伊拉克的。另外，波斯的音乐和建筑等也对中国产生了影响，如乐器桑图尔在元明两代传入中国后成为扬琴。

　　完者都和不赛因（1316—1335 年）统治时期基本维持了国家统一，而前者还在波斯兴建了新都孙丹尼牙，并使其成为一座繁华都市。不赛因身后无嗣，伊儿汗国从此走向分裂和衰落。国王如走马灯似地轮换，而各地封建主之间开始了混战，并纷纷独立，建立起地方王朝，如阿塞拜疆、克尔曼、法尔斯等地区。人民起义促成了呼罗珊的沙别达尔国家和马赞达兰的赛义德国家的建立，二者均为什叶派国家。1355 年，伊儿汗国宣告灭亡。

二、帖木儿帝国与黑羊、白羊王朝的更迭

　　在伊拉克，蒙古贵族谢赫·大哈桑于 1339 年建立哲拉伊尔王朝（1339—1410 年），它是伊儿汗国解体后形成的地方王朝中较为强大的王朝

之一。1258—1375 年,它先后夺取阿塞拜疆、克尔曼、摩苏尔、雷伊等地区,并通过王朝联姻控制了伊斯法罕地区,服属北方的土库曼部落。哲拉伊尔王朝由此确立了在原伊儿汗国疆界内的强大地位,在其统治时期,伊拉克与埃及和威尼斯建立了贸易联系。然而,持续几个世纪的经济衰落并未改观,这一时期贵族反叛和王室内讧接连不断,最终削弱了王国的力量,使其无力抵御外敌。1410 年,末代国王苏尔旺·阿赫默德在大不里士与黑羊王朝军队的激战中阵亡,哲拉伊尔王朝的统治结束。

此时,帖木儿帝国从中亚崛起。帖木儿(1336—1405 年)系突厥化蒙古贵族,以"跛子帖木儿"而闻名,曾任西察合台汗国大臣,自称是成吉思汗的后裔。1370 年,他推翻撒马尔罕的统治者,自立为西察合台汗国素丹。此后,他开始大举扩张,征服了花剌子模、阿富汗、伊朗,并远征金帐汗国和伊拉克,进而夺取南高加索。1398 年进兵印度,1399 年入侵小亚细亚,1400 年攻打叙利亚,1402 年击溃了奥斯曼军队。帖木儿的军队所到之处,都大肆屠杀抢掠,造成严重破坏。由此,他建立起一个东起北印度、西至幼发拉底河、南临阿拉伯海和波斯湾、北抵里海和咸海的大帝国。1405 年,他率兵远征中国时,死于军营之中。

帖木儿任命儿孙担任各省总督,但经常变更他们的任职,并在各省任命自己的代表,要求各省的将军和税收长官直接向他负责。他的征服影响虽大,但并未在相关地区建立起稳定的统治。帖木儿去世后,其子沙哈鲁控制了帝国的大半领土,定都阿富汗的赫拉特,中国史书称"哈烈国"("哈烈"即赫拉特)。帖木儿王朝的历代君主注意水利建设和城市建设,撒马尔罕和赫拉特成为繁华的大都市,对外贸易也相当活跃。同时,统治者将各地的人才搜罗到撒马尔罕,并赞助学者和艺术家,以至出现了学者所称的"帖木儿的文艺复兴时代"和"阿富汗的文艺复兴时代"(沙哈鲁时期)。

从伊儿汗国到帖木儿帝国时期,波斯、伊拉克和小亚细亚的社会结构发生重大变化。在波斯,突厥人已构成当地人口的 1/4,此外还有一定数量的蒙古人的定居。大片耕地成为牧场,而许多农民成为半农半牧,合赞汗的改革旨在稳定这种趋势,波斯由此形成农牧二元的经济。在政治上,突厥和蒙古的传统也与原有的波斯伊斯兰体制相融合,前者崇尚武力和竞争,其具体表现即家族国家(uymaq)。在家族国家中,军事首领按照家族模式建立权力体制,支配其他家族,并以武力征税。这样的体制缺乏稳定性。[1] 同时,它也意味着游牧贵族的优势地位和中央集权的薄弱,近代波斯中央集权的长期不振由此可以得到解释。1501—1507 年,乌兹别克人南下,先后灭河中和呼罗珊的帖木儿国家。

在伊儿汗国统治末期,部分土库曼人随蒙古人征伐,由中亚来到上伊拉克地区。其中最著名的有两大部族,即定居于凡湖东部地区的黑羊(卡拉·科雍鲁,即"黑羊牧主")土库曼人与定居于迪亚巴克尔的白羊(阿克·科雍鲁,即"白羊牧主")土库曼人,分别因其旗帜上的图案而得名。黑羊部族信奉什叶派,原为哲拉伊尔王朝的蕃属,约 1375 年以后开始统治摩苏尔至埃尔祖鲁姆一带;1408 年酋长喀劳·优素福(1407—1420 年)立其子庇尔·勃道格为王,并于 1410 年灭哲拉伊尔王朝,夺取伊拉克、南阿塞拜疆、亚美尼亚和库尔德斯坦,首都大不里士。

白羊部族信奉逊尼派,其酋长乌宗·哈桑(1453—1478 年)于 1467 年击败黑羊王朝国王贾杭肖(1467—1468 年),次年灭黑羊王朝,打败帖木儿帝国的军队。白羊王朝的国土囊括了原黑羊王朝的版图以及阿曼以北地区,首都仍为大不里士。但白羊王朝的寿命更短,15 世纪末阿尔文德与穆拉德两位素丹瓜分国土,分占阿塞拜疆、亚美尼亚和波斯中、西部。1502 年,什叶派的波斯萨法维王朝灭白羊王朝。

黑羊王朝时期政治极为动荡,白羊王朝稍为安定。这一时期的封建割据进一步发展,伊克塔制达到鼎盛。哲拉伊尔王朝统治下的 14 世纪中叶以后,最流行的封地形式为"索尤加尔",它享有赋税、司法和行政特权,可世袭,而瓦克夫和许多私有土地也享有免税权。因此,国家税收大量流失,司法、军事和行政大权旁落,中央政权日益削弱,而农业也日趋衰落,封建主对农民的剥削更加沉重,耕地不断减少。尽管政治上动荡不安,黑羊王朝时期在艺术上却十分繁荣。

三、埃及和小亚细亚的新变化

当伊拉克以东地区处于蒙古人统治之下时,埃及则成为抗击十字军和

---

[1]　Ira M.Lapidus,*A History of Islamic Societies*,p.283.

蒙古人的中流砥柱,保持了本土和叙利亚地区的阿拉伯—伊斯兰正统。有趣的是,从法蒂玛王朝到阿尤布王朝和马木路克王朝,埃及政治体制的发展经历了类似于伊拉克—波斯从阿拔斯王朝到白益王朝和塞尔柱王朝的发展阶段。

法蒂玛王朝的特点是高度的政教合一,哈里发自称是什叶派的伊玛目,具有普世性。而阿尤布王朝承认阿拔斯朝哈里发的正统性,寻求后者册封自己为素丹,并致力于逊尼派学术文化事业。萨拉丁在埃及开办了哈乃斐法学派的经学院,从其他伊斯兰国家招纳师资,而13世纪创办的几所经学院同时教授四大教法学派的理论;此外,在埃及和叙利亚也建立了许多清真寺,以及苏菲派的道堂。萨拉丁还任命了一位首席法官和苏菲派的大谢赫,以对宗教界实施控制。① 政府也把西亚的伊克塔制度引入埃及,以服兵役为条件将其分封给将领。萨拉丁去世后,王朝领土一如塞尔柱帝国一样分配给诸王子,包括埃及、大马士革、阿勒颇和摩苏尔四地,其中埃及对其他领地享有宗主权。萨拉丁之弟阿迪勒经战争大体恢复了王朝的统一,但1218年他去世后,国家再次分裂。

1250年,阿尤布王朝的突厥将领艾伊贝克被马木路克禁卫军推举为素丹,从而开始了奴隶王朝——马木路克王朝(1250—1571年)。

埃及马木路克王朝是中东第一个完全由奴隶军事贵族统治的政权。马木路克意为"奴隶",这里指在宫廷和军队里服役的奴隶。为了确保对政权的忠诚,王朝禁止当地人进入统治精英集团。同时,各位将领也拥有自己的奴隶士兵。王朝的统治精英分两大派系,即伯海里(意即"河洲")系马木路克和布尔吉(意为"碉堡")系马木路克。截至1390年,统治埃及的素丹均出自伯海里系马木路克,他们起源于阿尤布王朝素丹撒列哈时期招募的禁卫军,以突厥人和蒙古人为主,因驻守在尼罗河中的劳德岛上而得名。该派系实行素丹职位世袭。布尔吉系马木路克在1382—1571年执政,他们原为伯海里系素丹盖拉温在位期间招募的禁卫军,多来自高加索以北的塞加西亚人,因驻守开罗的城堡而得名。该派系实行素丹职位内部推举。

拜伯尔斯素丹(1260—1277年)以抗击蒙古人和十字军而著称。此外,

---

① Ira M.Lapidus, *A History of Islamic Societies*, pp.353 – 354, 358.

他还摧毁了与十字军结盟的阿萨辛派的盖德木斯等要塞,并与波斯境内的蒙古军队多次交战,阻止了蒙古人的入侵。他奉行明智的外交政策,与北方的钦察汗国和拜占廷皇帝结好,与西西里和法国开展贸易,与西班牙的国王们签订通商条约。所有这些都大大提高了埃及的国际地位。艾什赖弗素丹(1290—1293 年)继续开展圣战,于 1291 年接连攻取阿卡、推罗、西顿等重镇,彻底消灭了十字军在东方的残余势力。

拜伯尔斯从蒙古大屠杀的幸存者中找到一位阿拔斯朝哈里发的后裔阿布·嘎西姆。1261 年,拜伯尔斯在开罗拥立他为哈里发,后者主持了拜伯尔斯的登基典礼。马木路克王朝的历任哈里发均徒有虚名,主要职责是为新任素丹举行授职仪式。素丹们也通过其他手段强调自己的合法性,如拜伯尔斯开始组织穆斯林到麦加和麦地那一年一度的朝圣,以及隆重庆祝伊斯兰节日等。素丹们还在宫廷里让人诵读突厥和塞加西亚诗歌,并沉迷于阅兵式和军事竞赛。有趣的是,作为胜军之将的马木路克也模仿蒙古人的武器、战术甚至衣着和应对礼节。

马木路克王朝也效法塞尔柱人和阿尤布王朝,继续推动逊尼派教育和苏菲派事业。反对十字军、蒙古人和什叶派的阿萨辛派的战争,在以逊尼派为主的民间激发了强烈的宗教情绪。然而,王朝继续加强对宗教界的控制。拜伯尔斯为逊尼派四大教法学派各自任命了一位首席法官,以及苏菲派的大谢赫和圣裔社团的代理人。政府也任命一般法官、司法官员、宗教教师、苏菲派谢赫、领祷人等宗教人员,并为他们发放薪资,为经学院提供资金,从而把宗教机构纳入了国家体制。这种做法似乎为奥斯曼帝国所继承。另外,各省总督、将军、法官和富商都纷纷捐资兴建清真寺。

巴格达失陷前后,马格里布地区和伊拉克的一些苏菲教徒来到埃及,找到了适合其滋长的土壤。苏菲主义在埃及盛极一时,数以万计的埃及人成为苏菲派信徒,并掀起了研究苏菲主义的热潮。埃及的苏菲派主要形成了三大教团,即艾哈迈德·巴达维(1200—1276 年)在埃及坦塔城创立的巴达维教团、由杜苏吉(1255—1296 年)于亚历山大创建的教团和沙兹里(1193—1258 年)在突尼斯创建后传播到埃及的沙兹里教团。[①]

---

① 彭树智主编,雷钰、苏瑞林著:《中东国家通史·埃及卷》,商务印书馆 2003 年版,第 170 页。

许多素丹也仿效法蒂玛王朝的先例,为穆斯林先贤和已故的统治者建造陵墓,其中素丹曼苏尔·卡拉温的陵墓具有耶路撒冷岩顶清真寺的风格。而随着苏菲派对圣徒、圣墓崇拜的发展,墓地和陵墓清真寺就成为马木路克时期的典型建筑。1258 年,素丹盖拉温(1279—1290 年)在开罗原法蒂玛王朝的西小宫遗址上建起了墓地,即著名的"死人城"。

自法蒂玛王朝以来,埃及的社会经济形势持续好转,到马木路克王朝时期,呈现出一派繁荣景象。从萨拉丁到马木路克素丹,政府都高度重视水利设施的建设,耕地面积不断扩大。水稻、高粱、棉花、亚麻、蓼蓝、椰枣、柑橘、柠檬、甘蔗等作物的传入,使埃及人的生活大为改观。其中,椰枣的种植最广泛,很快成为埃及人重要的食品来源之一;尼罗河三角洲和法尤姆逐渐成为中东最大的亚麻产区;据麦格里齐记载,蓼蓝在埃及生长得很茂盛,每隔百日便可收割一次。

埃及最重要的手工业部门是纺织业,其中麻纺织的规模最大。亚麻纺织业主要分布在亚历山大、卡塔、穆恩亚、提尼斯、达比克、达米耶塔、法尤姆等地,仅提尼斯就有 5000 台织机。科普特人采用传统工艺生产的亚麻织物质量上乘,有的精细轻薄近乎透明,有的质地厚重可作挂毯。"提尼西"、"达米耶提"和"达比基"等著名织物闻名遐迩,行销伊斯兰世界各地。据麦格里齐记载,埃及生产的亚麻织物往往可与重量相同的白银等值。玻璃制造业是埃及仅次于纺织业的手工业部门,亚历山大、开罗和法尤姆地区是主要的玻璃产地。

在交通方面,拜伯尔斯在位时曾修筑新公路,开凿运河,并在开罗与大马士革之间兴办邮政。素丹纳绥尔(1293—1340 年)曾组织 10 万劳工,开凿从亚历山大到尼罗河的运河。这一时期的外贸也十分发达,埃及利用其优越的地理位置积极发展过境贸易,大量来自东方的丝织品、香料、药品等过境运往地中海国家。为此,王朝甚至于 14 世纪中叶控制了也门和汉志,从而垄断了从红海到南亚的海上商路,每年来往于尼罗河的船只达 6000 艘之多。[1]

马木路克王朝也致力于推动其他基础设施和文化事业的发展。政府建

---

[1] 纳忠:《阿拉伯通史》下卷,商务印书馆 1997 年版,第 136 页。

造了公园、浴池、水井和其他公共设施。盖拉温素丹设立翻译局,对普及阿拉伯语和繁荣学术起到重要作用。而他捐资在开罗建立的大医院拥有热病、眼疾和痢疾等疾病患者的隔离病房,以及化验室、药房、澡堂和仓库,医疗条件相当完善。

蒙古人入侵时,巴格达和大马士革的许多艺术家和工匠逃到埃及,推动了埃及建筑的革新。清真寺建筑的十字形设计发展到完美的地步,穹顶建造得明亮、美观,装饰富丽堂皇。建筑的另一个特点是条纹石工装饰法,即用各种色彩的石料一层一层交错着砌成花纹,而钟乳石三角穹隆的发展、几何形花饰和库法体刻字也是这一时期建筑中值得注意的特点。[①] 马木路克素丹的陵墓具有突厥风格,不同于法蒂玛和阿尤布王朝盛行的波斯风格。

马木路克时期的埃及也拥有一批知名的学者,例如传记作者伊本·赫里康(1211—1282 年,著有《名人传》)、宗教学者哲拉鲁丁·素优兑(1445—1505 年,著有《古兰经学》)、历史学家台基丁·艾哈迈德·麦格里齐(1364—1442 年,著有《埃及志》)、哲学家伊本·赫勒敦、历史学家阿布·菲达(1273—1332 年,著有《人类史纲要》)和教法学家伊本·泰米叶(1263—1328 年,罕百里派的著名学者)等。

马木路克王朝进入布尔吉系时期以后,多数素丹懦弱无能,或者专横跋扈,甚至目不识丁,他们的统治被视为埃及和叙利亚中古史上最黑暗的时期。加上瘟疫流行和蝗灾肆虐等天灾,埃及人口锐减,国力衰微。帖木儿帝国和奥斯曼帝国相继崛起,对埃及构成重大威胁,而 15 世纪葡萄牙人绕行好望角新航路的开辟,使途经红海的传统商路急剧衰落,马木路克的舰队在与葡萄牙人的交战中屡次战败。1517 年,马木路克王朝最终被奥斯曼帝国灭亡。

除了波斯和埃及,这一时期的小亚细亚也是一个十分重要的地区。1071 年,塞尔柱帝国的军队在曼齐卡特战役中大败拜占廷军队,并俘获拜占廷皇帝,占领了小亚细亚东部和亚美尼亚。塞尔柱素丹的堂弟、军队统帅苏莱曼·伊本·库特卢米什于 1077 年自称素丹,定都小亚细亚西部的尼西亚,从而建立了罗姆素丹国。"罗姆"在阿拉伯语中意为"罗马的",因为小

---

① 郭应德:《阿拉伯史纲(610—1945)》,中国社会科学出版社 1991 年版,第 145 页。

亚细亚原属东罗马帝国的领土。素丹国后迁都科尼亚,古称"伊康",故中国史籍称该国为"芦眉"、"鲁迷"或"伊康素丹国"。

罗姆素丹国的领土不断扩大,全盛时包括了小亚细亚的中部和东部,南临地中海边的安塔利亚,北至黑海之滨的锡诺普,西邻爱琴海岸,东抵凡湖。1086年苏莱曼逝世后,国内出现混乱。1097年,十字军攻占尼西亚,素丹迁都小亚细亚南部的科尼亚,拜占廷收复了大片领土,新任素丹被迫与之缔和。1176年,拜占廷军队与素丹国军队再次交战,结果大败,拜占廷从此承认了小亚细亚是突厥领土的现实。而随着素丹国的建立,大批突厥人迁入小亚细亚定居,完成了本地区的伊斯兰化和突厥化。强盛的素丹国甚至控制了小亚细亚东部的几个塞尔柱小公国。

突厥游牧民的移民破坏了当地的农业,因此素丹国开始控制游牧,促使游牧民定居,恢复农业生产。11世纪末12世纪初,罗姆素丹国经济繁荣,与波斯、中亚和地中海建立了密切的贸易联系,政府在境内商路沿线建立了约100座驿站旅馆。同时,政府建立了一支由突厥人和基督徒组成的常备军,通过颁授严格控制的伊克塔维持兵源。在宗教上,政府在各地大力兴建清真寺和宗教学校,任命法官,并通过提供资金等方式控制经学校和苏菲派教团。这一时期的伊斯兰文化艺术也十分兴盛,首都科尼亚成为当时近东的伊斯兰文化中心之一。

与拜占廷的和谈终止了突厥人的向西扩张,使加齐武士失去了战利品的来源和圣战的目标,由此引发了国内的动荡。1239年,爆发了什叶派长老领导的教派起义,使政权大大削弱。1243年,蒙古人入侵,大败素丹国军队。蒙古人将罗姆素丹国一分为二:西部由素丹管辖,东部由伊儿汗国官员管理。1256年以后,蒙古人成为整个素丹国实际上的统治者。同时,中央权力的衰落促成了地方割据的形成,素丹国分裂成十多个埃米尔公国,它们恢复了对拜占廷的圣战,其中包括未来的奥斯曼国家。13世纪末,素丹国陷入了争夺王位的血腥斗争。1308年,蒙古人处死末代素丹,罗姆素丹国灭亡。

第 五 章

中东伊斯兰文明内外交往的历史转折

第一节　奥斯曼—伊斯兰文明的社会特征

一、奥斯曼—伊斯兰帝国的兴起

近代中东史是一部中东伊斯兰帝国秩序继承性建构的历史进程,其主体内容是奥斯曼帝国体系的崛起和伸张,是传统穆斯林社会与欧洲社会的对话和文明交往。中东穆斯林世界沦为四分五裂的境地后,伊斯兰文明并没有随阿拉伯帝国的灭亡而消沉,而是在新的地区环境中持续发展。当时东方有三大伊斯兰帝国:东部是位于德里的印度莫卧尔帝国,中部是位于大不里士的波斯萨法维帝国,西部是位于伊斯坦布尔的奥斯曼帝国,因此西方学者称这段时期为"大王朝大帝国时期"。① 这三个帝国都是权势影响深远、政治版图恢弘的伊斯兰帝国,它们在统治区域内构建了独特、稳定的政治、经济和文化模式,促进本土历史向前发展。此外,三大帝国显示了伊斯兰文明圈在历史继承古典哈里发伊斯兰帝国的基础上,影响区域和辐射维

---

① Metin Kunt, "Ottomans and Safavids: States, Statecraft, and Societies, 1500 – 1800", in Youssef M. Choueiri ed., *A Companion to the History of the Middle East*, Blackwell Publishing, 2007, p.191.

度的继续扩展。享誉世界的美国学者马歇尔・霍奇森（Marshall Hodgson）出版了三卷本的《伊斯兰的历程》，他在巨著中满怀豪情地写道，如果一位外星人给 16 世纪的世界结构加以简约式归纳的话，他会认为世界正处于穆斯林力量的辐射区域。① 这一宽阔而深邃的历史视角，有助于我们理解近代中东文明交往中那种持久发生作用的力量与结构，感受伊斯兰帝国往来进程中亘古不变的精神与原则。

探究奥斯曼民族的起源，对于增强土耳其现代民族意识是一个具有现实意义的历史概念和命题。在探究民族起源的同时，实际上也在探究更简洁、更能真实表现土耳其特色的民族语言。② 奥斯曼帝国的早期历史含糊而神奇，能见到的资料大都是一些虚构的带有神话色彩的描述。从历史源头来探究，奥斯曼帝国秩序的建构内涵是另一种伊斯兰文明社会，具有农耕民族与游牧民族双重文明特质。美国历史学教授斯坦福・肖（Stanford Shaw）在其巨著《奥斯曼帝国与现代土耳其历史》开篇就不无惊叹地写道："奥斯曼帝国的崛起，这是世界历史上最引人注目的事件。"③

奥斯曼—伊斯兰文明的崛起是一个复杂的历史进程，三大历史行为决定了奥斯曼帝国体系的发展取向。

一是突厥民族的伊斯兰化。

公元 7 世纪以后，阿拉伯大帝国征服了中亚，伊斯兰教在该地区传播开来。来自中亚的突厥奴隶战士自 9 世纪以来就服务于中东的阿拔斯王朝和法蒂玛王朝，他们不仅充当士兵，而且升任军官，往往还是高级军官。④ 他们被伊斯兰文化所同化，并最终成为伊斯兰文化的复兴者与保卫者。伊斯兰文明至少在三个层面对突厥民族的崛起产生了影响：第一，塑造了突厥武士的特有精神气质——加齐（Ghazis）精神。加齐精神的内在诉求是以伊斯兰

---

① William L. Cleveland, *A History of the Modern Middle East*, 3rd ed., Westview Press, 2004, p.37.

② 戴维森：《从瓦解到新生——土耳其的现代化历程》，张增健等译，学林出版社 1996 年版，第 18 页。

③ Stanford Shaw, *History of the Ottoman Empire and Modern Turkey*, vol.Ⅰ: *Empire of the Gazis: the Rise and Decline of the Ottoman Empire, 1280－1808*, Cambridge University Press, 1976, p.1.

④ ［英］佩里・安德森：《绝对主义国家的系谱》，刘北成、龚晓庄译，上海人民出版社 2001 年版，第 387 页。

的名义,崇拜首领、寻找牧场、攻城略地、夺取战利品,以圣战的方式扩展帝国文明版图。[①] 15世纪的一位奥斯曼诗人描述加齐武士为"真主的工具、辅助真主清除多神教的仆人;加齐是真主之剑,也是伊斯兰教的保护者和庇护者。如果他们成为烈士,不要相信他们已经死去——他们与真主同在,他们会永生"[②]。第二,素丹与乌莱玛的相互依靠。马赫穆德在一本突厥词典的前言中说:"我已经看到,真主已经促使帝国太阳从突厥人的房子中升起。"[③]素丹向乌莱玛提供保护,而不是赐予权力,乌莱玛向素丹们提供合法性,而不享受权力。第三,伊斯兰文明成为突厥人生活方式。塞尔柱王朝将逊尼派、苏菲派构筑成意识形态的统治基础,他们通过伊斯兰教保护者的身份,任命沙里亚法官,恢复法律秩序,采取伊斯兰城市文明的方式。[④] 因此奥斯曼帝国之所以能够从安纳托利亚地区的国家竞争中脱颖而出、独步一时,其特殊动力就在于它能够独特地把"加齐"原则同伊斯兰原则结合起来。[⑤] 可以说,加齐精神和伊斯兰传统结合促进了奥斯曼—伊斯兰文明的崛起和帝国秩序的形成。[⑥]

二是奥斯曼帝国从突厥—蒙古帝国的诸公国中脱颖而出。

奥斯曼帝国来源于乌古思突厥人的卡伊部落,初居中亚,后迁至里海附近、波斯的北部和东部,在阿拔斯王朝时皈依伊斯兰教,制度上认同了哈里发政权的合法性。作为罗姆素丹国的属臣,其头领艾尔突格鲁勒统治着小亚细亚西北部萨卡里亚河沿岸与拜占廷接壤的地方。艾尔突格鲁勒死后其子奥斯曼一世继位,他娶了苏菲派领袖的女儿,在当地部落力量的大力支持下,逐渐强大起来。14世纪初,擅长使用热兵器的加齐武士咄咄逼人的攻势使拜占廷帝国屡吃败仗。奥斯曼所在的公国声威大震,吸引了众多酋长和部落民众投奔到他的麾下。1326年,奥斯曼的继承人奥尔汉从拜占廷手

---

① Ira M.Lapidus, *A History of Islamic Societies*, Cambridge University Press, 1988, p.304.

② Paul Wittek, *The Rise of the Ottoman Empire*, London, 1965, p.14.

③ 弗朗西斯·鲁滨逊主编:《剑桥插图伊斯兰世界史》,安维华、钱雪梅译,世界知识出版社2005年版,第40页。

④ Ira M.Lapidus, *A History of Islamic Societies*, p.305.

⑤ Stanford Shaw, *History of the Ottoman Empire and Modern Turkey*, vol.I: *Empire of the Gazis: the Rise and Decline of the Ottoman Empire, 1280 - 1808*, pp.17 - 20.

⑥ 韩志斌、姜欣宇:《"加齐起源说"与奥斯曼早期国家的历史阐释》,《世界历史》2019年第2期,第17—30页。

中夺取了布尔萨,并定都于此,布尔萨的陷落标志着拜占廷帝国在安纳托利亚地区最后的一块领地消失了。1330年,奥尔汉夺取了小亚细亚西北部古城尼西亚。到1345年,奥斯曼国家已经占领从爱琴海到黑海的整个安纳托利亚西北部地区。奥尔汉的继承者穆拉德一世(1368—1389年)成功地征服了保加利亚、马其顿王国和塞尔维亚部分地区,并夺取了安卡拉。1389年,巴耶济德一世(1389—1402年)掌握了帝国的军政大权,并暗杀其兄亚库布,也就是穆拉德一世的合法继承人。为了避免皇室家族的内讧和残杀,他强行创立了一条不近人情的家法:皇族诸兄弟中一人继位为君主,余下的亲兄弟都必须无条件地赐死,这一家法在奥斯曼家族中流行了250年。巴耶济德咄咄逼人的态势使蒙古铁木尔汗颇为震惊,1402年安卡拉之役,铁木尔俘获了巴耶济德一世,破坏了奥斯曼帝国精英初步经营的成果。

三是攻占君士坦丁堡。

君士坦丁堡一直是奥斯曼帝国各代统治者渴望到手却又遥不可及的"红苹果"。① 公元1451年,穆罕默德二世即位,他虽以文雅风流、面慈心软而著称,但即位之日,仍旧按家法将他尚在襁褓中的兄弟溺死在浴缸中。攻占君士坦丁堡是穆罕默德二世为实现"伊斯兰世界宿愿"而给自己定下的"最高目标"。1453年5月29日,奥斯曼帝国军队占领君士坦丁堡。随后,征服军开始大肆掠夺,全城居民沦为奴隶。

奥斯曼素丹穆罕默德二世率军攻打
拜占廷首都君士坦丁堡图

攻占君士坦丁堡,无论在奥斯曼帝国史、欧洲史和世界史上,都是重大的历史事件,影响深远。对奥斯曼帝国来说,君士坦丁堡成为其天然首都和国家的政治、经济和文化中心,攻占君士坦丁堡标志着帝国进入了更加兴旺强盛的历史时期。奥斯曼土耳其人包围君士坦丁堡已经100余年,占领此地使得奥斯曼帝国有了

---

① Stanford Shaw, *History of the Ottoman Empire and Modern Turkey*, vol.I: *Empire of the Gazis: the Rise and Decline of the Ottoman Empire, 1280 – 1808*, p.55.

稳定的拱心石,从此帝国更加巩固。对整个穆斯林世界来说,君士坦丁堡的陷落,鼓舞了伊斯兰教徒的斗志。在伊斯兰强势文明的进攻下,基督教文明处于弱势地位,欧洲东方的商路也被切断。于是有的学者便提出了这样的观点:西欧出于政治、经济上的考虑,试图另觅到东方的通路,导致发现美洲新大陆和绕过好望角到印度的航线。还有学者认为,君士坦丁堡的陷落导致希腊修道士和僧侣移民意大利,从而引发了文艺复兴运动。[1] 然而,对于欧洲的基督教来说,东正教和天主教的帝国城市陷落了,奥斯曼帝国扩张似乎是更大的威胁和危险,大批基督教徒改信伊斯兰教,到15世纪,帝国境内大约90%的人口信奉伊斯兰教。[2] 文明交往中冲突的断层线更加明晰起来。

攻占君士坦丁堡极大地鼓舞了奥斯曼帝国士气,以"征服者"著称的穆罕默德二世征服了塞尔维亚(1453—1458年)、波斯尼亚(1479年)、黑塞哥维纳(1465年)和阿尔巴尼亚(1479年),还消灭了希腊在小亚细亚的最后一个王朝——康奈尼王朝。1480年,奥斯曼军队开始围攻罗德岛时遭到抵抗。1481年,穆罕默德二世病死于小亚细亚德克福撒里的军营中,时年52岁。继位的奥斯曼素丹巴耶济德二世成功地控制了局势并征服了波斯尼亚全境。1512年,巴耶济德二世禅位给次子谢里姆,即谢里姆一世。他创建了红海舰队。1517年,谢里姆一世率领奥斯曼军队跨过西奈半岛,夺取了开罗。开罗的末代哈里发被带到伊斯坦布尔,并将哈里发的头衔让与谢里姆一世,后者成为"两圣地仆人"。从此帝国职责就是阿卜杜拉·哈米德二世所说的四项任务:保护伊斯兰教;延续奥斯曼帝国的生存;保持麦加与麦地那的完整;保证伊斯坦布尔首都的安全。[3] 1514年,谢里姆一世在查尔迪兰(今伊朗西北部)战役中大败萨法维王朝,库尔德斯坦、亚美尼亚西部和大不里士尽归奥斯曼帝国。1516—1517年,奥斯曼帝国占领叙利亚和埃及的马木路克国家,成为阿拉伯半岛穆斯林圣地的主人。

① William Ochsenwald and Sydney Nettleton Fisher, *The Middle East: A History*, 6th ed., McGraw-Hill, 2004, p.179.

② Ira M.Lapidus, *A History of Islamic Societies*, p.308.

③ S.Tufan Buzpinar, "The Hijaz, Abulhamid II and Amir Hussein's Secret Dealings with the British, 1877–1880", *Middle Eastern Studies*, Vol.31.No.1, 1995.

1534 年、1538 年、1554 年,巴格达、巴士拉和巴林先后被纳入奥斯曼帝国的版图。① 苏莱曼大帝(1520—1566 年)是奥斯曼帝国强大的统治者,他将奥斯曼帝国领土推进到欧洲腹地。1520 年,苏莱曼大帝率军夺取了被冠以"阻挡土耳其人骄傲之城"的贝尔格莱德,后者成为他以后向西扩张的桥头堡。16 世纪 20 年代,布达佩斯和匈牙利的大部分都处于奥斯曼帝国控制之下。1529 年,苏莱曼大军包围了维也纳,震惊欧洲君主。1566 年,苏莱曼大帝欲再次陈兵多瑙河时,死于途中。

16 世纪中期的奥斯曼帝国达到历史上的鼎盛时期,地跨欧亚非三大洲,人口 5000 万。② 国家财力雄厚,苏莱曼大帝的财政收入是西班牙国王、神圣罗马帝国国王查理五世的两倍,使后者黯然失色。③ 奥斯曼帝国不仅是一个伊斯兰大国,它也是一个地跨欧亚非三洲的世界帝国。正如戴维森评价说,军事上的胜利、政治机构的形成、社会秩序的稳定、经济的繁荣、文化上的高度发展,所有这些总合在一起,就给 16 世纪打上了"奥斯曼帝国黄金时代"的标记。④

奥斯曼—伊斯兰文明的崛起与扩张有其宗教、政治和经济层面的因素。首先,从宗教因素来说,加齐传统及其社会组织结构是奥斯曼将士对外作战的精神动力。在奥斯曼人眼中,加齐是光荣的称号。只有那些勇武好战,并担负着向异教徒作战的人才配称作加齐。一般加齐国家都以扩张伊斯兰地域、抵御非穆斯林的圣战精神为其主要目的,"加齐是敬仰真主的仆人,是把多神教的污秽从人间清扫出去的勇士"。⑤

其次,经济结构的变化和经济思想的形成确立了帝国扩张的物质基础。13 世纪前,奥斯曼的经济生活主要是以纯粹的游牧经济为主,但从 14 世纪末起,农业也有了一定的发展。随着从中亚经小亚细亚去拜占廷的过境贸易日益兴隆,城市的手工业、商业迅速成长起来,帝国的经济结构开始发生

---

① Ira M.Lapidus, *A History of Islamic Societies*, pp.310 - 311.

② [美]斯塔夫里阿诺斯:《全球通史——1500 年以后的世界》,吴象婴、梁赤民译,上海社会科学院出版社 1999 年版,第 41 页。

③ [英]佩里·安德森:《绝对主义国家的系谱》,第 390 页。

④ 塔维森:《从瓦解到新生——土耳其的现代化历程》,第 40 页。

⑤ 甘雪春:《奥斯曼帝国兴盛原因探微》,《西亚非洲》1991 年第 2 期。

变化。从巴耶济德一世起,奥斯曼人开始定居,并大量接受农耕世界的生产技术。巴耶济德一世因之被斥为背弃祖先传统的叛逆。到 15 世纪后半期,帝国已形成了既有游牧经济又有农业经济和其他定居经济的混合型经济交往模式。

最后,强大的军事武力、政治艺术和政治谋略的运用。早在 1453 年,穆罕默德二世就开始派遣装备枪炮的大军摧毁了君士坦丁堡的城墙。在随后的几年,奥斯曼利用炮兵作为自己对外扩张的工具,这些先进武器使得奥斯曼帝国在欧洲和中东地区所向披靡。奥斯曼人审时度势,明智地归降于蒙古人,并制定了"东和西进"的策略与拜占廷作战,进而抢占了西部的富庶地区。奥斯曼人为了尽快地摆脱困境,采用了积极灵活的外交策略,如政治联姻、收买政策。帝国统治者十分注重对统治阶层各种素质的培养锻炼。穆拉德二世聘用国内最开明和最卓越的学者教育他的孩子。王子们自幼就从理论上学习伊斯兰教经典和帝国行政管理知识,一般在 18 岁时就到各边地任省督,践行治国用兵的才能。[1] 此外,奥斯曼帝国还利用一些世俗力量。跨过马尔马拉海的第一支奥斯曼军队主要是由一些唯利是图的希腊基督徒组成的,它们"跟随奥斯曼帝国并不是为了真主,而是为了黄金和荣誉"。[2]

二、奥斯曼—伊斯兰帝国的制度文明

人类文明交往的基本内容是物质文明、精神文明、制度文明和生态文明,其中制度文明是人类社会进步的重要内容。[3] 奥斯曼—伊斯兰帝国制度文明的辉煌成就是通过"战争交往"的方式,融合了东西方不同文明的成果,在国际规制及其规范合法性条件下完成了质的飞跃。奥斯曼帝国关于政府结构的观点主要来自波斯等王朝在中东发展起来的传统观念与中东伊斯兰文明体系。[4] 由于疆域广阔,人口庞大,民族、种族和文化的多元,统治

---

① Stanford Shaw, *History of the Ottoman Empire and Modern Turkey*, vol.I: *Empire of the Gazis: the Rise and Decline of the Ottoman Empire, 1280 - 1808*, p.50.

② Donald Quataert, *The Ottoman Empire, 1700 - 1922*, Cambridge University Press, 2000, p.18.

③ 彭树智:《文明交往论》,第 7—8 页。

④ Stanford Shaw, *History of the Ottoman Empire and Modern Turkey*, vol.I: *Empire of the Gazis: the Rise and Decline of the Ottoman Empire, 1280 - 1808*, p.112.

时间持久等因素,奥斯曼帝国并没有一个单一的、恒久不变的管理机制,而形成了多元化的行政结构。① 奥斯曼人在创建庞大帝国的过程中,构建了一系列日趋成熟、富有特色的统治制度,这些制度能够适应不同地区、民族、宗教、文化的需要,具有可塑性、适应性和实用主义的特征。

奥斯曼帝国的制度文明来源有三:一是包括王朝观念、宫廷传统、伊斯兰法律体系和价值观的阿拉伯—伊斯兰文化遗产。二是奥斯曼帝国保留本土历史资源和风俗习惯,还吸收其他文明的优点。其政治制度具有镶嵌性特点:既有波斯民族的管理风格,也有阿拉伯地区的行政手段,同时还吸收了欧洲文明的治理结构与方法。奥斯曼帝国的政治、军事与税收制度的形成还受中亚部族历史传统、阿拉伯帝国、塞尔柱帝国、帖木儿帝国和蒙古帝国制度的深刻影响,穆罕默德二世的经济措施很多都源于意大利。② 三是拜占廷帝国传统。拜占廷的税收制度、行为仪式、行政管理成为奥斯曼帝国统治的制度基础。③

奥斯曼帝国的制度文明包括以下内容:

第一,建立了颇具特色的奴隶制度。④ 早在游牧状态时期,中亚突厥人已经将战俘作为奴隶,他们对萨珊波斯和阿拔斯王朝使用奴隶的情况非常熟悉,但直到奥斯曼帝国时期,奴隶制才作为一种正式的制度存在下来。奥斯曼帝国的奴隶制度具有如下特点:一是军事奴隶来源的多元化。有战俘、绑架后出卖为奴、进贡的奴隶、负债被迫为奴、犯罪后为奴、小孩被拐卖为奴、生计所迫自愿为奴等。奴隶输出地是非洲、高加索、希腊等欧洲地区。二是在奴隶制度的多种形态中,"德米舍梅"("少年征役制")较为独特。该制度是指从基督徒村庄中征召男孩为奥斯曼国家输送高级军事指挥官和行政官员,这一体系作为奥斯曼帝国的正规制度一直持续到 17 世纪。这些基督徒在少年时代被分配到特殊的宫廷学校,他们研究波斯、阿拉伯和奥斯曼帝国历史,学习书法艺术、绘画和军事技能。据 16 世纪欧洲观察家认为,

---

① Ira M.Lapidus, *A History of the Modern Middle East*, p.42.
② Stanford Shaw, *History of the Ottoman Empire and Modern Turkey*, vol.I: *Empire of the Gazis: the Rise and Decline of the Ottoman Empire, 1280 - 1808*, p.67.
③ Ira M.Lapidus, *A History of Islamic Societies*, p.316.
④ 参见叶亢:《奥斯曼帝国奴隶制度研究》,硕士论文,西北大学,2007 年。

王宫学校的目的就是制造"武士、政治家和皇族穆斯林"。他们同时也是"有学问、绅士风度、语言幽美、渊博谦恭以及道德高尚的君子"①。三是有的奴隶成为帝国掌权人物。15—17世纪,帝国大维齐(宰相)大都是皈依伊斯兰教的基督徒。1453—1623年间,奥斯曼帝国的48名大维齐中只有5人属土耳其血统,1人属高加索血统,31人为皈依伊斯兰教的欧裔基督徒,其中6名希腊人、11名阿尔巴尼亚人、11名斯拉夫人、1名意大利人,另有2名是亚美尼亚和格鲁吉亚的基督徒。② 其他高级部长、迪万成员、省总督和军事指挥官都有相似的宗教背景。他们管理帝国事务,领导军队,实际是素丹的奴隶。这些奴隶武士—政治家的双重身份认同使他们获取了大量的财富,掌控了帝国的实权。

第二,复杂而又成体系的宫廷制度。素丹的宫廷制度包括后宫、内廷和外廷。素丹的后宫在结构和组织上相对简单,保留了部落制度的传统。但是随着帝国政治体系的日渐膨胀,行政结构和力量飞速扩张,其后宫制度逐渐复杂。后宫的地点在伊斯坦布尔,主要人员有素丹的妻妾、侍女、宫女和太监。素丹母亲(纳瓦利德)是后宫中最长者,保护后宫的太监大约40人左右。太监由"大内总管"统管,领导太监的机构被称为"幸福之所",地位仅次于大维齐。在整个16世纪,太监大部分是来自高加索的白人,而此后则由来自苏丹和中非的黑奴来担当。③ 内廷是管理后宫和素丹私人事务的机构,主要职责是为官员提供住所,筹备帝国政务会和接待各国大使。外廷是素丹指挥军队和管理帝国的机构。

第三,具有专门僧侣教阶制的穆斯林政治体制。奥斯曼帝国的法律观念是波斯帝国和突厥帝国的传统法律观念与伊斯兰教法在交往中发展起来的。奥斯曼帝国采用逊尼派伊斯兰法律,共有四个不同的法律实体。其中最重要的是沙里亚,该法律的依据是哈乃斐学派。素丹和法官都受该法束缚。第二个规范立法(Kanuns),即素丹政令。第三个是土耳其人的习俗

---

① Lord Kinross, *The Ottoman Centuries: The Rise and Fall of the Turkish Empire*, London, 1977, p.147.

② 马克垚主编:《世界文明史》,北京大学出版社2004年版,第441—442页。

③ Stanford Shaw, *History of the Ottoman Empire and Modern Turkey*, vol.I: *Empire of the Gazis: the Rise and Decline of the Ottoman Empire, 1280－1808*, p.115.

法。第四个是素丹统治者的意志。沙里亚法是最神圣的,不可亵渎的,不可修改,其他三种法律实体内容可以按照实际情况改变。法官大都来自清真寺主办的大学。

第四,军队类型与功能的多样化。军队在拓殖版图、维持社会秩序稳定、捍卫帝国边疆中功勋卓著,被称为"执剑者"。奥斯曼军队分为陆军和海军。陆军是素丹军队的中坚力量,最初主要来自于监狱犯人和雇佣军,后来大都通过招募幼童加以培养而来。陆军被誉为"土耳其宫廷的奴隶"[1],包括禁卫军(耶尼舍里)军团、炮兵团、骑兵团。奥斯曼帝国海军的任务是防御海峡和帝国边疆神圣不受侵犯,海军以维也纳和热那亚海军为效仿模式。海军的最高统帅被称为海上贝伊。海军人员来源广泛,有土耳其人、希腊人、阿尔巴尼亚人、达尔马提亚人。[2]

第五,行省制度主要继承了塞尔柱帝国的制度资源。奥斯曼帝国设31省,250县,各省总督由土耳其帕夏担任,下一级行政单位称为"旗"(Banner)。奥斯曼国家初期的行政单位是桑卡克(Sancak),主要在安纳托利亚地区和鲁梅利要塞,其首领称为"贝伊之上的贝伊"。边疆地区省份由加齐首领控制。16世纪,瓦利(Vali)一词成为"贝伊之上的贝伊"的同义词,维拉耶特(Vilayet)成为省或主要行政区的标准用语。欧洲的罗马尼亚、特兰西瓦尼亚、克里米亚以及安纳托利亚的某些地区是准独立的附庸省份,被称为布克莫特(Bukumet)。[3]

三、奥斯曼—伊斯兰帝国的治理结构

层次分析法是世界史学科研究遵循的一种方法。而对奥斯曼—伊斯兰文明的统治秩序而言,其治理结构具有"核心—外围—边缘"的层次性特点。

"核心"指的是奥斯曼帝国统治的安纳托利亚地区,这里是帝国的中心

---

① Stanford Shaw, *History of the Ottoman Empire and Modern Turkey*, vol.I: *Empire of the Gazis: the Rise and Decline of the Ottoman Empire, 1280 – 1808*, p.112.

② Ira M.Lapidus, *A History of Islamic Societies*, pp.333 – 334.

③ Ira M.Lapidus, *A History of Islamic Societies*, p.317.

地带,直接受素丹的统治。素丹被西方称为"最高波尔特"(土耳其帝国政府),位居奥斯曼帝国的最高阶层,是"两圣地仆人、神法的捍卫者和执行者"等。① 素丹权力合法性的源泉有二:一是世俗力量的支持,包括他所控制的军事力量以及民众的尊重和服从;二是宗教力量,来自谢里姆一世征服埃及后所拥有的哈里发地位。素丹还有权任命希腊总主教,因此基督教也服从素丹。

素丹下设帝国委员会,或者说迪万会议(Divan,国务会议)是奥斯曼帝国的主要行政机构。帝国委员会是奥斯曼行政管理的中央核心机关,由四个部门组成:即大维齐(宰相)、文书、军人(海军总司令)和乌莱玛,分别向素丹提供军事、行政和司法方面的建议。迪万会议由大维齐主持,他是素丹首席顾问,权力日渐膨胀,逐渐成为政府阶层中最有势力的官员。到穆罕默德二世时,大维齐掌管行政军事和财政大权,可以不经素丹同意,对国家大事自行决策。

18世纪的奥斯曼帝国在核心区域治理上具有三个特点:一是政府机构规模很小,伊斯坦布尔的中央机构仅有1000名到1500名雇员。② 但这并不意味着老百姓税收负担很轻,恰恰相反,地方政府征收的赋税很重。二是政府机构并不与民众直接接触,而是通过社区代表进行行政治理。三是政府没有法律面前人人平等的概念。现代社会平等是一种理念与现实,但在奥斯曼社会连这种理念都不存在。城乡差异,穆斯林与基督徒、犹太人地位不平等,部落、行会与城市之间的差别明显,这在大众看来都是理所当然的。

"外围"主要指奥斯曼帝国统治下的阿拉伯世界。1516年8月,奥斯曼帝国军队在阿勒颇北部的达比克草原击溃了马木路克军队,接着阿勒颇、大马士革、贝鲁特与其他城市纳入奥斯曼帝国的版图。1517年1月,谢里姆一世率领的大军征服开罗。奥斯曼帝国统治下的阿拉伯世界具有如下特点:

一是帝国在阿拉伯世界设置帕夏区。奥斯曼素丹向埃及派驻帕夏,在叙利亚设置四个帕夏区:叙利亚中南部的大马士革沙姆帕夏区、叙利亚北部

① Ira M.Lapidus,*A History of Islamic Societies*,p.310.
② Erik J.Zurcher, *Turkey: A Modern History*, I.B.Tauris & Co.Ltd., 1993, p.16.

的阿勒颇帕夏区、叙利亚沿海地区与黎巴嫩山区的的黎波里帕夏区、巴勒斯坦与黎巴嫩山区的赛达帕夏区。帝国在伊拉克也设置了四个帕夏区:伊拉克中部的巴格达帕夏区、上伊拉克的摩苏尔帕夏区、库尔德地区的谢赫里祖尔帕夏区、下伊拉克的巴士拉帕夏区。在阿拉伯半岛地区,奥斯曼帝国充分考虑到两圣地的特殊性,在麦加、麦地那设"谢里夫"职务,吉达地区因其对欧贸易的重要性,设立吉达帕夏区。

二是阿拉伯本土力量强大,中央政府保持名义统治。在埃及,奥斯曼帝国统治者希望保留一支既能制约帕夏权力又能压制民众起义的力量,因此对埃及的占领并没有触动马木路克的土地所有权,帝国素丹任命他们为地方行政长官,即贝伊。而帕夏由于对地方情况的陌生,最后成为素丹的收税官。尽管帝国对埃及规定的税收极高,但上缴的较少。帕夏一般任期较短,300年间,埃及更换了100多个帕夏。到17世纪末,帕夏的权力成为象征,而贝伊成为埃及的主人。

三是阿拉伯本土力量与中央政府争夺领导权。在黎巴嫩山区与巴勒斯坦地区存在着割据一方的封建主,他们的影响在当地根深蒂固,中央政府无能为力。他们仅在表面上服从,一旦时机成熟便否认中央政府的合法性,扩展自己的力量。在也门地区,奥斯曼政府与当地民族主义力量一直角逐领导权。1607年,奥斯曼帝国同长期作战的也门伊玛目噶西姆·本·穆罕默德为首的民族主义力量讲和。1635年,奥斯曼帝国军队被迫全部撤离也门。

"边缘"区则指的是马格里布地区。奥斯曼帝国军队先控制利比亚、阿尔及利亚,40年后占领突尼斯。奥斯曼帝国统治下的马格里布地区具有如下特点:

第一,海盗成为马格里布地区政治的主导力量。[①] 在16、17世纪,马格里布地区的海盗活动十分猖獗,有的人将从事海盗活动当作毕生事业。海盗以阿尔及利亚、突尼斯、的黎波里等地以及摩洛哥的一些港口为根据地,打着伊斯兰教的旗帜对西方基督教国家进行劫掠,抢夺财物,贩卖人口。17世纪,阿尔及利亚有白奴35000人,占全城居民的1/4。马格里布的海盗活

---

① 参见余建华:《近代马格里布海盗》,《阿拉伯世界》1989年第4期。

动受到政府的支持,实际上架空帝国素丹任命的帕夏,控制实权。阿尔及利亚的巴巴罗萨·赫尔丁最为出名,其父亲被称为"海上加齐"。1518 年赫尔丁向奥斯曼帝国素丹苏莱曼一世称臣,被封为帕夏,并被委任为阿尔及利亚及北非最高埃米尔。素丹并拨给他 2000 名炮兵、4000 名近卫军步兵以及一大批军用物资。海盗活动的作用是双重的:一方面:海盗抢劫成为政府财政的组成部分,促进了城市经济的繁荣,打击了西方国家在地中海的力量。另一方面,商人贵族的力量被削弱,他们逐渐成为封建主,加强了马格里布地区的封建关系。

第二,19 世纪中期,马格里布在文明交往十字路口的重要地理位置突出地表现出来。这里一方面是贯通地中海与南部非洲的交通要冲,的黎波里地区是通向中南非的必经之路;另一方面,这里也是欧洲国家同非洲国家经济交往的贸易中心和中转站,贸易范围包括羽毛、象牙、黄金和奴隶。到19 世纪中期,非洲奴隶贸易的 1/2 都经由的黎波里、昔兰尼加和费赞地区。[①] 的黎波里和昔兰尼加的对外贸易对象国是马耳他、英国、土耳其、法国和意大利。

第三,奥斯曼帝国与马格里布保持若即若离的关系。1517 年和 1551年,奥斯曼帝国分别占领昔兰尼加和的黎波里地区。帝国素丹对利比亚的治理能力尽管力不从心,但并不想放弃,有限而相对宽松的治理环境,在一定程度上保证了该地区相对独立的政治结构。1711 年,的黎波里总督艾哈迈德贝伊建立了卡拉曼利王朝,帝国素丹并没有理会其准独立状态。1835年,为了抵制英国对该地区的勃勃野心,奥斯曼帝国重新占领的黎波里和昔兰尼加,而费赞地区则无人问津。但奥斯曼帝国在该地区的统治极其艰难。阿尔及利亚与奥斯曼帝国的关系也是一样,1659 年,海盗首领废除当地的总督,而帕夏则名存实亡。1581 年,法国向阿尔及利亚派驻领事。奥斯曼帝国在突尼斯的情况并不比在阿尔及利亚强,素丹派出的总督除了收税外,并无实权,实际权力掌握在当地军人推选出的贝伊手里。1705 年,突尼斯被侯赛因家族统治,长达 170 多年。

---

① A.A.Boahen, *British, the Sahara and the Western Sudan, 1788 - 1861,* Clarendon Press, 1964, p.128.

四、奥斯曼—伊斯兰文明优势的丧失

一般学者认为苏莱曼统治后期,曾经辉煌的奥斯曼帝国突然衰败。但是目前这一观点已经不被接受。一些历史学家已经质疑衰落(decline)一词是否能够准确描述奥斯曼—伊斯兰帝国文明的实际情况。对衰落的原因应该从多层次的角度来考虑,这一过程实际上是渐进的。按照斯坦福·肖的观点:奥斯曼帝国的衰落分为截然不同的阶段:一是谢里姆二世统治到1683 年的地方分权阶段;二是 18 世纪的帝国分裂。① 实际上撇开其他因素,纵览帝国文明的历史走向一直与现代化进程同步。从国际视野来说,奥斯曼帝国是在资本主义发展时期,双方交往中逐渐衰落的,不能总归结为东方专制主义,伊斯兰文化以及缺乏理性的经济伦理与道德规范等因素。② 其衰落原因可以总结如下:

第一,从经济交往层面来说,最突出的现象就是欧洲商人资本渗透帝国,造成奥斯曼帝国经济发展阶段的错位。

从 16 世纪末开始,奥斯曼帝国原材料进入了国际消费和工业市场,并交换欧洲的制造产品。这一贸易使奥斯曼商人获益,但其长期发展的逻辑结果导致国家收入的减少和国内消费和原材料的短缺。由于物资稀缺,奥斯曼帝国遭受着通货膨胀,国家也不能获得足够的收入来满足花费。随着欧洲制造商品进入奥斯曼帝国,手工业持续衰落。奥斯曼帝国素丹还与欧洲列强签署了一系列投降条约,对帝国经济复兴无疑是致命一击。1536年,奥斯曼帝国与法国签署第一项条约,允许法国商人在奥斯曼港口自由贸易,免除税收。法国商人享有治外法权最惠国待遇,它们受伊斯坦布尔的法国领事馆管理。因此,他们面对法国而不是奥斯曼—伊斯兰法律。这一协定是奥斯曼帝国随后与欧洲国家签署协定的原型。贸易的不平衡使得经济赖以流动的黄金与白银大量外流,通货膨胀的因素在增加,物价在谢里姆二

---

① Stanford Shaw, *History of the Ottoman Empire and Modern Turkey*, vol.I: *Empire of the Gazis: the Rise and Decline of the Ottoman Empire, 1280 - 1808*, p.175.

② Bill Williamson, *Education and social change in Egypt and Turkey: A Study in Historical Sociology*, Macmilan Press, 1987, p.35.

世后的两个世纪里上涨了 4 倍。① 奥斯曼帝国因技术上的寄生性和神学上的保守主义而陷入停顿,日益受到西欧经济的摆布。

第二,奥斯曼帝国内部本身出现的问题。

奥斯曼帝国制度因经济行为的局限而失去了苏莱曼时代的凝聚力,无能为力的素丹受困于王位继承问题。早在穆罕默德二世和巴耶济德王子在外作战时,摄政的杰姆就以 40 天没得到素丹消息为借口,自己登上王位,后被其父废黜。② 该事件刺激并加剧了各集团之间、王子之间的冲突。16 世纪后,奥斯曼帝国官僚任命体系也出现紊乱特征,大部分官职的任命取决于私人间的附属和忠诚关系,而非取决于能力或才干。③ 统治集团内部的不一致减弱了中央政府的有效性,地方省份的独立倾向日益严重,中央政府难以向地方收缴税收,财政收入锐减。收入的短缺和通货膨胀的增加对以依靠固定收入为生的国家公务员产生了破坏性的影响,造成国家行政人员的贪污腐败行为。对于帝国统治阶级主体来说,军队扩张功能的丧失使军事机器不能再吸收多余的农村劳动力,这些人就转向造反或落草为寇。抢劫土地与财富的外向性活动一旦终止,帝国对臣民的内向性剥削就日益严重。而帝国人口在 16 世纪就增加了 1 倍,人口增加对财政与经济体系产生了结构性的冲击。④ 自 16 世纪到 19 世纪的整个奥斯曼帝国历史实际上是中央帝国政府逐步瓦解、各省地主阶级日益壮大、农民处境日益悲惨的历史。⑤

第三,广阔的政治版图助长了帝国骄傲自满、故步自封的恶劣风气,最严重的后果是缺乏一种积极上进、锐意进取的精神,产生一种相对于西方的优越感。

跻身于穆斯林世界的奥斯曼人却以一种保守停滞的观点看待正在发展与进步的欧洲,并采取一种轻蔑和傲慢的态度。1756 年当法国驻伊斯坦尔大使宣告法奥同盟成立时,竟得到一份极其无礼的通知:"对一头猪与另

---

①　Stanford Shaw, *History of the Ottoman Empire and Modern Turkey*, vol.I: *Empire of the Gazis: the Rise and Decline of the Ottoman Empire, 1280－1808*, p.173.

②　*Empire of the Gazis: the Rise and Decline of the Ottoman Empire, 1280－1808*, p.67.

③　*Empire of the Gazis: the Rise and Decline of the Ottoman Empire, 1280－1808*, p.166.

④　Stanford Shaw, *History of the Ottoman Empire and Modern Turkey*, vol.I: *Empire of the Gazis: the Rise and Decline of the Ottoman Empire, 1280－1808*, p.171.

⑤　[英]佩里·安德森:《绝对主义国家的系谱》,第 402 页。

一头猪的联合"不感兴趣。① 这在 16 世纪是可以理解的,在 18 世纪则是荒唐的。当时,无论是奥斯曼帝国政府官员,还是社会上的贤人哲士,甚至那些穆斯林学者,均对西方国家科学技术成就置若罔闻。他们认为人体血管正好 5000 条,世界是扁平的而呈三角形,世界上的海洋有牛奶海、糖海、黄油海、酒海等。整个世界靠许多大象用头支撑,大象偶尔一动,便是地震的起因。② 一位穆斯林在评论中认为中世纪的法兰克人一年至多只洗两次澡,而且还是在冷水里洗,妇女惊人地放肆。③ 奥斯曼帝国的教育只能停留在向学生说教一系列宗教仪式和教规、学生熟记《古兰经》信条的程度上,认为西方正处于野蛮、无秩序的原始状态,对西方思想上的萌动(文化复兴和启蒙运动)、经济上的变革(商业革命)、技术上的突破(工业革命)、意识形态上的革新(宗教改革)以及专制主义与民族国家构建等资本主义发展元素一无所知。④

第四,地缘政治的变动也是奥斯曼—伊斯兰文明衰落的一个不可忽视的因素。

一个国家的衰落往往是相对意义上的,是国际政治经济宏观大背景下力量对比关系的此消彼长。就奥斯曼帝国而言,其走向衰落的宏观大背景是 16—17 世纪欧洲军事和经济优势造成的。在这两百年间,濒临大西洋的欧洲经历了革命性的变化:民族国家的诞生;重商主义的出现;新军事革命的普及;欧洲主要列强的形成;殖民地的开拓以及制海权的确立。作为世界最有活力的欧洲势力开始对世界其他地区、其他民族造成冲击。奥斯曼是最早受到这场政治经济地震冲击的国家之一。西方大国的崛起在两方面对奥斯曼帝国产生影响:一方面,西方国家确立了对大洋的制海权,锁在大洋之外的奥斯曼帝国丧失了走向海外世界的道路;另一方面,东方贸易逐渐落入大西洋沿岸国家手中。红海—中东—地中海传统贸易路线的重要性一落千丈。包括奥斯曼人在内的东地中海商人丧失了作为欧亚贸易中间

① [美]斯塔夫里阿诺斯:《全球通史——1500 年以后的世界》,第 61 页。
② [美]斯塔夫里阿诺斯:《全球通史——1500 年以后的世界》,第 62 页。
③ 弗郎西斯·鲁滨逊主编:《剑桥插图伊斯兰世界史》,第 10 页。
④ Bill Williamson, *Education and social change in Egypt and Turkey: A study in Historical Sociology*, pp.45-50.

商的地位。① 特殊的地缘战略位置使奥斯曼帝国成为影响欧洲均势的一个关键性因素,成为 19 世纪大国均势的重要筹码。

从 16 世纪一直持续到 20 世纪初的 400 年间,奥斯曼帝国一直是中东地区举足轻重的统治力量,它对西亚、北非和巴尔干地区的长期统治以及在大国政治中的外部交往对世界历史产生深远影响,成为随后几个世纪历史行为主体的亮点。奥斯曼帝国的行政践行继承并创新了中东古代帝国的遗产,这些历史资源目前仍在影响着中东政治、经济和国际关系。从历史长时段来考察,奥斯曼帝国的盛衰是中东帝国秩序与欧洲强国不平等交往的典型个案。

第二节　波斯王朝的文明交往变迁

一、伊斯马仪与萨法维帝国的建构

13 世纪至 18 世纪,波斯民族的历史结构特征是农业文明、王朝秩序和伊斯兰教。美国学者拉皮杜斯指出,这一时期的波斯史是研究伊斯兰社会制度发展和文化构建的首选对象。② 以"天之骄子"为标志的蒙古文明西进对波斯文明的地缘版图产生了很大冲击,但并没有改变波斯—伊斯兰文明的宗教社会属性。蒙古人对自己的文明有着十足的优越感,但伊儿汗王朝并没有给波斯引进新的宗教语言认同,这与古代阿拉伯人征服不同。与此相反,蒙古文明还吸收与融合波斯—伊斯兰文明,大大丰富了文明交往的内容和维度。但蒙古文明在人口和生产形态上对波斯文明进行了灾难性的破坏,史称"大毁灭"(holocaust)。蒙古帝国在经历了历史强盛期后,便不可避免地演绎"盛极而衰"的历史逻辑。这也是萨法维王朝崛起的历史背景和前提,但这时的波斯文明已经是蒙古文明、波斯文明与伊斯兰文明交

---

① 邵永灵、时殷弘:《地缘政治经济与奥斯曼帝国的衰落》,《世界历史》1998 年第 3 期。
② Ira M.Lapidus, *A History of Islamic Societies*, p.276.

往的产物,具有游牧文明和农耕文明的丰富内涵。

　　1502 年建立的萨法维王朝主导了近代波斯的政治、经济和地缘格局。在此期间,波斯构建了什叶派为主的宗教认同,并持续了将近 220 年。萨法维帝国自立国之日起,便与奥斯曼帝国进行了旷日持久的战争交往。在波斯王朝的文明交往变迁中,萨法维王朝历经了大刀阔斧的行政革命,规模宏大的宗教皈依,经久不息的经济繁荣,深厚底蕴的文化复兴。①

萨法维王朝开国君主伊斯马仪像

　　"萨法维"一词来自其家族的第一代首领沙菲丁,将萨法维社团从宗教组织变为帝国机构的是谢赫·伊斯马仪。1500 年,伊斯马仪在忠于自己的土库曼部落"基奇尔巴什"(红头军)的支持下,击败宿敌希尔万王公政权。1501—1502 年,伊斯马仪的军队打败了白羊王朝,建立了以大不里士为首都的萨法维王朝。然后,他占领安纳托利亚东部和伊拉克,包括巴格达。1510 年,伊斯马仪消灭了乌兹别克汗国昔班尼王朝(1488—1589 年),夺取呼罗珊。经过一系列征战,萨法维王朝已经成为西起叙利亚、东到阿姆河、北达高加索、南临波斯湾的亚洲大国。

　　萨法维王朝的建立是波斯民族国家构建的起点,从此以波斯人、阿塞拜疆人、土库曼人和库尔德人为主要民族单元的共同体逐渐形成,基本奠定了现代伊朗地缘政治的版图。② 而伊斯马仪功不可没,正是他构建了波斯民族国家的政治生态,而他建立的萨法维王朝使波斯重新回归世界史的坐标。

---

① William Ochsenwald, *The Middle East: A History*, 6th ed., McGraw-Hill, 2004, pp.215 – 230.

② Ira M.Lapidus, *A History of Islamic Societies*, p.287.

二、萨法维王朝的制度文明和战争交往

波斯国家和社会的文明重建是一件十分艰难的事情,几个世纪的战争动乱削弱了王朝政权的集权力量,游牧文明的入侵破坏了农村与城市发展的基础条件,经济大衰退弱化了中央政府的支持力量。伊斯马仪面临的主要问题就是巩固萨法维王朝的宗教权威,重建中央政府的军事和行政权力。

伊斯马仪以宗教立国,实行政教合一的神权统治。他自称是"真主在地球上的影子",其权力是绝对的,不可置疑的。[1]　国王是国家最高军队统帅、首席法官、行政首脑与宗教领袖。伊斯马仪及其继承者都声称是穆罕默德的后裔,是隐遁伊玛目的代表,因此萨法维王朝的宗教含义渗透在帝国的各个层面。萨法维王朝的国家机构由行政机构和宗教机构组成,行政机构处理国家的政治经济行政事务,首脑称萨德尔或瓦基尔,即国王代理人。萨德尔还是宗教机构的首脑,负责宗教事务和宗教基金的管理。民政首脑被称为瓦齐尔,高级军官是阿米尔,他们接受中央政府的土地,然后向中央政府缴纳一定钱币,维持军队开支。[2]

为了抵抗逊尼派的奥斯曼帝国,伊斯马仪采取三大措施巩固什叶派的地位:其一,伊斯马仪立国初,将什叶派十二伊玛目派定为国教。其二,邀请黎巴嫩等地的什叶派教义专家到波斯讲学,大张旗鼓地宣讲什叶派。其三,迫害逊尼派乌莱玛,强迫其改信什叶派。在伊斯马仪及其继承者的宣扬下,波斯由逊尼派占多数的国家转变为什叶派占多数的国家,后者开始牢固地植根于波斯广大民众之中,萨法维王朝的民族性和宗教性特征更为突出,加强了王朝的凝聚力和向心力。什叶派的宗教认同成为 20 世纪伊朗民族主义与爱国主义的意识形态基础。[3]

伊斯马仪统治所依靠的力量主要是土库曼部落,国家统治表现出部落政治的特征。首先,为了得到"基奇尔巴什"军队的忠诚拥戴,伊斯马仪实行提乌里土地制度,授权部落领导人控制牧场和土地作为军事采邑。其次,

---

[1]　Ira M.Lapidus, *A History of Islamic Societies*, p.295.

[2]　Ira M.Lapidus, *A History of Islamic Societies*, p.289.

[3]　Metin Kunt, "Ottomans and Safavids: States, Statecraft, and Societies, 1500 - 1800", p.195.

部落首领被任命为各省总督,在其封地上拥有行政、军事、税收和司法大权。最后,这些部落有义务为国王提供军队,但随着部落力量的逐步扩大,部落分裂割据的局面逐渐形成,国家的统一和王权权威受到威胁。土库曼贵族和"基奇尔巴什"军队左右着王朝的政治生活,国王和部落之间的争权是萨法维王朝早期政治结构的主要特点。1524 年,伊斯马仪死去,部落主导政治的特点更为突出,负面作用日益严重。萨法维王朝统治者开始采取措施,实现从部落军事体制向绝对官僚政治转变。

伊斯马仪的继承人塔赫马斯普一世(1524—1576 年)在镇压部落叛乱的基础上,执掌朝政,萨法维帝国进入相对稳定的历史阶段。为了改变土库曼部落势力膨胀、难以控制的局面,塔赫马斯普一世采取两项措施:一是从中亚地区带回 3 万格鲁吉亚人、亚美尼亚人和塞卡西亚人俘虏,将他们培养为忠于国王的奴仆;二是将首都由土库曼部落势力雄厚的大不里士地区迁移到加兹温。塔赫马斯普一世的措施并没有带来稳定的政治局面。1576 年,他本人被毒死。继任者伊斯马仪二世在鲁姆鲁部落的支持下登上王位,大肆屠杀鲁姆鲁部落的反对者,招致"基奇尔巴什"的不满,并引来杀身大祸。此后的萨法维国王成为"基奇尔巴什"将领传号发令的工具,后者漠视王权和官僚贵族,骄横跋扈,在国家政治结构中处于显赫的地位。

在对外交往中,萨法维帝国采取"远交近攻"的交往原则。萨法维咄咄逼人的崛起态势以及以什叶派为意识形态核心的政治架构,引起了奥斯曼帝国的恐慌。信仰逊尼派的奥斯曼人视萨法维宣传的什叶派教义为异端邪说。政治利益和宗教信仰的矛盾,导致双方战争交往十分频繁。伊斯马仪将征服者的头骨塞满麦秆,送给巴耶济德二世以示警告。[1] 1514 年,奥斯曼帝国素丹谢里姆一世入侵波斯。伊斯马仪兵败查尔迪兰战役,并丢失大不里士、库尔德斯坦、格鲁吉亚和阿塞拜疆等地。[2] 查尔迪兰战役对伊斯马仪是当头棒喝,据说他精神崩溃,脸上一直没有微笑,每天喝得酩酊大醉。[3] 伊斯马仪深感自己势单力薄,因而同埃及、葡萄牙、匈牙利外交商谈建立反奥斯曼帝国联盟,但后者口惠而实不至。1555 年,苏莱曼一世与塔赫马斯

---

① William Ochsenwald, *The Middle East:A History*, p.216.

② William L.Cleveland, *A History of the Modern Middle East*, p.52.

③ William Ochsenwald, *The Middle East:A History*, p.218.

普一世签署阿马西亚和平协议,西阿塞拜疆和两河流域划归奥斯曼帝国版图,双方暂时实现和平。但战争并未结束,乌兹别克人作为萨法维帝国的东部敌手,一直进行骚扰。胡达班达继位时,萨法维面临着奥斯曼帝国和乌兹别克人的东西夹击。帝国内部的基奇尔巴什部落之间自相残杀,矛盾重重。在内忧外患的打击下,萨法维帝国一度衰微,直到阿拔斯一世接管政权。

三、阿拔斯一世改革

1587 年,史称"阿拔斯大帝"的呼罗珊总督阿拔斯一世成为萨法维王朝的统治者,他扭转了萨法维帝国日益衰微的趋向,摆脱了东西受困的外交被动格局,实现了萨法维王朝的中兴。

在对外交往层面,阿拔斯一世主要着手四件事情:第一,1590 年 3 月 21 日,阿拔斯一世与奥斯曼帝国签署了带有屈辱内容的《伊斯坦布尔和约》。[①]该条约规定:西阿塞拜疆、亚美尼亚、格鲁吉亚、洛勒斯坦的部分以及大不里士划归奥斯曼帝国;波斯人不得亵渎逊尼派;阿拔斯之弟海达尔·米尔扎王子被送到伊斯坦布尔作人质。第二,消弭国内政敌和部落力量。阿拔斯一世掌权后,杀死昔日政敌,将以前由部落管理的土地变成国王控制的私人领地。第三,1597 年,阿拔斯利用乌兹别克汗王死去,国内空虚时机,出征赫拉特,打败乌兹别克军队,收复呼罗珊,占领坎大哈与阿姆河南部。为了防止乌兹别克人的卷土重来,阿拔斯还将 15000 名库尔德人移民波支努尔德。第四,加强什叶派信仰的宗教认同。阿拔斯一世在军事远征前都要到墓地拜谒,徒步 28 天从伊斯法罕到马什哈德朝圣。这一行动使得什叶派接受了国家的权威,增强了帝国的政治合法性。对内和对外两个层面的互动交往,导致了波斯—伊斯兰文明的整体趋于协调平衡。

然而,阿拔斯一世深知帝国的艰难处境。为了促进波斯—伊斯兰文明内部的良性互动交往,从 1598 年开始,他在国内进行了全方位变革,革除军事、政治和经济方面的弊政,增强国家实力。

---

① Martin Sicker, *The Islamic World in Decline: From the Treaty of Karlowitz to the Disintegration of the Ottoman Empire*, Praeger Publishers, 2001, p.3.

改革先从军事层面着手。阿拔斯先将基奇尔巴什军队由6—8万人裁为3万。然后,组建一支步兵、骑兵和炮兵齐全的国家正规军,称为新军(ghulam),可与奥斯曼帝国的耶尼舍里军团相提并论。[1] 阿拔斯邀请英国安东尼·雪利和罗伯特·雪利兄弟组建新式军队,建成步兵12000人,骑兵10000人,炮兵12000人。这些人来自格鲁吉亚和亚美尼亚,大都是皈依伊斯兰教的信徒。阿拔斯还加强了负责国王和王室成员安全的王室近卫军,人数达3000人。阿拔斯军队多达30万,帝国军队成为巩固王权的坚定力量。正如有的学者指出,阿拔斯大帝的改革体系实际上又回归了中东传统伊斯兰军事—国家体系。[2]

加强王权是阿拔斯一世对中央和地方行政机构进行改革的重要措施。阿拔斯在中央设立最高会议,会议由部落军事贵族、波斯高级官僚和什叶派僧侣组成。最高会议对国家大事仅起咨询作用,没有决策权。为鼓励波斯文人阶层和外族奴隶战俘构成的军事阶层参与政事,阿拔斯一世提高新军首领和首相的地位,撤销基奇尔巴什军队首领一职。地方上设州,总督由国王委派,行使行政和军事大权。另设副总督,监督总督的行为。国家最高司法权收归中央,地方法官经选举产生,国王认可。阿拔斯还消灭割据势力,剥夺土库曼部落的采邑税收特权。阿拔斯采用异地迁移的措施分化瓦解部落力量,减少对中央政府的威胁。库尔德人迁往伊斯法罕和呼罗珊北部,卡尔曼部落迁到法尔斯。

1598年,阿拔斯一世指定伊斯法罕为帝国新首都,其目的在于避开势力雄厚的土库曼部落。伊斯法罕曾是塞尔柱王朝的首都,阿拔斯建都后,大肆修缮,使其酷似一个大花园。伊斯法罕的壮观和阿拔斯一世慷慨的保护,吸引了艺术家和学者光顾这座知识和文化名城。在学者们的推动下,伊斯法罕成为波斯文化艺术的中心和商业中心,到阿拔斯去世时,该城人口大约40万。1666年,伊斯法罕有152座清真寺,48所大学,182家旅社,273家公共浴所。[3] 伊斯法罕在某种层面上代表了王朝的合法性,规模宏大的城市

---

[1]　William L.Cleveland, *A History of the Modern Middle East*, p.54.

[2]　Ira M.Lapidus, *A History of Islamic Societies*, p.289.

[3]　Ira M.Lapidus, *A History of Islamic Societies*, p.294.

建筑,使得民众竟狂呼,"伊斯法罕是世界的一半"。[1]

在宗教方面,阿拔斯坚持传统政策,继续加强什叶派的国教地位,限制逊尼派,只允许其在边远地区存在。阿拔斯并不实施宗教迫害政策,允许袄教、犹太教和基督教同时存在,它们在伊斯法罕拥有自己的教堂和修道院。在内部文明交往方面,阿拔斯表现出宽容大度。

阿拔斯重视经济的发展,一方面,恢复和修建基础设施,注重发展农业;另一方面,实行良性的对外交往,发展与英国、印度、中国和东南亚的贸易往来。阿拔斯兴修灌溉系统,减免税收,建工厂,办学校,揽人才,聘请中国瓷器工匠到伊斯法罕。阿拔斯设立王室作坊,对手工业部门实行垄断经营。他还促进道路修建工程,其中从里海南岸通往马赞达兰的"石头地毯"道路闻名遐迩。为改变波斯贸易落后的面貌,阿拔斯鼓励对外经济交往,寻求多方位的贸易通道。1592 年,阿拔斯派遣商人使团出访俄国。1599 年,在英国人安东尼·雪利的带领下,波斯使团远赴西欧。阿拔斯改善经商环境,给外国公司许多优惠特权,如保证其人身安全和宗教信仰自由,降低关税等。1616—1623 年,英国人从阿拔斯那里获得许多特权,如商品进口免税权,在阿拔斯港设立海外商业代理处,海关部分收入归英国人所有。[2] 1664 年,法国东印度公司也试图进入波斯,两国签署的第一个条约是在 1708 年。到17 世纪末期,欧洲商人已经控制了波斯贸易的主要通道和国际贸易的主导权。

通过以上措施,萨法维王朝人口增加,社会安定、经济发展。一位英国旅行者说:"这位国王登基后,彻底制服了这个国家;一个人只要手执棍棒,无须携带其他武器,便可安然无恙地在国内旅行。"[3]伊斯法罕方圆 37 公里,人口达 50 万以上,成为世界上最美丽、最有文化底蕴的城市之一。国家收入盈实,国库充盈,每年收入约 1600 万里甫尔。[4]

---

① William L.Cleveland, *A History of the Modern Middle East*, p.54.

② Martin Sicker, *The Islamic World in Decline: From the Treaty of Karlowitz to the Disintegration of the Ottoman Empire*, p.9.

③ [美]斯塔夫里阿诺斯:《全球通史——1500 年以后的世界》,第 48 页。

④ [苏]米·谢·伊凡诺夫:《伊朗史纲》,李希沁译,生活·读书·新知三联书店 1973 年版,第 99 页。

阿拔斯一世奉行务实灵活的对外交往原则,加强同世界各国的联系,发展对外贸易。在处理同奥斯曼帝国的关系上,萨法维王朝内部有两种观点:一方是以雪利兄弟为代表的主战派,另一方是以国内高官为代表的主和派。[①] 阿拔斯采纳前者的意见,1603 年对奥斯曼帝国宣战。阿拔斯大军捷报频传,先后收复大不里士、阿塞拜疆、库尔德斯坦以及巴格达等地。1618 年,奥斯曼帝国签署《埃里温和约》,格鲁吉亚归还波斯。1622 年 2 月,阿拔斯一世与英国联盟,打败葡萄牙军队,收复了霍尔木兹岛。阿拔斯一世同时允许葡萄牙在巴林海域采集珍珠,并在孔格港建立城堡和商舍。阿拔斯一世占领印度莫卧尔王朝的坎大哈。1623 年,阿拔斯一世兵发巴格达,控制两河流域的大部分地区。5 年后,又夺取巴士拉等地,两河流域被纳入萨法维帝国的版图。到 17 世纪 20 年代,萨法维王朝成为世人瞩目的伊斯兰世界三大帝国之一。

阿拔斯一世改革是一场声势浩大的政治运动,标志着他权力的顶峰。统治者控制了官僚机构和税收,垄断了进出口商品的生产和销售,修建了大城市。但阿拔斯一世并没有对权力行为主体进行彻底转换,建立一个中央集权国家,而仅仅削弱了波斯贵族的权力。他的对外贸易交往体系导致西方国家主导了波斯的贸易结构。波斯的部落力量过于强大,弱小的城乡商人与地主集团难以维持一个强大的中央集权国家。

四、阿富汗人的反抗和纳第尔的统治

萨法维王朝是在部落主义基础上建立起来的国家,各部落宗教信仰迥异,这与什叶派主体宗教产生矛盾。萨法维前期国王凭借高超的统治手法和智慧,平衡宗教认同和部族认同之间的矛盾。但萨法维王朝后期,这些国王都是宗教狂热分子,对拒不改宗者实行肉体消灭政策,从而激起了全国范围内的反抗。1709 年,阿富汗吉尔查依部落在其首领米尔·瓦依斯的率领下杀死实行高压政策的坎大哈总督古尔金·汗。随后,阿富汗的阿布达里

---

① Martin Sicker, *The Islamic World in Decline: From the Treaty of Karlowitz to the Disintegration of the Ottoman Empire*, p.6.

部落也发动起义。萨法维帝国边陲出现了两个阿富汗部落政权,国内起义频繁,中央政府无能为力,难以自保。侯赛因国王说:"如果征服者能够给我留下费拉哈巴德宫,我就心满意足了。"①1720年,米尔·瓦依斯之子马穆德挥兵南下,但遭到萨法维王朝末代重臣法尔斯总督鲁特夫·阿里的重创,被迫撤回到坎大哈。可惜侯赛因国王听信谗言,将鲁特夫免职。1722年,马穆德大军再攻伊斯法罕。同年10月,伊斯法罕城内8万人饿死,侯赛因国王投降,萨法维王朝长达220年的历史寿终正寝。

萨法维王朝灭亡后,马穆德宣布为王,这一段历史被称为"阿富汗人入寇时期"(1722—1730年)。马穆德随后追击侯赛因之子塔赫马斯普·米尔扎,并控制波斯中部和南部大部分地区。1722年,塔赫马斯普·米尔扎在马赞达兰称王,史称塔赫马斯普二世。但塔赫马斯普二世面临的周边环境对他并不利:俄罗斯彼得大帝带兵南下夺取达吉斯坦省并推进到巴库地区;奥斯曼帝国也趁火打劫,在1723年对外高加索和波斯西部发动进攻,占领格鲁吉亚及波斯西北的部分地区。1724年6月,在法国调解下,俄奥两国达成瓜分波斯的《俄土和约》,规定:波斯里海归俄国,大不里士、哈马丹及科尔曼萨赫归奥斯曼帝国。② 塔赫马斯普二世在接受该条约的前提下被承认为波斯国王。

马穆德在波斯的统治日益艰难,他通过大肆屠杀萨法维家族重臣以威慑波斯人的反抗。1725年,马穆德因政变而死,其子埃什拉佛继位。后者力量弱小,军队不足7万人。③ 1727年,埃什拉佛与奥斯曼帝国签订条约,承认奥斯曼帝国的统治地位,将阿塞拜疆、库尔德斯坦地区转让于奥斯曼帝国。但是位于马赞达兰的塔赫马斯普二世并没有停止对阿富汗人的打击。

从1729年起,塔赫马斯普二世的将领纳第尔在打击阿富汗人时逐渐显露才能,他夺占伊斯法罕,结束了阿富汗人在波斯的统治。纳第尔是游牧于呼罗珊北部的突厥阿夫沙尔部落的酋长。他联合一些部落,占领呼罗珊、马赞达兰和皮亚斯特拉巴德之后,利用阿富汗诸部落之间的纷争,先后两次血

---

① 王新中、冀开运:《中东国家通史·伊朗卷》,第219页。

② Ira M.Lapidus, *A History of Islamic Societies*, p.300.

③ Martin Sicker, *The Islamic World in Decline: From the Treaty of Karlowitz to the Disintegration of the Ottoman Empire*, p.56.

洗赫拉特(1729 年、1731 年)。1732 年,雄心勃勃的纳第尔废黜塔赫马斯普二世,立其子阿拔斯三世(1732—1736 年)为王,实际大权在握。纳第尔随后向奥斯曼帝国宣战,经过几次战役,夺取了大不里士、阿塞拜疆等地。纳第尔利用彼得一世死后的有利时机,夺回了里海南岸诸省及杰尔宾特周边地区。

1736 年,阿拔斯三世去世,纳第尔自立为波斯国王,成为阿夫沙尔王朝的开国者。他改变萨法维王朝以什叶派为宗教意识形态的做法,改信逊尼派。纳第尔改宗逊尼派目的有三:一是他本人起家时得到逊尼派将领的支持;二是削弱萨法维家族在波斯的宗教合法性;三是缓和与周边逊尼派国家的关系。但纳第尔的统治并不顺利,他对内镇压民众的反抗,对外进行征服。他在削平国内部落起义方面可谓心狠手辣。1746 年,克尔曼和亚兹德两地民众拒绝缴纳赋税,纳第尔大开杀戒,将两地抗税者全部斩首,用头颅堆成一座血腥的金字塔。

纳第尔对外征伐,成果辉煌。1737—1738 年先后进攻阿富汗的某些地区,占领白沙瓦。次年,他命儿子回国摄政,自己率大军打败印度的莫卧尔王朝,占领德里。纳第尔在搜刮了价值 7 亿卢比的财富后,返回喀布尔。[①]纳第尔与奥斯曼帝国的战争,互有胜负,在战争交往难决雌雄的状况下,两国于 1746 年签署和约,保持了战前的版图疆界。

纳第尔在武功方面比阿拔斯大帝强硬有加,但在文治层面却建树微薄。纳第尔设立以马什哈德、大不里士和设拉子为首府的总督区,同时采取措施发展农业和手工业,开拓国外贸易。纳第尔还雄心勃勃地试图发展海军,在里海和波斯湾建立造船厂。这些措施并没有能够挽救阿夫沙尔王朝,1747年 6 月,纳第尔被部下杀死,阿夫沙尔王朝瓦解。[②] 阿夫沙尔王朝的灭亡原因有三:一是纳第尔向老百姓征收重赋。1739—1741 年间,纳第尔三次远征印度,获利丰厚,免除波斯居民 3 年赋税。但到 1741 年,又追缴免去的税赋,人们怨声载道。二是宗教上压制什叶派力量,但又不能限制政治上依靠的部落力量,结果反对力量陡增。三是纳第尔在宣扬战争武功时却忽视了

---

① [苏]米·谢·伊凡诺夫:《伊朗史纲》,第 133 页。

② Martin Sicker, *The Islamic World in Decline: From the Treaty of Karlowitz to the Disintegration of the Ottoman Empire*, p.86.

内部的政治治理,经济形势低迷。

　　萨法维帝国在波斯文明史上具有重要的地位,它留给波斯辉煌的君主制传统,强大的部落势力,以及充满凝聚力、单一的什叶派宗教力量,这些文明交往资源一直影响着波斯历史的发展取向。

第三节　阿富汗普什图民族国家的交往地位

一、多维政治行为体交往中的阿富汗

　　阿富汗是一个位于欧亚大陆腹地的内陆山国,地处西亚、中亚和南亚的交通要冲。阿富汗著名诗人克鲁亚丁·哈代姆将阿富汗比作是"中亚西亚高山之巅的美玉"。[①] 阿富汗的地理位置"使这个国家在中亚细亚的事务中具有非常重大的政治作用",重要的地缘政治地位使得该地区从来没有被历史遗忘。[②] 这里是文明交往的十字路口,自古就是兵家必争之地。阿富汗因其重要的地缘政治地位而成为外界政治军事力量竞相冲击性交往的战略要冲,导致了阿富汗长期的动荡混乱。阿富汗文明交往乱多于治的历史现象表明这个地区客观上需要一个强有力的权威来聚合各种散乱的力量和因素,催生一个有秩序的民族国家。

　　阿富汗历史经历了人类社会文明交往的共同历程,社会经济交往表现出不平衡性和差异性。最早的阿富汗人生活在苏莱曼山区和加兹尼与坎大哈高原地带。现代阿富汗的祖先是讲东波斯语的古代居民,塞族部落和呎哒人与阿富汗人进行了深入交往,对阿富汗民族起源意义深远。然而,学术界对阿富汗民族的最终形成时间还没有定论。11—12 世纪是阿富汗部落大致形成时间。阿富汗人的交往能力极强,同化了突厥人、哈萨克人,融合了塔吉克人,甚至有学者认为阿拉伯民族和以色列人都与阿富汗人有血缘

---

　　① 克鲁亚丁·哈代姆:《阿富汗之歌》,《光明日报》1987 年 1 月 10 日。
　　② 《马克思恩格斯全集》第 14 卷,人民出版社 1964 年版,第 77 页。

交往。不管其说法有无科学道理和理论支撑,但是阿富汗民族必然是在与许多部落和民族的交往中形成的。

阿富汗种族、民族复杂,文化传统表现出多样性的特点。其居民分属21个民族,实际数目远不止于此,民族构成可能更为复杂。在数千年的历史长河中,阿富汗及其周边地区既是欧亚大陆各民族迁徙的通道,也是各种族交流与融合之所。阿富汗境内复杂的种族构成和犬牙交错的人口分布就是这种民族迁徙与交往的结果与见证。这里既有以农耕文明为特征的古代东方型文化,也有中亚和哈萨克斯坦草原的游牧文化以及二者交往的混合成分。

阿富汗的地缘政治史是各文明动态流变的交往史,在这里先后经历了希腊马其顿王亚历山大和塞琉古王朝、希腊人的巴克特里亚国家、塞种部落和大月氏的贵霜王朝、嚈哒人的统治,阿拔斯各独立王朝的征服,蒙古入侵和帖木尔王朝的治理,莫卧尔王朝和萨法维王朝在阿富汗的角逐。

阿富汗的最初宗教是祆教,在阿黑门尼德帝国统治时期,阿富汗开始了祆教化时期。印度孔雀王朝随后给阿富汗带来佛教。公元7世纪中期,唐王朝和阿拉伯大帝国在亚洲大陆东西端同时崛起,改变了历史发展进程的力量取向,那就是从西到东的伊斯兰化和从东到西的突厥化。正如勒内·格鲁塞所说:"在伊斯兰化和突厥人的双重影响下,中亚地区内昔日的一切都不复存在了。"①7世纪中叶,阿拉伯人入侵阿富汗后,伊斯兰教成为阿富汗的主要宗教。阿富汗的伊斯兰化经历了较长的历史时期,但是由于其处于伊斯兰世界边缘的位置,伊斯兰化并不彻底,阿富汗的宗教吸收了中亚附近地区的地方宗教,信仰本土化特色明显。

普什图人亦称"帕坦人",是南亚和西亚的跨界民族。主要分布于阿富汗东部(41%)和巴基斯坦西部(58%),少数分布于波斯和印度,属欧罗巴人种印度地中海类型。普什图人的起源尚无确定的论断,众说纷纭。根据传说,他们起源于阿富汗,是一个共同祖先凯斯·阿卜杜尔·拉希德的后裔。当代巴基斯坦的普什图学者认为,他们起源于早先在这一地区的雅利安人,后来相继融合了波斯人、希腊人、突厥人、阿拉伯人和蒙古人等各个不

---

① 勒内·格鲁塞:《黄金草原》,蓝琪译,商务印书馆1999年版,第189页。

同民族的血统。也有人认为,最原始的普什图人起源于雅利安人之前的从巴尔赫至苏莱曼山区一带的古代居民,后来部分地融合了雅利安人和从中亚、西亚经这一地区入侵印度的各个人种集团。13—16 世纪,许多普什图部落向东迁至印度语各族居住区。普什图部落由若干称为"赫尔"的部落分支组成,部落分支又包含着若干建立在血缘关系之上的家族体系。阿富汗的普什图族人主要居住在东部和南部,最大的两支部落群体是杜兰尼和吉尔查依。普什图人是虔诚的逊尼派穆斯林。

二、杜兰尼王朝的建立与战争交往

杜兰尼王朝的建立者是阿赫马德·沙。他出身于坎大哈省阿布达里斯部落的萨多查伊家族,该部落的酋长萨多早在 16 世纪就从阿拔斯大帝那里获得特许权。他们随后发动部落叛乱被放逐到赫拉特省。随着波斯帝国的衰落,阿布达里人占领赫拉特省,夺取马什哈德。纳第尔崛起后,在镇压阿布达里人的同时也招募他们为国效力。阿赫马德·沙被纳第尔纳入军队服役,因屡建功勋而名声大振。纳第尔认为阿赫马德·沙天生聪颖,是难得的军事人才,提升他为阿富汗军团指挥官。纳第尔被刺杀后,阿富汗军队撤回坎大哈。

1747 年,25 岁的阿赫马德成为阿富汗杜兰尼王朝(因此阿布达里人被称为杜兰尼人)的第一位国王。接着夺取坎大哈,将该城作为杜兰尼王朝的首都。他招募和训练正规军,排斥地方部族染指坎大哈周边地区,加强中央政府的集权力量。

阿赫马德·沙治国有方,对政敌并不打击而是加以重用。他任命敌对的穆罕默德查依氏族贾马尔·汗为宰相,并默许其世代传承。阿赫马德·沙指定一些成员组成酋长会议,国家的主要官职都由杜兰尼人世袭担任,以提高本氏族的政治地位。各部族首领都承担政府职位,他们平时统治自己的部落,战时提供军队出征,并根据提供军队的多寡得到报酬。

阿赫马德·沙在位期间以东征西战而名彪青史。他兵不血刃夺取喀布尔和加兹尼。到 1747 年底,从坎大哈到白沙瓦的广大区域都纳入杜兰尼王朝的疆域。印度的莫卧尔帝国一直不甘心丢失喀布尔等地,是阿富汗民族国家构建的潜在威胁。仅 1748 年内,阿赫马德就两度对莫卧尔王朝发动进攻。第一次阿赫马德战事失利,第二次获胜。莫卧尔王朝旁遮普省总督被迫签署停战条约,印度河以西的地区归属阿富汗。就在此时,纳第尔手下的阿富汗部队前总指挥努尔·穆罕默德·阿里查依打算刺杀阿赫马德·沙,但计划泄露,努尔等10人被处决。在整顿内乱后,阿赫马德·沙带领强大的军队经过持久艰苦的进攻占领赫拉特(1749年)。以赫拉特、坎大哈和喀布尔为三角核心的阿富汗轮廓作为民族国家政治实体的概念浮现在近代中东历史画卷上。1751年,赫拉特各省接壤的地区成为杜兰尼王朝的属地。至此,杜兰尼王朝的疆域已相当于今日阿富汗的政治版图。

印度一直是阿赫马德·沙的战略目标,因此在收复失地后,入侵印度便成为杜兰尼王朝历史的主体内容。阿赫马德·沙之所以将印度作为一生奋斗的目标,一方面,在于印度统治者正处于没落阶段,掠夺印度财富可以增强阿富汗国力,加强中央集权;另一方面,通过战争可以扩大阿富汗的疆土,建立一个领土广大的帝国。1751年12月,阿赫马德·沙以贡赋未交为由领雄兵第三次入侵旁遮普省。经过4个月的围困,拉合尔城首领穆因-乌尔-穆尔克投降,并受到阿赫马德·沙的拥抱,重新得到重用。印度皇帝割让旁遮普和木尔坦。穆因-乌尔-穆尔克死后,印度德里王朝趁机收复旁遮普等地。1756年,阿赫马德·沙第四次进军印度,夺取德里,印度皇帝阿拉姆吉尔二世遭废黜。次年夏这位胜利者席卷价值1亿2000万卢比的战利品凯旋喀布尔,留下其子帖木尔·米尔扎统治印度河以东的部分。

可惜好景不长,两年后掠夺成性的马拉特人将帖木尔·米尔扎驱出印度河,占领拉合尔。1759年,阿赫马德·沙进攻马拉特人。马拉特人首领苦战而死,其余部随后组成声势浩大的印度联军,以抵抗侵略的声威吸引了大量的非正规军。1761年的潘尼帕特之战对于阿富汗意义重大,如果马拉特人获胜,印度将处于马拉特人的统治之下,世界历史也会为之改观。但阿赫马德·沙不愧为一位深谋远虑的将军,他指挥若定,最后马拉特人全军覆没。马拉特人遭到疯狂屠杀,据当时在场的科斯拉吉·谢德夫说,阵亡者的尸体堆成32堆,每堆从100人、500人到700人不等,在三四个地方每堆约1500人,惨死者约28000人。[①] 潘尼帕特之战摧毁了统一印度的唯一力量,

---

① 彭树智主编:《阿富汗史》,第135页。

但阿富汗军队付出了重大牺牲才赢得胜利。一个意想不到的历史后果是阿赫马德·沙为英国人入侵印度大开方便之门。不久后，英国人就沿着潘尼帕特之战的宽阔大道，从容不迫、轻而易举地摘取了次大陆这颗明珠。[①]

1773 年，阿赫马德·沙因脸部患恶性肿瘤宣布总督和王位继承人为帖木尔·米尔扎，不久死去。至此，杜兰尼王朝对印度进攻才告结束，但其影响深远，正如萨尔卡尔所说，阿赫马德·沙对印度所造成的恐惧在一个世纪后依然萦绕在印度统治者的心头。[②]

三、杜兰尼王朝的社会制度文明

从文明交往的视角来看，杜兰尼国家是在普什图民族与波斯、印度等国家的交往中，通过互动的文明间渗透、借鉴和吸纳，从氏族社会直接进入封建社会。因此，杜兰尼王朝的社会结构表现出部落—封建社会的二元形态。

一是有限王权与部落议会的制衡。国王在理论上是杜兰尼王国的最高领袖和国家元首，也是中央政府的核心人物。他像封建帝王一样，拥有宣战、媾和以及签约的权力。国王下设宰相来管理政府各部门和政府事务执行情况。宰相之下设财政部、司法部和办公事务部—王室秘书处三个重要的行政部门，负责管理财政税收、司法审判等事务。军队对于好战的阿赫马德·沙是必不可少的机构，总司令是政府的国防大臣，其军事职权仅次于国王。阿富汗军队分为王室骑兵、卫队和暗探，大都驻扎在坎大哈。尽管设置了这些军事机构和人员，实际上阿赫马德·沙大权在握。每次对外战争，他都亲率部队出征，国防大臣一般只是冲锋陷阵的武夫，而不是运筹帷幄的将军。但是阿赫马德·沙并不是一个享有绝对权力的专制君主，其权力受到多方面掣肘，特别是马吉利斯。马吉利斯由 9 个部落的首领组成，它们由国王挑选，终身任职。该组织与原始社会末期军事民主制极为相似，对国家大事负有重要责任。阿赫马德·沙对议事会成员提出的意见十分重视，在制定政策时充分考量。

①　彭树智：《第三次潘尼帕特战争在印度近代史上的作用》，《西北大学学报》1979 年第 2 期。
②　彭树智主编：《阿富汗史》，第 612 页。

二是地方与中央控制关系的疏离。杜兰尼王朝的阿富汗地方和中央的关系处于一种疏离的态势,地方上总督的独立性较强,中央政府对省的控制相对较弱。阿赫马德·沙时期的地方机构主要是省,总督是省上的代表,大权独揽。地方和中央的交往主要表现在两个层面:第一,地方总督垄断了省府官员的任命权。中央政府的大臣尽管有名义上的任命权,但远离外省,而省府官员基本由总督任命。总督往往让亲信、心腹出任要职,形成自己的势力集团和关系网。第二,中央同地方的联系松散。总督集地方政府的政治、财政和军权于一身,国王对省府军队调动有时也无可奈何。税收是中央政府与地方政府进行联系的唯一有效方式,中央财政部门经常到地方政府审查账目,核查政府收支,催促缴纳赋税。

三是部落社会基层组织的分散形态。阿富汗社会的基层组织是部落,这些部落隐藏在阿富汗的各个角落。阿富汗部落具有以下特点:(1)由于地形复杂,信息交通不畅,部落之间交往不多。(2)部落内部是一个个自我循环、自我调节的村庄共同体,具有独立性、封闭性和国家形态的特征。阿富汗历史学家穆罕默德·阿里在《阿富汗文化史》中讲到,村庄共同体"是一个有组织的团体,一个小共和国,自给自足,几乎具有村民所需要的一切。它是一个自成体系的世界,近于独立,对外部关系无所关心"。① 部落的统治方式与原始社会末期的军事民主制颇为相似,部落的首领是汗或马利克,其权力日益膨胀,首领的产生由选举制逐渐过渡到世袭制。部落机构是部落议事会,其权力伴随着首领权力的增长而日趋减小。(3)部落还具有军事单位的特性。阿赫马德东征西伐所带领的部队大多数来自于部落,大约2/3 的非正规军是由部落组成。(4)伊斯兰上层神职人员负责控制民众思想,他们的言论都以安拉的意愿赋予了神圣的宗教合法性。阿赫马德当国王后,大部分阿富汗历史包含着中央反对部落主义的斗争,部落势力从未遭到毁灭性的打击,它们基本上一直是影响阿富汗政治结构的重要力量。

四是国家结构的松散。如果将部落、地方政府和中央政府作为研究阿富汗杜兰尼王朝的研究单元,就会发现这些政治行为体之间的交往行为极

---

① 黄杨文:《中东国家通史·阿富汗卷》,第 122 页。

为稀少,三者并没有形成密不可分的有机整体,关联度极低。封闭的部落体系不愿意与外界进行交往,部落和省以及中央政府之间联系松散,收缴税收成为三者互动的主要动力和渠道。有的部落只知道效忠本部落的首领,而国王则成为想象中的政治代表。在这个松散的国家结构中,国王的权力较少,军队也不多,而部落酋长和总督的权力相对很大。从具体的指标来衡量,杜兰尼王朝的性质更像部落社会,而不是中央集权的君主国。因此,有人将这种松散联合的制度十分恰当地称为"封建的联邦主义"。①

四、杜兰尼王朝的衰败和灭亡

杜兰尼王朝在战争中走向辉煌和巅峰,但也在战争中走向衰亡。作为一个政治结构松散、经济发展落后的农牧国度,速战速决对阿富汗统治者的战争极为有利。但在以打游击战见长的锡克人兴起后,阿赫马德·沙的战争光荣榜上就开始增添败绩。早在1758年,锡克人就在拉合尔地区大败阿富汗人。锡克人的战术特点是避强击弱、待机歼敌,迫使阿富汗人东突西闯,疲于奔命,陷入锡克人旷日持久的战争泥潭。由于阿富汗军队的攻击靠的是以战养战的战略战术,战利品成为军队招募、武器扩充的物质基础。一旦战争失利,阿富汗就失去了稳固的经济基础和依靠力量。在1761年的潘尼帕特战争中,阿富汗虽胜,但损兵折将,得不偿失。

阿富汗杜兰尼王朝中央权力相对地方权力并不发达,总督同国王的关系犹同地位不等但级别相似的同盟者。游离于中央政府和部落单元之间的总督既有收税权,也有经济自主权。尽管阿富汗中央政府财政一直处于紧张态势,靠掠夺战利品维持政府和军队运转,但地方总督拥有大量财富。拥有强大经济基础的总督并不安心于中央政府的控制,总督叛乱在杜兰尼王朝屡见不鲜。在阿赫马德·沙时期,中央政府强大,叛乱较少。但即便如此,当国王远征边远地区,总督便乘机行事。帖木尔继位后,阿富汗总督叛乱成为家常便饭。总督叛乱带来一系列灾难性的后果:一是长期的平叛削弱了国家的经济势力;二是总督乘机扩充力量,招募部落军队;三是长期的

---

① John C.Griffiths, *Afghanistan: Key to a Continent*, Westview Press, 1981, p.26.

总督叛乱导致国家离心倾向加强。

阿赫马德·沙是在部落贵族的推动下登上国王宝座的。在这些部落贵族看来,国王只有为他们服务的权利,而自己没有服从国王的义务。部落行事时一般我行我素,不考虑国王的感受,相反国王在处理部落事务时通常谨小慎微。在阿赫马德·沙时期,许多部落贵族不满足于受控制的状态,试图同国王平分天下或取而代之。就在阿富汗国王在潘尼帕特浴血奋战时,阿富汗国内发生两起部落叛乱。阿赫马德·沙一般用杀掉或撤职的方式对待叛乱总督,但对于具有血缘复仇传统的部落贵族则经常采用宽大容忍的态度。

阿赫马德·沙统治后期,杜兰尼王朝失去了昔日咄咄逼人的扩张势头。到其子帖木尔时期,他为避免对新国王怀有敌意的杜拉尼人而迁都喀布尔。帖木尔仅能守住杜兰尼王朝的现有版图,但不久呼罗珊、锡斯坦和克什米尔等地均宣布独立。帖木尔死后,杜兰尼王朝陷入内乱和外患交替运行时期,宫廷政变成为阿富汗历史的主体内容和特征。在诸王子权位争夺战中,帖木尔的第五子查曼成为新国王。查曼治国无方,他试图削弱部落权势,却引发部落未遂政变。查曼试图模仿阿赫马德·沙国王进攻印度,引起英国的不安,后者支持在波斯避难的赫拉特总督马穆德王子。马穆德在部落的支持下,占领坎大哈。查曼被俘,3年后逃往印度,客死异乡。

1800年,马穆德登上王位,但此人只知道寻欢作乐,大权旁落。1801年,普什图人和基奇尔巴什人之间爆发民族仇杀,被马穆德镇压。1803年,宗教上层和部落贵族合力发动政变推翻马穆德政权,舒佳·沙回喀布尔理政。舒佳·沙执政期间面临多种困境:部落独立、民族仇杀及波斯、俄国的外部威胁。1809年,马穆德卷土重来,舒佳·沙败逃印度。但此时的马穆德权位不稳,支持他上台的巴拉克查伊人法特什·汗及其亲信成为实权派。1816年,法特什·汗因违反阿富汗社会习俗被凌迟处死,随后引发全国暴动。1829年,马穆德死于赫拉特。同年,其子卡木兰被他的宰相谋杀,杜兰尼王朝寿终正寝。

杜兰尼王朝在阿富汗历史上意义重大,它标志着阿富汗民族国家的正式构建。阿富汗通过反抗异族统治的方式完成了民族国家建构,这在世界历史上是一条极为独特的建国道路。这条道路具有两个鲜明特点:一是从原始部落向封建制度成熟形态迅速过渡的跳跃性；二是原始习俗和部落主义影响的持久性和深入性。① 二者制约和规范着阿富汗历史进程。杜兰尼王朝使得阿富汗人的普什图民族国家意识增强，阿赫马德·沙也因其丰功伟绩而被称为"阿富汗之父"，名垂阿富汗史册。

---

① 孟庆顺：《阿富汗国家的诞生——兼论国家产生的第四种形式》，《西亚非洲》1989 年第2 期。

第 六 章

近代中东和西方的不平等交往

第一节　中东殖民体系的形成

一、波斯的半殖民化

19世纪初期,恺加王朝统治下的波斯积贫积弱,无以为振。中央政府软弱无权,仅能影响自己部落。地方部落力量日益强大,藐视中央政权,它们控制土地、税收,拥有司法审判权威,俨然是独立的政治实体。同时,宗教势力异军突起,乌里玛精神领袖权力达到史无前例的高峰。[①] 恺加王朝与乌里玛的关系十分微妙,二者合流时后者是政府与民众协调关系的工具;二者反目时后者则是引领民众推翻政府的革命旗手。因此,国家与乌里玛力量的角逐(斗争与合作)成为波斯未来300多年政治文明交往的主要内容。

另外,波斯面临的周边地缘政治环境极为恶劣,奥斯曼帝国和俄罗斯长期以来一直是波斯疲于应付的敌手。英法等国一直将波斯视为亚洲西部重要的地缘政治目标。1814年,英国和波斯签署第二份不平等条约《德黑兰条约》,英国答应维护波斯的主权独立,允诺战时提供军事和经济援助,波

---

① Ira M.Lapidus, *A History of Islamic Societies*, Cambridge University Press, 1988, p.571.

斯废除以前与英敌对欧洲国家签署的条约和联盟,但丧失了外交独立权。①
实际上,波斯已经成为英国的半殖民地。

1834 年 11 月 8 日,穆罕默德·米尔扎在英俄两国支持下于大不里士
称王,即穆罕默德·沙。同年 12 月 12 日,迁都德黑兰。1814 年,英国通过
商约获得同俄国相同关税权,领事馆人员的治外法权,以及在德黑兰、大不
里士开办商务处,布什尔地区设领事馆的特权。英国获得了俄罗斯通过战
争获得的各项特权,并加强对波斯的经济渗透和殖民统治。英国的做法鼓
舞了欧洲其他国家。1841 年、1843 年,比利时和西班牙先后同波斯签约,在
贸易和关税方面取得与俄英相同特权。这些不平等条约为外国资本涌入波
斯大开方便之门。

纳赛尔丁(1848—1896 年)继位后,其控制区域超不出德黑兰周围。②
军队人数少得可怜,不足 3000 人。③ 纳赛尔丁国王进行改革,内容包括增加
军队规模与数量,革新军队训练程序,改变军事招募模式。这些貌似雄心勃勃
的改革并没有取得显著成效。改革的唯一成果就是成立哥萨克旅,该部队由俄
国人指挥并提供装备,实际上控制在俄国人手中,人数有 2000 到 3000 人。④

1872 年,纳赛尔丁国王把大范围的经济专属权授予路透新闻社的创始
人保罗·朱利乌斯·德·路透,包括铁路、公路、电车、灌溉工程和除金银外
的所有矿业。1875 年后,英俄以经济投资的方式控制恺加王朝。1896 年,
这位国王又把波斯烟草的生产、销售和出口权授予英国烟草公司。此举激
发民众大规模抗议与"烟草革命",警察对德黑兰的游行队伍开火,打死了
几名手无寸铁的抗议者。波斯人群情激愤,国王被迫收回授权,波斯也因此
背上了第一笔外债,借了 50 万英镑来赔偿烟草公司。⑤ 俄国也不甘示弱。
1888 年,控制了里海地区的水产业,建立贴现银行,成为恺加王朝的贷款
金库。

① Martin Sicker, *The Islamic World in Decline: From the Treaty of Karlowitz to the Disintegration of the Ottoman Empire*, Praeger Publishers, 2001, pp.117 – 119.

② Ervand Abrahamian, *Iran Between two Revolutions*, Princeton University Press, 1982, p.41.

③ William L.Cleveland, *A History of the Modern Middle East*, 3rd ed., Westview Press, 2004, p.111.

④ William L.Cleveland, *A History of the Modern Middle East*, p.112.

⑤ Ira M.Lapidus, *A History of Islamic Societies*, p.574.

二、阿富汗两次抗英战争

从 19 世纪初期开始,英俄两国把阿富汗作为争夺中亚霸权的重要地区之一,由此连续发生了两次阿富汗的抗英战争(1839—1842;1879—1880)。这两次战争没能阻止阿富汗沦为半殖民地。[①] 1837 年,巴拉克查伊兄弟中最小的道斯特·穆罕默德在喀布尔加冕为国王。1837—1838 年,阿富汗成为英俄争夺的焦点,英国寻求一条印度的北方防线,俄国试图拥有梦寐以求的出海口。1839 年 8 月,英军兵临喀布尔。道斯特弃城逃亡到布哈拉地区避难,杜兰尼王朝前国王舒佳坐上了阿富汗国王宝座。在军事占领的情况下,阿富汗实际上是英国的殖民地。舒佳是英国的政治傀儡,被称为"东印度公司的奴仆",喀布尔皇宫被比喻为"殡仪馆"。[②]

1840 年,道斯特·穆罕默德从布哈拉逃回阿富汗。他招募了一支 6000 人的乌兹别克军队,多次击败英军。但道斯特并没有乘胜追击,而是体面地向英军投降。国王的投降行为并没有削弱民众的抗英斗志。1841 年,道斯特之子,被誉为"光荣之星"的阿克巴·汗领导喀布尔人民发动起义。1842 年 10 月,英国军队惶惶不安地逃回印度。道斯特·穆罕默德被英国释放回国,重新担任国王。

复辟后的道斯特国王与首相阿克巴·汗志不同道不合,前者要与英国结好,后者则坚决抗英。1845 年,阿克巴·汗莫名死去。1855 年和 1857 年,英阿签署了白沙瓦及补充条约,加强双方的军事联系。随后,道斯特相继收复了坎大哈、赫拉特等地,阿富汗再次实现统一。1863 年,道斯特死,希尔·阿里登上王位。阿富汗发生了"1863—1873 年的封建内讧",它使阿富汗陷入动荡不安的局面,国势日衰。[③]

沙皇俄国以阿富汗作为同英国争霸的前沿阵地,并以蚕食的方式吞噬阿富汗周边版图。希尔·阿里试图与英国构建防御性的战略结盟体系,遭到拒绝。本来英国与阿富汗相安无事,但 1874 年英国反俄色彩浓厚的保守

---

① 彭树智:《阿富汗三次抗英战争》,商务印书馆 1982 年版,第 1—48 页。

② 彭树智:《阿富汗第一次抗英战争的历史意义》,《人文杂志》1980 年第 3 期。

③ 彭树智、黄杨文:《中东国家通史·阿富汗卷》,第 144—145 页。

党上台,其党魁迪斯累里任命李顿为英印总督。

英俄矛盾随着俄土战争而空前恶化,俄军兵临伊斯坦布尔城下,使瓜分奥斯曼帝国的"东方问题"出现,英国加紧对抗俄国。1878 年 6 月 18 日,俄国使节强行进入阿富汗,并与希尔·阿里缔结攻防同盟条约。1878 年 9 月,英国以机会均等为口实,派尼维尔·张伯伦为首的英国使团强行进入阿富汗,遭到阿富汗军队的制止。1878 年,英国发出最后通牒,要求希尔·阿里政府道歉,后者沉浸在与俄国的战略友谊中。但阿富汗只不过是大国战略博弈的筹码,英俄已经通过 1878 年柏林会议协调了利益瓜分,俄国对阿富汗不再支持。

1878 年 11 月 20 日,英军兵分三路进入阿富汗,并且畅通无阻。希尔·阿里求助俄国无果,郁闷死去。1879 年 5 月 26 日,继位者亚库布·汗同英国人签署《甘达马克条约》,阿富汗被剥夺了对外交往权力。

阿富汗民众不满英国使节的统治。1879 年 9 月 3 日,军队哗变,英国使节被起义士兵杀死。同年 10 月 12 日,李顿派遣罗伯茨进驻喀布尔,亚库布退位,喀布尔周边地区被英国控制。但罗伯茨的治理效果并不理想,阿富汗部落武装频繁袭击英军。1880 年 1 月,形如困兽的罗伯茨无可奈何地写道:"我对这个国家的控制已经完全动摇。"[1]1880 年 8 月,英国扶植希尔·阿里的侄子、流亡中亚的阿布杜尔·拉赫曼登上阿富汗王位。英国承诺给拉赫曼军事援助,后者承认了《甘达马克条约》,英国由此掌握了阿富汗的对外政策。

阿富汗部落的反英行动并没有结束。1881 年 11 月,英军全部撤出阿富汗。但阿富汗并没有摆脱英国的隐形控制。英以巨额补贴扶植拉赫曼政府,阿富汗的外交权力仍控制在英印总督手中。

三、东方问题与奥斯曼帝国的边缘化

奥斯曼帝国衰落以后,欧洲各国对其领土群思染指,竞相蚕食。在欧洲讨论奥斯曼帝国的衰败和危机四伏成为家常便饭,文案柜里充满了瓜分它

---

① 彭树智主编:《阿富汗史》,第 174 页。

的各种计划——有些空想成分多,有些空想成分少一些。① 正处于西方资本主义上升时期的欧洲国家对庞大的"奥斯曼帝国遗产"垂涎三尺。19世纪30—40年代被西方史学家称为"东方问题"时期。"东方问题"是东西方文明交往中一场持续的冲突,冲突的主题是强势文明主导弱势文明。但文明交往的力量向度与影响取向是双层次的。一方面,作为一场博弈游戏,西方文明变为一种强势文明,而奥斯曼—伊斯兰文明逐渐走向附属地位;另一方面,奥斯曼帝国也从西方文明得到不少物质与精神层面的馈赠,如民族主义与现代化的先进理念。当然"东方问题"的复杂化阶段也是东西方文明进入殖民与反殖民阶段,奥斯曼—伊斯兰文明正是在这种文明交往中走向衰亡。②

"东方问题"肇始于埃及穆罕默德·阿里帕夏企图建立一个庞大的阿拉伯大帝国。阿里曾帮助奥斯曼帝国素丹马赫穆德二世作战。希腊独立战争后,奥斯曼帝国素丹把克里特岛送给阿里作为报酬。但阿里还要索取叙利亚,被奥斯曼帝国拒绝,土埃战争爆发。素丹在四处无援的状态下只好接受了俄国人的援助。③ 1833年5月4日,面对俄军的强大,阿里被迫同奥斯曼帝国素丹讲和,双方签订了《屈塔希亚和约》。条约规定:奥斯曼帝国将叙利亚等地区交给埃及统治,帕夏仍臣属奥斯曼帝国。和约签订后埃及于同年5月底撤军。1833年8月,奥斯曼帝国与俄国缔结了防守同盟条约,即《安吉阿尔—斯凯莱西条约》,此条约使俄国势力在君士坦丁堡达到了顶峰。

《屈塔希亚和约》并不能满足任何一方的要求,反而造成土埃矛盾进一步尖锐化。阿里要求没有得到满足,而在第一次土埃战争中,奥斯曼帝国素丹备受屈辱。叙利亚人对阿里的残暴统治不满,1839年阿里宣布停止对奥斯曼帝国称臣纳贡。在英国怂恿下,素丹派军队渡过幼发拉底河进攻叙利

① C.W.克劳利等编:《新编剑桥世界近代史》第9卷,中国社会科学院世界历史研究所组译,中国社会科学出版社1995年版,第700页。
② 彭树智:《松榆斋百记:人类文明交往散论》,西北大学出版社2005年版,第196—197页。
③ 于沛:《近东问题》,载朱庭光主编:《外国历史大事集》近代部分第四分册,重庆出版社1985年版,第153页。

亚。同年 6 月 24 日,埃及易卜拉欣在尼济普战役中重创土军。① 7 月 11
日,奥斯曼帝国舰队又在亚历山大港投降。同日,奥斯曼帝国素丹马赫穆德
二世病死,其子阿卜杜拉·麦吉德继位,年仅 16 岁的小素丹不准备继续打
下去,而承认阿里在埃及、其子易卜拉欣在叙利亚的世袭权。但英国对此反
对,并同俄、奥、普、法等国一并向奥斯曼帝国建议土埃问题由它们解决。
1840 年 7 月 15 日,四国同奥斯曼帝国缔结了《伦敦条约》,决定四国集体对
付埃及。② 四国保证奥斯曼帝国的完整和独立。11 月 27 日,英国舰队攻入
亚历山大港,英军强迫埃及订立了《亚历山大条约》。阿里被迫承认自己是
奥斯曼帝国的藩属,归还奥斯曼帝国舰队,放弃对叙利亚的要求以交换对埃
及王位的世袭权。

　　埃及问题一经解决,海峡问题便提上日程。英国外交部希望缔结一个
新条约来代替 1840 年的《伦敦条约》,奥地利表示支持,由于英奥立场一
致,法国的态度发生转变。1841 年 7 月 13 日,英、法、俄、奥、普五国和奥斯
曼帝国签订了关于各国军舰封闭达达尼尔和博斯普鲁斯海峡的公约,简称
《伦敦海峡公约》。此条约是英国策略的胜利,《安吉阿尔—斯凯莱西条约》
无效,俄国失去黑海海峡所有特权,海峡处于欧洲列强的共同监督之下。英
国通过此条约获得在奥斯曼帝国的统治地位。遗憾的是条约不但未能解决
东方问题,反而使东方问题更加复杂化。虽然条约暂时缓和了 1839—1840
年的东方危机,但东方问题仍矛盾重重,这些矛盾为下一次国际战争——克
里米亚战争埋下了隐患。

　　克里米亚战争是由圣地和教权问题引起的,这次战争表明了均势外交
的历史意义以及奥斯曼帝国在国际关系格局中的重要地位。③ 1853 年 10
月 9 日,欧洲列强争夺奥斯曼帝国遗产的战争——克里米亚战争爆发。战
争的一方为沙俄,另一方是英、法、土以及撒丁王国,历史上又称东方战争。
战争以俄国失败和沙皇尼古拉一世服毒自杀而告终。1856 年 3 月 30 日,
战争双方签署《巴黎和约》。和约没有要求俄国赔款,但废除了俄国在奥斯
曼帝国的所有特权,将后者置于欧洲协调保护之下。和约保证奥斯曼帝国

①　Erik J.Zurcher, *Turkey: A Modern History*, I.B.Tauris Co Ltd., 1993, p.40.

②　William Ochsenwald, *The Middle East: A History*, 6th ed., McGraw-Hill, 2004, pp.116 – 120.

③　Ira M.Lapidus, *A History of Islamic Societies*, p.595.

的"独立与完整",并改善奥斯曼帝国的民族和种族问题;克里米亚半岛由俄国收回,摩尔达维亚和瓦拉几亚的宗主权名义上仍属奥斯曼帝国所有;列强保证黑海中立化,禁止俄土在黑海拥有舰队和海军基地;禁止各军舰通过两海峡,多瑙河可让各国商船自由航行。①

克里米亚战争是 19 世纪中叶发生在欧洲的一次重要战争。尽管从近东来看战争的后果是"混乱不清和令人失望",似乎没有胜负,但放眼欧洲,这一"简单的比赛"却产生了决定性的后果。法国、奥地利取得了重大的胜利,沉重地打击了俄国,英国获益匪浅,但奥斯曼帝国只从西方国家中得到一个维持现状的结果。

四、埃及的殖民化

16 世纪奥斯曼帝国征服埃及后,保留了当地的社会制度和行政管理模式,只派遣军队驻防,委任帕夏统治。随着奥斯曼帝国的衰败,埃及帕夏权力无足轻重,马木路克势力大增,埃及国内陷入混乱。② 1768 年,埃及乘俄土战争之际,宣布脱离奥斯曼帝国,次年拒绝向奥斯曼帝国纳贡,驱逐总督。③ 随后,英国同埃及相继签署通商条约和通商航运协定,英商获得在埃及的优惠待遇和特权。

法国看到英国在埃及捷足先登,决定后来居上。法国驻埃及总领事马格龙密函法国政府,要求占领埃及。④ 1798 年 5 月 10 日,拿破仑远征埃及。法国入侵埃及目的有二:一方面,奥斯曼帝国衰败的情势成为法国觊觎的对象。拿破仑就说:"奥斯曼帝国注定是要灭亡的,这一任务要由我们来完成。"⑤另一方面,埃及作为奥斯曼帝国行省之一,扼欧亚非三洲之锁钥,既

---

① J.C.Hurewitz, *Diplomacy in the Near and Middle East, A Documentary Record: 1535 - 1914*, D. Van Nostrand Company, Inc, pp.153 - 154.

② Martin Sicker, *The Islamic World in Decline: From the Treaty of Karlowitz to the Disintegration of the Ottoman Empire*, p.83.

③ P.J.Vatikiotis, *The Modern History of Egypt*, 3rd ed., Weidenfeld and Nicolson, 1985, p.33.

④ P.J.Vatikiotis, *The Modern History of Egypt*, New York: Fledenick A.Praeger, 1969, p.37.

⑤ Martin Sicker, *The Islamic World in Decline: From the Treaty of Karlowitz to the Disintegration of the Ottoman Empire*, p.90.

是法国威慑奥斯曼帝国,巩固在东地中海的利益,也是同英国争雄印度的关键之地。拿破仑在 1797 年 8 月 16 日的日记中写道:"要想真正摧毁英国,我们就必须成为埃及的主人。"①

法军所向披靡,先后攻克亚历山大,逼近开罗。在此期间,拿破仑发表"告埃及人民书",将法国描绘为埃及的朋友,伊斯兰教的捍卫者。埃及全民展开对法国"异教徒"的袭击。一位马木路克王子声称:"让法国人来嘛,我们将让他们葬身马腹。"②以易卜拉辛和穆拉德贝伊为首的开罗军民和马木路克军队在金字塔战役中痛击法军。1798 年 7 月 24 日,法军夺取开罗。法军在开罗的日子并不好过,马木路克军队、散布全国的游击队伍使法国陷入窘境。英国也不愿看到法国对埃及的占领,1798 年 8 月 1 日,英海军上将纳尔逊在地中海的阿布基尔湾切断埃及法军同国内的联系。同年 9 月,奥斯曼帝国素丹谢里姆三世向法国宣战。

拿破仑在占领埃及后,采取软硬两手拉拢民心。一方面,拿破仑注重从宗教认同角度拉近与埃及居民的距离,他宣布"我尊重真主、他的使者和《古兰经》"。③ 他身着穆斯林装束,以伊斯兰教"保护者"的身份到清真寺做礼拜,并声称"法国是穆斯林的真实朋友"。④ 另一方面,拿破仑设立国务会议和行政会议管理国家,虽然接受埃及本土乌莱玛加入行政机构,实际上后者徒有虚名,官吏的任免均掌握在拿破仑的手中。

法国国内无援,只好依靠对埃及国内的勒索维持军队开支。1789 年 10 月 21 日,开罗爆发反法起义,以失败结束。次年 2 月,拿破仑远征叙利亚未果。8 月,法国国内政局不稳,拿破仑回国争夺王位,留下部将克雷贝尔继续统治埃及。1800 年,克雷贝尔被暗杀。1801 年 6 月,面对英军、奥斯曼帝国军队和埃及民众的游击队,法军投降。拿破仑入侵埃及给埃及民众带来深重灾难的同时,客观上也给埃及带来西方的现代化思想,这些思想促使埃及改革立法、教育和赋税制度,埃及社会发生空前变化。

_____

① John A.R.Marriott, *The Eastern Question: An Historical Study in European Diplomacy*, Clarendon Press, 1947, p.166.
② P.J.Vatikiotis, *The Modern History of Egypt*, p.37.
③ [美]弗朗西斯·鲁宾逊主编:《剑桥插图伊斯兰世界史》,第 7 页。
④ P.J.Vatikiotis, *The Modern History of Egypt*, p.38.

法国人走后,埃及共有五种力量:即英国、马木路克军团、奥斯曼帝国、穆罕默德·阿里率领的部队以及民众力量。1805 年,阿里在群雄逐鹿中脱颖而出,成为埃及实际统治者。穆罕默德·阿里随后消灭了马木路克势力,结束国内分裂割据局面,建立了强大的统一国家。他发动改革,引进西方先进的思想和技术,培养了新型知识分子,奠定了埃及工业化的基础。阿里侵占了阿拉伯半岛,吞并苏丹,镇压希腊起义,并同奥斯曼帝国进行了两次战争。这一切损伤了埃及的元气,加速了外国资本对埃及的奴役。英法等外国资本操纵埃及的进出口贸易,掌握了埃及的交通运输事业,并在埃及兴办工厂,开办银行。1859 年,埃及开始开凿苏伊士运河。1863 年,埃及财政空虚,大举外债。[1]

1862—1873 年,埃及统治者赛义德和易司马仪为清偿债务向英国银行借款 6800 万英镑,除去回扣实际仅得 4600 万英镑。为了弥补外债利息,易司马仪逐年提高税收,但无济于事。1875 年,埃及将苏伊士运河股票按原价 1/4 的价格售给英国。1876 年,埃及外债总额达 9400 万英镑,易司马仪宣布埃及财政破产。债权国英法乘机接管埃及财政大权,对埃及收入实行双重监督。1876 年,英法成立赫迪夫债务委员会,专门监督埃及还债。1878 年,易司马仪将国家管理权交给大臣委员会,并组建努巴尔帕夏内阁,实际头目是英国人维尔斯·威尔逊,他任埃及的财政大臣。[2] 傀儡内阁的其他重要职位全被英法所控,埃及人称此内阁为"欧洲内阁"。埃及完全失去独立的局面,实际上成为英法殖民地。

五、英法等国对阿拉伯新月带诸国的争夺

从政治体制上说,奥斯曼帝国是一个绝对君主专制的中央集权国家,但武力统一起来的帝国属性使得中央政府与地方政府的关系一直处于松散的状态。叙利亚、黎巴嫩和伊拉克等地由地方总督管辖,大致处于大叙利亚的

---

[1] Martin Sicker, *The Islamic World in Decline: From the Treaty of Karlowitz to the Disintegration of the Ottoman Empire*, p.176.

[2] Stanford Shaw, *History of the Ottoman Empire and Modern Turkey*, vol. II: *Reform, Revolution, and Republic: The Rise of Modern Turkey, 1808 – 1975*, Cambridge University Press, 1977, p.193.

地缘政治范畴。这些地方总督名义上承认帝国的宗主国名号,实际上各自为政。

英法等国对伊拉克的影响历时已久。早在马木路克时期,伊拉克港口、水系和陆路就成为英国从地中海到印度的捷径。英国采用经济上渗透、政治上控制的两手策略将伊拉克纳入其殖民体系。18世纪20年代,东印度公司在巴士拉建立永久商馆。1755年,东印度公司在巴格达建立半常设的商业代表处。1765年,东印度公司参加了巴格达对查阿卜部落的军事行动。同年大苏莱曼担任巴士拉总督后,英国人支持他出任巴格达帕夏,后者授予英国2年的优惠特权。在1783和1798年,英国又在巴格达设置常设代表和专员,巴格达成为英国的大本营。大苏莱曼死后,英国又支持小苏莱曼争取帕夏职位。1807—1809年,英土关系紧张,英国使节在伊拉克进出无阻。1808年,巴格达新任专员克劳迪·詹姆士·里奇与小苏莱曼发生矛盾。1810年,在英国的干预下小苏莱曼被罢黜,新任帕夏达马德·阿卜杜拉恢复对英友好态度。达乌德上台后本来对英国持容忍态度,但里奇频繁干政,在许多事情上指手画脚,引起达乌德的不满。1820年,里奇被软禁,次年获释。

英国人对伊拉克的交通运输很感兴趣。1834年,伊拉克地方政府同意在两河地区经营轮船运输。次年,帝国政府颁布了类似法令。1836年,英"底格里斯号"和"幼发拉底号"轮船在两河地区航行达5年之久。除了内河和海上运输方面的优势外,英国和印度在巴格达外贸中竟占到60%—90%,巴格达过境贸易也有90%为英国或印度所垄断。①

法国对新月地带诸国的关注重点是政治、宗教和文化层面。早在17世纪前期,法国圣衣会已在摩苏尔活动。1679年,法国在这里派驻领事。1755年,法国在巴士拉建立永久商馆。一些法国天主教会在伊拉克开办了学校、孤儿院、医院和印刷厂等,控制了奥斯曼银行伊拉克分行。

大革命时期,法国政府以保护"东方基督教权利"为口实进军叙利亚、黎巴嫩和巴勒斯坦地区。1798年,拿破仑远征埃及时试图联合叙利亚、黎巴嫩和巴勒斯坦统治者与奥斯曼帝国和英国争锋逐鹿,但本土阿拉伯人对

---

① 彭树智主编,黄民兴著:《中东国家通史·伊拉克卷》,第162页。

与拿破仑分享权力毫无兴趣。黎巴嫩统治者伯什尔聪慧狡诈,他在奥斯曼帝国和法国之间持骑墙态度,而黎巴嫩北部地区民众由于受到僧侣们的反法宣传,对拿破仑持仇恨和恐惧心理。1798 年,拿破仑被英国军队切断归路,困在开罗。次年,法军北上,逼近阿卡,但围城 70 多天未能得手。随后英军和奥斯曼帝国军队一起向法军进攻,拿破仑只好回到埃及。1802 年,《亚眠和约》缓和了欧洲大国关系,法国再一次将目光转向通向印度的天然通道——中东地区。

1889 年,俄国以保护东正教徒为由,在巴格达重开领事馆,在摩苏尔省影响很大。19 世纪后期,美国也在伊拉克设立领事馆,从事传教和考古活动。与此同时,崛起的德国开始涉足伊拉克。1894 年,德国在伊拉克设立领事馆,德军舰驶入海湾。1899 年,德国轮船首次到达巴士拉。1907 年初,德国从巴士拉的进出口分别为 15.3 万英镑和 15.8 万英镑。① 1896 年,德国修建的三 B 铁路(柏林—伊斯坦布尔—巴格达)修到奥斯曼帝国的科尼亚。1902 年,德国公司获得了巴格达铁路特许权;次年,巴格达铁路公司建立。

第二节 中东民族独立运动

一、波斯巴布教徒起义

波斯巴布教徒起义与中国太平天国起义、印度反英大起义并称为 19 世纪中期亚洲三大起义,它掀起了亚洲民族独立运动的高潮。巴布教徒起义发生在伊斯兰传统浓厚的波斯,有其复杂的宗教因素和历史背景。

一是处于半殖民地的波斯,国内外面临着极为险恶的发展环境。一系列不平等条约使得波斯政府成为西方国家商品倾销的护身符,西方商品潮水般地涌进波斯。1828 年英国输入波斯的印花布是 11,500 万码,到 1834

---

① 彭树智主编,黄民兴著:《中东国家通史·伊拉克卷》,第 164 页。

年增至 28,600 万码。单在大不里士一地,从 1833 年到 1839 年,输入的英国布匹总值就达 141,300 万卢布。这些商品摧毁了波斯国内勉强培养起来的民族经济体系,促使波斯社会各阶级和阶层的地位以及它们之间的互动关系,发生巨大而深刻的变化。

二是成千上万的手工业者、农民衣食无着,濒临破产。与手工业原材料供给紧密联系的农民阶层也损失惨重,随着商品货币关系的确立和货币地租的实行,农民对高利贷和市场的依赖程度日益加重。这样一来,广大农民的生活就更加困苦了。与此同时,波斯各地经常发生饥馑、鼠疫和霍乱。1830 年、1831 年和 1835 年,阿塞拜疆地区霍乱盛行,人口死亡达半数以上。[①] 大批破产农民为生计离乡背井,流亡城市。然而城市手工业的破坏却堵塞了他们的谋生之路,后者因此沦为破产农民,在饥寒交迫中勉强度日。于是,农民、手工业者和城市贫民对现实生活的怨恨,便很自然地汇合在一起了。

三是在下层人民中间,还有一个不可忽视的阶层,那就是生活条件与手工业者、中小商人比较接近的低级僧侣。他们生活贫困,与下层群众来往甚密,感受到贫困无权的痛苦。这些低级僧侣是社会底层中唯一具有文化知识和一定社会地位的人,在下层民众中间起某种领导作用。巴布教徒起义便是如此。在当时波斯的历史条件下,最易接受的思想莫过于宗教思想了。由于伊斯兰教在波斯影响深厚,因此,波斯起义就很自然地以教派形式出现。

巴布教产生于 19 世纪 40 年代,属于什叶派神秘主义流派之一——谢赫派。谢赫派产生于 17 世纪末至 18 世纪初,创始人是谢赫·艾哈迈德·艾哈米(1741—1826 年)。谢赫派认为十二伊玛目是安拉意愿的解释者;如果他们不存在,安拉就不会创造任何事物;他们是创造的第一因。在末日学上,谢赫派否认肉身复活,认为人拥有两种身体:一种是由临时元素构成,就像一件衣袍,死后化为灰烬;另一种是死后复活,去天国或火狱。[②] 谢赫派与什叶派的主流教派艾赫巴里派相对立,认为什叶派的圣训集《艾赫巴里》已经过时,应被符合新时代的经典取而代之。谢赫派的这些理论被什叶派

---

① [苏]米·谢·伊凡诺夫:《伊朗史纲》,李希沁等译,生活·读书·新知三联书店 1958 年版,第 133 页。

② 金宜久主编:《伊斯兰教史》,江苏人民出版社 2006 年版,第 428—429 页。

视为异端,并一度遭到迫害。但它作为宗教改革的开拓者,为巴布教打下了思想基础。

巴布运动的创始人是赛义德·阿里·穆罕默德(1819—1850 年),出身于波斯南部设拉子的一个棉布商人家庭,后来成为谢赫派的信徒与首领。他一直信仰隐遁的伊玛目会有朝一日复活,并写了《朝觐指南》表达这种期待。1844 年,24 岁的阿里·穆罕默德宣称自己为"巴布",意思是"门",即通往真理和正义道路的"门";宣传隐遁伊玛目将通过此"门"将旨意传达给人民。1845 年,巴布从麦加朝圣归来,在家乡设拉子大力宣传他的新教义。1847 年,他仿照《古兰经》形式写了《默示录》,论述巴布教教义的基础知识,并使其成为该教的经典。巴布主张以《默示录》代替《古兰经》作为新的经典,一切法律和制度应按《默示录》来重新制订,并指出官吏和高级阿訇不愿抛弃旧制度和旧法律,这是世界充满不平和倾轧的根本原因。巴布还宣传救世主不久将降临在波斯,当救世主降临时,"正义王国"就会随之建立起来。巴布还主张保护私有财产,保护商人利益,没收不信巴布教的外国人财产,并将他们驱逐出波斯。很明显,巴布教教义在很大程度上反映了商人阶级的呼声,兼顾农业和手工业者的利益。

巴布在国王、州长与乌莱玛等社会上层中宣传教义,但国王发现巴布教具有鲜明的叛逆性,不利于社会秩序稳定。1847 年,国王下令逮捕巴布,并镇压巴布教徒的宣传活动。1848 年 9 月,巴布教徒利用波斯新国王继位的大好时机掀起了声势浩大的全国性起义。巴布教徒起义既有鲜明的波斯传统宗教文化特点,也具有反对殖民主义的时代特征。

1848 年 10 月,波斯马赞巴德兰省巴尔福鲁什市的巴布教徒,在穆罕默德·阿里的领导下发动起义。1852 年 8 月,巴布教徒在德黑兰谋刺国王失败后,遭到残酷的镇压和屠杀。巴布教徒起义是以农民和手工业者为革命动力、僧侣阶层为领导层的民族独立运动,其失败原因不仅在于起义的分散性、自发性和地方性,起义者战略上的错误,更重要的是僧侣领导的起义总想与国王等上层人物妥协,并没有得到全国大多数民众的认同和支持。但不可否认,巴布教徒起义促使波斯政府采取一些改革措施,对波斯社会发展产生积极作用。从世界历史角度看,它还不自觉地援助了中国太平天国运动和印度反英大起义。

二、埃及奥拉比领导的抗英战争

"欧洲内阁"使埃及成为欧洲国家的殖民地,埃及内阁基本上控制在英法两国手中,首相努巴尔成为傀儡,形同虚设。埃及的立法否决权由英、法、美、奥、意等14国组成的混合法庭控制,独立主权受到侵犯。"欧洲内阁"统治下的埃及农民负担沉重,1876—1882年间的农民债务增加了16倍。①由于财政紧缩,埃及中级军官也拿不到工资,下级军官面临被解雇的威胁。

随着西方对埃及殖民程度的日益加深,一些埃及的民族精英提出了"埃及是埃及人的埃及"等民族主义口号,并成立"祖国协会"。以奥拉比为首的爱国军官组成了"埃及秘密协会",其目标直指易司马仪政府和"欧洲内阁"。1879年,以上两个团体合并,成立埃及历史上第一个政党——祖国党,领袖为陆军中校艾哈迈德·奥拉比。

1879年,英籍财政大臣授意努巴尔解除2500名下级军官职务,由此引起了民众和军官的示威。易司马仪重新组建谢里夫帕夏新内阁,排斥英法等国公民参加政府。谢里夫内阁随后通过了宪法草案,英法等国被排除在政治结构之外。欧洲国家随即借奥斯曼帝国素丹之手废黜易司马仪,将其流放意大利那不勒斯,其子陶菲克继位。英法由此再次控制财政部,实行"双重监督"。1880年7月,埃及建立了由英、法、德、奥、意等国成立的"清算委员会",后者提出"清算法令",确定埃及债务为9800万英镑,规定了偿还日期,埃及丧失了经济自主权。

1881年1月18日,陶菲克任命的里亚兹政府继续裁减军官,甘当英国人的应声虫。以奥拉比为首的军官要求首相撤换陆军大臣,改革军队的晋升制度,停止对埃及军官的压制和撤换。奥拉比等人因此被捕,被交付军事法庭审讯。

陶菲克的反动政策引起民众的不满和军队哗变,开罗卫戍部队救出奥拉比等人。陶菲克害怕军队发动政变,任命巴卢迪为陆军大臣,允诺修改军事法案。1881年9月9日,奥拉比举行武装示威,要求陶菲克政府解散里

① 彭树智主编:《阿拉伯国家史》,第188页。

亚兹内阁,颁布宪政法案,把军队增加到 1.8 万人,召开国会。陶菲克很看不起奥拉比,宣称:"你们无权提出这些要求。尔等乃奴隶罢了。"奥拉比义正辞严地反驳:"真主创造我们,是要我们做自由人,我们不会受人奴役。"①迫于军队的压力,陶菲克第二次任命谢里夫组阁,并召开咨议会。新内阁由民族主义者组成,奥拉比为陆军大臣,掌握了实权。奥拉比等人发表一系列重要谈话,其施政纲领核心要旨是埃及摆脱外国势力的控制,维持独立自主的政治生态;在承认奥斯曼帝国宗主权的基础上实现宪政,反对独裁;内阁对议会负责,有权审查预算,削弱英法的财政监督权;军人是议会政治的保证,但军人并不干政。

谢里夫慑于英法压力和军民运动,修改了《1879 年宪法》中议会讨论国家预算的特权,要求军队绝对服从命令,禁止反对外国势力。1882 年 2 月,谢里夫由于失去议会支持而被迫辞职,陶菲克任命巴卢迪为新首相。新首相辞退一批外国官吏,提拔本土军官,开设银行,保护农民利益。英法视巴卢迪政府为眼中钉,组织暗杀团,企图阻止巴卢迪政府的各项政策的实施。奥拉比洞察一切,镇压了这一叛乱。奥拉比要求放逐叛乱分子,遭到陶菲克的拒绝。陶菲克和奥拉比领导的内阁关系十分紧张,奥拉比甚至提出废黜阿里王朝的想法,但没有得到大多数议员的响应。

英国先后邀请法国和意大利干涉起义,支持埃及总督镇压起义者,英国提议遭到法意拒绝。1882 年 7 月 10 日,英海军上将赛姆尔要求埃及交出亚历山大港口,遭到拒绝后英军开始武装干涉埃及。由于双方力量对比悬殊,7 月 12 日,奥拉比带领埃及军民撤出亚历山大港。

英军占领亚历山大后,陶菲克逃离开罗,投靠英国,并命令奥拉比停止抵抗。奥拉比和埃及军民不齿于陶菲克的行径,各宗教团体召开国民大会,要求废黜陶菲克,并动员民众抗英。埃及成立以奥拉比为首的全国抗英委员会,领导抗战。8 月初,英国政府任命沃尔斯利为远征军司令,突袭苏伊士运河,攻下伊斯梅利亚等港,并向开罗进犯。9 月 15 日,英军进占开罗,奥拉比等民族主义者被俘,埃及人民抗英运动失败。

奥拉比抗英运动是西方殖民主义军事力量打败亚非拉地区抵抗运动的

① 郭应德:《阿拉伯史纲》,经济日报出版社 1997 年版,第 304 页。

典型事例。从各种综合因素来看,这次运动的失败有其必然性。埃及国内的资产阶级还十分弱小,封建王朝由于英法等殖民力量的保护还有其生存土壤。奥拉比本人及其领导的政党也存在一些失误,如祖国党内部矛盾重重,机构松散,在很多问题上难以达成一致。英军装备精良,训练有素,而埃及正规军较少,部落军队装备落后,没经过正规训练,纪律松弛,战斗力弱。此外,部落酋长的叛变、奥拉比轻信英军遵守苏伊士运河中立保证,"第五纵队"进行内部破坏行动等,都是奥拉比运动失败的重要原因。

陶菲克重新掌握权力,唯英国命令是听的新政府疯狂镇压民族主义者。埃及全国设立军事法庭,审判抗英志士,奥拉比等人被放逐到锡兰等地服苦役。1882 年的奥拉比抗英运动打击了英国在埃及的嚣张气焰,促进了民众民族主义意识的觉醒,为埃及独立准备了思想和物质基础。

三、阿拉伯新月地带的动荡与民族运动

马赫穆德二世的西方化改革始于 19 世纪 20—30 年代,改革的主旨在于加强中央集权、学习西方先进文化和技术。但叙利亚和巴勒斯坦的穆斯林反对改革:首先,素丹要求官吏以欧洲服装替换奥斯曼传统服饰,以筒形无边毡帽代替缠头巾,而宗教氛围浓厚的穆斯林则努力维持自己的传统服饰。其次,1826 年马赫穆德二世镇压叶尼舍里兵团暴动,军团的维护者托钵僧也遭到严酷惩罚,与叶尼舍里联系密切的手工业行会被改组。这一切损害了民众的利益,引起不满情绪。再次,改革推行需要庞大的资金支持,奥斯曼帝国加重赋税,民众负担沉重。

托钵僧在起义中起到宣传鼓动作用,他们揭露帝国王公奢侈豪华的生活境况,而民众却过着清苦的生活。1825 年,素丹宣布发行新货币,旧货币立即停用,这意味着民众手中的旧货币将无法流通。1830 年和 1831 年,纳布卢斯和大马士革等地相继爆发了新动乱。起义先从大马士革开始,起因是奥斯曼帝国政府对手工业作坊和小摊铺提高税收。起义者包围卫戍部队所在城堡,击毙帕夏,大马士革起义获得胜利。

19 世纪 40—50 年代,黎巴嫩地区的教派纷争不断,原因有三:第一,黎巴嫩教派矛盾历史悠久,盘根错节。埃米尔伯什尔二世采用严刑峻法,实行

高压统治,但 1840 年后的继位者软弱无能,缺乏乃父宽猛相继的治国策略。第二,英法等殖民者往往通过内部挑拨的方式使隐藏的教派分歧扩大化,达到干涉渗透的目的。第三,各派别抓紧时机,争取独立的机遇,挑起教派仇杀。1841 年,德鲁兹派对马龙派村庄进行长达 6 周的大洗劫。随后,奥斯曼帝国派兵镇压,恢复马龙派在黎巴嫩南部的地位。1845 年,教派纷争又起并发生屠杀事件,后在外国力量的调解下才有所缓和。

教派矛盾最后扩大并演化为农民起义。1858 年,克鲁斯安地区农民要求取消各种赋税,被帕夏拒绝。1859 年 1 月,该地区农民在铁匠塔努斯·沙欣的领导下,发动武装起义并建立了政权。但在法国领事的唆使下,起义随后的发展却与教派联系在一起。1860 年,德鲁兹派和马龙派开始械斗。随后,暴乱向整个黎巴嫩蔓延,德鲁兹农民将基督教徒作为打击对象,许多僧侣丧生。教派仇杀的范围影响到了大马士革,大马士革附近的 2 万基督教徒丧生,380 个基督教村庄被毁,560 个教堂和修道院成为瓦砾。

法国对该地区早有占为己有的意图,于是以恢复秩序为名,向当地派驻军队。1861 年,奥斯曼帝国素丹签署欧洲委员会起草的关于黎巴嫩自治的法令。奥斯曼帝国的一个基督教徒在外国势力的任命下成为总督,执掌行政全权;中央行政会议、警察部队和裁判机构协助总督公务。

伊拉克一直是奥斯曼帝国统治较为薄弱的省份,英国东印度公司在很大程度上是伊拉克的实际统治者。巴格达总督达乌德帕夏(1817—1831年)利用铁腕手段将库尔德部落牢牢控制,而伊拉克与中央政权关系十分松散。在他统治末期,一场鼠疫使得巴格达 15 万居民中有 13 万死去,8 万人的巴士拉仅剩 5000—6000 人,田园荒芜,十室九空。① 1831 年,达乌德被废黜,奥斯曼帝国恢复了直接统治,但伊拉克地区的起义和内讧仍连绵不断。蒙塔菲克、沙马尔和阿涅扎等阿拉伯部落间经常混战。1833 年,沙马尔部落围困巴格达长达 3 月之久。

由于库尔德人得到波斯和埃及阿里的支持,奥斯曼帝国屡次镇压库尔德人起义都无济于事。1839 年,刚刚结束叛乱的库尔德人利用奥斯曼帝国在内济布失败的机会发动起义。1841 年,波斯军队挺进苏莱曼尼亚,库尔

---

① 彭树智主编:《阿拉伯国家史》,第 236 页。

德起义得到波斯的公开军事支持,波土之战一触即发。1847 年 5 月 31 日,在俄英调停下,两国签订了第二个《埃尔祖鲁姆条约》,解决了双方的边界和朝圣问题。但库尔德地区的起义并没有平息,仅在 1843—1846 年,就有两次起义和暴乱。

随着外国势力进入中东,阿拉伯地区的知识分子意识到奥斯曼帝国落后于历史潮流和世界大势,并在民众中进行民族主义宣传,并由此引发了阿拉伯人民反对奥斯曼帝国专制暴政的斗争。

1886 年,黎巴嫩德鲁兹山区爆发了由部落显贵舍布里·阿特拉什领导的农民起义。奥斯曼帝国同意阿特拉什为德鲁兹人埃米尔,起义暂告结束。随后,1896 年、1899 年和 1905 年,德鲁兹地区又接连不断地发生暴动。叙利亚的阿勒颇和贝鲁特地区也爆发群众性风潮和暴动,但都被奥斯曼帝国派重兵弹压。

随着起义和暴动被平息,阿拉伯地区相继成立一些秘密社团。易卜拉辛·亚齐吉和法里斯·尼穆尔为社团领导者,他们在大马士革、的黎波里和苏埃德建有分社。1880 年,他们制定了社团纲领,要求叙利亚和黎巴嫩独立,阿拉伯语为官方语言,废除书刊检查,实行言论自由。该团体由于得不到民众的支持于 1885 年解体。

四、瓦哈比运动与早期的沙特王国

奥斯曼帝国统治下的阿拉伯半岛处于十分落后和闭塞的状态,统治者和被统治者之间表现出以下特点:第一,奥斯曼帝国统治权力的边缘化。散居半岛各地的部落酋长、伊斯兰教长以及埃及的帕夏成为代行奥斯曼行政管理权的实际统治者。第二,权力结构的层次性。在红海沿岸等半岛边缘地区,奥斯曼帝国直接派兵驻守,设置统治机构和穆夫提;在半岛的局部地区形成家族统治圈,帝国借助部落酋长、家族进行有限的统治,后者收缴赋税、纳贡和承担徭役;在某些大沙漠地区则无人居住,出现权力真空。第三,原始部落和家族统治模式占据主导地位。阿拉伯半岛形成一系列的家族统治圈,如汉志的谢里夫哈希姆家族统治、阿西尔的伊德里斯家族、马斯喀特和阿曼的艾卜·赛义德家族、杰贝勒沙马尔的拉西德家族、哈萨的伯努·哈立德家族、德拉伊叶的沙特家族等。① 这些部落之间割据纷争,经常为牧场、水源等资源争斗不已,处于落后的状态。第四,奥斯曼帝国与半岛部落的战争交往呈间歇性特点。部落力量的最大特点就是流动性,对部落首领的绝对效忠,对外来势力的极端排斥。自奥斯曼帝国入侵阿拉伯半岛以来,二者的战争交往时断时续。17 世纪,奥斯曼帝国力量被驱逐出也门,波斯人被赶出阿曼和巴林。面对异族的统治与自身的积贫积弱,阿拉伯世界的一些有识之士进行了思考,做出了挽救民族危亡的努力。在广袤瀚海、漫漫黄沙的阿拉伯半岛地区,则兴起了影响中东近代历史,乃至世界历史的伊斯兰复兴主义运动——瓦哈比运动,并催生了沙特王国的出现。沙特王国的建构和奥斯曼帝国的反建构成为中东近代史末期的又一次高潮,它构成阿拉伯半岛文明交往的主体内容和鲜活画卷。

1703 年,瓦哈比派的创立者穆罕默德·伊本·阿卜杜勒·瓦哈卜出生在阿拉伯半岛内志高原的塔米姆部落。瓦哈卜自幼对伊斯兰教神学和教法学兴趣颇深,先后到麦加、麦地那学习经训和教法,后又到巴格达、巴士拉等地游学。瓦哈卜一度对苏菲主义感兴趣,后转向四大正统法学学派之一——罕百里法学。瓦哈卜通过对罕百里学派的精深研究,并对阿拉伯半岛落后的社会状况进行深入考察和分析,得出了有关阿拉伯半岛混乱落后的最终结论:伊斯兰教的腐败堕落导致半岛的混乱和分裂,引起奥斯曼帝国的入侵。② 瓦哈比派教义继承了伊本·泰米叶的思想,沿袭了罕百里学派的立法原则。③ 其主要观点为:反对多神崇拜,主张一神教的伊斯兰教;反对苏菲派,坚持以《古兰经》和圣训立教;主张圣战统一阿拉伯半岛,反对奥斯曼人的统治。从教义可以看出瓦哈比运动不仅是一场纯洁伊斯兰信仰的宗教运动,还是一场反抗外族入侵的民族复兴运动。

瓦哈卜是反对伊斯兰教异端行为的斗士。该运动在沙特王国的权威与秩序的构建中起到了决定性的作用。瓦哈比运动的伟大之处在于它是以宗教外衣掩盖下的民族独立运动,其教义所提供的纯洁伊斯兰教的认主独一

---

① 王铁铮主编:《沙特阿拉伯的国家与政治》,三秦出版社 1997 年版,第 9 页。

② 王铁铮主编:《沙特阿拉伯的国家与政治》,第 11 页。

③ Metin Kunt, "Ottomans and Safavids: States, Statecraft, and Societies, 1500 – 1800", in Youssef M.Choueiri ed., *A Companion to the History of the Middle East,* Blackwell Publishing, 2007, p.236.

思想置换成为阿拉伯民众统一的思想武器和持久的精神力量。

瓦哈卜在传教之初遭到麦加上层神职人员乌莱玛的反抗和迫害,他们认为瓦哈比教义破坏了传统宗教信仰,触动了他们的根本利益。1740年前后,走投无路的瓦哈卜来到德拉伊叶地区,当地的埃米尔穆罕默德·伊本·沙特待之为上宾,并接受瓦哈比教义。从此,世俗权力和宗教权力结合在一起,沙特家族的开疆拓土为瓦哈比教派的发展提供了强大的物质保护。瓦哈卜和伊本·沙特用40年的时间,使内志各部落和村镇都皈依瓦哈比派,并确立了沙特世俗政权的政治合法性。

瓦哈比主义的力量在于它帮助沙特家族建立了一个统一的王国。其原因有三:第一,沙特家族的政治权威获得了宗教上的神圣合法性,同时也反证了奥斯曼帝国的非法性;第二,用宗教的传统精神唤起了阿拉伯穆斯林大众反抗异族统治的激情,使他们为着"真正的事业"而战;第三,由伊斯兰精神产生的团结对敌和凝聚力,为建立一个统一国家打下了思想基础。

1765年,伊本·沙特去世,继位的阿卜杜勒·阿齐兹继续扩大沙特的疆土。到1773年,沙特统治区域先后扩展到利雅得、阿拉伯半岛中部和东部的广大地区,瓦哈比军队还曾进入伊拉克,毁坏卡尔巴拉的什叶派清真寺。[1] 1792年,瓦哈卜去世,阿卜杜勒·阿齐兹继承教长职位,沙特确立了政教合一的政治体制。1803年大沙特继位,巴林、科威特和阿曼先后并入瓦哈比国家的政治版图,并接受瓦哈比教义。1804—1806年,麦加和麦地那两大圣地成为信守瓦哈比教义的讲坛。

瓦哈比运动号召民族团结、反对分裂,表现出强烈的民族独立愿望。大沙特在位期间,主张要由阿拉伯人来统治阿拉伯,他禁止在星期五聚礼日祈祷时提到奥斯曼帝国素丹的名字,并把大批土耳其人驱逐出境。这时的瓦哈比国家已达到鼎盛时期,几乎囊括了整个阿拉伯半岛。阿拉伯史家称之为第一沙特王国或前沙特王国。

第一沙特王国的崛起震动了奥斯曼帝国素丹,后者派埃及的穆罕默德·阿里前去镇压。双方酣战数年。1814年,大沙特病死于都城德拉伊

---

[1] Martin Sicker, *The Islamic World in Decline: From the Treaty of Karlowitz to the Disintegration of the Ottoman Empire*, p.86.

叶。继位的阿卜杜勒国王缺乏战争指挥才能,而埃及军队主帅易卜拉辛则深谋远虑,所向披靡。1818 年,第一沙特国王阿卜杜勒被迫投降,第一沙特王国灭亡。

第一沙特王国的灭亡,并未终止沙特家族与瓦哈比派的反抗。1824年,穆罕默德·伊本·沙特的孙子,大沙特的堂兄兼瓦哈比派伊玛目特尔其·伊本·阿卜杜勒建立第二沙特王国(1824—1892)。但这一王国从未恢复到沙特第一王国的广大版图。欧洲大国向中东国家进行殖民渗透,对原料产地与资本输出地的渴求以及对海湾优越地理位置的渴望使英法开始向半岛扩展自己的力量,它们陆续将阿曼、科威特、卡塔尔和其他海湾酋长国纳入自己的势力范围。奥斯曼人将第一沙特王国击溃后,并未放弃控制阿拉伯半岛的企图,他们选择了半岛北部同样信仰瓦哈比教派的杰贝勒沙马尔国拉西德家族作为对抗沙特而进行扶持的力量。1892 年,第二沙特王国被拉西德家族击败,内志成为沙马尔的属地,而第二沙特的末代埃米尔阿卜杜勒·拉赫曼则流亡到科威特。

第三节　中东现代化改革尝试

一、奥斯曼帝国的早期改革

奥斯曼帝国精英早在 17 世纪就开始反思自己从鼎盛到衰败的文明史,并启动了奥斯曼历史的"百年改革"。改革的基调分为两类:一种被称为传统主义,要求恢复到苏莱曼大帝时期的法律制度和政治秩序,反对给予西方国家在奥斯曼帝国版图内的任何权益;另一种为现代主义,主张采取欧洲的方式进行军事训练、行政管理,推进经济发展与奥斯曼帝国的现代化。[①] 在整个 18 和 19 世纪,两种改革道路一直在竞争,但历史不会逆转,现代主义者最后占了上风,成为改革的主流。

---

① Ira M.Lapidus,*A History of Islamic Societies*,p.597.

一般历史学家认为谢里姆三世统治时期(1789—1807年)是奥斯曼帝国现代化改革的开端,但有些土耳其历史学家则认为奥斯曼帝国的社会改革发韧于18世纪初。实际上,谢里姆一世的后继者都意识到改革对于复兴帝国的实际意义,他们都极力将自己看做积极进取的弄潮儿,改革开放的先行者。早期改革者有奥斯曼二世、穆拉德四世与侯赛因帕夏。

奥斯曼二世(1618—1622年)执掌朝纲时非常年轻,但并非懦弱无能之辈。他自幼学习拉丁语、希腊语、意大利语、突厥语、阿拉伯语和波斯语。奥斯曼二世的改革包括以下内容:第一,削除异己力量。他撤换位高权重的大维齐,没收其财产,剥夺大教长任命乌莱玛的权力。第二,军队"土耳其化",这一措施受到其母亲和老师奥迈尔·艾芬迪的影响。他试图撤销耶尼舍里军团和西帕希部队,而代之以由来自安纳托利亚和叙利亚的穆斯林农民组成的国家军队。第三,迁都。他企图把帝国政府从伊斯坦布尔迁到土耳其价值观浓厚的布尔萨或安卡拉,以避开德米舍梅的制约。奥斯曼二世改革的目的是打击乌莱玛的权力,摆脱军队领导人等既得利益集团的束缚,加强素丹的权力。但这些改革措施引起了耶尼舍里军团的警觉,他们冲进皇宫,废黜并暗杀了奥斯曼二世,其统治宣告结束,后来,暗杀素丹的例子接踵而至。

1632年,穆拉德四世成为奥斯曼帝国素丹。他接受顾问科切贝伊的建议,试图通过吸取传统制度的精华,剔除弊政。他认为传统的奥斯曼帝国制度优越于欧洲的制度,后来他的改革成为传统主义改革者的榜样。他整肃军纪,对从事盗匪行径的军人立杀不赦,消灭叛乱者;改革提马尔制度,取消不尽义务的西帕希作为提马尔持有人的身份;禁止臣民使用咖啡和烟草;服从传统的法律及习俗;建立庞大的间谍系统。这些措施结束了帝国的无政府状态,军队纪律得以整肃。穆拉德四世支持广大臣民揭发官员的胡作非为,颁布了许多典章,并汇编成一本《正义之书》(Justice Book)。但穆拉德四世的传统主义改革在实施中过了头,他更倾向于滥用权力而不是保护权力。[1] 他用大屠杀遏制了行贿与贪污,恢复了社会秩序。但一些措施给民

① Stanford Shaw, *History of the Ottoman empire and modern Turkey*, vol. I : *Empire of the Gazis: the Rise and Decline of the Ottoman Empire*, 1280–1808, Cambridge University Press, 1976, p.198.

众生活带来了灾难,如素丹不允许有离经叛道的意见,他经常微服出访,发现发表不同意见者就地处决。

卡洛维茨条约的签订以及国土的沦丧,沉重地打击了奥斯曼人的士气,以致许多人认为任何试图挽救帝国的努力都是徒劳的。少数奥斯曼人开始认识到:只要帝国能够发现欧洲强盛的原因,把欧洲人最好的东西与奥斯曼的制度结合起来,改革就可能成功。改革者意识到欧洲的"奇技淫巧",特别是那些军事制度与武器装备可以用来加强和维持传统的力量。[1] 阿姆卡·扎德·侯赛因帕夏(1644—1702 年)的改革就是在这种背景下发生的。

侯赛因帕夏是伟大的改革家,其改革的落脚点是多方面的:其一是政治与民生。包括降低烟草和咖啡、食用油和肥皂等生活必需品的消费税,恢复币值,用坚挺的币值代替战争期间成色不足的货币,免除战争期间征收的各种专门税。税收的让步刺激了许多农民重返土地,商人重返市场。大维齐还鼓励发展民族工业,与欧洲工业品竞争。其二是建立军队。侯赛因帕夏从安纳托利亚地区召来许多土耳其农民充实军队,遣散不履行职责的散兵,建立一支有效而忠诚的军队。耶尼舍里军队人数大幅度下降,卡洛维茨战役前,其人数多达 7 万人,而真正服役的仅 1 万人,现在削减到 3.4 万人。炮兵也由原来的 6000 人减到 1250 人。[2] 其三是复兴海军。奥斯曼帝国学习 17 世纪的海军革新,将战舰的动力由木桨改为帆,建立了一支大帆船舰队。海军编制进行改组,支队由海军贝伊管理,其职责是发饷、训练。设立海军总司令、海军总参谋部(海军少将、海军中将与参谋长)、舰长三级管理制度,海军还建立了专门的炮兵部队,服务体系更为完善。其四是改革文书与宫廷。政府让无能的文书提前退休,享受一半的俸禄,设定专门学校来培训合格的文书。

侯赛因帕夏改革并没有得到顺利实施,素丹心腹费祖拉赫·艾芬迪(Feyzullah Efendi)反对改革,他作为国家中权力最大的人物,遍插亲信于政府部门。1702 年 7 月,侯赛因帕夏在得病后退休,不久去世。这一时期最

---

① Stanford Shaw, *History of the Ottoman Empire and Modern Turkey*, vol.I: *Empire of the Gazis: the Rise and Decline of the Ottoman Empire, 1280 - 1808*, p.225.

② Stanford Shaw, *History of the Ottoman Empire and Modern Turkey*, vol.I: *Empire of the Gazis: the Rise and Decline of the Ottoman Empire, 1280 - 1808*, p.226.

伟大的改革家退出历史舞台。

二、奥斯曼帝国的军事改革

重大的军事失败往往是改革的驱动因素。正如罗荣渠所言,外国的侵略与挑战,以及在对外战争中的失败,常常成为引发大变革的动因或催化剂。① 奥斯曼帝国在与英法俄等大国的战争交往中,屡遭败绩。1718 年 6 月,大维齐易卜拉欣向穆罕默德三世呈上一份军事改革的奏本,基本规划了改革的蓝图。易卜拉欣是第一个认为欧洲知识对于奥斯曼外交政策具有重要作用的大臣。② 18 世纪初,奥斯曼帝国改革重点是改进帝国的军队,加强与西方的交往,包括在巴黎、维也纳、莫斯科、华沙设立帝国大使馆,派遣大使定期递交报告。奥斯曼帝国的社会文化生活领域也潜移默化地受到西方文化影响。18 世纪的奥斯曼帝国时代被誉为"郁金香时代",上层贵族热衷于法国进口的郁金香,同时对法国人的生活方式和氛围感兴趣,因此改革的模式很不自觉地就深深打上法国印迹。

易卜拉欣组织了一批学者将阿拉伯语和波斯语的名著翻译成奥斯曼土耳其语,这些著作成为奥斯曼著作的典范。他减少耶尼舍里军团、官吏与文书的人数,剥夺提马尔持有者的地产,还将非法税收纳入了正常的税收结构,以增加国家财政收入。他每年向城市工匠和商人征收财产和原材料的资本税,定期征收紧急时期的"战争辅助税"。易卜拉欣还想贬值货币,但因行会的激烈反对而作罢。③ 改革持续的时间并不长。1730 年,奥斯曼帝国的保守势力在首都伊斯坦布尔发动叛乱,倡导改革的穆罕默德三世被废黜,而支持改革的大维齐易卜拉欣则断送了性命,这次暴乱在某种程度上也是对帝国上流社会所风行的法兰克人生活方式的一种抗议。

然而,奥斯曼帝国的保守派也拿不出振兴帝国的良方。1789 年,初登

---

① 罗荣渠:《中国早期现代化的延误——一项比较现代化研究》,《近代史研究》1991 年第 1 期。

② Stanford Shaw, *History of the Ottoman Empire and Modern Turkey*, vol.I: *Empire of the Gazis: the Rise and Decline of the Ottoman Empire, 1280－1808*, p.233.

③ Stanford Shaw, *History of the Ottoman Empire and Modern Turkey*, vol.I: *Empire of the Gazis: the Rise and Decline of the Ottoman Empire, 1280－1808*, p.238.

大位的谢里姆三世立即着手名为"新秩序"的西化改革,并制订出一个恢弘的改革计划。谢里姆三世一直与法国路易十六信函往来,并将后者作为自己的楷模,因此其改革仍以法国制度和军事现代化为效仿模式和核心内容,但改革的底线是"不损害帝国的基本特点"。①改革内容主要体现在谢里姆在 1792—1796 年间所颁布的一系列名为"新制"的改革法令。谢里姆三世的军事改革主要有四项:第一,整肃军队秩序。耶尼舍里军团人数减少到 3 万人,军队的行政职能和军事职能分开。谢里姆三世发展起一支"新秩序"的步兵部队,作为主力部队的补充。② 建立了几所训练炮术、防御工事、航海等学科的陆军学校和海军学校。③ 第二,革新军事制度。其一,废黜义务募兵制,实行征兵制;其二,采用欧洲战术和训练方法,成立新式兵团;其三,帝国境内的各省组建国民军,采用新式兵团的训练方法。第三,改进军事装备。新式兵团配备法国赠送的新式大炮和武器,一律实行薪给制,穿欧式的军服。第四,改组帝国议会,由 12 名大臣组成的决策机构定夺国家大事。

谢里姆三世的改革引起了伊斯兰高级僧侣以及新军等保守力量的敌视。1807 年,新军在博斯普鲁斯海峡发动兵变,谢里姆三世被赶下王位,倡导改革的人都被新军杀掉。谢里姆三世改革失败在于他本人并不是一个强有力的、起决定性作用的人物,新军与乌莱玛阶层的结合组成一个势力庞大的反对集团,改革没有可以依靠的中产阶级、群众政党或民众运动,缺乏坚定的支持者。尽管谢里姆三世改革仅仅取得了部分成功,但仍为他的后继者打下了改革的"楔子",指明了方向。古老的封闭意识尽管没有完全摧毁,但已被突破。谢里姆三世改革对将来的马赫穆德二世改革提出三点启示:1. 成功的现代化改革必须囊括整个奥斯曼社会,而不是军队;2. 改革机构的唯一方式就是破坏旧机构,建立新机构;3. 改革必须小心策划,考虑周全。④

俄国人入侵高加索地区,埃及阿里地区力量的崛起,希腊独立的迹象日

---

① Erik J.Zurcher, *Turkey*: *A Modern History*, p.23.

② Stanford Shaw, *History of the Ottoman Empire and Modern Turkey*, vol.I: *Empire of the Gazis: the Rise and Decline of the Ottoman Empire, 1280 - 1808*, p.262.

③ Ira M.Lapidus, *A History of Islamic Societies*, p.597.

④ Stanford Shaw, *Reform, Revolution, and Republic: The Rise of Modern Turkey, 1808 - 1975*, New York Cambridge University Press, p.1.

益明显,内忧外患导致帝国的改革步伐并没有停止。1808 年,改革派推翻继位的穆斯塔法四世,新素丹是支持改革的马赫穆德二世(1808—1839年)。马赫穆德二世首先将矛头对准制约素丹权力的宗教势力。乌莱玛等宗教高级阶层划归政府管理,享受国家俸禄。这样就增强了宗教阶层对国家的依赖性,弱化了宗教精英同穆斯林民众的联系和影响。马赫穆德还宣布结束各省自治特权,加强以世俗化、民族化和现代化为基本特征的绝对主义君主制国家。

军事改革仍是改革的主体内容,首先,马赫穆德二世设置了"塞拉斯克",替换了新军首领"阿加",专门负责新式军团的一切事务和帝国的警务系统。其次,新式军团更加正规化和制度化。1826 年,新式军团管理条例正式颁布,军团编制为 1.2 万人,分 8 个大队,驻扎在帝国首都,军团服役时间为 12 年。再次,马赫穆德还认识到,改革必须向西方学习。他邀请普鲁士教官来训练军队,普鲁士军事模式从此影响奥斯曼军队达一个世纪。[1]最后,废除帝国的军事分封采邑制,采邑成为与兵役无关的国有土地和私有土地。

西方化是改革的操作方式和具体目标。[2]　表现在以下层面:其一,行政机构的西方化。1834 年,马赫穆德二世恢复了谢里姆三世在欧洲设立的常驻大使一职和相关机构。由于外语人才的缺乏,1833 年,帝国设立翻译局。19 世纪,奥斯曼帝国的政治改革精英大都出自这里,许多人成为改革的生力军。其二,教育的西方化。1838 年后,马赫穆德二世创办了许多学校,学校传授西方近代知识。学校在讲授外语和西方现代课程的同时,也为学生讲授一些传统的宗教课程。其三,官僚体制的西方化。马赫穆德二世以西方行政管理体制为模本改换原有帝国行政构成,设置了首相、外交大臣、内务大臣、财政大臣等职。奥斯曼帝国的官服统一改为欧式马裤、黑皮靴、礼服大衣,并备有办公室、写字台。其四,社会生活领域的西方化。帝国宫廷和上层社会流行彬彬有礼的社交方式。在公共场合,帝国民众的待人接物都模仿西方人的方式,欧式的家具和生活用品成为民众家中的时尚用品。

---

① 　Erik J.Zurcher,*Turkey:A Modern History*,p.43.

② 　Ira M.Lapidus,*A History of Islamic Societies*,p.598.

马赫穆德二世改革尽管在很大程度上并没有深入到大众教育和经济发展等基础领域,只是在中上层中产生深远影响,但其结果却使得奥斯曼帝国走上了改革的畅通大道,保守势力试图恢复旧制度的梦想完全破灭。以西方化为模式的改革促进了奥斯曼社会的现代化进程,开创了奥斯曼帝国新的发展方向。马赫穆德二世因此以"近代土耳其的奠基者"而彪炳史册。但其经济层面改革却并不乐观,改革的巨大耗费都出自国家财政,国家税收制度与收缴体系并不健全、有效,也不能够利用国家垄断资源(马赫穆德废除了垄断政策),其解决财政的方式就是发行货币,结果造成通货膨胀。与国际通行货币英镑相比,皮亚斯特货币贬值了500%。① 因此,贪污腐败成为马赫穆德时期官场的政治常态。此外,奥斯曼帝国缺乏训练有素、值得信赖的行政人员。改革是统治者自上而下进行的,并没有在底层民众中引起共鸣。

三、奥斯曼帝国的法制改革

1839 年 6 月 30 日,马赫穆德二世因病去世,7 月 1 日,新素丹阿卜杜尔·马吉德一世继位,奥斯曼帝国进入了"坦齐马特"时代(1839—1876年)。"坦齐马特"的目标是扩展素丹权威、增加财政收入、富国强兵,实现法律面前人人平等。② 改革内容从军事、行政等高级政治层面向经济、法律、宗教和社会等低级政治层面渗透。法律改革成为实现上述目标的方式与手段,是"坦齐马特"时代最突出、最具革命性的特征。在此期间,素丹大权再次旁落,基本上由以大维齐为首的帝国政府推动改革向前发展。与此同时,西方列强通过外交途径直接干涉帝国内政,对改革进程起到了一定的推动作用。

"坦齐马特"时代以两道法令为界标划分为两个时期。改革第一阶段的推动者是六次担任大维齐的穆斯塔法·雷希德以及一批受过西方教育的文职官员。1839 年 11 月 3 日,雷希德以素丹名义公布了由他草拟的《御园

---

① Erik J.Zurcher, *Turkey: A Modern History*, p.45.

② Erik J.Zurcher, *Turkey: A Modern History*, p.53.

敕令》。敕令保护私有财产,并宣布法律面前的人人平等。① 这两项原则体现了当时欧洲资产阶级的一些宪法精神,适应了社会发展的需要。法律面前人人平等的原则是"与伊斯兰旧传统的根本性分裂"。②

　　依据敕令,帝国政府设立了司法会议。1840 年 3 月,帝国颁布的新诏书中对该机构做了更加详细的规定,此后司法会议成为坦齐马特时代具有核心作用的机构。1840 年 5 月,奥斯曼帝国政府颁布了名为"赛扎·卡农纳梅锡"(Ceza Kanunnamesi)的新刑法,成为法律改革的第一次尝试。新刑法受法国刑法的影响,主要方面没有超出伊斯兰刑法本身的范畴。但是,这部法律标志着奥斯曼帝国首次出现了一项立法原则和一个立法机构,为随后更加激进的法制改革开辟了道路。在雷希德帕夏的授意下,奥斯曼帝国以法国商法为蓝本出台了一部新商法,首次突破了传统教法收取利息的禁令,确认商业利息的合法性。1861 年和 1863 年又先后制定了《商业程序法典》和《海洋商业法典》,二者基本上也是法国法律的照搬。

　　在第二次法律改革的高潮中,奥斯曼帝国政府废除了以"卡农"形式颁发的"刑法典",于 1858 年颁布了正式的《刑法典》。按照大陆法系的模式将犯罪分为重罪、轻罪和违警罪三大类。此外,法律禁止血亲复仇和私下交纳赎罪金以求和解的传统,犯罪必须交由司法机构惩处。1840 年,帝国成立了特别商事法院;1871 年通过一项法令建立了新法院,适用从欧洲引进的其他世俗法律。新法院实质是世俗法院,与当时存在的伊斯兰法院形成鲜明对比。因此,奥斯曼帝国在 1840 年后不仅存在双重法律,即伊斯兰法和取自西方的世俗法,而且存在双重司法系统,一是伊斯兰法院系统,另一是世俗法院系统。就管辖范围而言,世俗法院权限日益扩大,各类商业、刑事甚至一些民事案件均可以在世俗法院审理;而伊斯兰法院的权限则逐渐受到限制和排挤。

　　第一阶段的法制改革还体现在金融、教育等领域。1840 年 4 月,奥斯曼帝国发布敕令建立欧式银行,次年发行纸币;银行利息高达 12%,每年分两次拨付。教育制度改革在帝国各项改革中效果较佳。1846 年 8 月,由各

①　Bernard Lewis, *The emergence of Modern Turkey*, London, 1969, pp.106 - 108.
②　Erik J.Zurcher, *Turkey:A Modern History*, p.53.

学科资深人士组成的七人委员会对现代教育体制进行全面规划,建议成立公共教育会议(1847 年改为教育部)、国立奥斯曼大学和初等、中等学校教育制度,讲授算术、地理与奥斯曼历史。[1] 教育体制改革的成就有三:其一,教育脱离乌莱玛阶层,为帝国的世俗教育体制奠定前提和基础。1869 年,帝国在法国教育部的参与下制订并发布了公共教育新规则,提出村、城镇与省城三级教育结构。[2] 其二,教育经费纳入国家预算,由教育部统管。其三,造就了一批受过良好现代教育,具有新思想、新观念的后备力量。其四,教育机构多样化。19 世纪末,帝国境内存在四种学校机构,即传统伊斯兰学校、世俗学校、米列特(Millet)资助的学校与外国传教士成立的学校。

1856 年 2 月 18 日,在英法等国的支持下,素丹颁布了《哈蒂·胡马云诏书》,改革进入了第二阶段。该诏书再次强调了法律面前人人平等、宗教信仰自由等公民权利的规定,对于《古兰经》则只字未提。这部敕令启动了更大规模的法律改革,其中最明显的突破就是各类法典的编纂与世俗法庭的建立。该诏书还阐述了一项广泛的经济振兴计划,包括设立银行、修筑铁路、开凿运河、发展商务等。

继商法和刑法领域的改革之后,民法也有突破。1869—1876 年,在帝国司法会议的指导下,由一些哈乃斐派学者集体编纂了一部名为"马雅拉"(又译为"麦吉拉")的"民法典"。这是穆斯林世界最早的民法典。从形式上看,这是一部民事实体和程序法律的汇编,该法律为 20 世纪婚姻家庭法和"瓦克夫"制度的改革提供了借鉴,突破了伊斯兰法的传统形态。这部法典直至 1926 年土耳其共和国采用了《瑞士民法典》,才结束了它的历史使命。

上述西方化法典的颁布是奥斯曼帝国法律世俗化进程的重要组成部分。而且,为了实施这些法律,帝国政府在伊斯兰法院之外,组建了世俗法院,形成了二元司法制度体系。世俗法院的确立,可谓伊斯兰法律发展史上的重大事件。由乌莱玛掌握的司法权力受到极大的限制,抗拒改革的宗教保守势力的政治影响力也日渐缩小。宗教与国家、宗教与政治分离的原则

---

① Ira M.Lapidus, *A History of Islamic Societies*, p.599.

② Erik J.Zurcher, *Turkey：A Modern History*, p.65.

逐步在奥斯曼帝国得到确认。

尽管取得了上述成果,坦齐马特时代的法律改革也存在很多局限。法律的西方化与世俗化推动了奥斯曼帝国法律的现代化,但这样的法律移植也表现出很大的盲目性。一方面,奥斯曼帝国在很短的时间内建立了相对完备的现代法律体系,并实现了主要法律部门的法典化;另一方面,法律实施却遇到很大的麻烦,尤其是受到来自伊斯兰法院的掣肘。很多法律完全照搬西方,法律条文在帝国内部的实施过程中往往会同传统伊斯兰法产生矛盾,造成传统文化的反弹、伸张及对现代文明的强烈抗拒。"坦齐马特"改革突破帝国在器物层面向西方的肤浅模仿,改革内涵扩展到制度层面的深层变革,其进步意义不容置疑。

四、米德哈特的宪政改革

法律改革推动着政治领域的嬗变,二者交互作用影响着政治组织模式由专制趋向宪政。作为被动加入现代世界体系的国家,宪政开启往往是以宪法颁布作为标志的。宪政改革作为一种具有西方现代性的话语符号在奥斯曼帝国出现的时间较晚。19世纪60年代,奥斯曼帝国境内出现了一伙反对专制统治的自由主义者,它们被称为"青年奥斯曼人"。"青年奥斯曼人"还成立了"新奥斯曼人协会",其成员大都是具有西方自由主义思想的军官、官吏和知识分子。它们的政治目标是建立立宪议会制,将奥斯曼帝国变成君主立宪国家,同时学习西方的科学技术和先进文化,整合奥斯曼—穆斯林认同与西方式的现代化。[①] 新奥斯曼人的活动具有两大缺点:一是提出"泛奥斯曼主义",主张构建统一的奥斯曼民族,仇视帝国境内的民族独立运动;二是脱离群众热衷于宫廷政变。[②]

1867年,新奥斯曼人试图发动宫廷政变,但未等起事,便被政府察觉,社团成员被捕,骨干流亡海外。19世纪70年代的奥斯曼帝国处于内外交困的状态,军费开支庞大,素丹荒淫无度,帝国财政因借款而处于破产的边

---

① Ira M.Lapidus, *A History of Islamic Societies*, p.601.

② Stanford Shaw, *Reform, Revolution, and Republic: The Rise of Modern Turkey, 1808－1975*, pp. 131－132.

缘。持续干旱和专制统治,导致帝国的边疆地带起义不断。奥斯曼帝国同欧洲国家的关系也水火不容。1875年5月,伊斯坦布尔发生抗议示威活动,示威者要求颁布宪法。素丹阿卜杜尔·阿齐兹任命具有改革派倾向的米德哈特为首相。米德哈特曾任奥斯曼帝国保加利亚和巴格达等省总督,他接受西方思想,倡导改革。随即,阿卜杜尔·阿齐兹被废黜,其侄穆拉德五世为新素丹。

穆拉德五世思想开放,并一直与青年奥斯曼党人联系密切,因此遭到阿卜杜尔·阿齐兹的长期囚禁。初登王位的穆拉德五世已经朝着神经错乱方向发展,因不能理政而被迫退位。1876年9月1日,其弟阿卜杜尔·哈米德成为新素丹。阿卜杜尔·哈米德具有耿直贤官的美名,在上台前曾信誓旦旦地为改革大唱赞歌,对大臣们草拟的帝国宪法草案满口答应。1876年,米德哈特主持的专门委员会提出宪法草案,并呈送素丹等候批复。1876年12月23日,新素丹哈米德二世在内外压力下颁布了奥斯曼帝国的第一部正式成文宪法。① 这部宪法规定,伊斯兰教为国教;设立经选举产生的两院制议会;成立以素丹为首脑的内阁;宣布所有臣民不分种族和派别,在法律面前一律平等;人民享有宗教信仰和出版自由等。这部宪法对内阁、帝国上议院、帝国众议院、司法机构和人权法案都做了明文规定,形式上确立了君主立宪制的政治制度。帝国宪法授权素丹有批准立法、任命各部大臣、召集和解散议会等权力,被西方称为"有限制的独裁政府"。素丹为神圣不可侵犯的哈里发,突出强调了帝国的伊斯兰性和泛伊斯兰主义倾向。素丹权力的扩张为哈米德二世的干政埋下伏笔。奥斯曼帝国宪法的诞生是引人瞩目的,这部宪法在中东乃至世界历史上都具有重要的地位,它是近代东方第一部西方式的宪法。

宪法颁布后,按照临时选举法,帝国选出众议院的第一批议员,并在1877年的3月和12月召开两次会议。但1878年俄土战争爆发,2月哈米德二世乘机使议会休会,宪法之事无声无息地搁置一旁。哈米德二世以叛国罪解除米德哈特的大维齐一职,将其放逐到叙利亚和内志地区。次年,哈

---

① Stanford Shaw, *Reform, Revolution, and Republic: The Rise of Modern Turkey, 1808–1975*, pp. 174–176.

米德二世将米德哈特和几位自由主义者绞死在麦加附近的塔伊夫地牢中。宪法的颁布并没有带来宪政的实施,哈米德二世开始在奥斯曼帝国实行长达 30 年的专制暴政。奥斯曼帝国的宪政时代还要等到 20 世纪之后的"凯末尔改革"。

五、波斯阿米尔·卡比尔和阿富汗拉赫曼改革

1848 年 9 月 13 日,16 岁的王储纳赛尔丁·米尔扎被拥戴为波斯国王,定都大不里士,名为纳赛尔丁·沙(1848—1896 年)。在他统治期间,波斯阿米尔·卡比尔首相进行改革运动,试图引领波斯向现代国家迈进。

阿米尔·卡比尔出身于宫廷的厨师家庭。他自幼接受过良好教育,曾经考察过奥斯曼帝国的改革,又长期居住在外,洞悉世界风云,锐意进取,理想远大。其改革的具体措施包括:厉行节约,制止官员的贪污受贿,主张按能力得到报酬;取消乌莱玛和王公的津贴和俸禄,支持商人的贸易活动;波斯在各国首府开设使馆,派驻公使,同外国政府直接交往而阻止外国使臣干预波斯内政;在欧洲教官的帮助下,建立一支正规军队,制造枪支和购买其他武器装备,计划开办军事技术学校培养军官;采用西式教育,在德黑兰创办报纸,翻译外文书籍以及在德黑兰进行现代市政建设。阿米尔·卡比尔的改革着眼于开源节流、招贤任能和改革军队,其效果明显。波斯国库充盈,军队装备和训练均采用西方模式。1851 年,成立专科学校,训练军官与义职官员。他派遣波斯学生到欧洲留学深造,同时延请奥地利和俄罗斯顾问及欧洲国家教师来波斯任教。[①] 阿米尔·卡比尔改革的目的在于使波斯摆脱半殖民地的附属地位,促进波斯向现代化方向过渡。但王公贵族和国王并不买阿米尔·卡比尔的账,它们认为改革严重损害了它们的利益,仅得到伊斯兰改革主义和现代主义人士以及西化知识分子的支持,但后者却处于无权的地位。最终,阿米尔·卡比尔被国王放逐,于 1852 年 1 月 11 日被害。

1880 年,阿卜杜尔·拉赫曼在空前的混乱中登上阿富汗王位。阿富汗

---

① Ira M.Lapidus, *A History of Islamic Societies*, p.574.

阿富汗国王阿卜杜尔·拉赫曼像

国家机器不复存在,中央政府和地方政府形同虚设,部落主义力量强大。拉赫曼的一句话恰如其分地表达了当时的境遇:"我刚登上阿富汗王位时,我的生活并不是玫瑰花圃。"①拉赫曼必须在成堆的困难和障碍之中打开一条通道,创建一个新国家。拉赫曼的改革包括:打破部落分立格局、强化国家机器和构建经济发展体系。

部落一直是阻碍阿富汗统一的重要力量,为打破部落的分立倾向,拉赫曼采取了三项措施:第一,强制迁徙政策。1886年,拉赫曼迫使吉尔查伊部落从阿富汗中南部迁徙到兴都库什山以北。这些部落在陌生的环境里为生存而四处奔波,没有时间进行反政府活动。第二,拉拢部落上层,设立由部落贵族、宗教领袖和宫廷官员组成的全国议事会。作为咨询性机构,议事会表面上帮助国王决定国家大政方针,但不敢发表与国王不同的观点。② 该机构是国王控制部落上层、沟通底层社会的机构。第三,部落共有土地的碎片化,打击部落组织的统一基础。部落独立权威的基础是部落土地所有权,拉赫曼将部落土地分割在多个省份之中,削弱了部落在民众中的政治权威基础。

拉赫曼改革目的在于加强中央集权,压制部落地方势力对抗中央权力。为此,拉赫曼采取五大措施:第一,构建中央集权,建立君主专制。国家增设财政、教育、商业、司法等部,以及警察、档案、公共工程、邮政等机构,国家的职能逐渐完善。第二,根据阿富汗国情和奥斯曼帝国经验,制定新的选官制度。他选拔官员的基本原则是优先录用少数民族成员或没有权力基础的人,他们不会对国王造成威胁。拉赫曼从边远地区的奴隶以及贵族子弟中选择人员加以训练,这些人没有部落背景,即使委任高官仍是国王的奴隶,

---

① 黄杨文:《阿富汗史》,第176页。
② 黄杨文:《中东国家通史·阿富汗卷》,第158页。

生死大权握在国王手中。第三,拉赫曼还对军队进行了多层面的变革。废传统募兵制,创立征兵制,八个村民中征收一人服兵役的"逢八抽一"措施,军人薪水准时发放,毛拉随军,满足士兵宗教要求。在拉赫曼统治后期,已有 10 万大军。第四,严刑酷法,加强密探间谍网,强化监狱制度,实行限制人口流动的封闭政策。第五,实行长子继承制,政府不设宰相。拉赫曼的其他王子都被留在喀布尔,让长子哈比布拉熟悉政务,其他王子则无力同长子争权。

针对阿富汗经济落后的贫穷局面,拉赫曼采取一系列措施发展农业和工业。他让人开垦阿富汗北部荒地,为农业提供贷款,建造水利灌溉设施。为了巩固和加强国防能力,拉赫曼引进国外先进的技术和设施。他还聘请欧洲人帮助阿富汗成立现代意义上的工厂,如造币厂、木器厂、纺织厂、皮革厂等。1887 年,法国工程师杰罗姆应聘到阿富汗兴办工厂,两年后英国人萨尔特·皮纳也应聘到阿富汗发展工业。1887 年 4 月,第一座使用西方机器的工厂开始运转。拉赫曼采取了一些有利于工商业发展的保护性措施,如向商人出售政府专卖权、对于资金周转不开的商人提供贷款,保证安全的经商环境。

拉赫曼的改革在某种程度上巩固了阿富汗统一国家的局面,有利于阿富汗现代化的顺利操作和运转。但阿富汗的改革与现代化二者间存在着某种二难困境的悖论:一方面,改革力图使阿富汗成为不受西方制约和影响的独立国家,这将形成对内的封闭形态;另一方面,阿富汗的地缘位置使其处于大国争夺和角逐的夹缝之中,因此"向西方学习"的对外交往模式与维持国家的独立之间存在微妙的关系。拉赫曼生动地将阿富汗比喻为"二狮之间的山羊",因此改革的后果与中东同时代的改革大同小异。尽管在表面上产生了一些效果,如欧式服装在阿富汗上层社会较为流行,但阿富汗社会仍然处于落后的社会形态,国家城市化偏低、文盲率偏高、妇女地位低下。

六、埃及穆罕默德·阿里改革

穆罕默德·阿里的改革既深刻又全面,包括政治、经济、军事文化等多层面的互动。斯坦福·肖将穆罕默德二世改革与阿里改革作对比,认为前者缓慢而犹豫,后者深刻而迅速。① 作为改造埃及社会结构的系统工程,其目的是改革土地制度,促进经济发展,确立高度的中央集权。

在改革土地制度层面,穆罕默德·阿里采取了三大措施。其一,逐步废除包税制。1814年,阿里废除包税制,全部包税地收归国有。农民根据契约直接向政府缴税。② 这样就提高了农民生产的积极性,增加了政府收入。其二,没收违规的宗教地产与马木路克土地。1808年,政府开始登记全国土地。1809年,政府规定:所有宗教地产不再享有免税权,宗教长老必须在40天内将宗教地产的证件交给政府查验。1812年,没收马木路克的土地,以赎买的形式收回包税领地和宗教地产,他们的生存依赖政府的供给。其三,实施单一的土地税,税额按土质好坏和灌溉条件而定。19世纪30年代,穆罕默德·阿里将没收来的土地赠与自己的王亲贵族、政府官员和部属,这些土地成为他们的私有土地。农民向国家租种土地并缴纳租税,只有使用权没有所有权。

阿里在尼罗河兴修并扩建水利设施。从1820年起,埃及土地可以全年灌溉,实现一年两熟。埃及耕地面积也由19世纪初的200万费丹增加到1852年的410万费丹。③ 阿里还推广改良农具,引进新的农作物品种,设立农业专门机构。1820年,阿里接受法国专家朱梅尔的建议,针对埃及的特殊土壤条件,从苏丹引进优质长绒棉,并不断扩大种植面积。到1836年,棉花产量已达1万吨,成为埃及的主打产品。阿里低价从农民手里购买棉花,然后在国际市场上高价卖出,增加国库收入。④

阿里工业改革的重点是限制私营手工业生产,发展官办工厂。埃及手工业行会组织具有封闭性、排他性和落后性的特点,为此阿里在1816年对工业品实行专卖。他鼓励发展近代工业,引进西欧先进技术、设备、人才和资金。1818年引进欧洲的纺织机,创办了纺织厂。1837年,埃及有棉织厂、丝织厂和麻织厂29家。⑤ 到19世纪中期,埃及本国纺织厂可以消耗棉花

---

① Stanford Shaw, *Reform, Revolution, and Republic: The Rise of Modern Turkey, 1808 - 1975*, p.10.

② Erik J.Zurcher, *Turkey: A Modern History*, p.35.

③ 彭树智主编,雷钰、苏瑞林:《中东国家通史·埃及卷》,第195页。

④ Ira M.Lapidus, *A History of Islamic Societies*, p.616.

⑤ 彭树智主编:《阿拉伯国家史》,第181页。

产量的 1/5 左右,剩余棉花出口国外。①

军事工业是埃及工业化体系的重要一环。埃及企业的管理方式为军事化管理,工人被分成军事单元,如排、连、营等。而且许多工厂都与军事有关,如兵器、硝石、火药和造船等。1815—1816 年,开罗军工厂雇用了 400人。到 19 世纪 30 年代,已经有工人 4000 人,包括妇女与儿童。工厂能生产加农炮、高级战舰等先进装备,滑膛枪月生产数量达到 1600 支。② 军事装备已达到一定的规模,武器的技术水平达到十分先进的地步。

军事改革是整个改革的核心,阿里的目标不是简单地进行国家治理,或许有更大的野心,即征服整个奥斯曼帝国。③ 阿里废除雇佣制,实行征兵制,按照法国模式训练军队,采购先进武器来装备军队。

穆罕默德·阿里确立高度的中央集权,其目标是以法国模式,建立一个有效、专制、集权的现代化行政管理体系。他在中央设立国务会议、咨议会,按照欧洲模式建立军事、财政、贸易、教育、外交和内务各部。地方建立起省、县、乡、村各级行政机构,全国划分为 7 个省份。各单元之间隶属关系严格,体系严整,中央政府对国家各级机构的控制达到了前所未有的程度。

作为文盲的穆罕默德·阿里知道改革是一项系统工程,必须全方位地推进,才能确保改革的成功。他设立了公共教育部,采用欧洲国民教育体系创办学校培养人才,埃及的世俗教育迅速发展起来。1816 年,埃及成立第一所工科学校,两年后,第一所医科学校建立。阿里聘请外国专家担任教师,选派留学生去欧洲。从 1813 年到 1847 年,国家派 319 名埃及学生到英法等国留学深造。1822 年,埃及建立了国家印刷厂。1828 年,埃及出版了第一份报纸——《埃及战役报》。

阿里改革的历史意义在于他是第一个意识到西方技术的意义并有效利用西方技术的中东统治者。改革打破了埃及陈旧的社会秩序,推动了奥斯曼帝国其他省份的改革激情。埃及社会的权力结构发生了实际性的变动:

---

① Roger Owen, *The Middle East in the World Economy, 1800 - 1914*, I.B.Tauris & Co Ltd Publishers, 1983, p.70.

② Roger Owen, *The Middle East in the World Economy, 1800 - 1914*, p.71.

③ Stanford Shaw, *Reform, Revolution, and Republic: The Rise of Modern Turkey, 1808 - 1975*, p.11.

埃及总督穆罕默德·阿里像

埃及人在军队与行政机构中处于显赫的地位；乌莱玛与苏菲派失去昔日财政上的优惠待遇，成为调解政府与民众矛盾的中间人；新式地主的地位迅速上升。埃及经济发展，人口增加，成为奥斯曼帝国中最先进的省份。据英国驻埃及领事1817年的观察：农民的日子"一般来说好一些了，比过去要满意一些"。埃及的社会也发生了潜移默化的转变，呈现出伊斯兰—西方混合结构模式。文化领域呈现出双向性的互动交往，埃及文学受到法国文学的影响，后者也对阿拉伯文学加以塑造。阿里在伊斯兰世界这块古老地域上开改革之先河，埃及成为中东各国竞相模仿的榜样。马克思曾对此作如下评价：阿里是奥斯曼帝国中"惟一能用真正头脑代替'讲究的头巾'的人"，其统治下的埃及是"当时奥斯曼帝国的唯一有生命力的部分"。① 穆罕默德·阿里也以"近代埃及之父"而彪炳于埃及史册和世界改革史的名人谱中。

---

① 转引自彭树智主编：《阿拉伯国家史》，第182—183页。

第 七 章

近代中东的经济结构、
社会思潮与生态文明

第一节　工业文明冲击下的中东经济①

一、近代中东经济的制度基础与基本状况

从经济层面来说,奥斯曼帝国是前资本主义国家,其经济制度是研究中东制度文明的典型个案。

奥斯曼土地分为三类:官地、宗教寺院土地和私有土地。此外,在某些国家还保留有土地村社所有制。官地分为两类:俸田(哈斯)和军功田(扎米特和提马尔)。前者分封给素丹及王室成员、大臣和高级官员,后者授给战功赫赫的军事领主,可以继承,但必须承担征战的义务。宗教寺院土地在阿拉伯各地称谓不同:在叙利亚和伊拉克称"瓦克夫",在埃及称为"里兹基",在北非称"哈布斯"。宗教寺院土地收入全归寺院所有并免缴税收。因此,一些权贵将大量地产捐赠给清真寺、修道院和宗教学校。私有土地所

---

① 除特别注明外,本小节资料主要参考王三义:《工业文明的挑战与中东近代经济的转型》,中国社会科学出版社 2006 年版,谨致谢忱。

有者多为大地主,他们可以出卖、赠送和继承私有土地。国家对土地征税,土地税很高,达收获的半数。

奥斯曼帝国的税收制度分为三个主要类型:个人税(向个人或家庭征收,现金支付,年老体弱者以及残疾人可以减免)、贸易税(向市场销售的物品征收)与生产税(农场与生产活动的税收,包括进口税、出口税和企业税)。其他税收包括臣属国家的进贡,帝国企业的收入等。①

当然奥斯曼帝国的税收制度并不是整齐划一,在帝国广阔的版图内因习俗的不同而异,还包括地方的习惯税法。帝国税收制度包括什一税、人头税、施舍税、市政税、羊税等。什一税,农业生产的 1/10 都要缴纳给教会;人头税,收取对象是非穆斯林人,根据支付能力缴纳,数量不等;施舍税,刚开始是一些虔诚穆斯林的自愿行为,后来由国家正式收取,用于宗教活动;市政税,由市场检查员向工匠、技工、商人收取,用于办理特许执照和规范市场行为;羊税,向所有牲畜收取的"习惯税"。矿产税,国家向开矿业主收取收入的 1/5;印花税,对贵重金属和纺织品征收,必须盖上质量图章;度量税,为证明刻度和重量的准确而交的税。②

农民是奥斯曼帝国纳税的主体。大多数农民在官地上租种土地,负担多种赋税和劳役,少数农民在分成制基础上租种大地主私有土地。农民缴纳的税收主要有人头税、畜牧税和农业税。人头税与宗教信仰相关,因宗教信仰不同而纳税额不同。奥斯曼帝国时期,农民对土地享有世袭使用权和一定的转让权。埃及土地名义上是奥斯曼帝国素丹的私产,但土地所有权不久下移,转移到各个贝伊手中,贝伊将地产转移到包税人手中,控制着土地和依附于土地的农民。税收由农民交给包税人,包税人上缴贝伊,经过等级制的层层盘剥,帝国国库几乎得不到什么。但埃及农民负担沉重,有资料表明,上埃及一个农民的年收入是 5—8 帕拉斯,但其生活总费用为 2000 帕拉斯。③ 农民大都负债累累,生活处于崩溃的边缘。

---

① Metin M.Cosgel, "Efficiency and continuity in public finance: the Ottoman system of taxation", *International Journal of Middle East Studies*, Vol.37, No.4, 2005.

② Stanford Shaw, *History of the Ottoman Empire and Modern Turkey*, vol. I: *Empire of the Gazis: the Rise and Decline of the Ottoman Empire, 1280–1808*, Cambridge University Press, 1976, p.160.

③ Sir Hamilton Gibb and Harold Bowen, *Islamic Society and the West*, Vol.I, Part I, Oxford University Press, 1957, p.244.

　　税收归属与缴纳因地区而不同:伊拉克北部土地掌握在库尔德贝伊手中,它们向奥斯曼地方官员缴纳贡赋;南部土地属于部落集体所有,游牧和半游牧的部落拒绝纳税。个人税的征收主体是成年男子,税率因婚姻状况与土地拥有身份而不同。在匈牙利地区,个人税收的依据是门税,税收的标准是家庭而不是成年男子,耶路撒冷地区居民甚至不征收个人税。16世纪中期后,帝国某些省份的生产税额为1/10或1/15。但在1596年,巴勒斯坦、叙利亚南部、外约旦的税率在1/7到2/15之间。①

　　中东手工业在经济部门中历史久远,颇具代表性。从中世纪到18世纪的手工业发展具有以下特点:其一,规模小、技术含量低,基本是中世纪手工业技术的历史延续,没有技术创新和发展。其二,手工业的大体规模以原材料加工为主,可以分为初级、中级和高级三个层次。初级手工业主要在乡村地区,有的手工业者本身就是农民,他们在农闲季节从事纺织业、丝织业、制陶业、烧砖业等。中级手工业主要分布在城镇地区,工业产品主要供地方居民消费。高级手工业指的是一些大城市或工业中心的手工业生产,其产品大量出口。如伊拉克、埃及、叙利亚就是棉花、羊毛和丝绸加工的工业中心。埃及的加工油料远销到阿拉比亚,叙利亚的亚美尼亚人和基督教徒垄断了本地的珠宝业。18世纪末到19世纪初,波斯还出现了工厂手工业的雏形,布匹、地毯等手工业品远销欧洲。其三,由于战争和自然灾害、行会等级结构、家族手工技术的密不外传、政府对手工业技术重视不够,更重要的是西方先进工业技术和产品的涌入,18世纪晚期中东地区手工业产品在质量上出现了倒退。

　　学术界对中东行会制度的起源一直存在争议,有学者认为阿拉伯国家的行会是在奥斯曼帝国时期才出现的。② 奥斯曼行会制度继承了拜占廷帝国的行会制度,类型各异的行会有一套统一的规章制度,行会组织在"赛叶赫"的管理下实行等级制度。在行会制度下,徒弟向师傅学习技艺,但永远不能自立门户。行会组织开的店面都是老店面,不具有竞争性,因为政府禁止它们自由流动。在埃及,行会对手工业的束缚更为严重。手工业作坊技术落后、规模小,其产品销售方式一般是以物易物,还没有提升到商品货币

　　① Metin M.Cosgel, "Efficiency and continuity in public finance: the Ottoman system of Taxation".

　　② Metin Kunt, "Ottomans and Safavids: States, Statecraft, and Societies, 1500－1800", Youssef M. Choueiri ed., *A Companion to the History of the Middle East*, Blackwell Publishing, 2007, pp.237－238.

交换的水平。政府官员在行会组织中起着举足轻重的作用,手工艺人的地位低下。行会的管理并不掌握在赛叶赫手中,而是受政府官员"卡赫亚"和"伊吉特·贝西"控制。卡赫亚一般是退休官员,伊吉特·贝西是行会头目,产生于行会内部。随着帝国政府对技术交流限制的加强,手工业技术进步和规模拓展日益艰难。埃及行会组织控制在近卫军及其子孙的手中,原有手工艺人改行,这些纨绔子弟手工技术差,制造的产品质量低劣。这种落魄军人混入手工业者的现象在伊拉克、叙利亚等地较为普遍。

商业在中东社会生活中占有极其重要的地位,阿拉伯人、犹太人都重视商业发展,具有高超的经商智慧和历史传统。由于得天独厚的东西方贸易交往大通道的经商位置,使得中东远行贸易和过境贸易成为商业交往最具普遍性的贸易形态。16世纪,伴随着奥斯曼帝国的军事远征,其对外经济交往也活跃起来。东西方交往四条贸易通道都掌控在帝国手中,它们是大不里士—巴士拉丝绸之路;阿克曼—里沃夫商路;黑海—伊斯坦布尔的路线;也门和亚丁—印度的商路。1750—1850年,帝国贸易量尽管还处于上升的态势,但其在世界和全球贸易体系中的地位却在急剧下降。不过,中东转口贸易直到18世纪仍具有相当的优势。在近代东西方贸易交往的过程中,阿拉伯人、犹太人和土耳其人等中东商人已经处于国际贸易体系的边缘。欧洲人有雄厚的资本、丰厚的商业经验以及不平等的特惠条约,帝国还给欧洲人商业特权,这一切都是欧洲经济领先于中东经济的原因。

二、奥斯曼帝国财政的变化

查尔斯·伊萨维是研究中东经济的美国知名学者,他在其巨著《中东和北非经济史》开宗之言便是:"中东经济史最后200年的主体特征就是挑战与回应。"[①]挑战的主要内容是工业化、贸易渗透、军事入侵与殖民。中东政治精英面对西方的挑战,进行了变革图强的改革。改革的结果是中东各国非但没有摆脱经济困境,却日益进入以西方国家进行军事威胁、政治压力

---

① Charles Issawi, *An Economic History of the Middle East and North Africa*, Columbia University Press, 1982, p.1.

和经济控制为特征的边缘化社会。但中东经济仍在向前发展,表现在对外贸易交往的拓展、交通运输条件的改观、外国资本的流入、民众生活水准的提高、农业发展、有限的工业化与再工业化。[①] 作为中东社会经济变化的晴雨表,财政在某种程度上可以反映奥斯曼帝国经济变动的趋势,是研究帝国经济的最好个案。帝国财政具有四个特点:

其一,财政渠道来源多元化。奥斯曼帝国财政主要为帝国的军事扩张和征服服务,其来源是农业、商业和手工业,还包括向非穆斯林征收的人头税、战时加征的 1/5 临时税、在基督教属国征收的贡赋、关税、市场税。奥斯曼帝国还允许官员向个人、旅游者和过境商船收费,拓宽收费渠道。农业税在各种税收中占据主要份额,包括什一税和土地税。自 1850 年起,帝国财政总收入在 1.4 亿法郎到 1.68 亿法郎之间,其中大约 5000 万法郎来自什一税,4600 万法郎来自土地税,二者占帝国总收入的 60%。

其二,军事预算占国家财政的重要份额。1850 年后,帝国财政支出额为 1.73 亿法郎,战争费用为 6930 万法郎,海军费用 860 万法郎,文官薪俸 1700 万法郎,军事预算占第一位。10 年后奥斯曼帝国财政收入为 3.46 亿法郎,财政支出为 3.27 亿法郎,用于战争和海军的有 1.2 亿法郎。用于贸易、教育和公共服务的预算不到全部支出的 1%,民众福利的费用几乎没有。[②]

其三,帝国财政受欧洲资本冲击严重,并严重依赖西方,陷入难以自拔的债务危机。奥斯曼帝国的国库分为国家金库和私家金库两部分,前者管理帝国的各种收入,后者积储各种财宝现款。但帝国的财政管理混乱,也没有合理的财政预算和制定税收政策所必需的最基本的数据资料。19 世纪中后期,西方资本通过外债,吸引外国投资逐渐向奥斯曼帝国财政渗透。奥斯曼帝国大规模举债开始于 1853 年的克里米亚战争。1854—1857 年间,帝国政府向西方先后举债 16 次,总额达 2.43 亿里拉,实际所得仅 1.29 亿里拉。1847—1875 年政府预算收入 2500 万里拉,实际收入为 1700 万里拉,而该年度外债的还本付息额达 1300 万里拉,占政府收入的 76.5%。[③] 到

---

① Charles Issawi, *An Economic History of the Middle East and North Africa*, pp.1 - 170.

② Alfred Bonne, *State and Economics in the Middle East*, London, 1998, p.58.

③ 曹宏举:《利用外资须固守主权——西方资本与奥斯曼帝国的瓦解》,《西亚非洲》2000 年第 6 期。

1875年,奥斯曼帝国欠英、法外债总额为10亿美元,实际入账6亿美元,当年财政赤字达2200万美元。[1]

其四,外国资本控制了奥斯曼帝国的财政。1876年,帝国政府完全停止支付债务,实际上宣布帝国财政破产。1875年,帝国外债上升到2亿土镑,年支付1200万土镑,而帝国政府收入不过2200万土镑。1875年,奥斯曼帝国政府仅能偿还一半债务,其余的靠发行公债。[2] 外国资本通过以下渠道控制奥斯曼帝国财政:一是武力逼迫、条约规范。1881年,奥斯曼帝国在英法武力威胁的情况下颁布了清理1854—1875年帝国债务的《穆哈兰姆敕令》,国家税收的大多数项目(如盐和烟草专卖税、印花税等)都必须用来抵偿债务,新成立的"国债管理处"成为执行机构。二是控制要害部门。奥斯曼帝国的金融、交通、采矿等经济要害部门都被外国私人资本控制,特别是金融部门。19世纪50年代,土耳其、埃及、黎巴嫩等地建立了银行。1870年到1914年,大量私人资本投入到铁路、有轨电车、水、气、电等公用事业。三是建银行、修铁路。1842年,英法等国合股建立士麦拿银行。1847年法国人建立了君士坦丁堡银行。1856年英国人在伦敦建立了奥斯曼银行。1863年,法国加入该银行,并改名为"奥斯曼帝国银行"。19世纪90年代,德国在安纳托利亚、法国在叙利亚进行铁路投资。1895年,奥斯曼帝国的外国私人投资为7.14亿法郎,此后以每年1500万法郎的速度增长,到1914年达到11.44亿法郎。[3]

三、工业文明冲击下近代中东社会经济的特征

近代中东地区的社会经济结构同世界上大多数地区具有同构性,具有悠久历史的农耕文明生态是其主要生产方式。有如下特征:

第一,落后的农业有所发展。

到了近代,中东农业显示出传统农业所具有的落后性特征。农业生产技术落后,生产、灌溉工具数量少。一些较传统的科技发明,如水车、水磨、

---

① William Yale, *The Near East: A Modern History*, London, 1959, pp.93–94.

② [美]西·内·费希尔:《中东史》上册,第396—398页。

③ Charles Issawi, *An Economic History of the Middle East and North Africa*, p.69.

风磨都落后于西方,并且没有改进的迹象。中东地区灌溉农业和旱地农业并存。灌溉农业产量较高,一般在大河流域或近海平原,距离市场较近,农产品出售容易。中东旱地面积较大,主要依靠天然降水。而本地区一般降水量稀少,旱地农业土壤贫瘠,产量较低,农民的收入勉强糊口。但不管灌溉农业还是旱地农业,其劳动生产率都十分低下,农民遭受土地所有者的沉重剥削,在入不敷出的境遇下,生产者没有生产和改进技术的积极性。此外,中东农业落后还受交通运输、劳动者专业素质等因素的制约。

位于埃及首都开罗郊区、穆罕默德·阿里当政时期修建的水坝

　　近代中东的农业也有所发展,出口商品有棉花、烟草、丝绸、鸦片、酒、干果、谷类。[1] 农业发展主要得益于以下几个方面的变化:第一,统治者的强制性指令。穆罕默德·阿里控制下的埃及,素丹马赫穆德二世控制下的安纳托利亚地区、叙利亚和伊拉克等地区都是在统治者的强制下进行农业生产。第二,土地占有形式的变化。公有或部落占有土地的形式被私人占有土地所替代,勉强糊口型农业逐渐过渡到市场生产型农业,从而导致生产规模的扩大,生产技能的改进,农民生活方式以及生活水准的提高。第三,灌

---

　　① Charles Issawi, *An Economic History of the Middle East and North Africa*, p.2.

溉方式从自然降雨向人工灌溉转变,这主要得益于灌溉基础设施的完善,例如:埃及的阿里以及随后的英国人均曾努力筑大坝、挖运河、修水渠。第四,进出口公司的增多。这些公司大都是外国公司,如英国在埃及和伊拉克,法国在叙利亚和北非,英国、俄罗斯在伊朗,英国、法国、奥地利和意大利等国在土耳其创建的公司。通过这些外国公司,大量的农产品都出口到西方国家乃至世界各地。第五,抵押银行的出现。20世纪50年代,中东地区出现了银行系统,商业银行大都是外国人的。抵押银行主要迎合大土地所有者,这些农场主从银行贷款而扩大经营规模。

第二,妇女劳动力在奥斯曼帝国的社会活动中崭露头角。

一是以女性为主的家庭生产,在某些部门有所扩大。20世纪初,以男子为主的行会制造业出现衰退迹象,但以女工为主的手工纺织部门却处于扩大态势。1880年后,黎巴嫩、布尔萨地区的纺织厂劳动力全是女性。19世纪后期,马其顿、萨洛尼卡、伊兹密尔、阿丹纳、伊斯坦布尔等地工厂的劳动力以女性为主。马其顿纱厂1500名工人中75%是女性,通常是少女,甚至还有6岁的女童。[1] 二是随着西方廉价商品的涌入,女性地位下降。1820—1870年,中东地区引进欧洲丝织品和织布机,大约16万纺织妇女失去工作。[2] 三是妇女在职业上表现出多样化的特点。除了纺织业以外,妇女还在制鞋业、缫丝业、地毯制造等行业占有一席之地。但是客观地讲,妇女参与经济事务明显带有小农经济的印迹,其基本特征是妇女并没有成为经济交往中的一个独立的关键变量,而是与农业生产需求紧密相连。而且妇女参与经济事务只不过是家庭生产的有效补充,并不占主导地位。

第三,19世纪末,阿拉伯行省的新型工业也逐渐发展起来。

埃及的棉纺织业、制糖业和水泥工业发展较快,主要受阿里改革的影响。伊拉克各行省由于基础设施太差,劳动力缺乏,工业的主要部门是丝织业、毛织业和棉织业。巴勒斯坦地区的主要商品是肥皂,其生产完全控制在阿拉伯人的手中。新月地带的纺织业生产和销售规模大,产量多,有的地区(如叙利亚)还根据消费者不同需求,生产廉价和高价商品。但总体来说,

---

① Albert Hourani, *The Emergence of the Modern Middle East*, Macmillan, 1981, pp.256-259.

② 前引书:《工业文明的挑战与中东近代经济的转型》,第115页。

中东地区经济受西方廉价商品冲击很大。英国和瑞士的丝织品大批量涌入大马士革,价格是本地商品的 3/4,是贫困阶层的消费对象。

第四,在交通运输业兴起的条件下,中东贸易表现出以下特征。

一是交通条件改善是中东贸易发展的基本前提。内陆交通主要靠驼运,运输费用高,耗费时间长。19 世纪中后期,海运和公路运输发展迅速。1861 年,东印度公司船只取得底格里斯河和幼发拉底河的经营许可证。法国在黎巴嫩长时间进行公路建设,到 1900 年多山的黎巴嫩有 415 公里已完工的公路和 262 公里在建铁路。1851 年,埃及开始修建第一条铁路。奥斯曼帝国、阿尔及利亚、突尼斯和叙利亚的铁路修建分别始于 1857 年、1858年、1878 年和 1894 年。[①]

二是中东丧失了贸易中心地位,表现出依附的倾向性。近代中东已经不可避免地卷入国际贸易体系,成为初级产品的供应者和欧洲产品的销售市场。随着地理大发现和新航路的开辟,中东已经不再是东西方贸易的必经路径。18 世纪后期,埃及棉花的优势下降。主要原因是印度和美洲质量好、品种多的棉花大量流入欧洲,法国对中东棉花进口采取高关税政策,削弱了中东棉花的固有优势。与此同时,欧洲商品全面渗透到中东各地,包括农村,其客观后果是瓦解了本土经济体系与社会关系,对外贸易交往的依赖性加深。

三是英法德控制了中东贸易的主导权。伊拉克成为英国商品的销售市场和农产品提供者,1/3 商品输往英国及印度。英国纺织品在中东进口总额中占到一半以上。法国控制了叙利亚的生丝贸易,成为廉价农业原料产地。德国的贸易方式是全方位的,它积极争夺奥斯曼帝国的铁路修筑权,并以提供贷款的方式控制中东贸易。

第五,物价也是考察近代中东经济的一个关键变量。

研究奥斯曼帝国的物价发展趋势可以推测出货币条件与经济发展之间的关联。一般来说,稳定的货币政策有助于贸易和生产的扩张,货币不稳定对信贷、生产、贸易产生负面影响。经济繁荣或经济活动扩张使得国家财政收入急剧增加,有助于货币的稳定。因此物价变化趋势与经济条件之间的

---

①　Charles Issawi, *An Economic History of the Middle East and North Africa*, p.6.

关系紧密相联。这是货币经济学的最基本原理。西方学者的研究表明,奥斯曼帝国货币贬值与通货膨胀不是在 16 世纪末期或 17 世纪初的价格革命时期,而是在坦齐马特之前的 19 世纪初期,其原因在于战争、国内叛乱以及改革的制约。从 1469 年到第一次世界大战期间,奥斯曼帝国的物价指数增加了 300 倍,平均每年增加 1.3%。[①]

由于伊斯坦布尔地区的数据较为详尽,以该地区为研究个案更能透视帝国物价的变迁取向。该地区在 16 世纪末到 17 世纪中期的通货膨胀指数增加了 5 倍,这与 16 世纪物价革命有关。到 18 世纪,通货膨胀的情势更为强劲,一直持续到 19 世纪 50 年代,物价增加了 12—15 倍,主要原因是 18 世纪 80 年代的货币贬值与马赫穆德二世的改革。相对来说,1685—1780 年、1860 年到第一次世界大战期间,物价相对稳定。[②]

奥斯曼帝国价格变动的原因多种多样。从短期来说,最重要的因素是收成与战争。从长期来说,财政部门增加货币发行量使得货币贬值是物价增长的最重要原因。货币贬值的其他原因可能是来自一些赞同通货膨胀的社会组织压力。一些社会组织尽管从通货膨胀中得不到什么实惠,但它们宁可让政府增加税收。当政府面临通货膨胀时,一般都要增税,造成物价上涨,一些商人可从中渔利。但是一些城乡消费者群体反对这种经济变动。货币贬值造成民众对货币的怀疑和不信任。1585—1650 年、1808—1839 年通货膨胀期间,奥斯曼帝国货币被国民扔掷一边,一些外国货币却成为自由流通的主货币。[③]

四、东西方文明交往与近代中东城市化的启动[④]

城市和城市化是中东社会经济发展的重要标志,是文明提升的象征。从城市发展史的动态变迁来看,中东城市演变经历了三个阶段:

---

① Sevket Pamuk, "Prices in the Ottoman Empire, 1469—1914", *Middle East Studies*, Vol.36, No. 3, 2004.

② Sevek Pamuk, "Prices in the Ottoman Empire, 1469‐1914".

③ Sevek Pamuk, "Prices in the Ottoman Empire, 1469‐1914".

④ 本部分资料参考车效梅:《中东中世纪城市的产生、发展与嬗变》,中国社会科学出版社 2004 年版。

第一阶段,前伊斯兰时代的城市。前伊斯兰城市主要是防御外敌入侵、显示城市精英团体的财富和宗教仪式的中心。如埃及第 11 王朝崛起于底比斯,希腊人誉之为"百门之都"。马其顿人和罗马人入侵给中东城市带来两点变化:一是城镇数量增加;二是希腊式城市出现,该城市结构特别强调君主建筑空间的位置与公共建筑与城市设计的一致性。

第二阶段是伊斯兰城市。伊斯兰城市兴起的因素有二:一是以伊斯兰法为城市国家的治理基础。正如恩尼斯特·里南指出:"伊斯兰教是城市的宗教"。[①] 对于伊斯兰教来说,城市的建立和发展使得伊斯兰教有了举行宗教仪式的固定场所(如清真寺)。二是中东城市的发展与阿拉伯大帝国的开疆拓土形影相随。

第三阶段是东西方文明交往下的现代化中东城市。随着西方商业文明的大潮推进,中东地区固有城市贸易体系发生质变,新制度的引进,殖民主义下的崭新统治结构和模式,现代化的经营方式,使得传统的城市行会体系土崩瓦解,现代化的商业运行系统逐渐形成。

近代中东城市化具有如下特点:

第一,奥斯曼帝国时期中东城市区域扩大,人口增多,大城市的贸易中心地位日益突出。伴随奥斯曼帝国的对外扩张历史,城市化发生以下变化。一是城市的伊斯兰化进程加快。1557 年,苏莱曼素丹建立了苏莱曼清真寺,这是一个巨大的宗教建筑群,包括清真寺,5 个宗教学校,1 所医院,1 所医校,1 个公共厨房,1 所旅馆,一些陵墓、商店和喷泉。二是人口大量增加。到 17 世纪,生活在伊斯坦布尔的人口达到 70 万—80 万,是 1535 年的两倍。三是城市中宗教仪式的多元化形态。奥斯曼帝国的城市中每周有三种安息日,土耳其逢周五休息,犹太人逢周六休息,而基督教则在主日休息。

第二,中东伊斯兰城市由清真寺、手工业者和商人、从事经济活动的巴扎、城墙、城堡与王宫、居民区等要素构成。中东城市的行政体系是在哈里发领导下的多层次结构,包括省督、卡迪(法官)、市场监督员和公共道德监督员、社团谢赫和少数民族社团谢赫(犹太社团和基督社团)。

---

① Nezar Alsayyad, *Cities and Caliphs, On the Genesis of Arab Muslim Urbanism*, New York, 1999, p.15.

第三,中东城市的阶级结构和社会结构表现出以下特点:一是阶级结构的等级性。中东社会由统治阶级和被统治阶级构成:前者包括官僚机构的雇员、乌莱玛阶层,后者是商人、手工业者、农民。此外城市中的奴隶是被统治阶级,他们是主人的财产,可由主人买卖、转让、继承和出租。二是中东城市阶级中没有形成完全意义上的市民社会。市民阶层是与民主政治相联系的,是西方中世纪城市的主要部分。但在中东城市大商人不会将资金转向生产,而是投入传统的农业经营,因此难以形成西方意义上市民社会。三是中东城市政治、军事职能突出,家庭是最基本的经济活动单位。中东城市的政治、军事职能很突出,开罗、伊斯坦布尔和德黑兰等皆如此。中东城市生活的中心是家庭及其所属的宗教、社区团体,因此家庭手工业是经济活动的主体。

第四,西方工业革命对中东城市文明的影响是多层面的。一是中东城市的商业贸易方向和贸易内涵发生变化。随着对外贸易的不断扩大,其内容日益丰富。内外贸易的发展导致城市交通运输、金融、通信、现代工业等新兴经济部门出现,城市传统经济结构和社会结构发生变化。二是西方新观念使得许多中东知识分子开始睁眼看世界。中东城市出现世俗学校、现代报纸、西方书籍和医院。拿破仑在埃及创办埃及研究院,建立阿拉伯印刷厂。1828年,埃及创办了阿拉伯世界的第一份报纸——《埃及纪事》。三是西方法典、管理制度和教育体系的引进,使得乌莱玛垄断知识显得过时。出国留学的知识分子接触了西方民族主义思潮、科技救国思潮、现代法制思潮和革命思潮,他们回国后将具有各种现代特征的社会观念、开放观念、竞争观念、改革观念和效益观念带回本国,促进了中东城市现代化的变革之风。四是西方殖民行为改变了中东城市性质,使其成为殖民地或半殖民地的象征。殖民主义的经济侵略阻碍了中东民族主义的发展,在某种程度上使中东经济处于边缘化的地位,城市现代化受阻。

第五,中东城市走向现代化之路还与中东社会内部的改革之风以及帝国结构性变革的程度、深度和广度密切联系在一起。中东国家的政治改革为城市现代化提供了较为宽松的发展环境,土地所有制方式的变革使得经济运行机制由以前的自给自足的封闭型经济模式向市场经济过渡,农村劳动力大量移入城市,成为劳动力市场的生力军。西方化的改革还引领中东走上民族主义与现代化,奥斯曼帝国的民族工业从无到有建立起来,成为城市发展的推动力量。

第六,内外力作用下的中东城市现代化表现出以下几个特征:一是建立了西方式的现代行政管理体制。1789 年,拿破仑占领埃及后,开始引进现代化的行政方式管理开罗。在奥斯曼帝国启动改革后,伊斯坦布尔成为欧式市政模式改革的场所。二是市政机构的功能日益突出。1874 年,德黑兰尝试着建立一种提高市民政治地位的"城市议会",一年后该议会解散。三是城市市容的现代化改革。拿破仑拆除开罗胡同,有碍市容的民房和寺院,穆罕默德·阿里注重城市的卫生建设。1832 年,英国旅行家约翰·倭马克辛(John Vemarksin)到开罗后深有感触地写道:"先前肮脏的街道,让人反胃,现在清洁的城市,引人注目,每天要打扫三次……垃圾放成堆,400 辆牛车将其运送到城外。"①德黑兰的城市现代化开始于 19 世纪 50 年代,德黑兰的市容建设是由法国设计师勃朗将军设计的,新规划的城市呈现出一片欧洲的景象。有的旅行者描写德黑兰是位于森林中的城市,是"梧桐绿洲中的一片水泥城"②。

第二节　内外文明交织下的中东多样性社会政治思潮

一、塔尔齐及其政治民族主义思想③

马赫茂德·塔尔齐(1865—1933 年)是青年阿富汗派的主要奠基人,进步的民族主义思想家和政治家。他是 20 世纪初期亚洲民族主义的杰出代表之一,其对于近代阿富汗的历史功绩不亚于甘地之于印度、凯末尔之于土

---

① 车效梅:《中东中世纪城市的产生、发展与嬗变》,第 166 页。
② Madanipour Ali, *Tehran : The making of a Metropolis*, Chichester, 1998, pp.34 - 35.
③ 参见彭树智:《东方民族主义思潮》,第 201—239 页;彭树智:《阿富汗杰出的民族主义者塔齐尔》,《河南大学学报》1982 年第 4 期。

耳其。塔尔齐出身贵族名门,后因父亲古拉姆·穆罕默德同国王阿卜杜尔·拉赫曼政见相左,随父亲游走叙利亚并接受教育。"塔尔齐"是古拉姆写诗时用的笔名,后成为儿子的名字。在叙利亚,擅长吟诗作赋的塔尔齐对民族主义产生浓厚兴趣,他的写作激情迅速转向政治领域。由于政治迫害,塔尔齐随父亲颠沛流离,游历了伊斯坦布尔、埃及和法国,目睹了英俄殖民侵略下奥斯曼帝国的"碎片化"状态。除了青年土耳其人的启蒙活动,埃及民族主义以及西方民主思想对塔尔齐民族主义政治思想的形成有着深刻的影响。迥异的异域风情和独特的经历和社会生活,"为他作为一个现代化的倡导者、民族主义者和泛伊斯兰主义的宣传者准备了条件"①。

塔尔齐民族主义政治思想包含三个层次的系统结构:

一是理性主义的实证结构。塔尔齐在欧洲旅行期间受到达尔文、赫胥黎、海克尔和毕希纳等实证主义学说的影响,因而摆脱了伊斯兰教的束缚,建构了理性主义的政治思想。一方面他感到现代科学技术、先进治国理念在中东民族主义中的地位和作用,另一方面他从理性主义的系统思维中感受到阿富汗祖国实现独立、摆脱英国统治的必要。塔齐尔的理性主义表现在以下几个方面:第一,系统而理性地阐释了阿富汗和伊斯兰社会落后的原因。1890年,塔尔齐写了《三大洲旅行记》一书,这是塔尔齐民族主义思想形成的重要标志。作者在遍游各国的基础上,用宽泛的政治视角和敏锐的社会洞察力,阐释了阿拉伯社会存在的问题。他认为阿富汗落后的根本原因在于统治者贪恋战争,将力量集中在军事和技术层面,以致知识、理论和应用科学落伍。第二,指出了阿富汗改变落后面貌的方式和出路是政治上的完全独立和现代化变革。第三,反对阿訇的因循守旧和宗教狂热。他认为阿訇孤陋寡闻,宣扬蒙昧主义,斥责他们对新生事物的恐惧和敌视。

二是革命主义的宗教结构。塔尔齐并不是同伊斯兰教彻底断绝关系,而是反对宗教中的消极因素。塔齐尔的革命主义行为并没有宗教改革主义的声势浩大和意义深远,中东地区特殊的宗教地域性特点使其革命主义行为被圈定在宗教结构的范畴之内。塔尔齐在《道德论集》中直截了当地说:"基本的道德教育是宗教",书中洋溢着对伊斯兰经典著作的热情。塔尔齐

① 彭树智:《东方民族主义思潮》,第212页。

受阿富汗尼与青年土耳其党人的影响,主张阿富汗社会的伊斯兰原则。塔尔齐在《道德论集》一书中坦露了这一想法,他写道:"我直接接触了青年土耳其党人,对他们的思想产生兴趣,并投入政治和民族运动,这就特别丰富了自己的经验。"①正是在奥斯曼帝国民族主义行为影响下,塔尔齐用《古兰经》诠释民族主义思想和实践的合法性,积极寻求拯救阿富汗的现实途径。

三是科学主义的知识结构。这主要体现在以下两点:第一,他认为阿富汗落后和遭受殖民统治的原因是民众缺乏系统教育和知识体系。为此,他号召政治精英和知识分子提高自身教育素质和文化知识,启发和唤醒民众的爱国主义。他还有预见性地指出,20世纪是"知识和科学的世纪"。第二,强调了知识分子应该用科学主义的精神去完善民众的知识结构。他认为知识分子应该担任起启蒙工作的神圣使命,民众普及教育和知识是实现阿富汗独立政治形态的手段。他认为"科学离开了实践,就像没有灵魂的肉体一样"②。

塔尔齐的政治民族主义思想既体现了近代中东历史的时代烙印,也代表了许多中东民族主义者的心声,同时也凸显了它自身个性禀赋。塔尔齐的民族主义观要求阿富汗实现民族国家独立的政治生态观,伊斯兰民众接受知识的教育开化观,标志着塔齐尔民族主义政治文化思想的最终形成。

二、阿富汗尼与伊斯兰现代主义

19世纪初,东西方文明交往出现了失衡状态,许多泛伊斯兰主义思想家探索伊斯兰改革之路。泛伊斯兰主义的代表人物贾迈勒·丁·阿富汗尼(1839—1897年)是近代伊斯兰现代主义的领袖和古典泛伊斯兰主义的杰出代表。阿富汗尼据说出生于阿富汗喀布尔附近的阿萨达巴德城,③他自称侯赛尼,是著名六大圣训家之一——齐尔穆兹的后裔。阿富汗尼自幼受过良好的教育,对穆斯林哲学产生浓厚兴趣。他是一个政治鼓动家、鼓舞人

---

① 彭树智:《东方民族主义思潮》,第214页。

② 彭树智:《东方民族主义思潮》,第215页。

③ 有的学者认为阿富汗尼是伊朗人,为了得到逊尼派的支持而自称为"阿富汗人"("阿富汗尼"即此意)。见 Ira M.Lapidus,*A History of Islamic Societies*,p.620.

心的演说家、一个具有新奇思想和丰富想象力的人,他的学识领域包括神学、自然科学、哲学与神秘主义。他先后在阿富汗、印度和伊朗求学,到麦加朝觐。长期的游学生涯,造就阿富汗尼渊博的知识结构和优秀的文化素质。阿富汗尼一生既显贵又卑下,他在阿富汗供职于埃米尔道斯特的宫廷,曾经被任命为大维齐,不久国内发生政变被迫逃往伊朗,侨居印度。他还受奥斯曼帝国素丹阿卜杜尔·阿齐兹的邀请,来到首都伊斯坦布尔,受任为教育部的一名官员,但不久由于伊斯兰教法典解释官哈桑·法赫米对其演讲内容的歪曲,被扣上"反伊斯兰教"的罪名。阿富汗尼在紧张的氛围中逃往埃及。在埃及的 8 年是阿富汗尼政治思想和政治活动的辉煌时期,他先后在爱资哈尔大学任教,1877 年创办了《埃及报》,1871—1879 年间担任"民族党"的领袖。在此期间,他的思想主要沿着两条路径发展:一是要求穆斯林在反殖民主义斗争中联合的思想;二是穆斯林要掌握西方科学技术,用殖民者的武器击败殖民者。

伊斯兰现代主义的代表人物贾迈勒·丁·阿富汗尼

阿富汗尼发动了一场伊斯兰动员与团结的革命,《伊斯兰百科全书》称他为"现代穆斯林反殖民主义之父"。阿富汗尼认为泛伊斯兰主义是穆斯林在西方文化挑战下的反应,他在中东各国游历时就有这种感受。1857 年,阿富汗尼在麦加朝觐期间,开始在各国的穆斯林中间宣传"伊斯兰大同盟"的思想,宣传团结和统一的伊斯兰世界,建立一个反对西方殖民主义侵略的伊斯兰国家联盟。阿富汗尼的可贵之处在于他敢于承认伊斯兰教阻碍了科学发展,他反对伊智提哈德(创制)之门已经关闭的说法,认为"伊智提哈德之门重新开启"。[1] 伊斯兰世界在 19 世纪

---

① Ana Belen Soage, "Rashid Rida's Legacy", *The Muslim World*, Vol.98, No.1, 2008.

落后了,他认为造成这种落后的原因是穆斯林统治者的专制腐败和西方殖民主义的侵略,强调伊斯兰世界团结的必要性。

阿富汗尼未留下完整的宗教哲学体系,但有学者将其政治文化理论归结为四个要素,即伊斯兰教、穆斯林民族、伊斯兰世界、欧洲列强。① 其核心思想是抵制西方力量与伊斯兰世界的不平等交往,警醒穆斯林意识受到西方入侵的潜在威胁。② 他主张全世界穆斯林联合起来,建立一个哈里发领导下的世界性伊斯兰国家。阿富汗尼的最高理想是使穆斯林在信仰、道德、政治方面恢复到正统哈里发时代,他后来发现自己的观点无法实现,又主张建立伊斯兰教国家联盟。阿富汗尼在晚年把泛伊斯兰主义的主旨更加明确地表述为反对殖民主义的意识形态原则,即伊斯兰民族主义。他突出传统文化的本体性,提出复兴民族历史文化的重要性,强调穆斯林对抗西方干涉的迫切意义。他愿意在国家和民族"大难当头"时,献身于"圣战"事业,"宁愿英勇战死而不愿过着屈辱的生活"。③

阿富汗尼认为伊斯兰团结是民族独立的关键变量。④ 伊斯兰教的团结精神超越了种族的团结精神,阿拉伯帝国衰落的原因在于伊斯兰教的团结精神在穆斯林中间衰落了。他说:"伊斯兰教是团结阿拉伯人、土耳其人、埃及人、摩洛哥人最强大的精神纽带。"⑤阿拉伯民族团结要依靠伊斯兰教的精神纽带作用。阿富汗尼认为具有理性、科学、行动主义和爱国主义特性的伊斯兰教是穆斯林民族团结的基础。⑥ 一些西方学者认为阿富汗尼并不是真正关心宗教而是看重伊斯兰教的动员能力。⑦ 此外伊斯兰现代主义者指出了民族团结和民族语言的联系。阿富汗尼说:"一个不团结的民族,一个没有自己文字的民族,一个没有自己母语的民族,一个没有历史的民族,便无荣誉可言。如果当政者不能设法保护和恢复其臣民对历史上英雄人物

---

① 彭树智:《东方民族主义思潮》,第306—317页。
② Ira M.Lapidus, *A History of Islamic Societies*, p.620.
③ 吴云贵:《穆斯林民族的觉醒——近代伊斯兰运动》,中国社会科学出版社1994年版,第65页。
④ Ira M.Lapidus, *A History of Islamic Societies*, p.620.
⑤ 彭树智:《东方民族主义思潮》,第312页。
⑥ Ira M.Lapidus, *A History of Islamic Societies*, p.620.
⑦ Ana Belen Soage,"Rashid Rida's Legacy".

的回忆,这个民族便无历史可言。"①

阿富汗尼认为改革伊斯兰教是必要的,因为宗教是科学技术发展、政治力量团结的道德基础。对阿富汗尼来说,伊斯兰教是适应现代社会发展的精髓元素,是一种理性的宗教与自由的思想。古兰经应该得到理性的解释,个人在不同的历史时代可以对其重新解释。通过强调对古兰经的再解释,阿富汗尼认为伊斯兰教应该成为现代科学社会的基础。②

阿富汗尼所倡导的伊斯兰现代主义促进了伊斯兰世界对西方文明的警醒,双方的交往内容更为理性,穆斯林社会开始从内部交往的限度来考察东西方不平等的根源,现代主义所倡导的科学、理性、团结精神推动穆斯林社会从传统文明向现代社会的转变。

三、拉希德·里达及其伊斯兰民族主义

拉希德·里达(1865—1935 年)是伊斯兰现代主义的激进派。1865年,里达出生在的黎波里(现在的黎巴嫩)附近的小村庄。据说,其家族是穆罕默德的后裔,虔诚的伊斯兰教徒。里达的父亲是一位伊玛目,他先在一个清真寺学校接受宗教教育,后到的黎波里投师于著名宗教学者侯赛因·基斯里学习伊斯兰教。里达是伊斯兰教的大力宣传者,他到清真寺、咖啡馆讲授伊斯兰教教义,组织家庭妇女集体学习伊斯兰知识。1884 年 3 月到 10月,阿富汗尼及其合作者穆罕默德·阿布杜的论文在阿拉伯世界广为流传,两人对阿拉伯世界与伊斯兰教的深入剖析深深影响了里达的思想及其后来的生活。他感觉到这篇论文开拓了自己的视野。他给被软禁在伊斯坦布尔的阿富汗尼写信,主动要求成为他的弟子。可惜直到 1897 年阿富汗尼死去,这位年轻人也没有机会见上他的精神导师一面。

19 世纪 80 年代中期,里达在的黎波里会见了穆罕默德·阿布杜,当时阿布杜正因卷入奥拉比起义而在贝鲁特流放。1894 年,里达与阿布杜建立联系。1897 年,里达获得了乌莱玛的名号,他决定加入阿布杜的组织。他

---

① 彭树智:《东方民族主义思潮》,第 313 页。

② Ira M.Lapidus, *A History of Islamic Societies*, p.620.

建议阿布杜出版期刊杂志,传播他的现代主义思想。几周以后,其杂志《马纳尔》出版,直到 1935 年里达去世,他一直是该杂志的编辑与主要撰稿人。他攻击了传统乌莱玛思想与西方化精英意识,分析了国际形势,批评了《古兰经》中的一些思想。《马纳尔》杂志是里达发表伊斯兰现代主义思想的阵地。正如胡拉尼所说:"《马纳尔》就是他的生命。"①

里达与阿布杜不同之处在于,后者从流放地归来后消极厌世、躲避政治,将精力投入教育和司法改革,而里达却积极参与政治活动。他支持奥斯曼帝国反对西方的殖民活动,但他不喜欢阿卜杜·哈米德的独裁专制。基于那样的心情,1897 年他与一些志同道合的朋友共同创立了奥斯曼立宪政府社团,对青年土耳其党的所作所为寄予厚望。据说,阿卜杜·哈米德听说该社团成立后 3 天未眠,直到他在埃及的间谍告知他该党是"腐败的会社"后才松了一口气。② 但青年土耳其党人随后的"土耳其化(Turk)政策"以及对不同政见者的压制,使里达大失所望。他随后组成了"分权党",目标是阿拉伯各省脱离奥斯曼帝国实现自治。1914 年,里达在《灯塔》杂志上发表了《奥斯曼帝国诸种族》一文,提出了以伊斯兰教和阿拉伯语为基础的"阿拉伯团结"。他认为阿拉伯人作为穆斯林,只有"宗教的民族性"意识。因此被一些学者称为"伊斯兰民族主义"。一战期间,里达赞扬了麦加谢里夫家族领导的阿拉伯民族起义,但对谢里夫依靠英国实现阿拉伯民族独立的做法持批评态度。1919 年,里达回到家乡,被推举为议会议长,主张在费萨尔领导下实现大叙利亚的独立。1921 年,他在日内瓦与志同道合人士一起组织了叙利亚—巴勒斯坦议会,抵制西方国家分割阿拉伯地区版图和巴勒斯坦的犹太复国主义。1926 年,他支持瓦哈比运动征服麦加,宣布拥护沙特的统一大业。1935 年,里达从苏伊士到利雅得拜访伊本·沙特,途中去世,享年 70 岁。

里达的思想主要表现在以下三个层面:

第一,徘徊在传统与现代之间。

拉希德·里达的早期思想深受阿富汗尼与阿布杜的影响。他认为乌莱

---

① Albert Hourani, *Arabic Thought in the Liberal Age, 1798—1939*, Cambridge University Press, 1983, p.226.

② 彭树智:《东方民族主义思潮》,第 319 页。

玛是伊斯兰改革的最大障碍,他甚至认为乌莱玛是穆斯林世界进步的最大阻力。他在 1900 到 1902 年出版的《马纳尔》杂志上发表了一系列题为《改革主义与模仿者之间对话》的文章。里达批评乌莱玛阻止伊斯兰教进行社会改革,这些批评使得一些受过教育的精英人物认为进步就意味着放弃宗教,因此一些政治家引进西方制度以解决伊斯兰教不能应对的挑战。但是世俗主义的洪流使得里达意识到西方现代化的"威胁"。

在里达看来,不承认阿丹(即亚当)与易卜拉欣曾经存在的穆斯林根本就不算穆斯林。反对与《古兰经》文本相矛盾的科学与理性。在对待伊斯兰经典上,阿富汗尼认为"《古兰经》与真正的圣训"是伊斯兰学说的基本原理。但在实际生活中,他经常引用《古兰经》,很少提及圣训。就阿布杜本人来说,他对圣训的大多数内容公然持怀疑态度,认为只有《古兰经》才是穆斯林的权威指导。

毫无疑问,阿富汗尼与阿布杜都接受了传统的宗教教育,拥有扎实的宗教知识。但是两人在文章中避免提及伊斯兰原初教义,除非这些可以用来支撑自己的观点。阿布杜经常指责中世纪具有叛逆精神的乌莱玛,如泰米叶。与此形成对比的是,里达经常提及这些中世纪的学者,将他们的言论奉为经典。可以承认,在某些情况下,里达的行为试图在现代主义者与模仿者之间寻找机会,寻求二者对话的机会。

第二,强调哈里发的领导地位。

里达认为奥斯曼帝国是穆斯林的支持力量,主张在哈里发领导下成立全世界穆斯林的伊斯兰社会,即"宗教祖国",首都在麦加。里达最后发现阿卜杜尔·哈米德并不乐意成立协商式政府(consultative government),转而支持青年土耳其党人与哈希姆家族领导的阿拉伯民族起义。但是大战开始以后,阿拉伯人受到两件事打击:一是西方国家分割并占领阿拉伯世界,这是战争期间对允许阿拉伯人独立诺言的背叛;二是奥斯曼帝国的崩溃与凯末尔力量的崛起,后者实行深层次的世俗化政策。1922 年,凯末尔剥夺了哈里发的世俗权力,两年后将之彻底废除。

凯末尔革命是对里达的沉重打击。在他们看来,哈里发是伊斯兰团结的代表,也是抵制西方政治、文化力量入侵的最后一道防线。里达认为哈里发是穆斯林政府合法性的来源。他写了一系列文章,题目为《哈里发或最高伊玛目》，文中从传统的历史视野重新论述了哈里发制度的优越性，认为真正的哈里发是那些由穆斯林社区选择的，满足中世纪乌莱玛的规定条件：即他们必须是男性、自由、勇敢、有理智，但最基本一条是承认主权在于民，哈里发的职责仅仅是穆斯林社区的代表，以实现穆斯林民众意愿为己任。①

在谈及穆斯林青年的民族主义时，里达指出在他为祖国人民服务之际，伊斯兰教已经赋予他以荣誉和更高的地位。他作为穆斯林整体之一而高于他的人民，他自己的祖国仅是他的宗教祖国的一部分。

里达以现代自由主义的模式规范了伊斯兰基本原则，他认为哈里发制度是有史以来最好的制度，优越于西方的议会制度。在谈及西方立法的公平水准时，里达认为沙里亚效果更佳。关于恢复哈里发制度的可能性，里达承认现在的条件并不乐观。但他并不是束手无策，而提出如下建议：在一小块领土上，所有穆斯林聚集在其周围，就像天主教徒聚集在罗马教皇周围一样。哈里发权力相当于罗马教权。②

里达积极支持并推进瓦哈比事业，而阿布杜却对之加以谴责。里达对沙特征服麦加给予较高的评价，"这是伊斯兰教长期渴望恢复昔日辉煌的幸事"③。他向改革党施压，支持瓦哈比运动，反对破坏伊斯兰团结的内外力量、什叶派狂热分子、"无知的坟墓崇拜者"以及西方无神论宣讲者。

第三，对非逊尼派穆斯林的态度。

里达对待非逊尼派并不宽容，他认为什叶派是犹太人或者袄教的阴谋，目标是歪曲伊斯兰教，削弱阿拉伯人。他认为什叶派应该为鞑靼人与十字军入侵负责。1911 年，里达发表了一系列名为《穆斯林与科普特人》的文章，他对穆斯林的质朴与分裂感到懊悔。他嘲笑科普特人是"异教徒、真主痛恨"的埃及法老的后裔。④ 除了科普特人外，里达指责东方基督教徒是西方殖民力量手中的工具，与西方异教徒一起反对伊斯兰教。

里达是典型的反犹主义者，他在其文章《巴勒斯坦革命》中列举了犹太

---

①　Ana Belen Scage, "Rashid Rida's Legacy".

②　Bobby S.Sayyid, *A Fundamental Fear, Eurocentrism and the Emergence of Islamism*, Zed Books, 2003.

③　Ana Belen Scage, "Rashid Rida's Legacy".

④　Ana Belen Scage, "Rashid Rida's Legacy".

人的一系列恶习：自私、沙文主义、狡猾而背信弃义、对其他民族的压制、剥削以及肉体消灭。

里达认为资本主义是奴役世界的工具，他们通过金钱购买了权力、影响力，而被奴役者失去了争斗的勇气。[①] 阿富汗尼与阿布杜曾经游历欧洲各地，对欧洲文明、风土人情都了如指掌。但里达仅去过一次欧洲，是在1921年参加叙利亚—巴勒斯坦会议。他不懂欧洲语言，也不费心去学习，反西方情绪较为严重。他认为伊斯兰教可以解决困扰西方社会的所有问题。[②]

里达思想是在中东地区内忧外患的境遇下形成的伊斯兰民族主义思想。其思想的显著特点是以阿拉伯民族主义事业来反对土耳其人。他认为阿拉伯人对伊斯兰教的贡献比土耳其人要大。但他对阿拉伯人偏爱的前提是对伊斯兰教的尊重与热爱。里达的伊斯兰民族主义思想为未来的阿拉伯民族主义思想奠定了基础。

四、萨提·胡斯里的阿拉伯民族主义

萨提·胡斯里（1882—1968年）生于也门，父亲迈哈迈德为叙利亚人。由于他将历史、现实和理论结合起来，使得阿拉伯民族主义具有整体的思想概貌和宽泛的理论深度，因此被尊称"阿拉伯民族主义精神之父"。

萨提·胡斯里的阿拉伯民族主义思想来源有三：

第一，奥斯曼帝国本土民族主义理论的影响。他自幼接受伊斯兰教传统教育，后来在奥斯曼帝国首府伊斯坦布尔学习自然科学，并在巴黎、瑞士和比利时学习。在国外求学期间，他同阿拉伯秘密会社和青年土耳其党人建立联系，受到民族主义的熏陶。阿拉伯学者伊本·赫勒敦的社会历史哲学对胡斯里民族主义思想影响深刻。1943、1944和1961年，胡斯里将伊本·赫勒敦的书依次出版，并进行了全新的解释，这成为胡斯里思想的重要来源之一。

第二，对德国民族主义者思想的继承和超越。在西方留学期间，萨提·

---

① Ana Belen Scage, "Rashid Rida's Legacy".

② Ana Belen Scage, "Rashid Rida's Legacy".

胡斯里熟悉卢梭、勒南以及伊本·赫勒敦的文化语言和历史观。胡斯里的民族主义理论在某种程度上集成了德国民族主义同伊本·赫勒敦的民族主义概念。但胡斯里并不像早期阿拉伯社会主义那样对西方社会主义思想的模仿和简单重复,而是在继承、融合和吸收的基点上进行了复杂的解构和超越。胡斯里赞成德国民族主义将"国家"与"民族"断然分开理解的浪漫情怀,还强调严格区分二者的必要性,这一理念成为"泛阿拉伯主义"的理论基础。他一直坚信统一的阿拉伯民族会超越阿拉伯国家形态而存在。胡斯里接纳了德国民族主义著名人物赫尔德的诸多观点,但并不认同赫尔德对"人民"、"民族"和"民族性"的模糊界定。他认为赫尔德忽视文化民族对民族国家的渴求。胡斯里推崇费希特和阿恩特的思想,认为前者赋予德国民族主义者以严密和哲理,后者则赋予它以"魅力"和"艺术吸引力"的形态。胡斯里从德国民族主义的历史经验联想到阿拉伯民族主义的真实内容,他希望再现阿拉伯民族历史的辉煌。

第三,阿拉伯世界的民族主义运动以及胡斯里的社会经历是其思想的实践基础和来源。法国殖民军对叙利亚的占领对他触动很大,胡斯里十分反感法国在叙利亚的殖民主义行为。他曾经在奥斯曼帝国教育部任职,1920年又成为叙利亚教育大臣兼国王顾问。在此期间,他的阿拉伯民族主义理论基本形成。

萨提·胡斯里的民族主义政治思想包括三个相互联系而又独立的系统:

第一,阿拉伯民族主义的整体政治文化观。1940年,胡斯里在一次极端民族主义俱乐部讲话中说:"我希望实现的自由不是结尾而是更高生活的开端……为了民族利益,有时需要一个人献出生命,在某些情况下也使得献出自己的自由成为一种必要……在必要时,一个人如果不愿意为了民族的自由而献出自己的自由,他自己本人,他的人民,甚至他的祖国都无自由可言。一个人如果拒绝为自由的民族献身,他有一天就会站在另一个迟早征服自己祖国的民族的一边。这就是为什么我反复强调,爱国主义和民族主义高于一切……甚至高于自由……。"[1]这一段话说明胡斯里的阿拉伯民

---

① 彭树智:《东方民族主义思潮》,第377页。

族主义政治文化观是一个多层次的文化单元:第一层次是民族主义和民族利益,在胡斯里的政治文化观中处于核心和最高层次。第二层次是个人自由。他认为民族自由是第一位的,个人自由是第二位,个人自由要服从民族自由。胡斯里的阿拉伯民族主义还强调了民众团结以及绝对服从国家的支配,要求个人对民族国家怀有高度忠诚。第三个层次是对民族诸要素的理解。他认为共同语言、历史传统是民族形成的最强有力和最有效的纽带。用胡斯里的话说,语言是一个民族的灵魂,历史是一个民族的意识。"一个只保持自己语言的民族而忘记了自己的历史,就如同一个人生活在一个无意识的国家之中。"①

第二,埃及民族主义的阿拉伯属性观。他的贡献有两点:一是他认为埃及是阿拉伯民族的一部分。早期的阿拉伯民族主义者一般认为埃及属于非洲的柏柏尔民族,否认埃及是阿拉伯民族的一部分。二是扩大了阿拉伯国家的地域范围。阿拉伯民族的概念一般被局限在亚洲的阿拉伯人。1937年,沙克柏·阿斯澜在讲话中将阿拉伯国家的范围限定在伊拉克、叙利亚、黎巴嫩、巴勒斯坦、沙特阿拉伯等阿拉伯半岛地区。实际上埃及也不希望做奥斯曼帝国的臣民,有埃及学者认为包括埃及在内的阿拉伯统一观点"纯粹是臆想"。胡斯里论证了埃及在阿拉伯民族主义中的角色和功能。他指出埃及民族主义者反对泛阿拉伯主义的原因在于 19 世纪后埃及历史发展的独特性,认为埃及民族的特点可以接受泛阿拉伯主义,并成为阿拉伯民族主义的领导者。胡斯里批评了埃及民族主义和各种地区民族主义的思想。

第三,泛阿拉伯主义的伊斯兰宗教观。在许多泛伊斯兰现代主义者看来,泛阿拉伯主义和泛伊斯兰主义是两个背道而驰的矛盾主体。胡斯里竭力证明二者的协调统一,并提出以下观点:一是二者的兴起具有相似的历史背景,即奥斯曼帝国的"土耳其化"政策使然。二是胡斯里与阿富汗尼一样大体上承认民族性存在的观点,并在阿富汗尼的论著中找到二者的共同点。三是胡斯里尽管强调阿拉伯民族的历史地位,但同时突出伊斯兰教对阿拉伯人的意义。他承认伊斯兰教是阿拉伯文化必不可少的一部分,认为没有《古兰经》,阿拉伯语将与拉丁语的命运无异。四是区分阿拉伯团结和穆斯林团

---

① 彭树智:《东方民族主义思潮》,第 381 页。

结的概念,指出二者相互支持,明确了阿拉伯团结是穆斯林团结的前提。胡斯里认为团结是"政治团结",是一个确定原则下的团结,不是一般穆斯林兄弟会关系的团结。至于有人认为阿拉伯民族主义者用"阿拉伯团结"反对"穆斯林团结"的说法,胡斯里认为这是孤立穆斯林国家的阴谋,阿拉伯人团结是阿拉伯民族自身生存的一个自然结果。①

五、埃及地区民族主义者及其民族主义理念

中东地区的阿拉伯民族主义者强调阿拉伯地区地缘文化板块文明的特性,突出地域特色的文化认同、利益认同和政治认同。近代埃及的地方或地区阿拉伯民族主义作为强调地域文化特征和民族属性乃至特定利益要求的民族主义思潮,从本质而言是一种以民族国家作为依托的"现代国家民族主义"的雏形。埃及地区民族主义受到伊斯兰现代主义和法国启蒙运动和大革命实践的双重影响,这两种不同的价值取向在社会生活领域内表现出宗教与世俗的矛盾伸张和抗拒变迁。近代埃及地区民族主义者主要有塔赫塔维、卡米勒,他们的思想展现出地区民族主义从世界到地区、从民族主义到国家主义的动感演进态势。

里法阿·塔赫塔维(1801—1873 年)是近代埃及著名的启蒙思想家,1862 年在法国巴黎大学留学深造。他在系统钻研了孟德斯鸠、伏尔泰等人的作品后,翻译和引进了这些西方思想。对阿拉伯世界来说,这无异于向沉闷的闭室吹进一股清新之风。西方现代理想主义、民主思想、女权主义和现代教育模式使得塔赫塔维的思想明显具有西方民族主义的烙印。他的民族主义观点有四:第一,认同埃及的古老属性和法老文明。阿拉伯大帝国对埃及的征服并没有泯灭古老而辉煌的埃及文明,古老埃及属性受到了压抑与控制而处于潜伏的状态。但"法老观念一直深刻地植根于那些对遥远的过去充满自豪感和荣誉感的知识分子的心灵深处"。② 第二,在西方文明和伊斯兰文明的交往中,注重两个文明主体间的协调和共有观念的建构。他试

---

① 彭树智:《东方民族主义思潮》,第 404 页。

② Anwar G.Chejne, "Egyptian Attitudes Toward Pan-Arabism", *The Middle East Journal*, Vol.11, No.3, 1957.

图证明沙里亚法与现代欧洲理性主义的自然法在结构上具有同构性,他还认为每个穆斯林都应该积极地参与政府的治理,这明显是具有西方自由主义的开放型特征。第三,提出埃及民族的概念,认为民族的政治形态优先于宗教的意识形态。他的作品中处处洋溢着爱国主义,热爱国家是每一文明的首要特质。第四,埃及"民族认同"和伊斯兰"宗教认同"的双重情感。塔赫塔维的政治认同具有自我矛盾的双重属性,一方面,在接受西方历史哲学、社会观念和教育思想的基础上对埃及产生了炽热的情感;另一方面,他又主张伊斯兰文明与现代文明的交往与融合,在伊斯兰教的基础上改革,热衷于伊斯兰文化。因此,塔赫塔维是伊斯兰现代主义和民族主义浑然一体的民族主义者。

穆斯塔法·卡米勒(1874—1908 年)是一位世纪之交的跨时代民族主义思想家,拥有法国大学的法学学位。19 世纪末期,埃及的爱国主义与现代主义交织在一起。埃及地区主义者构建了统一国家、爱国精神与痛恨西方殖民主义的理论体系,但他们并不是盲目排外,采纳西方立宪政治结构和西式教育。[①] 作为"祖国党"的党魁,他积极宣传民族主义和爱国主义,将埃及民族主义同伊斯兰教联系在一起。卡米勒的思想一直徘徊在埃及民族主义和泛伊斯兰主义之间,他一方面主张埃及民族的独特性,但认为埃及应该忠诚于奥斯曼素丹,即使反对英国殖民统治其根本意图仍是维护奥斯曼帝国的共同体利益。卡米勒曾经指出:"尽管埃及人知道只有一个祖国,那就是埃及,但埃及人应该仍然支持哈里发国家作为对它拒绝为英国人提供方便的感谢。"[②]另一方面,他对埃及人进行了界定,认为爱祖国同忠诚奥斯曼素丹并不矛盾。他指出:"埃及是埃及人的埃及,这是爱国主义,也是伊斯兰联盟;埃及是埃及人的埃及同埃及是哈里发的埃及并不矛盾。"[③]由此可见,卡米勒难以在地区民族主义和泛伊斯兰主义之间作出明确的政治表达,试图调和民族认同和宗教认同的矛盾,协调二者的对立关系形态。

---

① Ira M.Lapidus,*A History of Islamic Societies*,1988,p.622.

② Nadav Safran,*Egypt in Search of Political Community*,Harvard University Press,1961,p.88.

③ 刘中民:《埃及的地方阿拉伯民族主义与伊斯兰教》,《世界民族》2001 年第 1 期。

六、波斯经济学家马尔库姆及其经济思想

19世纪末20世纪初,伊朗先后出现了数位经济学家,如米尔扎·马尔库姆·汗·纳扎毛多勒(简称马尔库姆)、赛义德·贾马勒丁·艾斯法哈尼(Seyyed Jamaledin Esfahani)、萨尼欧德拉(Sani'odowleh)等。他们的经济思想一脉相承,代表了伊朗未来经济的发展取向。这里以马尔库姆为研究个案,分析19世纪末20世纪初的波斯经济学家及其思想。

19世纪末,波斯处于英俄的双重控制之下,一些有识之士意识到:波斯如想保持领土完整、维护主权独立,就必须拥有西方国家那样的坚船利炮,而购买先进武器与学习先进军事技术必须有充足的资金。恺加王朝的主要财政来源是税收,但其税收系统比军队还落后。老百姓生产能力和国家税收收入有限,增加财政最好的方法就是促进经济发展。而这要求政府必须为经济活动提供稳定的环境,但恺加王朝却没有这种能力。按照经济学理论,提高生产力需要三个生产要素的优化组合:劳工、资本与技术。就国情来说,波斯人文化素质较低,文盲较多,许多人对现代科学技术一无所知,因此生产要素缺失就成为波斯经济发展的瓶颈。为了解决这些经济层面的现实难题,波斯经济学家纷纷提出自己的看法。

马尔库姆是一位享有盛誉的经济学家,他著作等身,最出名的成果是1875年写于伦敦的《进步原则》,后改名为《文明的原则》。在这本小册子里,他提出许多经济思想的重要原则。19世纪80年代前,经济学并非大学的主科,马尔库姆也没有接受过正规的经济学专业教育。其经济学知识主要来自西方国家古典经济学的名著,如亚当·斯密的《国富论》、大卫·理查德的《政治经济与税收的原则》以及波斯的社会现实。

马尔库姆提出了"殖民有益论"。他批评了统治者通过闭关锁国而达到国家独立的思想,认为这是无知的表现,因为欧洲国家征服和殖民其他国家是为了让这些国家发展经济。这些殖民国家的繁荣会增加波斯与欧洲国家的贸易交往,不但使西方国家受益,还会使被殖民国家繁荣。在马尔库姆看来,英国征服其他国家就是为寻找市场。他得出的结论是:拯救国家的唯一出路就是与西方国家进行贸易交往。欧洲国家一旦在波斯获得商业利

益,就没有国家会侵略波斯。与西方国家断绝关系国家不仅不安全,相反更危险。①

马尔库姆提出了经济发展的基本原则。他认为国家发展、民众福祉、政府权力与财政资源都依赖于本国的生产水平。生产诸因素是自然资源、劳动力、资本和知识。为增加生产,一个国家必须让国民努力工作,扩大对外贸易。欧洲的科学和发明都把精力集中在增加商品生产上,这些国家的战争与和平都是基于其商业利益,商业是生产的前提条件,如果产品不能卖出,生产者将死于饥饿。为增加生产,需要广阔的市场,扩大商品市场的方式就是降低价格。②

马尔库姆对金银在国际贸易和国际经济体系中的地位也提出了自己的看法。他认为金银同钢铁、小麦和烟草等商品一样,可以向国外出口。向一个国家销售小麦,并向另一国交换金银。作为财产可以用作货币,金银是记账单位与支付方式。但马尔库姆并没有提到金银的储蓄价值与功能。在他看来,金银之所以是钱,其原因在于许多国家将之认定为货币,并不是金银固有的属性。在欧洲,流通的是纸币而不是金属硬币。③

基于这些前提,马尔库姆为发展经济提出八项建议:一是修道路,这样国家的商品可以迅速进入市场,价格更有竞争力。二是废除各种关税和公路通行税。三是由于货币是贸易的基础条件,货币的重量与成色都应统一并标准化。四是保护民众生活和财产,良好的治安将使民众工作更加努力。五是建立代理机构,立法设立公司以修铁路、建工厂。但自相矛盾的是,马尔库姆认为波斯传统和法律并不利于本国人成立公司,公司应该来自国外。六是修建现代化的学校,每年至少派遣200人到国外留学。七是成立银行以动员资本。国家面临的主要问题是资本短缺,银行可以汇集个人储蓄,为生产者聚集资本。经济活动的每一个分支需要各自的银行。八是如果国内资本不充足,可以吸收国外资本。输入资本的方式是银行,它们在波斯投资

---

① Kamran M.Dadkhah, "From global capital to state capitalism: the Evolution of economic thought in Iran, 1875 – 1925", *Middle Eastern Studies*, Vol.39, No.4, 2003.

② Kamran M.Dadkhah, "From global capital to state capitalism: the Evolution of economic thought in Iran, 1875 – 1925".

③ Kamran M.Dadkhah, "From global capital to state capitalism: the Evolution of economic thought in Iran, 1875 – 1925".

的前提是保证自身的收益。波斯应该给外国公司诸多优惠条件。①

对马尔库姆的观点也不能一概肯定,他认为殖民主义对被征服国家有益的观点就一直受到学者们的诟病。但马尔库姆的许多观点还是有其合理性的,并得到统治者的认可。1876 年,恺加王朝邀请奥地利专家修建造币厂。两年后,一座现代化的货币局在德黑兰设立。后来,马尔库姆所主张的开银行、修铁路、兴办学校、派学生出国留学等都得到了实施。

第三节　自然灾害生态文明对近代中东文明的影响②

一、近代中东自然灾害的类型

生态文明是人类文明交往的基本内容之一,它强调人类社会与自然环境的综合性和整体性交往关系,人与自然是统一的,人起源、依靠、发展、归属于自然。③ 探讨自然灾害生态文明对人类文明的影响是中东史的一个崭新而又陈旧的课题。说它崭新是因为作为世界生态文明史与社会交往史重要构成部分的灾害史却没有引起学者们的重视,说它陈旧是因为中东地区有着较早的自然灾害记录,有记载的自然灾害至少有 3700 年的历史。④ 中东历史上自然灾害之频繁,影响之深远,实属世界历史所少见。特别是1201 年埃及、叙利亚发生的大地震,造成 120 万人死亡,这是世界历史上死亡人数最多的大地震。因此,探讨近代中东自然灾害生态文明与中东文明的互动交往意义重大:从世界历史与中东史的学术研究层面考量,这一命题可以丰富世界生态文明史的内容,夯实中东史研究的理论与实践维度;从生

---

① Kamran M.Dadkhah, "From global capital to state capitalism: the Evolution of economic thought in Iran, 1875 – 1925".
② 相关研究参见任德胜:《论自然灾害对中东文明发展的影响》,2007 年。
③ 彭树智:《文明交往论》,第 7—8 页。
④ 任德胜:《论自然灾害对中东文明发展的影响》,第 1 页。

态文明史现实意义来分析,这一课题可以为自然灾害的预防以及历史研究总结提供不可多得的资料。

(一)地震

从地质构造板块来看,中东地区多数国家处于欧亚板块、非洲板块与印度、澳洲板块结合处,即欧亚大地震带上(又称地中海地震带)。特别是土耳其、伊朗与阿富汗横穿欧亚大地震带,这种特殊的地理环境决定了中东地区地震危害十分严重。土耳其全国95%的人口、92%的陆地面积处于地震高发区。伊朗的地震更为频繁,几乎每天都有轻微地震发生。近代中东的地震具有震级大、损失严重的特点。仅在1500—1900年,中东地区发生的震级超过7级,死亡人数超过5000人的地震有60多次。特别是奥斯曼帝国的政治中心伊斯坦布尔、波斯的德黑兰、大不里士等地都是地震多发区,多次遭受震灾,居民伤亡惨重。

(二)海啸

海啸在近代中东也屡见不鲜,中东地区周边的地中海、黑海、阿拉伯海、马尔马拉海以及黑海和死海湖泊都发生过多次海啸。公元前2000年,叙利亚的地中海沿岸发生了中东历史上有记载最早的海啸。近代中东(1500—1900年)共发生19次,大多数为地震引发的海啸,此类海啸达15次之多。

(三)瘟疫

瘟疫在人类社会生态文明史上占有重要地位,它突发性强,经常在意想不到的时间地点发生,让人束手无策。震惊世界的黑死病曾使欧洲十室九空,一片沉寂。作为世界文明的发祥地,中东地区也是瘟疫频发区。其原因有三:一是定居农业使得人类与疾病零距离接触,群居的生活更加速了疾病的蔓延;二是近代中东卫生条件差,城市人口拥挤,环境污浊,造成传染病肆虐与人口大量死亡。三是战争灾害引起的瘟疫。中东的瘟疫包括黑死病、天花、霍乱、流感等,近代中东(1500—1900年)发生瘟疫22次。

（四）饥荒

作为自然灾害后果之一,饥荒也是中东地区自然灾害生态文明之一。近代中东许多地区的居民都生活在饥饿的边缘,其原因有:一是人口规模与可以获得的粮食数量常常是不平衡的;二是战争破坏以及年景不好等天灾人祸所致;三是人口增长超过了自然生态系统可以承受的程度,农业生产体系压力增大。① 5000 多年来,中东地区的饥荒有 31 次,其中 1500—1900 年有 8 次。

以上就是近代中东地区主要的自然灾害,其主要特点是类型多、危害大、伤亡重。从长时段来说,近代中东的自然灾害呈现出过渡性,即灾害数量比古代多,但比现代少。如 18 世纪,中东地区共发生各种自然灾害 72 次,但 19 世纪为 224 次,20 世纪则达到 700 多次。②

二、自然灾害对中东文明的破坏与推进

一谈到生态文明,我们一般都想到"绿色","绿色"在今天是一个时尚,是能够显示素质和品位的名词。但事实上,生态文明还包括以上非"绿色"的自然灾害内容,其破坏力对文明的演进产生影响。"人类同自然的交往,有三种历史模式:人是自然的奴隶;人是自然的征服者;人是自然的一部分。"③但不论何种交往关系,自然灾害都有可能发生,从而破坏文明的发展,影响人口变迁、物质生产、精神生活、社会制度与生态环境。

自然灾害对近代中东文明的破坏主要表现在如下特点上:

第一,地震、瘟疫与饥荒是近代中东三种最具破坏力的自然灾害。

地震是近代中东历史上造成重大伤亡的自然灾害之一。1780 年,伊朗大不里士地震造成 20 万人死亡。④ 比起地震,瘟疫的破坏作用有过之无不

---

① ［英］克莱夫·庞廷:《绿色世界史》,王毅、张学广译,上海人民出版社 2002 年版,第 7 页。

② 任德胜:《论自然灾害对中东文明发展的影响》,第 41 页。

③ 彭树智:《文明交往论》,第 24 页。

④ "Earthquake Events 2150 BC to 2004"（database of 5800 events）, http://www.gesource.ac. uk/cgi-bin/earthquakes.p.1.

及。1771—1773 年,伊朗暴发鼠疫,200 万人因此命丧。① 而瘟疫对人口密集的城市危害更甚。埃及开罗在 17 世纪至少遭受 8 次瘟疫,18 世纪 5 次,城市损失人口占损失总人数的 1/3 到 1/2。② 奥斯曼帝国首都伊斯坦布尔在 1812 年的瘟疫中死亡的人数估计为 32.1 万人。③ 对于战乱频仍的中东地区,战争后遗症之一就是饥荒盛行,同时瘟疫的流行造成劳动力的短缺。1869—1872 年,伊朗发生全国性的特大饥荒等自然灾害,人口数量由 1000 万锐减到 850 万人。④

从人口发展史上讲,一场巨大的自然灾害足以使文明发展倒退。到 1800 年,埃及人口由托勒密王朝的 700 万下降到 250 万人。埃及人口仅占世界总人口的 7%左右。⑤ 自然灾害迫使人口大规模迁移,造成中东种族与民族构成的复杂化。

第二,自然灾害对近代中东物质文明的冲击与破坏。物质文明是人类文明交往的最基础元素,它包括农业生产、工业建设以及商业活动等内容。自然灾害造成近代中东地区农作物减产,耕地废弃,灌溉设施破坏,农业经济的衰败。1864 年,伊朗暴发蚕病,生丝大幅度减产,1865 年至 1873 年平均产量下降 67%以上。⑥ 土地的盐碱化也造成农业产量的锐减,19 世纪 40 年代,埃及制定了"以农立国"的现代化发展战略。为增加棉花产量,埃及尼罗河流域建造了灌溉体系,水浇地面积增加,但大水漫灌造成水土流失,肥沃的耕地变成寸草不生的盐碱滩。1882 年,英国农业专家麦肯齐·华莱士形容说:"白色的盐碱覆盖着土地,在阳光下闪耀着白雪般的光芒。"⑦

第三,自然灾害对近代中东精神文明的影响。精神交往改变着人们的主观世界和人与人之间的精神关系,并且使精神生产的理论成果凝结成政

① 〔美〕皮特·布鲁克史密斯:《未来的灾难——瘟疫复活与人类生存之战》,马永波译,海南出版社 1999 年版,第 30 页。

② Roger Owen, *The Middle East in the World Economy*, 1800–1914, I.B.Tauris Co.Ltd.Publishers, 1983, p.4.

③ *An Economic History of the Middle East and North Africa*, p.98.

④ 〔英〕克莱夫·庞廷:《近代伊朗》,上海外语教育出版社 2000 年版,第 248—250 页。

⑤ 〔英〕克莱夫·庞廷:《绿色世界史》,第 102 页。

⑥ 赵伟明:《近代伊朗》,第 151 页。

⑦ 〔英〕克莱夫·庞廷:《绿色世界史》,第 94—98 页。

治、法律、宗教、文艺、道德、科学、教育、哲学等意识形态上层建筑。[①] 而具体到中东地区,其地缘文化形态的最大特点就是宗教性,因此自然灾害对近代中东精神文明的影响首先体现在宗教。1509 年 9 月 10 日,地震使得伊斯坦布尔的马赫穆德二世素丹清真寺的尖塔倒塌。1546 年 1 月 14 日,耶路撒冷圣墓大教堂的钟楼顶部也在地震中倒塌。1822 年 8 月 13 日,叙利亚阿勒颇的一个教堂及周边地区遭到破坏。自然灾害还造成宗教人员的意外伤亡。1831 年春,来自伊拉克等地的朝觐者将霍乱带入伊斯兰圣地麦加,近一半朝觐者死亡。1865 年,9 万朝觐者中大约有 3 万人死于霍乱。

文明交往总是双向的:自然灾害在给文明发展带来破坏的同时,也刺激文明向前发展。英国历史学家汤因比指出:"艰苦的环境对于文明来说非但无害而且是有益的。"[②]对近代中东来说,自然灾害对中东文明的推进表现在两个层面:一是自然灾害的毁灭性后果形成的挑战迫使生命个体、社会与人类文明释放潜能与激情为生存而应战。这就是文明交往中人与自然的"交而通",人与自然和谐相处的过程。二是中东人民大众在与自然交往中积累了丰富的实践经验,促进了近代中东文明的发展。

在中东地区,近代公共卫生制度的构建是在瘟疫盛行的情况下,各国精英开始从西方国家寻求解决之道的结果。埃及易司马仪执政时期(1863—1879 年),他不遗余力地推动开罗的现代化改革,建立了公共工程部以协调城市政策。1867 年,他要求按照巴黎模式制订开罗整个城市的总体规划,这其中也包括供水和排污系统。1865 年 5 月,考递尔公司(Cordier)获得为开罗供水的特许权。1867 年,安装了通向城堡的管道。到 1891 年,居民能够享受自来水。这在中东公共卫生史上是一个历史性的进步。除了改进城市供水外,整治城市环境也是一项重要措施。1839—1908 年,奥斯曼帝国为伊斯坦布尔起草了三个城市规划,依据欧洲理念与价值观改造城市。伊斯坦布尔的发展深受欧洲人及其金钱、理念和生活模式的影响。城市的新设备和服务,从船坞到码头、铁路,从电力、煤气、供水到有轨电车路线,都由

---

① 彭树智:《文明交往论》,第 6 页。
② [英]阿诺德·汤因比:《历史研究》,第 95 页。

外国人拥有和开发。[①] 1857 年,伊斯坦布尔第六区被选为全市的示范区,并成立第六区委员会,职责包括:制定区内规划,建设和维修公路,安装路灯、自来水和排水系统。[②] 以上这些现代化器物成就与自然灾害的间接刺激是分不开的。

自然灾害对于近代中东文明发展的破坏与推动作用是建立在人与自然、人与人之间的恶性、良性交往基础上的。"文明交往就是人与人、人与自然之间联系的文明化问题。"[③]自然灾害实际上就是一个人与自然的交往的问题,也是人类文明交往的主题内涵。文明交往就是追求"交而通",反对"交而恶"。人类在自然灾害面前都是同一主体,面对灾害,世界各种文明应加强交往,互通有无,各取其长,只有这样人类社会才能壮大抗击自然灾害的力量,有效减轻自然灾害的危害,从容应对自然灾害,使人类有备无患。

---

① Michael N. Danielson and Rusen Keles, *The Polities of Rapid Urbanization: Government and Growth in Modern Turkey*, New York, 1985, p.55.

② 车效梅:《中东中世纪城市的产生、发展与嬗变》,第 174—175 页。

③ 彭树智:《文明交往论》,第 46 页。

第 八 章

现代中东文明交往的新曙光

第一节　青年土耳其革命对
奥斯曼帝制的改变

一、奥斯曼帝国晚期的宪政改革

在奥斯曼帝国历史上著名的"坦齐马特"（意为改革或整顿）期间，1854—1856 年爆发了克里米亚战争，在英国和法国的帮助下，奥斯曼人赢得了战争，但战争对他们的影响和战败的俄国一样。战争暴露了他们在军事和政治上的软弱无力，战争的结果进一步显示了英国和法国政治制度的优越性，更加坚定了奥斯曼改革者效仿西方的决心。奥斯曼人并非仅仅希望西方在另一场与俄国发生的周期性战争中保护自己，更希望能避免定期地让西方把他们从俄国手里拯救出来。因为倘若这种过程不断发生，其结果必将导致英国或法国对奥斯曼帝国的控制。而且在紧接这场战争之后，欧洲各国以及美国、加拿大和日本都相继实现现代化，奥斯曼人也试图这样做。1876 年 12 月，奥斯曼帝国历史上第一部正式成文的宪法公之于众。该宪法以开明的比利时宪法和更带君主主义色彩的普鲁士宪法为蓝本，规定在奥斯曼帝国设立经选举产生的两院制议会，成立以素丹为首脑的内阁，素丹拥有批准立法、任命各部大臣、召集和解散议会等权力;规定伊斯兰教为国教,素丹为哈里发;宣布奥斯曼帝国是不可分割的,所有臣民不分种族和教派在法律面前一律平等;人民享有宗教信仰、教育和出版自由等。这部宪法从形式上确立了君主立宪制的政治体制,对专制帝制加以限制,青年土耳其革命便缘起于这次宪政改革。

1876年宪法颁布后,根据一项临时选举法,利用省政府议会作为选举机构,由此推选出众议院议员。众议院在伊斯坦布尔先后召开了两次会议,第一次会议于1877年3月—6月召开,未引起大的震动;第二次会议召开于1877年12月—1878年2月俄土战争期间,适逢俄军突破防线向伊斯坦布尔步步进逼之时,议员们在会上激烈而直言不讳地指责政府无能、腐败,令素丹阿卜杜尔·哈米德二世极为震惊,随后他便以俄土战争结束时的危急形势为借口,解散了议会。此后从1878年到1908年再没有召集过一次新议会。

阿卜杜尔·哈米德二世当时面临着欧洲列强的瓜分与民族独立运动相交织的局势。1877年俄国军队通过巴尔干推进到伊斯坦布尔,并强迫奥斯曼帝国签订了《圣斯特芬诺条约》。根据该条约,奥斯曼帝国将高加索山脉南边的巴统和卡尔斯割让给俄国,给予塞尔维亚和罗马尼亚以完全独立,许诺在波斯尼亚实行改革,划定了保加利亚的国界,应允新的保加利亚国家以自治,而实际上每个保加利亚人都愿在俄国统治下生活。《圣斯特芬诺条约》打破了欧洲列强在奥斯曼帝国的平衡,英国认为俄国占了大便宜,甚至要求对俄开战。这时,刚刚赢得普法战争胜利的德国出面调解了局势,1878年夏天,俾斯麦召集各欧洲列强到柏林开会。为了防止任何单个国家独占特殊利益,为了让会议作出的安排得到所有强国的认可,会议认为必须给予全体,或者几乎是全体与会者以利益。为此,柏林会议实际上已着手瓜分奥斯曼帝国的领土。

在柏林会议上,俄国迫于其他与会国的压力放弃了《圣斯特芬诺条约》,但保留了巴统和卡尔斯,为塞尔维亚和罗马尼亚争得了独立。保加利亚将被分成三个自治程度不同的区域,同时名义上仍旧全部保留在奥斯曼帝国内。为了抵消由于俄国人扩大在巴尔干国家的影响而造成的不平衡,会议授权奥匈帝国对波斯尼亚实行"占领和管理"(而非合并)。英国获得了奥斯曼帝国割让的距苏伊士运河不远的重要岛屿塞浦路斯。法国人被告知,他们可以从阿尔及利亚扩张到突尼斯。德国人没有拿什么,但从此之后,德国取代了法国对奥斯曼帝国的影响,德国人和德国资本进入奥斯曼帝国,设计并铺设柏林—巴格达大铁路。尽管俄国人和法国人,特别是看到这条铁路直接威胁到印度殖民地区的英国人提出抗议和表示反对,柏林—巴格达大铁路在 1914 年之前已接近全部完工。柏林会议以牺牲奥斯曼帝国为代价保持了欧洲国家间的平衡,肢解奥斯曼帝国的同时,欧洲的均势政策也使奥斯曼帝国摆脱了迫在眉睫的战争威胁。

　　然而,巴尔干一些国家的独立激发了奥斯曼帝国境内其他非突厥民族日益增长的独立主义和民族主义思想。在一些受过教育的阿拉伯人中间,通过阿拉伯文化复兴培植了阿拉伯主义的意识。叙利亚甚至一度产生要求自治的思想。秘密组织在贝鲁特张贴"革命布告",抨击奥斯曼人篡夺了阿拉伯人的权力。他们提出的政治纲领中要求准予叙利亚与黎巴嫩独立,承认阿拉伯语是叙利亚的官方语言等。阿拉伯民族主义第一位理论家阿卜杜勒·拉赫曼·卡瓦基比"明确区分了阿拉伯人和非阿拉伯穆斯林民族",指出"阿拉伯人由于其语言和血统在伊斯兰教的命运中将占有特殊地位",强调阿拉伯人要领导伊斯兰世界。[①] 此外,阿尔巴尼亚也开始发展了类似的地方主义倾向。希腊人、保加利亚人和亚美尼亚人的自我民族意识要高于阿拉伯人和阿尔巴尼亚人,而且他们更靠近帝国的中心,所以阿卜杜尔·哈米德二世格外关注。

　　素丹对帝国境内分裂主义运动的回应是加强专制制度。尽管当初为了登上王位他也同意公布宪法,但他对立宪一事从未给予任何积极的支持,尤其当他明白立宪的结果是要君主听从大臣们指挥时,他便完全背弃了立宪原则。加之分裂主义运动日趋广泛并加剧,他更加坚定了专制的决心。为了给要求立宪者以颜色,他把宪法起草人、宰相米德哈特放逐国外,后虽经众议院动议将其召回,但再度被流放,直至最终被绞死。为了消灭主张改革的青年奥斯曼派,阿卜杜尔·哈米德放逐了该派代表人物齐亚、纳米克·凯末尔和阿里·苏亚维。齐亚在绝望后于 1880 年死于阿达纳;随后纳米克·

---

① 彭树智主编:《二十世纪中东史》,高等教育出版社 2001 年第 2 版,第 33—35 页。

凯末尔也死于 1887 年;阿里·苏亚维则因参与反对阿卜杜尔·哈米德的密谋而于 1878 年被处决。宪政运动遭受沉重打击。

在阿卜杜尔·哈米德统治时期,新闻界也处于困难境地。新闻检查、警察、间谍和流放等各种手段无所不用其极,禁止有关议会、宪法的论述。新闻检查有两个机构,一个设在政府,一个设在宫廷。相互监督,共同对付报界。报纸被禁或暂停发行乃家常便饭,来自国外的期刊和书籍尤其受到怀疑和检查。

与政治上的黑暗相比,阿卜杜尔·哈米德时期奥斯曼帝国的经济并不十分悲观,甚至有些许进步,这得益于奥斯曼国债管理处。然而,由于它的存在侵犯了奥斯曼帝国的主权,结果也遭到抨击,阿卜杜尔·哈米德和他的大臣们不得不采取违背保持主权完整方针的措施。其直接诱因是对俄战争的失败和几近破产的帝国经济。奥斯曼国债管理处成立于 1881 年,这个机构有权代表公债持有人征集和分配各项收入和税款。该机构有成员 7 人,其中 5 人各代表英国和荷兰、法国、意大利、德国及奥地利的公债持有人;1 人由英、法控制的奥斯曼银行提名;另外 1 人则由素丹任命。国债管理处各个部门的工作人员起初都是外国人,他们为它建立了业务制度,后来该机构雇用了更多的奥斯曼帝国臣民。在这里服务的人,工资比在政府各部门还优厚,而且更正规。国债管理处成立后没有几年,业务就走上了正轨。征税的效率提高,贪污减少,从而使收入增多。不仅债款逐渐得到清偿,而且可以兴建铁路,并装置西方的许多新设备。1903 年,重新整顿了几期旧公债后,又发出了数期新公债。同时补充了一项规定:国家的一切岁收,凡是超过了一定数目的,要抽其 2/3 移交政府。[①] 这意味着国库收入情况将更加好转,政府可支配的资金会越来越多。然而,这并不能粉饰国债管理处作为一个由外国人经营的半官方机构侵犯了奥斯曼帝国主权的事实。几乎在办理每一件牵涉到奥斯曼政府信用和公共事业事务时,所订协议总是规定由奥斯曼国债管理处来代表政府。因此,很多奥斯曼帝国的铁路都由国债管理处监督,政府权力旁落。奥斯曼国债管理处成为经济帝国主义的工具,其所取得的成绩也被视作是为公债持有人的利益服务的,因而成为奥斯曼帝

---

① [美]西·内·费希尔:《中东史》上册,第 423 页。

国民族主义者指控阿卜杜尔·哈米德的一大罪状。

如同奥斯曼帝国所处的艰难处境一样,阿卜杜尔·哈米德也是当时局势的牺牲品。他不能完全依靠专制和暴政拯救帝国,时代的发展不再容忍这种方式。作为那个时代的人物,阿卜杜尔·哈米德本人也只敌视宪政对君主权力的削弱,却并不敌视其他西方化的改革。而事实上,正是这些西化改革为推翻帝制提供了丰厚的土壤。

在教育领域,阿卜杜尔·哈米德继承了坦齐马特时期的传统。初级小学兴办得不多,高小和初中明显增加,这类学校大都办在省城和大城镇。在一些省城还兴办了军事预备学校,学生毕业后可进入高一级军事学校。有些高级专门学校如文官学校和军事学院扩大了规模,此外,还有一所法学院和新建的医学院。这些学校的学生们接受的都是西方式教育,他们学习科学、数学、外语及历史。世俗主义而非宗教迷信式的教育使得培养出来的学生常常与统治阶级的愿望相冲突,首都伊斯坦布尔以外学校的学生后来就成为 1908 年革命的主要力量。

在克里米亚战争年代开始建设的电报网,到阿卜杜尔·哈米德时期已四通八达。这也是一柄双刃剑。一方面,新建的电报线路、简化了的电码以及受过训练的接线员,方便了素丹对各个行省进行严密监视。另一方面,电报又可以成为持不同政见者的一种工具,他们通过这种工具相互串联、沟通,威胁政府。还有那些电报局里受过训练的技术人员,后来在许多场合将同反对伊斯坦布尔政府的青年土耳其党人合作。铁路的兴建在阿卜杜尔·哈米德时期也朝着西方化的方向延伸。当时租给欧洲人修建的铁路都比较短,但打通了内地与附近港口城市之间的联系。1888 年伊斯坦布尔和阿达纳经过维也纳与欧洲铁路网连接起来。这时德国人通过铁路进入奥斯曼帝国,进而打进中东。奥斯曼素丹与德国集团签订合同,在安纳托利亚修造铁路,先铺设到安卡拉一段,然后修科尼亚一段。这两条铁路都在 90 年代通车。1903 年,由德意志银行控制的巴格达铁路公司获得特许,将线路延伸到巴格达。这条铁路成为德国与奥斯曼帝国之间联系的坚强纽带。德国的投资与贸易不久即在奥斯曼帝国名列第三,仅次于英法。素丹的本意是利用德国人来摆脱英国和法国人,结果却使列强的争夺更加激烈,这是后话。对素丹来说,铁路方便了他向遥远行省运输军队,但对反对他的人来说也同样方便了行动。

　　1889 年,伊斯坦布尔的帝国军事医学院中有一批大多来自外省的学生,在阿尔巴尼亚人易卜拉辛·特莫的领导下组织了一个秘密团体,名为"统一与进步委员会"。该组织的会员逐渐发展到军事学院、海军学院、炮兵与工兵学校、兽医学校和民政学院。包括一些文官在内的人也参加了这个组织。这些受西方思想影响的自由派抗议西方列强的外交和军事干涉,抨击素丹的专制统治。阿卜杜尔·哈米德通过他的密探了解到该委员会后便对之进行迫害,其成员纷纷逃往巴黎和日内瓦。日内瓦成为委员会的总部,主席是穆拉德贝伊。他们此时更加坚定了一个信念,即阿卜杜尔·哈米德是万恶之源,把他除掉,恢复宪法,就会万事大吉。驻足巴黎的前青年奥斯曼党人艾哈迈德·里扎颇具名望,他于 1891 年组建"秩序和进步"小组。1894 年将各秘密小组联合成为"奥斯曼统一与进步协会",通称"青年土耳其党"。第二年,里扎又与几个逃亡者合作创办了《协商》半月刊,以突厥文和法文两种版本出版发行。但是这些流亡者无力进行一次革命,甚至连发动一次温和的政变也不可能。这样的行动必须自奥斯曼帝国本土产生。

二、青年土耳其革命及其影响

　　在奥斯曼帝国本土,穆斯塔法·凯末尔(1881—1938 年)1905 年在参谋学院作为一个"革命煽动者"而被捕,获释后,他在大马士革组织了一个秘密的革命团体——祖国党,党员分布在驻叙利亚的第五兵团的军官中。由于马其顿和它的国际都市萨洛尼卡易于感受革命宣传,凯末尔秘密前往萨洛尼卡,在第三兵团的军官中组织了一些祖国党的支部。经过他的努力,产生了祖国与自由党,该党于 1907 年并入萨洛尼卡的另一个团体奥斯曼自由协会,此后在整个奥斯曼欧洲部分迅速发展起来,并争取了巴黎的艾哈迈德·里扎,使他接受了关于有可能发动武装革命的见解。阿卜杜尔·哈米德的敌人们于是在奥斯曼自由协会的第二次会议上联合起来。这次会后,巴黎和马其顿的一些革命团体合并,称为"统一与进步党",但此时的凯末尔并未得到青年土耳其党的重用,而被另派军事任务。

　　陆军的哗变在 1906 年便成为经常的事,到 1908 年春,叛乱在马其顿发生。3月,埃迪尔内第二军团的两个骑兵团因欠饷及延长服役期而发生骚乱。4月,莫纳斯特尔的驻军起事。5月,基尔贾利驻军第七步兵旅暴动后,强占了省长官邸和电报局,要求发放欠饷并放他们回家;同时,埃迪尔内数十名炮兵也占领了电报局,并给素丹发电报提出他们的要求。到6月,形势进一步严重,斯库台里驻军叛乱时直接将帕夏逮捕,尔后要求撤换省长和军需官。政府被迫一方面满足他们的要求,另一方面为防止马其顿驻军动荡事态扩展,素丹政府专门成立了调查委员会。以伊斯马伊尔·马希尔为首的调查组被派往萨洛尼卡,调查组工作结束时,命令萨拉赫丁上校和恩维尔少校去首都,二人拒绝前去。政府再次派人来调查。6月28日,雷士那驻防军军官尼亚齐决定起义。7月3日,尼亚齐集合了数百人,武装进入山区,起义开始。7月6日,恩维尔在萨洛尼卡省的蒂克韦什也集合起志愿部队。素丹政府派去镇压起义军的人被枪杀,接替的人投向起义军。起义很快席卷整个马其顿,马其顿的行政机构瘫痪,统一与进步协会控制了局势。

在统一与进步协会的指挥下,尼亚齐于7月22日夜率部攻入莫纳斯特尔城,逮捕了军区司令费夫齐元帅和其他军官后,统一与进步协会通电素丹要求在7月26日前恢复宪法,否则将立即进军伊斯坦布尔。7月23日夜,陆军的威胁奏效,阿卜杜尔·哈米德被迫发出诏书,宣布立即恢复1876年宪法,并同意选举国民议会的议员,还任命了一个自由派的首相。1908年12月17日,在31年前议会开会的圣索菲亚教堂附近的会议厅,阿卜杜尔·哈米德主持了议会的开幕式,并做了国情与施政演说。帝国中主要的宗教团体和民族团体都有代表出席。组织得最

青年土耳其党领袖恩维尔帕夏

好的团体是统一与进步党的马其顿—萨洛尼卡支部,来自巴黎的艾哈迈德·里扎当选为国民议会的议长。统一与进步党随后在1909年2月显示了它的力量,当首相拒绝任命它的两位成员为陆军大臣和海军大臣时,它根据一项不信任动议把首相赶下了台。

然而,青年土耳其党人(当时人们这样称呼他们)没有当政的经验,人数也少,他们以为宣布宪法并成立公正有效和忠诚合理的政府后,便可铲除一切弊端,然而现实并非如此。摆在青年土耳其党人面前的任务,即使富有经验的行政人员也会感到棘手。国内问题丛生,对外事务和战事更令人头疼。欧洲国家担心青年土耳其党人的统治会妨碍早已预谋的侵略计划,急于付诸行动。1908 年 10 月 5 日,保加利亚的费迪南德亲王同素丹断绝了一切关系;10 月 7 日,奥匈宣布并吞波斯尼亚和黑塞哥维那;10 月 12 日,克里特叛变,宣布同希腊合并。这些行动严重打击了青年土耳其党人的威望,给反对派以可乘之机,并引起 1909 年 4 月 13 日反革命事变。

统一与进步协会的反对派主要有两个,一是创建于 1908 年 9 月的自由党,其纲领要求主要源自萨巴赫丁地方分权联盟的宗旨;二是穆斯林同盟,该组织成立于 1909 年 4 月 5 日,以捍卫伊斯兰传统和哈里发原则为理想。1908 年 10 月,首都伊斯坦布尔开始出现反对统一与进步协会和宪法的活动。毛拉科尔·阿利率领数千名教会学校的学生,要求素丹废止宪法,恢复教法。同时,埃尔祖鲁姆街头也出现了反对宪法的传单,形势日趋恶化。4 月 12 日夜,在反对派的鼓动下,伊斯坦布尔第一军团第四步兵营的士兵首先发难,呼应者随后从各处涌向阿雅·索菲亚广场,沿途高喊的口号是:"我们要教法!皇帝万岁!"一部分叛乱者包围了议会。素丹阿卜杜尔·哈米德趁机宣布将尊重教法,同时以自由党人伊斯马伊尔·凯末尔取代了艾哈迈德·里扎任议长,自由党人一度获胜。统一与进步协会的领导人纷纷逃离伊斯坦布尔。马其顿再次成为革命基地,在萨洛尼卡、莫纳斯特尔很快组建起新的行动部队,驻马其顿的第三兵团司令马哈穆德·谢夫凯特帕夏奉令向伊斯坦布尔进军,保卫宪法。4 月 22 日,对伊斯坦布尔形成包围之势,谢夫凯特发表《告居民书》和《告伊斯坦布尔军队书》,宣告行动军的目的是镇压"践踏宪法"的人,不会伤害居民。4 月 23 日,他向议会建议宣布军事管制,惩处叛变者,并且要求完全听从他的命令。他的条件被接受,伊斯坦布尔被占领并很快恢复了秩序。4 月 27 日,议会召开两院联席会议,通过了废黜阿卜杜尔·哈米德二世的决议,他被押送到萨洛尼卡囚禁起来。而被阿卜杜尔·哈米德二世软禁了 30 年的雷希德成为新素丹,是为穆罕默德五世。年迈而顺从的新素丹在青年土耳其党人看来是一个理想的立宪君主,帝国的政权则由统一与进步协会直接掌握。

阿卜杜尔·哈米德二世的被废黜标志着青年土耳其革命的结束,奥斯曼帝国也由君主国改变为君主立宪国家。此后不久,统一与进步党在萨洛尼卡召开全党大会,成立了中央执行委员会,该委员会除了战时在伊斯坦布尔议事,到第一次世界大战末期统一与进步党被解散之前,一直从萨洛尼卡指挥并控制政府。现在的青年土耳其党人终于有机会实现自己的改革愿望了,他们决意要将一切不合时宜的制度都予以改变。1909 年 8 月 21 日,1876 年宪法被修改,同时加进了许多新内容。例如将主权无条件属于奥斯曼王室改为素丹必须宣誓效忠沙里亚和宪法,并忠于国家;素丹任免大臣的权力被取消;素丹签订条约的权力要受议会限制;素丹驱逐威胁国家安全的人的特权不复存在。① 可见,修改后的宪法进一步削弱了素丹的权力。尽管后来青年土耳其党人迫于帝国局势,未能实行真正的宪政,但就长远意义而言,它不仅为土耳其的将来传承下了奥斯曼帝国此前数百年所做的进步努力与成果,而且还在制度、意识形态和社会发展方面有所贡献,特别是在制度方面。制度文明作为人类文明交往四个层面(即物质文明、精神文明、生态文明和制度文明)的根本层面,②其重要性是不言而喻的。青年土耳其革命对奥斯曼帝制的改变是土耳其民族历史上的一个重大事件,标志着奥斯曼帝国君主制的彻底衰落,是现代土耳其兴起的序幕,它为现代土耳其民族和土耳其共和国的诞生奠定了基础,也正因如此,在土耳其人写的史书中,青年土耳其革命被称为"奥斯曼宪法革命"。③

青年土耳其党人受到他们在西方学习或者所阅读的西方书籍的激发而努力想用西化的办法来拯救土耳其。于是,财政部在法国人的协助和指导下进行了改组,法国人还组织了一支新的宪兵队;英国人担任了海关顾问并帮助改革了海军;德国人指导改造了陆军。一个法籍波兰人被聘来提供如何推广世俗法而又不损害神法的建议。大量的青年土耳其党的革新者则将精力和才能投入到教育和社会工作方面,努力改进教育。尽管青年土耳其

---

① 刘云:《土耳其政治现代化思考》,甘肃人民出版社 2002 年版,第 51 页。
② 彭树智:《文明交往论》,第 7—8 页。
③ 钱乘旦主编,肖宪等著:《沉疴猛药——土耳其的凯末尔改革》,南京大学出版社 2001 年版,第 29 页。

党人因后来不得已行独裁之举而遭诟病,然而,青年土耳其党人引导这个国家的人民,尤其是青年人深入了解并接受了西方科学,文治之风从此盛行,现代土耳其的基础即于此培植并得以巩固。当然,青年土耳其党人这种做法也不可避免地带来另一方面的影响,尤其是在青年土耳其党人时期,奥斯曼帝国与德国的关系更加紧密,巴格达铁路经历重重波折后终于在 1914 年8 月通到巴格达。这条铁路更加拉近了德国与奥斯曼帝国的关系,第一次世界大战爆发后,以亲德派恩维尔为领导核心的青年土耳其党人沿着这条铁路将奥斯曼帝国引向德国,导致帝国彻底瓦解,其影响意味深长。直至今天,德国仍是土耳其最大的移民国,柏林成为欧洲仅次于伊斯坦布尔的第二大"土耳其人聚居城市",有着几百万土耳其居民。①

第二节　伊朗立宪革命对恺加王朝的冲击

一、西方的入侵与民族觉醒

伊朗地处东西方交通要冲,具有重要的战略地位,18 世纪末叶以来一直是欧洲列强争夺的对象。在对伊朗进行侵略扩张的帝国主义列强中,英国和沙皇俄国的势力最强。英国对伊朗的渗透主要通过三个机构实现。一是印欧电报局。该机构是英国殖民主义者镇压了 1857—1859 年印度民族大起义后,为建立从伦敦到印度的电信联系而设立的。1862—1872 年十年中英国与伊朗政府签订了四个电报租借条约,取得了覆盖伊朗全境与卡拉奇、英领俾路支斯坦相连接的电报线租借权。印欧电报局享有治外法权,它直接管理的电报线不仅用于英国在印度的殖民统治,同时更加强了伊朗对英国的依赖。第二个机构是波斯帝国银行。1888 年伊朗政府给予英国电讯社创始人路透男爵在伊朗开办"波斯帝国银行"的特权,为期六十年。波斯帝国银行的支行遍及伊朗各地,有发行钞票、开办工业、金融、贸易等企业

---

① 白若萌:《巴格达铁路与德奥(斯曼)关系》,硕士论文,西北大学,2008 年。

的特权,并垄断了开采权,还可以确定外汇牌价。通过行使这些特权,帝国银行不止能够获得巨额利润,而且可以通过资助国王和大臣来扶植亲英势力。第三个机构是英国—波斯石油公司。1901 年,英国迫使伊朗政府将除北部之外的全国 3/4 地区的石油开采权给了英国人达尔西,条件是伊朗政府每年可得 16% 的利润。该石油公司于 1909 年始称为英波石油公司,它成了整个伊朗南部的实际政权机关。英波石油公司在伊朗南部不仅有权建立炼油厂、铺设输油管、修筑港口,甚至可以任免省长。该公司设有自己的警察局,是英国控制伊朗的主要机构,被称为伊朗的"国中之国"。英国通过这三个殖民机构,到 20 世纪初便将伊朗南部和中部的大半地区控制在自己的势力范围之内。

俄国的实力虽比英国逊色,但它是伊朗的邻国,与伊朗有着久远的贸易关系,所以在争夺伊朗的角逐中成为英国的主要竞争对手。1878 年因首都德黑兰军队哗变,俄国沙皇应伊朗国王纳赛尔丁(1848—1896 年)的请求,于 1879 年派俄国参谋部上校多曼陶维奇率部分军官和士兵到伊朗。他们仿照俄国哥萨克团为伊朗训练了一支骑兵团。20 世纪初,该团扩大为旅。这是一支直属于国王的常驻首都的军队,俄国人通过掌握其指挥权而控制了伊朗国王,并在哥萨克旅的庇护下向伊朗渗透。从 19 世纪 70 年代末到 90 年代,俄国接连得到了在伊朗北部架设电报线、在伊朗领海捕鱼以及修筑公路等特权。1890 年俄国人在德黑兰开设了波斯信贷银行,负责办理伊朗向俄国借款,以及相关地产抵押、有价证券抵押和土地收买等业务。1900 年伊朗向俄国借款 2250 万卢布,1902 年又借了 1000 万卢布。① 这样,俄国便对伊朗形成了很大的影响力。俄国在各地的领事比国王派去的官员还有权势。而在伊朗北部,俄国可以决定其高级官员的任命,甚至影响伊朗王位的继承。

英国和俄国的入侵使伊朗在政治和经济上都受制于外国。革命前伊朗的政治制度是君主政体,统治伊朗的是恺加王朝,但中央政权并不能有效指挥地方政权,各封建主各自为政。国王、各部大臣、省长以及各封建王公都投靠不同的帝国主义国家,做它们的代理人。英国和俄国就通过这些人操纵了伊朗的政治和经济。

---

① 彭树智:《论 1905—1911 年伊朗资产阶级革命》,《西南亚研究》1987 年第 4 期。

外国资本的侵入改变了伊朗传统的自然经济结构,伊朗成为帝国主义国家商品输出和资本输出的对象。19世纪中期以前,伊朗的对外贸易基本上控制在伊朗商人手里。他们为设在君士坦丁堡的欧洲公司代销商品,商品售出后再付钱给欧洲公司。19世纪中期以后,欧洲公司开始直接在伊朗设商号,经销欧洲商品及在当地采购原材料。伊朗商人从此逐渐被排挤出伊朗的对外贸易。俄国与伊朗的贸易在19世纪70年代迅速增长。由于俄国商品不如西欧商品受欢迎,为与西欧国家竞争,俄国于1883年取消了外高加索自由贸易区,向经由外高加索输往伊朗的西欧商品征收过境税,从而提高了西欧商品的运输成本,降低了竞争能力,俄国则从中获益。1890年,俄国向伊朗出口商品(以糖、煤油和棉纺织品为主)价值达1000万卢布,从伊朗进口商品(主要是棉花等)额1100万卢布。到19世纪初进出口分别提高了一倍并持续增长。①

这一时期伊朗对外贸易对国内的冲击主要在手工业和农业。伊朗进口的商品中主要是棉纺织品,机器生产的西方商品精致而种类繁多,更重要的是价格要比伊朗人手工生产的商品便宜数倍,伊朗手工产品根本无力竞争,大量的手工作坊倒闭,大批手工业者失业,部分熟练的技术工人被迫移居外高加索和印度,伊朗一些传统的手工业中心随之凋敝。

伊朗的农业在西方的冲击下也从生产传统的产品——粮食转向生产鸦片、棉花等出口产品。由于英国从伊朗采购鸦片向中国倾销,在伊朗种植鸦片的利润比种植小麦高3倍,因此刺激了伊朗的鸦片生产,伊朗许多地区的麦地改种鸦片,这也逐渐导致伊朗粮食短缺。伊朗从19世纪中叶开始向俄国出口棉花,此后俄国对伊朗棉花的需求量持续增加。为鼓励伊朗加大棉花出口力度,俄国政府降低对伊朗棉花征收的进口税,并出资改善运输条件,降低运输成本。伊朗的种棉区因而迅速扩大,当然这也就相应减少了粮食的种植面积。

西方经济的渗透使伊朗的农业变成了资本主义世界市场的附庸,农业生产的目的不再只是为了满足国内的需求,而主要是服务于出口。这种出口又未能使伊朗国富民强,反倒欠了大量的外债。

---

① 赵伟明:《近代伊朗》,第171页。

另一方面,西方资本主义的入侵也为伊朗培育了第一批具有现代意识的知识分子,他们认识到外国殖民主义侵略将致伊朗于危亡的前景,欲肩负起民族振兴的使命。其中最著名的人物是曾留学法国的爱国者米尔扎·马尔科姆·汗。此人早在 19 世纪 80—90 年代间就开始投身资产阶级改良主义运动,提出了一整套社会经济改革的纲领,如君主立宪、保障人权、普及科学文化、发展民族经济、建立国家银行等。这些知识分子在国外用波斯文出版报纸,在伊朗国内发行。他们还在大不里士和德黑兰等地先后创办了新式世俗学校,开设"民族图书馆",开展宣传,普及教育,促进民族觉醒。

在统治阶层内部,伊斯兰教的高级教士与王室和外国势力之间也有尖锐的矛盾。伊斯兰教在伊朗的影响很大,教士不仅在思想上左右舆论和群众,还享有司法权和教育权,高级教士则时常干预政治。王室对教士分享司法权和掌有广大地产亦心怀嫉恨,常加以限制,引起教士的不满。教士们对基督教的传播直接与伊斯兰教义发生冲突也极反感,他们试图借助于民众的力量对王室和西方势力进行抵制,以维护伊斯兰教的权威和自己的特权。

可见,在伊朗社会中反对外国侵略,要求民族独立的愿望日益强烈,而在与西方文明的接触中又接受了民主法治的观念,更加快了民族觉醒的过程。

二、护宪运动及其失败

1890 年,伊朗国王给予英国塔尔博特公司垄断伊朗全国烟草的收购、加工和销售之特权,而且为期长达 50 年。由于烟草是伊朗农村中普遍种植的作物,而伊朗各阶层民众也普遍吸烟,这件事便直接损害了生产者、商人和消费者的利益,遭到全国人民的一致反对。宗教界的人士首先发起抵制吸烟的号召,全国随之响应。德黑兰、大不里士、伊斯法罕、设拉子等城市的市民举行了群众集会。这次全国规模的反对烟草专卖的群众运动迫使国王不得不在 1891 年 12 月宣布废除英国塔尔博特公司的烟草专卖权。当然,这次斗争的胜利也启迪并鼓舞了民众的革命意识。1903—1904 年,伊朗因天气干旱发生粮荒,在德黑兰、大不里士、伊斯法罕、麦什特等城市都发生了饥饿暴动,群众哄抢投机商人的商店和粮食。民众将愤怒的矛头指向政府官员,指责首相阿塔贝克·阿扎姆贪污受贿,为外国人效劳,要求撤换首相。

在伊朗社会动荡不安之时,日俄战争爆发了,这次战争的结局是亚洲国家日本打败了欧洲国家俄国,日本成为遭受俄国奴役的伊朗效仿的对象。既然宪制的亚洲国家能够战胜专制的欧洲国家,伊朗理应立宪。而随后在俄国国内爆发的1905年革命更是鼓舞了伊朗人民。伊朗在巴库、第比利斯等城市有数十万工人,这些人将俄国革命的思想直接传送回伊朗,一场以立宪为目标的革命在伊朗已势不可当。

1905年12月,伊朗开始出现广泛的群众运动。当时在德黑兰,地方官员以囤积食糖的罪名将一批糖商处以蹠刑,激起民众愤怒,一些毛拉带领商人躲进清真寺避难,新任首相艾恩·多拉下令逮捕了一些商人和阿訇。消息传出后,德黑兰、大不里士、设拉子等城市相继爆发了群众性的示威游行和罢工,示威者要求罢免首相艾恩·多拉,实行立宪改革。艾恩·多拉则派军警镇压群众运动,结果军警与示威群众发生冲突,越来越多的人加入到抗议队伍中。抗议活动持续了二十几天后,国王被迫让步,1906年1月初,同意召开立宪会议,并撤换了德黑兰省长。国王的声明和许诺暂时缓解了民众的愤怒情绪,避难的人走出了清真寺,然而国王并未兑现诺言,首相艾恩·多拉仍在原职。1906年4月,德黑兰市民向国王递交了请愿书,要求他履行诺言,首先将艾恩·多拉撤职,国王对此未予重视。6月21日,德黑兰再次爆发群众游行示威,由于军警开枪镇压导致多人死伤,更大规模的游行示威和罢市浪潮席卷德黑兰、伊斯法罕、大不里士、设拉子等城市。此时示威者强烈要求召开议会制定宪法。事态的发展迫使国王在7月30日宣布罢免了艾恩·多拉的首相职务,任命自由主义者纳斯鲁拉·汗为新首相。8月5日国王宣布准备召开立宪会议,制定宪法。9月9日,颁布了议会选举法,随后进行了选举。

1906年10月7日,伊朗历史上的第一届议会召开,出席会议的议员有贵族、官僚、商人、自由派地主,伊斯兰教神职人员和少部分手工业者、小商人。会议采取公开辩论的形式,群众不仅可以列席旁听,也可以参与辩论。伊朗各大报纸对议会的辩论和活动都做了详细的报道,并发表了相应评论。这次议会通过了一些进步决议,如调整粮价、否决国王向外国借款的提议等,更重要的是通过了伊朗第一部宪法——基本法,并于1906年12月30日由国王批准执行。基本法宣布国家的权力属于人民,国民代表大会(议会)是国家的最高权力机关,国王的权力受议会制约。议会负有对法律、国家预算的批准权和监督权。国王可以不执行议会所通过的决议并解散议会,但如果新选出的议会确认上届议会的决议,则国王必须批准。不经议会同意,政府不能把租让权让给他人,不得向外国借款,不得缔结条约和协定。宪法规定,除了下院——议会外,还要成立上院——参议院。宪法规定了立法、行政和司法三权分立的原则以及政府向议会负责的原则。宪法宣布人身、财产、住宅和私人通信秘密不受侵犯,人民有受教育、出版、集会和结社的自由,但不得违背伊斯兰教义。宪法规定成立省和州的"恩楚明"(意为委员会),其成员由居民直接选举。宪法规定,在宗教法院以外另成立世俗法院。伊斯兰教什叶派为伊朗国教。宗教领袖有权监督人民的教育、出版和集会;根据宗教领袖的提议,建立常设委员会,至少应由五名高级教士组成,审查议会所提出和通过的法律草案是否符合伊斯兰教的精神。未经委员会事先同意,国王不得批准任何一项法令。① 这是东方第一部资产阶级性质的宪法,它限制了国王的专制权力,自由主义的地主和资产阶级通过宪法获得了参政权和议政权,这是伊朗民主化和民族独立的象征,当然也鼓舞了伊朗人民利用宪法中规定的一般民主权利进一步展开斗争。

1907 年 1 月 8 日,伊朗国王穆扎法尔丁病故,王储穆罕默德·阿里继承王位。新国王极其仇视群众运动,他打算在英、俄政府的支持下镇压立宪运动。新国王首先逼迫纳斯鲁拉·汗辞职,而由忠于王室的阿塔贝克·阿扎姆担任首相。1907 年 5 月,国王又拒绝在议会已通过的进一步限制国王权力的基本法补充条例上签字,同时授意新任首相镇压群众运动。结果民众与王权之间的斗争更趋激烈。1907 年 8 月 31 日,也就是英国和俄国签订分割伊朗协定的当日,阿塔贝克·阿扎姆被北部地区秘密革命组织"穆扎希德"(为正义和革命而斗争的战士)派遣的刺客刺杀,伊朗局势再度混乱。

早在日俄战争之前,鉴于英国和俄国在伊朗已形成的势力范围,英国建议与俄国共同划分伊朗,英国控制南伊朗,俄国控制北伊朗。但由于当时英国国内有一种联德抗俄的主张,而俄国也不甘心将南伊朗让给英国。后随着德国向中东渗透的加剧,英德矛盾突出,英国担心德国势力在伊朗继续增

① 冀开运、蔺焕萍:《二十世纪伊朗史》,甘肃人民出版社 2002 年版,第 42 页。

长会威胁到英国,于是再提与俄国妥协之策。而俄国在日俄战争中失败,随后在国内及伊朗爆发的革命也使俄国改变了态度,愿意与英国划分势力范围。1907 年,英国决定在黑海海峡等问题上作出让步,以换取沙俄妥协,英俄在当年的 8 月 31 日签订了关于在伊朗、阿富汗和中国西藏划分势力范围的《英俄协定》。协定将伊朗一分为三。人口稠密、经济比较发达的北部地区是俄国的势力范围,英国保证不在属于俄国势力范围的北部地区谋求任何商业租借权,并阻止其他国家在该地区攫取这种权利。对印度、阿富汗和波斯湾的安全具有战略意义的南部地区为英国的势力范围,俄国亦如英国对北部地区一样承担相应义务。伊朗中部为英、俄双方势力缓冲带,划为中立区。9 月 16 日,英、俄两国政府将此协定内容正式通知伊朗政府,英、俄公开瓜分伊朗的行为立即在伊朗各界激起强烈反响,伊朗各大城市重又开始了大规模的群众示威。甚至那些已打算中止革命,转而与王室合作的上层人士都重新加入反帝行列。反帝斗争又把伊朗立宪运动推向了新高潮。9 月 24 日,议会宣布英俄协定无效。穆罕默德·阿里国王也被局势所迫,发表声明拒绝承认英俄协定,并于 10 月 7 日在基本法补充条例上签了字。补充条例强调,伊朗实行立法、行政和司法三权分立,政府对议会负责,国王保留宣战、媾和以及任命各部大臣、担任武装力量最高统帅等权力。条例宣布人身、财产、住宅和私人通信不受侵犯;在不违背伊斯兰教义的前提下,人民有受教育、出版、集会、结社自由;伊斯兰教(什叶派)为伊朗正式国教。至此,伊朗第一部资产阶级宪法终于完成了。

国王穆罕默德·阿里被迫批准基本法补充条例后便谋划反攻倒算,他将效忠王室的武装力量调集首都,派近卫军驻扎议会广场,由俄国军官利亚霍夫上校指挥的哥萨克骑兵旅占据德黑兰的战略要地。王权的咄咄进逼使得议会中的左派议员、群众组织恩楚明的成员和费达伊(穆扎希德组建的武装力量,敢死队之意)武装部队占领了议会大厦和附近的谢巴赫·萨拉尔清真寺,决心保卫宪法和议会,就在近卫军和立宪派相互对峙之时,1908 年 2 月,穆扎希德派人谋刺国王未遂,国王和立宪派的矛盾激化。穆罕默德·阿里与俄国和英国沟通并得到默许后,6 月 23 日命令哥萨克旅炮轰议会大厦和谢巴赫·萨拉尔清真寺,数百人被害、被捕。此后伊朗革命的中心转移到阿塞拜疆省首府大不里士。大不里士的革命组织向全国发出号召,

伊朗立宪革命中的立宪分子

呼吁人民起来拯救宪法,为重新召开国民议会而斗争,并要求废除国王。在伊朗南部,巴赫蒂亚尔部族酋长率部族武装于 1909 年 1 月进入伊朗中部的伊斯法罕城,夺取了政权。2 月,吉兰省的腊什特爆发反对国王的武装起义。3 月,立宪派在南部的布什尔、阿巴斯港等地夺取了政权。由于此时立宪派已深入到俄、英控制区,两国政府决定进行直接武装干涉。1909 年 4 月 25 日,俄国以保护侨民及俄在伊朗之利益为名,派军队进入阿塞拜疆省并攻占了伊朗护宪运动中心大不里士,镇压了那里的革命运动。英军则从伊朗南部波斯湾沿岸登陆,占领了布什尔、阿巴斯港等地,控制了当地局势。这时立宪派在吉兰省发展很快,他们派出费达伊部队向德黑兰进军,5 月 17 日抵达德黑兰近郊。英国政府担心立宪派获得伊朗政权,于是支持巴赫蒂亚尔部族武装向德黑兰进军,巴赫蒂亚尔部族一直不愿向恺加王室臣服,适逢时机。这样,国王的军队在南北合击下崩溃,穆罕默德·阿里国王逃入俄国使馆。7 月 16 日,立宪派召开紧急议会,宣布废黜国王穆罕默德·阿里,另立阿里 14 岁的儿子艾哈迈德·米尔扎为新国王,以吉兰费达伊部队的领导者谢巴赫达尔为首的立宪主义者与巴赫蒂亚尔部族酋长组成了联合政府,一年后该政府垮台。1910 年 7 月,莫斯图菲·马马列克出任首相。此人既想摆脱英国和俄国,又需要一个大国做依靠,于是决定投靠美国,结果在英、俄的压力下下台。谢巴赫达尔重新组阁,但他亦坚持投靠美国的政策。1911 年,以摩根·舒斯特为团长的美国财政顾问团抵达伊朗。舒斯特出任财政总监,总管伊朗的财政、借款、石油租借、税收及国家预算,他还组建了一支宪兵队。伊朗和美国人的合作令英国和俄国不能容忍,俄国于是护送穆罕默德·阿里返回伊朗。1911 年 7 月,穆罕默德·阿里在里海南岸登陆,试图利用在那里招募的三万名土库曼部落武装进攻首都,复辟王位,但由于民众重新组织起费达伊部队,加之谢巴赫达尔调集军队阻截,穆罕默德·阿里的行动未获成功。在这种情况下,英、俄两国决定再次进行军事干涉,分别向伊朗南部和北部增兵。1911 年 11 月,两国联合向伊朗政府发出最后通牒,要求在 48 小时内驱逐美国财政顾问团。今后不经英、俄两国政府许可,不能聘请任何第三国顾问。对此,伊朗议会通过决议,拒绝英、俄的最后通牒。然而就在议会应对英、俄军事占领的时候,复辟势力乘机于 12 月在德黑兰发动政变,攻占了议会大厦,解散议会,逮捕和屠杀立宪人士,恺加王朝复辟,立宪革命结束。

立宪革命在伊朗历史上占有重要地位,它使伊朗有了第一部资产阶级性质的宪法,成立了第一个资产阶级性质的议会,沉重打击了恺加王朝的君主政体和专制制度,极大地削弱了恺加王室的威望和权力。虽然革命结束后恺加王朝得以复辟,但这次立宪革命从根本上摇撼了王朝统治的基础,恺加王朝的灭亡只是时间问题了。

第三节　阿拉伯民族的觉醒

一、阿拉伯民族意识轮廓初具

20 世纪初期,中东阿拉伯人生活的中心地带叙利亚、黎巴嫩、巴勒斯坦、伊拉克以及阿拉伯半岛的汉志地区还都处在奥斯曼帝国的统治下。阿拉伯人的民族意识早在埃及人抗击拿破仑入侵时就被唤起了，但由于英国人又在法国人之后占领了埃及，1882年以后埃及的主要精力便集中于摆脱英国人的统治了，于是贝鲁特和大马士革就成为刚刚兴起的阿拉伯民族主义的中心。民族主义运动之所以能中兴于此，得益于西方的教育特别是美国人在这里进行的文化活动。

在19世纪初期，生活在叙利亚地区的阿拉伯人文化水平还很低，学校极少，且是宗教学校，文盲比较普遍。由于奥斯曼土耳其人排斥阿拉伯语，阿拉伯人缺少阿文报刊和书籍，更没有阿拉伯人自己的印刷厂。这种状况因美国人的到来而发生了改变。

美国还是英国殖民地的时候与中东就有商业往来，但由于当时英、法、俄等国已从奥斯曼帝国获得了最惠国特权，特别是英国的影响较强，极力排挤美国商人，使得美国在中东不得施展。在这种情况下，美国转向文化活动。早在19世纪20年代詹姆斯·门罗总统时期，美国就派传教士到中东，建立教堂和布道站，创办学校和医院，用美国文化教化当地人。由于伊斯兰教对中东阿拉伯人及其他民族的深刻影响较难突破，加之英国人对阿拉伯人聚居地区的控制，美国传教士的活动主要在贝鲁特、耶路撒冷和伊斯坦布尔等基督教徒集中的地区开展。美国教会在中东办学方面成就斐然，中东的美国学校大多数是美国教会在这一时期创办的，其中1830年在贝鲁特创办的美国女子学校是美国在中东建立的第一所正规学校。1866年在贝鲁特建立的叙利亚基督教新教徒学院（即后来著名的贝鲁特美国大学）在教育来自阿拉伯世界各地的青年基督教徒和穆斯林方面起了重要作用。为便于书籍的印刷和普及阅读，1834年美国在贝鲁特设立了一家印刷所。

美国人在这一地区活动的展开迫使天主教神父们也开始充实力量与美国基督教徒竞争。这一时期大量来自法国的天主教传教士来到叙利亚定居。从贝鲁特到大马士革、阿勒颇及其他许多城市开始出现天主教设立的学校。1875年圣约瑟大学在贝鲁特的开办意义深远，因为叙利亚政界和文化界的许多杰出领袖都出自这个学校。大批学校的建立促进了教育事业的蓬勃发展，这些教育活动对各界人士都起了促进作用，阿拉伯人的民族意识日益清晰。

　　在美国基督教徒和法国天主教传教士们从事文化教育活动之时,奥斯曼帝国自身正经历"坦齐马特"时期(1839—1876 年),奥斯曼素丹因担心改革过剧,1879 年免去了首创 1876 年宪法的首相米德哈特的职务,将其改任叙利亚总督。这位著名的改革家在叙利亚则一展其改革抱负。他设立了管理财务和土地的机构,开办法政学校,修建铁路,设立邮电所,以便对抗美国、法国等西方国家的文化侵略。然而从客观结果看,米德哈特在叙利亚所进行的改革举措与美、法所从事的文化活动一样促进了阿拉伯人民族意识的觉醒。

　　1876 年阿卜杜尔·哈米德二世(1876—1909 年在位)继承奥斯曼素丹王位后,镇压自由主义运动,奥斯曼帝国的议会从此休会。在叙利亚,一些不堪忍受奥斯曼压制政策的知识分子纷纷移居埃及。在埃及,这些人打破了国家与宗教的界限,眼界更加开阔,他们开始从事整个阿拉伯人的民族独立与文化复兴工作,其影响力不可低估。

　　19 世纪末,阿拉伯世界开始出现系统阐述其理论文化的著述,阿卜杜勒·拉赫曼·卡瓦基比(1894—1902 年)以自己的两部名著《专制的本性》和《城市之母》,被誉为阿拉伯民族主义第一位理论家。《专制的本性》一书反对奥斯曼专制主义,谴责宗教神学和宗教狂热。他指出,要振兴伊斯兰世界必须与神学家的蒙昧主义和民众的愚昧无知作斗争,为此阿拉伯人要肩负起自己的使命。《城市之母》在阐述伊斯兰教衰落的原因的同时,着重论述了阿拉伯民族主义思想。该书充满了民族主义精神,书中列举了 26 条优势来说明阿拉伯人有能力承担起历史责任。卡瓦基比在地理上提出了与"伊斯兰世界"相并立的"阿拉伯世界"的概念,特别强调"阿拉伯人的特殊地位,因为阿拉伯人用他们的语言和他们的血统赋予伊斯兰教以财富"。[①]他提出要从阿拉伯人中推选哈里发,而且主张哈里发不应干预政治。他的这些主张通过其著作的流传而广为人知。

　　在阿拉伯人民族意识日益觉醒的时候,奥斯曼帝国发生了青年土耳其党人革命。青年土耳其党人革命的目标是建立宪政,由于革命所针对的是阿卜杜尔·哈米德二世的专制统治,革命过程中大加宣传和弘扬的是自由、

---

① 彭树智:《书路鸿踪录》,三秦出版社 2004 年版,第 266 页。

平等、博爱的精神,尤其是自由派提出的各民族广泛自治、各民族平等的主张引起了奥斯曼帝国治下阿拉伯人的共鸣,他们希望能够通过青年土耳其党人的革命实现萨巴赫丁亲王的主张,在帝国实行地方分权和阿拉伯人与土耳其人之间的平等。为此,阿拉伯人支持青年土耳其党人的革命举措,特别是在叙利亚和伊拉克等地有许多被阿卜杜尔·哈米德二世流放的青年土耳其党人,当地的阿拉伯民族主义者便与这些土耳其人一道将争取自由的斗争视作共同的事业,尽管各自所追求的"自由"的内涵并不甚相同。

在青年土耳其党人革命初期,阿拉伯民族主义者凡事都与青年土耳其党人合作。他们与土耳其人一道欢庆1876年宪法的恢复。作为回报,青年土耳其党人坚决请求阿卜杜尔·哈米德二世任命哈希姆家族的侯赛因为麦加谢里夫。尽管哈米德二世判定侯赛因怀有建立一个独立的阿拉伯国家的野心,但迫于青年土耳其党人的压力,同意了他们的要求。此举对阿拉伯人意味深长,后来侯赛因以此为资本与英国人建立起联系,他的三个儿子阿里、阿卜杜拉和费萨尔分别做了麦加、约旦和伊拉克的国王。就在侯赛因成为圣地保护人的同时,伊斯坦布尔的阿拉伯人成立了一个拥护奥斯曼宪法,为阿拉伯人谋求福利的组织——奥斯曼—阿拉伯友好协会。此时的阿拉伯人希望通过与土耳其人的合作,在帝国内同其他民族平等基础上逐渐改善阿拉伯行省的状况和地位。该组织的宗旨并未涉及阿拉伯人的自决权和自治问题。奥斯曼—阿拉伯友好协会在各阿拉伯行省设有分会,通过会刊宣传自己的主张。然而,这个团体的活动尚未展开,局势就发生了变化。

对奥斯曼帝国而言,青年土耳其党人的反专制是一柄双刃剑,它一方面抑制了阿卜杜尔·哈米德二世的专制统治,另一方面刺激了帝国内非土耳其民族的分离意愿和决心,这不只是指阿拉伯人,还有巴尔干地区的少数民族。在青年土耳其党人争取立宪自由之时,1908年10月5日,保加利亚宣布包括东罗马尼亚在内完全独立,其后果是通向欧洲铁路的重要地区摆脱了奥斯曼帝国的控制。第二天,奥匈帝国宣布并吞波斯尼亚—黑塞哥维那。这两块领土虽然自1878年即被奥地利人占领,但从法律上讲仍属于奥斯曼帝国主权所有,如今这一名分亦不存在了。在这种情况下,奥斯曼帝国派在巴尔干的马其顿军官希望立宪政府能够采取更有力的措施挽救巴尔干危局,结果青年土耳其党人并未开出神丹妙方。军队中的不满情绪演绎出

1909 年的骚乱,在由两名阿拉伯军官伊拉克人谢夫凯特和埃及人米斯里镇压了叛乱后,青年土耳其党不得不改变了以往的政策,开始加强中央集权,反对地方分权;强调土耳其化,拒绝一切违反土耳其习惯的地方习俗和传统。在这种思想主导下,奥斯曼—阿拉伯友好协会在成立八个月后被解散了,要求民族文化自治的阿拉伯人也如其他民族一样受到迫害而转入地下,当然也就蕴积了更加强烈的不可调和的民族主义情绪。

二、阿拉伯人争取民族独立的尝试

1908 年底,阿拉伯民族主义者同青年土耳其党人的合作关系在第一届国会议员选举后破裂。在议会选举中,统一与进步协会赢得多数。由于当时帝国居民人口构成中阿拉伯人多于土耳其人,而阿拉伯人在参议院和众议院中所占席位都不多,阿拉伯人颇感失望,同时也认识到土耳其人不可能给阿拉伯人所希望的平等。阿拉伯民族运动的领袖们开始改变斗争策略。一时间各式各样的阿拉伯社团和党派在伊斯坦布尔、大马士革、贝鲁特、巴格达和阿勒颇等城市涌现出来。比较重要的团体如文学俱乐部,1909 年由伊斯坦布尔的阿拉伯人创立,从名称上看它是一个文化启蒙组织,它也不承认自身有政治活动,但其宣传的内容是阿拉伯民族主义。文学俱乐部成立后,几乎立即代替了伊斯坦布尔的奥斯曼—阿拉伯友好协会,成为首都阿拉伯人的一个集会场所,会员很快达到了数千人,而且发展到叙利亚和伊拉克的许多城市。无论多么专制的政府,要想阻止那些坐在俱乐部休息的阿拉伯人谈论他们想谈论的话题都是不可能的。后来它成为青年土耳其党与阿拉伯人谈判时公认的中间人。文学俱乐部一直存在到第一次世界大战爆发,1915 年被取缔。

另一个重要的公开团体是奥斯曼地方分权党。1912 年 12 月由一些经验丰富的阿拉伯著名人物在开罗创立的,因推崇萨巴赫丁亲王主张的地方分权思想而冠此名。领导人为著名的阿拉伯政论家、社会学者拉菲格·阿兹姆。支部分布在伊拉克和叙利亚,成员近万人。该党与伊斯坦布尔的文学俱乐部及其他阿拉伯组织保持有密切联系。奥斯曼地方分权党的宗旨是调动阿拉伯舆论,促使青年土耳其人认识到有必要建立一个联邦制成分较多的新奥斯曼国家。该党党纲强调,政府应建立在地方分权基础上,各省设有自己的政府和议会,可将当地人的语言和土耳其语共同作为官方语言。

除公开团体外,有两个秘密团体作用也不小。一个是成立于1909年底的"盖哈唐协会"(名称源于传说中阿拉伯人的祖先"盖哈唐")。它主张创造一个类似奥匈帝国的土耳其—阿拉伯二元国家,即阿拉伯各省组成一个有自己的议会、地方政府、阿拉伯语作为官方语言的王国后与土耳其人的王国共同拥戴一个奥斯曼素丹,阿拉伯人与土耳其人两个民族通过"分"而达到"合"的目的。后由于青年土耳其党人刻意引导局势向土耳其化道路发展,阿拉伯人与土耳其人之间协调一致的希望破灭了,该组织随之瓦解。

另一个有影响的秘密团体是"青年阿拉伯协会"。由于青年土耳其党人压制非土耳其人团体,许多阿拉伯人逃往国外,巴黎比较集中,那里早已有阿拉伯人在活动。1904年,纳吉布·阿祖里组建了阿拉伯祖国同盟,1907年他又创办了《阿拉伯独立报》。青年阿拉伯协会成立于1911年,又称法塔特(青年)。该协会反对在帝国范围内实行一体化的主张,而主张争取阿拉伯人的完全自由和独立,即建立阿拉伯主权国家。在当时这种激进的主张迫使协会的行动必须严加保密,因此成员最多时也仅数百人,但逐渐成为阿拉伯人中最有效的力量。1913年协会总部迁到贝鲁特,1914年又迁到大马士革,第一次世界大战爆发后遭到镇压。

阿拉伯人普遍的结社活动,令青年土耳其党人不安,而在巴尔干,1912年底,土耳其人几乎丧失了所有要地,青年土耳其党人这时被迫以独裁来挽救危局。他们决定采取更严厉的措施对待那些民族主义者。1913年1月12日,84名来自不同宗教团体的成员聚集贝鲁特,组成贝鲁特省改革委员会。该组织公开宣布了一项阿拉伯地方自治纲领。纲领主旨是,贝鲁特省的外部事务如防务等可由中央政府负责,而内部事务应由省议会自行管理,且议会多数有权罢免总督,以阿拉伯语为官方语言。这一纲领在阿拉伯人中博得广泛认同,在叙利亚、伊拉克等地产生很大影响。青年土耳其党人对它进行了镇压,将其领导人逮捕。1913年4月,5名青年阿拉伯组织成员致函开罗的奥斯曼地方分权党总部和叙利亚改革委员会,呼吁召开阿拉伯人大会以回击土耳其人的镇压。结果,由于帝国内部的局势,大会于6月18—24日在巴黎召开。由来自叙利亚等地代表诸多阿拉伯党派的24名代表出席,有 200 多名来宾旁听。会议采纳了地方分权党和改革委员会的政纲,确认阿拉伯民族完整的政治权利及对国家的管理权,要求阿拉伯语和土耳其语共同作为阿拉伯各省区的官方用语。会议决议送交奥斯曼政府和欧洲各国政府。经法国人的斡旋,奥斯曼政府派统一进步委员会书记米德哈特·舒克里到法国,与阿拉伯人大会主席阿布德·哈米德·扎赫拉维签署协议。根据协议,中央政府内阁中至少有 3 名阿拉伯人部长,阿拉伯人应有 5 个以上总督职位。阿拉伯语为阿拉伯行省官方语言及中小学教学用语。①同年 8 月的一项敕令中将这次大会的政纲定为阿拉伯诸省的公开宣明的方针,但未提上述协议。而在协议的实施中,阿拉伯人认为土耳其人玩弄概念,欺骗阿拉伯民族主义者,对青年土耳其党人愈发不信任,要求完全独立的思想日益明确,而且军人开始参与到运动中来了。奥斯曼军队中的阿拉伯军官创立了一个新的组织——盟约党(阿赫德)。该党完全由军官组成,是一个军人的组织,在贝鲁特、大马士革和巴格达有许多党员。青年土耳其党人在听到有关该组织的风声后,1914 年 2 月逮捕了党的领导者阿齐兹·阿里,并搜罗罪名,将其判处死刑。舆论哗然。阿拉伯世界抗议声鼎沸。在埃及,阿拉伯人向英国人求助,希望英国进行外交干预。英国政府向奥斯曼政府抗议后,素丹将阿齐兹·阿里的死刑减为 15 年苦役。赦免后的阿齐兹·阿里到埃及领导开罗的盟约党了。经过这一事件,阿拉伯人对青年土耳其党人所寄予的希望丧失殆尽了。

在阿拉伯世界,不仅有这些民族主义者结社组党,谋求阿拉伯人的民族利益,那些阿拉伯总督也竭力争取独立地位。在伊玛目叶海亚统治的也门,奥斯曼帝国为使其驯服,数次征讨,未获成功后妥协。在富饶的哈萨省,阿卜杜勒·阿齐兹·伊本·沙特战胜了奥斯曼帝国支持的拉西德家族,将土耳其人及其盟军赶了出去。

对哈希姆家族的谢里夫侯赛因的控制幸赖汉志铁路的通达。在阿卜杜尔·哈米德二世在位时,为了应对阿拉伯人的离心倾向,他采取"大伊斯兰政策",即无论阿拉伯人还是土耳其人,都是伊斯兰教徒,以此来笼络阿拉伯人。为有效控制叙利亚、伊拉克、汉志等阿拉伯人地区,哈米德二世决定

---

① 彭树智主编:《阿拉伯国家简史》,福建人民出版社 1999 年版,第 318 页。

修建汉志铁路。1900 年,由德国工程师主持,开始修建从大马士革到麦地那并延伸到麦加的铁路。官方所宣传的修建这条铁路的目的是便利穆斯林朝圣,事实上也的确受到穆斯林的欢迎,因为这条铁路修好后,全程可以从 14 天的驼运缩短到 4 天,从 12 天的海程(经红海)也缩短到 4 天。[1] 而对奥斯曼帝国来说,这条铁路的修建可以便利运输军队及军需品到半岛各地,尤其是汉志和也门地区。1908 年 8 月,铁路修到麦地那时,麦加的谢里夫侯赛因便出来阻挠。因为如果这条铁路修到麦加,那么土耳其人的军事势力就将伸展到汉志内部,侯赛因将无任何独立与自由可言。在他的坚决反对下,铁路工程一直停留在麦地那段。但奥斯曼帝国此时在麦加已有一支驻防军,足以威胁侯赛因,稳住汉志局势。在这种情况下,侯赛因打算借助英国人的帮助摆脱奥斯曼的控制。1914 年初,侯赛因的次子阿卜杜拉亲王在开罗向英国人暗示,他父亲愿意接受英国人的建议和援助。这意味着英国要支持侯赛因脱离奥斯曼帝国而独立,提供保护和津贴,而独立后的阿拉伯国家将与英国友好,对外事务则由英国决断。伊斯坦布尔察觉侯赛因的动向后,采取行动限制了他的权力,并派人到麦加,试图除掉亲王,但未成功。

后来促使英国人与侯赛因接近的是德国人。德国自 1890 年威廉二世执政后,目标锁定中东,紧锣密鼓向中东渗透,尤其是对奥斯曼青年土耳其党人的影响日益增长。为对抗德国人这种攻势,英国和法国鼓励和支持阿拉伯民族主义者针对奥斯曼政府的独立要求。然而,由于阿拉伯各个团体和党派始终未能采取统一行动,在第一次世界大战前没有能实现独立的愿望,但毕竟阿拉伯的民族意识已经觉醒了,独立国家的曙光已然生辉。

---

[1]　纳忠:《阿拉伯通史》下卷,第 500 页。

第 九 章

现代中东民族独立国家的群体出现

第一节　第一次世界大战与
奥斯曼帝国的崩溃

一、奥斯曼帝国与德国结盟

第一次世界大战爆发时，奥斯曼帝国可以有三种选择：与英法结盟、中立或与德国结盟。在奥斯曼帝国，有很多土耳其人倾向站在英国和法国这两个西方民主国家一边参战，而政府没有做出这种选择。这主要是因为英、法已与奥斯曼帝国的宿敌俄国结成协约国同盟。

奥斯曼帝国与俄国之间的世仇已纠结数百年。1453 年奥斯曼帝国灭掉东罗马帝国后，俄国通过与东罗马帝国皇室联姻而成为拜占廷帝国的继承者，并宣称莫斯科为"第三罗马"，奥斯曼帝国无疑成为俄国的仇敌。而当彼得大帝为俄国制定了南下的外交政策后，奥斯曼帝国更成为俄国南下进攻的首要目标。17—19 世纪俄国与奥斯曼帝国交战十余次，俄国要进入黑海，进而进入地中海，打通海上交通。在这数百年间，俄国始终是奥斯曼帝国的心腹大患。

自从 19 世纪末 20 世纪初德国崛起后，俄德就在巴尔干形成竞争。为使俄国将注意力移开巴尔干,德皇竭力怂恿自己的表兄弟俄国沙皇尼古拉二世对"黄祸"提起欧洲的剑。① 俄国于是向亚洲大举扩张,从而与日本发生冲突。日俄战争的结果使俄国丧失了近十年时间里在远东外交与军事经营中获得的全部东西,更为严重的是一个欧洲强国被亚洲人打败了,极大地打击了俄国的威望。而英国作为海上强国,此时与大力推行海军发展计划的德国无共同利益可言。当德国指望从俄国对亚洲的征服中取利时,英国希望找到一个盟国来牵制俄国在亚洲的扩张。于是,英国放弃了一向恪守的"光荣孤立"政策,1902 年与日本结盟,1904 年与法国结盟。英日同盟的形成以及日俄战争的挫折使俄国在远东的扩张收缩,俄国改变外交政策,准备从亚洲回到欧洲和中东。正如俄国新任外交大臣伊兹沃尔斯基所言:"如果俄国纠缠于远东,那么在解决欧洲问题时就不会有发言权,它就会一下子降到二流国家的地位。"②而俄国重返欧洲和中东的主要障碍是德国,俄国权衡利弊之后,决定与英国实行和解。英、法接受俄国并不意味着拒绝奥斯曼帝国,但奥斯曼帝国不能与俄国为伍,也就未与英法结盟。

　　奥斯曼帝国的第二种选择是中立。当时绝大部分土耳其人和内阁多数成员赞成中立。英法俄也都希望土耳其中立。英国和法国向土耳其保证,只要土耳其保持中立,就将保护土耳其免受巴尔干诸国尤其是希腊的侵扰,使土耳其所有的领土"绝对完整";俄国的担保则无限期地中止了来自北方的威胁;英国还能利用自己的影响平息和推迟阿拉伯人的起义。③ 而对奥斯曼帝国来讲,如果中立,帝国就不能参与打击俄国了,这是土耳其人最不想放过的机会。尽管在巴尔干各盟国内讧之前,保加利亚军队已从西边挺进到伊斯坦布尔大门口,但俄国人的威胁依旧在土耳其人思想中占压倒一切的地位,没有任何东西可以取代土耳其人内心对俄国的恐惧。因此,奥斯曼帝国决定站在德国一边作战。他们希望与德国一起反对俄国,实现自己的利益。1914 年 7 月 27 日,奥斯曼帝国提出订立德国与奥斯曼帝国之间

---

　　① ［美］巴巴拉·杰拉维奇:《俄国外交政策的一世纪》,福建师大外语系编译室译,商务印书馆 1978 年版,第 206 页。

　　② 王绳祖主编:《国际关系史》第三卷,世界知识出版社 1995 年版,第 350 页。

　　③ ［英］温斯顿·丘吉尔:《第一次世界大战回忆录》第 1 卷,吴良健,南方出版社 2002 年版,第 272 页。

反对俄国的秘密同盟,这个提议立刻被德国接受。8月2日,奥斯曼帝国与德国签订了秘密的反俄同盟条约。当然,奥斯曼帝国最终选择与德国结盟绝非偶然,这也是德国二十几年来在奥斯曼帝国竭力经营的结果。

德国自统一后一直奉行首相俾斯麦坚持的局限于欧洲的"大陆政策",即为阻止俄法接近,德国不涉足俄国的传统势力范围——巴尔干;同时为加剧英俄的对抗,德国不在海外殖民地问题上与英国发生冲突,维持欧洲均势。而统一后经济力量已膨胀起来的德国资产阶级需要海外销售市场及原料,他们将目光投向非洲。由于德国海军微不足道,所以处处遭受英国人的排挤。1888年,威廉二世执掌国政后一改俾斯麦的外交政策,开始施行"世界政策",即要将德国从大陆强国变为世界强国。世界政策的主要内容就是殖民主义和海军主义政策。宣称德国要向海外扩展殖民地,掌握制海权,争霸世界。① 德国向海外扩张的矛头主要指向北非和奥斯曼帝国本土。

在奥斯曼帝国,德国资本活动的主要领域是铁路事业。其中自柏林(Berlin)始,经拜占廷(Byzantine)到巴格达(Baghdad)的"三B铁路"是威廉二世"世界政策"的重点。这条铁路对德国而言极具战略意义,它不仅能使德国深入整个奥斯曼和小亚细亚,切断俄国南下的黑海出海口,而且可以从陆上向北威胁俄国在高加索和波斯的利益,向南威胁英国在印度和埃及的统治,是德国向东方推进的重要工具。1888年,从柏林到伊斯坦布尔(公元前658年始建于巴尔干半岛东端,时称拜占廷;公元330年东罗马帝国以此为首都,改称君士坦丁堡;1453年奥斯曼帝国灭东罗马帝国后定都于此,称伊斯坦布尔)段铁路完工。1889年,威廉二世到访奥斯曼帝国,拜会了奥斯曼帝国素丹阿卜杜尔·哈米德二世。随后德国将铁路从伊斯坦布尔修到安卡拉。到1896年,该铁路线已延至科尼亚。1899年,威廉二世第二次访问奥斯曼帝国,希望从素丹处获得从科尼亚向前延展,经巴格达到波斯湾的修建铁路租让权,后如愿以偿,只是由于英国的抵制,德国才放弃了以波斯湾为铁路终点的设想。除了铁路由德国人控制,德国人还在黑海岸边的爱雷格里—戎古尔达克矿区开采煤矿,在安纳托利亚东南部的爱尔干尼开掘铜矿。另外,银行、码头也由德国人参与管理。

---

① 丁建弘:《德国通史》,上海社会科学院出版社2002年版,第279页。

　　德国在奥斯曼帝国的渗透不仅赢得了素丹阿卜杜尔·哈米德的支持，宪政革命后执掌政权的青年土耳其党人也多有亲德倾向，尤其是"三巨头"中最具实力的恩维尔，对德国仰慕之极。此人1909年任奥斯曼帝国驻柏林武官，曾受德国训练，并在的黎波里与意大利英勇作战，后任陆军大臣及参谋总长，执掌军权。恩维尔认为，在大战爆发时，奥斯曼帝国应与德国合作，因为他深信德国将在陆上赢得战争，土耳其人将在德国胜利时获得高加索，那样至少能在几个世代里阻挡俄国南下。而德国也迎合了奥斯曼帝国的这一理想，答应土耳其人在同盟国胜利时满足其对高加索的领土要求。这一应允决定了奥斯曼帝国的政策。[①]　当然，这一抉择最终葬送了奥斯曼帝国。

二、奥斯曼帝国参战及后果

　　就在奥斯曼帝国向德国提出秘密结盟的第二天，1914年7月28日，英国海军征用了原本卖给奥斯曼帝国的两艘军舰。这是奥斯曼政府用全民募捐的方式筹集到的款项购买的"无畏"级战舰。英国的举措令土耳其人愤怒而失望，亲德派的行动因而更加果决。当德国军舰"戈宾"号和"布雷斯劳"号躲过英国人的追击，驶入达达尼尔海峡后，奥斯曼帝国政府宣称，这是从德国"购买"的战舰，并给战舰起了土耳其名字："素丹谢里姆·耶伍兹"号和"米迪利"号。德国水手和军官也换上了土耳其人的装束。以利曼·冯·桑德斯为首的德国军事使节团在恩维尔的倡导下也被邀请到奥斯曼帝国，并被授予广泛权限。10月底恩维尔卜令由德国海军上将逊洪指挥的舰队驶入黑海，29日军舰炮轰俄国港口。11月初，俄、法、英相继对奥斯曼帝国宣战。

　　奥斯曼帝国参战后进行的绝大部分战役都是为了保卫奥斯曼帝国领土，其中最成功的战役是1915年2月开始的保卫海峡之战。当时，英、法两国的部队向海峡发动了攻击。由德国人利曼·冯·桑德斯指挥的奥斯曼帝国军队投入抵抗战。当时还是奥斯曼帝国陆军上校的凯末尔就是在这场战役中赢得了能干和不知疲劳的师长的美名。英法联军于1916年1月撤退，

---

　　① [英]温斯顿·丘吉尔:《第一次世界大战回忆录》第1卷，第273页。

海峡和伊斯坦布尔暂时得救。

在高加索,恩维尔亲自挂帅向俄国发起进攻。1914年底,他调动大军,在东安纳托利亚战线起兵,准备冲破俄国战线,计划以迅雷不及掩耳之势占领外高加索和波斯。由恩维尔所发动的这次攻势,结果使土耳其人陷于惨境,军队伤亡超过4/5,单是在萨雷喀美施一次战役中土耳其人就牺牲了八万人。[①] 后来俄国军队转入反攻,冲入了安纳托利亚腹地,1916年初占领埃尔祖鲁姆,随后又占领了特拉布宗和埃尔津詹。恩维尔返回伊斯坦布尔后再不指挥作战了。但高加索之役对奥斯曼土耳其人而言并未造成多大损失,况且俄国发生十月革命,沙俄政权垮台后,土耳其人重新获得了他们在1878年输给俄国人的一切,并长驱直入外高加索。相比较而言,在阿拉伯地区的损失则最为惨重。

战争一开始,从英国人手里"夺回"埃及的希望就幻灭了。总司令泽马尔帕夏的出征遭到彻底失败。大战过程中,英、法与德国和奥斯曼帝国相互争夺的阿拉伯人地区主要是巴勒斯坦、叙利亚和黎巴嫩、伊拉克及阿拉伯半岛。

1914年11月14日,奥斯曼素丹是以哈里发的名义号召全世界的穆斯林进行圣战,保卫伊斯兰国家的。这意味着穆斯林要团结起来,一致对抗协约国,因而有可能导致法国控制下的北非的穆斯林、英国控制下的埃及、苏丹和印度的穆斯林及俄国控制下的中亚的穆斯林均起而反抗帝国主义,尤其是英国,它的军队中有大量来自印度、埃及和苏丹的穆斯林战士。面对这些穆斯林的宗教忠诚可能被奥斯曼土耳其人利用的威胁,英国人决定利用阿拉伯人已经觉醒的民族意识,强调这场战争与宗教信仰无关,而诱导阿拉伯人起而反抗奥斯曼土耳其人的压迫。麦加的谢里夫侯赛因成为英国这一对策的突破口。早在大战前的1914年1月就见过侯赛因儿子阿卜杜拉的英国驻埃及总领事基钦纳勋爵,深明侯赛因欲摆脱奥斯曼帝国控制而寻求英国支持的打算。由于当时英国正在努力争取奥斯曼帝国在未来的战争中保持中立,所以拒绝了侯赛因。但当奥斯曼帝国于当年8月初同德国缔结

---

① [俄]雷斯涅尔、鲁布佐夫主编:《东方各国近代史》第2卷,丁则良等译,生活·读书·新知三联书店1958年版,第448页。

秘密同盟条约后,已经回国任陆军大臣的基钦纳于 9 月 24 日发电报给开罗,要英国驻开罗东方事务秘书斯托斯派密使见阿卜杜拉,询问他一旦奥斯曼帝国政府被德国拉进反对英国的战争,他和他的父亲以及阿拉伯人将支持哪一方。侯赛因的回答是:"伸给我们一只援助的手,我们绝对不会帮助那些压迫者。"对此基钦纳许诺:"假若阿拉伯民族在这场土耳其人强加给我们的战争中帮助英国,英国将保证:不干预阿拉伯半岛事务,并帮助阿拉伯人反对一切外来侵略。"①而英国人"不干预阿拉伯半岛事务"的许诺并不能满足侯赛因的要求,他的目标是建立一个阿拉伯帝国。为加强自身力量,并与阿拉伯民族主义者协调立场,1915 年 3 月底,他派三儿子费萨尔与主张建立阿拉伯主权国家的青年阿拉伯协会和主张争取英国支持的青年军官组织盟约党的负责人取得联系。这两个组织的负责人都赞成阿拉伯人利用战争与英国人合作以争取独立,为此他们与费萨尔商定了一个联合议定书,史称《大马士革议定书》。该议定书向英国提出了阿拉伯人反叛奥斯曼帝国的条件是英国要承认阿拉伯国家的独立,它的疆界包括西奈半岛以东和以北的操阿拉伯语的奥斯曼帝国亚洲部分,即包括美索不达米亚、叙利亚和巴勒斯坦。7 月 14 日,侯赛因依据《大马士革议定书》致信英国驻开罗高级专员亨利·麦克马洪爵士,由此开始了著名的麦克马洪—侯赛因通信,双方共交换信件 10 封,一直延续到 1916 年 3 月。在通信谈判过程中,英国坚持不承认侯赛因对阿拉伯半岛以外的要求。直到英法联军在海峡、在加利波利半岛和巴格达南部相继受挫,1915 年 10 月 24 日,麦克马洪才以模棱两可并为以后的解释留下足够余地的措辞表示英国承认和支持由麦加谢里大所要求的疆界内的阿拉伯人的独立。而此时的侯赛因在汉志的地位也日益不稳,奥斯曼土耳其人拒绝了他提出的赦免被捕的阿拉伯民族主义者的请求,且于 1916 年 4 月处决了一批阿拉伯民族主义者,并打算另选他人取代侯赛因麦加谢里夫的地位,当时泽马尔帕夏派往汉志的援军已经抵达麦地那。侯赛因认为起义的时机已到,6 月 5 日,他的儿子阿里和费萨尔以侯赛因的名义在麦地那起事,封锁了奥斯曼帝国军队南下的通路以保护麦加。10

---

①　李平民:《英国的分而治之与阿—以冲突的根源》,上海社会科学院出版社 2000 年版,第 69 页。

日,侯赛因在麦加采取军事行动,指挥阿拉伯起义军攻陷土耳其人守军驻地。10 月 29 日侯赛因在麦加宣布阿拉伯人脱离奥斯曼帝国而独立,自己为"阿拉伯国王",他认为这是麦克马洪通信中给予他的权力。但英、法于 1917 年 1 月 3 日联合照会侯赛因,只承认他为汉志国王,不承认麦加政府是奥斯曼帝国所有阿拉伯人的政府,因为阿拉伯半岛以外的阿拉伯地区,英国和法国已另作安排。

在麦克马洪与侯赛因通信谈判的同时,英、法、俄等协约国成员一直在就瓜分包括阿拉伯行省在内的奥斯曼帝国领土问题相互协商。俄国人从大战一爆发就要求取得伊斯坦布尔和海峡及其周边地区,而对属于英法传统势力范围的阿拉伯行省兴趣不大,所以这些行省的争夺者主要是英国和法国。两国经过反复的争执和磋商,并与俄国政府交换意见后,于 1916 年 3 月确定了瓜分方案,即由英国东方问题专家赛克斯和法国前贝鲁特总领事皮科签订的《赛克斯—皮科协定》,英、法、俄三国就此交换了"备忘录"。协定的主要内容是:俄国获得伊斯坦布尔、达达尼尔海峡沿岸,以及安纳托利亚东部与俄国毗连的地区;法国将得到西叙利亚和南安纳托利亚。伊拉克北部的摩苏尔分为东西两部分,西部由法国统治,东部由法国监督阿拉伯人管理。法国人有权优先开发该地区经济,并派法国人担任阿拉伯人的顾问;英国占领波斯湾与法占区之间的地区。合并伊拉克南部,北至巴格达,西到约旦,包括地中海的阿卡及西海岸的一部分。这一地区也分为两部分:南部伊拉克由英国直接统治,其他部分由阿拉伯人管理,英国人控制。俄国由于在巴勒斯坦有很大一部分财产,包括地产、教堂、学校、医院和修道院以及旅馆等,所以坚持圣地不能由英法瓜分,最后达成共识,由国际共管。该协定对阿拉伯地区的划分显然与英国许诺给侯赛因的地区是交互冲突的,所以英、法、俄三国对此协定一直秘而不宣。

英国和法国在将阿拉伯行省划分抵定后便加紧实际占领。1916 年 12 月,英军在此前遭受奥斯曼帝国重创后恢复军事行动,马上进攻美索不达米亚。第二年 3 月攻占巴格达,与此同时,俄军也击溃奥斯曼土耳其军,到达波斯边境,与英军会合,英军得以继续北进。9 月占领幼发拉底河上的拉马迪,11 月占领底格里斯河上的提克里特。到 1918 年 10 月,停战协定签字在即,英军再次发动攻势,将基尔库克收入囊中,此时英军距离摩苏尔仅有

22.5公里,①奥斯曼帝国守军被迫撤离该城。这样英军几乎控制了整个美索不达米亚。对英国人的咄咄进逼,法国甚为不安,担心英国下一步将进攻叙利亚和巴勒斯坦,因此法国必须在英国行动之前采取措施。在法国驻当地官员要求的军队到来之前,法国人利用历史上与叙利亚和黎巴嫩侨民的关系开展活动,为此在巴黎建立了以黎巴嫩人米舍尔·萨姆奈为首的叙利亚中央委员会,专门负责法国与叙利亚之间的事务。而这时英国又在红海北部攻占了战略要地亚喀巴。并向北占领了雅法和伯利恒,1917年12月9日,英军攻入耶路撒冷。费萨尔领导的阿拉伯起义军借助英军的攻势,北插叙利亚,1918年9月30日进入大马士革,随后英军亦抵达此城。由于直接触及法国的势力范围,两国在伦敦订立了占领这一地区的协定,将被占阿拉伯领土的最高控制权交给英军负责指挥进攻巴勒斯坦的艾伦比将军,具体管理权由盟军分担:法国管理西叙利亚和黎巴嫩,包括大马士革在内的东叙利亚和外约旦由费萨尔控制;英国则得到了巴勒斯坦。根据此协定,1918年10月8日,法军占领贝鲁特,布尔芬将军在此设立司令部,并在贝鲁特、西顿和提尔任命了军事总督。

英国控制了巴勒斯坦之后,考虑到这一地区的敏感性、复杂性,加之俄国发生十月革命后,《赛克斯—皮科协定》被苏维埃俄国公之于众。阿拉伯人认为《麦克马洪—侯赛因通信》是英国人的骗局,阿拉伯人与英国的关系转而紧张。为转移阿拉伯人对英国占领巴勒斯坦的注意力,同时又不失去对巴勒斯坦的控制力,英国人搬出了犹太复国主义者。

英国是近代历史上最早倡导锡安主义(又称犹太复国主义,Zionism)的国家,德国崛起后在奥斯曼帝国的影响日益增强,柏林成为世界锡安主义运动中心。英国则为维护自身在奥斯曼帝国阿拉伯行省的既得利益,阻止德国对这些地区的渗透转而与阿拉伯人合作。然而,英国人十分了解犹太人对巴勒斯坦的向往,如果英国支持犹太人在巴勒斯坦立足,那么将来建立的犹太国家势必成为英国的盟国,且可以保证英国在大战中赢得的果实不丧失。经过与犹太复国主义者的一番沟通,双方彼此深意明了。1917年11月2日,英国外交大臣贝尔福致信英国犹太复国主义联盟副主席罗思柴尔

---

① 彭树智主编,黄民兴著:《中东国家通史·伊拉克卷》,第172页。

德,表示英国支持并将努力促成在巴勒斯坦建立一个犹太人的"民族之家"。犹太人从此开始大量涌入巴勒斯坦,并很快成为一股阿拉伯人根本不敌的有生力量。对此阿拉伯人感到极其愤怒,反英情绪高涨。

1918 年 8 月,德军在西线的溃败决定了中东战事的结局,失去德国的支撑,奥斯曼帝国军队绝难维继残局,在英军的攻击下兵败山倒。1918 年 10 月 30 日,奥斯曼帝国海军大臣劳夫贝伊与英国地中海舰队司令卡尔索海军上将在爱琴海摩德洛斯港外的英国巡洋舰"阿加美农"号上签订了停战协定。停战条件规定向协约国开放海峡及其要塞;奥斯曼帝国军队除边防军和国内保安部队外一律复员;如果协约国认为安全受到威胁,协约国可以占领帝国任何战略要地;完全取消奥斯曼帝国在叙利亚、黎巴嫩、巴勒斯坦、伊拉克、汉志及也门等地的行政当局。在失去巴尔干后,奥斯曼帝国此时又完全失去了阿拉伯地区。1918 年 11 月 13 日,协约国联军驶入伊斯坦布尔港口,曾经以武力称雄世界达四五个世纪,疆域横跨欧、亚、非三洲的奥斯曼帝国就此崩溃。

第二节　凯末尔革命和土耳其共和国的成立

一、战后土耳其人的危难处境

1918 年 10 月 30 日签订摩德洛斯停战协定后,协约国便指使希腊扰乱土耳其本部。此举缘起于英法与意大利 1917 年 4 月 17 日签订的一个协定,这个协定纵容意大利向小亚细亚西部(包括伊兹密尔在内)扩展,但需得俄国同意。后因沙俄覆亡该约未能生效,意大利很是不甘。希腊担心意大利强占原本属于自己的疆域,遂竭力争取协约国支持,协约国亦因不希望意大利非法占据而致再起纠纷,于是支持希腊。1919 年 5 月 15 日英法美三国军舰载送希腊军队在伊兹密尔地方登陆,伊兹密尔地区居住着不少希腊东正教徒,但不占多数。1908 年至 1918 年间,奥斯曼帝国昔日藩篱本已尽被吞并,对奥斯曼帝国而言,创痛虽深但尚未及于心腹,而今在奥斯曼帝国早期年代即被征服的臣属民族希腊人深入安纳托利亚令土耳其人惊觉祖国即将覆亡。与此同时，1920年8月，以英法为首的协约国与奥斯曼帝国素丹政府在巴黎近郊的色佛尔签署和约，即《色佛尔条约》。根据该条约，奥斯曼帝国政府承认它原来所有的阿拉伯诸行省脱离出去，约旦河两岸的巴勒斯坦地区划为英国的委任统治地，叙利亚（包括黎巴嫩）划为法国委任统治地，阿拉伯半岛的希贾兹（汉志）独立；出产石油的摩苏尔划入伊拉克，由英国控制；帝国的所有欧洲领土除伊斯坦布尔周围一小块外都被割掉，主要由意大利和希腊瓜分，安纳托利亚西部的伊兹密尔及内陆地区、东色雷斯和爱琴海的一些岛屿划归希腊，多德卡尼斯群岛和罗德岛归意大利；安纳托利亚东部、北部的亚美尼亚独立；库尔德斯坦自治。安纳托利亚其余部分根据另一协定指定作为法国和意大利的经济势力范围。恢复治外法权，财政交由协约国控制。黑海海峡非军事化，交由国际共管。帝国武装力量限制在5万人以内。这个条约被称为奥斯曼帝国的死刑判决书，帝国4/5的领土被瓜分，土耳其人的领土只有安卡拉与黑海之间一小块地方，既无工业，也无维继生存的自然资源。条约签字之日，奥斯曼帝国举国如遭大难，伊斯坦布尔各报纸是日都加上了黑边，娱乐表演停止，商店关门。希腊人侵燃起的爱国之焰被色佛尔条约烧成烈火，反对外国瓜分和控制的民族主义运动兴起。土耳其人要抗拒一切外国强权，自立新邦，凯末尔横空出世。

穆斯塔法·凯末尔1881年5月19日生于奥斯曼帝国重镇萨洛尼卡，该镇一向成兵甚众，凯末尔自幼习见旌旗甲胄之美，立志从军，12岁即入陆军学校。由于他与老师同名，都叫穆斯塔法，为了便于区别，加之他数学上很有天赋，老师便在他的名字上又加了"凯末尔"几个字，意为"尽善尽美"。[1] 凯末尔22岁毕业时被派往大马士革骑兵队执役，后在伊斯坦布尔军事学校肄业，当时作为青年土耳其党人投身革命，亡命入狱。出狱后东奔西走，率军队在各地作战。第一次世界大战来临时，凯末尔反对青年土耳其党人追随德国的政策，建议恩维尔政权在第一次世界大战中保持中立，但恩维尔政府拒绝了他的建议。即便如此，凯末尔仍恪守军职，他是第一次世界大战期间胜仗打得最多的奥斯曼帝国战地指挥官。

---

① 钱乘旦主编，肖宪等著：《沉疴猛药——土耳其的凯末尔改革》，第48页。

土耳其革命领袖
穆斯塔法·凯末尔

1918 年 10 月 30 日摩德洛斯休战条约签订后，协约国派兵占守伊斯坦布尔，国会解散，青年土耳其党的统一与进步委员会退出政治舞台。凯末尔于是回京救急，然却被派往小亚细亚做东方巡察使。凯末尔自度必须组织有军队拥护的新政党以牵制伊斯坦布尔政府与协约国的勾结，于是他于 1919 年 5 月 19 日到达萨姆松①，从这里开始组织军事抵抗。

凯末尔得到其他军官的帮助，将各地军事力量联结起来组建护权协会。凯末尔认为土耳其人的出路是通过武装斗争争取民族独立，为此必须有一个统一的领导核心来指挥分散的民族主义爱国组织投身民族革命。1919 年 7 月 23 日—8 月 6 日，凯末尔在埃尔祖鲁姆秘密召集东部各省护权协会的代表大会，统一各领袖意见并讨论今后政纲及具体行动步骤。凯末尔在大会上做了讲演，第一次明确提出要反对帝国主义的瓜分和奴役，号召土耳其人丢掉对伊斯坦布尔政权的幻想，拿起武器，依靠自己的力量去争取民族自决。他还在这次讲演中清醒地提出了联合被压迫民族和苏维埃俄国的主张。大会依据凯末尔讲演精神，通过了章程和告全国人民书，奠定了统一各地协会的组织基础和思想基础。由于这次大会时间仓促，许多地方的委员未能到会，9 月 4—12 日又在锡瓦斯举行了安纳托利亚和罗姆里护权协会代表大会，在这次代表大会上通过了行动纲领，纲领强调土耳其国家领土完整，土耳其民族独立，要求撤走外国占领军，反对任何形式的外国干涉，废除一切破坏民族主义原则的限制。纲领宣布，安纳托利亚和罗姆里护权协会代表大会"代表整个祖国"，同时声明："当发生奥斯曼政府在受外国侵略而放弃本国一部分领土时，为了政治和行政上采取必要措施，应建立一个新政府"。② 纲领进一步统一了各方面的力量和思想，成立了全国性的代表大会，并选举了以凯末尔为首的领导机构——护权协会执行委员会，凯末尔被

---

① 5 月 19 日后成为土耳其青年和平运动日，以纪念长达 4 年的民族拯救斗争的开始。
② 彭树智：《书路鸿踪录》，第 183 页。

推举为委员长。大会闭会后,常务委员会常驻安卡拉。安卡拉气候暴烈不宜居住,城内灰尘满街,道路不堪,卫生极差。之所以选择安卡拉作为国民军的大本营,有两大原因:一是便于防守。护权协会的建立并无法律上之根据,它只能算作一个革命团体,为伊斯坦布尔政府所不容,因此国民军不能不选择秘密且安全的地方开展工作。安卡拉偏处安纳托利亚荒原而有铁路通达各地,高山为城,岩石坚厚,自然形势巩固,外无攻击之惧,内却可据势策应各处,自古以来就是军事重镇。二是交通便利。安卡拉与伊斯坦布尔及伊兹密尔之间既有铁路相连,电报通信亦便利。这样当遇有必要时,随时可以切断铁路和电线,安卡拉仍可据关自守。平时则可通过铁路和电报与外界保持联系,尤其是对伊斯坦布尔的情况了如指掌。

1919 年 10 月 5 日伊斯坦布尔政府突曼佛莱内阁倒台,莱柴继任首相。新内阁选举结果,议员大多数都对护权协会表示好感,莱柴本人对凯末尔也深表同情。这时各地国会代表群集安卡拉讨论政府将来的政策,最终形成了土耳其国民公约,土耳其国民公约提出:(1)土耳其境内阿拉伯人居住区域自 1918 年休战条约后已被协约国联军占领,当地居民可自由投票决定本区域去向;但土耳其人居住区域,不论其在联军占领区域内外都应有共同统一之组织。(2)昔日曾以居民自由投票加入奥斯曼帝国的省份,现仍允许其居民在必要时投票决定其分合。(3)色雷斯西部的法律地位,仍由其居民自由投票决定。(4)伊斯坦布尔为伊斯兰教哈里发、奥斯曼素丹及政府的驻在地,必须全力保证其安全。他国需承认此大前提,其余问题方有磋商之余地。(5)协约国与战败国所结条约中关于少数外侨居留的权利,土耳其人依旧承认,但土耳其居留外国的少数侨民也应享有同等权利。(6)土耳其人以自由、自主为生存条件,反对侵害土耳其人政治、司法、财政及其他事业的一切束缚。解决国债问题也要以不抵触此原则为要。从上述内容可以看出,土耳其国民公约实际是土耳其的独立宣言,其后土耳其新邦之精神即建基于此,洛桑和约的重要条款亦根据于此。

正当各地代表在安卡拉讨论将来对策时接到协约国通知,如果新国会能按照法定手续于伊斯坦布尔召开,并由素丹主持会议,则协约国将予以承认。委员会闻讯后欣然接受,停止在安卡拉开会,1920 年 1 月 11 日,多数代表离开安卡拉到伊斯坦布尔。1 月 28 日,土耳其国民公约提出于伊斯坦布

尔召开的国会,当天即为"合法首都召开的合法国会所正式接受",并最终
为协约国所承认。国民公约各项原则经过正式国会通过后,举国赞同,国民
革命之成功似乎近在眼前。然而,新国会召开不到两个月,国民革命便又遭
受重大打击。是年3月15日,梅纳(Milne)将军率领协约国联军(大半是英
兵)进占伊斯坦布尔,经过不长时间的巷战即占领全城。梅纳此次行动的
理由是反对国民公约及拥护前总理突曼佛莱,称突曼佛莱的见解与英国当
局相同。协约国联军占领伊斯坦布尔当晚即宣布戒严,断绝对外交通,大肆
搜捕护权协会领袖,致使护权协会损失了不少强干党员。但这次暴行也使
得土耳其仁人志士彻底清醒并坚定了国民革命的决心。此时的奥斯曼帝
国,国都陷入敌手,孱弱的国王坐困协约国之手,被人玩弄于股掌,土耳其人
对素丹已不抱希望了。

二、凯末尔为共和而战

土耳其国民党重新开始亡命生涯后,其主要势力仍退居安卡拉。新国
会未被逮捕的议员陆续回到安卡拉,着手重新进行国会工作,从此土耳其便
有了两个国会同时并立。其一居伊斯坦布尔,受命于突曼佛莱;另一个则居
安卡拉,以民意为后盾。前者如傀儡之登场,后者则日显隆盛强劲之势。安
卡拉国会此后称为土耳其大国民议会,1920年4月23日首次集会于安卡
拉。会议决议拥护国民公约,决定对国内行政、财政进行重要改革,最后决
定宣布奥斯曼皇位及伊斯坦布尔政府自3月15日英军占据后即不复存在。
作为土耳其人政治及宗教中心的伊斯坦布尔已身陷敌手,伊斯坦布尔政府
及教廷所颁布的命令、缔结的条约一概无效。8月,伊斯坦布尔政府又签署
了《锡瓦斯和约》,这更加强了安卡拉政府的正义色彩。1921年1月20日
安卡拉国民会议制定根本大法,明确规定主权在民,而以普通选举产生的国
会执行一切大权,包括宣战、媾和、订约及接待外国使臣的权力,国会还拥有
立法权。司法权由指派法官及司法总长间接操纵,行政权由国民会议议员
选举出来的阁员组成之内阁行使。这个国家第一次被正式称为"土耳其"。
在安卡拉政府和伊斯坦布尔素丹政府分庭抗礼之时,土耳其和希腊之
间的战争同时进行。期间,协约国向各交战方提出和议条件,其实质是色佛

尔条约的变形,对土耳其人稍示让步,并删去了关于军事的条件。凯末尔领导的国民党坚持原则,拒绝接受协约国的条件。协约国见调停之途行不通,遂于这年5月宣告中立。协约国此举对希腊而言无疑釜底抽薪,今后希腊只能独自对付土耳其人了。于是希腊加紧补充军备,拟乘土耳其国民军羽翼未丰之时进攻安卡拉。凯末尔得知希腊的意图后大修守备,积极迎战。战争开始后,凯末尔亲临前线督战。双方经过殊死酣战,最终土军击退希军,赢得决定性胜利。凯末尔回到安卡拉后,大国民会议决议赐给他"爱儿格寿"尊号,这是土耳其人的习俗,凡有穆斯林战胜非穆斯林的大将可得此殊荣。同时国民会议任命凯末尔为战地总司令。凯末尔受命后在议会郑重宣布:"只要希腊尚有一兵一卒留在土耳其国境内,土耳其国民军的军事行动便一日不能终止。"①

土耳其国民军击退希腊对安卡拉的进攻后,世界各国不得不承认安卡拉新政府为土耳其事实上之政府了,1922年3月协约国在巴黎召集会议,提出议和条件,国民党仍拒不接受。调停再次失败,与此同时协约国内部发生分裂。法国见希腊大势已去,遂单独与土耳其媾和,1921年10月20日法土签订协定重新划分了叙利亚和土耳其的边界,给予土耳其一定让步。同时法国人应允退出西里西亚,土耳其人在西里西亚置兵8万,法军退出,土耳其可移兵他用,这对希腊是致命一击。不仅于此,继法国之后,意大利政府也与凯末尔订立了友好协定。法国和意大利占领军撤出安纳托利亚南部。此后凯末尔聚集精锐对付西部的希腊人。土耳其国民军乘胜反击,收复失地,1921年9月9日夺回伊兹密尔。在土耳其人这种攻势面前,英国让步,10月11日双方签订《木达尼亚停战协定》。协约国同意土耳其恢复对伊斯坦布尔、色雷斯和两海峡的控制权并允诺召开一次和会以缔结新的和约。英国首相劳合·乔治及其内阁因对土政策失败而被迫辞职。

为就土耳其问题缔结永久性和约,从而使中东历来之纠纷有所了结,1922年11月各国代表集议于瑞士洛桑,准备举行会议。此前协约国分别向伊斯坦布尔和安卡拉两个土耳其政府发出邀请。安卡拉政府见伊斯坦布尔政府在被请之列,遂提出抗议,称伊斯坦布尔政府自1920年3月16日起

① A.汤因比、K.克柯伍德:《土耳其革命史》,程中行译,上海民智书局1947年版,第60页。

已不复存在。伊斯坦布尔政府得知新政府提出抗议后，11 月 4 日，内阁向素丹提出辞职，17 日素丹亦弃伊斯坦布尔他去，旧政府瓦解，伊斯坦布尔从此不再是土耳其国都，沦为普通行政区域，新旧两个政府并立的局面至此告终。

洛桑会议于 1922 年 11 月 20 日正式开幕，以英、法、意等协约国为一方，土耳其为另一方。美国派观察员列席，苏维埃俄国被排斥在对土和会之外，只参加关于黑海海峡问题的讨论。土耳其派出的代表是凯末尔刚刚从军事职位上调换下来的新任外交总长伊斯美特，伊斯美特以军人的顽强，经过毫不妥协的漫长斗争，为土耳其争回了尊严。和议谈判开始三个月后，曾无结果而中断。1923 年 4 月 23 日会议重开于洛桑，又经历了 3 个月的谈判，土耳其仍坚持其国民公约所定之原则，7 月 24 日和议成功，签订洛桑条约。洛桑条约与色佛尔条约性质不同，这是在平等国家之间签订的条约，而非一方强加给另一方的，该约满足了土耳其的基本要求。土耳其获得了在其本土范围——安纳托利亚的主权和领土完整，收回在欧洲的东色雷斯，保留对土属亚美尼亚和部分库尔德地区的统治权，取消外国的领事裁判权和对土耳其的财政监督权。奥斯曼帝国所欠外债由分裂出来的各国分担，土耳其只需承担自己的份额。安卡拉政府在军事胜利之后缔结了名副其实的和约，威望大振。1923 年 10 月 13 日，正式宣布定都安卡拉。10 月 29 日，大国民会议选举凯末尔为土耳其首任总统，伊斯美特出任总理。大国民会议通过的宪法规定，土耳其国家的政体是共和国，由大国民会议行使领导权。素丹制不复存在，土耳其共和国宣告成立。

作为奥斯曼帝国崩溃后仅存的成果——土耳其的立足主要归功于凯末尔领导的国民军的顽强不屈；其次，在协约国方面，由于第一次世界大战刚刚结束，国内民众强烈的厌战心理影响到协约国的政策，加之协约国内部的不协调都有利于土耳其国民军；再者，土耳其还有苏维埃俄国的协助。苏维埃俄国当时要对付国内的白卫军，由于协约国控制着黑海，并以军械粮食接济白卫军，支持白卫军消灭布尔什维克，苏俄政府便援助土耳其反击协约国。两国开通陆路交通，苏维埃俄国曾给土耳其大宗物质上的资助。对于当时处境极其艰难的土耳其来说，任何帮助都如雪中送炭，而精神上的支持更形宝贵，在这方面苏维埃俄国给予土耳其的较任何国家都多。1921 年 3

月 16 日,双方在莫斯科订立条约,约定共同抵抗西方列强。苏俄政府承认安卡拉大国民会议为土耳其之合法政府,土耳其国民公约所要求者为土耳其合法之疆土。苏俄的支持、法国和意大利的同情与土耳其人的万众一心足以战胜希腊和英国而震惊世界。

第三节　阿富汗的抗英战争和阿富汗的独立

一、英国控制阿富汗与民族主义的酝酿

阿富汗地处亚洲大陆中心,是西方联系东方印度、伊朗、中亚的陆路交通要道。18 世纪末—19 世纪初,英国在印度大部分地区确立了殖民统治之后,以印度为基地向东西两翼扩张势力范围。在向西亚扩张的过程中,阿富汗首当其冲,英国也因而与向东扩张的法国和向南扩张的俄国相冲突。1809 年,拿破仑派加丹将军去伊朗,怂恿伊朗国王通过阿富汗进攻印度。英国当局也派代表去见阿富汗国王,策划对伊朗的反击。更难对付的竞争者是俄国。沙皇俄国与英国在阿富汗直接交锋,到 19 世纪 30 年代两国的争端达到极其尖锐的程度。英国为争取主动,于 1838 年底发动了侵略阿富汗的战争。阿富汗人经过三年半的抗英战争,消灭了 3 万多名英国侵略军,占先后派到阿富汗英军的一半以上。[①] 英国不仅未能控制阿富汗,而且遭受重大损失,只好转而巩固和扩大自己在印度的殖民统治。通过一步步并吞,到 19 世纪 70 年代形成了对阿富汗的新月形包围。与英国扩张的同时,俄国也在加紧向南扩张。70 年代沙皇俄国的军队便推进到了俄国与阿富汗的界河——阿姆河上游,对阿富汗形成直接威胁。令英国人更难以忍受的是阿富汗国王希尔·阿里·汗(1880—1891 年)的亲俄立场致使俄国使团于 1878 年进驻阿富汗。在这种情况下,1879 年英国人再次入侵阿富汗,

---

① 彭树智主编:《阿富汗史》,第 161—168 页。

阿富汗被迫展开第二次抗英战争。这次战争的结局是英国以承认阿富汗内政独立换取阿富汗将外交决策权让给英国。1880 年 7 月 22 日,英国与阿卜杜尔·拉赫曼签订"义务备忘录"(拉赫曼本希望签订一个条约,但英国认为他地位不够巩固而未同意)。根据该备忘录条款,英国政府声明,它无意干涉阿富汗的内政,承认阿卜杜尔·拉赫曼为喀布尔的埃米尔,并承诺给阿富汗军事援助以抵抗外来的进攻,条件是除了英国政府以外,阿富汗不能同其他国家建立外交关系,"假使任何外国企图在阿富汗进行干预,假使这种干预竟导致对殿下领土的无故侵略,在这种情况下,英国政府将准备按照它认为为击退这种侵略所必需的程度和方式来援助你。条件是殿下在对外关系方面,应无保留地遵循英国政府的建议。"①这意味着英国在与俄国争夺阿富汗的斗争中占了上风,阿富汗则开始沦为英国的附庸。

英国控制了阿富汗的外交后,采取强迫阿富汗与外界隔绝的政策,限制阿富汗在国际舞台上活动。但英国对阿富汗的控制主要是为谋求军事战略利益,对其经济交往的控制并不严格。阿卜杜尔·拉赫曼国王便致力于发展国内经济,他兴办军工厂、印刷厂、肥皂厂、皮革厂、蜡烛厂以及小型造币厂。这些工厂的开办不仅需要进口机器,而且聘请了英国和法国的工程师、医生、地质专家,雇用了印度的印刷工人。这些人不仅给阿富汗带来了新技术,也带来了新思想。在拉赫曼统治时期(1880—1901 年),阿富汗出现了政治上的统一,国内贸易随之增长,农业生产专业化有所扩大,城市人口相应增加。经济上的变化导致阶级关系也发生了变化,受国家赏赐土地的军官、宫廷显贵和政府官员从地主阶级中分化出来,商人中也出现了新的集团。这些人和伊斯兰教上层僧侣、部落酋长集团的蒙昧主义、分立主义不同,他们希望加强中央集权和现代化改革以利于国内市场的发展和贸易联系的扩大。阶级利益的不同必然引起政治主张的差异,于是 19 世纪末—20世纪初在阿富汗统治阶层内部形成了相互对抗的两个政治派别——青年阿富汗派和老年阿富汗派。国王拉赫曼则在这两派的对抗中充当平衡者的角色。他一方面反对部落酋长、氏族首领集团各据一方的分立主义,从政治上统一全国,满足青年阿富汗派加强中央集权的要求,另一方面也顾及部落酋

① [英]珀西·塞克斯:《阿富汗史》第 2 卷上册,第 904 页。

长、氏族首领,特别是上层僧侣的利益,拖延现代化改革,并将一些影响较大的人物放逐国外。但是随着社会经济和阶级关系的不断变化,新思潮的冲击已势不可当。

1901 年哈比布拉继承王位(1901—1919 年)后较拉赫曼走得更远,他崇尚欧洲生活方式,鼓励利用外国技术加强军事装备,支持修筑公路,架设电线等。1903 年,他接受青年阿富汗派的改革要求,采用欧洲模式创办了培养官吏的教育机构——哈比比亚专科学校,此外还建起了土耳其模式的军官学校。后来在 1905 年俄国革命和亚洲觉醒浪潮的影响下,便在这些接受欧洲教育的知识分子中产生了领导阿富汗启蒙运动的青年阿富汗派民族主义思想的代表人物。他们最初是由哈比比亚学校为中心的一批青年官吏、军官和知识分子聚集组成,该校校长甘尼博士就是其早期活动的代表,是青年阿富汗派著名的组织者和宣传者,深受阿富汗爱国青年的拥护。哈比布拉国王在 1909 年以组织秘密团体罪、谋刺国王罪将他逮捕入狱。此后喀布尔及其他城市的青年阿富汗派也开始遭受迫害。在国内爱国知识分子的活动受到打击后,那些旅居国外的爱国知识分子陆续回国,成为青年阿富汗派的另一批骨干。这些人多是在阿卜杜尔·拉赫曼国王统治时期被驱逐出国的,他们在国外受到欧洲进步思想和青年土耳其党人主张的熏陶,在理论上要比国内的爱国青年知识分子更为敏锐和成熟,他们的代表人物是马赫穆德·塔尔齐。

马赫穆德·塔尔齐出身于贵族家庭,其父古拉姆·穆罕默德由于同国王阿卜杜尔·拉赫曼政见不合而被迫流亡伊朗,从伊朗又到伊拉克,以后又到了叙利亚。马赫穆德·塔尔齐便随着父亲在中东以及欧洲地区流亡了20 多年。1901 年阿卜杜尔·拉赫曼国王去世,塔尔齐决定回国,1903 年回到喀布尔。哈比比亚学校的青年阿富汗派被镇压后,塔尔齐继续组织进步官吏、军官、商人和贵族知识分子,发展青年阿富汗派的力量,并系统地提出理论纲领。塔尔齐的民族主义思想体系是中东许多民族主义思想家理论的综合提炼,但又超越了中东民族主义思想家的理论境界。他的思想集中在三个方面:阿富汗的完全独立;阿富汗各民族同穆斯林国家以及亚洲各国之间的团结;现代化改革。其中民族独立是他的民族主义的基本要求。为了能够进行合法宣传,1911 年,塔尔齐创办了《光明新闻》,该刊成为青年阿富汗派启蒙宣传活动的基地,它比哈比比亚学校更有效地宣传了民族主义思想。塔尔齐宣传的中心主题是阿富汗的完全独立和现代化改革。他抨击英帝国主义,尤其谴责1880年以后英国的侵略政策。他强调指出,一个主权国家,既不允许别国占领自己的领土,也不允许别国控制自己的对外政策。阿富汗之所以落后,就是因为英国控制了它的对外政策,把它变成了一个闭目塞听国家的结果。① 由于塔尔齐的民族主义宣传是针对英帝国主义的,国王哈比布拉也容忍了《光明新闻》的存在。1918年,塔尔齐又主编出版了《儿童光明报》,对少年儿童进行启蒙教育。他本人的波斯文译著《日俄战争史》在阿富汗的出版更是别具意义。一个亚洲国家战胜了沙俄帝国主义的真实事例,为阿富汗人民摆脱英帝国主义,争取民族独立带来了希望和鼓励。

除了在刊物上进行民族主义思想的宣传外,学校也是青年阿富汗派从事启蒙活动的重要阵地。自甘尼被捕以后,青年阿富汗派在哈比比亚学校的活动便消沉了。后来由于《光明新闻》的出版,到1911年,这个学校的民族主义运动又重新活跃起来。学生对本民族的文字、文学和历史的兴趣日渐浓厚。1916年,哈比比亚学校实施新的教学计划,用普什图语教学,并出版了由萨里赫·穆哈迈德主编的普什图语教材。提高阿富汗人民民族自觉性和民族自信心的工作也得到了哈比布拉的支持,在国王的命令下,1913—1915年,由法伊斯·穆哈迈德·卡梯布编辑出版了内容极为丰富的阿富汗历史著作《西拉吉·阿特·塔瓦里》(《历史之光》)。学习本民族的文字、文学和历史在阿富汗全国蔚然成风。

经过以塔尔齐为首的青年阿富汗派所领导的启蒙运动,在阿富汗形成了民族主义思想并日益深入人心,这是阿富汗人民觉醒的标志,在阿富汗历史上第一次为完全摆脱帝国主义统治,争取民族独立准备好了理论武器。另外,青年阿富汗派还有自己的政治代表——哈比布拉的第三个儿子、塔尔齐的女婿阿马努拉。此人接受了塔尔齐的民族主义思想,素以爱国、进步和精明能干闻名全国,被称作"开明王子"。作为中央军团司令兼喀布尔的总督,阿马努拉掌握着首都的军事、政治和财政大权。哈比布拉也很信任他,

---

① 彭树智:《阿富汗杰出的民族主义者塔尔齐》,《河南师范大学学报》1982年第4期。

外出时经常将军政大权委托给他。有这样一个人站在青年阿富汗派一边，对青年阿富汗派来说，自己的理想绝不是遥远的梦想。1919 年初，塔尔齐停办了《光明新闻》，结束了自己的宣传生涯，开始投身于民族主义实践活动。

二、民族独立运动的开展与成效

第一次世界大战爆发后，在阿富汗的战时政策问题上，老年阿富汗派主张与奥斯曼帝国一道参加"圣战"，在哈里发的旗帜下向英国开战；青年阿富汗派也认为，英国卷入战争为阿富汗争取独立提供了难得的机会。但国王哈比布拉主张阿富汗保持中立，他不仅不与奥斯曼帝国结盟，而且也不支持反英的印度革命者和边境一带的普什图部落，致使他们的反抗运动轻而易举地被镇压。结果，老年阿富汗派因哈比布拉不愿帮助土耳其人而谴责他是伊斯兰教的叛徒；青年阿富汗派则因他错失打击英国、争取阿富汗完全独立的机会而抱怨他。一时间所有不满都指向国王。1919 年 2 月 21 日，哈比布拉国王在贾拉拉巴德狩猎途中被一无名刺客用手枪击毙。当日，在塔尔齐的帮助下，29 岁的阿马努拉战胜了老年阿富汗派的代表、哈比布拉国王的弟弟纳斯鲁拉，在喀布尔宣布继承王位。2 月 28 日，阿马努拉宣布建立大臣内阁，任命阿卜杜拉·昆杜斯·汗为首相，塔尔齐为外交大臣，纳第尔为国防大臣。青年阿富汗派得以在全国掌握政权。在是日举行的加冕典礼上，阿马努拉宣布："阿富汗王国无论对内对外都应该独立自由，这就是说世界上其他独立国家的政府的各种权力，阿富汗也应全部具有。"由此开始，废除英国的外交控制权，争取阿富汗的完全独立成为这个国家的首要任务。

为实现阿富汗国家独立，阿马努拉政府首先采取和平谈判的方式解决问题。1919 年 3 月 3 日，国王以"自由独立"的阿富汗政府的名义，致函英印总督蔡姆斯福，要求修改 1905 年英阿条约（1901 年哈比布拉继承王位后，英国声称 1880 年与阿卜杜拉·拉赫曼签订的备忘录是私人公文，要求哈比布拉重新定约，1905 年 3 月 21 日英阿签订新协定，再次确认以往内容。1907 年，由于德国对中东地区的咄咄攻势，俄国与英国达成妥协，认可阿富汗属于英国的势力范围），并在平等的基础上签订新的英阿条约。英国政府无意放弃在阿富汗的既有特权，便一直拖延到4月15日才答复。在回信中，英印当局傲慢地拒绝承认独立的阿富汗政府，要求阿富汗继续履行从前条约的规定。与此同时，英印当局命令驻扎在印度西北边境省份的部队进入紧急待命状态。在这种情况下，阿富汗决定以武装斗争来争取政治上的完全独立。与前两次抗英战争不同的是，不仅此时的周边国际形势十分有利于阿富汗，而且这次抗英战争的准备也比较充分。

首先是争取苏维埃俄国的支持。这时在北部邻国俄国，苏维埃政权已取代了一直觊觎阿富汗的沙皇俄国。苏俄新政府面临着英国干涉军和白卫军的威胁，英国以阿富汗为基地极力干涉苏维埃政权，一个独立于英国并对苏友好的阿富汗必将有利于苏俄。为打破西方各国对苏维埃俄国的封锁，巩固苏维埃政权，列宁领导的苏维埃俄国支持被压迫民族反对帝国主义和殖民主义的民族解放运动，尤其支持阿富汗反抗英帝国主义的民族独立运动。青年阿富汗派所领导的阿富汗政府也将列宁领导的苏维埃俄国与沙皇俄国和英帝国主义区别开来，希望借助苏维埃俄国的支持抗击英帝国主义，也正因如此，青年阿富汗派政府第一个承认了苏维埃政权。苏维埃俄国则投桃报李。阿马努拉在阿富汗加冕为王后，为强化自己政权的合法性，致函苏俄、英、法、美、土耳其和伊朗等国政府，希望对新政权给予承认，当时大多数国家都保持沉默，3月27日苏俄政府第一个承认了阿富汗国家的独立政权。阿马努拉为此感谢苏俄政府，并向苏俄政府和列宁表示了结盟之意。1919年4月7日，阿马努拉在致列宁的信中写道："为了和平和人类幸福，我认为迫切需要发表联盟和友好声明"，"由于您和您的同志们担负起了关心和平和人类幸福的光荣而崇高的使命，并且宣布了全世界各国和各民族一律平等的原则"，因此"我为自己第一次代表追求进步的阿富汗人民，寄上独立自由阿富汗的这封友谊之书而感到幸福"。阿马努拉还致信布哈拉国王，要布哈拉国王提防英国的霸权主义政策，劝布哈拉国王放弃帮助英国人干涉苏俄的政策，转而帮助穆斯林国家的朋友布尔什维克，并同阿富汗一起将英国侵略者赶出东方国家。

列宁在给阿马努拉国王的回信中，以工农政府和全体俄国人民的名义"向英勇捍卫其自由免遭外国奴役者侵犯的独立的阿富汗人民致敬"。列宁指出,苏俄已使国内各民族获得了平等和自由,确立了国际主义原则,并且希望"阿富汗人民仿效俄国榜样的愿望将成为阿富汗国家得以巩固和独立的最好保证"。"对陛下想同俄国人民建立亲密关系的意图,我们表示欢迎并请您派正式代表到莫斯科来,而我们也下令派工农政府的代表到喀布尔去,请陛下晓谕各级政权迅速放行"。列宁最后对两国关系满怀信心地加以肯定:"两国伟大人民之间建立正式的外交关系将为相互支援以反对外国强盗对别国自由和财富的任何侵犯开辟广泛的可能性"。[1] 抗英战争开始后,1919 年 10 月 10 日,以穆罕默德・瓦里・汗为特使的阿富汗外交使团到达莫斯科,14 日列宁亲自会见了阿富汗外交使团。同年 12 月,苏俄大使舒里茨到达喀布尔,两国开始进行缔约谈判,并于第二年的 9 月在喀布尔签订了苏阿友好条约草案。这一时期,阿富汗与苏俄新政府之间的友好关系既提高了青年阿富汗派政府的威望,也为抗英战争提供了有力支持。

除了与苏维埃俄国建立友好关系外,阿马努拉政权还积极联系印度的民族民主运动,从内部瓦解英印当局。阿富汗政府在印度的西北地区广为散发传单,支持印度人民反对罗拉特法、抗议阿姆利则大屠杀的反帝斗争。1919 年初,印度西北边境省的普什图人掀起反英斗争新高潮,要求摆脱英国统治,与阿富汗合并,这给阿富汗增添了新的友军。阿马努拉与反英的普什图领袖达成协议,在阿富汗抗英战争开始后进行合作。

与苏俄和印度民族主义者建立起友好联系,并获得普什图人的协助后,阿富汗人已做好了抗英战争的准备。而在英国方面,形势并不十分有利。英国有相当一部分军事力量被牵制在苏俄和伊朗等国家,第一次世界大战后出现的强烈的反战情绪尤其不利于英国。为控制阿富汗,英印殖民政权将军事力量集中在印度西北地区的印阿边境上,英印军队司令部也以此为基地。1919 年 5 月 3 日,阿军总司令沙里赫・穆罕默德・汗率军越过了开伯尔山口地区的阿印边界,在占领了几个据点后遭到英军反击。随后,阿马努拉在喀布尔伊德加赫清真寺举行的群众集会上,正式宣布"圣战"。5 月 7 日,政府颁布动员令,阿富汗人民争取独立的抗英战争开始。[2]

---

[1]　彭树智:《列宁与阿富汗的民族解放运动》,《世界史研究动态》1984 年第 3 期。

[2]　彭树智:《阿富汗三次抗英战争》,商务印书馆 1982 年版;修订本收入《外国著名战争》,商务印书馆 1985 年版,第 264—278 页。

参战的阿富汗军队共有 6 万人,与英军数十万人相比,力量相差比较悬殊,而且缺乏训练,枪炮陈旧,但是勇敢和顽强弥补了阿军的不足。阿军分三路作战,纳第尔指挥的东部兵团分别从瓦齐尔斯坦、比瓦尔和塔尔三路向英军发起强大攻势,攻下英军军事中心塔尔城,从而对驻守在库哈特和白沙瓦的英军形成威胁,并且打开了通往印度河谷的通道,英军中的许多印度士兵和雇佣兵纷纷倒戈,后由于停火协议签字,阿军未再进攻。在南部战线,在遭受重大伤亡的情况下阿富汗首相昆杜斯亲临战场坎大哈,号召人民对侵略者展开"圣战"。他率领数千政府军和志愿民兵越过边界,一举攻克英军据点巴格拉,切断了边境英军的水源,同时对驻奎塔的英军指挥部形成威胁之势。

阿富汗的抗英战争进行到 5 月底时,国王阿马努拉决定媾和。这次抗英战争是在友邦苏俄的支持下,由一个坚强有力的中央政府领导,并经过预先部署的民族解放战争。这次战争的军事行动主要在边境地区展开,阿富汗军队在军事行动中采取了外线作战、主动出击的战略,将战线推进到英印领土以内,从而与印度的民族解放运动相互声援,并得到了普什图游击战士的有力支持,沉重打击了英国的殖民霸权,但是战争也暴露出阿富汗方面存在的问题:政府缺乏一个果敢有力的指挥核心和系统周密的作战计划,交通和通信设施落后导致阿军三条战线上的军事行动互不协调,前线作战与后方谈判彼此脱节,失去了进一步扩大战果的机会,而阿富汗预期的印度反英大起义也并未爆发。特别是 5 月中下旬,英军出动飞机轰炸了喀布尔和贾拉拉巴德,造成民心恐慌,喀布尔市民要求政府停止战争。5 月 28 日,阿马努拉致信英印当局总督希望停战。英国方面也认为停战是明智的选择,这是考虑到印度动荡不安的局势、某些战区的军事失利、英军官兵的厌战情绪、爱尔兰的骚乱和阿富汗战事对巴黎和会可能产生的不利影响。于是英国提出了实现停战的各项条件,而阿马努拉则提出,停战的前提是确认阿富汗的独立,但同意从正式签订和约之日起,双方军队自边界后撤 20 英里。6 月 3 日阿马努拉宣布实行停火。

7 月 25 日,阿富汗和谈代表团抵达印度的拉瓦尔品第,团长是内务大臣阿里·阿赫默德·汗,英国首席谈判代表是英印政府外长汉密尔顿·格兰特。在谈判中,阿里未能遵守原定方案,而将开伯尔山口两段边界线和北侧让予英国。8 月 8 日,双方正式签订了和约。条约宣布废除过去签订的所有英阿条约(1893 年的杜兰协定除外)。如果阿富汗能够用行动证明"真诚希望取得英国政府的友谊",双方将在 6 个月后谈判双边关系正常化的问题。关于英国对阿外交事务控制权问题,条约一字未提,但汉密尔顿·格兰特在给阿里的照会中承认,条约和照会本身"已使阿富汗在其内政和外交事务方面正式地自由和独立了"。[①] 拉瓦尔品第和约签订后,阿英关系依然十分紧张。鉴于阿富汗已不再是俄国和印度之间的缓冲国,英国在 1920 年加紧对普什图部落的军事行动,即"缓进政策"(1893 年划分英阿"势力范围"的杜兰协定将数百万普什图人划入英国一侧,与其同族部落分隔开来)。阿富汗则加强与苏俄的联系以制衡英国。

虽然北方的威胁沙皇俄国瓦解了,但英国担心阿富汗会倒向布尔什维克政权。1920 年 4 月,英印当局主动邀请阿富汗派团谈判签订友好条约一事。4 月 17 日,塔尔齐率领阿富汗代表团抵达穆索里,与英印外长亨利·达布斯开始会谈。由于双方各持己见,会谈毫无进展,阿富汗代表团于 7 月 13 日回国。9 月,阿富汗批准阿苏友好条约草案以刺激英国,但英国仍不妥协。阿富汗又派穆·瓦里·汗率团出访德、意、法等欧洲国家和美国,开展外交活动。1921 年 3 月阿富汗与土耳其签订友好条约,8 月批准阿苏友好条约。在这种情况下,11 月 22 日,英国被迫与阿富汗正式签署和约,承认阿富汗的完全独立,实现了两国关系的正常化。

第四节　两次世界大战之间
阿拉伯四国的独立

一、阿拉伯也门的独立

也门因其处在红海通往印度洋的出口,自古以来就是战略要道和东西

---

① 〔英〕珀西·塞克斯:《阿富汗史》第 2 卷下册,第 1244 页。

方贸易的重要中转站。地理大发现后,葡萄牙人就是从也门进入阿拉伯世界的。葡萄牙人凭借装备先进的舰队绕道好望角抵达印度洋,然后返回欧洲,直接与东方进行香料贸易,致使穆斯林的贸易收入锐减。为抗击葡萄牙人,也门希望借助埃及马木路克王朝的海上力量,不想马木路克王朝又起异心,欲控制红海入口处的曼德海峡,也门与马木路克人之间爆发了战争。这时,奥斯曼帝国灭掉马木路克王朝,随后在红海和阿拉伯海一带与葡萄牙人争夺红海通往印度洋的要道,作战过程中奥斯曼人于1538年进占亚丁,并建立了以比哈拉姆为首的奥斯曼人政府,奥斯曼帝国统治也门的时期从此开始。期间由于也门人不断反抗,特别是卡塞姆王朝势力在也门北部兴起并日渐壮大后,也门人反抗奥斯曼人的决心坚定,斗争越来越顽强,迫使奥斯曼人于1635年将军队全部撤出也门。

奥斯曼人撤出也门后,也门内部发生分裂,包括亚丁在内的南部也门脱离伊玛目王朝独立。这为后来西方列强的入侵和奥斯曼帝国再次占领也门创造了绝佳的机会。从18世纪初开始,西方国家尤其是法国和英国在红海和印度洋的争夺日益激烈。1798年,拿破仑入侵埃及后,英国担心法国会沿红海南下,便要求也门为英国提供军事基地,被也门拒绝后,英国人武力占领了曼德海峡的丕林岛。

19世纪初,法国人被逐出埃及后,埃及迅速崛起,并统治了也门。埃及不甘于受奥斯曼帝国的控制,总督穆罕默德·阿里试图建立一个大阿拉伯帝国以取代奥斯曼帝国,并因此而与奥斯曼帝国开战,1838年终止向奥斯曼素丹纳贡,意欲宣布独立。在埃及势力日益坐大的情况下,英国站出来支持弱势的奥斯曼帝国,与俄国、奥地利、普鲁士一道压迫埃及撤出也门,奥斯曼帝国再次占领也门北部,英国人则据守也门南部。1914年英国与奥斯曼帝国签定南北边界条约。在奥斯曼帝国统治也门期间,也门人反抗奥斯曼人的抵抗运动从未间断。到20世纪初,青年土耳其党在奥斯曼帝国掌握政权,严厉镇压也门的民族独立运动,双方经过激烈较量后,于1911年10月和谈签署了《达安和约》,①奥斯曼帝国承认伊玛目叶海亚在北部山区自治,

---

① 达安,村名,位于奥斯曼帝国与也门伊玛目势力交界的山顶上,和约在此处签订,因名《达安和约》。见彭树智主编,郭宝华著:《中东国家通史·也门卷》,商务印书馆2004年版,第131页。

叶海亚承认奥斯曼帝国的宗主权。

第一次世界大战爆发后，奥斯曼帝国加入同盟国阵营，也门成为奥斯曼人与英国人敌对的战场，伊玛目叶海亚支持奥斯曼人抗击英国人。然而，奥斯曼帝国在第一次世界大战中战败，1918年10月30日，与协约国签订《摩德洛斯停战协定》。该协定取消了奥斯曼帝国在阿拉伯地区包括也门的行政当局。叶海亚成为奥斯曼帝国在也门政权的继承者，《达安和约》失效，1918年11月也门北方独立，从而成为阿拉伯地区第一个摆脱殖民统治而独立的国家。1923年协约国与奥斯曼政府签订的《洛桑条约》亦承认也门为国际公认的独立国家。

二、埃及的独立

奥斯曼帝国时期埃及名义上是帝国的一部分，但由于最早直接与西方接触，接受西方思想、文化和科学技术，在经济、军事和技术上的实力较强，实际上与一个独立国家相差无几。当然，由于地理位置重要以及对西方的依赖，西方国家尤其是英国的渗透也比较强。

英国于1882年对埃及实行了军事占领。1914年出于战争的需要，英国以奥斯曼帝国参加德、奥同盟为由，宣布埃及为它的"保护国"。第一次世界大战期间，英国把埃及作为在中东的军事基地和物资供应中心，实行军事管制，征集了大批埃及人参战，并从这里发动对阿拉伯半岛和巴勒斯坦等地的进攻。

英国在宣布对埃及行使保护国权力时曾附有一项最终成立自治政府的保证，但埃及人并不情愿接受。在阿拉伯文中"保护国"一词是用来指某些信奉基督教的少数民族对欧洲强国的依靠。当时，埃及立法议会闭会，外交部被撤除，其职能被英国代表和总领事所用，此人成为高级专员。大战期间，埃及以自己的人力和物力与英国一道为盟国作战。有一个时期，三个独立的英军指挥部都驻在埃及。大量军队的驻扎难免引起许多困难局面和不幸事件。埃及人的民族主义情绪在这四年间膨胀起来。

大战结束后的第二天，议会的副议长萨阿德·柴鲁尔与另外两位民族主义者阿卜杜拉·阿齐兹·法赫米及阿里·谢阿拉维共同向英国驻埃及高级专员温盖特呈交了一份埃及人的要求书,提出废除保护国制度和军事法,埃及参加巴黎和会并独立等一系列要求,柴鲁尔并拟率代表团(阿拉伯语为"华夫脱")到伦敦讨论独立计划。但英国外交部拒不接受柴鲁尔等人的计划,理由是这既不是一个有组织的政党提出的要求,更不能代表埃及政府。英国人回绝柴鲁尔的借口使得柴鲁尔和他的代表团在全国各地组织活动,试图建立一个拥有群众基础的党。1918 年 11 月 23 日,华夫脱党宣告成立,党纲明确声明将用合法手段即同英国谈判的途径来实现埃及的独立。然而,华夫脱党去伦敦谈判或到巴黎参加和会的要求屡次遭到拒绝。1919年 1 月巴黎和会开幕后,华夫脱党的活动更加活跃。为阻止民族主义运动进一步扩大,1919 年 3 月 6 日,驻埃英军总司令当面对柴鲁尔等人进行恫吓。柴鲁尔气愤之余,当即以华夫脱党的名义电告英国首相劳合·乔治,严正指出:"我们认为保护制是非法的。你必须知道,我们肩负着民族的义务,我们将通过合法途径毫不迟缓地履行这种义务,而不管要付出何种代价。"①3 月 8 号,经外交部批准,英军逮捕了柴鲁尔和另外三名华夫脱党的领导人,将他们流放到马耳他岛。英国人这一举措立即引起埃及人的强烈反应,在华夫脱致素丹的一封信中讲道:"我们的过错,只是因为我们根据作为国际政治新政策基础的高尚原则,寻求我们的政治自由,英国本身也接受这些原则。我们并没有逾越法律界限,没有肇事,只是接受人民的委托,对那些声称各民族已不分主仆、人类平等如兄弟的人说明我国人民的事情,努力实现我国人民的意志。"②于是,数天之内抗议游行和暴动遍及埃及全国。通信设施和铁路交通遭到破坏,首都与各大城市失去联系。直到 3 月底,英军才将这次反抗平息下去。温盖特被免职,阿伦比将军被任命为新的高级专员。

4 月初,巴黎和会认可埃及为英国的保护国。为缓和埃及局势,英国决定由殖民大臣米尔纳勋爵为团长组成一个调查团,到埃及了解情况,就适宜保护国制度下的埃及的宪法提出报告,并释放了在马耳他的柴鲁尔等人,同意柴鲁尔赴巴黎参加和会,以便向和会提出他们的要求。然而,参加和会的

---

① 潘光、朱威烈主编:《阿拉伯非洲历史文选》,华东师范大学出版社 1992 年版,第 159 页。

② 潘光、朱威烈主编:《阿拉伯非洲历史文选》,第 161 页。

美国代表团宣布承认英国对埃及的保护权。凡尔赛条约也对此加以确认。埃及人对巴黎和会的幻想破灭了,对英国人的仇视进一步加深。米尔纳调查团在埃及四处碰壁后返回伦敦。当时还在欧洲的柴鲁尔到访英国并与米尔纳讨论了埃及问题。不久之后,1920 年 8 月,英国人提出了一份备忘录,承认埃及为一个独立自主的代议制君主立宪国家。但有很多限制条件,如埃及必须允许英国保持在埃及的军事力量,埃及的防务由英国承担;埃及可以在国外派外交代表,但其政策必须与英国相协调;埃及还要任命英国人为司法顾问和财政顾问等。这意味着保护制度和军事管制法并未结束,所以,柴鲁尔并不予以配合,阿伦比便将他再次流放。

　　然而,埃及的局势并未因柴鲁尔的流放而有所好转。1921 年 12 月,首相阿德利辞职,代理首相哈利克·萨尔瓦特同意组成新内阁,前提是英国立即承认埃及为一个独立自主的国家。由于英国内阁仍不同意承认埃及独立,而埃及全国又因柴鲁尔被流放再起风云,阿伦比只好亲自去伦敦说明情况,强调埃及不仅不能成为帝国的一部分,甚至也不能被当作一个保护国对待:埃及人掌管自己事务的要求是如此强烈,必须予以满足。1922 年 2 月28 日,阿伦比返回埃及后宣布:英国对埃及实行的保护制度已告终结,承认埃及为一个独立自主的国家,但保留类似米尔纳备忘录所加的条件,即英国继续保有对包括苏伊士运河在内的交通线的控制权;保留英国在埃及驻军的权利和对埃及国防的监督权;保留英国对埃及外交的指导权,英国有权保护外国人在埃及的利益和保护少数民族;保留对苏丹的共管。[①] 3 月 15 日,埃及宣布独立。1923 年 4 月,埃及颁布了第一部宪法,其模式接近 1876 年土耳其宪法。[②] 它确认埃及是一个君主立宪制国家,原来的素丹改称国王(君主立宪制实行到 1952 年,之后成立共和国)。9 月举行议会选举时,刚刚获释回国的柴鲁尔领导的华夫脱党获胜。

三、沙特阿拉伯的建国

　　阿拉伯半岛是伊斯兰教和中世纪阿拉伯帝国的诞生地,但由于这里多

---

① 《阿伦比对埃及的宣言》,见潘光、朱威烈主编:《阿拉伯非洲历史文选》,第 165 页。
② 彭树智主编,雷钰、苏瑞林著:《中东国家通史·埃及卷》,第 254—255 页。

半是沙漠,奥斯曼帝国的统治没有真正深入到这里,当地阿拉伯人保持着较大的独立性。

　　早在19世纪殖民高潮前期,英国人就来到这里,与半岛东岸和南岸的一些酋长国签订了条约(1820年前后与波斯湾沿岸的酋长国,1839年与半岛南端的亚丁签约),这些地区成为英国的势力范围。到20世纪初,在阿拉伯半岛的内陆地区则由一些相互争斗的部落酋长和王公控制着。在半岛的北部地区是伊本·拉西德为首的沙马尔酋长国,拉西德与奥斯曼政府合作。在红海沿岸拥有伊斯兰教两大圣地麦加和麦地那的汉志(希贾兹)地区由谢里夫侯赛因控制。他是由奥斯曼帝国任命的,但始终怀有建立一个大阿拉伯国家的梦想,当汉志铁路修到麦地那并继续向南延伸时,他坚决反对,并寻找机会与英国人联系,希望借助英国人来摆脱奥斯曼帝国对他的约束,但这一过程艰难曲折。

伊本·沙特领导下的伊赫万军队

在阿拉伯半岛最具威慑力的是沙特家族。沙特家族自 18 世纪中期与伊斯兰教瓦哈比教派结合后,利用瓦哈比教派的力量,统一思想和行动,于 19 世纪初建立起一个几乎包括全半岛在内的沙特王国,后遭奥斯曼帝国镇压,20 世纪初再次崛起。1902 年,沙特家族的首领伊本·沙特率军夺取了内志(纳季德)首府利雅得,重建沙特王朝。新王朝首先向北部发展,1904—1905 年,在西北部与沙马尔国王拉西德的军队交锋。尽管拉西德有奥斯曼帝国和德国的支持,仍不敌伊本·沙特,到 1907 年沙马尔地区大部归入沙特版图。由于汉志的统治者谢里夫侯赛因禁止内志的商队进入汉志,沙特被封锁于半岛内陆。为获得出海口,1913 年,伊本·沙特攻占了阿拉伯半岛东部的哈萨地区。哈萨是阿拉伯半岛最富庶的地区之一,也是阿拉伯半岛通往海湾的一个重要出海口。自 18 世纪中叶起一直是瓦哈比派控制着,1871 年被奥斯曼帝国占领。伊本·沙特从 1903 年到 1913 年用了 10 年的时间,努力寻求英国人的帮助以收复哈萨,未能如愿。他希望自己能尽快积聚力量,避免或拖延与奥斯曼帝国直接发生冲突。直到 1912 年,奥斯曼人在与意大利之间的战争中失败,加之随后爆发的两次巴尔干战争令土耳其人的处境极其困难,伊本·沙特方才决定对哈萨采取行动。

夺取哈萨后,沙特政权控制了阿拉伯半岛的中部和东部地区,而且伊本·沙特对内志和哈萨地区的统治得到了奥斯曼帝国的承认,他接受了内志总督的称号,并在形式上臣服奥斯曼素丹。此时大战临近,奥斯曼政府的亲德倾向日益明显,英国决定将伊本·沙特拉入协约国阵营,1915 年 12 月迫使伊本·沙特同英国在达林岛签订《英国—内志条约》,英国承认沙特家族现有的统治地位,并提供补助年金和武器弹药给伊本·沙特,而内志的内政和外交必须由英国操控,即成为英国的"保护国"。①

成为英国的保护国后,在第一次世界大战期间,伊本·沙特虽倾向于同盟国,但并未卷入战争,而是致力于整合内志:用瓦哈比教义化解部落间的隔阂,增强教徒间的团结;使游牧民转向定居,以巩固地盘,蓄积力量。

1916 年 12 月,麦加谢里夫侯赛因宣称自己为"阿拉伯国王",英国则只

---

① 彭树智主编,王铁铮、林松业著:《中东国家通史·沙特阿拉伯卷》,商务印书馆 2000 年版,第 102—105 页。

承认他为汉志国王。这样阿拉伯半岛就出现了两个国王:汉志国王侯赛因和内志国王伊本·沙特。双方很快因为边界问题发生争执,侯赛因因此拒绝瓦哈比教徒到麦加朝圣。1917 年 5 月,侯赛因派儿子阿卜杜拉率军进驻塔伊夫附近的台尔巴,对塔伊夫形成直接威胁。而伊本·沙特坚持塔伊夫是内志的一部分,双方为此发生了武装冲突。伊本·沙特先在台尔巴给阿卜杜拉以重创,然后返回内志。由于这时拉西德家族仍在沙马尔山区活动,伊本·沙特为除后顾之忧,便进军沙马尔山区围攻拉西德家族的据点哈伊勒,迫使拉西德的酋长蒂拉勒投降,拉西德家族被合并到沙特王国。英国担心沙特接下来会进攻伊拉克,决定出面干涉。1922 年,英国迫使沙特政权与伊拉克签订了乌凯尔协定书,大致划分了伊拉克与沙特之间的边界,并分别在内志与伊拉克之间和内志与科威特之间设立两个缓冲区。缓冲区内禁止设立军事据点和构筑工事。实际上把部分属于内志的土地转让给了伊拉克和科威特,这些地区后来成为三国边界争端的根源之一。1923 年秋,英国还在科威特召开阿拉伯半岛各地酋长、埃米尔参加的会议,由英国作为仲裁者出面划分各个阿拉伯国家的疆界。英国曾要求沙特将已皈依瓦哈比派的胡尔马和图腊巴划给侯赛因的汉志,但遭到伊本·沙特的拒绝。

1924 年 3 月,土耳其宣布废除"哈里发"称号,侯赛因趁此时机自称"哈里发",遭到穆斯林世界的指责。一些穆斯林组织建议伊本·沙特将侯赛因赶出汉志。6 月,伊本·沙特决定进军汉志。由于 1920—1921 年,英国分别立侯赛因的两个儿子阿卜杜拉和费萨尔为外约旦和伊拉克的国王,为防止费萨尔和阿卜杜拉增援汉志,伊本·沙特首先将一部分军力部署到伊拉克和约旦边境,然后将主力用于汉志。他先攻下塔伊夫,随后占领麦加。哈希姆家族的侯赛因父子恳请英国救援,英国以教派之争不能干预为由拒绝。侯赛因宣布退位,由其子阿里继任谢里夫,并退守吉达。1925 年 12 月,沙特军队攻占汉志最后一个据点吉达,汉志被并入内志。这时除了西南角的也门外,沙特统一了阿拉伯半岛的大部分地区,周边都是英国控制的地区了。英国抓住时机迫使伊本·沙特同英国签订条约,划定了沙特与外约旦和伊拉克的边界(《哈德条约》和《巴霍尔条约》),并强行把马安和亚喀巴划入了外约旦。

伊本·沙特没有再与英国对抗。1926 年 1 月,他在麦加大清真寺宣布自己为汉志国王,并在麦加主持召开了全体穆斯林代表大会,以示自己是圣地的主人。第二年他获得内志及归并地区素丹的称号,他的国家定名为"汉志、内志及归附地区王国"。同年5月,英国在与沙特签订的《吉达条约》中宣布承认这个国家,同时废除了1915年使内志成为英国保护国的《英国—内志条约》,沙特则在《吉达条约》中承认了伊拉克和外约旦,同时也承认了英国在巴林和其他波斯湾酋长国的特殊地位。随后意大利、法国、俄国、土耳其、伊朗和其他一些伊斯兰国家也都承认了这个国家。1932年,沙特定国名为"沙特阿拉伯王国",在阿拉伯语中"沙特"为"幸福"之意。

四、伊拉克的独立

第一次世界大战爆发时,因奥斯曼帝国对协约国宣战,英国在波斯湾的利益受到威胁,决定出兵伊拉克。1914年11月,英军攻占巴士拉,后进攻巴格达,在库法附近遭到由德国军官指挥的奥斯曼军队的围攻。为赢得伊拉克战区,英军再派优势兵力增援,直到1917年3月才占领了巴格达。

大战结束时,伊拉克人掀起大规模的民族运动,要求建立一个以自然疆界为准则的阿拉伯国家。而英国的野心是占领整个伊拉克,1920年4月,圣雷莫会议正式决定将伊拉克交由英国托管。而英国坚持要直接统治伊拉克,英国认为伊拉克内部宗派矛盾复杂,不宜托管,决定先占领后再分化瓦解各方势力。占领的结果导致英国人与当地人发生直接冲突,伊拉克人起义。当时在幼发拉底河下游的一个部落酋长同一名英国军官发生口角,英国人逮捕了酋长,该部落的人群起围攻英国驻地,夺回酋长。伊拉克独立捍卫者协会决定以此为契机,领导伊拉克独立运动。他们在群众中做宣传鼓动工作,呼吁伊拉克人民为争取民族独立而同英国殖民主义者作斗争。该组织还同伊拉克盟约社等派别共同推举代表,向英国驻伊专员提出召开全国代表大会以解决伊拉克问题的要求,但英国拒不理会。于是伊拉克人的武装示威由巴格达向各地蔓延。英国人虽然通过收买部落首领,瓦解起义军等方式,加之从印度调集援兵,最终将伊拉克人民的起义镇压下去了,但它不能不正视民族觉醒的力量。此时,英国自身对维持在美索不达米亚的殖民统治是否明智有所质疑,如一家报纸所说:我们原先答应建立一个雇用英国顾问的阿拉伯政府,结果却建立了一个雇用阿拉伯顾问的英国政府。殖民大臣丘吉尔也坦言:"每当我想到承担美索不达米亚的繁杂事务可能带来的政治后果时,我就感到战战兢兢……",但如果英国放弃对这里的统治,美索不达米亚将陷入一片混乱,又"与大英帝国一直以来的声誉完全不相符"。① 于是,英国尝试不再坚持直接统治的方式,而决定对伊拉克实行托管。

英国首先派通晓伊拉克事务的"温和派"人物贝尔斯·库克西为伊拉克高级专员。他到巴格达后同民族运动的领导者们谈判,表示伊拉克可以正式成立独立政府,由"国联"保证其独立地位,但英国要负责监督伊拉克的内政和外交,并组织筹委会制定宪法。1920 年底成立了以逊尼派穆斯林领袖格拉尼为首相的民族政府,各部大臣都由伊拉克人出任,但每个部门都配有英国顾问。为能有一个既忠于英国又能缓解伊拉克人对英国人的敌视的国王,同时也给哈希姆家族的谢里夫侯赛因有个交代,英国人决定由麦加谢里夫的第三个儿子费萨尔做伊拉克国王。

大战期间,按照《麦克马洪—侯赛因通信》的约定,费萨尔率领阿拉伯起义军配合英军进攻奥斯曼土耳其人,并北上进入巴勒斯坦和叙利亚地区。战争结束后,在巴黎和会上,费萨尔作为阿拉伯人的代表要求协约国履行承诺,允许成立一个统一的大阿拉伯国家,但英法已达成自己瓜分阿拉伯地区的协议,只同意在阿拉伯半岛的汉志建立一个由侯赛因做国王的小国家,费萨尔绝望地回到叙利亚,于 1920 年 3 月宣布自己为大叙利亚国王,并拒绝接受法国的委任统治。这时英国已根据它与法国达成的协议将叙利亚海岸地区转交给了法国。法国要求费萨尔向法国投降,并调集军队围攻大马士革。在法军的威逼下,费萨尔出走伦敦。

许多伊拉克人认为费萨尔是"不合法"的僭主,②尽管他是个优秀的阿拉伯民族主义者,作为阿拉伯起义的领导人赢得穆斯林的信任,也是穆罕默德家庭的后裔,但费萨尔是阿拉伯人,得不到库尔德人的支持;他是逊尼派,缺少什叶派的支持;他是阿拉比亚的侯赛因家庭出身,伊拉克许多根基深厚的逊尼派家族不支持他,况且此前费萨尔也从未踏上美索不达米亚土地。

---

① 王三义:《英国在中东的委任统治研究》,世界知识出版社 2008 年版,第 75 页。
② 王三义:《英国在中东的委任统治研究》,第 76 页。

而英国之所以选择费萨尔恰恰就是看中他与美索不达米亚本地势力无任何联系,且费萨尔在奥斯曼帝国军队中服过役,经受过阿拉伯起义失败的打击,加之法国人又把他从叙利亚王位上赶下来,英国人坚信能驾驭他。

1921 年 3 月,英国殖民大臣丘吉尔在开罗召开的有关阿拉伯问题的国际会议上正式宣布,英国在伊拉克结束托管,建立伊拉克人的民族政府,费萨尔亲王为国王。英国将同伊拉克谈判订立条约事宜,以改善两国关系。

1921 年 6 月,费萨尔回到巴格达。此次进行的民意测验表明,阿拉伯人欢迎费萨尔做伊拉克王。7 月 11 日,由英国高级专员珀西·考克斯直接领导的国务会议"选举"费萨尔为伊拉克国王。8 月 23 日,在巴格达的西达塔城堡为费萨尔·侯赛因举行了加冕仪式,现代伊拉克的第一个王朝(也是最后一个王朝)——哈希姆王朝诞生,国名正式定为伊拉克。

费萨尔渴望有所作为,能够赢得阿拉伯国家的独立,但他也清醒地明白自己这种靠英国扶持的处境。按照开罗会议的规定,伊拉克要与英国订立条约以确定双方关系。英伊条约为期 20 年,条约草案虽未曾提及委任统治,但强调了委任统治的大多数条款,如在涉及英国利益的所有问题时,国王必须听从英国顾问的建议,政府各部的英国顾问继续留任等。1922 年 10 月 10 日,伊拉克与英国签订了这个同盟条约,确定了伊拉克貌似独立而英国实则行使托管权力的关系。1924 年 3 月,立宪会议通过宪法和选举法,确认伊拉克为君主立宪国家。

英国工党于 1929 年执掌政权后宣布要与伊拉克谈判一项新条约,第二年的 6 月,英国与伊拉克签署了英伊友好同盟条约,正式结束了委任统治。当然,条约附有条件以保留英国在伊的诸多特权,尤其是涉及两国共同利益的外交政策时,伊拉克必须征求英国的意见。英国仍保留在伊的空军基地,战时英军可以自由使用伊拉克的领土、领海和领空等。[1] 1932 年在英国的提议和支持下,伊拉克成为国际联盟成员国,委任统治结束,开始实行《英—伊条约》,英国高级专员升格为驻伊拉克大使。由于这种独立的特殊性,伊拉克民族主义运动并未因此而偃旗息鼓。民众的民族主义情绪,教派、部族与党争,再掺杂进大国在这里的争夺,使得这个国家始终埋藏着动荡的隐患。

---

① 彭树智主编,黄民兴著:《中东国家通史·伊拉克卷》,第 189 页。

第 十 章

现代中东独立国家的改革浪潮

第一节　土耳其的凯末尔改革

一、世俗化的社会改革

凯末尔执掌共和国政权后便着手实施进一步的世俗化改革,力图使土耳其更多地接受西方文明。由于从奥斯曼帝国时期即已开始培植起西化的方向,所以凯末尔的改革并非空穴来风,他只是将西化的步子迈得更远更坚定。

凯末尔的世俗化改革从废除哈里发制度开始。早在 1922 年 11 月 1 日废除素丹制时就提到哈里发制度,当时国民会议决议保留哈里发制度,但规定其权力仅限于宗教事务,不许涉及政治,教长人选由国会从奥斯曼王族中选出。国民会议的这一决议意味着哈里发制度的性质发生了变化,也是凯末尔立足未稳时的权宜之计,待共和国成立后,不到半年,1924 年 3 月 3 日新政府即正式下令废除哈里发制度。凯末尔之所以采取这种断然手段并非针对教长个人,而是考虑到哈里发制度本身可能带来的恶果。因为这一制度在奥斯曼帝国时期即已深入人心,历史上的伊斯兰教长从未只管教务,一直享有政治威权,是素丹号召穆斯林的有效工具,其影响力绝非穆斯林以外的人所能理解的,也正因如此,凯末尔在废除素丹制时才未敢断然废除哈里发制度。1922 年虽然对教长的权力加以限制,但只要哈里发制度存在,它在穆斯林心目中的地位便不可动摇。国会可以随意解释新政府赋予教长的法律地位,然而无力改变教长在民众心目中的地位,凯末尔政权面临的选择是要么接受该制度,要么根本废除该制度,而接受哈里发制度当然为凯末尔和新政府所不情愿,结果便只有根本废除该制度了。

哈里发制度被废除后,传统的伊斯兰教的政府形象受到打击,凯末尔进而实施相关方面的改革:取消伊斯兰教长制;取缔宗教学校,所有学校都交由公共指导部领导;撤销管理宗教基金的慈善机构,改由直属总理的机构来行使其职能;关闭宗教法庭,由世俗法庭行使宗教法律。1924 年 4 月 20 日,大国民议会通过新宪法。新宪法宣布土耳其为共和国,首都在安卡拉,伊斯兰教是国教。主权属于国家,议会拥有立法权和行政权。议会选举出的总理作为政府首脑组成内阁。

奥斯曼帝国时期立法的依据是宗教法典,作为共和国的土耳其不能不重新颁布新法典。坦齐马特和青年土耳其党人时期都曾引进过一部分西方法律,这一过程在凯末尔时期达到高潮。1926 年大国民会议颁布了一系列参照西方法律制定的新法,如以瑞士法律为基础的《新民法》和《债务法》;以意大利刑法为蓝本的《刑法》;以德国商法为蓝本的《商法》与《海洋法》等。事实上奥斯曼帝国的刑法和商法早已深受西方影响,它的民法也在 19世纪经过部分修订,但仍是伊斯兰教法,凯末尔时期对民法的修订则铲除了这一宗教基础,将当代文明精神实际运用在与生活最密切的范畴——家庭关系方面。根据这一法典,一夫多妻、随意休妻等歧视妇女权利的古老传统被废除,婚姻成为公民契约,从而建立起男女平等的结婚和离婚制度。[1] 伊斯兰教法关于丈夫在离婚时享有特别有利条件的规定也扫荡殆尽,这一重大措施不仅在男女之间而且还在教派之间保证了法律上的平等地位。这等于敲响了教区制的丧钟。犹太人、亚美尼亚人和居住在土耳其的希腊人统统放弃了他们原来的氏族部落法律,所有土耳其公民都服从一个民法。[2]

---

① [英]伯纳德·刘易斯:《现代土耳其的兴起》,范中廉译,商务印书馆 1985 年版,第286 页。

② 戴维森:《从瓦解到新生》,张增健等译,学林出版社 1996 年版,第 154 页。

在凯末尔的世俗化和西化措施中,最激烈也最值得称道的是禁止戴土耳其礼拜帽,即红色费兹帽,阿拉伯文称塔布什帽。这是一种无边圆塔状帽子,上端饰以红缨,自奥斯曼帝国素丹马哈穆德二世(1808—1839 年)引进后,戴这种帽子一直是穆斯林身份的象征。凯末尔认为"必须摆脱戴在土耳其国民头上的这顶标志着无知、反对和抵制进步及文明的费兹帽,而代之以整个文明世界用作头饰的礼帽",[①]这样,反对戴土耳其礼拜帽的运动便同提倡穿西式服装和反对宗教势力相联系起来。1925 年 8 月凯末尔手持巴拿马礼帽在安纳托利亚一些比较保守的城镇大讲穆斯林传统服装的弊端,要求文明人必须戴文明帽。政府为配合凯末尔的宣讲,向官员们发放了欧洲式大礼帽。这一年的 9 月,政府颁布了一项法令,规定所有国家职员必须戴礼帽,禁止戴礼拜帽。两个月后又做出戴土耳其礼拜帽是犯法有罪的规定,要求所有男子都必须戴礼帽,凡是戴土耳其礼拜帽的人将按刑事处罪。这些措施在土耳其东部引起一系列骚动和游行,但最终都被独立法庭镇压下去了。土耳其全国各地开始采用欧式服装和欧式帽子,当时最为流行的款式之一是鸭舌帽,因为它可以把帽檐儿转过来戴,以便在祷告时把前额贴在地上而头上依然有东西遮盖着。

在猛烈攻击礼拜帽的同时,凯末尔还抨击了一般的宗教仪式,他谴责托钵僧团体和托钵僧寺院,颁布法律解散了托钵僧团体,关闭了寺院和墓地。1926 年用格里高利历取代了伊斯兰教历。1927 年人民党党纲宣布,人民党"把国家和民族事务中宗教和世俗事务的分离看做是最重要的原则之一"[②]。1928 年删去了宪法中关于伊斯兰教是土耳其国教的条文,并且规定政府官员就职时,要用他们的荣誉来宣誓,而不是向神宣誓履行职责。1935年又把 1924 年新创立的周休息日从星期五改为欧洲式的星期日,从而方便了商业和政府部门的工作。

二、民族化的文化改革

首先是规范土耳其文字。土耳其人早在接受伊斯兰教时就接受了阿拉

---

① 彭树智主编:《二十世纪中东史》,第 82 页。
② 彭树智:《东方民族主义思潮》,西北大学出版社 1992 年版,第 271—275 页。

伯语言,阿拉伯字母便于速记但不适合土耳其语的发音,而且由于阿拉伯字母需根据其在词汇中的位置而不断变化,学习起来比较困难,当然更主要的是它与过去、与伊斯兰东方的联系同凯末尔推动这个国家朝着未来和西方化方向前进的目标相悖,凯末尔决意要对其进行改革。事实上自坦齐马特时代以来一直有把阿拉伯字母改为拉丁字母的提议,只是因为没有一个强有力的人物来实现而被保守派束之高阁,现在这样一位人物出现了。1928年8月,凯末尔引进拉丁字母以替代穆斯林地区通用的阿拉伯字母,同时敦促国内学者研究设计出一种现代语音字母来完善土耳其文字。这一年的9月9日,凯末尔在伊斯坦布尔公园举行的一次集会上宣布了字母改革的决定。随后,凯末尔到全国巡游,亲自到教室和广场教民众学习新字母。11月1日,大国民会议通过了关于改革字母的法令,3日议会宣布了公众有义务在新年即1929年使用新字母的规定。新字母确立后又对词汇加以净化,由于土耳其语中夹杂了许多阿拉伯词汇和波斯语单词,1932年成立的土耳其语言协会便致力于清除这些外来语,政府每隔几个星期还公布一批新旧文字对照表。当然,新文字中吸收了不少西文字母和词汇,但是称为"土耳其文"而不用"拉丁文"的提法。

从一个靠武力征服生存的帝国转变为欲与文明世界共处的和平国家,土耳其面临的最基本的问题是让自己的每个国民识字,经过改革后的新字母较旧字母更易学习,识字的人快速增加了。1923—1938年间,文盲率降低将近50%,学生数量翻了一番,几百万人在十年内学会了阅读。[1]

为了使土耳其人阅读到的书籍内容有利于增强民族自豪感和民族聚合力,凯末尔又促成了土耳其历史学会的建立。在奥斯曼帝国时代,历史课讲授的内容大部分是奥斯曼王朝和早期伊斯兰哈里发的历史。坦齐马特时代后期,有一部分作家和学者曾开始注意研究土耳其历史,但未成风气。到了凯末尔时代,土耳其的过去成为历史研究的中心。新出版的历史课本把土耳其人说成是最早的文明民族,是包括苏美尔和赫梯在内的世界上许多文明的祖先。官方修订的四卷本土耳其史的前两卷全部叙述前奥斯曼帝国时期。根据规定,这部书为一切教员必备,所有中学生必读。如同文字改革帮

---

① 彭树智主编:《二十世纪中东史》,第84页。

助人们树立了土耳其民族本体感,史学改革也起到了这种作用。新史学的内容强调两点,一是在伊斯兰教进入土耳其之前就已有了土耳其文化,伊斯兰教并非土耳其的产物,而是一种外来物;二是土耳其人和安纳托利亚故土的联系在赫梯人时期就已建立了。这种观念的灌输使得土耳其历史研究中对于伊斯兰之前的土耳其史、赫梯古代史以及安纳托利亚的兴趣经久不衰。

凯末尔还从1932年起在各大城市和主要城镇建立了人民宫作为大众教育的场所,以补充正规教育的不足。它作为社区的中心,在这里经常组织演讲,举办展览,放映电影以及开展体育活动等,向民间普及西方文化。西方式的油画、雕塑、诗歌、散文、戏剧、建筑和音乐逐渐为越来越多的土耳其人所熟悉。

世俗化和西化观念有了日益广泛的群众基础后,1933年将索菲亚拜占廷大教堂改成了世俗的博物馆,该教堂自1453年以来一直是清真寺。此外还规定寺院尖塔上宣布祈祷开始的语言也不许再用阿拉伯语而改用土耳其语,《古兰经》也于1932年首次被翻译成土耳其文,在礼拜时诵读。

在奥斯曼帝国时期只有少数名门望族有自己的姓,大多数人有名无姓。这对一个现代文明国家来讲,无论上学、纳税,还是人口普查都极不方便。所以,1934年通过了一项人人必须有姓氏的法律,凯末尔也不例外,他获得议会授予的姓氏——阿塔图尔克,意为土耳其之父。伊斯美特将他战胜希腊人的那个村庄作为自己的姓,他的姓名全称即伊斯美特·伊涅纽。与此同时,旧式称号如贝伊、爱芬吉、哈尼姆等一概被取消,代之以比较简单的贝(先生)和贝扬(太太或小姐),放在名字的前面。凯末尔还大力提倡欧洲人在社交场合尊重妇女的美德,致力于提高土耳其妇女的地位。在这一时期,土耳其有越来越多的妇女受教育,找到自己的职业,参与到公共生活之中。1933年有13名妇女当上了法官。1934年取消了大城市男女有别的最后一个象征——电车上为妇女专设的头两排座椅。选举权也扩及妇女,1930年妇女获得市议员选举权;1934年,妇女有权选举国民议员,同时她们可以成为候选人。在1935年的选举中,有17名妇女当选为议员。①

---

① 戴维森:《从瓦解到新生》,第160页。

三、国家主义的经济改革

在共和国成立的前十年,经济工作方面有所成就但并不显著。这一方面是由于新国家面临着更为紧急的政治和社会问题需要尽快解决,另一方面是因为共和国的领袖们大多行伍出身,攻城陷阵乃其所长,对于经济却并不十分在行。加之他们从奥斯曼帝国手中承接过来的国家经济满目疮痍。农业发展极其幼稚,耕种工具是木犁和水牛,由于长年征战,牲畜和人力都不足。工商业本不发达,大规模的企业多掌握在非穆斯林的外国人手里,大战结束后,这些人纷纷离开土耳其回国,他们带走了管理企业的经验、技能以及资本,使新国家的商业大受损失。面对这样一个人口稀少、经济落后、科学不昌明的国家,凯末尔选择农业为国命所依亦是自然。土耳其气候温和,土地肥沃,港流交叉,本适宜农业发展。土耳其农产品以无花果和烟草最为著名,无花果在世界市场素负盛名,1925 年后英国报纸对土耳其的无花果还有所论及,其保存运输方法也在不断改良。土耳其烟草更是品质优良。然而由于奥斯曼帝国的精力历来不在于农业,武力征战又不得不牺牲农业,所以,奥斯曼农业不曾中兴,农田数千年来情状依旧,毫无进步,无论欧风美雨,都不曾惠泽于此,农民对垄亩田舍以外之事一概不知。

土耳其新政府为改变这种农业状况,首先于 1925 年取消了对农产品征收的什一税,设立了 8 所农业专科学校,培养专门人才,用以从事研究土耳其农业状况和欧美农业发展经验。凯末尔还在安卡拉自己建了一个农场,以为全国表率,希望为国家树立一个现代模范农场的典型。这个农场的四周,屋舍精良,摩托车、播谷机以及各种新式农具应有尽有。农田分果树、谷麦、家畜诸类。畜牧场里豢养牛、羊数千头,良种鹅、鸡、蜜蜂无数。在凯末尔这个农场的带动下,土耳其国内相继出现了类似的农场,规模虽然小一些,但工作并不示弱,且令人欣喜的是有了好的开端。政府大力提倡使用新式农具后,在与外界接触较多的安纳托利亚西部,成效显著,新式农具销售数量激增。土耳其地层极坚,开辟地基必须依靠机器之马力方能胜任,但 1922 年福特圣拖拉机仅销售 3 台,1923 年销数增至 25 台,1924 年其数过百台,到 1925 年全国约拥有这种拖拉机 600 台。德国机械化耕犁在战前没有销路,1924 年销数增至 30 余具。① 这种机械化耕犁上安装有电灯,既不用担心与人相撞,又可以昼夜工作,效率大为提升。当然,这种机械化农具在土耳其全国的普及率并不高,大部分农民仍使用原始农具。

洛桑条约曾规定,1924—1929 年 5 年之内土耳其的关税不得变动。到20 年代末,政府陆续将盐业、烟草业、火柴业、酒业收归国家经营,并通过关税壁垒来保护民族产业。而此时的世界性经济萧条沉重打击了土耳其的经济。为避免经济紊乱,土耳其被迫紧缩进口,1930 年出口也下降了。在这种形势下,寻求摆脱危机、发展经济的出路,凯末尔提出了国家主义的主张,当然这与苏联的影响亦有关联。当时世界各国都处在经济危机的阴影下,而苏联几乎没有被波及,相反却蓬勃发展,其原因在于国家控制经济。这同凯末尔 1923 年在《经济公约》和《九项原则宣言》中提出的"国家控制经济命脉"的思想是一致的。凯末尔决定学习苏联模式,进行经济改革。1931年 4 月,他提出了六项将凯末尔主义系统化、理论化的纲领,即共和主义、民族主义、人民主义、国家主义、世俗主义和改良主义。其中共和主义、民族主义和世俗主义在先前的改革中都有所诠释,人民主义重申主权在民,改良主义则强调非暴力的变革,唯有国家主义是新增加的内容,其意指政府要积极指导和参与经济活动。

1932 年土耳其总理和外交部长访问莫斯科,苏联给予土耳其 800 万美元的贷款。1933 年苏联帮助土耳其制订了第一个五年计划,次年付诸实施。此后,苏联派出大批技术顾问和经济专家到土耳其指导经济建设工作。第一个五年计划的主要目的是通过发展进口替代工业来生产日用消费品,期间共建成了 20 座工厂,其中最大的是开塞利纺织制造厂。轻工业主要有造纸厂、玻璃厂、水泥厂等。1938 年开始实施第二个五年计划,重点是发展机器制造业和电力建设,该计划由于第二次世界大战爆发而中断。

通过上述改革,土耳其的独立地位得到维护和巩固,摆脱了传统伊斯兰教神权势力对政治生活和社会文化的束缚,确保了土耳其沿着民族化、世俗化和现代化的道路发展。同时,实现了两次世界大战之间中东地区现代化运动的重要突破。凯末尔的改革对中东地区其他国家产生了极其深远的影响,

---

① A.汤因比、K.克柯伍德:《土耳其革命史》,第 121—122 页。

不少国家都把土耳其的现代化改革作为典范和样板加以效仿。同属中东北层国家的伊朗和阿富汗,紧随土耳其之后,分别在各自国内进行了类似土耳其的相应变革,从而推动了整个中东地区的现代化发展进程。[①] 无论凯末尔的改革引起何种争议,他的这一历史功绩不容置疑。

第二节　伊朗和阿富汗的改革

一、伊朗的礼萨·汗改革

第一次世界大战期间,1917 年俄国十月革命后,俄国军队撤出战争,苏维埃政权宣布废除沙俄政府在波斯的所有特权,英国人趁此时机占领了伊朗北部。大战结束后,1919 年 8 月,英国迫使伊朗签订了《英波协定》,将伊朗的军队、财政、铁路、关税完全置于英国的控制之下,使伊朗成为英国的保护国。由于伊朗国人强烈反对,加之苏俄、美国也反对英国将伊朗据为自己的保护国,1920 年苏俄还以追剿白卫军为名,出兵占领了伊朗的里海港口城市恩齐列,并扶植起亲苏的"吉兰共和国",英军撤离里海。在这种情况下,伊朗国会拒绝批准 1919 年协定,1921 年伊朗又与苏俄签订了友好条约。英国政府对伊朗的亲苏倾向不满,英国人于是在伊朗国内组织了一场政变。他们支持伊朗哥萨克旅的一位军官——礼萨·汗夺取了德黑兰政权。然而政变成功后,礼萨·汗便将矛头指向了英国。他将哥萨克旅中的英国军官全部免职,并解散了英国人组建的南波斯洋枪队教导团。控制了全国局势后,1923 年,礼萨·汗出任首相。此时在邻国土耳其,凯末尔废除素丹制,建立了共和国。消息传到伊朗,礼萨·汗认为共和制是推翻恺加王朝政权的最好选择。但是伊朗国内伊斯兰教势力远较土耳其国内更得人心,他们反对共和制,甚至宣称,对君主制的打击便是对神圣的沙里亚法的打击。穆斯林群众在什叶派领袖们的鼓动下开始在首都游行示威,反对共和。

---

① 王铁铮:《中东国家现代化进程的主要阶段》,《中东研究》2008 年第 1 期。

巴列维王朝的开国君主礼萨·汗

在这种情况下,礼萨·汗亲往什叶派圣城库姆,与宗教领袖协商后,他决定放弃共和制,维持伊斯兰教在伊朗的地位,以此换取了宗教界对他的支持。1925 年 10 月 31 日,遵照礼萨·汗的指示,议会通过决议,废除恺加王朝,待立宪会议召开再决定国家的政体形式。12 月 12 日,立宪会议宣布礼萨·汗为国王,其王朝冠以巴列维这个姓,巴列维王朝时代开始。

礼萨·汗执掌伊朗政权之后,决心效法邻国土耳其的凯末尔改革,将伊朗建设成独立的现代化国家。为此,他在伊朗国内进行了改革。

第一,强化中央政府的权力。由于受过西方教育的上层人士大多看重议会制形式,所以礼萨·汗允许议会存在以表明自身行为合乎宪法,但他并不倚重议会,他认为维持政权的支柱是军队。在他任首相时就建立起一套军事管理体系,将军事权力控制在自己手里。改革开始后,进一步扩大军队的实力。1925 年宣布改变旧式征兵制,实施义务兵役制,规定凡年满 21 岁的波斯男性公民都有义务服现役两年和预备役 23 年。这一改革打破了几千年以来国家军事力量以部落武装为主的传统,削弱了地方武装的势力,因而遭到宗教界人士的反对。许多什叶派领袖认为这与伊斯兰教的原旨教义不符。在这一问题上,礼萨·汗与温和的世俗派联合,致使议会通过了国王的议案。以此为契机,礼萨·汗还创建起海军、空军和装甲兵等现代化部队,到 40 年代初,他已拥有 40 万人的庞大军队了。[①]

在掌握了足够的军事力量之后,礼萨·汗动手整肃边远地区的游牧部落等分立主义势力,对叛乱及不驯服者严厉镇压,对其首领严惩不贷;解除

---

① 彭树智主编:《伊斯兰教与中东现代化进程》,西北大学出版社 1997 年版,第 98 页。

叛乱部落武装,将部落青年征召入伍,没收部落土地;对难以管理的游牧部落,解除其武装后强制他们定居。为便于军队的调动,政府修建了中央通往各边区的公路,并沿公路派设驻防部队,以有效监督和控制边区。

礼萨·汗还对全国的行政区划进行规范化改革。1935 年在乡村设立行政机构,村长为最基层的政府官员,同时设立军事机构维持地方治安。1938 年撤销了大行政区,将全国重新划分为 11 个省、49 个州。省长、州长官及其他地方主要官员均由中央政府任命。通过这套由中央到乡村的统治体系,削弱并限制了地方长官的权力,强化了君主制下的中央集权。

第二,实施政教分离,推进世俗化改革。伊斯兰教什叶派自 16 世纪即成为伊朗的国教,神职人员因掌握司法、教育和经济特权而在国家的政治社会生活中享有举足轻重的地位,他们依奉神圣的沙里亚法典来干预国家的各项事务。礼萨·汗为推进世俗化改革是不能容忍宗教势力享有如此特权地位的,他采取措施,分别将司法、教育等特权与宗教界分离。

1927—1928 年,礼萨·汗按照西方法规改革伊朗的司法机构,建立起各级世俗法院,用现代教育思想培训新型司法人员。国家还根据法国、意大利等西方国家的法律模式颁布了民法和刑法,以取代不合时宜的宗教法规。在民法中增加了关于家庭关系、婚姻、财产继承等现代西方法律条文。许多宗教法官被世俗法官取代。但宗教法庭还存在,仍可审理一些案件,只是权力大受限制。

礼萨·汗改革之前,伊朗的学校由被称作"乌莱玛"的什叶派穆斯林僧侣掌控着,拒绝现代科学教育。礼萨·汗将这些宗教学校移交给教育部门管理,进行世俗化教育,努力推进现代教育系统的创建。1934 年创建了德黑兰大学,随后出现了师范学院、农学院及成人教育学校等现代学校。1922 年伊朗约有 612 所学校,到 1940 年则增至 8237 所。[①]

为剥夺神职人员的经济特权,1939 年颁布法令,由国家接管宗教基金和地产,但并未全部接管,仍给神职人员留有一部分支配权。政府重新对毛拉的资格进行登记审批,撤销了部分毛拉的教职,拘捕了反对巴列维王朝的宗教领袖。宗教界人士在议会中的代表席位也大幅缩减。

①　彭树智主编:《伊斯兰教与中东现代化进程》,第 101 页。

在社会习俗方面,礼萨·汗也进行了改革。他下令禁止男人戴穆斯林传统头巾,要改戴欧式礼帽;成年男子必须穿西装,禁止妇女戴面纱。他还采取了一些改善妇女地位的措施,规定妇女可以在国家机关工作,男女可以同校学习等,但妇女没有选举权。

第三,礼萨·汗的现代化工业改革。强大的国家需要有力的经济基础才能巩固,礼萨·汗从 30 年代开始将精力投向现代化工业建设,鼓励发展民族经济。1931 年政府通过对外贸易垄断法,宣布提高关税。与此同时支持民族产业,新开办的工厂可以享受 10 年免征机器设备和原材料的进口税,政府并提供低息贷款。在国家政策的鼓励和支持下,一批与民生密切相关的轻工业,如纺织、粮食加工、制糖、烟草、火柴、制革等企业建立起来。到1940 年已开办了 25 家棉纺厂和 8 家丝织厂,形成了纺织工业系统,伊斯法罕成为全国纺织业中心。此外,大型面粉厂有数十家,大型糖厂 8 家,还开办了水泥厂、化工厂、机器制造厂和机械修理厂等。重工业方面,礼萨·汗时期建造了钢铁和有色金属冶炼企业,其中大型企业有阿米纳巴德的冶金联合工厂、加尼亚巴特的炼铜厂、阿纳列克的有色金属联合工厂等。政府还开设了若干家兵工厂,主要制造小型武器,兼营修理枪械。全国工厂数目从1925 年不足 20 家,1941 年增加到 346 家。[1]

礼萨·汗现代化改革的一个重要目标是经济独立,尤其是摆脱英国人的控制。英国人最令礼萨·汗不能容忍的是英波石油公司,该公司的油田和炼油厂远离德黑兰,无须服从伊朗的法律。他们若要建造炼油厂或铺设输油管道,可直接与当地部落族长谈判,而石油的价格也由他们自己说了算。礼萨·汗取消了公司的特权,随后提议进行新的租让谈判。经过激烈的斗争,1933 年伊朗与英国签订了新的特许权合同,为期 60 年。伊朗从普通股中获取的石油红利从 16% 增加到 20%,另加上从每吨卖出的石油中提取 4 先令。到 1943 年,在伊朗境内的产业将归伊朗政府所有。

第四,强调民族特性,净化民族语言。伊朗因历史上属于俄国和英国的势力范围,特别是 1907 年俄英两国通过《英俄协定》,在波斯划分了各自的势力范围之后,伊朗一直希望借助第三方力量以摆脱英俄两国。德国恰好

---

① 张铁伟编著:《伊朗》,社会科学文献出版社 2005 年版,第 71 页。

满足了伊朗这一需要。德国自俾斯麦时代结束后改变了对东方的政策,加大了向中东的渗透力度。对伊朗而言,德国人的另一大吸引力还在于其热衷宣传的那种理论,即德国人与波斯人有着共同的雅利安血统。德国人承认波斯人是纯正血统的雅利安人,就连德国著名哲学家尼采引以为傲的著作《查拉斯图拉如是说》所创造的"代言人"这一荣誉都赋予波斯人(琐罗亚斯德教创始人的名字在古波斯语中称为查拉斯图拉)。德国人的这一理论令波斯人感到满足,也唤起了波斯人对伊朗民族荣耀的向往,希冀恢复古伊朗国家的强大与尊严。而德国在第一次世界大战失败后很快重新崛起也令伊朗敬佩。1929 年,两国缔结了友好条约。1934 年 12 月,波斯修改国名,启用古伊朗的称呼和历法。1935 年,议会通过决议,将波斯国名改称为"伊朗"。

1937 年,伊朗科学院颁布文字改革方案,将波斯文字中的土耳其、阿拉伯及欧洲文字等外来词汇强行消除,倡导使用古老的波斯文字,并造就出一批新词。

礼萨·汗通过上述改革措施使得伊朗在现代化进程中迈出了关键的一步。

二、青年阿富汗派的改革

摆脱英国统治,获得民族独立之后,现代化改革也提上阿富汗的日程。青年阿富汗派的政治代表人物阿马努拉在 1919—1929 年十年的执政期间,主要精力都投向了阿富汗的现代化改革事业。阿马努拉本着青年阿富汗派的政治纲领,在改革的开始阶段,从行政和司法改革入手,对阿富汗国内的政治法律体制进行现代化整合。由于引起保守势力因反对改革而发动武装叛乱,到 1924 年前后,阿马努拉放慢了改革速度,收回了一些不易被反改革派接受的改革计划。然而,二十年代后期阿马努拉出国考察期间,重新树立起改革的决心。

1927 年 12 月—1928 年 7 月之间,阿马努拉到欧亚非三大洲各主要国家进行了考察。他先后到访了巴黎、伦敦、柏林、莫斯科、华沙、布鲁塞尔、伯尔尼和罗马,欧洲的文明与发达对阿马努拉的冲击自不待言,而所到土耳其、伊朗,甚至埃及和印度,尤其是土耳其、伊朗的改革成效对阿马努拉的震动极大,他下决心要效法土耳其凯末尔改革,将阿富汗的改革深入下去。他回到阿富汗后,立即着手展开进一步改革。在 1928 年 8 月底到 9 月初的国民议会上,阿马努拉连续四天发表演讲,并提出了一系列涉及兵役、税收、教育、社会习俗等方方面面的改革措施。由于这一时期的改革措施较以往更为激进,反改革势力群起攻之,1929 年初,阿马努拉政权垮台,改革终止。

综观阿马努拉领导的阿富汗现代化改革运动,十年间他公布了 100 多项改革法案,改革对象触及政治、经济、军事、文化、社会习俗等各个领域。①

1923 年,阿富汗诞生了历史上第一部宪法,以法律的形式确立了国王领导下的大臣内阁制。中央由国务会议提出议案,地方则设省、市议事会,改变过去各部落酋长各自为政的封建分立主义倾向。根据 1923 年通过的宪法和 1925 年的宪法修改文本,制定了总法典,并设立了立法院。1928 年,阿马努拉访欧归来后提出设立两院制,决定成立君主立宪制国家。但这项工作尚未完成,阿马努拉政权即被颠覆。尽管如此,阿富汗在法制改革方面还是卓有成效的。通过改革,在阿富汗设立了由政府控制的世俗法院,废除了由神职人员把持的宗教法庭,逐步确立了独立的国家司法制度。改革以新的民法、刑法和商法代替了伊斯兰教法规,废除了宗教神职人员的特权和奴隶制,宣布法律面前人人平等,反对种族、宗教及性别歧视。1924 年公布的《土地绝对私有及自由买卖法》和随后公布的《国家地产出售法》,改变了土地所有权仅属安拉,人们只享有使用权的伊斯兰传统思想,从法律上肯定了私有财产不可侵犯的资产阶级法学观念,由此否定了阿富汗的国家和公社土地所有制的法律原则,确立了财产私有制。阿马努拉极其重视妇女地位的提高,他认为妇女解放的程度是衡量阿富汗社会进步与否的标志。在他这种思想指导下,颁布了一部婚姻法,禁止买卖婚姻,并废除了一夫多妻制,妇女在婚姻方面的自由权和财产继承权等得以保证。

阿马努拉的经济改革立足于促进民族工商业的发展。首先改革了税收体制。1920 年颁布《土地税收法》,将实物税改为货币税。1923 年又公布《牲畜税收法》,也以货币税取代实物税。同时取消包税制,由纳税人按照

① 关于阿马努拉的改革,参见 L. Dupree, *Afghanistan*, Chap.20, Princeton, 1980; L. Adamec, *Afghanistan, 1900 - 1923*, Berkeley, 1967.

固定税额直接向国家税务机关缴税。其次，为鼓励发展民族工商业，1919年，政府宣布三年免征国内商品转运税。1921年又公布《奖励工业法》，规定提高外国商品进口税，降低本国商品的关税，鼓励阿富汗民族资本家投资本国工业建设，并对私人办厂提供资助。同时由国家参与经济发展，如矿藏勘探、修筑铁路和公路、扩建电站、安装电线等。政府还投资兴建了纺织、皮革、肥皂、火柴、制鞋等中小型企业。工业的发展带动了国内外贸易的兴盛，各类商业股份公司涌现出来。为规范这些公司的业务活动，1922年，政府开始制订现代财政预算制度。1923年实行现代政府账目制、双簿记制。

教育改革是青年阿富汗派最寄厚望的计划，其核心是以世俗教育制度取代原来的宗教教育制度，并在阿富汗民众中普及文化知识。1920年，政府决定实行宗教和教育分离的改革，确立了世俗教育制度。1923年又根据青年阿富汗派理论家塔尔齐的建议，以法国模式的教育制度对已采用的印度模式的教育制度进行了完善，进而在阿富汗设立和扩大了各种类型的学校。首先普及初级教育，在全国开办了三百多个初级小学，在牧区则设立流动教师，努力扫除文盲。其次，设立和扩建各类职业学校，如工业、商业、会计、医学、秘书等职业学校，此外还有师范学校、警察学校及行政学校等。值得一提的还有语言学校，早在1920年，青年阿富汗派就设立了普什图语高级学校以普及阿富汗的民族语言，但同时也发展外语教学，开设了法语、德语、英语及土耳其语学校，鼓励青年人出国留学，促进阿富汗与文明世界的联系。青年阿富汗派也重视女子教育，并由皇后率先在喀布尔创办女子学校，尔后逐步扩大到各省，六岁到十一岁的儿童实行男女合校，十一岁以后则实行男女生分校。1928年，国王阿马努拉访欧回国后，又按西方模式增设了女子家政学校。

与教育改革相伴随的是文化改革。青年阿富汗派清醒地意识到自己国家与文明世界的差距，加之在启蒙工作阶段已积累起的从事新闻、出版和宣传工作的经验，在整个改革时期，从中央到地方的书籍出版和报刊发行工作都得到加强，多数书刊都是用普什图文出版的。当然那些介绍外国文化的书籍的出版也受到鼓励。印刷厂、剧院、电影院和博物院陆续建成。为促进阿富汗绘画、雕刻、音乐及工艺美术的发展，1928年设立起相应的专门学校。此前还于1922年采取了一项重要改革措施，即采用公历。

为加强民族文化的发展,政府强调普及和研究普什图语,同时注重阿富汗的文物研究。为此,根据塔尔齐的建议,阿富汗与法国政府签订了长期考古发掘合同,以发展考古事业,弘扬阿富汗文明,增强民族自豪感。

除了教育与文化改革,社会生活习俗的世俗化也是阿马努拉改革的重要内容。在阿富汗,社会生活习惯与伊斯兰教的关系极其密切。青年阿富汗派也信仰伊斯兰教,但他们反对宗教狂热,尤其反对伊斯兰教僧侣干涉国家政治,所以青年阿富汗派的宗教政策是限制和控制宗教势力,并使宗教服务于改革政策,政府为此要求阿訇宣传改革。为扼制伊斯兰教的势力,青年阿富汗派宣布宗教平等,以提升其他宗教的地位来削弱伊斯兰教的影响。与伊斯兰教相联系的传统习惯,如妇女戴面纱被禁止;一夫多妻制被废除。阿马努拉在立法会议上宣布,一夫多妻制是阿富汗社会腐化的根源,任何政府成员如果娶第二个妻子,就要解除他的官职。① 阿马努拉还提议禁止早婚,提倡晚婚,即男 20 岁、女 18 岁以前不允许结婚,但该提议没能被国民大会通过。1928 年,阿马努拉敦促政府制定了学生守则,规定学生在校学习期间不许结婚。

在对待传统服饰方面,阿马努拉也效法凯末尔和礼萨·汗,规定在喀布尔的官员或到喀布尔办事的官员,一律不许戴阿富汗的羔皮帽、便帽和头巾,而要穿西装,戴欧式礼帽。1928 年颁布命令,要求首都居民以及那些来首都的外省居民要穿西装。此外,取消了公民的所有等级和头衔。

阿马努拉在阿富汗进行的改革中引起最大争议的是军事改革。青年阿富汗派领导阿富汗人民抗击英国侵略者,取得民族独立时,依靠的是军队;他们在夺取阿富汗政权时,依靠的是军队。青年阿富汗派的理论家塔尔齐认为,巩固政权也要依靠军队。他认为凯末尔改革成功的主要经验就是,先要建设起一支强大的、训练有素的军队,然后再开始进行大规模的政治和社会改革。这样,当改革过程中遭遇阻力时,军队可以威慑地方分离主义及其反改革派。然而,阿马努拉陶醉于和平思想中,在这一问题上未能领悟个中真义,加之急于将自己的国家改造成一个现代化的文明国家,便迫不及待地展开了包括军事改革在内的全面改革。

---

① 彭树智:《青年阿富汗派的历史作用》,《历史研究》1983 年第 4 期。

在军事改革方面,阿马努拉的出发点是建立起一支效忠中央政府而非效忠部族酋长的军队。在哈比布拉统治时期,阿富汗实行的是"巴斯特·纳法里"兵役制,即每个村庄或部落按每八位村民选一人服役。这种办法的结果是酋长或村长派兵痞去应差,而这些兵痞始终受制并效忠于本部落。阿马努拉将这种兵役制改为全民义务兵役制,规定每个阿富汗男性公民都应服役,开始为期两年,后改为三年。阿马努拉还废除了军队中的毛拉特权,规定毛拉的学生不能担任军官。为迅速提高阿富汗军队军事指挥人员的水平,政府将一部分军官派往苏维埃俄国、意大利和法国等国去学习。在国内则建立军事学校,聘请土耳其军官任教,训练军事人员。

军事装备也进行了改革,在国内修建大型兵工厂的同时,向苏俄、意大利、法国和德国购买先进武器。苏维埃俄国对阿富汗的援助早在 1919 年即开始,它包括几次补助金。苏俄送给阿马努拉的礼物有 13 架飞机,加上飞行员、机械师、运输兵和报务员。[①] 在苏俄的帮助下,阿富汗建立起一支规模不大的空军力量。通过这些改革措施,阿富汗的兵源有了保障,军队装备也大为改善。然而军事改革最为耗费资财。改革初期,由于国家刚刚独立,政权立足未稳,阿马努拉上台后便提高了士兵的薪饷。随着改革的全面展开以及国内局势的稳定,阿马努拉在财政紧张的情况下削减了士兵的薪饷,有时甚至停发军饷,军队中难以避免地出现了军官贪污士兵饷银的现象,结果导致军纪腐败,军心涣散,士气低落。这样一支军队不可能成为保护国王及政府的有生力量。

1928 年,反对改革的毛拉们策动了东部辛瓦里部落叛乱;北方塔吉克人在哈比布拉率领下向喀布尔进军。与此同时,楠格哈尔部族会议和坎大哈毛拉反对改革的要求也送抵喀布尔。在派遣军队镇压不力的情况下,阿马努拉国王答应了反改革派的要求,包括同意召开长老会议,制止贪污,妇女恢复戴面纱,禁穿西装以及在各级地方政府中派驻首席毛拉等18 项措施。但反改革派的目标并不止于此,他们宣称,国王破坏了宗教信仰,不应再得到人民的支持。1929 年 1 月,哈比布拉围攻喀布尔,阿马

---

①　L.Dupree, *Afghanistan*, Princeton, 1980, p.451.该书现代部分的中译本见[美]路易斯·杜普雷:《阿富汗现代史纲要》,黄民兴译,西北大学中东研究所 2002 年版。

努拉逃往印度,青年阿富汗派政权被颠覆,其现代化改革由此终止。

以阿马努拉为代表的青年阿富汗派在阿富汗所进行的改革是一次为巩固国家独立、发展民族经济、提高阿富汗民众素质、缩小与先进国家差距的现代化改革。尽管"阿马努拉修建了一座漂亮但没有基础的纪念碑,抽掉一块砖它就会倒塌"①,然而,这一改革使阿富汗冲破了传统旧制度旧习俗的束缚,为国家的现代化发展创造了条件。虽然阿马努拉没能像凯末尔那样领导自己的国家走上西化的道路,也没能像礼萨·汗那样以有限的让步换取世俗化理想的更多实现,但他毕竟引领阿富汗人民迈出了这一步。即便他的下台导致改革终止甚至倒退,但也不应说他的改革是失败的,且不论土耳其和伊朗历史上受到的西方文明的冲击如何有利于凯末尔和礼萨·汗的改革,而阿富汗的阿马努拉却没有这份资产可用,单就改革本身而言,阿马努拉的继位者不可能再使阿富汗完全退回到改革之前,无论改革的成果得以留存多少,那都是这次改革的功劳。阿马努拉的改革使得这个国家这个民族得以提升,尽管其结局并不理想,但它是阿富汗这个国家走向文明进步的历史长河中的一个亮点。

第三节　埃及的改革

一、1923 年宪法与柴鲁尔内阁

与埃及独立同时产生的 1923 年宪法确立了埃及的君主立宪政体,立法权由国王和议会分享,但宪法赋予国王极大权力。国王可以解散议会或者使其闭会。在议会闭会期间国王可以颁布法令。国王可以召集议会;除非在每个议院中有 2/3 的多数反对,否则,国王可以否决议会通过的决议。国王有权选择并任命首相,有权任免大臣,但是大臣要对议会负责。议会分参议院和众议院两院,参议院中的 3/5 由选举产生,2/5 由国王指定;众议院

---

① *Afghanistan*，p.452.

是从每6万名居民中选出1名。只有众议院有权以不信任投票解散内阁或者罢免大臣。

具有神庙风格的现代埃及"国父"柴鲁尔陵墓（位于开罗柴鲁尔旧居旁）

依照1923年宪法进行的议会选举使得深受埃及人民拥戴的华夫脱党得以控制议会，而宪法赋予国王过大的权力又为日后国王破坏宪政从而引起政争埋下伏笔。

由于埃及1923年获得的独立是不彻底的，所以柴鲁尔组阁后并未放弃华夫脱党的理想，坚持英国的军队和顾问必须撤出埃及，要求英国将苏丹还给埃及，并放弃对苏伊士运河的控制权。因为只有实现这些理想，埃及才能获得真正的独立，而埃及争取民族独立的斗争与宪政改革运动是相伴而行的。

1924年9月，柴鲁尔应英国首相兼外交大臣拉姆齐·麦克唐纳之邀赴伦敦谈判结盟事宜。他以"人民授权"的国家领导人身份向英方提出要求：英国撤回它在埃及的驻军以及财政和司法顾问人员；放弃在埃及的一切特权，包括领事裁判权，对苏伊士运河的保护权和对埃及外交的监督权；埃及不再承担驻苏丹的英军费用。① 英国政府拒绝这些要求，双方未能签订同

① 彭树智主编，雷钰、苏瑞林著：《中东国家通史·埃及卷》，第256页。

盟条约。柴鲁尔回到开罗以后,以议会的名义重申埃及的要求,埃及人的反英情绪高涨。1924 年 11 月 19 日,苏丹总督兼埃及军总司令李·斯塔克在开罗街上被刺杀。英国人将这一事件的罪责归因于柴鲁尔发起并鼓动的"仇视埃及和苏丹境内的英国军人和英国臣民的运动",决定采取强硬行动。英国要求埃及在约 30 小时之内满足以下要求:赔礼道歉;惩办凶犯;禁止并镇压公众的政治示威;交付罚金 50 万英镑;从苏丹召回所有埃及军官和部队;通知各主管部门,苏丹将在杰济腊地区无限制地扩大灌溉面积;撤销对于英国保护埃及境内外国利益的愿望的一切反对意见。柴鲁尔同内阁和国王协商后,埃及同意前四项要求。英国人不罢休,阿伦比声称将采取行动,并命令英军占领了亚历山大海关。在这种情况下,柴鲁尔于 11 月 23 日被迫辞职,福阿德国王指定齐瓦尔帕夏继任,新政府随即接受了英国的最后通牒。埃及军队撤出苏丹,英国人在苏丹组建了一支独立的国防军。

华夫脱党领导的议会于 1924 年 12 月解散后,王室支持的统一党与自由党及许多无党派人士联合,试图赢取新一轮选举。但在随后于 1925 年 3 月进行的选举中,华夫脱党仍赢得多数,柴鲁尔被选举为议长。这一选举结果导致国王迅速解散议会,并拖延进行新的选举,直到 1926 年 5 月,在此期间,福阿德国王迫使自由立宪党退出政府,将内阁整肃为王党内阁。同时,国王支持齐瓦尔政府修改选举法,对选民和候选人都加以财产资格的限定,以排挤华夫脱党。在这种情况下,华夫脱党与自由党的部分议员联手,以议会的名义通过了对齐瓦尔政府的不信任案,持续十年的护宪运动由此开始。

二、护 宪 运 动

在议会被解散期间,阿伦比退休了,新任英国驻埃及高级专员劳埃德支持自由党与华夫脱党,奉劝埃及政府废除带有财产资格限制的选举法。于是,1926 年 5 月按照 1923 年的选举法举行了选举,结果华夫脱党再次赢得多数。但在英国人的压力下,华夫脱党与自由党人组成联合政府,即由三名自由党人、六名华夫脱党人和一名无党派人士组成内阁,并由自由党领袖阿德利担任首相,柴鲁尔则当选议长。

阿德利首相无力应对华夫脱党、王室和英国人之间的角逐,于 1927 年

4月辞职,另一位自由党人萨尔瓦特帕夏继任首相。这一年的8月,柴鲁尔去世。纳哈斯帕夏成为华夫脱党的领袖。由于在同英国就缔结一项同盟条约的谈判中在讨论英国驻军埃及的问题上协商失败,萨尔瓦特首相辞职,纳哈斯组阁。国王福阿德设计迫使纳哈斯辞职,由穆罕默德·马哈茂德帕夏组成新内阁,并伙同国王解散议会,宣布停止执行宪法3年。这届内阁同英国人就尼罗河河水、奥斯曼旧债以及其他财政问题达成协议。马哈茂德的机遇还在于适逢英国国内工党替代保守党,工党内阁对埃及的民族情绪作出让步,同意英国军队仅驻运河附近,废除治外法权,苏丹问题留待日后再谈。然而,华夫脱党拒绝接受这一谈判结果,英国又要求条约必须经过埃及议会批准,马哈茂德辞职了。华夫脱党人重新掌权,纳哈斯出任首相。但由于英国人坚持自己的让步底线,纳哈斯与英国人之间的谈判破裂。福阿德国王乘机解散华夫脱政府,任命伊斯梅尔·西德基为首相。

西德基上任后中止了议会的活动,废止了1923年宪法,另外并于1930年通过了一部附有新选举法的宪法。该宪法强调国王的权力,将1923年宪法规定的大臣对议会负责改为向国王负责,并赋予国王否决议会已通过的立法的权力。新选举法则对选民的财产和受教育程度提出要求,以减少华夫脱党人获胜的机会。西德基还组织了一个新的政党——人民党。在1931年6月的选举中,人民党与统一党和无党派人士联合,战胜了抵制选举的华夫脱党与自由党。西德基内阁维持到1933年9月,他离职后,国王废止了1930年宪法,但也没有恢复1923年宪法。埃及由国王指定的宫廷政府掌理。

1935年国际形势风云骤起,这年的10月,意大利入侵埃塞俄比亚,英国在中东地区尤其是埃及面临的压力加大,英国便在亚历山大、开罗、苏伊士和塞得港加强了军事力量,而且打算将英国在地中海的海军司令部从马耳他岛迁到亚历山大。这使得那些从前被王权搞下台的纳哈斯、西德基、马哈茂德等人将矛头共同指向政府,加上英国外交大臣又在此时指责埃及1923年宪法和1930年宪法,埃及反英情绪高涨。在这种局势下,为平息混乱局面,英国人决定支持华夫脱党执政。1935年12月,当华夫脱党上书国王要求恢复1923年宪法时,英国人向国王施加了压力,1923年宪法以及依照此宪法进行的选举由此得以恢复。

1936 年 4 月,福阿德国王去世,其子法鲁克继位。由于宪法规定议会应在国王逝世后十天内召开会议,选举事务提前进行。华夫脱党在参众两院均获多数,纳哈斯又一次成为首相,组成一个华夫脱党的内阁。由于此前数月,纳哈斯一直作为对英谈判订约的各党派代表团的主席,所以当护宪运动成功,埃及的政治民主得以保证,华夫脱党政权稳固后,他于 1936 年 8 月 26 日与英国签订了英埃条约,对两国关系暂做了一个了断。

三、《英国埃及同盟条约》

1936 年的《英国埃及同盟条约》宣称英国承认埃及为独立的主权国家,并将支持埃及提出的参加国际联盟的申请。缔约双方通过此条约确立联盟关系,英国军队对埃及的军事占领即告终止。如果发生战争,或战争的威胁迫在眉睫,或发生令人忧虑的国际紧急状况,埃及须承担以下义务:在符合埃及行政和立法制度的情况下,在埃及的领土上向英国提供埃及国王权限之内的一切设施和支援,包括使用其港口、机场及通信工具。埃及政府还须相应地采取一切行政及立法措施,包括制定使这些设施及支援行之有效所必需的军事管制法及可行的检查制度。

关于苏伊士运河驻军问题,条约规定在缔约双方同意埃及军队已能用自己的力量确保运河的通航自由及全部安全之前,埃及允许英国驻军于运河附近地区,与埃及军队合作,共同保卫运河,但这些英国军队的驻扎在任何意义上不应构成一种占领,也不应以任何方式损害埃及的国家主权。

关于苏丹问题,条约容许埃及人不受限制移居苏丹,并在苏丹境内使用埃及军队。另一项对埃及具有重要意义的条款是治外法权的终止。条约承认现存于埃及的领事裁判权制度已不符合时代的精神及埃及的现状。[1]

1937 年 4 月,享有埃及治外法权的国家:英国、法国、美国、德国、意大利、比利时、荷兰、丹麦、希腊、瑞典、挪威、西班牙、葡萄牙、埃塞俄比亚等 14 国在蒙特勒与埃及代表谈判达成协议,各国同意取消在埃及的特权,但"混合法庭"将存在到 1947 年。领事审判庭的最终取缔延至 1949 年。自此之

---

[1] 潘光、朱威烈主编,《阿拉伯非洲历史文选》,第 184—186 页。

后,外国人和外国公司必须按照埃及的立法行事。

《英国埃及同盟条约》既考虑了英国在埃及的利益,一定程度上也满足了埃及人对自由和主权的要求,在第二次世界大战前夕特殊的国际背景下暂时平息了埃及人的民族情绪,也为二战爆发后埃及与同盟国的合作做好了准备。

宪政改革以及英埃条约的签订有利于埃及社会经济和教育问题的解决。由于埃及在两次世界大战期间人口增长迅速,所以允许埃及人不受限制地向苏丹移居大大缓解了埃及的人口压力。治外法权的废除解除了对埃及人经济奴役的束缚,以往普遍的免税只给予持有护照的外国人,致使这些人得以支配埃及的财政和商业。1936 年后情况发生了改变,埃及的工商业和财政都走向独立,埃及人自己做股东的公司越来越多地发展起来,从而改变了埃及的商业面貌。另一个值得称道的领域是教育领域。由于埃及宪法规定,凡 7—12 岁的埃及儿童必须接受免费教育,农村建立起了大量的小学校。虽然这些小学生在农村小学毕业后,还暂时不能升入中等学校,但是达到了扫除文盲的目的,随着教育经费的上升以及国家教育制度的成熟,扫除文盲后的国民为继续教育打下了基础。

第四节　沙特阿拉伯的改革

一、伊本·沙特改革的特点

伊本·沙特经过数十年征战,建立起沙特阿拉伯王国后,便致力于在这个国家推行现代化改革。

伊本·沙特的现代化改革不仅不能如土耳其的凯末尔那样西化,甚至不能像伊朗的礼萨·汗和阿富汗的阿马努拉那样与宗教势力相抗衡,这是由沙特阿拉伯王国的特殊性决定的。

阿拉伯半岛是伊斯兰教的发祥地,而伊斯兰教的圣地——麦地那和圣城——麦加都在沙特阿拉伯王国境内,这是穆斯林世界的精神中心,也是当地人民引以为自豪的神圣之所,所以伊斯兰教在这一地区居民社会生活中的深远影响是其他任何国家所无法比拟的。伊本·沙特也是利用伊斯兰教瓦哈比教派的力量统一思想和行动后赢得国家独立的,这样一个国家的统治基础自然也只能是伊斯兰教。

伊本·沙特十分清楚伊斯兰教对这个国家以及他本人的统治所具有的决定性意义,但他又渴望将自己的国家改造成一个现代化国家,既不违背伊斯兰教精神,同时又能够吸取西方的先进科学技术和现代理念。在这种情况下,伊本·沙特提出了开明的瓦哈比派理论:一方面坚持伊斯兰教在沙特阿拉伯王国至高无上的地位,强调伊斯兰教的绝对权威,用伊斯兰教特别是瓦哈比教义规范社会生活;另一方面则指出,任何新技术,只要不与伊斯兰教的精神相抵触,即使在《古兰经》中没有明文规定,也可以接受。在这种思想指导下,伊本·沙特在沙特阿拉伯所进行的改革具有自己的特点。

一、使游牧民定居。沙特阿拉伯所处的阿拉伯半岛中部地区,社会经济一直以畜牧业为基础,游牧民逐水草而居,世代沿袭着争斗劫掠的生活习性。沙特阿拉伯王国建立后,这种状况既不利于政权的统治,又不利于社会稳定,尤其是威胁到作为国家主要收入之一的朝觐业。一年一度的朝觐期从 10 月到 12 月,历时 70 天。届时朝觐者或徒步,或骑骆驼、马、驴子,或驾汽车、乘飞机,从五大洲蜂拥而至。那些贫苦的穆斯林往往要倾毕生的积蓄做一次朝觐。如果沙特阿拉伯不能保证这些朝觐者的人身及财产安全,那不仅有损圣地的神圣性,更重要的是朝觐者人数的减少将直接影响到国家的收入。所以,伊本·沙特非常重视为朝觐者提供一个良好的朝圣环境。然而,伊本·沙特虽然曾向各游牧部落下达过严禁劫掠的法令,结果却无济于事。为从根本上解决这一问题,他决定要使游牧民定居,从而使他们完全放弃以劫掠为业的生活方式。

伊本·沙特十分清醒地认识到这一改革的难度,为此,他从游牧民易于接受的宗教入手,专门成立了一个宗教组织——"伊赫万·陶希德",亦称瓦哈比兄弟会,宗旨是宣传和复兴严格的瓦哈比派教义。伊本·沙特授意瓦哈比派乌莱玛依据罕百里派教义编辑一批易为游牧民理解的宗教典籍,发放到各个部落。这些典籍的核心意思是劝告游牧民不要坚持多神教信仰,而要崇拜真主安拉,恪守伊斯兰教戒律。而接受一神教的最终目的是要使游牧民认可,只有建立在《古兰经》和圣训基础上的政权才是合法政权,凡与此相违背的都是伊赫万的敌人,必将遭受惩罚。

为将伊本·沙特的旨意深入贯彻给游牧民,一批布道者被派到各部落,实地讲解瓦哈比兄弟会的意义及其加入兄弟会的益处,同时渲染各部落所面临的异教徒的威胁,呼吁在瓦哈比派教义的指引下各部落团结起来抵御外敌。他们告诫游牧民,部落的力量是有限的,依靠伊本·沙特的政权要比依靠部落更有力量。因此不必再做游牧民了,可以选择更优越更安逸的定居生活即农业生活方式。

沙特政府努力为游牧民向定居生活转变提供便利条件。1912 年开始创建供游牧民定居的农业垦殖区,即"希吉拉"。政府出资为游牧民盖起住房、学校、清真寺。来自不同部落的兄弟会成员——伊赫万陆续在希吉拉定居下来。但这些游牧民极度轻视农业劳动,伊本·沙特不得不让乌莱玛把定居民所从事的行业加以宗教肯定,告诉游牧民经营农业、工业和商业都完全符合伊斯兰教义的要求,富有的信徒要比贫穷的信徒更得安拉的青睐。同时为促进农业生产,国家向这些定居的游牧民提供种子,派专家讲授耕种和灌溉技术,帮助他们逐渐适应这种生产方式。这些定居下来的游牧民通过农业劳动获得果实,改善了自己的生活,从而吸引越来越多的游牧民定居,生产规模也日益扩大,后来有些希吉拉发展成为城镇了。1929 年,希吉拉达 122 个,约有移民 20 多万,[①]而且在 30 年代前,希吉拉不仅是农业村落,还是一种特殊的军屯形式,成为伊本·沙特军队的重要组成部分,为王国的统一与独立曾立下赫赫战功。当然也正因如此,伊赫万后来居功自傲,与伊本·沙特叫板,成为中央政权剿灭的对象。但不能否认的是,使游牧民成为定居民后,劫掠行为减少了,部落混战终止了,而且一度为国家集聚起一批勇猛作战的有生力量。

二、强化中央集权。沙特王国独立后,以伊本·沙特为首的一派坚持国家实行中央集权制,削弱部落势力,但在宗教方面采取宽容政策,允许不同教派存在。以伊赫万军队主要领导人为首的一派则主张维护部落利益,与伊本·沙特相抗衡。这部分人因在国家统一过程中出过力,深受伊本·沙

---

① 彭树智主编:《伊斯兰教与中东现代化进程》,第 115 页。

特器重并享有一定特权,其中有些人甚至能左右伊本·沙特的决策。当然这种优越的地位也助长了他们的离心倾向。早在 1926 年初汉志并入内志时,他们就想控制汉志政权。但伊本·沙特控制了全局,他不许伊赫万军队干预汉志事务,并将他们派驻到远离汉志的地区。1926 年 8 月 31 日,伊本·沙特在汉志颁布了"汉志王国约法",以宪法的形式确定汉志为内政外交独立的伊斯兰咨议君主制国家,国家的最高权力归国王伊本·沙特。其中军事和外交由国王直接掌管,内政、法律、财政及国民教育由国王任命总督管理。"约法"还规定要设立协商会议机构,负责制定法律、条例等,但该机构只有咨议功能,并无立法权。

"汉志王国约法"剥夺了任何伊赫万领袖控制汉志的权力,因而遭到他们的反对。这些人声称"约法"不符合瓦哈比教义精神,不利于在汉志恢复伊斯兰教的纯洁性,对伊本·沙特所进行的改革措施表示不满。而伊本·沙特则意志坚定,不仅不退缩,进而采取一系列新政策,引进交通和通信工具,聘用精通行政管理的汉志人及外国专家,提高中央政府工作效能以排挤那些地位显要的部落酋长和伊赫万首领。在这种处境下,1929—1930 年,穆太尔、乌太巴、阿季曼等部落伊赫万发动了反对伊本·沙特的叛乱。伊本·沙特在武装平定叛乱之后,处决了伊赫万叛乱首领,将参加叛乱的部落和希吉拉夷为废墟。也就从此时开始,他解散了伊赫万的军事组织,一部分伊赫万被遣回原希吉拉,一部分则收编进正规军。阻碍改革的势力被消除了。

从 20 世纪 30 年代开始,汉志效仿西方国家的模式,确立起咨议和监察制。组成了由外交、内政和财政大臣构成的汉志大臣会议,当然会议要由国王亲自主持。地方行政机构也进行了改革,废除了奥斯曼帝国统治时期的行政区划,打乱了旧的部落界线,将汉志统一划分为十四个埃米尔区,各区行政长官由国王任命。

为强化中央集权,彻底清除封建割据势力,伊本·沙特于 1932 年 9 月 18 日颁布统一诏书,将国家定名为"沙特阿拉伯王国",随后陆续起草了王国的宪法、王位继承法和行政组织法,并将汉志协商会议和大臣会议的职能扩展到内志地区,合并汉志政府各部与内志宫廷各府,逐步设立起主管全沙特的各种新的行政机构,全国统一的行政制度日益健全。

三、司法改革。司法改革主要是针对游牧民以往只受部落首领审判的特权而进行的。改革将伊斯兰教罕百里法作为法律依据,废除了游牧部落的习惯法,伊斯兰教法官代替了原来起法官作用的酋长。在全国范围内设立了审理不同级别案件的三级法庭:普通法庭、高等法庭和终审法庭。各级法庭均由法官、宗教法裁判官和乌莱玛组成。随着商业活动的日益频繁,传统的伊斯兰法已不适应现代商务活动,1931 年 6 月,依照奥斯曼帝国的商法模式制定了《商业法典》,这是沙特阿拉伯历史上第一部现代法律文献。此外,国家还设立了商事法庭。

为了更有效地对各法庭进行监督,1932 年设置了专门的监察机构。伊本·沙特规定,所有案件都必须由国家法庭审理,部落酋长如果干预司法事件,该部落将受到严惩。通过司法改革,伊本·沙特进一步削弱了部落势力,加强了中央管辖部落的权力。

四、社会经济改革。伊本·沙特为稳定社会经济发展,一方面坚持推行瓦哈比教义和罕百里法,用伊斯兰教教律规范人们的行为,强制民众遵从教规,放弃异端行为,如吸烟、吸毒、哄抬物价、投机倒把等;另一方面则大力引进西方的先进技术,以促进经济发展和社会进步。沙特阿拉伯的主要经济收入来源于农牧业和朝觐业。自然条件限制了农牧业的发展,但朝觐业却是独一无二的,而且朝觐业的发展还可以带动商贸业的兴旺。为推动朝觐业,伊本·沙特提倡采用汽车运输,即利用汽车从各地运送朝圣者到圣地。然而,保守的乌莱玛反对沙特阿拉伯人使用汽车,他们认为汽车以及电话、电报、无线电都是无神论者发明的,是魔鬼的工具,瓦哈比派不能接受这些东西。于是第一辆汽车被烧毁,麦地那的广播电台被捣毁。但伊本·沙特坚信西方先进发明对促进沙特王国经济繁荣的意义,他软硬兼施,迫使反对派接受现实。

汽车最初是用于运送往返于吉达和麦加的朝圣者,1926 年朝觐季期间,沙特阿拉伯政府开办了第一个拥有 30 辆汽车的营运处,第二年组建“沙特阿拉伯经济开发公司”,合并营运处。到 30 年代,沙特阿拉伯的汽车运输遍及全国,各地的汽车公司不仅运送朝圣者,而且扩展到全国各港口、城镇和居民区的客货运输业务,形成了颇具规模的交通运输网络。与此相适应,沙特阿拉伯政府对进口汽车及其零配件实行免税,汽车数量因此迅速增加,

1935年成立了"阿拉伯汽车公司",在王国东部和中部广泛采用汽车运输。1937年成立了"内志汽车公司"。汽车成为沙特阿拉伯境内主要的交通运输工具。

除了汽车,伊本·沙特还从国外大批引进了电信设施。在吉达、利雅得、麦加等重要城市建立了有线广播电台,采用了电报通信工具。其他地区建立起无线电通信电台。在主要的居民区安装了电话机。交通和通信设施的现代化,打破了游牧社会的封闭状态,加强了各地区人们之间的联系,定居人口迅速增加。

伊本·沙特还改革了税收制度,将传统的宗教税即穆斯林的宗教义务天课改为国家税制,税款由国家统一征收,并重新审定了税率。为规范贸易发展,伊本·沙特整顿了关税,降低了关税税率,对贸易往来采取了保护性措施。

五、教育改革。沙特阿拉伯境内世俗教育极其落后。内志除了教授《古兰经》及阿拉伯语的宗教化学校外无其他学校。汉志在侯赛因统治时期开设了一些士官学校、农业学校等现代学校,但教学内容尚无大的改观。伊本·沙特决心根本改变沙特阿拉伯的教育状况,1926年他颁布诏令设立国家教育总署,后改为教育部,由该机构专门负责研究解决沙特阿拉伯教育存在的问题。开始兴办新式学校,聘请外籍教师,引进自然科学和外语、地理、绘画等现代教育课程。由于瓦哈比派的乌莱玛传统上将图画视作偶像,外语乃魔鬼的语言,所以他们强烈抗议西式教育内容,认为这违背了伊斯兰教义。伊本·沙特坚持自己的一贯做法,一方面做乌莱玛的说服工作,一方面进行改革。1927年国家规定小学开设图画、外语、地理课程。同时由政府出资向埃及、叙利亚及欧美等国派出大量留学生,为国家培养新型人才。虽然由于师资、教材及资金等问题,教育改革不能立见成效,但伊本·沙特为王国的教育事业确立了方向。

六、走出阿拉伯世界,与美国合作开发石油资源。沙特立国之后,伊本·沙特十分重视维护阿拉伯国家的团结。30年代,沙特阿拉伯先后同科威特和巴林改善了关系,同埃及、伊拉克和外约旦缓解了矛盾,但伊本·沙特坚决反对外约旦提出的哈希姆帝国计划和伊拉克提出的"大叙利亚"及"肥沃新月"方案,他主张维护各国领土完整、尊重各国主权。他在领导沙特阿拉伯王国改善与阿拉伯各国关系的同时,努力寻求自己的发展空间。

1929 年开始的世界经济危机也冲击到立足未稳的沙特阿拉伯,朝觐业的衰落导致商贸事业萎靡不振。国内连年战争又使得国库空虚,所欠外债无力偿还,经济形势极其严峻。在这种情况下,伊本·沙特于 1931 年 4 月在吉达大胆地召见了美国富豪格林,与他商讨派工程师勘查沙特地下油源之事。1932 年美国地质学家卡尔·特威切尔在达兰确认地下油源。第二年 5 月,沙特阿拉伯特许美国加利福尼亚美孚石油公司石油开采权。1938 年 3 月,达兰第一口油井喷出石油。石油从此成为沙特的经济命脉,石油收入为沙特人的现代文明生活提供了有力的支撑。与美国人的合作"使阿拉伯牧人跨上了'石油之马',其意义不仅在经济方面,而且在圣俗之间。尤其这一模式出现在伊斯兰教的发源地阿拉伯半岛,其影响将是深远的"①。

二、伊本·沙特改革的意义

"沙特王国的具体国情和民情,使沙特世俗政权必须以伊斯兰教为立国之本。这种指导思想反映在治国实践上,则是在世俗与宗教、传统与现代化之间小心谨慎地寻找最佳的结合点。"②伊本·沙特便掌握了这一最佳结合点,他既尊重伊斯兰教在王国应有的地位,同时又不排斥西方的先进技术。他将二者相结合用于改造自己的王国。他的改革使野蛮地在沙漠中劫掠的游牧民定居下来,生产致富;人们之间的交往与联系因有了汽车与电话而不再需要千里奔波。他引领着这个王国的阿拉伯人融入了现代文明世界并为他们寻得了福祉。他的改革"为改变沙特王国落后的社会和经济结构,使之向现代国家过渡奠定了基础"③。这便是伊本·沙特青史留名的充足理由。

---

① 彭树智:《文明交往论》,第 446 页。
② 彭树智:《书路鸿踪录》,第 322 页。
③ 王铁铮:《中东国家现代化进程的主要阶段》。

第十一章

第二次世界大战时期中东的国际交往

第一节　战前中东的国际政治格局

一、第一次世界大战后中东国际政治格局的变化

中东的最后一个帝国——奥斯曼帝国在第一次世界大战爆发前，势力就退出了所控制的巴尔干地区；第一次世界大战结束后，凯末尔领导土耳其人在小亚细亚本土建立了现代民族国家——土耳其共和国。原属奥斯曼帝国的阿拉伯地区则划给英国和法国，成为委任统治地，英法也因而成为这次大战中最大的获利者。

第一次世界大战的另一个参战国——俄国因 1917 年十月革命而退出战争，苏维埃政权并发表了《告俄罗斯和东方全体伊斯兰教劳动人民书》，明确宣告，已被推翻的沙皇所签订的关于强占伊斯坦布尔，瓜分土耳其、伊朗的各种秘密条约已被撕毁和取消了，新政权反对强占他国的土地，"因为这与苏维埃国家的宗旨和本质是互相矛盾的，苏维埃国家在自己的旗帜上写着，要把和平和解放带给被压迫的人民"。[①] 该文件同时声明，苏维埃国家将把军队撤出伊朗。不久，苏维埃政府公布并废除了沙皇政府与其他大

---

① ［苏联］伊·费·伊瓦辛：《苏联外交简史》，春华等译，商务印书馆 1995 年版，第 28 页。

国签订的一系列瓜分奥斯曼帝国属地的秘密条约,其中包括《英俄关于瓜分伊朗和阿富汗的条约》。这些条约的公布沉重打击了帝国主义时期的"秘密外交",促进了被压迫民族的觉醒,此后几年间,阿富汗和伊朗便相继摆脱英国人而赢得了民族独立。

俄国和英国撤出阿富汗和伊朗后,中东的北层国家——土耳其、阿富汗和伊朗便成为德国在法西斯政权崛起后向中东渗透的对象。德国虽然是第一次世界大战的战败国,但它与土耳其、阿富汗和伊朗的传统关系并未因大战而完全中断。

二、伊朗与德国的关系

伊朗和阿富汗因地理位置处于高加索和印度之间,所以自18世纪到第一次世界大战前一直是英国和俄国的势力范围。在恺加王朝的纳塞尔丁·沙时期,因这位国王热衷于出访欧洲,对英俄之外的欧洲国家了解相对较多。他决定用争取其他国家友谊的办法来削弱英俄在伊朗的势力和影响,为此,他选择了刚刚统一并想有所作为的德国。早在纳塞尔丁·沙首次出访欧洲并到访德国时,德国皇帝威廉一世(1871—1888年)和首相俾斯麦公爵就曾盛情款待这位伊朗国王,并在其逗留柏林期间,德国与波斯于1873年6月11日签订了友好、贸易和通航条约。纳塞尔丁·沙第二次出访欧洲到德国时,向威廉一世和俾斯麦表达了加强两国联系的愿望。1883年3月,这位波斯国王秘密致函俾斯麦公爵,随后任命米尔扎·礼萨·汗·莫阿耶德萨尔坦内·戈朗茂耶为驻柏林首任公使。德国对在中东出现的这一机会自然不能无动于衷,俾斯麦于是派布朗施魏格伯爵出任驻德黑兰公使。

1885年,纳塞尔丁·沙向德国购买了两艘轮船用于波斯湾的防卫,一艘为六百吨位的"波斯波利斯号",另一艘是两百五十吨位的"苏什号",两艘船都由德国人操控。此外还向德国不莱梅造船厂订购了几艘船。而德国公使则经过努力,在德黑兰创办了一所德国学校,在综合技术学校开设了德语课。两国首脑还就德国在伊朗北部铺设铁路一事开始秘密磋商。伊朗的这种行为不可避免地引起俄、英两国政府的抗议。英国公使公开干涉阻止德国海军力量出现在波斯湾。俄国公使宣称他的国家坚决反对德国人在伊朗北部修筑铁路。在俄国和英国的压力下,纳塞尔丁·沙被迫于1887年签署了一项敕令,波斯政府向俄国保证:未得到俄国政府的赞同,决不允许任何外国人在波斯建设铁路。第二年又向英国保证:"一旦准许别人在波斯北部或其他地区修筑铁路,那么立即就会准许英国公司修建苏什特尔地区的铁路或其他类似的铁路线。"①

虽然纳塞尔丁·沙在波斯北部修筑铁路和在波斯湾建立海军的设想遭受挫折,但是德国对这个国家和地区的渗透与影响不是一道敕令所能打断的。到第一次世界大战结束后,美国加强向中东的渗透,并与苏维埃俄国共同反对英国占据波斯,迫使英军撤出伊朗,伊朗的外交自主权扩大,于是再次将注意力投向不曾有殖民扩张历史的德国。1929年2月17日,伊朗与德国在德黑兰相继缔结了友好条约、侨务条约以及航海和通商条约。在此前后,德国容克航空公司得到在波斯全国专营邮政运输的特许权;伊朗北方铁路的修建工程终于由德国公司承包;波斯国家银行也聘请了德国专家主管业务。30年代,希特勒在德国出任首相后,大张旗鼓地宣传波斯人和德国人同为雅利安民族的共同性,德国更受伊朗人欢迎。1934年12月,波斯修改国名,启用古伊朗的称呼和历法。在此后的5年时间里,德国与伊朗的贸易额迅速上升,德国成为波斯原料和输出品的最大进口国。德国向伊朗的出口额增加了五倍。德国货涌入伊朗,其中第一批货物中就有用于装备伊朗空军的一百架德制战斗机。数百名德国工程师和专家也随之来到伊朗,伊朗的通信、工业、建筑、医院和农业部门的主要顾问都是德国人。这也成为第二次世界大战爆发后,苏联红军入侵伊朗的理由。

三、土耳其与德国的关系

德国与土耳其的关系源于奥斯曼帝国时期。早在18世纪后半期,普鲁士国王,后来被尊称为"唯一王"的弗里德里希二世就希望在七年战争中能与奥斯曼帝国结盟,共同应对奥地利人。他的努力打开了两国进一步交往

---

① [伊朗]阿布杜尔礼萨·胡尚格·马赫德维:《伊朗外交四百五十年》,元文琪译,商务印书馆1982年版,第252页。

的大门。

19 世纪 30 年代奥斯曼素丹希望用西方先进的军队训练方式和武器来挽救帝国军队的颓势,1835 年普鲁士一个军事顾问团应素丹邀请到达伊斯坦布尔。由于积重难返,奥斯曼帝国军队"普鲁士化"的成效并不显著,但是奥斯曼帝国与普鲁士之间的联系保持了下来。1876 年,阿卜杜尔·哈米德二世即位,成为新的奥斯曼帝国素丹。这时的奥斯曼帝国国力更加衰微,阿卜杜尔·哈米德二世与以往的素丹一样寄希望于欧洲人的帮助。由于他已不信任那些在帝国内政外交上指手画脚的英国和法国官员,所以他把赌注下到德国人身上,认为德国人可以成为帝国可靠的盟友并能帮助帝国恢复生气。与其前任素丹不同的是,阿卜杜尔·哈米德二世积极发展与德国人的私人关系。他经常直接向德国人咨询问题,交流自己的体会。他与在奥斯曼帝国工作的德国官员之间的密切关系是奥斯曼帝国与德国建立友好关系的基础。到 20 世纪初,推翻阿卜杜尔·哈米德二世的青年土耳其党人虽然反对阿卜杜尔·哈米德二世的独裁,但仍承继了亲德的外交取向,也正因为如此,第一次世界大战爆发后,奥斯曼帝国与德国站到了一起。虽然德国人未能保护奥斯曼帝国,但因德国自身的命运而获得谅解,而英国和法国则因支持希腊,试图彻底击垮土耳其人而与新生的共和国为敌,直到 20 年代末 30 年代初,当斯大林领导的苏联表现出重回国际舞台的态势时,土耳其因其地缘政治的重要性而重获英国人的青睐,英土关系逐渐缓和,加之凯末尔本人不是亲德派,在大国争斗中他更看好英国,所以他在世时,土耳其与德国之间仅维持贸易关系,政治上并无进展。然而,1938 年凯末尔去世后情况发生了变化。凯末尔去世后不到半年,希特勒就派弗朗茨·冯·巴本为驻安卡拉大使,希望与土耳其再续前缘,德国人的努力在第二次世界大战爆发后影响了土耳其的立场。

四、阿富汗与德国的关系

在阿富汗,第二次世界大战之前,德国人也成为影响最大的外国人,遵照前国王纳第尔的决定,阿富汗从 1935 年开始实施一个广泛的工业发展纲要和一项重整军备的计划,这需要的不只是时间,更主要的是资金和技术支持。如果没有发达国家的顾问和技术人员的帮助,仅靠阿富汗自身的能力是无法实现的。于是,阿富汗政府求助于欧洲一些国家,主要是英国、德国、意大利等国家。其中给予阿富汗政府援助最大的是德国。德国人如对伊朗人一样,向阿富汗人灌输同为雅利安人的思想,希望在德国和阿富汗之间找到久远的精神联系。与此同时,德国为阿富汗的经济和军事计划的实现提供了巨大帮助。德国人参与了修建工厂、建造桥梁、修筑公路以及科学考察活动。德国西门子公司从 1936 年开始,在查克瓦尔达克和普列胡木里建造水电站。1939 年 8 月,德阿签订协定,德国向阿富汗提供长期贷款,用于进口德国的纺织和水电设备,在阿富汗建造纺织厂和水力发电厂,贷款将以阿富汗的棉花偿还。与进口设备的同时,德国还派出技术人员帮助阿富汗人安装调试,指导使用。德国还与意大利一道参与了阿富汗重整军备,包括空军的计划,并为此于 1938 年向阿富汗提供了 2700 万马克贷款。[①] 也是在这一年,柏林至喀布尔每周一班的航线开通,阿富汗人与欧洲之间建立起了直接联系。当然,大量德国人来到喀布尔的后果是第二次世界大战爆发后,英国和苏联对阿富汗事务的干预。

第二节 中东国家在战争中的立场

一、伊朗立场变化的外部因素

第二次世界大战爆发时,在参加轴心国还是同盟国一边参战的问题上,整个中东大致分为两个阵营。从第一次世界大战后划归英国和法国作为委任统治地的伊拉克、巴勒斯坦、叙利亚到埃及和阿拉伯半岛,这些阿拉伯地区处于英国和法国的控制范围,战争开始后基本上站在英国一边参战。一些国家并因此而在大战结束时赢得独立。而中东北部的土耳其、伊朗、阿富汗则在第一次世界大战后就摆脱了英、法、俄等大国的控制成为主权国家,

---

① 彭树智主编:《阿富汗史》,第 256 页。

加之德国在这一地区的渗透和影响,大战爆发后,这几个国家便在轴心国和同盟国之间举棋不定。所谓中立,其实只是不能完全割舍与德国的联系,因此同盟国为争取这些国家加入反法西斯阵营颇费周折。

1939年9月3日,英法对德宣战,9月4日,伊朗便宣布中立,事实上倾向于德国。战争初期英法的失利和德军的胜利使国王礼萨·汗坚定了这一立场。德国在战争爆发后立即派出经济代表团到伊朗,商谈保持和扩大两国经贸关系事宜。德伊两国签订了秘密议定书,由伊朗为德国提供粮食及战略原料,两国贸易额因此在1940—1941年间迅速增长。

随着战争的展开,德国几乎攻占了包括波兰、挪威、丹麦、荷兰、比利时、卢森堡、法国、南斯拉夫、希腊在内的整个欧洲地区。1941年4月,吉朗尼在伊拉克发动政变,废黜了亲英的摄政王,建立起一个亲德政权。5月,德军从法国维希政府手中接管了叙利亚机场。局势迫使英国和苏联不得不重视伊朗。

英国起初关心的是英伊石油公司,而苏联担心的是伊朗成为亲德国家,苏联主要产油区巴库和高加索粮食产区面临的威胁。1941年6月22日,苏德战争爆发后形势更加严峻。德国的战略意图已很明显:占领高加索产油区后,穿越伊朗与北非的德军汇合,尔后进攻印度。英国为避免走到这一步,苏联要保住南高加索油区都必须将伊朗控制在同盟国手里。英国和苏联决定迫使伊朗改变其中立立场,德国在伊朗的"间谍"问题成为英苏的借口。

由于从1936年以后德国致力于扶持伊朗发展工业,大批德国技术人员来到伊朗,帮助伊朗人安装、使用德制机器,所以在伊朗重要工厂,特别是发电站、炼钢厂等随处可见德国人。但据英国人估算,到1941年8月在伊朗的德国人人数在1200名或1500名到2000名之间,而且这一数字是包括家属在内的,实际由伊朗雇用的德国人不到700名。[①] 这些德国人被组织在驻伊朗公使兼国社党组织领导人埃特尔监督下的德黑兰"德意志之家"。这数百名德国人不可能都是间谍,但也不能否认这些人中确有德国暗探,在

---

① ［英］乔治·柯克:《战时中东》上册,上海外国语学院英语系翻译组译,上海译文出版社1980年版,第219—220页。

伊朗从事间谍活动,煽动反苏反英情绪,而且确实对伊朗产生了影响。伊朗试图废止 1921 年苏伊友好条约中允许苏军进入伊朗的第六条规定;1938年拒绝与苏联缔结新的贸易协定;1939 年又将北部伊朗的石油租让权给了美国。尤其是苏德战争爆发时,伊朗统治集团中甚至有人主张一旦德军越过高加索山脉,伊朗应放弃中立,加入德国阵营。

苏联遭受德国进攻后,英国和苏联因面临同样威胁而采取共同行动。英国力劝苏联进攻伊朗,因为如果苏联能够有效抵御德军,英国则可解除德军进攻波斯湾和印度之虞。为此,英国考虑必须开辟经由伊朗通往苏联的交通线,以将军火和供应物资运到苏联。此外,英国希望将自己的军队插入南部伊朗,一为占领那里的伊朗油田,以防苏联战败,德国要求伊朗驱逐英国人;二为使英国在印度、缅甸的武装力量在与伊拉克、巴勒斯坦、北非的军队联合起来。所以英国决定与苏联携手出兵伊朗,这样既可以拉近苏联,又能达到自己的目的。而苏联此时尚未从德军的沉重打击下恢复过来,对进攻伊朗本来缺乏信心,但英国的这一建议不仅与自己的意愿契合,而且赋予了出兵伊朗行动以更加充足的理由和正义的色彩。为了取得反法西斯战争的胜利,苏联应以共同的军事行动强化与盟国的政治合作,并以此为条件换取在欧洲开辟第二战场要求的实现。1941 年 7 月 17 日苏联与英国就出兵伊朗达成协议。

1941 年 7 月 19 日,苏联政府与英国政府联合照会伊朗:"停止德国人在伊朗进行的敌对活动及其造成的既威胁伊朗自身,也威胁伊朗邻国之利益的国内混乱",为此,要求伊朗"驱逐境内的德国人"。[①] 8 月 16 日,两国以更严厉的口吻重复上述要求。

在向伊朗当局施加外交压力的同时,苏联在外高加索加强军事部署。

伊朗政府面对英国和苏联的压力,一方面拖延时间以观局势,一方面进行军事准备。在对两国照会给予答复时,伊朗拒绝了驱逐德国人的要求,理由是伊朗的工业部门需要德国专家的指导,在短时间内很难找到接替他们的人,而且德国专家人数有限,且都处在伊朗的严格监控下,不会对别国构成威胁,加之伊朗已宣布中立,不宜以此行为损害伊朗与德国的正常外交关

---

① 《卫国战争时期苏联对外政策资料》,第 1 卷,莫斯科,1946 年,第 156 页。

系。伊朗这么做也是考虑到要避免使德国对伊朗的铁路和石油企业等进行破坏。与此同时,伊朗也开始采取措施进行军事准备。到 8 月中旬,伊朗军队完成了在北部和南部地区的集结。礼萨·汗亲自检阅了部队。8 月 19日,他取消了军事科学院应届毕业生的例行假期,要求他们立刻投身到自己的队伍中去。在对他们的演说中,他呼吁军队及其指挥官密切关注时局,随时准备做出牺牲。伊朗还动员了约 3 万人的后备兵员,使军队人数达到了20 万人。为赢得时间,8 月 23 日,伊朗当局下令两周内将驱逐 16 名德国人。苏联和英国对伊朗的缓兵之计已不耐烦,8 月 24 日,两国驻伊朗大使分别向伊朗首相阿里—曼苏尔递交了本国政府的照会,亦即最后通牒。苏联的照会指出:"伊朗政府拒不采取措施以结束德国间谍在伊朗境内发动的骚乱,进而纵容了这些德国间谍的犯罪行为"。因此,苏联政府不得不"采取必要的措施,立即行使 1921 年条约赋予苏联的权利——为了自卫,临时将自己的军队部署到伊朗"。照会还强调,苏联政府"无意损害伊朗的领土完整与国家独立。苏联政府所采取的军事行动只针对伊朗境内德国人的敌对活动所造成的威胁,这种对伊朗和苏联利益的威胁一旦消除,苏联政府将履行 1921 年苏伊条约的义务,立即将苏军撤出伊朗"。[①] 英国政府在自己的照会中也阐述了军队必须进入伊朗的局势。在这一照会发出的同时,苏英军队进兵伊朗:苏联红军从外高加索进入,英国军人从伊拉克进入伊朗。

苏联红军是在极艰险的山地地形条件下展开进攻的,第 24 骑兵师尤其不易,他们进入山区后要沿着险峻的只有驮畜才能走的山道向南推进。装甲骑兵连、摩托化集群和反坦克炮以及轮式运输车队都不能随师前进,必须绕路走。第 24 坦克团的任务完成得十分成功,它以一个纵队向阿尔德比里挺进并迅速攻占该地。105 山地步兵团的行动也颇具意义,它保证了海军陆战队在赫维的登陆。8 月 25 日凌晨,里海舰队的舰只到达伊朗岸侧,前后共进行了三次齐射,伊朗大炮的抵抗就停止了。炮击一结束,陆战队迅即完成登陆。第 44 军于 8 月 25 日当天就全部完成了计划两天时间才能完成的任务。

① 《卫国战争时期苏联对外政策资料》,第 157 页。

苏联红军顺利进入伊朗不只是最初计划完成得出色,而是伊朗军队战斗力极其低下。伊朗当局也采取了措施,8月25日晨,礼萨·汗从首相处得知苏联和英国照会内容后,紧急召开了军队和政府领导人会议,命令伊朗军队进入战斗状态。他组建了最高统帅大本营,电话命令各部队抵抗苏联和英国军队。德黑兰卫戍部队负责保卫首都。首都城内开始动员部分汽车运送军队到前线。尽管如此,由于伊军遭遇意外后应变能力不强,许多军官无所作为,一些军官与士兵一道投降做俘虏,还有一些军官下令士兵解散回家。提供给伊军指挥部的运输车队也动员不力,未能顺利地将后备部队和武器装备调运到红军进攻的地区。直到8月26日,苏联红军进攻的冲击波已然过去之后,部分伊朗军人才试图在马库和大不里士一带组织反击,但很快就被第63山地狙击师和第54坦克师的先头部队予以有力回击。第24骑兵师的一部分军人进行了70公里的行军,傍晚时分控制了阿加里,这比原定计划提前了一昼夜。

在随后的日子里,苏军在伊朗西部的攻势进展迅速,8月27日前便铺开了一个针对伊军的军事作战区。同时第53独立军团由斯·格·特罗菲缅科少将指挥,从土库曼进入伊朗,从而使伊朗指挥系统彻底丧失了实现机动防御的可能。尽管部分伊朗军队仍试图在某些边界地带进行反击,但已无力改变大局了。

苏军在中亚战区遭遇的是伊朗部署在麦什特和加尔加恩—沙赫鲁德地区的第9和第10步兵师。8月27日上午苏军未曾遇到任何来自伊军的抵抗。加尔加恩—沙赫鲁德地区的伊朗第10师扔下武器和装备四散逃亡。麦什特的第9师稍有组织,然而尚未进行反击,德黑兰发生了内阁更替。礼萨·汗认为同盟国不愿意与曼苏尔内阁进行对话,遂于8月27日撤换了曼苏尔的首相职务,另任命深得同盟国青睐的阿里·福鲁吉组阁。新首相是伊朗著名学者和作家,伊朗科学院院长,由于反对当局的亲德政策而被礼萨·汗解除了政府职位,是以反对礼萨·汗专制而闻名的自由主义者。还在组阁完成之前,新首相就命令国家全部武装力量对苏英军队的推进停止抵抗。国会于8月28日召开的非常会议支持了首相这一决定。

此前,从高加索和中亚进入伊朗的苏军未遭遇到特别的抵抗便推进到了阿塞拜疆、吉梁、马詹德兰、霍拉泽等伊朗北部省份。英军也克服了伊朗人不强的抵抗,占领了伊朗的西南地区,这里有英伊石油公司的企业以及海湾港口——夏普尔港和霍拉姆沙赫尔港。

外高加索集团军、第53独立军和英军在行动上的配合,尤其是在进攻时间上的协调一致,使得伊军没有机会在三条战线上的任何一方建立起相对稳定的战线;加之苏联空军掌握了制空权,空军飞行了约17000架次,向北部伊朗各军事目标投放了7000枚炸弹。也就是在这种情况下,苦于抵抗的徒劳,伊朗新政府决定放弃努力。伊朗军队不是同时投降的。8月29日与英军交锋的伊军先放下武器。抵抗苏联红军的伊军直到苏军向德黑兰投了数枚炸弹后,8月30日才投降。

伊朗人投降后一直到9月3日,苏军继续在伊朗境内推进到东南距麦什特120公里的费里曼方才设防固守。局势紧张而前景难料,礼萨·汗希望力保首都德黑兰不要被苏英军队攻陷。为安抚民众,由首相向伊朗民众发表了专门演说,声称首都和政府不会受到任何威胁。同时,全部伊朗空军被集结到德黑兰。在通往城市的要冲集中了最有战斗力的伊军。王宫加强了防卫:宫里部署了精悍的卫队,安设了机枪,邻近的楼顶安放了高射炮。在这种氛围下,伊朗当局很快开始与苏、英两国代表谈判解除冲突的条件。1941年9月8日谈判结束时签署的协定确定了苏军和英军在伊朗国土的分布区。苏军占据乌什努—米昂多阿布—泽恩德让—加兹温—霍尔烈玛巴德,远至里海岸边的巴波里—齐拉布—谢姆那恩—沙赫鲁德—阿里阿巴德和麦什特一线以北地区。英军在哈涅金—基尔曼夏—霍尔烈玛巴德—麦斯吉德—苏莱曼—拉姆—霍尔莫兹—宾捷尔台里姆一线西南地区。余下的国土由伊朗军队控制。根据协定,伊朗政府必须将德国、意大利、罗马尼亚和匈牙利使团人员驱逐出伊朗,并将德国侨民交由苏联和英国政府拘禁。协定规定,伊朗必须保持中立,不能使苏联和英国在反法西斯战争中遭受损失,不能妨碍它们运送军用物资过境并要协助将这些物资通过公路、铁路、空中运输顺利送达目的地。9月9日伊朗国会批准这一协定。然而,盟国怀疑礼萨·汗能否实现该协定,因为伊朗秘密警察公开追捕该协定的支持者。遵照礼萨·汗的指令,曾下令让军队停止抵抗盟军的国防大臣纳赫哲万被捕,同时被捕的还有其他相关人员。在这种情况下,9月10日英、苏两国向伊朗政府发出最后通牒,声言若在48小时内仍不交出德国侨民并关闭德国、意大利、罗马尼亚和匈牙利使馆,就将攻占伊朗首都。同时盟国宣传机构开始大肆抨击礼萨·汗执政的二十年。礼萨·汗对盟国最后通牒的回应是,同意关闭各轴心国使馆,并断绝同它们的外交关系,但无论如何不能交出德国侨民,因为这有损于伊朗的声望和名誉。① 这样,苏英政府于9月15日命令自己的军队向德黑兰进攻。9月16日,首相福鲁吉将事先拟好的退位诏书交给礼萨·汗。在来自自身高层和苏军兵临首都城下的内外压力下,礼萨·汗被迫于当天引退,将王位交给了自己的长子穆罕默德·礼萨·巴列维。9月17日,苏军第68山地狙击师和第24骑兵师进入德黑兰,德国、意大利和罗马尼亚等国的外交使团及顾问被驱逐出伊朗,伊朗在这些国家的代表也被召回。德国侨民及其家属均遭逮捕,其中一半人被苏联政府充军西伯利亚,另一半则被英国政府流放到澳大利亚。②

盟军占领伊朗后,彻底粉碎了希特勒的卢森堡计划,对同盟国十分有利。新任首相福鲁吉开始与苏、英谈判缔结三方全面结盟的条约,以为盟军驻在伊朗提供法律基础。三方谈判持续了四个月,未能达成条约。1941年12月5日,德军在莫斯科城下受挫。12月8日,美国在珍珠港事件后对轴心国宣战,局势进一步向有利于同盟国的方向发展,三国谈判的进展加速了。1942年1月29日,英国、苏联和伊朗签订了三国同盟条约,共包括九项条约和三个附录。主要内容是:英国和苏联政府尊重伊朗的领土完整、主权和政治独立,保卫伊朗免遭德国侵略;战后6个月内,英国和苏联从伊朗撤出军队;伊朗政府要尽其所能与同盟国合作,对盟军过境和使用交通工具不加任何限制,伊朗铁路、公路、飞机场、输油管、电信设备等一律交由盟国使用;同盟国可以向伊朗派驻陆、海、空军,但英国和苏联政府保证不要求伊朗军队在对德战争中参与任何军事行为等。③ 伊朗转向同盟国后遭到希特勒的指责,希特勒并派空降兵和特务对伊朗境内的交通运输进行破坏,伊朗在这种情况下于1943年9月9日对德宣战,成为26个在"联合国宣言"上签字的反法西斯国家之一。

---

① 〔伊朗〕阿布杜尔礼萨·胡尚格·马赫德维:《伊朗外交四百五十年》,第342页。

② 〔伊朗〕阿布杜尔礼萨·胡尚格·马赫德维:《伊朗外交四百五十年》,第342页。

③ 方连庆等:《现代国际关系史资料选辑》下册,北京大学出版社1987年版,第265—268页。

二、土耳其与英、法、德及苏联的交往

与伊朗相比,土耳其要幸运得多。土耳其扼黑海海峡并与苏联为邻的战略地位博得美国的重视,在大战期间土耳其参战问题上,美国保护土耳其以最小的代价跻身战胜国行列,从而免遭战后惩罚。

早在 1939 年 3 月,希特勒吞并捷克斯洛伐克时,英国和法国就与土耳其接触,双方就签定互助条约一事进行磋商。苏联副外交人民委员波将金也于 4 月到访土耳其商议互助事宜,但未如愿。5 月 12 日,英国和土耳其发表声明,表示将在可能发生的战争中相互支持。6 月 23 日,法国和土耳其发表了相同内容的声明。不久,苏德互不侵犯条约签订。为了解苏联外交新动向以便处理土苏关系,9 月 22 日,土耳其外交部长萨拉若卢应苏联早时邀请访问莫斯科。但此时的苏联已不愿因苏土缔约而靠近英法,担心这样会破坏苏德之间的关系,萨拉若卢的访苏无果而终。10 月 19 日,土耳其便与英国和法国签订了三国互助条约。条约规定,任何一个缔约国如果陷入地中海地区的战事,三国需互相援助。如果英国和法国因支持罗马尼亚和希腊而卷入战争,土耳其可以保持中立。在随后签订的一项财政和经济问题特别协定中,英法允诺为土耳其提供四千余万英镑贷款,其中一部分用来为土耳其购买军火,以使土耳其减少对德国的依赖。然而这一互助条约的实施并不顺利。1940 年 2—3 月,英法计划轰炸苏联南方的高加索油田和炼油设施,为此要求土耳其政府提供空军基地。土耳其担心这会导致苏联和德国的报复,表示中立,实则拒绝了英法的要求,英法被迫放弃了该计划,同时声明自己无法履行英法土三国互助条约中对土耳其的承诺。6 月,意大利参战,英法要求土耳其与意大利断交,禁止轴心国船只通过黑海海峡,并为英法军队提供便利,结果再次遭到拒绝。

土耳其自大战爆发以来一直坚持中立的理由是战争并未涉及地中海区域,但当 1940 年 10 月,意大利进攻希腊,东地中海地区爆发战争时,土耳其仍置身事外。随后巴尔干战事在即,土耳其又与苏联达成默契,即两国在 1925 年签订,并在 1935 年续订的土苏中立互不侵犯条约依然有效,土耳其宣布不参与巴尔干的战争。然而,巴尔干战争的结局威胁到土耳其,1941

年 3 月,德军进入保加利亚,4 月进攻南斯拉夫和希腊,希特勒的军队已兵临土耳其城下。德国提出与土耳其缔结一项互不侵犯条约,土耳其在与英国沟通后同意订约,6 月 18 日,为期十年的《德土友好和互不侵犯条约》签订。四天后,德军进攻苏联,苏德战争爆发,土耳其立即宣布中立。对于苏联和德国之间的战争,土耳其希望借德国人之手消灭自己痛恨的北方邻国苏联。当德军在苏德战场大举进攻屡屡得胜时,土耳其表现出了明显的亲德仇苏立场。土耳其报刊开始长篇累牍指责苏联企图攫取黑海海峡。土耳其军事代表团赴苏德战场为德军助威。1942 年夏秋之交,当斯大林格勒战役揭开序幕,德军开始大举进犯顿河地区时,新出任总理的萨拉若卢对德国驻土大使巴本声称,他本人"希望消灭俄国,消灭俄国是元首的功绩,只有把俄国境内的俄国人至少杀死一半,德国才能解决俄国问题"。[1] 这一时期,土耳其还加强了与德国的经济联系。1940 年,双方贸易额仅为 2100 万里拉,1941 年 10 月 9 日签订的土德贸易协定规定为 1 亿里拉,陡增了数倍。协定规定,土耳其以羊毛、皮革、粮食以及铜供应德国。到 1943 年 1 月 1 日,土耳其和英国之间的铬矿砂协定到期,土耳其将 9 万吨铬矿砂卖给了德国,德国则向土耳其提供 1 亿里拉的军事装备。[2] 土耳其与德国这种关系持续到 1943 年初。当德军在斯大林格勒战役中遭受惨败后,土耳其不得不调整自己的外交政策,缓和与苏联的关系。而此时的苏联则要求土耳其放弃所谓中立立场,立即参战。[3] 据苏联军方推断,如果土耳其在 1943 年底参战,还可以从苏德战场引开部分德国师团。若拖到 1944 年,苏军将完全扭转苏德战场上的形势,那时将无需土耳其帮忙。英国也同意苏联的主张,并着手做土耳其的工作,但始终无多大进展,一直拖延到 1945 年初,在美国的要求下,土耳其才最终参战。

第二次世界大战之前,美国因顾忌英、法、苏在中东的势力影响,没有过多卷入土耳其事务,二战的爆发给美国提供了参与地区事务的机会。希特勒德国进攻苏联之后,罗斯福政府考虑到要以苏制德,即必须支持苏联,而

---

① 金重远:《第二次世界大战中的土耳其问题》,《复旦学报》1997 年第 5 期。
② 王绳祖主编:《国际关系史》第六卷,世界知识出版社 1995 年版,第 416 页。
③ 张润民:《论第二次世界大战期间土耳其的中立外交政策》,《西南亚研究》1986 年第 2 期。

要使援苏军用物资通过黑海海峡,必须有土耳其的合作,因此希望土耳其保持中立。为此,1941年12月3日,美国以《战时租借法案》为名向土耳其提供援助(土耳其是最早接受美国军事援助的国家,伊朗和沙特阿拉伯分别在1942年3月和1943年2月才接受美国军援)。苏联提出要求土耳其参战后,英国也表示,如果土耳其拒绝参战就应中断对它的援助。美国担心土耳其参战会落入他国之手,因为英国可能要求美国以《战时租借法案》向土耳其提供的援助以后必须通过英国,这将使英国控制土耳其。再者,盟国打算在欧洲开辟第二战场,土耳其如果因宣布参战而导致德国攻击,盟国将没有能力腾出军力帮助土耳其。基于这种考虑,美国认为土耳其维持中立现状比较好。为平息盟国的不满,美国说服土耳其政府停止向德国供应铬矿石,对德关闭黑海海峡,并解除了亲德的外交部长图尔古特·门内门吉奥卢的职务。欧洲开辟第二战场后,德国的彻底失败已毋庸置疑,这时土耳其才于1944年8月2日宣布与德国断绝外交关系,随后又在美国和英国的一再要求下于1945年1月6日断绝了和日本的外交及经济关系。

促使美国改变想法,建议土耳其参战的是苏联在1945年2月雅尔塔会议上提出要求修改《蒙特勒公约》。该公约是1936年6月蒙特勒国际会议上由英、法、苏和土耳其等十国订立的有关黑海海峡的国际公约。由于此前的《洛桑海峡公约》未能保证土耳其对海峡的主权,20世纪30年代欧洲和地中海局势日益紧张时,土耳其提出修改《洛桑海峡公约》,收回对黑海海峡的主权与控制权,苏联积极支持,英国也赞同,所以《蒙特勒公约》加强了土耳其对海峡的控制权,扩大了黑海国家包括苏联通过海峡的航行权,并对非黑海国家通过海峡的权利做了比《洛桑海峡公约》更多的限制。条约中规定,一旦爆发战争,倘若土耳其中立,则交战国军舰不得通过,如果土耳其参战,是否允许通过由土耳其决定。条约有效期20年。二战期间,土耳其一方面坚持中立,一方面又允许德国军舰驶入黑海而违反了公约第19条规定,苏联便以此为借口,要求修改《蒙特勒公约》。苏联强调,关涉到苏联安全的黑海海峡不能完全控制在对苏联不友好的国家手里,苏联应享有共同管理黑海海峡的权利,为此要求成立一个专门组织来研究黑海海峡问题。鉴于当时欧洲战事尚未结束,又需要苏联参加对日作战,美国和英国便答应了苏联的要求。但雅尔塔会议上美、英、苏三大国也给土耳其留了机会,即如果土耳其在 2 月底前对德国宣战,则允许土耳其参加战后的和会。土耳其得知这一消息后,于 2 月 23 日召集议会特别会议,宣布向轴心国宣战。虽然此时离欧洲战事结束仅剩两个多月的时间了,但土耳其此举却赢得了联合国大会创始国身份。

三、苏德战争爆发前后阿富汗立场的变化

大战爆发时,阿富汗政府的处境也颇为困难。其工业发展和重整军备计划刚刚展开,从德国和捷克斯洛伐克订购的设备只到货一部分,许多尚未运来。纺织厂的工程仅完成一半,水力发电设施主要部件缺乏,更糟的是军械亦不配套。在这种情况下,阿富汗不可能与德国反目,至少要等到订货到齐后再做考虑,而德国又必然以此牵制阿富汗,使其不致背离德国。对于传统的敌国英国和苏联,历史的阴影尚未一挥而去,阿富汗也是惧而远之。在这种处境下,查希尔领导的阿富汗政府在大战一爆发即宣布中立。

然而,阿富汗所处的地理位置使得交战双方都不能漠视它的存在。轴心国利用技术援助之便加大在阿富汗的宣传力度,德国间谍利用无线电广播、电影和宣传册进行煽动,争取阿富汗参战。特别是法国沦陷后,德国长驱直入到达了英吉利海峡口岸。德国驻喀布尔公使扬言希特勒即将进军伦敦,希望阿富汗能断清形势,配合德国人在沿印度西北边境一带骚扰英国人。作为回报,德国将帮助阿富汗复兴历史上全盛时代的杜兰尼帝国,其版图包括俾路支斯坦、信德、克什米尔和西旁遮普,尤其是令阿富汗人向往的卡拉奇港口。① 尽管德国人给出的价码很诱人,但阿富汗政府比较清醒地坚持自己的中立政策。1940 年 6 月底重申了这一立场。8 月,查希尔国王发布一项法令,宣布阿富汗将恪守中立。中立立场对阿富汗自身来说是适宜的,它保证了德国的机器和原料继续经苏联运抵阿富汗,阿富汗的棉花也经同一路线运到德国。1940 年 7 月,阿富汗与苏联还签订了新的商务协定。从英、印进口的纺织品、食糖和汽油也未中断。这种状况一直维持到苏

---

① Raymond James Sontag and James Stuart Beddie, *Nazi-Soviet Relations, 1939 – 1941: Documents from the Archives of the German Foreign Office*, Washington D.C., 1948, p.78.

德战争爆发。

德国进攻苏联后,苏联与同盟国站到了一起,1941 年 8 月英苏联合出兵伊朗,切断了阿富汗与轴心国之间的最后通道。因为此前英国就希望清除在阿富汗受雇的德国侨民和在喀布尔及其他中心区经商的德国人,以打击德国的间谍行动,削弱德国在阿富汗的影响,可是只要阿富汗的海上贸易路线以及经由中东和苏联的陆上贸易路线畅通,阿富汗就不可能去排除一个与之有商务和外交关系的国家的侨民。英苏占领伊朗,中断了阿富汗与轴心国的这种联系后,阿富汗同轴心国家的贸易几乎下降为零。这时,英国和苏联于 1941 年 10 月 17 日和 19 日,先后正式要求阿富汗在一个月内驱逐德意所有非外交人员,为尊重阿富汗主权,德国和意大利两国使馆人员可以继续留驻。10 月 20 日,阿富汗政府让步,是月底前有 206 名轴心国侨民,包括妇女和儿童,离开阿富汗,取道伊拉克和土耳其前往欧洲。11 月中旬,德意侨民全部撤离。

在向英国和苏联让步的同时,阿富汗专门召开了国民大会,会议通过的决议认可了政府的行动,但强调:"除非在万不得已的情况下不准再同交战国任何一方合作。"[1]重申阿富汗的国家主权和中立政策,决不允许侵占阿富汗的任何一部分领土或使用陆路或航空线进入或穿越这个国家。决议适用于所有国家,当然主要针对英国和苏联。

第三节　中东在大战中的地位和作用

一、勾连、策应东西两大战场的枢纽

中东地中海战场与欧洲大西洋战场和远东太平洋战场构成第二次世界大战的三大战场。中东战场的重要性与特殊性在于其居于后二者之间,勾连东西,是策应两翼的枢纽,无论是对同盟国还是轴心国都极具意义。

---

① ［英］乔治·柯克:《战时中东》上册,第 241—242 页。

就同盟国而言,中东阿拉伯地区是英法的传统势力范围。第一次世界大战结束后英法更通过委任统治的方式控制了中东的核心地区——巴勒斯坦、约旦、伊拉克及叙利亚和黎巴嫩地区,埃及也一直控制在英国人手里,同时英国对阿拉伯半岛及波斯湾也具有控制力,并且因其占据的势力地区的优越地位而可将影响力辐射到中东北部周边国家,如阿富汗、伊朗和土耳其等非阿拉伯国家。而轴心国的战略目标正是要驱逐英国和法国的势力,夺取中东。所以,英法两国必须守卫住传统势力范围,同时控制中东还可以将德、意和日本法西斯东西分割,瓦解轴心国的战斗力。

德国进攻苏联和日本突袭珍珠港之后,中东的地位更加凸显。由于这时德国经历了意大利进攻北非连连失利后,决定从苏联南部突破高加索,进入中东。因为高加索以南的土耳其、伊朗和阿富汗等国都已培植起一定的亲德倾向,所以埃及和苏伊士运河区、中东阿拉伯核心地区以及印度等地均面临法西斯威胁。也正因如此,支持苏联对同盟国来说极其必要。苏联加入反法西斯同盟国阵营后,同盟国决定以战略物资援助苏联阻击德国法西斯,中东因而成为不可或缺的运输走廊。

在援苏问题上,法国沦陷后,英国无力单独承担,向美国求援。此前美国向中东的渗透一直不成功,大战提供了机会,美、英联手对抗德国使得美国在中东的影响迅速扩大。

二、中东在大战中的作用

中东特殊的地理位置使这一地区得以在大战中发挥了无可替代的作用。

第一,1940 年 7 月,意大利参战后,中东战场拉开帷幕,先后经历三大战役:(1)东北非外围战:意大利在战役初期占领了英属索马里、肯尼亚部分地区,兵临苏丹边境。英军于 1941 年 1 月发起反攻,5 月结束战役,意属东非投降,埃及外围威胁解除。(2)埃及—利比亚战役:意大利攻入埃及境内,英军于 1940 年 12 月反攻,逐出意军后攻入利比亚,攻克班加西。德军遂派隆美尔率非洲军团及意军于 1941 年 3 月从英国人手里夺回利比亚。是年 11 月,英军再度反攻,德国从苏德战场上抽调兵力抵抗英军,1942

年6月攻下战略重镇托卜鲁克,俘获英军数万余人,并再次攻入埃及,迅速进抵距亚历山大港仅60公里的阿拉曼,埃及告急。在这种情况下,美国空军首次投入北非战役。美国并赶运大批飞机、坦克加强英军。1942年10月,英军以优势兵力和装备发动总攻,一举获胜,再度攻入利比亚,守住了埃及。(3)北非登陆战役:在埃及—利比亚战役尚未完全结束时,为彻底打击隆美尔,1942年11月美、英联军在法属北非登陆并向东逼近,第二年的4月,东西两线盟军会师突尼斯,德、意军25万人投降,北非战役到此结束。通过中东战场这三大战役,盟国保卫了埃及和苏伊士运河,当然也就保障了盟国供应中心的安全。

第二,埃及的中东补给中心在大战中的作用。中东地区除了石油蕴藏丰富之外,并不富庶。其经济一部分是仅能维持生活的农业和畜牧业,一部分便是贸易。由于中东的收成远不敷战争所需,所以贸易格外重要。中东对外贸易的方向主要是欧洲和印度。大战爆发的最初数月并未强烈触及中东。地中海并无战事,南欧、英国和美国的贸易依然正常,印度也未遭遇日本的威胁,中东仍可以继续消费印度生产的纺织品、大米、茶叶和香料。然而,意大利参战,北非战事开始,加之法国败降,地中海航线被切断了。如此一来,中东成了世界上从英国获得供应品的最遥远的地区之一——取道开普敦航线,英国将不得不绕过好望角、红海或波斯湾向中东补给供应品,二者相距达一万多英里。英国意识到问题的严重性,如果补给不能及时跟上前线及中东民众的需求,军方领导人将不得不分心考虑这一问题,从而不能专心于指挥战争。而中东地区自第一次世界大战后开始的民族独立运动并未止息,一旦因经济状况恶劣致使政局不稳定,势必削弱盟国的作战能力。在这种情况下,英国在开罗设置了两个职位,先是总监,后是驻中东国务大臣。国务大臣的职能之一就是协调中东的民用供应。不久又成立了一个专门的补给机构,直接隶属于总监。1941年11月,该机构经过调整形成新机构。在国务大臣的领导下成立了中东补给理事会,由英国驻中东各国的使团、中东各国政府、海、陆、空三军以及联合王国商业公司的代表参加构成。理事会休会期间,由执行委员会代行职责。补给机构被定名为"中东补给中心",作为执行机构,由一位直接对国务大臣负责的主任领导,该中心是总司令部下属的一个独立部门。

美国在 1942 年初决定参加中东补给中心的工作。美国国务院官员乔治·怀南特被任命为美国驻中心的文职代表兼任中东补给理事会执行委员会主席。

中东补给中心有一套系统严密的补给制度,以保证补给工作的进行。首先是对最低需要作出估计。其次,在伦敦和华盛顿的各个补给和航运管制机构在接到计划后要对物资生产和盟国船舶的需要加以协调,提出书面方案,以满足这些需求。接下来解决发往中东后的问题。中心认为中东的进口商要比中东补给中心的官员们更了解他们自己的业务,所以决定尽量使用和平时期的私营贸易渠道,即由私营进出口商继续向英国和美国订货。中心则用进口许可证制度来控制这些订货的内容和数量。

由于中东补给中心的各个机构要具备相当程度的专门知识,所以它的内部组织是按职能而不是按它所管理的国家分工的。在主任和副主任之下,分设 6 个处:粮食、原料、医药、运输、计划以及包括对外联络在内的行政管理。前四个处的职责是估计需求,计划处负责把各项需求综合成一份单一的计划,具体说明可以取得物资的装货地区,核对到货的许可证以及处理航运问题等。

中东补给中心的目的是双重的,一方面它要通过自身的努力,保持对中东国家经济上必不可少的民用供应,从而保持一个稳固的基地;另一方面要最大限度地节约盟国的船运以及人力、物资和厂房,最低限度地影响中东的港口和铁路系统,以保证军工需要。为此,中东补给中心在估计需求时做的一项重要工作就是减少进口。赋予中心的任务是要把中东民用物资的进口削减 4/5。事实上,这项任务完成了——1939 年,中东民用物资进口总计约550 万吨,1942 年和 1943 年降为 125 万吨。[①] 在如此大幅削减进口的情况下,中心致力于帮助当地增加各种类型的生产。如将种植埃及棉花的土地改种小麦;将大麦、小米、玉米掺入面包粉以利用剩余粗粮;实行谷物征购计划,禁止私营谷物贸易等。

中东补给中心还有一项不能不提的贡献,就是为当地提供控制传染病所必不可少的药物和用品。在这方面,美国起了很大作用。由于日本控制

————————————

① [英]乔治·柯克:《战时中东》上册,第 291 页。

着奎宁的生产,第一批代替奎宁的药品阿的平于 1943 年从美国空运到中东。在上埃及开展的防治疟疾的行动也得到了中东补给中心的大力支持,根据租借法提供了 120 吨用来喷射积水的"巴黎绿"。在中东建立了一座 600 万美元的医药供应总库,并由中心监控药品不致流入黑市。战争初期才发明的抗斑疹伤寒的新药在中东临床应用,并再度援用租借法,进口了大量该药品,在严密控制下发放到受威胁地区。再有一种新问世的药品——滴滴涕也开始用于杀虫和控制疟疾。

由于组成中东补给中心骨干的是现役军人,随着大战进入尾声,1945年 1 月,美国退出中心。这一年的晚秋,中心结束工作。它在补给方面的职能移交给了英国外交使团的商务秘书处,咨询方面的工作交给了新成立的中东事务局。

中东补给中心以自己卓有成效的工作保证了战时盟国后方的稳定,为前线巩固了埃及为核心的中东基地,为中东的军事活动作出了显著贡献,也为中东的经济发展留下了可资借鉴的尝试与经验。

第三,伊朗运输线为大战作出的贡献。苏联加入反法西斯阵营后,开辟一条向苏联运送援助物资的运输线提上同盟国的日程。通往苏联的运输通道有四条可供选择的线路:摩尔曼斯克、符拉迪沃斯托克、土耳其海峡及伊朗高原。通过北冰洋的摩尔曼斯克,航道险阻重重,护航存在困难;日本参加轴心国使得苏联远东口岸符拉迪沃斯托克已无安全可言;意大利参战后,地中海处于轴心国海空军控制下,土耳其海峡已很难通过。如此一来,伊朗成为最佳选择。这条被称为"波斯走廊"的通道,包括穿越伊朗全境,从波斯湾直达里海的铁路、公路及空运航线,成为战时盟国运送援苏物资最重要最安全的路线。

英国和苏联出兵伊朗后,经过谈判,1942 年 1 月 29 日,签订《苏、英、伊三国战时同盟条约》,条约保证伊朗的独立与领土完整,确定战后 6 个月内英、苏两国撤出全部军队。伊朗武装力量不被要求参加反对任何外国的军事行动,但伊朗必须保证同盟国在军事及物资运输方面享有"不加限制的权利"和管制全国交通的权力。[1]

---

[1] 《国际条约集(1934—1944)》,世界知识出版社 1961 年版,第 344—347 页。

同盟国的物资运输先由英国人将物资从波斯湾各港口运到德黑兰,交给苏联人后由他们自己转运到国内。1942 年末,陆续到达波斯湾的三万美军与英军汇合,英、美两国将大量崭新的火车头和车皮,以及成千上万辆卡车开进伊朗,以便运输重型武器和物资。而运往苏联的货物中有一半是通过贯穿伊朗全国的大铁路完成的,其余的货物是用卡车经公路陆续运去的,其中包括四千余辆伊朗卡车。这些由英国军官指挥调度的伊朗卡车,运输的战争物资比盟国的卡车运输的还多。①

在运输援苏物资的过程中,伊朗以自己的领土、交通线以及自己的行动与盟国一道克服困难,团结合作,共同为反法西斯战争做出了贡献。对此,丘吉尔给以充分肯定,他说:"由于在德黑兰有着一个友好的政府,港口扩充了,内河航运发展了,公路筑成了,铁路也改建了。从 1941 年 9 月起,英国军队开始和发展这项事业,不久后就由美国接手并完成了。这使我们能够在四年半的时期中运送给俄国五百万吨物资。"②也正因如此,伊朗人认为,从某种意义上说,德军在斯大林格勒的溃败应该归功于伊朗的交通线。③ 这种评价并不为过,正由于伊朗在大战中的重要作用,同盟国才把伊朗誉为"胜利之桥"。

第四,同盟国首脑在中东协调指挥大战并商定战后格局。1943 年,第二次世界大战战局发生根本性转变,反法西斯同盟开始进入反攻阶段,法西斯阵营陷入防御和退却。为协调同盟国间的行动,给法西斯国家以最后决定性打击,同盟国首脑聚会中东交换意见,消除分歧,达成共识。1943 年 11 月 22—26 日,美国总统罗斯福、英国首相丘吉尔和中国国民党政府主席蒋介石在埃及首都开罗聚会,讨论制定联合对日本作战计划和解决远东问题。会议签署了《中美英三国开罗宣言》,随后征得到伊朗德黑兰参加会议的斯大林同意后于 1943 年 12 月 1 日公布于世。开罗宣言是确定日本侵略罪行及战后处理日本问题的重要国际文件,宣言宣称将坚持作战直至日本无条件投降。

---

① [伊朗]穆罕默德·礼萨·巴列维:《我对祖国的职责》,元文琪译,商务印书馆 1977 年版,第 92 页;彭树智主编:《二十世纪中东史》,第 124 页。

② [英]温斯顿·丘吉尔:《第二次世界大战回忆录》第 3 卷,韦凡译,南方出版社 2003 年版,第 419 页。

③ [伊朗]阿布杜尔礼萨·胡尚格·马赫德维:《伊朗外交四百五十年》,第 346 页。

三、德黑兰会议的意义

开罗会议结束后,罗斯福和丘吉尔马上赶到德黑兰,与斯大林一道举行了大战爆发以来英、美、苏三国首脑之间的第一次国际会议——德黑兰会议。会议讨论的重点是在西欧开辟第二战场问题。苏联要求尽快讨论并落实第二战场的具体实施计划。丘吉尔坚持"地中海战略",后又提出从西路进入西欧的方案。罗斯福不赞成英国方案,主张实施西欧登陆。最后会议决定苏、美、英三国从东、西两面同时向德国发起进攻。美、英军队定于 1944 年 5 月在西欧开辟第二战场,而苏联军队同时发动攻势,以牵制德军西调。对美、英要求苏联参加对日作战问题,斯大林也给予明确表态,宣布打败德国后苏联将参加对日作战。三国首脑就战后处置德国的问题交换了意见,同意由盟军分区占领德国,具体方案设立欧洲咨询委员会研究制定。罗斯福还建议战后在联合国家的原则基础上成立一个世界性组织,即后来的联合国组织。

斯大林、罗斯福和丘吉尔三巨头在德黑兰会议上

德黑兰会议是第二次世界大战史上一次极其重要的国际会议,它是以军事问题为核心的唯一一次三国首脑会议。这次会议最终解决了久拖未决的第二战场的开辟问题,确定了击溃德国的军事行动计划。如斯大林所言:"德黑兰会议关于对德共同行动的决议以及这个决议的光辉实现,是反希特勒联盟战线巩固的鲜明标志之一。"[①]这次会议对加速同盟国胜利进程,结束大战以及战后的国际形势都具有决定性作用和影响。

大战后期,1945年初,德国败局已定,但远东和太平洋地区的日军尚在抵抗,为了争取苏联尽早投入对日作战,1945年2月,美、英、苏三国首脑在黑海北部的克里米亚半岛雅尔塔再次会晤,这也是罗斯福生前最后一次参加三巨头会议。会议在波兰、远东等问题上都对苏联做了一定的让步。在此基础上,5月8日欧战结束后,8月8日苏联参加对日作战,十天后,日军投降,大战结束。

第四节　战争对中东的影响

一、阿拉伯民族主义日趋成熟

第一次世界大战前,叙利亚和黎巴嫩是奥斯曼帝国的行省。大战期间,英、法军队以追剿德国和奥斯曼帝国联军为由在东地中海海岸登陆,英军占领了叙利亚沿海地区并在贝鲁特驻防,法军驻守黎巴嫩。英、法两国并根据《赛克斯—皮科协定》划分了占领区,包括黎巴嫩的西叙利亚划给了法国。1918年10月,汉志国王侯赛因的儿子费萨尔在与英军协同作战过程中,北上解放了叙利亚内地,在大马士革成立了一个阿拉伯政府。这样在叙、黎地区就形成了英国占领军、法国占领军和阿拉伯人政府三方角逐的局面。

大战结束后,在巴黎和会讨论阿拉伯问题时,费萨尔提出阿拉伯人独立的要求,谴责《赛克斯—皮科协定》,建议派调查团到叙利亚、巴勒斯坦实地

---

① 《斯大林文选》下册,人民出版社1962年版,第397页。

考察当地人民的愿望,英法等国对此加以抵制。美国乘机组织了一个调查团即"金—克兰委员会"前往中东,调查后得出的结论是,美国应为叙利亚的委任统治国。在美国跃跃欲试,企图插手中东的情况下,英国和法国于1919年9月签订协定,英国从叙利亚及贝鲁特撤军转向巴勒斯坦,由法国对叙利亚进行军事占领。12月,亨利·古罗将军率领的法国军队替换了驻贝鲁特和叙利亚沿海地区的英军,英、法在这一地区的关系得以协调。

费萨尔在争取列强承认阿拉伯人独立的希望破灭,回到叙利亚后,组织叙利亚各地,包括巴勒斯坦在内,选出85名代表,于1919年7月在大马士革召开大会,通过一系列决议:要求叙利亚独立(包括黎巴嫩和巴勒斯坦),以费萨尔为国王;要求伊拉克独立,以阿卜杜拉为国王;废除《赛克斯—皮科协定》和《贝尔福宣言》,拒绝接受拟议中的委任统治制度等。1920年3月8日,叙利亚宣布独立,建立叙利亚联合王国(包括叙利亚、黎巴嫩和巴勒斯坦,但黎巴嫩拥有自治权)。英国和法国坚决反对叙利亚独立,尤其是法国,拒不承认阿拉伯人这一宣言。这年4月,协约国圣雷莫会议向阿拉伯人表明了态度:承认叙利亚和黎巴嫩为法国的委任统治地,将巴勒斯坦划给英国人统治。随后,法国驻叙利亚高级专员亨利·古罗向费萨尔发出最后通牒,限其于四天时间内无条件承认法国对叙利亚的委任统治,同时组织了一支法军,从黎巴嫩向大马士革进军,并在距大马士革仅数十余里的迈萨隆隘口与叙军交战,叙军惨败。7月25日,法军占领大马士革,并很快扩及叙利亚全省,费萨尔被迫逃离叙利亚。古罗将军占领叙黎地区之后,按照法国人的需要在这里进行行政划分。首先,将贝鲁特市,包括的黎波里、西顿和提尔在内从北到南的逊尼派穆斯林占多数的沿海地区,以及贝卡谷地和巴勒贝克均并入旧黎巴嫩州,组成一个新的大黎巴嫩。然后,将叙利亚和黎巴嫩这块委任统治地划分为四个区,即大黎巴嫩、阿勒颇、拉塔基亚和大马士革。按照各区的具体情况分而治之。

旧黎巴嫩州事实上从19世纪60年代以来已经处于一种自治状态,由马龙派占优势的中央行政会议执政。法国人通过扩大旧黎巴嫩州的办法改变了这一地区的宗教派别比例,使逊尼派穆斯林的比例增加,而基督教徒只在全民中稍占多数,从而削弱了已在当地形成势力的马龙派。

黎巴嫩的地方权力机构由临时行政委员会代行,委员来自不同宗教集团,总督则是法国人。政府部门主要由黎巴嫩人组成,但每个部门都有法国顾问。黎巴嫩总督之上是法国高级专员,专员有自己的一个法国人组成的班子协助他工作,分为保安、教育、公共工程等部门。专员之下有一个不可或缺的情报机构,负责在黎巴嫩各区了解情况以供专员决策和指挥对各部门的监督。这种行政管理方法对法国人是有利的,它既表现出法国人给予了黎巴嫩地方自治的权力,同时又未失去法国的控制。

法国在黎巴嫩行使委任统治权期间,在一些地区制定了军事管制法,以保证各项政策符合法国的利益。此后,黎巴嫩的铁路、公用事业、银行等都由法国人投资并经营,黎政府批准的新的特许权都给予了法国商行或与法国有密切关系的黎巴嫩公司。黎巴嫩的财政经济政策由法国人制定,1920年创立的叙利亚与大黎巴嫩银行的总行设在巴黎,股份中的80%强由法国人持有。① 法国人还加大文化同化的力度,鼓励在黎巴嫩开办法国学校,这些学校要比用阿拉伯语或其他语言教学的学校得到更多的经费,法文报纸亦如此。法语成为黎巴嫩政府机关及法庭的正式用语。从法国人的立场看,古罗将军在黎巴嫩的工作是卓有成效的,1922年第二任高级专员魏刚将军也延续了古罗将军的工作方式,黎巴嫩的局势一直比较稳定。但到1924年,受叙利亚人反法起义的影响,贝卡谷地爆发农民起义。新任法国高级专员萨拉伊尔接替魏刚后采取强硬政策,导致他与马龙派、德鲁兹派及许多黎巴嫩领袖之间关系紧张,结果使法国与叙利亚德鲁兹人之间的战争蔓延到黎巴嫩。1925年贝鲁特工人罢工声援叙利亚起义。南黎巴嫩也出现了反法武装斗争。由于不能有效遏制这种局势继续恶化,1925年12月,萨拉伊尔将军被撤职,职业外交官亨利·戴·儒弗内尔被任命为驻叙高级专员。新专员上任后,为缓和局势,于1926年5月22日颁布了宪法,将大黎巴嫩更名为黎巴嫩共和国。同时开展外交活动,他访问了伦敦,与英国达成协议,用法国在国联支持英国把摩苏尔地区划归伊拉克为筹码,换取英国答应支持法国对付叙利亚人起义,并封锁外约旦与叙利亚边境。为防止起义军进入黎巴嫩沿海地区,法国又做通美国人工作,美国志愿兵加入法国殖民军,并派驱逐舰配合法国海军控制贝鲁特沿海。外交斡旋工作安排妥当

① 〔美〕西·内·费希尔:《中东史》下册,第527页。

之后,法国镇压摩洛哥里夫人起义也接近尾声,大批军力陆续东调,到 1927 年终于将叙利亚人民起义镇压下去。

叙利亚人民起义让法国人领教了阿拉伯民族觉醒的力量,对黎巴嫩的控制进一步缓和。1936 年,法国同叙利亚签订了《法—叙条约》,并根据该条约签订了《法—黎条约》。条约规定,法国须在三年内承认黎巴嫩独立,但黎巴嫩要尊重法国利益,允许法军继续驻在黎巴嫩。第二次世界大战爆发前,法国国会一直未批准该条约。

第二次世界大战爆发后,法国加强了对叙利亚和黎巴嫩委任统治地的控制,宣布叙利亚和黎巴嫩进入紧急状态,实行军法管制,以巩固同盟国在中东侧翼的安全。1940 年法国败降后,叙、黎法国当局倒向维希政权。维希组织的贝当政府与德国和意大利订立了停战协定,法国驻叙、黎高级专员旦兹将军宣布拥护贝当的维希政府,将叙—黎置于法—德停战协定范围内,允许德军使用叙利亚机场,德国人随之充斥叙利亚。英国中东防线侧翼告急,英国与维希政权关系恶化。贝当组阁的同时,法国国防部副部长戴高乐将军为首的一批军官和政治家坚决主张抵抗侵略,拒绝停战协定,另外组织起"自由法国"委员会,与英国人一道继续作战。1941 年 6 月 8 日,英国会同戴高乐的自由法国向叙、黎发动进攻。盟军兵分三路攻入叙、黎,遭到维希军队抵抗。盟国展开政治攻势,争取叙、黎人民支持。自由法国驻中东代表贾德鲁以戴高乐的名义向叙、黎人民发表文告,文告称:"我现在宣布废除委任统治,并宣布你们享有自由和独立。因此,你们从此以后就是享有主权和独立的人民。"[①]文告赢得叙、黎人民的欢迎。7 月中旬,盟军几近控制叙、黎全境。维希军队大部被遣返回法国。

然而,英国与自由法国的矛盾又日形尖锐。戴高乐坚持法国对叙、黎的统治,不满英国过多干预。戴高乐认为"战争一旦结束之后,法国是不会保留托管地的。即使它还想这样做,阿拉伯人民的运动以及国际局势的必然趋向也不会允许它达到目的。只有一种政治制度才能在名义上和实质上代替托管制,那就是独立……"但是他强调,这种独立不能伤及法国人的利

---

① [英]乔治·柯克:《战时中东》上册,第 181 页。

益,而且只有法国"才有资格给予它们独立"。① 因此,7 月,自由法国任命了黎巴嫩新的总统和总理,接过了法国对黎巴嫩的委任统治权。

　　早在贾德鲁发表文告时,英国就曾要求与自由法国联合署名,被戴高乐拒绝后英国单方面发表了声明,宣称支持法国的文告并将予以保证,希望借此取得干预叙、黎问题的合法地位。由于叙、黎人民要求举行自由选举而与自由法国冲突后,英国乘机支持叙、黎举行大选。而美国在这一问题上既不愿法国垄断叙、黎,也不希望英国取代法国,于是含糊其词任由英国为之,自由法国被迫让步。1943 年 4 月在叙、黎举行了大选。7 月和 8 月,叙、黎各自成立了民族政府并选出总统。黎巴嫩政府率先废除委任统治。1943 年 9月,黎巴嫩第一届议会成立并通过《国民宪章》,11 月 8 日国会认可。在这种情况下,自由法国驻叙、黎代表下令逮捕了黎总统和总理,解散黎国会,废除黎宪法。结果导致阿拉伯各国广泛掀起声援黎巴嫩人民的浪潮,英、美也积极干预。11 月 19 日,英国驻中东大臣凯西照会自由法国:"到 11 月 22日上午 10 时,这个共和国的总统和其他黎巴嫩部长如尚未获释,他们将由英军予以释放。"②美国这次也表示支持英国。在如此强硬逼迫下,自由法国于 11 月 22 日释放了被捕的黎巴嫩领导人并官复原职。黎巴嫩国会、政府和宪法一并恢复,11 月 22 日,重新选举了总统,并由总统任命了总理,议会宣布黎巴嫩独立,并将这一天定为独立日。12 月叙利亚也经自由法国同意废除了委任统治,宣告独立。1944 年 1 月开始,自由法国向叙利亚和黎巴嫩移交权力,6 月底移交完毕,但英、法盟军仍留驻叙、黎。英、美、苏很快在这一年承认叙、黎独立,并与之建立了外交关系。美国得到叙、黎两国的保证,即保留了 1924 年美、法协定中给予美国的权利。1945 年 2 月,叙利亚和黎巴嫩两国以独立国家的身份对德、日宣战,从而取得了出席旧金山会议的资格,成为联合国创始会员国。

　　法国不甘心,1945 年 5 月,欧洲反法西斯战争取得胜利之后,法国再度向黎巴嫩增兵,派出一支远征队在贝鲁特登陆,并着手轰炸大马士革,导致流血冲突。6 月 21 日,叙利亚和黎巴嫩民族政府在大马士革发表联合公

---

　　① [法]夏尔·戴高乐:《战争回忆录》第 1 卷,陈焕章译,中国人民大学出版社 2005 年版,第161—168 页。
　　② [英]乔治·柯克:《战时中东》下册,第 460 页。

报,宣布免去法国人在两国政府中担任的职务,要求撤出所有的法国军队。
10月,两国政府又向英、法正式提出要求:立即撤出占领军。叙利亚总统舒
凯里·库阿特里发表声明警告说,除非法国人离开叙利亚和黎巴嫩,否则必
将重新发生流血事件。[1] 而这时阿拉伯人已于1944年10月组成了阿拉伯
国家联盟,阿盟理事会此时也召开会议通过决议要求法英撤走所有军队。
仍驻军在此的英国乘机利用这种形势排挤法国。对英国而言,法国撤军后
自己占有这一地区当然最为理想,但是英国不打算这么做,因为:首先黎巴
嫩人民为驱逐占领军而展开激烈的武装斗争,英国不希望在战争尚未彻底
结束时与阿拉伯民族主义相对抗;其次,美国和苏联利用联合国施加压力,
占领军难以继续驻扎;再者,以戴高乐为首的法国人也坚决不同意英国人这
么做。在这种情况下,英国提出与法国一起撤军,法国被迫同意。1946年3
月1日,英、法在巴黎达成了两国同时从叙、黎撤军的协议。是年4月17日
开始,英、法军队撤出叙利亚,8月开始从黎巴嫩撤军,到1947年1月1日,
最后一批英、法军队撤出了黎巴嫩,两国至此获得完全独立。

　　与法西斯国家关系紧张以及大战的爆发,使得中东阿拉伯地区的安全
变得至关重要,为争取阿拉伯人站在同盟国一边支持反法西斯战争,同盟国
对阿拉伯人要求统一的思想和作为给予默许甚至一定程度的支持,阿拉伯
国家联盟得以在大战期间成立。

　　阿拉伯人希望建立统一阿拉伯国家的思想早在奥斯曼帝国统治时期的
19世纪末20世纪初就已出现,当时阿拉伯人想从奥斯曼帝国赢得政治自
由。然而第一次世界大战后英、法强加的人为边界将他们的地区硬行分割
开来了。在两次世界大战之间的二十年中,由于汽车和飞机等交通工具的
广泛推广和使用,以往被沙漠分开的这些国家之间的联系加强了,统一行动
的欲望再次被燃起。

　　对待叙利亚、伊拉克、巴勒斯坦这些委任统治地,英国和法国的策略不
大一致,两国共同的是要维持阿拉伯世界的团结,从而阻止第三方渗透。但
为此,法国多采用强制高压政策,英国则更圆滑一些。由于英国曾在1917

---

① 彭树智主编,王新刚著:《中东国家通史·叙利亚和黎巴嫩卷》,商务印书馆2003年版,第
203页。

年抛出《贝尔福宣言》,允许犹太人到巴勒斯坦建立家园,致使阿拉伯人与英国的关系颇为紧张,英国认为此时若阻止阿拉伯人统一的愿望反而会强化这种意识,所以决定给予适度支持。1941 年 5 月 29 日,英国外交大臣安东尼·艾登在伦敦市长官邸发表声明,宣称加强阿拉伯各国家之间的文化、经济联系以及政治联系是合情合理的。因此,英国政府将全力支持任何"得到广泛赞同的这类计划"。① 英国人认为阿拉伯世界能够形成一个得到广泛认可的统一计划是很难的。而阿拉伯人对这一声明的理解则较为乐观。认为这意味着英国人从此将放弃"分而治之"的政策了,于是开始着手制订统一计划。

　　1943 年,伊拉克首相努里·赛义德提出"肥沃新月"计划。计划将由叙利亚、黎巴嫩、西巴勒斯坦、外约旦组成一个国家,即"大叙利亚",然后与伊拉克共同组成阿拉伯联邦,其他阿拉伯国家可自行决定参加与否。巴勒斯坦的犹太人和黎巴嫩的基督教徒可在统一的叙利亚国家中获得半自治地位。约旦的阿卜杜拉也提出了一个"大叙利亚"计划。他的计划包括叙利亚统一计划和叙利亚联邦计划两种方案。前者与"肥沃新月"计划大致相同,只是提出要由外约旦埃米尔阿卜杜拉掌管大叙利亚国家的最高权力。叙利亚联邦计划是准备在统一计划被否决后实施,即由外约旦、北叙利亚、黎巴嫩、巴勒斯坦各国政府组成联邦国家,首都设在大马士革,但埃米尔阿卜杜拉要为国家元首。

　　上述计划提出后,遭遇一片反对声。首先是已建立共和政体的叙利亚和黎巴嫩反对;法国也不能坐视英国人纵容阿拉伯人统一而兼并叙、黎。美国则担心统一的阿拉伯国家更难渗入。而阿拉伯国家对哈希姆家族借统一来扩大在阿拉伯世界的势力不满,尤其是埃及和沙特阿拉伯坚决反对。于是只得寻求另一种能为这些阿拉伯国家共同接受的方案。由于埃及在阿拉伯世界势力较强,作为盟国在中东基地的意义也较大,又不是法国的势力范围,所以英国决定支持埃及。

　　埃及也希望控制阿拉伯世界,但它对这个问题的看法比较现实,认可在平等基础上建立团结合作关系,这得到伊拉克、沙特阿拉伯、叙利亚、也门等

---

① 〔英〕安东尼·艾登:《艾登回忆录》上册,瞿同祖等译,商务印书馆 1976 年版,第 456 页。

国的赞同。1944 年 9 月 25 日,阿拉伯国家代表聚集埃及亚历山大,大会主题是共商建立阿拉伯国家合作及联盟计划的总原则。会议由埃及首相纳哈斯主持。经过近两周的讨论,各国达成共识,即建立一个尊重各国独立、主权的阿拉伯国家联盟。10 月 7 日,由各国代表组成的筹备委员会会议通过了阿拉伯国家在政治、经济、文化、社会事务诸方面合作总原则,并拟议成立阿拉伯国家联盟的议定书,后称《亚历山大议定书》。1945 年 3 月 17 日,阿拉伯代表在开罗通过了《阿拉伯联盟宪章》(亦称《阿拉伯国家联盟公约》)及《关于巴勒斯坦和未独立的阿拉伯国家》附件,设立了理事会和秘书处。理事会由各成员国代表组成,每个国家拥有一票,但理事会通过的决议只对投票赞成的成员国有约束力。阿盟总部设在开罗,埃及人阿卜杜拉·拉赫曼为第一任秘书长。3 月 22 日,埃及、沙特阿拉伯、外约旦、伊拉克、叙利亚、黎巴嫩、阿拉伯也门七国在《阿拉伯联盟宪章》上签字,阿拉伯国家联盟正式成立。

阿盟成立后,法国出兵叙利亚和黎巴嫩,英国进行了干预。英国人认为远东战争尚未结束,中东基地还要继续使用,法军一旦与叙、黎冲突,阿拉伯国家联盟不能不援助,这势必导致中东混乱,无益于同盟国,所以向法国人施加压力后,法国撤军。

阿盟的成立标志着阿拉伯民族主义日益成熟,也是阿拉伯国家在反帝斗争中加强团结的象征。

二、伊朗撤军问题引发美、苏冷战开始

1942 年 1 月,英国和苏联与伊朗签订的三国同盟条约明确规定,反法西斯战争胜利后 6 个月内盟军从伊朗撤出。伊朗国王担心英、苏违约,曾希望美国也加入以保证英国和苏联占领军能如期撤离,罗斯福没有同意。数月后,苏德战争爆发,情况发生了变化,美国与英国商定,以保护交通线和改善军用物资的运输工作之名,陆续向波斯湾派遣 3 万美军,美军因此加入占领军行列。1943 年 11 月德黑兰英、美、苏三国首脑会议后于 12 月签署的《德黑兰宣言》重申尊重伊朗的独立、主权和领土完整,并保证给予伊朗经济援助。美国希望以此宣言强化英、苏撤军意识,而自身则加强对伊朗的经

济渗透。

除经济援助外,美国向伊朗派出经济代表团,试图控制伊朗财政及经济,但不成功。美国石油公司与伊朗政府谈判开采伊朗东部俾路支斯坦石油也因英、苏压力未果。英、苏以及英伊石油公司迫使伊朗议会于1944年12月2日通过一项法案,即在战争没有结束之前,伊朗政府不能向任何外国政府出让新的石油租借地。在这种局势下,为对付英国和苏联,美国便借向苏联运送军事物资之便,加强对伊朗运输通道的控制以控制伊朗。为此,美国先向伊朗派出一支监督和协助运输工作的分遣队,随后成立波斯湾司令部,接管波斯湾的沙赫普尔港和霍拉姆沙赫尔港。并派以铁路和公路运输专家雷蒙德·惠勒将军为团长的军事代表团到伊朗,负责伊朗的运输管理工作。但由于苏联不允许美国军事人员进入它占领的北部,美国波斯湾司令部只管辖从波斯湾到德黑兰之间的南段铁路线。美国还应伊朗政府要求,向伊朗派出军事顾问团和宪兵顾问团以帮助伊朗重新组建被英、苏军队击溃的伊朗军队和宪兵队。从1943年初,美国军事顾问团着手改组伊朗的军事机构,训练伊朗军队,并将一部分伊朗军官送往美国学习。根据《战时租借法案》提供的美国武器装备陆续运抵伊朗,伊朗军队美式化了,美国也在伊朗基本立足。

大战结束后,美国表示将提前从伊朗撤军,并要求英、苏履行战时有关撤军的保证,但苏联拒绝。1945年9月伦敦外长会议上,美国和英国同意斯大林的要求,即在对日战争胜利后6个月内撤出伊朗驻军,最后期限为1946年3月2日。

在美国和英国开始撤军时,苏联在苏占区支持阿塞拜疆民族政府实行自治,支持库尔德斯坦成立人民政府。伊朗虽派军队前去镇压,但被苏军拦回。美国政府这时命令其驻中东地区的武装力量进入戒备状态,并在波斯湾一带集结军舰,与苏联形成对峙局面。这是两个战时反法西斯盟友在战后的第一次军事对峙。与此同时,美国授意伊朗向联合国安理会控告苏联拒绝撤军的行为(1946年元旦,美军撤出伊朗,隔日,英军也全部撤离伊朗)。1月19日伊朗向联合国安理会提出控告,伊朗和苏联的争端成为联合国成立后首次大会审议的问题。后来伊朗担心与这个邻国的关系过僵,又想从安理会撤诉,但美国不允许。1946年2月28日,美国国务卿贝尔纳斯在纽约外国记者俱乐部演说时提到苏联不从伊朗撤军问题,他警告说:"如果因伊朗的撤军问题而引起美国与苏联之间的严重冲突,那将是一个不可宽恕的错误。"3月21日,杜鲁门给斯大林发了一封措辞强硬的信件,要求苏联一周后从伊朗撤军,6周内完成全部撤军,否则美国将重新开进伊朗。

在美、苏剑拔弩张的情况下,伊朗政府未经美国同意,向苏联作出让步。4月4日,伊朗与苏联缔结了一项协定,允许苏联拥有伊朗北部石油工业的开采权,苏军在两个月内撤出伊朗。苏军撤离后,美国帮助伊朗剿灭了阿塞拜疆自治政权和库尔德共和国,并迫使伊朗议会拒绝批准"伊苏联合石油公司"议定书。按照伊朗国王巴列维的观点,冷战从伊朗开始了。虽然这个词1947年才出现,但冷战的形式及其影响首先在伊朗展现出来。

三、土耳其和沙特阿拉伯成为亲美国家

大战后期,美国和英国为争取苏联参加对日作战,曾在1945年2月召开的雅尔塔会议上同意苏联提出的修改1936年《蒙特勒公约》的要求。3月19日,苏联政府以土耳其政府在战时执行亲德反苏政策为由,宣布1925年签订的即将到期的《苏土互不侵犯条约》已不适应新形势,应予以修订。土耳其遂于5月下旬向苏方提议重新缔结条约,试图缓和与苏联的关系。6月7日,苏联外长莫洛托夫召见土耳其大使,表明苏联政府可以考虑与土耳其缔结友好条约,但有两个条件,一是将土耳其东部的卡尔斯和阿尔达汗地区划归苏联(两地于1878年并入俄国,1921年划给土耳其);二是修改《蒙特勒公约》,由苏联和土耳其共同管理黑海海峡。土耳其政府对此加以拒绝后求助于美、英。美、英也认为《蒙特勒公约》确实有损于苏联的利益,应该作适当修改,美国还曾提出过修改的建议,但苏联执意坚持自己的要求,更重要的是苏联拒绝从伊朗撤军一事令美国人极为恼怒。美国认为,盟国已在东欧给苏联让了利益,如果苏联的力量进据伊朗和土耳其,意味着苏联的势力不但进入地中海和波斯湾,而且直逼苏伊士运河,从而威胁西方在中东的地位,美国决定不再对苏联让步,从此采取强硬立场。1946年3月,美国派遣舰队访问土耳其;9月航空母舰"富兰克林·罗斯福"号率领7艘战

舰驶往东地中海,在伊斯坦布尔港与"密苏里号"特遣舰队会合,展开军事示威。这期间苏联提出类似美国曾提出的建议,美国已不再理会,并支持土耳其政府拒绝了苏、土共管黑海海峡的建议,也不再提与苏联重新缔结友好和互不侵犯条约的事了。之后,大量的美国经援和军援到达土耳其,美国决心将土耳其武装成为美国在中东北部遏制苏联的军事基地。

第二次世界大战期间,美国通过经济援助,在世界储油量最丰富的沙特阿拉伯也建立起控制地位。

美国石油公司在 30 年代进入沙特,并获得了石油租让权,但当时美国忌惮阿拉伯半岛和波斯湾是英国的势力范围,所以与沙特阿拉伯终未建立正式的外交关系,双方只在 1933 年签订过一项关于互派外交和领事代表、法律保护、通商及航运的临时协定。二战爆发后,美国在中东的影响力逐步超过英国。而这时的沙特阿拉伯采取中立政策,尽管部分统治集团成员想借助德国力量抗御英国势力,希特勒也致函伊本·沙特,希望他参加轴心国阵营,但伊本·沙特坚持倾向同盟国的中立政策,而在英、美之间寻求沙特利益。由于沙特政府的两项主要财政来源——朝觐收入和石油出口都因战争而瘫痪,财政陷于危机。沙特便向英国政府提出要求增加财政援助,同时也向阿美石油公司提出增加石油租赁费。英国当时只提供了很少的援助,而阿美石油公司则求助于美国政府,由美国政府以《战时租借法案》的方式向沙特提供援助,援助的 2/3 强都是赠予的。当时在沙特经济生活中起主要作用的是英国。英国是沙特对外贸易的主要伙伴,而且每年赴麦加的朝觐者多数来自大英帝国的属地,所以美国的做法必然与英国在沙特的势力相冲突。而在美、英争夺沙特的过程中,沙特不断提高价码,要求援助的数额日益增加,致使英国放弃,而美国则满足沙特的要求,换取伊本·沙特亲美,美国随即在沙特建立起军事基地。1943 年 12 月美国驻中东武装部队司令罗伊斯少将专程访问利雅德,与沙特国王就两国军事关系和军事基地问题进行商讨,双方达成协议,沙特允许美国在达兰建立空军基地,允许沙特的波斯湾港口为美国海军提供便利,美国则向沙特提供武器装备,并派遣军事代表团训练沙特军队。达兰是阿美石油公司总部所在地,地理位置适宜,是美机飞往苏联与印度的中间站。1944 年达兰机场建立,该基地的设施超过美国在伊朗阿巴丹和埃及贝因费尔特的空军基地,是美国在海外最大、设施最先进的机构。美国为要强迫英国和苏联从伊朗撤军,自己从伊朗撤出的军事力量便转移到沙特。

　　在沙特建立起足够的军事控制力量后,美国便着手铺设阿拉伯半岛的输油管。沙特阿拉伯油源丰富,但到欧洲的运输线太长,美国决定铺设一条从波斯湾到地中海,横贯阿拉伯半岛的输油管,这样可以降低一半运输费用,扩大输油能力,从而使沙特石油产量进一步增长。管线费用由美国政府出资,全长1600公里,从波斯湾的哈萨地区到地中海黎巴嫩的赛达港,中途经过约旦和叙利亚。由于约旦处在英国控制下,叙利亚也有英国驻军,美国向英国出让了一部分利益。这条输油管于1945年开始铺设,1951年竣工。美国在世界上最大的石油输出国沙特阿拉伯建立起自己的控制力。

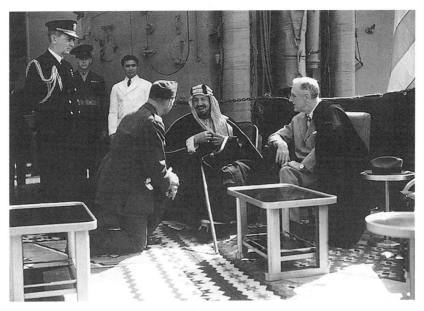

1945年美国总统罗斯福在美国军舰"昆西号"上会见伊本·沙特国王

第十二章

当代中东民族独立国家体系的形成

第一节　战后中东民族民主运动新高潮

一、战后初期中东政局的动向

　　第二次世界大战结束后,伴随国际政治舞台大国力量的消长,中东政治格局呈现新的变化。由于在两次世界大战中的严重消耗,英、法实力全面削弱,两国自第一次世界大战后借助"委任托管"在中东地区确立的统治地位严重动摇。美国是战争的新暴发户,它仰仗战争期间迅速积累起来的强大政治、经济和军事力量使其在大国中独占鳌头,并成为它在战后试图称霸世界的资本。早在 1943 年 4 月,美国总统罗斯福便通过媒体,透露了他对战后世界安排的设想,亦即所谓的"世界蓝图"。这个"蓝图"从世界主义出发,要求建立一个由美国领导的、符合美国利益的世界政治与经济秩序。1945 年 4 月 12 日罗斯福突然病逝,继任总统杜鲁门宣称他将继续实现罗斯福的"世界蓝图",并于同年 12 月在致美国国会的咨文中郑重宣布:"胜利已使美国人民有经常而迫切的必要来领导世界了。"[①]由此可见,美国力图在战后充当世界的领导者。

---

① 转引自彭树智主编:《世界史》现代史编下卷,高等教育出版社 1994 年版,第 18 页。

中东地区因其重要的战略地位和蕴藏丰富的石油资源而令美国垂涎。战后初期,美国在中东的战略目标是:排挤英法,阻止苏联挺进中东,逐步确立美国在中东的绝对权威。为实现上述目标,美国在胁迫英法两国特别是英国将它在中东的部分势力范围和石油权益让与美国的同时,还进一步在所谓支持中东各国民族解放运动的旗号下,竭力向中东各个领域渗透,不断拓展和扩大美国在中东各国的影响。

另一方面,经过反法西斯战争血与火的洗礼,战后中东各国人民的民族意识和觉悟空前提高,各国的民族民主运动向纵深方向发展,争取国家独立和民族解放成为不可阻挡的历史潮流。在这种形势下,中东地区的民族解放运动无论在方式上还是在内容上,都出现了一些新特点。

二、伊朗的石油国有化运动

战后中东地区的民族解放运动,首先是围绕石油权益而展开的反掠夺、反剥削、反控制的斗争。中东地区素有"世界石油宝库"之称。在当代世界,石油既是重要的战略资源,又是与人们生存攸关的能源,斯大林曾把石油形象地比喻为世界列强全部经济活动的"精神中枢"。因此,石油对于列强的重要性不言而喻。正是由于这一原因,石油顺理成章地成为战后中东石油生产国反帝反殖斗争中的有力武器。

伊朗是中东地区的石油大国之一,也是战后东西方大国最早走向抗衡并导致"冷战"肇始的地区。伊朗人民面临着反对外来强权政治和本国封建专制统治的双重任务。如前所述,1947年10月伊朗国会在废除伊苏联合石油公司协定之后,随即又通过了一条法律。这条法律规定,在伊朗国家主权遭受损害的情况下,特别是在南部石油问题上,"政府要进行必要的谈判,采取必要的措施来收回国家主权"①。这意味着伊朗决定将下一个目标指向控制其南部石油租让地的英国。伊朗之所以这样做,既是受伊朗国内蓬勃兴起的民族主义浪潮的激励,也是由于伊朗严峻的经济形势所决定的。1946年初,伊朗曾着手拟定发展计划。1949年初,国会通过了一个七年发

---

① Hossein Amirsadeghi ed., *Twentieth century Iran*, London, 1977, p.64.

展计划,每年所需投资 5800 万美元。这样庞大的开支对于战后初期困难重重、经济持续恶化的伊朗来说是难以筹措的。因此,人们都把实现这个计划的希望寄托在石油产地使用费、世界银行贷款和美国的援助上。1949 年 12 月,伊朗国王亦曾亲自赴美争取援助。但因伊朗政局动荡不定,美国仅向伊朗提供了 1000 万美元的军事物资。伊朗国内经济日趋衰微,仅在 1950 年的头 3 个月,德黑兰便发生了 35 起大公司破产事件。与此形成强烈反差的是,英伊石油公司却在大发横财,变本加厉地吞噬着伊朗石油的超额利润。英伊石油公司在伊朗拥有 25.9 万平方公里的租让地,2700 公里长的输油管道,100 多艘油船,年生产能力为 250 万吨的阿巴丹炼油厂。1938—1950年,世界石油产量增长近一倍,而主要由英伊石油公司控制的伊朗石油产量则增长了两倍以上,从 1019 万吨增长到 3175 万吨。1947 年,伊朗仅从石油产地使用费和税款中获得 1988 万美元,而英国政府却牟取利税 5600 万美元。1947 年,公司的纯利为 2688 万美元,1948 年增至 5208 万美元。[①] 为此,许多伊朗人主张通过对这个长期剥削和掠夺伊朗的石油公司实施国有化来解决伊朗面临的经济困难。

伊朗关于石油国有化的想法也得到美国的赞许,因为它一直在想方设法排挤英国,以便取而代之。1947 年 1 月,美国驻伊朗大使艾伦就宣称,伊朗的资源属于伊朗,美国人民完全支持伊朗人民做出的选择。伊朗石油国有化运动开始后,美驻伊朗外交官格雷迪又把摩萨台作为抵制"共产主义威胁"的唯一领导人而予以支持。在多种因素的推动下,伊朗向英伊石油公司发起了历史性的挑战。

伊朗石油国有化运动的主要发动者是摩萨台为首的"民族阵线"。该阵线是在 1949 年 10 月伊朗举行第 16 届国会选举过程中成立的。它包括 4 个政治团体:伊朗党、劳动党、伊朗民族党和穆斯林勇士协会。民族阵线基本代表了小商人、宗教人士和行会长老及具有现代意识的知识分子的利益。尽管这些团体的利益和观念不同,但都反对王室和军人的独裁专制,都主张从英国人手中收回石油主权。摩萨台被推举为民族阵线的主席。

穆罕默德·摩萨台出身名门贵族,35 岁时当选议员,后因反对国王曾

---

① [美]西·内·费希尔:《中东史》下册,第 671—672 页。

被捕入狱。1944年摩萨台东山再起,又一次当选议员。由于他清正廉洁,成为深受国人欢迎的政治家。摩萨台竭力反对给予外国租让权,1947年伊朗废除同苏联签订的联合石油公司协定就是根据他在1944年向国会提出的一项法律而做出的。因此,摩萨台又是伊朗公认的爱国者。

1950年伊朗第16届国会开幕。6月,民族阵线以英伊石油公司妨碍伊朗主权、缴纳石油产地使用费不足等理由向国会提出了石油国有化的动议。但未被政府采纳。早在1949年伊朗政府同英伊石油公司曾达成补充协议,公司同意将交给伊朗的税款额提高到1933年协议的2倍,但因仍达不到利润的50%,遭到国会的拒绝。此后,民族阵线展开了石油国有化的各种宣传鼓动活动。摩萨台在万人群众集会上宣布:"只有对整个石油工业实行国有化,才能解决冲突。"宗教领袖卡沙尼则鼓励所有"诚实的穆斯林和爱国市民加入国有化的斗争,同伊斯兰教和伊朗的敌人进行战斗"。

1951年3月15日,伊朗国会通过关于石油工业国有化法案的决议。4月29日,摩萨台成为新首相,石油国有化运动加速推进。他上任后,立刻成立一个五人委员会专门负责实施国有化。5月,颁布了经国王批准的关于国有化的决议和包括9点方案的石油法;6月,摩萨台政府派遣五人委员会到胡齐斯坦接管石油公司并将公司改为"伊朗国家石油公司";7月,中断同石油公司的谈判;9月,石油公司撤回技术人员,关闭石油设施;10月,英国驻伊朗的所有领事馆被关闭。

在伊朗采取一系列强硬措施后,英伊矛盾急剧恶化。为了保住在伊朗的石油权益,英国一方面派遣军舰到波斯湾,阻止伊朗石油外运;另一方面又把英伊争端提交海牙国际法庭和联合国安理会。此外,英美和国际银行也先后提出了多种解决冲突的建议,但这些建议均因双方分歧太大而被否定。伊朗认为,石油国有化政策纯属伊朗内政,外界无权干预。

然而,摩萨台在执意实施国有化政策时,忽略了石油工程和国际石油市场的复杂性,并且未能在进行充分准备的情况下做出理智而符合伊朗最大利益的决策。在他看来,只要简单地把石油收归国有,伊朗的一切问题便可解决。1952年4月,摩萨台对国会说,他希望伊朗在没有外国帮助的条件下使每年的产油量达到500万吨,"那时,我们就指望英国政府来购买我们的石油"。

事态的发展却完全出乎摩萨台的意料。英伊石油公司联合其他跨国石油公司共同抵制伊朗石油,同时采取措施增加海湾诸产油国的石油产量以满足供应。1951 年夏末,伊朗的石油工业已陷于停顿,油池满盈,但装运不出去。在英国海军炮舰的威胁下,即使油价屡屡下跌,也没有油船上门。大量伊朗石油工人只得由政府来支付津贴,维持生计。外汇短缺导致伊朗对外信誉下降。政府无力发放工资,军队只能象征性地得到一点军饷,纸币的大量发行又引起严重的通货膨胀,伊朗处于危机之中。1952 年 2 月,摩萨台被授予特殊权力,以解决伊朗的危机。随后,他还要求兼任国防大臣。但遭到国会和国王的拒绝。摩萨台愤而辞职。继任首相无法控制局势,伊朗国内出现更大的动荡。国王被迫请回摩萨台重组内阁。

摩萨台再度执政后,首先在军队中进行改组,削减军事预算,由亲信取代国王的高级将领。同时,解散参议院和最高法院,限制王权,禁止国王同外界直接联系。接着,他又从国会获得在必要时颁布任何法令的紧急权力。摩萨台利用手中的权力,进而对伊朗进行激进的社会改革。例如,提高农民在农产品中的所得份额;起草新税法使低收入消费者摆脱沉重的赋税等。但社会改革却触犯了民族阵线中以宗教领袖和行会长老为代表的保守派的利益,特别是诸如内政、司法和教育等重要政府机构交由主张世俗化的现代派来掌管更使宗教人士深为担忧。现代派提出的电话公司收归国有、给予妇女选举权等改革建议都被保守派视为与伊斯兰教不符而遭反对。其结果,民族阵线发生分裂。一度被称为"民族代言人"的摩萨台被斥为"独裁者"。同时还有人指责"政府的专制措施正把伊朗变成一个巨大的监狱"。摩萨台失去了在普通群众中影响极大的宗教人士的支持。

在关键时刻,一直打着所谓支持中东各国民族解放运动旗号的美国,对摩萨台的政策也发生了根本性变化。美国原打算利用伊朗的反英情绪,排挤英国,确立美国在伊朗的特权。但当伊朗国有化运动的发展影响到包括美国在内的整个西方石油公司在海外的利益时,美国就转向了英国一方。就在伊朗石油遭到英伊石油公司和跨国石油公司的联合抵制急需财政援助之时,美国拒绝给予伊朗贷款。相反,美国政府却向英国提供了 3 亿多美元的贷款。1953 年 1 月,美国起草的一份有关伊朗石油危机的形势报告认为:"我们的石油公司在欧洲和中东起着我们的外交政策工具的作用,因此对它们的任何攻击都应视为在这些地区对整个美国制度的根本攻击。"①因此，美国转而采取了反对摩萨台政府的策略，并要求伊朗放弃石油国有化。此外，美国原来指望摩萨台阻止苏联势力的努力也未能明显奏效，这一结果对于正在积极进行"冷战"的美国来说极为不利。这便成为美国改变对摩萨台态度的又一个重要原因。

1953 年 8 月，在英、美的幕后策划下，亲美派军官、国王的亲信扎赫迪发动军事政变，逮捕了摩萨台。一俟政变成功，艾森豪威尔马上向伊朗拨款4500 万美元，以恢复伊朗经济。随后，扎赫迪又以谋反罪对摩萨台进行了审判，摩萨台在法庭做了长达 5 小时的演说，最终法庭判处他 3 年徒刑。国王为他减刑一年半。至此，伊朗石油国有化运动以失败告终。

扎赫迪上台后，于 1954 年 8 月开始同由英、美、法、荷石油公司组成的国际财团谈判，最后双方达成协议。这个联合石油财团（英伊石油公司获得 40%股票，5 家美国石油公司得 40%股票）为伊朗国家石油公司开采、提炼和出售石油，双方对半分配石油收益。协议实施后，伊朗每年获得的石油收入增长到近 3 亿美元，但却未能达到石油国有化运动预期的目标。后来直到 1973 年，伊朗才全部收回了石油主权。

三、围绕石油权益的博弈

在伊朗实施石油国有化运动之时，中东地区的其他石油生产国也在进行着维护自身石油权益的不懈斗争。第二次世界大战结束后，世界经济的恢复特别是欧洲的重建对石油的需求日益增长。英美石油垄断资本为牟取高额利润，竭力加快和扩大中东产油国的原油生产。

但是，美国垄断资本的石油经营活动却受到《红线协定》的种种制约。所谓《红线协定》，是英国控股的"伊拉克石油公司"的几大合营者"英国石油公司"、"英荷壳牌石油公司"、"法兰西石油公司"、"新泽西美孚石油公司"（后改称"埃克森石油公司"）和"纽约—莫比尔石油公司"在 1928 年

---

① Benjamin Shwadran, *Middle East oil crises since 1973*, Boulder, CO., Westview Press, 1986, pp.12 - 13.

缔结的。协定参加者保证,不在协定所附的地图上面用红线圈出的广大区域内撇开"伊拉克石油公司",直接或间接地开采、购买石油。同时协定还规定,任何一个石油公司的成员在红线地区内取得石油权益时,其成员国应在这些石油权益中享有它们在伊拉克石油公司中同样的股权。"红线区"包括了原奥斯曼帝国的绝大部分领域,如土耳其、伊拉克、沙特阿拉伯、苏伊士运河和塞浦路斯等地。英国长期借助这一协定采取卡特尔方式限制他国石油公司,独自垄断中东的石油权益。

为了打破英国石油垄断资本在中东地区的一统天下,进而确立美国石油资本的优势地位,美国石油公司在战争结束不久便宣布不承认阻止和限制美国石油资本在中东扩张的《红线协定》。随后,埃克森和莫比尔两家美国石油公司又在1946年12月撇开伊拉克石油公司的其他成员,共同购买了在红线范围内经营的阿美石油公司的40%的股权。因此,美国这两家公司的行动,实际上就是撕毁和中止了《红线协定》,从而为美国石油资本的扩张创造了条件。

美国石油资本的扩张主要集中在沙特阿拉伯。早在1933年5月,美国借助沙特面临的经济困难同沙特政府签订了石油租让权协定。1939年又签订补充协定。这两个协定使美国石油垄断资本——"加利福尼亚美孚石油公司"①总共获得沙特114万平方公里的租让地,期限为66年。1938年3月,沙特东部达曼的第一口油井喷出了原油。1939年5月,伊本·沙特国王为第一艘装运沙特出口原油的油轮扭开了第一道输油阀门。但由于第二次世界大战的爆发及其后受战争的影响,沙特原油的开采和生产缓慢。第二次世界大战结束后,特别是伴随《红线协定》的解除和横贯阿拉伯输油管的成功铺设,阿美石油公司凭借沙特油田储量多、埋藏浅、压力大、油质好、开采成本低等方面的优势,迅速扩大公司的石油经营活动。据估算,战后阿美石油公司在沙特生产1吨原油的成本仅为2.9美元,大约相当于在美国境内生产费用的1/10,在委内瑞拉境内生产费用的1/5;而沙特每吨原油在国际市场上的销售价格却为17美元,这就是说,阿美石油公司在沙特每生

---

① 美国德士古、埃克森和莫比尔石油公司后来也加入加州美孚石油公司,1944年该公司改名为"阿拉伯—美国石油公司",简称阿美石油公司。

产1吨原油所获取的利润是其开采成本的近6倍。上述因素促使战后沙特石油生产呈现前所未有的发展势头,原油开采量直线上升。1946年,沙特原油产量为790万吨,1963年猛增到8100万吨,超过前者的10倍之多。然而,由于石油开采权和经营权完全掌握在阿美石油公司的手中,石油产量大幅增长所带来的大部分巨额收入并不归属沙特,而是被阿美石油公司所吞噬。据不完全统计,1952—1961年间,阿美石油公司向沙特政府缴纳税后的净收入达到28亿美元,纯利润占投资额的57.6%,1961年这一百分比高达81.5%。当时的美国新闻媒体把阿美石油公司称作当代创奇迹的盈利企业。[1]

在战后石油产量逐年刷新和巨额石油利润源源不断流向美国石油垄断资本的情况下,沙特政府为维护民族资源石油的权益,在战争刚一结束就开始同阿美石油公司进行谋求提高石油收益和改善石油税制的斗争。

沙特政府首先要求按照战争期间和战后初期币制汇率的变化提高石油产地使用费。根据原先授予阿美石油公司的特许权规定,石油产地使用费为每吨4先令金币,或折合相等价值的美元或英镑。在大战期间和大战刚结束的那几年,中东的金镑价值大大超过了规定价值,因而折算4先令金币的等价引起争执。按官价汇率,一个金镑约值8.25美元,亦即每吨原油的产地使用费为1.66美元(每桶2角2分)。但英镑在中东公开市场的买卖价格却是官价的2倍。经过不断的据理抗争,1948年阿美石油公司被迫同意将金镑的价格调整为12美元。这样,产地使用费就上升为每吨2.4美元(每桶3角2分)。沙特同阿美石油公司第一个回合的斗争取得成功。

紧接着,沙特政府又采取措施,要求阿美石油公司给予沙特作为石油税的报酬应该同公司急剧上升的石油利润同步增长。而此时正值战后亚非拉石油生产国维护石油权益斗争蓬勃兴起之际,尤其是委内瑞拉经过长期的斗争早在1943年就率先获得平分石油公司利润权利的胜利,这无疑对中东产油国具有极大的启迪作用。它成为战后中东产油国增税斗争的一个推动力和效仿的范例。沙特政府在此鼓舞下,于1950年初颁布法令,要求在其

---

① [苏]尼·伊·普罗申:《沙特阿拉伯》,北京大学历史系翻译小组译,人民出版社1973年版,第181—182页。

境内经营的一切外国公司向沙特政府缴纳占它们利润 50% 的所得税。在此之前,两家美国小石油公司按沙特提出的条件,取得在沙特边界地区开采石油的特许权。阿美石油公司为此感到恐慌,并向美国政府求援。美国政府出于战略利益的考虑,即巩固它在波斯湾的地盘,确保沙特长期依赖美国,并能服从美国的支配,因而同意阿美石油公司按沙特国王的要求缴纳石油税,而不再向美国政府纳税。由于得到美国政府的许可,1950 年 12 月,阿美石油公司同沙特政府签订补充协定,规定:沙特政府有权分享该公司净收入的一半,阿美石油公司以石油所得税、租金和油田使用费以及其他形式将这一半净收入交给沙特政府。由此产生和开创了 20 世纪 50 年代初期中东地区"对半分成制"的先例和原则。新协定追溯到 1950 年 1 月 1 日生效。因此,1950 年沙特石油产地使用费从 6000 万美元增加到 9000 万美元。截至 1956 年,沙特年均石油收入已超过 2.5 亿美元,并成为战后新崛起的世界重要石油生产国。

在获得利润对半分成制的胜利后,沙特政府在 50 年代后期又联合中东其他石油生产国进一步提出建立合理的石油标价制度。这一制度的中心内容是,协商规定每桶原油的固定参考价格,然后由产油国政府根据这种标价合算抽取税金,从而确保产油国的利益。沙特政府宣称,如果阿美石油公司不接受这一制度,它将收回石油开采的特许权。在这种情况下,阿美石油公司只好被迫承认这一事实。但它却私下联合西方其他石油大亨采取单方面压低石油标价的办法,损害包括沙特在内的中东产油国的利益。

为了对付西方石油大亨任意压低石油标价的强权行径,同时也为了协调行动,同第三世界其他产油国团结起来跟国际石油财团作斗争,沙特阿拉伯、伊朗、伊拉克、科威特等中东主要产油国与拉丁美洲的产油国委内瑞拉等国于 1960 年 9 月在伊拉克首都巴格达举行会议,正式宣布成立石油输出国组织——欧佩克(OPEC),制定了统一的石油政策,并决定逐步收回被国际石油公司控制的定价权和定产权。60 年代,沙特王国同中东其他主要产油国通过石油输出国组织限制产量,反对国际石油公司利用其手中的定价权进行压价,使国际石油公司对油价和产量的控制权遭到一定程度的削弱,维护了民族资源的权益。

另一方面,在 50 年代后期,中东产油国还利用一些独立石油公司和国际石油卡特尔之间的矛盾日益尖锐化的有利时机,同独立石油公司签订合营制的石油勘探开采合同,从而产生了合营制合同方式。1957 年 8 月,伊朗国家石油公司同意大利国家石油公司的子公司阿及普(AGIP)签订协定,决定成立合营公司。根据协定,双方各占股份 50%,而阿及普还得将其所得利润的一半作为石油税交给伊朗政府。伊朗占有一半股权再加上石油税,就可取得该公司 75%的利润,这就是伊朗称之为 75∶25 的分红合同。在伊朗合营制合同模式的带动下,沙特阿拉伯于 1957 年 12 月同日本的阿拉伯石油公司签订了类似的协定,规定沙特所属的中立区沿海地区由日本阿拉伯石油公司开采石油,沙特在该公司中参股 10%—20%,并占有 1/3 的董事席位,获取 56%的利润和原油标价的 20%作为矿区使用费,实际上沙特共占有 76%的利润收入。显然,这种合营制合同方式打破了旧的租让制,并使产油国在获得更多经济利益方面起到了一定的积极作用。从某种意义上说,它标志着产油国同外国石油公司关系新时代的开端,同时它还预示着产油国政府将逐步收回对民族资源石油的控制权。

第二节　殖民体系在中东的瓦解

一、1952 年埃及"七月革命"及其影响

当中东产油国以石油为武器进行反帝反殖斗争时,中东非产油国的民族解放运动也一直在深入发展,并孕育了 20 世纪 50—60 年代几乎波及所有中东国家的一场更深刻的革命运动。这次革命运动的明显特点是:已独立的国家普遍发生了推翻君主制,建立共和国的革命;那些仍处在殖民统治下的国家通过长期斗争获得独立,而且多数国家在此基础上实行了共和制。埃及是这次革命运动的先导。

第二次世界大战结束后,英国军队仍然占领着埃及的苏伊士运河,埃及人民尚未真正摆脱英国殖民者的枷锁。与此同时,埃及国王法鲁克在国内实行专制独裁,政府腐败、侵吞国库,致使埃及政治经济生活严重失控。埃

及人民渴望实现民族独立和政治民主,反英和反封斗争日趋高涨。

在战后民族民主运动中,新一代埃及民族主义者已由第一次世界大战后的华夫脱党人转为爱国的青年军官代表。其领袖人物便是埃及杰出的民族主义者加麦尔·阿卜杜勒·纳赛尔中校。纳赛尔 1918 年 1 月 15 日出生于上埃及西乌特省贝尼英尔村的一个穆斯林邮局职员家庭。青少年时代,纳赛尔接受了阿拉伯民族主义和爱国主义的启蒙教育,逐渐树立了拯救祖国和复兴埃及的思想。在开罗上中学担任中学生联合会主席时,纳赛尔曾多次组织和领导学生举行反英示威活动。1937 年纳赛尔以优异成绩进入埃及皇家军事学院,1945 年又入开罗陆军参谋学院,1948 年毕业。早在 1943 年 2 月,当时还是上尉的纳赛尔被任命为皇家军事学院的教官,他开始同创建于 1939 年的"自由军官组织"中志同道合的青年军官们建立联系,这就是"自由军官运动"的雏形。

1949 年底,以纳赛尔为首的"自由军官组织筹建委员会"成立,委员会的 9 名成员均为第二次世界大战前的军校毕业生,他们都出身于中下层家庭,年龄都在 35 岁以下。相似的经历和相同的家庭出身使他们为了一个共同的目标结为一体。自由军官们决心利用埃及人民反英情绪日益高涨,国内局势陷于动乱的形势,加快反对国内腐败政治的步伐。1952 年初,自由军官们制定了反帝、反封建、反私人垄断资本主义的政治纲领。与此同时,自由军官们开始扩大自己的队伍,不断在军队中吸收新成员。为此,他们积极开展各种合法的和地下的宣传活动。1952 年上半年,埃及国内形势日益混乱,从 1 月到 7 月,内阁更换了三届,但仍无法解决英国撤离和国内社会问题。各派组织趁机发展势力,埃及政局动荡不安。1952 年 7 月 22 日,自由军官们获悉国王将对他们采取行动的消息,于是,自由军官们决定把原定于 8 月举行的革命提前到 7 月 23 日。

7 月 22 日午夜 11 点,"自由军官组织"在纳赛尔率领和指挥下开始采取行动,经过 5 个小时的战斗,到 23 日凌晨 4 点,自由军官们已控制了开罗各个重要据点。凌晨 7 点半,革命领导人纳吉布将军向全国发表声明,宣布为了反对王室的专制暴政和国家的腐败政治,埃及军队发动了革命。

穆罕默德·纳吉布将军出身于军人家庭。在 1948 年的巴勒斯坦战争中,他作为一名旅长作战勇敢,享有较高威信。革命爆发前夕,自由军官们为了扩大革命的影响,感到有必要推举一个在军队内外有地位有名望的人充当革命的领袖,于是纳吉布被吸收进"自由军官组织"中,并成为该组织执行委员会的主席。但革命的真正领导人是纳赛尔。革命成功后,前首相阿里·马赫尔被邀请组织一个文官内阁,自由军官组织执行委员会则成为拥有监督权的革命指导委员会。事实上,纳赛尔及其自由军官组织在"七月革命"成功后的最初一段时间也一直是在文官的背后操纵着他们的活动。阿里·马赫尔担任首相期间,法鲁克国王被迫流亡国外,由他的幼子继承王位。政府释放了政治犯,对武装部队进行了清洗,并且废除了封建称号。

随着革命的深入发展,纳赛尔认为,革命正受到两种势力,即腐败堕落的各政党领导人和穆斯林兄弟会的威胁,一旦这些人重新掌握政权,他们决不会进行彻底的社会经济改革,而且很有可能把锋芒指向自由军官组织。因此,革命指导委员会只有牢固掌握政权,才不会使革命半途而废。在这种思想指导下,纳赛尔决定加强对埃及全国的控制。1952年9月,阿里·马赫尔因反对土地改革被迫辞去首相职务,改由纳吉布将军接任。此后,许多宫廷官员和政党领袖被逮捕,约450名军官被迫退休。1952年10月废除了1923年宪法。1953年1月,埃及所有的政党均被解散,犯有贪污腐化罪的政党领袖受到审判。6月,埃及宣告成立共和国,纳吉布担任总统兼总理,纳赛尔则成为副总理兼内政部长。

1954年初,纳赛尔着手解决穆斯林兄弟会的问题。穆斯林兄弟会曾一度是自由军官组织的盟友,但两者的目标人相径庭。1953年穆斯林兄弟会共有2000个支部,成员达200万人,力量异常强大。纳赛尔看准时机,利用穆斯林兄弟会同革命指导委员会的青年组织的一次冲突,宣布解散穆斯林兄弟会,并逮捕了其领袖。

纳赛尔采取的一系列打击旧政党和穆斯林兄弟会的政策遭到纳吉布的反对。1954年2月纳吉布被迫辞去一切职务。但纳吉布的辞职却引发了一场大规模的抗议示威,并在军队中产生了强烈反响。纳赛尔不得不恢复纳吉布的总统职务。政府还宣布,1954年7月23日将把政权移交给文官政府。与此同时,纳赛尔却在军队和革命指导委员会内采取各种措施迅速加强自己的力量,扩大已有的阵地。1954年4月,纳赛尔成为总理,革命指导委员会的另外 8 名成员都担任了部长职务,掌握了政府的各个关键和要害部门。同年 11 月,纳吉布再度被解除总统职务,并被软禁。1956 年 7 月,纳赛尔正式就任伊斯兰阿拉伯埃及共和国的总统。

纳赛尔担任埃及总统后,埃及新政府面临严峻的社会和经济问题。人民生活十分贫困,社会财富分配极不公平,工业生产很不发达。为了促进民族经济的迅速发展,使国家尽快走上富强之路,以纳赛尔为首的新政权随后采取了包括土地改革、国有化和工业化等内容的一系列反帝反封建的政治和经济改革措施。埃及开始朝着阿拉伯社会主义的方向发展。

1952 年的埃及"七月革命"及其在革命后实施的各项政策,如同第一次世界大战后的土耳其凯末尔革命一样,在西亚北非现代史上占有重要的历史地位,并对第二次世界大战后西亚北非地区的民族解放运动产生巨大影响。1952 年埃及"七月革命"的成功,首先标志着埃及已进入一个新的历史发展阶段,它为埃及完成民族民主革命铺平了道路。其次,埃及革命震撼了帝国主义在西亚北非殖民统治的基础,鼓舞了西亚北非各国人民在新的历史条件下争取自身解放的斗志。再次,由于纳赛尔的反帝反殖反封建主义的壮举,确立了他在阿拉伯世界的突出地位,纳赛尔被视为整个阿拉伯世界的民族英雄,以至于在纳赛尔时代,埃及在阿拉伯世界一直发挥着核心和领导作用。

二、叙利亚民主制度的恢复

叙利亚在第一次世界大战后成为法国的委任托管国。1930 年 5 月,法国单方面颁布叙利亚宪法,宣布叙利亚为受法国委任统治的共和国。第二次世界大战期间,叙利亚全国展开了广泛的反法西斯战争,帮助英国和"自由法兰西军"将法西斯势力从叙利亚和黎巴嫩赶走。1941 年 9 月 27 日,"自由法兰西军"总司令贾德鲁将军以盟国名义宣布叙利亚有条件独立。因此,叙利亚的真正独立直到 1946 年 4 月 17 日英法军队从叙利亚和黎巴嫩撤离后才得以实现。

战后初期,叙利亚国内政局并不稳定。此时在叙利亚国内政治舞台上发挥主要作用的是两大势力:一是以传统民族主义者库阿特里为首的民族爱国同盟,该派是城镇工商业者和乡村地主阶层利益的代表。同时它在叙利亚政治生活中也扮演着相当于执政党的角色。但由于部族利益冲突,1947年民族爱国同盟最终分裂为国民党和人民党。二是战后新崛起的两个左翼党派:阿拉伯社会党和阿拉伯复兴党。两党分别成立于1945年和1947年,主要代表叙利亚社会中下阶层的利益,同时在学生和军队中拥有广泛影响。1953年两党合并,改称阿拉伯复兴社会党,简称复兴党。

1948年,第一次中东战争爆发。由于战败,叙利亚国内政局动荡,经济也遭到破坏。政客和军队将领相互攻讦,推卸责任,各党派在议会中的纷争日趋白热化,以至于仅在1949年叙利亚国内就发生了三次军事政变。但在民主力量不断上升的形势下,以亲美派军人阿迪布·施舍克里上校为首的军人政变集团不敢贸然违背民意,只能在幕后操控议会和当任的阿塔西总统。

1950年5月,经过多方的努力,叙利亚正式颁布独立后的第一部宪法。宪法规定,叙利亚是"具有充分主权的阿拉伯民主议会共和国",并实行议会民主政治体制。宪法承认叙利亚是阿拉伯民族的一部分,期待着阿拉伯民族将统一在一个国家之内。宪法还明确指出,叙利亚公民享有言论、出版、结社、集会的自由权利,确保公民的就业权、免费义务教育权和社会福利等方面的经济及社会权利。1950年宪法在叙利亚现代史上的重要意义在于,它确立了战后10余年叙利亚国家政治制度的基本框架,即议会民主共和制,同时还奠定了共和国体制世俗化特征的基础,从而为叙利亚朝着现代民主政治的发展开辟了道路。

然而,1950年宪法的颁布,却未能从根本上缓解叙利亚国内的动荡局势。施舍克里为首的军人集团仍在幕后左右叙利亚政治,而且它们同人民党政府以及人民党控制的议会的矛盾不断恶化。人民党反对军人干政,坚持由文官政府控制警察部队和国防军。1951年秋,叙利亚政府内部因在是否参加美国主导的"中东司令部"问题上发生严重分歧而引发政府危机。施舍克里于11月19日再度发动军事政变,并从幕后走上前台,开始实施军事独裁统治。

在施舍克里实施专制统治的三年中,他解散议会,驱逐阿塔西总统,无视宪法,实行党禁。同时,他还压制新闻自由,禁止国民参与政治活动,并对宗教少数派及少数民族强制实行同化政策等。1953年7月,施舍克里又通过制定新宪法,以法律形式将总统的产生由议会选举改为直接选举,这样就使他以唯一的总统候选人当选总统。另一方面,他打着开放党禁的旗号,却只允许他个人创建的阿拉伯解放运动、叙利亚社会民族党等"特殊党派"参加议会选举,从而霸占了议会中的绝大多数议席。

施舍克里的专制和独裁引起社会民众的强烈不满。早在1953年6月,处于地下状态的各民主党派和独立政治人士就在霍姆斯召开国民大会,共同签署了民族公约,决定推翻施舍克里的独裁统治。1954年初,在德鲁兹山区首先爆发了反对施舍克里独裁政权的武装斗争。接着,驻扎在北部的军队发动起义,反独裁的烈火很快燃遍全国。在反独裁民众运动的强大压力下,施舍克里被迫辞职,并逃亡国外。阿塔西总统复位。

1954年3月1日,阿塔西总统宣布成立新政府,同时废除军事独裁时期通过的1953年宪法及其他法令,恢复1950年宪法。随后,叙利亚重新召集1950年宪法颁布后由立宪议会转变而成的共和国议会,并且组建了由人民党、国民党及其他独立人士共同参与的联合政府。叙利亚的民主制度得以重现。

三、巴格达条约与伊拉克革命

1920年,英国获得对伊拉克的委任统治权。1921年伊拉克宣布为君主立宪国。作为圣裔哈希姆家族的费萨尔亲王被英国当局立为国王。1922年10月,英国与伊拉克签订同盟条约,以隐蔽的方式确定了英国的殖民统治和伊拉克的殖民地地位。1930年6月,英国高级专员弗朗西斯·汉弗莱斯爵士再次同伊拉克首相努里·赛义德签订了为期20年的所谓《英伊友好同盟条约》。第二次世界大战结束后,伊拉克的反英运动日益发展,要求实现真正的民族独立成为全民族的共同愿望。

1946年3月,伊拉克首相陶菲克·苏韦迪宣布修订1930年的英伊条约。而英国人在伊拉克国内亲英派的支持下,拒绝做出实质性让步。同时,英国还顽固坚持对伊拉克"必须保持事实上的控制权"。1948年1月,伊拉克新任首相萨利赫·贾布尔同英国外交大臣贝文在朴茨茅斯签署了新的英伊《二十年同盟条约》。新条约虽对1930年的条约做了某些修改,但伊拉克并未摆脱英国的控制。

朴茨茅斯条约在伊拉克激起强烈的抗议风暴。1月16日,条约内容公布后,学生联合会举行了连续3天的罢课和游行示威。这一行动得到各政党的支持。1月20日,由共产党发起,学生、工人和城市贫民参加的10万人游行遭到警察的镇压,包括妇女和儿童在内的许多人惨遭枪杀。愤怒的群众蜂拥至街头巷尾,手持棍棒同警察展开搏斗。1月27日,伊拉克再次爆发30万群众的大游行,游行队伍又遭到军警的机枪扫射,三四百人被杀。这次事件后,新首相贾布尔迫于强大压力辞职,并逃往约旦。

3个月后,距离首都巴格达城250公里之外的哈迪塞石油工人的罢工把伊拉克的民族民主运动推向了高潮。英国伊拉克石油公司雇用的3万名工人要求提高工资,但遭到拒绝,石油工人在罢工3周后决定向巴格达进军。石油工人的反英行动得到伊拉克人民的同情和支持,沿途群众为他们提供食宿,甚至借给他们汽车。然而,石油工人在距首都70公里的地方却遭到政府军警的逮捕。及至5月份巴勒斯坦战争爆发后,政府又借口战争在全国宣布戒严,民族民主运动被镇压下去。

1948年的伊拉克民族民主运动几乎触动了伊拉克的各个阶层。反英情绪是这次运动广泛开展的一个原因,同时它也包含着伊拉克人民对国内腐败政治和专制统治的强烈不满,而后者则成为1958年伊拉克革命的潜在因素。

20世纪50年代中期,为了镇压中东地区民族民主运动和遏制苏联势力进入中东,美英在西亚北非地区策划和拼凑中东军事联盟——巴格达条约组织。1954年4月,土耳其和巴基斯坦在美国的唆使和撮合下,缔结了《促进共同合作条约》。条约规定,如果条约的一方遭到无故攻击,双方将研究共同抵御的方式;条约的有效期为5年,并"欢迎"其他国家参加。美国政府宣称"土耳其和巴基斯坦的条约为加强中东防御力量奠定了基础"。但土、巴合作条约立刻遭到多数阿拉伯国家的强烈反对,并拒绝参加这一受外国势力操纵的条约组织。美国为了打破阿拉伯国家的联合抵制,随后同伊拉克达成一项《军事援助协定》,承诺将帮助伊拉克改组军事机构和扩充军事力量,但前提条件是伊拉克正式参加中东军事联盟。然而,慑于国内外的压力,费萨尔国王犹豫不定。在这种情况下,美国又责成土耳其出面游说。1955 年 1 月,土耳其总理曼德列斯访问巴格达,与费萨尔国王和赛义德首相会晤。经过 6 天会谈,两国决定缔结军事条约。土、伊缔结军事条约的消息透露后,在阿拉伯国家引起了一场政治风暴。但土伊两国政府却一意孤行,于 1955 年 2 月在巴格达正式签署了《相互合作条约》,即人们所称的《巴格达条约》。《巴格达条约》是一个具有侵略性的军事联盟,其宗旨是分裂阿拉伯国家,镇压中东地区的民族民主运动,同时遏制苏联势力进入中东,从而维护美英在这一地区的特殊权益。伊拉克是参加巴格达条约组织的唯一阿拉伯国家,并在后来一度成为帝国主义侵略中东国家、分裂阿拉伯民族团结的工具。

伊拉克政府的内外政策激起民众的强烈反对。1957 年初,曾遭禁止的反对党结成了一个民族团结阵线,并提出了独立、社会变革和土地改革的共同目标。民族团结阵线的形成及其开展的各种活动在伊拉克国内产生了巨大影响,并促使军队中的自由军官们采取行动来改变伊拉克的命运。

1958 年伊拉克革命的领导人(居中者为卡塞姆将军)

伊拉克的"自由军官组织"萌生于 1952 年。埃及七月革命成功后,伊拉克国内也掀起了大规模要求民主权利的运动。为了表示对政府的不满,奉命前往镇压群众的军队和抗议者在街头联欢。此后,有些军官效仿和学习埃及"自由军官组织"的形式,组建了一些自由军官小组。1956 年苏伊士运河战争后,自由军官运动获得较大发展,1957 年成立了联合组织,由阿卜杜勒·卡里姆·卡塞姆准将担任主席。在中央委员会的 14 名成员中,有 3 名准将,9 名上校和 2 名少校,他们都在巴格达军事学院接受过教育。这些人中有 3 人出身于贫穷家庭,1 人出身于大地主,其余 10 人都来自中产阶级。自由军官人数很少,在 170—200 人之间,[①]而且组织松散,观点各不相同,也没有统一的政治纲领,但他们接受民族团结阵线的纲领。

1958 年是中东地区风雷激荡的年代,这一年发生了几件重大事件:埃及和叙利亚组成阿拉伯联合共和国;黎巴嫩发生激烈的内部冲突;伊拉克宣布和约旦结成联盟。由于两个联盟的相互对立,埃及加强了对伊拉克的攻击。这些事件加快了伊拉克革命的进程。

1958 年 5 月 8 日,黎巴嫩夏蒙政府纵容暴徒暗杀穆斯林民族主义领袖马斯特。翌日,黎巴嫩爆发反对夏蒙政权的大示威,接着穆斯林又举行了反政府的武装斗争,并控制了全国 2/3 的地区。黎巴嫩事件使伊拉克和约旦都担心会发生连锁反应,蔓延到约旦。7 月 13 日,伊拉克第二十旅接到进驻约旦的命令,该旅的自由军官阿卜杜勒·萨拉姆·阿里夫上校和十九旅指挥官卡塞姆决定采取行动。7 月 14 日凌晨 4 时半,阿里夫率领二十旅进入巴格达。与此同时,起义部队用坦克和火炮包围了在巴格达附近的哈巴尼亚英国空军基地,占领了巴格达各重要据点,并封锁了所有的交通要道。起义部队进入巴格达后,迅速占领了电台、电信局、警察署和政府机关大厦。当天中午,即革命爆发后 7 小时,起义部队就在广播里宣布旧制度已被推翻,伊拉克共和国成立。随后,又派兵占领了王宫和国防部,国王和王储在混乱中被打死。第二天,男扮女装企图逃跑的努里·赛义德也被击毙。

伊拉克革命成功后,组成了包括国家民主党、独立党、阿拉伯复兴社会党和马克思主义者等各反对党在内的新政府。卡塞姆任总理、国防部长和

---

① Phebe Marr, *The Modern History of Iraq*, Westview Press, 1985, p.154.

武装部队总司令,阿里夫任副总理、内政部长和副司令。新政府宣布废除君主制,建立共和制。在对外政策方面,新政府奉行中立外交。1959年3月,伊拉克政府正式宣布退出巴格达条约组织,使之成为没有巴格达参加的巴格达条约组织,美英被迫将这个组织改名为"中央条约组织",并将其总部从巴格达迁移到土耳其的首都安卡拉。

伊拉克革命在中东和阿拉伯国家产生了广泛而深刻的影响。阿尔及利亚解放阵线主席法尔汗·阿巴斯曾赞扬说,这次革命等于20个阿拉伯装甲师开进阿尔及利亚。它的确是阿拉伯民族解放运动新阶段的开始。①

四、塞浦路斯共和国的诞生

塞浦路斯是地中海东南角的一个岛国,国土面积仅为9251平方公里。但由于它毗邻欧亚非三大洲,并扼守交通要道,素有地中海"金钥匙"之称。塞浦路斯国民主要由希腊族和土耳其族两大族构成,后者是伴随奥斯曼帝国于1571年的军事征服而进入塞岛的。1878年,奥斯曼帝国在统治塞浦路斯300余年后,英国和土耳其秘密签订《英国与土耳其关于保护土耳其亚洲省份的防御联盟条约》(通称《塞浦路斯条约》),该条约使英国以92000英镑的出价获得塞浦路斯的租让权。1923年7月24日,土耳其在它同协约国签订的《洛桑条约》中承认英国于1914年11月5日对塞浦路斯的兼并,最终放弃了对塞浦路斯的宗主权。1925年3月,英国正式吞并塞浦路斯,宣布塞岛为英国的直辖殖民地,同时将以前在塞岛行使权力的高级专员改为总督。

自英国在塞浦路斯实施殖民统治以来,占塞岛国民绝对多数的希腊族一直在进行着反对英国殖民者的斗争,多次掀起旨在与希腊合并的"意诺西斯"②运动。其中最有影响的是1931年的反英大起义,它把"意诺西斯"运动推向了高潮。但1931年的希腊族反英大起义因遭到英国殖民者的残酷镇压而失败。随后,英国在塞浦路斯开始实施更严厉的高压和独裁统治。

---

① 彭树智:《略论阿拉伯民族解放运动的新阶段》,《人文杂志》1958年第4期。
② "意诺西斯",希腊语音译,意为与希腊合并。

英国当局制定了一系列限制塞浦路斯民众自由的法规。这些法规规定,警察有权随时进入居民家中或对街上行人进行搜查;严禁媒体刊发任何有关塞浦路斯和国际问题的新闻,即使转载《伦敦时报》和英国国会的文章,也必须接受审查;禁止将希腊等国家的报刊带入塞浦路斯,违犯者将受到严惩,等等。与此同时,国民教育也被置于严格的监控之下,学校不得向学生开设和讲授有关希腊历史和土耳其历史的课程,也不能在学校或公众场所张贴有关希腊和土耳其英雄人物的画像。任何形式的游行和集会均将遭到取缔。英国殖民当局的这些法规不仅剥夺了塞浦路斯民众合法的民主自由权利,而且严重影响着塞浦路斯正常的经济、贸易和交往活动,从而阻碍了塞浦路斯社会和经济的发展。

第二次世界大战结束后,塞浦路斯希腊族发动的"意诺西斯"运动重新活跃起来,尤其是希腊族中的右翼民族主义组织加快推动塞浦路斯与希腊的合并。为了平息民族运动,稳定塞浦路斯局势,英国政府抛出了宪法改革方案,并决定在塞浦路斯建立所谓的自由和进步地方政府,负责管理塞岛内部事务,其中包括一项改变塞岛经济状况的十年经济发展计划。同时宣布废除禁止选举新的正教会大主教的1937年基督教法。但是,英国政府却回避塞浦路斯希腊族所普遍关注的"意诺西斯"和塞浦路斯的未来前途问题。

英国在塞浦路斯的宪法改革及其措施遭到塞岛希腊族的坚决反对和抵制。希腊族转而开始寻求向国际社会表达其民族愿望,同时在塞岛内开展希腊族"意诺西斯"全民公决活动。1950年1月,塞浦路斯希腊族关于是否赞成塞浦路斯与希腊合并的全民公决表明,占参加投票人数96%的希腊族民众同意与希腊合并。然而,英国殖民当局对这一结果却不予理会,并以此次公民投票未能在政府监督下进行,不能真正反映希腊族民众意见为借口而加以否定。另一方面,塞岛希腊族的"意诺西斯"运动在战后不断发展的过程中,也开始被土耳其族人所质疑,加之希腊和土耳其两国政府在塞浦路斯与希腊合并问题上的截然不同的立场,从而导致塞岛希腊族和土耳其族两族之间的矛盾和冲突日渐扩大。与此同时,由于各种原因的影响,联合国亦曾两度拒绝讨论塞浦路斯问题。它表明希腊族试图通过联合国来解决塞浦路斯问题的努力无果而终。

1954年7月28日,英国殖民大臣霍普金斯发表讲话,宣称塞浦路斯

"永远不能独立"。8月2日,英国殖民当局司法部长又宣布,凡提倡、书写、宣讲赞成"意诺西斯",或主张改变塞浦路斯主权者,将构成煽动罪,处以最高达5年的监禁;刊载此类文章的报刊将被停办3年等。希腊族和英国殖民当局的关系骤然恶化。1955年初,塞浦路斯大主教马卡里奥斯三世与原"泛希腊党"领导人乔治·西奥多勒斯·格里瓦斯共同组建反英武装"埃欧卡"(希腊语首字母的缩写EOKA,意为"全塞浦路斯战斗者组织"),并且坚持了四年(1955年至1959年)之久的反英武装斗争。在此期间,"埃欧卡"发动了一系列针对英国官员、警察机构和政府设施的炸弹爆炸事件。英国在塞浦路斯的殖民统治受到严重打击。

面对塞浦路斯希腊族民众顽强的抗争和塞浦路斯严峻的局势,英国殖民当局不得不变换统治方式,转而采用在其他殖民地屡屡奏效的"分而治之"政策。这一政策的突出特点是,利用均衡手段,使利益双方互为遏制,彼此消耗,英国则在其中充当协调人和仲裁者,并以此长期维系英国在塞岛的殖民统治。1955年6月,英国首相艾登通过邀请希腊和土耳其政府出席英、希、土三国伦敦会议,使土耳其开始卷入塞浦路斯问题。英国促成土耳其卷入塞浦路斯问题的目的在于,利用土耳其制衡希腊,因为土耳其一直反对塞浦路斯与希腊合并。而在塞岛内部,英国又设法扶植土耳其族人,使其力量不断发展壮大来牵制和破坏希腊族的"意诺西斯"运动。其结果,希、土两国在塞浦路斯问题上的分歧加剧。塞岛内部希、土两族的矛盾和冲突不断升级,致使塞浦路斯问题更加复杂化。

在塞浦路斯问题日趋复杂化,而"意诺西斯"运动又根本无法实现自身目标的情况下,马卡里奥斯清醒地意识到,必须果断采取灵活务实的策略来解决塞岛问题。经过认真而慎重的权衡,马卡里奥斯提出了塞浦路斯独立的主张。这一主张由于在一定程度上体现了有关各方的利益而得到积极回应。于是,在联合国和国际社会的支持下,各方在实现塞浦路斯独立的框架内,开始了一系列谈判,并提出多种方案。伊朗建议塞浦路斯问题应在北约范围内采取政治协商解决的提案最终被联大政治委员会以多数票通过而付诸实施。

1959年2月,由英国首相麦克米伦主持,在伦敦兰开斯特大厦召开了由希腊、土耳其两国和塞浦路斯希腊族与土耳其族代表参加的会议。在这次会议上,四方代表签署了关于塞浦路斯问题的几个文件:即《苏黎世—伦敦协定》,英、希、土、塞四国《保证条约》,希、土、塞三国《联盟条约》,以及英国在塞浦路斯《设立军事基地条约》。根据以上协定和条约,塞浦路斯将成为共和国,正副总统分别由希、土两族选举产生;副总统对外交、国防和财政事务享有否决权,其他一切事务由部长会议的多数决定;塞浦路斯议会议员和全部公职人员由希腊族和土耳其族按 7∶3 的比例分配;在警察、宪兵和最终建立的塞浦路斯军队中,希、土两族在官兵中所占比例为 6∶4。此外,还规定设立一个由希土两族人数各占一半的高等法院等。《苏黎世—伦敦协定》以及其他相关条约的条款成为塞浦路斯走向共和的基础。

1960 年 7 月 1 日,英国和塞浦路斯双方代表共同宣布它们已就塞浦路斯所有重大问题达成协议。8 月 16 日,英国向塞浦路斯移交政权。同日,马卡里奥斯宣誓就任塞浦路斯共和国第一任总统,土耳其人库楚克任副总统。塞浦路斯共和国正式诞生。塞浦路斯终于摆脱了英国长达 78 年之久的殖民统治。

但是,《苏黎世—伦敦协定》和其他相关条约并未从根本上解决塞浦路斯希、土两族之间在权益分配方面的矛盾和分歧。它们实际上是以牺牲塞岛希腊族和土耳其族民众的利益为前提,仅仅实现了英国、希腊、土耳其三国在塞岛利益的平衡。特别是这些协定和条约中预留的有关英、希、土三国可集体或单独干预塞浦路斯事务,英国在塞岛保留两个军事基地,希腊和土耳其有权在塞岛驻军等条款,成为外来势力干涉塞浦路斯内政的法律依据,也是后来导致塞浦路斯联合政权解体、希土两族决裂的根源。

五、英国撤离海湾和海湾诸国的独立

位于波斯湾沿岸的海湾诸酋长国是英国在苏伊士运河以东的最主要的殖民地,也是英国在中东的最后阵地。第二次世界大战结束后,随着英国霸权的严重削弱,英国在海湾地区"唯我独尊"的地位动摇。英国在海湾受到两股力量的冲击:一是美国的渗透和扩张;二是海湾各国在战后不断掀起的反帝反殖争取民族解放的斗争浪潮。

但总体上看,海湾诸国的反帝反殖斗争不像其他中东国家那样激烈,而且多数国家的独立具有和平移交政权的特点。其原因在于,海湾地区基本上都是盛产石油的酋长国,英国希望尽可能地保持它在海湾地区的权益,而美国基于控制石油资源和全球战略的通盘考虑,竭力维护海湾地区的稳定,并以各种方式充当王权的"保护人"。另一方面,海湾诸酋长国封建保守势力强大,政治发展滞后,其人烟稀少、国势孱弱的状况又不能不使它们仰赖英美两国的扶持。这种彼此利用、互有所求的关系导致海湾各酋长国始终无法割断同殖民者千丝万缕的各种关系。国内出现的民族主义情绪不像共和制国家那样来势迅猛,其政治诉求相对比较温和,主要体现在要求扩大维护民族资源主权或争取提高控制石油权益的份额上。同时,海湾诸酋长国的独立大都是通过非暴力的和平方式实现的。

科威特是战后海湾地区最早摆脱英国获得独立的君主国。1951年,科威特酋长阿卜杜拉·萨利姆·萨巴赫开始在王国范围内实施一系列公共工程、教育和卫生发展规划。经过几年的努力,科威特凭借石油财富初步形成了一个组织良好、基础设施较为齐全的福利型国家。在推进国家建设和发展过程中,阿卜杜拉充分意识到,只有争取国家的独立,才能真正实现科威特的社会发展。1954年,阿卜杜拉组建了以他为首的国家最高委员会,随后陆续宣布科威特的司法、货币和邮电独立。1956年苏伊士运河战争爆发后,科威特政府通知英国,不允许任何一个英国士兵在科威特领土登陆,不得使用其任何一寸土地,策划针对阿拉伯兄弟大国的阴谋。1960年,科威特进一步从英国手中接管了司法权和货币管理权,英国被迫承认科威特的自治权。

1961年上半年,阿卜杜拉通知英国,科威特将独立承担管理本国内政外交的一切责任,并要求废除1899年的《英科条约》。同年6月19日,科威特同英国达成包括四项条款的新协定,废除了1899年的《英科协定》。至此,科威特宣告独立,国家元首一并改称埃米尔。

科威特获得独立后,海湾其他酋长国也加快了独立步伐。早在1960年,英国已着手将司法权移交特鲁西尔各酋长国,并相应成立了一个联合法庭来管理一切混合的民事和刑事诉讼案例。1963年,迪拜、阿布扎比、沙迦、乌姆盖万和阿治曼又取代英国陆续接管了各自的邮政业务。

20世纪60年代中期,英国处于内外交困的窘境,它在海湾的地位更加虚弱。为了摆脱被动局面,英国的一些高官要员和决策层也开始认真反思其海外政策。1965 年 4 月,英国自由党元老赖德温明确表示,英国苏伊士运河以东的政策有必要彻底清算,英国的军事基地应该尽快从这些地方撤出。英国工党则强调,英国政府必须从海外收缩,削减军费,以应对国内经济危机。为此,英国政府在 1968 年初宣布将从海湾撤离。

英国宣布从海湾撤离后,海湾诸酋长国经过磋商,决定以联邦的形式组成新国家。这个决定主要是考虑到个别较小的酋长国,很难完全依靠自身力量来维护作为一个独立实体的政治和经济需要。1968 年 2 月 18 日,海湾地区两个最大酋长国阿布扎比和迪拜的首脑在布赖米会晤,并于次日发表了宣布两国建立联邦的联合公报。同时他们邀请包括巴林和卡塔尔在内的各酋长国参加到新的联邦中来。2 月 28 日,阿布扎比、迪拜、沙迦、阿治曼、乌姆盖万、富查伊拉、哈伊马角、巴林和卡塔尔 9 个酋长国的统治者聚集迪拜,宣布未来的国家为阿拉伯联合酋长国,并组成联邦最高委员会、执行委员会和秘书处。1969 年 10 月 21—25 日,联邦召开第二次最高委员会,一致选举阿布扎比酋长扎耶德·本·苏尔坦为联邦总统,迪拜酋长拉西德·本·赛义德为副总统。

然而,海湾 9 国组成联邦的进程后来却由于伊朗对巴林加入联邦持有疑虑,巴林对卡塔尔的祖巴拉等地提出领土要求而出现变化。巴林和卡塔尔遂退出拟议中的联邦。1970 年 1 月,巴林单独组成了一个 12 人国务委员会,作为国家的最高行政机构。1970 年 4 月,卡塔尔通过临时宪法,组成第一届临时政府。1971 年 3 月 1 日,英国宣布同海湾各酋长国签订的"保护条约"于年底终止。巴林和卡塔尔两国分别在 1971 年 8 月 14 日和 1971 年 9 月 3 日宣布独立。

1971 年 12 月 2 日,除哈伊马角之外的其他 6 个酋长国的酋长举行会议,宣布阿拉伯联合酋长国正式独立。当天,选举扎耶德为总统,拉西德为副总统,其长子马克图姆·拉西德任内阁总理。1972 年 2 月 10 日,哈伊马角宣布加入联邦,由此形成了由 7 个特鲁尔酋长国联合组建的新生的阿拉伯联合酋长国。

海湾诸酋长国走向独立时,位于海湾西南沿岸的阿曼在政治上同样经历着深刻变化。1955—1960 年阿曼教长国教长加利卜领导的抗英起义失败后,马斯喀特素丹在英国人的帮助和支持下,于 1967 年统一了阿曼全境。

阿曼改名为马斯喀特和阿曼素丹国。此前,根据 1962 年 3 月 10 日英国和法国联合发表的《英法宣言》,马斯喀特素丹国已被宣布为一个独立的主权国家。但英国仍在阿曼发号施令,控制阿曼。

统一后的阿曼,国势并不稳定。素丹穆太尔治国乏术,他一方面对英国人言听计从,充当英国利益的代理人;另一方面又在阿曼实行封建专制和闭关自守政策。他甚至因为担心自己在英国受过西方教育的儿子卡布斯·本·赛义德对其保守政策构成挑战,而将他长期软禁在王宫。这种状况使阿曼部落动乱和反政府组织的活动频仍。阿曼一直处于贫困和愚昧之中。

1970 年 7 月,卡布斯发动军事政变,迫使其父退位。卡布斯接任素丹职位。8 月,国名始称阿曼素丹国。卡布斯是一个务实求新、主张开放的政治家,他渴望国家繁荣昌盛,享有真正的独立。从此,阿曼获得新生,开始走上现代化的发展道路。

海湾诸酋长国的陆续独立以及其他中东国家的政治变革标志着现代中东民族独立国家体系的基本形成。这个体系的建立是中东地区自中东觉醒以来的飞跃性变化,它表明了帝国主义殖民统治在中东的瓦解,殖民势力将由新生的民族和民主力量所取代,并为中东社会和历史的发展开辟新的道路。因此,它在世界历史上占有不可忽视的重要地位。另一方面,现代中东民族独立国家体系的建立,同其他亚非拉民族独立国家体系一起,在世界上形成了社会主义国家、民族主义国家和发达资本主义国家三种国家体系。从此,新崛起的中东民族独立国家作为一个发展中国家群体屹立于世界民族国家之林,并不断通过与外部的政治和经济交往开始在国际大舞台上发挥重要作用。

第三节　阿拉伯统一运动

一、统一运动的肇始

阿拉伯民族是包括中东各国所有阿拉伯人在内的一个民族群体。在历史上,伴随伊斯兰教的创立和传播,阿拉伯人曾建立延续数百年的强大阿拉伯帝国,并为东西方文化的交往和人类文明的演进做出非凡的贡献。13 世纪中叶,蒙古人的入侵最终导致阿拉伯帝国的覆灭。从那时候起,阿拉伯人的命运一直被外来强权所摆布。先后遭受奥斯曼土耳其人和英法殖民者的统治。第二次世界大战结束后,阿拉伯国家纷纷独立,并建立了一个又一个民族国家。在这种形势下,阿拉伯人渴望实现阿拉伯民族的统一,重现昔日的辉煌,便成为阿拉伯各国民众梦寐以求的理想。同时,它也为战后的阿拉伯统一运动提供了动力。1945 年 3 月,伊拉克、叙利亚、黎巴嫩、外约旦、沙特阿拉伯、埃及和也门(1945 年 5 月正式加入)7 国经过长期磋商组成阿拉伯国家联盟(简称"阿盟")。它构成了阿拉伯人的第一个泛阿拉伯性质的国际组织。阿拉伯统一运动由此而兴起。

20 世纪 50、60 年代是阿拉伯统一运动的发展和高潮期。1952 年埃及七月革命胜利后,纳赛尔很快从幕后走上前台,执掌国家军政大权。埃及是一个阿拉伯大国,纳赛尔反帝反殖的坚决态度,及其在 1956 年苏伊士运河战争中领导埃及人民英勇抗击英法侵略的壮举使他在阿拉伯世界的声望和威名远扬,并被视为备受崇敬的民族英雄,埃及遂成为阿拉伯民族主义的大本营。①

在纳赛尔和埃及的影响下,陆续获得独立的阿拉伯国家都加入了阿盟。及至 70 年代末,22 个阿拉伯国家除科摩罗外几乎都成为阿盟的成员国。科摩罗则于 1993 年 9 月加入阿盟。阿盟的作用不断扩大。

阿盟的宗旨是,加强各成员国之间的关系;协调各成员国的政策,实现各成员国之间的合作及捍卫其独立和主权;全面考虑阿拉伯国家的事务和利益;谋求各成员国在经济财政、交通电信、文化、国籍、社会和卫生保健等方面进行密切合作。主要原则是,各成员国不论大小,一律平等;保护成员国主权,不干涉成员国内政。阿盟的诞生和壮大是阿拉伯民族团结的一种政治表示和国际表现,也是阿拉伯民族团结与联合以及阿拉伯统一运动的另一个重要里程碑。阿拉伯国家借助阿盟同其他国际组织的互动性交往来支持阿拉伯国家的民族解放运动,反对外来强权对中东的侵略,促进阿拉伯

---

① 彭树智:《纳赛尔和阿拉伯世界》,《学术界》1988 年第 5 期。

民族事业的发展。

　　巴勒斯坦问题以及由此引发的阿以冲突是推动阿拉伯统一运动的一个重要因素。1948年以色列建国后,阿拉伯人和犹太人之间多次爆发大规模的战争和武装冲突,出于反对以色列侵略扩张政策和维护巴勒斯坦人合法权益的需要,阿拉伯人不断加强团结与合作,并且组成前线国家共同抗击以色列。阿拉伯世界的其他国家则以出钱、出物、出人等方式支援前线国家,显示了阿拉伯的力量。同时也为阿拉伯统一运动注入了新的内涵。

二、统一运动的艰难进程及其问题

　　战后阿拉伯统一运动在60年代达到高潮,但其发展历程并不一帆风顺。从表面上看,阿拉伯人组建了包括所有阿拉伯国家在内的阿拉伯国家联盟,而且阿拉伯人也能够以一种声音共同反对以色列的侵略扩张。然而,这一切都不能替代阿拉伯国家之间存在的复杂矛盾和激烈竞争。

　　阿拉伯国家是由不同的政权所构成,既有共和制国家,也有君主制国家,政治发展不平衡。这种状况明显地反映在各国的政治、宗教、外交和意识形态等方面。因此,在阿拉伯统一运动中,各国试图扮演的角色和追求的目标很不一致。换言之,那些具有影响力的阿拉伯大国总是想方设法来主导阿拉伯统一运动的方向,并企图充当阿拉伯世界的领导者。另一方面,由于殖民者长期在阿拉伯国家推行"分而治之"政策,人为破坏阿拉伯人的团结,造成各国之间在民族、宗教、边界、领土上存在各种新旧矛盾与争端,致使阿拉伯世界山头众多,派别林立,缺乏内聚力。

　　阿拉伯国家内部矛盾纷呈,而各自都试图以我为中心的这一特点在阿盟建立时已显露出来。当时的哈希姆政权代理人提出将叙利亚、黎巴嫩、巴勒斯坦、外约旦和伊拉克合为一体的所谓"大叙利亚"计划与"肥沃新月"计划。这两个计划的实质都是要在阿拉伯统一、联合的旗帜下,通过扩大和强化哈希姆家族的势力,来确立它在阿拉伯世界的权威地位。这两个计划制定者的动机和联合方式,自然遭到其他阿拉伯国家特别是沙特和埃及的坚决反对。沙特阿拉伯由于担心其宿敌哈希姆家族利用阿盟为自身的私利服务,坚决反对在政治领域的任何合作,它要求将阿拉伯的合作限定在文化和经济事务上。而埃及虽然在阿盟组建过程中摆出中立姿态,但它同样心存"大埃及"倾向,并竭力按照本国的意愿来运作和操控阿拉伯事务。正是由于阿拉伯国家的意见分歧,它导致阿盟最终通过的宪章规定,阿盟理事会通过的决议只对投赞成票的成员国拥有约束力。同时宪章全文没有一处可以找到阿拉伯统一的字句。这一结果使阿盟仅仅成为了一个松散的联盟,而不能发挥其应有的作用。在国际层面,直到 1960 年底,也就是阿盟成立 15 年之后,联合国才正式承认阿盟为一个区域性组织。

埃及总统纳赛尔与叙利亚总统库阿特里于 1958 年签署两国统一协议

　　阿拉伯统一运动中出现的问题同样反映在阿拉伯国家之间的双边和多边联合上。20 世纪 50 年代中后期,纳赛尔主义开始风靡阿拉伯世界,纳赛尔的声望与日俱增。开罗"空前未有地更加成为阿拉伯世界的中心,成为席卷中东和北非沿岸新民族主义的源泉"[1]。纳赛尔认为,各个阿拉伯国家的社会主义革命是阿拉伯统一的基础。[2] 实际上,纳赛尔本人也是阿拉伯统一运动的最有力的推动者,而且埃及日渐显露的扩张意向使它在很大程度上控制着阿盟。但由于阿盟本身的局限,它无法满足纳赛尔对阿拉伯统

---

① [英]安东尼·纳丁:《纳赛尔》,范语译,上海人民出版社 1976 年版,第 286—287 页。

② P. J. Vatikiotis, *The Modern History of Egypt*, 3rd ed., London: Weidenfeld and Nicolson, 1985, p.402.

一的渴望。因此,纳赛尔急欲寻求阿拉伯国家之间局部的双边联合来推动阿拉伯统一运动。1958 年 2 月 1 日,埃及和叙利亚率先实现统一,共同组建了阿拉伯联合共和国。许多阿拉伯人当时把这一联盟视为实现真正的阿拉伯统一的起点。然而,埃及和叙利亚的联盟也就维持了 3 年之久。埃及人大权独揽、排斥叙利亚地区政府,压制复兴党的政策,以及对叙利亚人的专横,最终迫使叙利亚复兴党和一些军官于 1961 年发动政变,宣布脱离阿联。埃及与叙利亚的联盟以失败告终。

在埃及和叙利亚合并之时,伊拉克和约旦紧随其后,于当月 14 日发表宣言,宣告两国组成"阿拉伯联邦"。但伊拉克和约旦组成联邦绝不是为了推进阿拉伯统一运动,而是担心埃叙合并将会改变阿拉伯东方的力量对比,对君主制的伊拉克和约旦哈希姆政权形成威胁。因而它们组成联邦以便同埃叙的联盟分庭抗礼。不过,伊拉克和约旦的联合依旧是短命的。1958 年7 月,伊拉克爆发推翻费萨尔王朝的革命,并建立共和国。阿拉伯联邦随之寿终正寝,自行解体。

尽管埃及与叙利亚、伊拉克与约旦的联合最终都以解体而告终,但它们未能阻止住阿拉伯统一思想的继续发展。20 世纪 60、70 年代,在新的历史条件下,阿拉伯世界重新出现了要求实现阿拉伯国家局部联合的呼声,并且又一次形成一个小高潮。1963 年初,伊拉克和叙利亚的复兴党相继夺取政权。同年 3 月,两国派代表前往开罗,又同埃及酝酿和讨论统一问题。4月,埃叙伊三方对外宣布了有关统一的协定,该协定决定成立一个由三国组成的联邦制国家。但在协定即将生效的最后时刻,纳赛尔突然变卦,他无意与复兴党分享在阿拉伯世界的领导权,更不愿意卷入伊拉克麻烦成堆的内部事务,并且在三个月后公开攻击复兴党,三方关系迅速由冷淡走向恶化。三国统一计划成为泡影。

1969 年 9 月,卡扎菲为首的利比亚"自由军官组织"发动军事政变推翻伊德里斯王朝,建立了新政权。卡扎菲成为阿拉伯世界的"新秀"。由于深受纳赛尔主义的影响及其对纳赛尔个人魅力的崇拜,卡扎菲甚至请求"纳赛尔总统把这个国家亲自接管过去",引导它加入"进步阵线"①。另一方

---

① 约翰·库利:《利比亚沙暴——卡扎菲革命见闻录》,范语译,世界知识出版社 1986 年版。

面,他还极力追随纳赛尔的主张,强烈要求实现阿拉伯统一。故此,卡扎菲上台不久,就发起了第一次统一活动。1969 年 12 月,纳赛尔、卡扎菲和苏丹总统尼迈里三个非洲的阿拉伯国家签署的黎波里统一条约,宣布建立三方同盟和革命的阿拉伯阵线。但这个统一计划因 1970 年 9 月纳赛尔突然病逝而受挫。此后,卡扎菲又四处游说,先是在埃及、叙利亚和利比亚三国之间于 1971 年 4 月拟定了组成阿拉伯共和国联邦的方案,并使其成为"阿拉伯统一的核心"。后来又于 1972 年 8 月促成埃及继任总统萨达特同意在一年之内实现埃利两国的完全合并。① 当这两次统一活动都因不同原因无果而终时,卡扎菲转而说服突尼斯总统布尔吉巴答应建立突、利合并的"阿拉伯伊斯兰共和国"。与此同时,卡扎菲还分别在 1972 年和 1979 年促成南北也门的两次统一计划,以及叙利亚和伊拉克在 1978 年达成的联合协议,等等。但是,所有这些有关多边和双边的统一联合协定或协议都未能变为现实。它们大多是呼声大、行动少,计划多、变化快。有些甚至还在酝酿之中便告流产。

　　战后阿拉伯统一运动之所以屡遭挫折和失败,固然同阿拉伯世界长期存在的政治、经济、宗教、领土、边界和意识形态方面的各种矛盾与纠葛密切相关。但其深层原因还在于,阿拉伯国家在民族与国家利益之间普遍存在此消彼长、互为侵蚀的弊病。众所周知,阿拉伯民族是由中东各个阿拉伯国家中的阿拉伯人所组成。由此出现不同国家的阿拉伯人之区分。例如,埃及阿拉伯人、叙利亚阿拉伯人、伊拉克阿拉伯人,等等。不同国家阿拉伯人的分野造成的结果是:当某个阿拉伯国家过分强调和谋求本国利益时,往往容易削弱或破坏整个阿拉伯民族的利益;反之,当整个阿拉伯民族的利益被置于不适当的位置,或是被某些心怀叵测的政治家所利用时,它又会触犯和伤害某些阿拉伯国家的利益。这种"二律背反"的现象必然导致阿拉伯国家缺乏内聚力,甚至衍生民族疏离和分立倾向。因此,阿拉伯统一运动始终无法摆脱这种作茧自缚的怪圈。

---

① George Lenczowski, *Middle East in World Affairs*, Cornell University Press, 1980, p.761.

三、统一运动的演变

　　1973 年十月战争后,埃及开始调整在阿以冲突问题上的策略,萨达特总统决心通过和平谈判来解决埃以问题和巴勒斯坦问题。1977 年萨达特总统和以色列总理贝京实现互访。1979 年 3 月,埃以两国签订和约。翌年2 月,两国建交,实现了关系正常化。埃及的和平之举遭到多数阿拉伯国家的坚决反对和抵制。萨达特在 1977 年 11 月访问以色列后,利比亚、叙利亚、阿尔及利亚、南也门和巴勒斯坦解放组织便于 12 月组成"拒绝阵线"(后改为"坚定阵线"),强烈抨击和谴责萨达特的行动。1979 年 3 月埃以签订和约后,阿盟当即通过了对埃及实行集体制裁的决议,并将埃及开除出阿盟,阿盟总部由开罗迁往突尼斯。17 个阿拉伯国家同埃及断绝了外交关系。

　　另一方面,阿拉伯人内部潜在的各种尖锐矛盾也在不断趋于表面化和扩大化。例如,阿拉伯国家相互之间在布赖米绿洲、哈瓦尔群岛、科威特主权,以及沙特同也门、伊拉克等邻国在边界划分上的争端常常导致彼此关系恶化、战云密布。而黎巴嫩各教派之间的冲突和长期内战更成为中东地区包括阿拉伯人在内的各种矛盾"集合"的缩影。阿拉伯世界实际上已陷入分裂状态,阿拉伯的统一越来越成为一种难以实现的虚幻理想。

　　在阿拉伯统一运动屡遭挫折,处于困境之时,阿盟和一些阿拉伯国家逐渐认识到阿拉伯统一的艰难性和复杂性,并以灵活务实的态度,另辟蹊径,寻求阿拉伯国家在经济、技术、金融和文化等领域的合作。由此使阿拉伯统一运动改变了过去一味坚持国家之间的合并或政治联盟模式,开始朝着以经济和文化合作为主的方向发展和演进。

　　自 20 世纪 60 年代以来,阿拉伯国家陆续组建了阿拉伯经济统一委员会(1964 年)、阿拉伯石油输出国组织(1968 年)、阿拉伯经济和社会发展基金会(1968 年)、阿拉伯非洲发展银行(1973 年)、阿拉伯议会联盟(1974年)、阿拉伯货币基金组织(1977 年)、阿拉伯合作委员会(1989 年)、阿拉伯马格里布联盟(1989 年)等多种经济合作组织。这些经合组织在推动阿拉伯联合,并在国际舞台上显示阿拉伯力量方面发挥着不同作用。在阿拉伯国家推动经济合作的历程中,最成功的范例当属 1981 年 5 月由沙特阿拉伯、科威特、卡塔尔、巴林、阿拉伯联合酋长国和阿曼六国共同组成的"海湾阿拉伯国家合作委员会"(简称"海合会")。

海合会六国地处海湾西部和西南部沿岸,均为盛产石油的伊斯兰君主制国家。这种相近的经济构成和政治体制以及共同的宗教特点成为六国组建区域性组织、协调政治立场和行动、实现一体化的坚实基础。海合会的章程规定:"海合会是一个地区性的政治、经济和社会组织。它是海湾阿拉伯国家为了应对外部环境的挑战而成立的一个地区性合作体系。海合会的工作范围涵盖经济、政治、安全、文化、卫生、信息、教育、法律事务、管理、能源、工业、采矿、农业、渔业和畜牧业等。"[①]从本质上看,海合会的目标就是要充分利用各成员国的资源和力量,最终实现成员国间在一切领域内最大限度的协调、联系、合作和一体化。

自海合会成立以来,各成员国在政治领域不断强化依托海合会框架,整体参与国际和地区事务,在重大国际和地区问题上力争采取统一立场,或是通过有效的磋商来形成共识。海合会首脑会议先后发表了一系列宣言和文件,它们包括:《科威特宣言》、《阿布扎比宣言》、《麦纳麦宣言》、《多哈宣言》和《海合会与其他国家、地区集团和国际组织发展关系和进行谈判的长期战略》等。与此同时,六国大臣(部长)则定期或根据需要召开会议,商讨六国和海湾以及中东地区面临的政治、经济、外交、安全、军事等重大问题,互通信息、协调立场、共商对策,以便采取联合行动。海合会的政治影响不断扩大。

海合会在区域经济一体化方面的进展尤为引人注目,并实现了重大突破。海合会成立之初,六国通过了《基本制度》、《统一经济协定》、《发展计划的目标和政策》、《工业发展统一战略》和《共同农业政策》等五个文件。规定六国将在工业、农业、基础设施、技术合作、贸易关税、人员往来等方面统一法规,制定共同政策。此后,成员国之间在短时间内就实现了人员和资本的自由流通,彼此互免关税。同时还建立了自由贸易区,确保自然资源类

---

① 彭树智主编,钟志成著:《中东国家通史·海湾五国卷》,商务印书馆 2007 年版,第 418 页。

和工农业产品等在成员国之间无限制、无须委托代理、无关税自由流动。冷战结束后,在全球化趋势日渐强劲的条件下,海合会国家进一步加快了经济一体化进程,并将建立海湾国家关税联盟,海湾国家货币联盟和海湾共同市场作为发展方向,从而使海合会成员国的一体化进程向纵深领域拓展。与此同时,六国还在石油天然气和石油化工等领域开展不同层次的合作。海合会陆续通过了近40个规章文件,制定了一系列带有普遍性的战略方针。在国际经济合作上制定了同主要贸易伙伴以及同美、日和欧盟的经济对话与集体磋商机制。2005年12月,海合会首脑峰会同意在随后四年中将新版利雅得刑法、海合会民法、多哈刑事法、阿布扎比青少年法、麦纳麦辩护法、马斯喀特证据法及麦纳麦民法通则等作为指导性法律。由此可见,海合会最终将成为类似于欧盟那样的具有凝聚力的区域性组织。

海合会的发展模式为阿拉伯统一运动注入了一种新的活力,也提供了一种新思路。因此,基于多种因素的局限,在今后相当长的时期内,阿拉伯统一运动的主流已不大可能是国家间或政治实体间的合并,转而会继续朝着建立局部性的区域经济一体化的目标迈进。

第十三章

当代中东的现代化浪潮

第一节　世界现代化对中东
国家的冲击和影响

一、现代化与西方

现代化是近代以来波及全球的一种不可抗拒的时代潮流,它既是人类社会谋求进步的必由之路,也是世界各国文明演进的方向。但是,关于"现代化"的内涵及其定义却多存歧见,各国学者给出的标准和表述也不尽相同。从历史视角和就宏观而言,现代化无疑是人们对人类近期发展进程中社会急剧转变的总体动态的一种高度概括。它一般是指"从传统的社会组织原则向现代的社会组织原则过渡的进程"。[1] 更具体地说,现代化是诸如社会、经济和政治体制,以及科学技术与文化等,由传统类型向现代类型变迁的过程。中国学者颇具影响力的观点认为,"现代化是一次巨大的社会变动,是人类文明的一次转换,它在工业生产力取代农业生产力的基础上,

---

[1] Hamza Alavi and Teodor.Shanin, *Introduction to the sociology of "developing societies"*, London: Macmillan, 1984, p.72.

— 411 —

实现了农业文明向工业文明的转化。换句话说,现代化是一种新的文明形式(工业文明)逐渐确定的过程,它包含着整体的社会变动"①。上述观点比较全面地诠释了现代化的基本内涵及其实质。

可以肯定,现代化源于西欧,它是由地理大发现、文艺复兴、宗教改革、启蒙运动和工业革命所聚集的强大内动力而推动的。英国、法国和德国等国是西欧最早启动现代化的国家。现代化之所以发轫于西欧,是由于西欧国家自身内在的各种要素孕育了现代化的原动力。其最重要的标志是生产方式和社会结构的变革导致农业社会或农业文明在某种程度上的解体,从而为生产力的大发展和工业文明的勃兴创造了前提条件,并使西欧国家成为近代以来内源型的现代化的先行者。

第二次世界大战结束时,欧美国家已先后经历了两次现代化的大浪潮。第一次现代化浪潮发生在18世纪后期到19世纪中期,并由第一次工业革命所推动,它是从英国开始然后渐次向西欧其他国家扩散的工业化进程;第二次现代化浪潮大致是在19世纪后半叶到20世纪初叶。在此期间,工业化和现代化在欧洲的英法德等核心国家取得巨大成就,并且迅速向周边地区拓展,跨越欧洲向异质文化地区传播。两次现代化浪潮的物质技术动力是有区别的,前者为煤与铁,后者为电与钢。② 这种区别也折射出现代化演进的趋势和方向。

经过两次现代化浪潮之后,世界格局发生了空前变化。从现代化运动的视角来看,欧美已成为世界的中心地区,其他地区则处于边缘状态。历史表明,作为现代化运动中心地区所孕育和发展起来的现代经济推动力必然向边缘地区渗透。也就是说,它首先是扮演一种破坏力量去改变边缘地区原有的社会经济结构与机制,使之从属于中心地区发展的各种需求,以便为西方初始工业化与早期工业化的实现提供外在条件。因此,边缘地区被置于极为不利的困境。亦如研究者得出的结论:在工业文明出现之前,通常是"落后"地区向"先进"地区进攻,"蛮族"征服"文明"的民族;工业文明出现后,征服的方向就改变了,发达地区向不发达地区进攻,"文明"征服"野蛮"。③

---

① 钱乘旦、杨豫、陈晓律:《世界现代化进程》,南京大学出版社1999年版,第2—3页。

② 罗荣渠:《现代化新论》,北京大学出版社1993年版,第144、176页。

③ 钱乘旦、杨豫、陈晓律:《世界现代化进程》,第8页。

二、中东对早期现代化浪潮的回应

当两次现代化浪潮在欧美兴起和向外部扩散之际,统治中东的奥斯曼帝国正在加快衰败的步伐。这种衰败表现在三方面:一是对外战事的一系列败绩,它们动摇和瓦解了作为国家统治基础的封建军事采邑制;二是财政收支持续恶化,致使帝国的银本位货币体制和国库受到巨大冲击,已经难以承担居高不下的财政负担;三是统治集团内部矛盾重重,王公贵戚拉帮结党,贪污腐败成风,行政管理极度混乱,促使各地总督和权贵拥兵自重、分立割据。与此同时,借助工业革命和现代化而迅速崛起的欧洲列强特别是英法两国,为了满足本国垄断资本对市场和原料等不断膨胀的需求,攫取超额利润,也在加紧对东方的入侵,掀起一次又一次肢解和瓜分奥斯曼"遗产"的狂潮。奥斯曼帝国处于内外交困的双重危机之中。

在列强入侵、国力衰微和民族存亡日趋严重的关头,奥斯曼帝国统治集团内的有识之士和理智的政治家开始从不同层面作出回应,试图寻求救亡图存、强国富民之路。由此揭开了早期中东地区艰难的现代化进程的序幕。早期中东地区的现代化运动前后持续百余年之久,它是在效仿西方的指导思想下在帝国范围内实施的自上而下的现代化改革。

早期现代化改革分为两个阶段,第一个阶段是一种器物层面的变革,主要集中在军事上,这同其封建军事帝国的性质和欧洲列强咄咄逼人的殖民扩张有很大关系。改革者基于重建军事强国的美好愿望,意识到作为精神支柱的伊斯兰传统已不足以与西方现代化先进军事技术抗衡,要使帝国再度强盛,只能借助西方式的军事改革来实现。因此,从艾哈迈德二世到马赫穆德二世,帝国历次改革的重点优先体现在军事方面,并呈现出鲜明的"重武"和"强军"特色。

第二阶段的改革是由器物层面的军事改革逐步拓展为政治、经济、法律、教育和社会文化生活等方面的改革。在这一时期,阿卜杜勒·马吉德和阿卜杜勒·阿齐兹的"坦齐马特"改革最具代表性。坦齐马特改革涉及行政管理体制、法律、财政、税收和文化教育等多个领域。同时它勾画了帝国全面变革所遵循的方向和"蓝图",最终目标是使"宗教、政府、国家、人民达到繁荣"。

此外,在中东地区伴随奥斯曼帝国后期现代化改革的还有穆罕默德·阿里于1809—1849年在埃及实施的变革,以及其后继者赛义德和易司马仪进行的"欧化"改革。穆罕默德·阿里改革的目的在于,彻底摆脱土耳其人的樊篱,抵御西方列强入侵,把埃及建成一个强大的独立国家。这次改革同样涉及政治、经济、军事和文化等诸多内容。而穆罕默德·阿里的后继者尤其是易司马仪则注重在形式上对"欧化"的刻意追求和简单模仿,他心中的改革目标是让埃及不再是一个非洲国家,而是成为欧洲的一部分。[①]

奥斯曼帝国和穆罕默德·阿里等人的改革构成了中东地区早期现代化变革的第一次高潮。尽管,这些改革由于自身的各种局限以及在列强的干涉下而失败,但却具有重要的社会意义。以坦齐马特改革为例,它的许多现代化改革措施有利于资本主义因素的发展和新兴社会阶层的产生。它在国家政体、法律方面的改革,亦即1876年第一部由君主专制向君主立宪制过渡的奥斯曼宪法的颁布,开辟了奥斯曼帝国向现代国家政治体制转变的道路,为现代土耳其的宪政体制和世俗化方向奠定了基础。同时,它在教育、文化和社会生活方面的改革也为第一次世界大战后土耳其共和国的创建及其向现代化的发展提供了舆论和思想准备。"穆罕默德·阿里的历史意义在于他是第一个意识到西方技术的意义并有效地利用西方技术来为自己的目的服务的中东的统治者。"[②]马克思高度评价穆罕默德·阿里的改革,称赞穆罕默德·阿里统治的埃及是"当时奥斯曼帝国的唯一有生命力部分"[③]。

第一次世界大战结束后,中东地区诞生了第一批独立或形式上独立的民族国家。这些国家包括土耳其、伊朗、阿富汗、沙特阿拉伯和埃及等国。一般来说,民族国家诞生后,它们面临的共同课题是巩固中央集权制,加速民族经济发展,反对国内外敌对势力的分裂和颠覆势力的破坏。而完成这些使命的最有效途径便是改革,由此启动了中东地区第二次社会变革和现代化运动的高潮。

---

① M.W.Daly, *The Cambridge History of Egypt*, Vol. II, Cambridge, 1918, p.163.

② [美]斯塔夫里阿诺斯:《全球通史》(第7版),第568页。

③ 《马克思恩格斯全集》第9卷,人民出版社1961年版,第231页。

　　此次社会变革和现代化运动的发起者是土耳其。土耳其也是战后中东地区第一个建立共和制政权的国家。为了巩固新生政权，被称为"共和国之父"的凯末尔率先领导土耳其人实施了以政教分离为主要内容的民族化和世俗化改革，选择了国家资本主义的现代化发展定位，实现了两次世界大战之间中东地区现代化运动的重要突破。凯末尔的改革是一场全面、系统的对土耳其社会改造的工程。通过改革，土耳其的独立地位得到维护和巩固，并摆脱了传统的伊斯兰教神权势力对政治生活和社会文化的束缚，确保了土耳其沿着民族化、世俗化和现代化的道路发展。

　　凯末尔的改革在中东地区引起强烈共鸣，一些中东国家都把土耳其的现代化改革作为样板予以效仿。同属中东北层国家的伊朗和阿富汗，紧随土耳其之后，分别在各自国内进行了类似土耳其的相应变革。伊朗巴列维王朝的创建者礼萨·汗改革的宗旨，是为了巩固新兴地主和资产阶级政权，使伊朗成为一个统一而强盛的国家。阿富汗是一个完全以农牧为经济主体的蕞尔小国，因受土耳其和伊朗改革的影响，阿马努拉国王决心通过改革来贯彻"青年阿富汗派"的独立、民主和科学的纲领，变革阿富汗落后的生产关系，推动阿富汗社会生产力的发展，使阿富汗由一个封闭、贫困的农牧国度变为现代资产阶级君主立宪的国家。

　　与中东地区北层三国的现代化相比，地处阿拉伯半岛的沙特阿拉伯王国的改革属于另一类型。沙特王国由部落酋长国扩展而成，既是伊斯兰教的发源地，也是境内伊斯兰教两大圣地麦加和麦地那的"护主"，素有穆斯林"精神祖国"之称。沙特王国固有的宗教地域特征决定了它必须把伊斯兰教作为立国之本。因此，战后沙特王国的改革是在伊斯兰教框架内进行的，具有非世俗化和渐进变革的特点。这种变革同样是为了改变沙特王国落后的社会和经济结构，并使之向现代国家过渡。

　　以凯末尔为代表的中东北层三国的世俗化改革和沙特王国的非世俗化改革是第一次世界大战后中东国家现代化发展的两种基本模式。同时它们也构成了中东地区的第二次社会变革和现代化运动的高潮。如果说，在当时的历史背景和社会环境下，中东地区在奥斯曼帝国后期和第一次世界大战后出现的两次社会变革运动的内涵尚不足以称之为真正意义的现代化运动的话，那么，它们至少为第二次世界大战后中东国家的现代化战略及实践创造了不可或缺的前提条件或预演。事实上,战后中东国家掀起的第三次现代化运动高潮,在很大程度上也是前两次社会变革运动在更高层次上的延续和发展。

第二节　当代中东现代化的初始条件和思想准备

一、战后现代化浪潮的兴起及新特点

第二次世界大战结束后,在世界范围出现了新的现代化运动,这是一次真正的全球性的变革,也是世界现代化进程中的第三次大浪潮。此次现代化浪潮的兴起在很大程度上同第二次世界大战有着直接的因果关系,是战争这一特殊交往方式所孕育的产物。因为现代战争经常成为不自觉地推动现代化的工具。第二次世界大战对战后现代化新浪潮的推动作用在于:战争打断了资本主义第一次发展性危机,并带动了快速的技术更新;战争造成新经济增长的巨大物质需求和精神需求;战争的解放因素推动了殖民主义体系的瓦解和对新的发展道路的追求。①

具体讲,战后出现的现代化新浪潮同前两次世界现代化浪潮相比,具有三大新特点。第一,这是一次新兴工业化世界对非工业化世界空前的全球性冲击,其显著标志是初级工业化向高级工业化升级,从而引起发达工业国产业结构的全面更新,并且加速了工业化和现代化浪潮向全球的拓展。作为欠发达的第三世界国家,在战后工业化和现代化浪潮的强烈冲击下,积极争取进入现代经济增长过程,由此导致诸如全球化与国家之间的关系、经济与政治关系,不同文化和价值观之间的关系等都在发生深刻变化,而且出现了许多新问题。第二,推动战后现代化浪潮的物质基础和新动力是高新技术、新能源和人工智能合成的新型原材料。它们促使科学能够直接转化为

---

① 罗荣渠:《现代化新论》,第 138 页。

生产力,实现生产的高科技化、专业化与多样化,并形成以资本聚集、技术密集、劳力节省和高福利为特点的资本主义工业文明社会。与此同时,跨国公司和全球产销网的出现又引起现代发展模式的结构性重大变革,世界现代化进程加速。第三,战后殖民主义体系的瓦解和亚非拉独立民族国家体系的形成打破了原有的世界政治格局,它把占世界人口大多数但却仍处于世界边缘的那些发展中国家第一次真正卷入革命性变革的大潮。"现代化"成为发展中国家战后发展和追求的目标。

但是,发展中国家启动现代化的初始条件和国际发展环境同现代化的先行者欧美国家完全不同。总体上看,发展中国家大都是以农牧和小手工业为经济主干并以落后生产方式占支配地位的传统农业社会。按照唯物史观,只要这种传统的农业、小手工业构成和农业生产方式一直占据主导地位,与之相适应的传统行为和观念也不能发生根本性变化。换言之,欠发达国家的社会和政治肌体里尚不具有现代思想和现代经济赖以生成的内在依据,现代化更不是这些国家本土文化运动的结果。因此,战后发展中国家陆续出现的现代化运动基本上都是在战后世界范围的现代化浪潮的冲击和激发下而兴起的,是一种被动性的反应。这种状况决定了战后发展中国家的现代化普遍具有两个明显特点:一是各国的现代化都属于外源性和后发型;二是现代化进程中大都采取政治变革引导经济变革,但经济变革又必须服从政治的需要。战后中东国家现代化发展战略的实施也基本如此。然而,由于中东国家固有的宗教地域特点,以及根深蒂固的传统价值观,其现代化进程更具复杂性和艰难性。

二、二战后中东国家概貌和现代化的启动

中东是一个多民族聚居的地区,在这块土地上生活着阿拉伯人、突厥人、波斯人、犹太人和库尔德人等众多民族,民族特点在不同国度都有明显的体现。中东国家绝大部分信仰伊斯兰教,而且都曾饱尝屈辱的殖民奴役和压迫,直到第二次世界大战结束,中东国家纷纷独立,并建立了民族国家。这是中东国家的共同点。除此之外,独立后的中东国家因具体国情不同,各自选择的发展道路也存在差异。在政治制度方面,经过两次世界大战,中东

国家经历了由殖民地半殖民地向民族独立国家,或是传统的封建专制向资产阶级民主制国家的历史性演变,最终形成了君主制和共和制两大政治体制的基本格局。其中海湾地区构成当今世界君主国最集中的地区。中东的共和制国家除伊朗(1979年伊斯兰革命胜利之前为君主国)外,基本上都实行政教分离制。在实行政教合一的国家中,沙特阿拉伯和伊朗最有代表性,但宗教在这两个国家政治生活中的作用却有所区别。伊朗实行宗教领袖制,沙特阿拉伯实行以家族为统治核心的政教联盟制。

黎巴嫩和以色列是中东地区仅有的两个非穆斯林国家。黎巴嫩同为阿拉伯国家,但国内人口主要由基督徒和穆斯林构成,是在家族和教派基础上建立的国家。1943年黎巴嫩摆脱法国殖民统治后,各教派就新国家的治国施政方针达成共识,并通过《民族宪章》(亦称《国民公约》)规定,黎巴嫩共和国是一个完全独立的阿拉伯国家;基督徒和穆斯林都承认黎巴嫩与西方在精神上和智力上的不可切断的联系,与阿拉伯世界在地理上和文化上的不可分割的联系,双方既反对基督教极端派将黎巴嫩建成基督教国家的主张,也反对穆斯林激进派将黎巴嫩并入任何阿拉伯国家的立场。因此,根据《民族宪章》的精神和原则,黎巴嫩这一独特的政治体制被称为"政治教派体制"。

以色列的情况更为特殊。以色列是第二次世界大战后根据1947年联合国分治决议,在大国的支持下,通过不断移民建立起来的一个犹太国家。以色列同西方国家关系密切,并且深受西方政治制度的影响。因此,建国后的以色列以西方社会为蓝本,确立了以普选权、三权分立和多党并存为特色的现代民主制度,是中东地区唯一实行议会民主制的国家,从而显示出同其他中东国家的根本区别。

在自然资源和经济构成方面,如按类型划分,中东国家大体上可归为四类:第一类是拥有丰富石油资源,并以石油为经济主体的海湾君主制国家,它们包括沙特阿拉伯、科威特、巴林、卡塔尔、阿联酋和阿曼等;第二类是工农业基础较好,且能出口相当数量石油及农产品的国家,如埃及、伊朗、伊拉克、阿尔及利亚、利比亚和叙利亚等国;第三类是注重发展出口制造业,制成品出口在经济中占有重要地位的国家,如土耳其和塞浦路斯等国,以色列亦可纳入此类国家,但由于它的经济基础更雄厚,并且突出地体现在军工、高科技和农业等方面,其制成品出口的竞争力更强,其他中东国家很难与之相比;第四类是工业基础相当薄弱,主要依靠出口初级农矿产品和少量加工工业品及输出劳工赚取外汇发展经济的国家,如约旦、摩洛哥、也门和巴勒斯坦等国。

中东国家大都遭受过殖民主义者的统治,是通过长期浴血抗争,摆脱殖民枷锁,建立民族国家的。在漫长的西方殖民统治时期,由于殖民者贪婪无情的资源掠夺和文化摧残,它导致中东国家原有社会经济结构被破坏,并处于极端落后状态。与此同时,西方殖民者在政治上依然保留中东国家东方式专制的基础上,又将他们的欧洲式专制强加于中东国家。这种状况使中东国家失掉了它的旧世界,而没有能够获得一个新世界。以至

熊熊火焰映照下的伊拉克油井

于许多中东国家在获得独立时,其社会经济形态仍处在前资本主义阶段。而中东国家固有的宗教地域特征和伊斯兰传统文化也使它们难于接受脱胎并兴起于西方的现代文化,尤其是整个穆斯林世界长期遭受西方奴役而备感屈辱的经历,造成中东国家对西方存在本能的抵触和抗拒心理。因此,中东国家的这种客观现实决定了它们选择的现代化发展道路都不同于西方。

战后中东地区出现的现代化运动也是在外力的激发下兴起的,是一种被动性的回应。当战后世界范围的现代化浪潮迅猛波及中东时,中东国家切身地感受到本国同发达国家之间业已存在的巨大差距,而为了民族的生存、自强、振兴和尊严,必须诉诸现代化。这成为中东国家刻不容缓的抉择,正是在这种危机感的迫使下,中东国家开始全面推进现代化。

三、现代化进程中的伊斯兰教与阿拉伯社会主义

现代化对整个发展中国家来说是一个全新课题。发展中国家在推进现代化进程中面临的共同问题是如何解决传统与现代化之间的矛盾。世界历史的发展表明,传统与现代化之间的矛盾在发展中国家的变化在总体上大致都经历了前后两个不同的历史时期。以 20 世纪 70—80 年代为界线,在这之前,传统与现代化之间的矛盾是在西方殖民化和东方反殖民化的政治军事斗争的历史背景下进行的,其表现形式集中在东西方文化的冲突上。20 世纪 60—70 年代,西方殖民主义体系解体和东方民族独立国家体系形成。在这个大变化之后,东方各国的经济优先性就取代了政治优先性。传统与现代化之间的矛盾随之就发生了新的变化。这一矛盾更多地直接表现为传统与现代市场经济之间的矛盾,尤其是突出地表现为传统价值观与现代市场经济发展所带来的价值观念之间的矛盾。①

上述总结同中东国家的基本情况是吻合的。战后,中东国家在推进现代化时,面临的最严峻挑战是宗教问题。从一定意义上讲,中东地区的宗教地域特征和伊斯兰教固有的强烈涉世性决定了战后中东国家的现代化首先需要实现宗教文化观念和思想意识的转换与解放。如前所述,中东是伊斯兰教的发源地,绝大多数中东国家或以伊斯兰教为国教,或实施政教合一制。伊斯兰教的影响渊源久远,根深蒂固。中东的任何国家,不管是实行共和制还是实行君主制,也不管是坚持世俗化还是非世俗化,在推进现代化过程中无不围绕伊斯兰教而显露分野。伊斯兰教是一种非常特殊的宗教。伊斯兰学者胡西德·艾哈迈德认为:"伊斯兰教不是通常被曲解了词义的一种宗教,即所谓仅仅局限于人们的私生活。它是一个完整的生活方式,适合于人类存在的全部领域。伊斯兰教为各阶层人士提供行动指南——个人的和社会的,物质的和道德的,经济的和政治的,法律的和文化的,国家的和国际的。"②由此可见,伊斯兰教不仅是一种信仰

---

① 彭树智主编:《伊斯兰教与中东现代化进程》,第 2 页。
② [美]G.H.詹森:《战斗的伊斯兰》,高晓译,商务印书馆 1983 年版,第 9 页。

体系,而且也是一种带有强烈参政意识的政治思想体系,它既具有纯洁净化灵魂的作用,又包容了改造和规范社会的双重功能。另一方面,在理论上,穆斯林社会也不存在宗教与世俗之分,伊斯兰教主张,安拉是一切权力的源泉,宗教法规是国家的法律,社会和政治结构应建立在伊斯兰教的基础之上,穆斯林在社会、政治和经济生活的各个方面也处于伊斯兰教的绝对支配之下。伊斯兰教所具有的这种政治参与特点构成了中东社会独特而恒久的宗教政治文化体系。故此,中东社会的任何变革不能不受到伊斯兰教所厘定的范畴的制约。

现代化伴随西方基督教世界的崛起逐渐向外扩展,是西方文化和意识形态的具体体现。以西方基督教伦理为基础的现代新文化注重外在自然界的物质利益,突出科学、理性、自由、民主和法制,以人性反对神性,以人权反对神权,提倡人的尊严和价值,主张人性解放和自由平等。同时,西方现代新文化还和世俗沟通,并使世俗生活获得超验意义,从而迸发出旺盛的创造力。西方现代新文化的特征对于伊斯兰教来说,显然是一种非伊斯兰文化的异质文化。现代化脱胎于西方,而伊斯兰教的独特属性及其同现代化所体现的西方文化与意识形态之间的碰撞和冲突,使中东国家在实施朝着现代化方向发展的社会变革时,必然要首先考虑如何理顺宗教与世俗、传统与现代、古老东方文明与现代西方文明之间的各种关系,以便获得宗教上的"合法性"。事实上,伊斯兰国家历史上出现的各种变革运动,无不从伊斯兰教教义中寻觅理论支持,或是赋予伊斯兰"经训"某种新的诠释,并以此为依据来推动社会的变革。伊斯兰教自1300多年前创立以来,它经历了最初由阿拉伯人信仰的民族宗教向世界性宗教的演变。其影响由近及远,由弱到强;其信徒由少到多,由单一民族向多民族扩展。伊斯兰教已在当今世界上100多个国家广泛传播,穆斯林人口总数已超过10多亿。伊斯兰教的传播史昭示了它具有伴随社会发展的适应力和吸引民众的召唤力,而驱动伊斯兰世界顺应时代潮流和向现代化发展的源泉与活力则来自伊斯兰教固有的自我调节和自我更新机制。

伊斯兰教的自我调节机制主要表现在三方面:一是伊斯兰教义、教法和神学思想等是伴随时代变迁和社会发展需要通过自我调节机制逐步完善的;二是伊斯兰教并不绝对排斥科学知识和人类文明,而是在很大程度上能够吸收外来知识和文化,并把它变为壮大自身的精神财富;三是历史上伊斯兰世界的政治精英和改革家一直是推动伊斯兰教不断更新发展的动力。伊斯兰贤哲们力主重开创制之门,渴望借助科学与理性对自身的宗教文化进行深刻反思,以便重建圣俗统一、信仰与理性平衡的机制。另一方面,他们还试图利用"经注学",或通过"经学为体,西学为用"的杠杆,并采用以现代思维方式对"经训"进行重新诠释的手段来延展伊斯兰教的包容性和相对的灵活性,有机地将"经训"同现代科学与理性联系在一起,从而使伊斯兰教与不断发展着的现代社会及其政治、经济、文化相互协调,同步发展,实现伊斯兰世界的现代化。

战后中东国家在推进现代化时,伊斯兰教的自我调节和自我更新机制为它们提供了可供选择的历史借鉴和参照系。同时,它还启迪中东国家循着同一路径,从深层领域进一步发掘伊斯兰教固有的内在适应力,并且能够合理地实施对自身传统文化范式进行创造性的转换。其中最突出最具有代表性的范例是费萨尔国王在沙特王国的现代化实践。1962 年费萨尔国王曾在其推进沙特王国现代化的著名施政纲领中指出:"由于《古兰经》和《圣训》的内容是有限的,而时光的流逝及我们在世俗事务中所面临的问题是不断发展和无限的,鉴于我们年轻的国家的政权是建立在《古兰经》和《圣训》的条文和精神基础之上,因而我们对解释伊斯兰教律一事应给予特殊的关心。"他要求教法学家和伊斯兰学者"在研究民族所面临的各种问题时发挥有效的、积极的作用","克服横在正确的、前进道路上的各种障碍"。①费萨尔的变革思想同伊斯兰贤哲们相比,两者在试图通过对"经训"的再注释来协调和理顺信仰与理性、宗教与世俗、传统与现代化的关系方面有着共同点。这种来自官方的同来自民众的变革思潮的合流,更有助于弘扬伊斯兰教的自我调节和自我更新机制,从而推动国家的现代化进程。

除伊斯兰教之外,战后中东国家在启动现代化发展时,还明显受到一些新的社会思潮的影响。这些新思潮是在中东民族国家建立过程中形成的。其中最重要的就是"阿拉伯社会主义"理论的提出和实践。阿拉伯社会主义并不是科学社会主义,而是一种思想成分复杂的特殊的社会主义理论,主

---

① 〔叙利亚〕莫尼尔·阿吉列尼:《费萨尔传》,何义译,商务印书馆 1977 年版,第 366 页。

要由阿拉伯民族主义、伊斯兰传统和科学社会主义的个别原理所构成,是一种带有阿拉伯—伊斯兰特色的社会思潮。中东国家提出的所谓社会主义主张,名目繁多,形式不一。归纳起来,最具代表性和典型性的主要有埃及的纳赛尔主义、叙利亚和伊拉克的复兴社会主义、阿尔及利亚的自管社会主义、突尼斯的宪政社会主义和利比亚卡扎菲的伊斯兰社会主义,等等。由于奉行上述主张的中东国家均为新生的阿拉伯国家,因而被统称为阿拉伯社会主义。阿拉伯社会主义有几个共同特点:1.把社会主义原则等同于伊斯兰教的教义精神,并进而认为伊斯兰教是社会主义原则的渊源,甚至有人提出:“社会主义种子产生于它的教义(伊斯兰教义)之中”,宣称“真正的伊斯兰教就是社会主义”;2.把社会主义作为一种发展经济和振兴民族,进而实现国家现代化的纲领及手段;3.拒绝科学社会主义,明确反对无神论,强调以伊斯兰教信仰为基础,尊重民族的、宗教的文化传统,主张阶级合作和私有制的永恒性。卡扎菲曾宣布,他们所奉行的是一种“反对共产主义和资本主义的社会主义”,与科学社会主义有质的区别。① 即使思想比较激进的纳赛尔也曾多次向埃及人民和阿拉伯世界表示,他的阿拉伯社会主义与马克思主义存在根本性的差异,而且他把这种差异或区别具体归为五个方面。② 由此揭示了阿拉伯社会主义的独特属性。

　　阿拉伯社会主义之所以能够一度成为第二次世界大战后诸多阿拉伯国家推进现代化的指导思想,一方面是由于中东国家长期深受西方列强的殖民主义之害而导致它们本能地对西方发展模式的排斥,另一方面则是由于战后礼会主义思潮在中东地区深入广泛传播所产生的积极反响。特别是20世纪50至70年代,国际社会主义运动迅猛发展,社会主义国家在革命和建设中取得巨大成就,显示出非凡的生命力。在这种形势下,不断受到社会主义成就鼓舞的许多阿拉伯国家便把社会主义移植到本国的现代化进程中,并使之盛行20余年之久。与此同时,中东地区盛产石油的海湾君主国,以及伊朗和土耳其等国基于它们同西方的各种关系而选择或仍坚持国家资本主义的发展道路。它们构成了第二次世界大战后至20世

---

① 黄心川主编:《世界十大宗教》,东方出版社1988年版,第392—393页。

② 五个“区别”的内容见唐大盾等:《非洲社会主义:历史、理论、实践》,世界知识出版社1988年版,第105页。

纪 80 年代初中东地区现代化运动浪潮的壮阔历史图景。

第三节　中东现代化发展战略的
形成和多元模式

一、现代化战略的总体属性和制约因素

现代化是人类从传统农业社会向现代工业社会转变的过程,它也是文明发展和演进的最复杂的过程。从历史社会学的观点看,人类社会从农业社会向工业社会的演进过程,就是从简单、一元结构的封闭型社会向复杂的、多元结构的开放型社会转变的过程。现代化世界进程的历史表明,各国的现代化道路并不相同。各国的现代化实践,按其经济形态来区分,大致可归纳为三大类型,即资本主义类型、社会主义类型、混合类型。而每一种类型都有多种发展模式。[①] 但是,任何一种现代化发展模式都是适合一定历史发展阶段、一定生产力水平以及适合具体国情的产物。

战后,中东国家在各自的现代化实践中逐渐形成了适合本国具体国情的发展战略或发展模式。这些发展战略或发展模式名目繁多,其内涵也不尽相同。但总体上都属于混合类型。这是一种尚未定型的现代化选择。它兼采资本主义现代化和社会主义现代化两种模型的不同特色,是对两大对立模型合成而产生的各种中间发展形式。就市场体制而言,接近资本主义的模型,具有明显的面向世界资本主义市场的外向型特征;就传统体制仍继续起重要作用而言,接近于社会主义模型。在政治上带有明显的反西方主义色彩,而在经济上则受到西方的强大吸引或仍然不能摆脱依附性,从而在一些地区或国家形成一种边缘资本主义发展模式。[②] 中东国家在诸如自然资源条件、社会经济发展水平、国民素质和政治适应性等方面存在各种差

---

①　罗荣渠:《现代化新论》,第 150 页。

②　参见[埃及]萨米尔·阿明:《不平等的发展》,高铦译,商务印书馆 1990 年版,第 169 页。

异。中东地区既有君主制国家，又有共和制国家。君主制政权以伊斯兰教和家族统治为特色；共和制政权存在世俗与宗教之区分。在经济结构方面，中东国家可划分为石油生产国和非石油生产国两大类，而非石油生产国又可细分为若干类。这些差异决定了中东各国的现代化实践不可能完全一致和等同。从中东各国已尝试的现代化发展模式来看，尽管中东国家现代化发展的总体趋势基本上都属于混合类型，但各国或者作为各个相近国家群的发展模式就有着明显区别。有的以国家资本主义为主导，有的至少在形式上被打上不同色彩的社会主义，有的则将其现代化发展目标设定为"不同于西方也不同于东方的伊斯兰强国"，因而体现出多元化的选择。

中东国家现代化战略和发展模式的形成受诸多因素的制约。其中起主导作用的有两大因素：一是国家的直接或间接干预；二是"超政府力量"的影响。"超政府力量"主要是指中东国家政治体系中超越或凌驾于政府之上的势力。它通常包括：1. "奇里斯玛式"领袖人物，这些人可区分为世俗与宗教两类，他们凭借个人超凡的创造力和魅力，并被人为地打上某种"神秘色彩"或被"神化"，从而在国家政治和经济生活中发挥作用。2. 圣裔和古老部族的首领，这类人属于传统权威，他们往往通过自己的特殊身份，取得宗教或政治"合法性"，获得国民的广泛拥戴，并以此影响国家的命运和发展进程。3. 军队，亦即由军人组成的革命委员会或其他代表军队力量的组织。这类组织虽不属国家政府机构的正式组成部分，但却拥有凌驾于政府之上或超政府的最高国家权力。军队组织主要扮演监督政府或在政府危机时刻取代政府发挥权威作用的角色，并使国家沿着既定方向发展。

中东国家在不同历史时期出现的社会变革和现代化运动高潮基本上都是由统治者或当权派自上而下倡导和发起，它们通常并不是中东国家某种经济形态根据其自身规律发展到一定阶段，或者出自社会内在累进的必然结果，而是由其他非经济因素，并采用强制性手段和措施推行的。政府和"超政府力量"在很大程度上控制或规定着现代化进程的走向以及发展节奏。

另一方面，中东国家和中东社会基本上都是由氏族和部落脱胎而来，或是同部族的关系渊源久远。独立之后中东民族国家及各类政体的建立并不意味着完全取代或破坏了原有的以血缘纽带和宗法氏族制为基础的人际与臣民关系。根深蒂固的氏族部落观念及其宗教和社会特点,导致许多中东国家普遍认同部族关系和传统权威,家族作为社会结构中心的地位难以改变。同时对家族的忠诚依然是所有义务中最主要的义务,一些传统的重要家族或部落始终保持着强大的召唤力和统治权。这也是中东国家特别是海湾诸国在获得独立并建立民族国家之后,仍能长期维系家族统治的重要原因之一。即使那些建立共和政权的中东国家,由于部落观念和部族关系在社会结构中的广泛存在,它们仍然能够对国家的政治和经济产生非同寻常的影响,并对本国的现代化进程构成阻力。现代化是对传统社会进行全面改造的系统工程,中东国家在现代化进程中不可能回避和无视那些阻力与障碍,因此,中东国家的现代化进程必然面临巨大的挑战。

二、现代化发展模式的多元实践

民族国家是现代化的载体。战后,随着中东地区一系列民族国家的建立和在新的世界现代化浪潮的冲击下,及至 20 世纪 60 年代,现代化运动已在中东地区全面铺开。中东各国根据本国的具体国情,在不断的现代化实践中逐步形成了各具特色的发展模式。

从现代化发展模式和类型分析的视角来看,中东国家现代化的指导思想及其采取的方式等既有共性,也存在差异。在现代化进程中,埃及、土耳其、伊朗、以色列和沙特阿拉伯为首的海湾国家选择的发展道路及其实践具有一定的典型性和代表性。同时,也基本能够反映出中东国家现代化进程的总体特征。因此,需要对上述国家的发展模式和类型逐一进行扼要介绍。

1. 埃及模式

中东地区在推进现代化过程中,埃及曾是阿拉伯社会主义思潮的主要倡导国,并在中东地区具有很大的典范性。除埃及外,叙利亚、伊拉克、阿尔及利亚和突尼斯等国也都程度不同地坚持所谓社会主义道路,它们的社会主义主张及其推进社会经济发展的方式和埃及大同小异,因此,可以把埃及的发展模式视为它们的缩影。

在阿拉伯社会主义基本原则的指导下,埃及经历了纳赛尔、萨达特和穆巴拉克三个时期的现代化实践。纳赛尔时代是埃及现代化发展的准备阶段,在这一阶段,为了加强国家的政治主权和实现经济独立,打破外国资本对埃及经济的控制,纳赛尔首先对外国资本采取了强硬的国有化措施。1956年7月,纳赛尔宣布将英国控制的苏伊士运河收归国有,埃及成为运河的主人。随后,纳赛尔又对其他外国企业和资本实施了国有化政策。在埃及基本控制了国家经济命脉的前提下,纳赛尔于1961年7月正式宣布埃及选择了"自由、公正和富裕的""阿拉伯社会主义"的发展道路。

　　纳赛尔在埃及推行的阿拉伯社会主义,其核心内容集中在四方面:即公有制、计划经济、土地改革和以进口替代为目的的工业化发展战略。纳赛尔的历史功绩在于,他推行的发展战略缩小了埃及的贫富差距,促进了埃及工业全面和快速的发展,遏制了官僚腐败现象的滋长。这被视为纳赛尔时代埃及经济发展的重要成就和特点。[1] 但与之相伴随的则是国有化打击面过大,经济发展失调,中央对企业管理的集权化,国营企业经营不善,冗员过多,效率低下,官僚主义严重,等等。60年代末期,埃及财政已陷入困境。

埃及阿斯旺高坝附近的高坝纪念碑

　　1970年纳赛尔去世。萨达特执政后,大力调整纳赛尔时代的政策,埃及由国家垄断逐渐向自由经济过渡,进入以扩大私有化,缩小公有化为特点的"混合型"经济发展时期。1974年政府正式宣布实行经济开放政策,大力吸引外资,发展私营企业,促进国营企业。纳赛尔时代被监管的地主和资本家的财产发还本人,增加对

① Found N.Ibrahim and Barbara Ibrahim, *Egypt: An Economic Geography*, I.B.Tauris, London and New York, 2003, p.94.

私人的贷款,并对私营者提供免税优惠等。这些政策使埃及经济得到一定程度的恢复和发展,埃及国民生产总值从 1971 年的 56.77 亿埃镑增至 1975 年的 170.55 亿埃镑,1979 年再增至 217.54 亿埃镑。萨达特政策的消极后果表现在:新税法使私人资本获得过多优惠,带来了通货膨胀和贸易赤字,打击了地方工农业生产;政府投资(许多来自国外贷款和外援)带有盲目性,并且更加依赖外援和进口;社会贫富差别迅速扩大,引起下层群众不满。70 年代末,国内出现了许多反对派。萨达特最终遇刺身亡。

穆巴拉克继任总统后,针对纳赛尔时代中央集权下的"封闭型经济"和萨达特时代的"大开大放型经济"的利弊,采取综合治理、循序渐进、变"消费型开放"为"生产型开放"的发展政策,推进国家的现代化。穆巴拉克政策的要点是:鼓励私人资本向生产部门投资,调整出口政策,促进出口合理化;鼓励垦荒,提高农产品收购价;紧缩国家机关开支,削减物价补贴,整顿自由区,打击非法投机商;发起反对铺张浪费和营私舞弊运动,惩治经济犯罪活动。进入 20 世纪 90 年代后,面对全球化的挑战和来自外部的各种压力,埃及又开始全面向私有化、市场化和自由化转型。

战后埃及的现代化进程发展模式在本质上所体现的仍然是一种国家资本主义的发展道路。在政治上,埃及寻求的是在宪政体制下具有浓厚的传统东方特色的威权主义政治模式,同时坚持社会的世俗化。然而,埃及在现代化的道路上,始终面临宗教与发展、民主与集权等方面的矛盾和问题。穆巴拉克不允许任何伊斯兰组织直接参与政治活动,但默认那些主张非暴力的伊斯兰"温和派"以间接方式参与政治活动。其目的是为了使"温和派"同"激进派"保持一定距离,从而有利于政府全力对付伊斯兰极端势力。20世纪 90 年代以来,埃及宗教和政治反对派势力不断上升,而且屡屡向政府发难,或制造各种事端,不时置政府于窘境,并阻碍着埃及的现代化进程。埃及如何在现代化发展中寻找适合埃及国情的社会改造和发展模式,将是它长期面临的课题。

2. 土耳其模式

土耳其现代化发展模式的雏形是在第一次世界大战后凯末尔发动和领导的现代化变革运动中逐步确立起来的。这也是中东地区最早出现的权威主义的国家资本主义发展模式。它对中东地区的现代化进程有着深远影响。

第二次世界大战后,土耳其的现代化进程仍沿着既定的方向发展。土耳其在经济建设和发展中,长期坚持进口替代战略以促进工业的现代化,并以工业的现代化来带动整个经济和社会的全面发展。20 世纪 50 年代民主党执政时期,土耳其曾部分停止国家资本主义的政策,放松国家对经济的管制,实行较为自由放任的政策,并鼓励私营企业的发展,积极引进外资。但工业因盲目生产,造成产品过剩,出现严重通货膨胀和国际收支赤字,经济面临巨大困难。在这种情况下,土耳其在军队的干预下又不得不重新回到国家资本主义的发展道路上,同时强化了国家对经济的调控。从 60 年代初到 70 年代中期,土耳其连续实施了三个五年经济发展计划,在这三个五年计划期间,土耳其国内生产总值年均增长率分别为 6.7%、7.1%、6.7%。其中工业年均增长率最快,分别为 10.6%、9.9% 和 8%(制造业)[①],在中东地区形成堪称完善的工业体系。但由于土耳其严重依靠进口石油,无法实现国际收支的平衡,以至于它很难按照自身制定的现代化战略稳健地发展。另一方面,自 60 年代中期到 80 年代初,在国际政治的影响下,土耳其国内的库尔德民族问题和宗教问题,以及各派势力在意识形态方面的严重对立,使土耳其政局不稳,暴力事件层出不穷,经济出现滑坡,从而又造成土耳其军队连续两次通过军事政变接管政权。军队在土耳其社会、政治和经济发展中一直占有突出地位,它们忠于凯末尔的国家资本主义和世俗化的治国方略。军队频繁"干政"主要是为了阻止土耳其背离凯末尔时代就确立的发展方向。

冷战结束后,土耳其的国家资本主义发展模式和社会生活的世俗化遭到国内迅速崛起的伊斯兰势力的挑战。土耳其伊斯兰势力的成长受益于1980 年军事政变后土耳其实行的社会非政治化所制造的"政治真空",伊斯兰教恰恰填补了这一真空,其力量和影响不断壮大,并且在 1995 年的土耳其大选中通过合法程序使伊斯兰政党的领袖埃尔巴坎执掌政府大权。埃尔巴坎试图在不放弃伊斯兰文化与道德遗产的同时使土耳其实现现代化和工业化。因此,他主张土耳其的现代化应建立在家庭和宗教道德价值观的基

---

① 张俊彦主编:《中东国家经济发展战略研究》,北京大学出版社 1987 年版,第 29 页。

础之上,而不是土耳其上层社会所坚持的"西化"。但埃尔巴坎最后还是在军队与世俗主义政党的压力下被迫辞去了政府总理一职。

土耳其军队固然在特定时期、特定条件下对于社会稳定和推动土耳其的现代化进程能够起到一定作用,但军队毕竟是一种"强权"和"威慑力量",军队的意志在很大程度上决定着土耳其内外政策,并使土耳其缺乏一种必要的民主政治氛围,从长远来看,它会产生负面效应,直接影响土耳其现代化的健康发展。

3. 伊朗模式

战后伊朗的现代化进程大体上以 1979 年的伊斯兰革命为界线划分为前后两个阶段,而这两个阶段的具体内涵却大相径庭。

前一个阶段是巴列维王朝时期,巴列维国王为伊朗选择的也是一种具有资本主义性质的发展道路。巴列维在他的《走向伟大的文明》一书中写道:"我的最终目的是让我的国家和人民进入伟大的繁荣昌盛的文明时期。"①把伊朗从一个贫穷落后的农业国改造成一个现代化的先进的工业国。他要以西方资本主义国家为模式,使伊朗走上资本主义工业化的富裕道路。但所有这一切都必须以巩固和强化君主政体为前提。因此,巴列维实际上要把伊朗变成一个现代化的君主国。战后,伊朗在经历了 50 年代的动荡后,自 60 年代初开始实施巴列维倡导的"白色革命",加快现代化进程。所谓"白色革命",就字面含义而言,是要避免由左翼力量领导的"红色革命"和由宗教势力领导的"黑色革命"。"白色革命"包括内容甚广,其核心是土地改革,而土改的目的旨在:"消灭封建主义的原则和地主与佃农的关系",促进资本主义因素的成长,为"建立一个现代化的进步伊朗打下坚实有力的基础"。实践表明,尽管伊朗的土地改革并不彻底,也没有使农村广大农民的经济地位得到根本改善,但它确实有助于伊朗农村封建生产关系向资本主义生产关系的转化。据统计,1963—1977 年,伊朗国民生产总值由 3400 亿里亚尔增至 56820 亿里亚尔,15 年内增加了 15 倍以上,经济年均增长率为 13.8%,居世界前列。然而,在成就面前,巴列维冲昏了头脑,特别是 1973 年后,由于国际石油价格暴涨,伊朗每年的石油收入从 40 亿美元

---

① 转引自陆庭恩主编:《亚非研究》第 2 期,北京大学出版社 1992 年版,第 121 页。

猛增到 200 多亿美元。至此,巴列维把伊朗强行推上了"全盘西化"的发展道路,他企图使伊朗一蹴而就地跨入现代化工业强国的行列,并一再声称在本世纪末把伊朗建成世界五强之一,成为控制波斯湾和活跃于印度洋上的军事大国。为实现这一目标,他无视伊朗具体国情,使伊朗在 70 年代中期后经历了"石油繁荣"所引发的"疯狂的现代化阶段"。其结果,不可避免地导致了伊朗现代化的挫折和他自身的悲剧。巴列维时期伊朗的现代化实际是一种充满了"悖论"和"二律背反"的选择,在现代化进程中,巴列维既要维护作为封建上层建筑的王权,却又要摧毁它的经济基础;他要发展资本主义的生产力,建立资本主义的生产关系,却又要给其套上封建王权专制的桎梏。这种上层建筑和经济基础背向而驰的选择必然把伊朗的现代化引入死胡同。其结果,巴列维王朝及其宏伟的现代化梦想最终被伊斯兰革命的狂飙所倾覆。

宗教领袖霍梅尼主宰伊朗的命运后,伊朗的现代化进程相继进入霍梅尼和后霍梅尼时期。伊斯兰革命推翻伊朗的封建君主制后,实行了共和制,但世俗政权却被神权所取代,伊朗由一种极端走向另一种极端,其发展轨迹呈现出一条大起大落的"抛物线"式的变化。在霍梅尼"不要东方,不要西方,只要伊斯兰"思想指导下,伊朗自上而下地在社会、政治、经济和文化生活等领域实行了全面伊斯兰化,它导致伊朗社会经济和现代化发展在长达10 年的时间里一直处于徘徊、停滞,甚至倒退状态。直到 1989 年霍梅尼去世后,伊朗新的变革又悄然而起。伊朗政府在霍梅尼思想的框架内开始根据新的情况对内外政策和社会经济发展方针进行局部调整与修正,以便最大限度地增加其务实性、灵活性和适应性。尤其是哈塔米担任伊朗总统期间,他对外提出"文明间对话",对内提出"公民社会"的理论,并注重在伊斯兰精神的指导下进行伊朗民主政治的建设。伊朗围绕公民社会的争论,对国家和社会关系的探索,使伊朗看起来比中东其他国家的现代化变革更具有民主的特征。同时伊朗社会经济也得到相应发展。

然而,伊朗的社会变革和现代化进程始终是在改革派和保守派两大势力的较量与抗衡中发展的,权力的天平随着两派力量的消长而变化。2005年 6 月,伊朗举行第 9 届总统选举。宗教保守派阵营的艾哈迈迪-内贾德当选,政府权力再度落入保守派手中。内贾德上台后,伊朗的内外政策又发生新的变化,而这种变化则凸显了伊朗现代化进程的反复性和曲折性。同时它也告诉人们,作为变革和转型时期的穆斯林社会,其现代化进程较之非穆斯林社会将面临更多的挑战。

4. 沙特阿拉伯模式

沙特阿拉伯的现代化是在相对稳定的政治氛围下进行的。沙特拥有丰富的石油资源,探明石油储量占世界总储量的 1/4,石油储量居世界首位。因此,石油美元成为沙特推动国家现代化的后盾和动力。由于拥有得天独厚的资源优势,沙特实行以石油出口与石油加工带动整个国民经济发展的战略,同时注重多样化的国际金融投资和海外企业经营活动,是一种"外向型"的经济发展模式。但是,沙特的经济命脉,诸如石油、交通运输、基础设施、大型工业骨干企业等均由国家掌控或由国家直接经营,国有经济在整个国民经济中占主导地位。另一方面,国家对国民经济实行宏观调控和干预,并制订和实施国民经济发展计划。

经过 20 世纪 70 年代以来的大发展,沙特经济和社会结构已基本实现由传统农牧社会向现代社会的过渡,同时在朝着现代化发展的道路上取得了空前成就。据统计,沙特阿拉伯 1970—1982 年国内生产总值年均增长率为 9.8%,国内生产总值由 1962 年的 86 亿里亚尔增加到 1977 年的 2237 亿里亚尔,1982 年人均收入达到 16000 美元,1982 年海外总投资与存款为 1616 亿美元。与此同时,沙特还在国内建立了堪称世界一流水平的石油工业体系,成为世界上最大的石油生产国和出口国,1981 年,沙特石油收入已突破千亿美元大关,达到 1190 亿美元。

沙特王国在推进现代化的过程中,较好地把握着现代化发展与宗教的关系。由于沙特王国是伊斯兰教的发源地,同时又是伊斯兰教两大圣地——麦加和麦地那的"护主",它在穆斯林世界具有举足轻重的影响。因此,在推进国家现代化的过程中,沙特始终注重维系自身的伊斯兰形象和特征。早在建国初期,开国先王伊本·沙特为了避免社会发展同伊斯兰观念的冲突,就提出了一种所谓开明的瓦哈比理论:对于任何新事物,只要和伊斯兰精神不相抵触,即便《古兰经》上没有明文规定,也可以接受。[1] 实际上

---

① [埃及]《金字塔报》1927 年 9 月 25 日。

这是一种调和理论,目的在于使伊斯兰文化同现代文化相互融汇。战后沙特在推进现代化时,同样沿袭了伊本·沙特的做法,更加注重传统因素与现代因素的糅合。为确保现代化平稳进展,并且不至于在国民中产生脱离伊斯兰轨道的疑虑和抵触,所有变革都被界定在"体现伊斯兰教律的不朽的、伟大的目标"①上,或是至少在理论和形式上都冠以伊斯兰的名誉,或是在伊斯兰基本精神框架内进行。这也是沙特王国谋求政治"合法性",巩固王权统治的不可缺少的重要手段,沙特王国一直着力于控制好现代化发展的节奏,各种变革尽可能地首先得到宗教权威机构或宗教权威人士的首肯和支持。② 在推进现代化的具体实践上,则注重在世俗与宗教、传统与现代化之间寻找平衡点,同时,以跳跃方式推进物质文明和社会进步,以渐进方式推进社会政治变革。沙特能够把握好宗教与发展的关系,其重要的前提条件是它拥有雄厚的石油美元作后盾,这不仅能确保它源源不断地对现代化发展注入所需的大量资金,而且也能确保它对宗教的发展投入相应的财力,从而在一定程度上来软化或削弱传统宗教势力对现代化发展的阻力。因此,一般来说,沙特王国的现代化发展呈相对平稳趋势,社会动荡和政权变更也不像其他中东国家那样变幻莫测,具有暴力色彩。即使发生社会动荡或出现伊斯兰潮,总体上看也比较温和,对现代化进程尚不构成直接威胁。

5. 以色列模式

以色列是第二次世界大战后根据1947年联合国分治决议,通过不断移民建立起来的一个新国家。这个新国家经过半个多世纪的迅猛发展,成为中东地区现代化程度最高的国家,并被国际社会喻为"中东的瑞士"、"西亚的日本"、"地中海的香港"等。以色列的现代化进程充满了奇特性和创新性,体现了犹太传统与西方文明之间的相互融汇,以及历史传统与外来经验的有机结合。

在政治现代化进程中,以色列以西方社会为蓝本,确立了以普选权、三权分立和多党并存为特色的现代民主制度,堪称中东地区唯一实行议会民主制的国家。但基于犹太民族独特的文化传统和以色列社会的多元化因

---

① 莫尼尔·阿吉列尼:《费萨尔传》,第364页。
② 王铁铮:《论沙特阿拉伯的政教联盟》,《西亚非洲》1995年第4期。

素,以色列在国家的构建和运作方面,并不一味照搬欧美模式,而是采取了与古老犹太民族传统相适应的典型的一院制议会"克奈塞特"(希伯来语"大集会"之意)以及源于近代犹太复国主义运动的单一比例代表制和对立党联合执政等治国原则,从而凸显了现代犹太国家的鲜明特征。在经济现代化的进程中,以色列充分调动一切有利的内外条件和因素,实施了国家主导的以科技兴国与出口导向为主的发展战略。从经济发展模式看,以色列属于混合类型,经济构成包括国营成分、私人成分和合作社成分,但起主导作用的是国营成分。以色列采取灵活的经济体制和政策,"无论资本主义做法,还是社会主义的做法,只要能促进经济发展就拿来采用"。[①] 同时注重国家对经济活动的强力干预。建国初期,以色列实施进口替代政策。20 世纪 50 年代以来,逐步开始向以出口为导向的发展战略转型,并以技术含量极高的高新尖端产品的出口为重点。1979 年,以色列传统的和非尖端工业品的出口仍占国内工业品总出口量的 60%,经过大约十年的时间就降为不足 40%。高新尖端的技术产品的出口比例日益增高。1985—1989 年,以色列高新尖端的技术产品的出口额年均增长率为 20%,进入 20 世纪 90 年代,该类产品出口已经超出整个工业品出口总额的一半。[②] 2000 年以色列进出口总额约为900 亿美元,人均进出口额为 15000 美元,其中出口额为 400 亿美元,有 70%左右的出口产品为高科技产品。以色列因其创造的经济奇迹而被联合国列为"高收入国家"。以色列的现代化昭示了传统因素与现代因素的兼容性,经济增长与社会发展的同步性。

但是,以色列在推进现代化进程中也存在若干不易克服的障碍和问题。在经济上的主要表现是对外部的严重依赖以及经济结构呈现一定的畸形态势。以色列资源匮乏,现代化建设的资金主要来自外部:1.美国等西方国家的援助;2.德国政府的赔款;3.世界犹太人的贷款和捐助;4.国外的投资。从建国到 1988 年,以色列从上述四个渠道共接收外资为 550 亿美元左右。[③]从 1950 至 1980 年,以色列从世界犹太人那里共获得 120 多亿美元的贷款或赠款;至 2007 年从德国总共接受了超过 250 亿美元的赔款。美国一直是

① 彭树智主编,肖宪著:《中东国家通史·以色列卷》,商务印书馆 2001 年版,第 294 页。
② 王健:《试论以色列经济发展的特点》,《社会科学》1998 年第 6 期。
③ 肖宪:《中东国家通史·以色列卷》,第 295 页。

以色列最大的援助国,据统计,从建国初至 1987 年,美国对以色列的援助总数达 380 多亿美元,占以色列全部外援的 76%,其中经济援助为 38%,军事援助为 62%。[①] 此外,以色列还从其他来源接受大量援助。据统计,以色列人均受援额为第三世界其他国家人均受援额的 400 倍,[②]为世界上人均负债额最高的国家。在资金上对外部的高度依赖使以色列外债负担日益加重。以色列经济优势主要体现在高科技和军工等部门,其他民用和轻工业部门相对薄弱。为了发展国防,政府每年需支出巨大军费,耗费国家大量财力,并时常引起严重的通货膨胀。与此同时,以色列在政治上和国家属性上不断强化单一犹太国家的发展朝向并给予犹太人远远高于其他社会族群的特权地位,这同民主国家的形象形成强烈反差。由此也显露出以色列现代化进程中所存在的"悖论"和"缺陷"。

在对上述 5 国的现代化模式进行扼要介绍后,还有两个国家即马格里布地区的利比亚和摩洛哥的现代化实践应被提及,尽管这两个国家不在本书重点研究的范畴内。但从广义中东的角度来看,这两个国家独具特色的现代化模式同样具有代表性或典型性。

利比亚的现代化进程主要是在卡扎菲的"伊斯兰社会主义"思想指导下进行的。这种发展模式首先是要用伊斯兰教的意识形态对利比亚社会实施自上而下的彻底改造,它带有明显的"乌托邦"和"理想化"色彩。同时,利比亚现代化发展的各种举措又被完全置于政治需要和政治考量的前提之下,目的在于无条件地树立和确保卡扎菲个人的绝对权威,并由卡扎菲人为地来设定利比亚的发展方向。从本质上看,利比亚的现代化发展动力并未超越传统权威主义的范畴。卡扎菲在利比亚的现代化实验大都成为空洞的政治表演,很难实现既定的发展目标。在遭遇了一系列碰壁和挫折后,利比亚的现代化进程在全球化趋势日渐强劲的压力下开始改弦更张,探索新的变革。

摩洛哥于 1956 年独立后随即走上现代化发展道路。摩洛哥的现代化进程在经济方面先后经历了实现民族经济独立,发展现代经济,实施经济调

---

①　陈永祥、周琦:《略论美国对以色列的援助》,《湘潭大学学报》1995 年第 1 期。

②　[法]罗杰·格鲁迪:《以色列问题》,[巴勒斯坦]艾哈迈德·穆萨译,世界知识出版社 1986 年版,第 126 页。

整和转型,扩大经济对外开放,融入全球化大潮几个发展阶段,从而确立了在政府主导下由传统的计划经济向现代市场经济过渡的混合型的渐进发展战略。而在具体实践中,它又将具有优势的磷酸盐工业作为经济进步的火车头来带动整个国民经济朝着多样性的方向拓展。在政治上,摩洛哥在确保开明的立宪君主制的前提下,通过改良方式,逐步扩大民众政治参与,稳健让渡王权,推进政治民主化进程。总体上看,摩洛哥的现代化是在相对平衡的社会环境中实现经济发展和政治变革的,尽可能地避免了剧烈的社会动荡,这一点对中东国家来说具有特殊意义。

三、现代化进程的战略调整

现代化是迄今人类历史上影响最深远的一次全球性大变革,世界性是它所具有的鲜明特征之一。因此,世界各地区的现代化运动存在互动联系。当代中东国家的现代化运动,自然属于战后全球性大变革和现代化浪潮的有机组成部分,并且不断受到各种国内外因素的影响。

战后,中东国家的现代化是在复杂的国际环境下进行的。一方面,由于战后世界政治经济、科学技术水平和人类信息传媒手段等不断发生空前变化,这为现代化的后来者中东国家确实提供了引进和吸收先进科学技术的更便利条件,使它们有可能充分利用一切积极因素加快现代化进程,缩短同发达国家的差距,但另一方面,由于跨国经济和工业生产活动国际化趋势的迅猛发展,以及世界政治经济长期被一种不合理或不平等的国际政治经济秩序所支配,它造成原本就处于弱势地位的中东国家对发达国家的依赖性更加严重,并衍生为遏制现代化健康发展的诸多不利因素。与此同时,中东国家本身在现代化的实践中也存在各种不足和问题,以至于战后中东国家的现代化进程举步维艰,屡屡出现挫折和失败。

在现代化进程中,中东国家不断积累起来的各种社会矛盾和冲突,终于在20世纪70年代末和80年代初以一种特殊方式迸发出来,这便是以伊朗"伊斯兰革命"为标志,继而波及亚非两大洲广阔地带的伊斯兰复兴运动。伊斯兰复兴运动的出现,实际上是中东地区阿拉伯和伊斯兰世界在由传统农业社会向现代工业社会急剧转变过程中的一种必然现象。它反映了在推进现代化过程中,传统文化向现代文化的转变不可能简单实现,它是一种曲折而复杂的转换过程。

现代化进程中的挫折和伊斯兰潮的兴起,迫使中东国家开始对现代化战略进行新的探索和调整。

早在 20 世纪 70 年代中期,摩洛哥和埃及等国率先开始对"错位"的现代化发展政策进行调整。80 年代中期后,这种调整在整个中东地区展开。各国所进行的调整,概括起来说就是推进"五化",即"自由化(放松国家对经济的控制和干预)、私营化(使国营企业和合作农场私有化)、外向化(改革原先实行的进口替代战略,建立出口导向的经济结构)、多样化(由出口原油或单一农矿原料产品为主,向出口包括原油产品加工在内的多样化的加工产品的转变)以及知识化(注重普及教育,开发人力资源)"①。中东国家进行的各种调整,其宗旨是试图克服和纠正各国在战后的现代化进程中出现的弊端,削弱国家垄断所造成的种种制约因素,特别是渴望借助市场机制的自由发挥,最大限度地增加经济的活力,促进社会和经济的迅速发展,从而加快国家现代化步伐。但是,中东国家经过 10 多年的调整,其成效并不十分明显。而且它还加速了财富向少数人的集中,以及投机倒把、攫取暴利等活动的猖獗,社会分配不公和贫富悬殊现象更加突出,从而诱发了 90 年代初的新的伊斯兰潮。

冷战结束后,世界各国的现代化发展进入新的历史阶段。在此阶段,全球化趋势强劲,信息技术和高科技日新月异,各国经济相互渗透,彼此联系。在全球化时代,对于中东国家的现代化来说,机遇和挑战共存,但因中东国家所处的弱势地位,它面临的挑战远大于可供选择和利用的机遇,甚至还有可能被推向边缘化的困境。中东国家普遍意识到了这种危机,并做出尽早融入全球化的明智选择。中东国家新的现代化战略的调整陆续出台,其主要内容是:进一步全面推进和深化社会经济变革,充分调动各种可利用的资源和力量,加快产业结构和工业化进程;积极发展高新技术,努力用高新技术改造和提升传统产业,实现信息化和工业化的融合。与此同

---

① 张俊彦主编:《变化的中东经济:现状与前景》,北京大学出版社 1992 年版,第 9—10 页。

时,在政治上不断扩大民众的政治参与,加快国家民主化政治的步伐,以适应全球化新形势的需要。

第四节　中东现代化的评价

一、现代化成就和社会演变

综观战后中东国家的现代化实践,显然,按照国际上现行的现代化标准来衡量,中东国家依旧相距甚远。但中东各国实施的发展政策在维护民族尊严和权益方面确实发挥了积极作用,同时也不同程度地推动了各国的现代物质文明和社会进步。在现代化战略的指导下,许多中东国家通过实施土地改革、努力实现工业化和大力发展教育事业等,已形成一定规模的经济体系,并在工农业、交通通信、公共工程、基础设施、文教卫生、商贸业和服务业等领域都取得了引人注目的成就。另一方面,中东各国也在采取各种方式不断强化着自身的政治变革,努力扩大国民的政治参与,推动民主化进程。所有这一切都为中东国家最终完成由传统社会向现代社会的过渡创造了不可或缺的物质基础。

在现代化进程中,中东的演变首先表现在社会结构方面,伴随中东国家的现代化实践,中东的封建和前封建势力逐步退出历史舞台。例如,基于血缘的部落关系萎缩和弱化,游牧民人数迅速下降,王公贵族向新兴资产阶级化的转变加快,等等。与此同时,中东各国不断萌生出诸如由承包商、企业家、经理、工程技术人员、教师、医生和文职官员等群体组成的新兴社会阶层。这些新的社会阶层不仅改变着中东各国的社会结构,同时他们在推进国家的现代化道路上发挥着越来越重要的作用。

工业化是衡量一个国家现代化程度的一个重要尺度,它是现代化的核心和主要动力源泉。战后,中东国家经过不同时期工业化的尝试和努力,工业化取得长足进展。据统计,进入 20 世纪 80 年代后,中东国家的工业产值在国民生产总值中的比重明显提升,例如,埃及在 1982 年已达到 61%,科威特达到 68%，沙特阿拉伯达到 81%，①从而导致整个社会经济结构的改变。工业化的进展，使农业比重相应下降。农业曾是中东最重要的经济部门，拥有近 75% 的劳动力，到了 1990 年已经下降为不到 40%，农业在国民生产总值中的比重也由二战后初期的 50% 下降为不足 20%。进入 21 世纪以来中东国家的工业化正在进一步加快由传统的轻、重工业向信息通信技术、电子技术和生物工程技术等现代新兴工业的演进。

战后中东国家的现代化进程使中东各国在物质享受、生活方式、精神面貌、文教卫生、公用设施等方面发生空前变化。最常见的是，中东各国城市中已广泛普及了电视、收录机、照相机、电冰箱、电脑以及汽车、飞机、船舶等现代化家电设备和交通工具。与此同时，中东不少国家实施高福利政策，国民享有免费教育、免费医疗，政府提供各种住房优惠等。

妇女地位的提高和参政、议政权利的增长也可以显示出战后中东国家社会生活的变化。许多中东国家制定了保护妇女基本权益的法律，在财产继承关系方面废除和限制传统的以父系继承为中心的不合理继承制度，妇女和母系亲属的继承权益得到了改善。中东许多国家的妇女不仅可以接受教育、就业，还可以从政。即使对妇女有种种限制的沙特阿拉伯，妇女的命运也发生了很大变化，自费萨尔国王执政以来，沙特的妇女已获得越来越多的参与国家生活的权利。近几十年来，中东国家出现了许多像妇女协会、慈善协会和女童子军这样的妇女组织，这些组织的活动日益频繁，影响越来越大。

法律体系的改革和进步是中东社会演变的另一重要领域。主要反映在三方面：一是伊斯兰法的适用范围受到限制，其影响呈缩小之势；二是改革传统的司法制度，建立和完善现代司法体系；三是改革实体法。多数中东国家陆续颁布了刑法、民法、刑事诉讼法、民事诉讼法、商法及其他涉及现代社会的法律法规。在司法改革中一方面吸收了现代西方的某些法律原则，另一方面又根据本国的实际和现代社会的需要，对经训的有关规定和各教法学派的权威论著进行了新的解释，使之更加适应现代化的要求。

中东的演变还反映在中东现代公民社会的成长上。在中东，伊斯兰传

---

① *Middle East Economic Handbook*, London, 1986, p.28.

统的政治体制是政教合一,国王同时兼任宗教首领,而乌里玛则垄断司法、教育等重要领域,并负责解释经训、发展教法。由此形成了伊斯兰社会君主与宗教精英二元化的政治体制。战后中东新的政治结构的逐渐形成和现代化的展开对原有的社会政治架构产生了深远影响,并导致中东国家现代公民社会的迅速成长。在整个中东,公民社会组织的大量涌现是在 1967 年"六·五"战争之后,它们关注主权、领土、妇女、人权、民主等各类问题。这些组织主要包括四类:政治伊斯兰性质的组织;世俗性非政府组织;伊斯兰性质的慈善机构;西方尤其是美国资助建立的非政府组织。①

　　总起来看,当代中东社会既有传统的仍然发挥作用的公民社会机制(乌里玛、苏菲派教团等),也有形成中的现代公民社会机构,以及兼有二者特点的团体(现代伊斯兰组织)。这充分体现了中东社会的复杂性和独特性。中东的公民社会对于增强民众的价值认同,促进以泛伊斯兰主义为代表的民族观,反对专制和独裁统治、促进国家的政治民主化和经济现代化,实现社会协调发展等方面发挥了独有的作用。

二、现代化进程面临的主要问题

　　现代化对于整个中东国家来说无疑是一种尝试性的新探索。由于受多种因素的局限,中东各国在现代化实践中除以色列外,大都未能达到预期的各种目标,而且不断遭遇挫折。中东国家在现代化进程中面临的困境是由主观和客观、内因和外因等一系列复杂原因造成的。归纳起来看,影响各国现代化进程的主要问题在于:

　　1. 经济发展的不确定性

　　中东各国实施的现代化战略基本上都是在世界现代化浪潮的冲击下做出的被动选择,而经济发展则受到各种不利因素的制约。从外部讲,中东国家的经济发展一直受到不合理与不平等国际经济秩序的抑制。从内部讲,中东国家的经济基础极为薄弱。资金匮乏,技术落后,人才奇缺,管理手段粗放,而且传统的农牧经济长期在各国的经济构成中占据主导地位。这种

---

① 阎文虎:《中东非政府组织与现代中东社会建构》,《中东研究》2005 年第 2 期。

状态使中东各国很难为本国的经济现代化提供有利的前提条件。与此同时，中东国家在推进经济现代化的过程中，各项经济政策和目标的制定及其实施，通常在许多时候，并不完全遵循经济发展本身所固有的各种内在规律来运作。经济的决策与发展往往被置于政治的考量之下，也就是说，经济的发展是在政治诉求的框架内，例如，或是出于维护民族自尊的政治考虑，或是出于稳固政权的需要等，来规划和设定其发展方向。这种在政治动机主导下的经济行为可能会在某些时期和某些领域取得一些成效，甚至还能一度得到国民的认同和赞誉。这也是第二次世界大战后不少中东国家在推进现代化的道路上不断出现"以政治经"的反常现象，却能行得通的重要原因之一。但通过政治诉求和运用政治手段来掌控经济的发展，毕竟在本质上有悖于经济发展所固有的内在规律，因而它不可能长久持续，更不可能最终形成完整、健全的现代经济体系。特别是当国家政权更迭或政局动荡之时，经济发展很容易受到各种不定因素的影响和干扰，并滋生一系列负面效应，造成经济发展的严重摇摆，乃至中断。这种遭遇在许多中东国家尤其是那些实行阿拉伯社会主义国家的现代化实践中都曾不同程度地被印证。

中东国家的经济发展除了受上述两方面因素的制约外，由于传统的农牧经济长期在中东国家的经济构成中占据主导地位，各国普遍缺乏管理和发展现代经济的各种经验，而且更不善于处理政府与市场之间的关系，各国在经济民族主义旗帜的引导下，一味强化国家和政府的干预功能，对经济和市场本身的研究却严重不足。20世纪70年代以前的大多数中东国家基本上都是如此。另一方面，在经济发展和建设中，各级政府官员的任用通常都与家族、宗教和政治派别背景有很大关系，经济决策掌握在少数人手中，官僚主义浓厚，经济政策经常会随着政府的更换或因人而变，极具跳跃性和随意性，缺乏连续性。这些综合因素造成中东国家的经济发展本身出现各种难以克服的问题。研究者将这些问题概括为六点：即经济发展的外源性与依赖性；生产结构的单一性与脆弱性；社会经济的二元性与对立性；发展节奏的突发性与波动性；工业分布的条块性与不均衡性；过度城市化和人口增长失控问题。[1]

---

[1]　冯璐璐：《中东经济现代化的现实与理论探讨：全球化视角研究》，博士论文，西北大学，2006年，第105—108页。

2. 政治发展缓慢,传统政治体制尚未实现根本性变革。

现代化包括经济现代化和政治现代化,两者之间的发展是紧密联系在一起的。政治现代化的一个主要内涵是政治民主化。一般来说,政治民主化可以概括为三点:一是不同利益的通达和保护;二是个人与集团的公平参与和选择;三是对权力的合理分配和制约。①西方学者通常都把多党制、分权制和直选制这一在欧美国家盛行的政治体制模式视为政治民主化的集中体现,同时还把它作为衡量一个国家和地区民主化程度的一个标尺。应当承认,在世界政治的历史发展过程中,由于现代化运动起源于西方,西方也成为政治现代化的先行者。西方国家的政治实践不仅为政治现代化的民主内涵及其发展方向构建了某些具有普适意义的规定性,而且还为后发国家提供了有益的启示和参考系。但尽管如此,现代化绝不等同于西方化,西方的民主政治发展模式也不是其他后发国家必须恪守的唯一模式。其原因在于,各国的历史境遇、文化背景、现代化初始条件以及与之相匹配的政治、经济和社会因素不可避免地存在明显差异,这些差异无疑将对一国的现代化道路产生非同寻常的影响和制约作用。

马克思曾指出:"人们自己创造自己的历史,但是他们并不是随心所欲地创造,并不是在他们自己选定的条件下创造,而是在直接碰到的、既定的、从过去继承下来的条件下创造。"②马克思的观点实际上表明了任何事物的发展都有其自身的规律,既要看到它的普适性,又要看到它的特殊性。政治的发展同样是这个道理。

战后,中东国家的政治现代化进程可以1979年的伊斯兰革命为界线大致划分为前后两个阶段。前一个阶段呈现三大态势:一是以埃及、叙利亚、伊拉克为首的阿拉伯共和制国家的阿拉伯社会主义的选择。二是土耳其类型的国家资本主义道路,它按照西方政体的框架,承认三权分立原则,采用总统制或内阁制,通过选举和允许多党存在实行宪政。三是以沙特王国为代表的以渐进方式向立宪君主制缓慢过渡的发展道路,它以统治家族为核心,并在伊斯兰精神的指导下,通过效仿西方式的新型政府以及现代文职官

---

① 张蕴岭主编:《亚洲现代化透视》,社会科学文献出版社2007年版,第20页。
② 《马克思恩格斯选集》第1卷,人民出版社1972年版,第603页。

僚集团推进政治现代化。伊朗伊斯兰革命成功后,中东国家的政治现代化
进程发生深刻变化。在此阶段,伊朗在推翻王权的基础上,组建了新的伊斯
兰共和国,并确立了由宗教领袖制和法吉赫政府构成的伊斯兰政治体制。
但它却采纳了立法、行政和司法三权分立的原则,并设立总统和总理。与此
同时,那些坚持阿拉伯社会主义道路的国家,由于在现代化进程中的挫折以
及在旷日持久的阿以冲突中的败绩,导致多数国家逐渐放弃或疏离了原先
的选择,并对本国的政体和发展道路进行新的调整,出现了向市场体制和边
缘资本主义模式转轨的趋势。另一方面,在全球化浪潮日益强劲的条件下,
其他中东国家,无论是共和制还是君主制国家,则在加快各国民主化政治的
步伐,以适应新形势的需要。

　　战后,中东国家前后两个阶段政治现代化的突出特点是:各国在推进政
治发展的过程中都不同程度地吸纳了现代西方政治制度中的某些民主要素
和政府功能分化比较健全的管理机制;以法治国得到加强,并且初步形成了
适合其本国国情的司法体系;国民政治参与水平有一定提高,出现了多党制
和政治协商制的发展趋势,对民主政治的渴望、憧憬与追求已成为中东各国
不可逆转的历史发展方向。然而,尽管如此,中东绝大多数国家至今尚未真
正摆脱传统政体的窠臼,实现根本性的质的跨越。其主要表现在于:传统的
集权制在实施任何一种政治制度的中东国家依然牢固存在,也是一种普遍
现象。这种集权,或为一党专政,或为君主和个人专断,或为军人集团控制
政权,等等。换言之,国家军政大权和推进现代化的各种决策完全掌握在极
少数人手中,或者由那些与统治者关系极为密切的利益集团来运作,因此带
有强烈的"人治"色彩,从而对各国的法制进程和国民政治参与的广泛性产
生一系列负效应,致使政治发展严重滞后于经济发展。另一方面,作为世界
伊斯兰宗教圈的重要构成,中东国家同样未能完全处理好宗教与世俗、传统
与现代化之间的各种内在互动关系,那种一切着眼于或归因于宗教的思维
定式,极易导致伊斯兰教被人为地承载过多的非宗教因素。相反,那种完全
抛开中东地区的宗教地域特征,以及伊斯兰教所固有的涉世性和政治参与
性来预设中东国家的政治发展和现代化进程,也是很不现实的。上述情况
必然会造成中东国家在文明演进和民主化进程中的方向性迷失。

3. 中东地区缺乏适宜于现代化持续、健康发展的内外环境。

中东国家长期面临严峻而复杂的民族、领土、边界、教派等问题的困扰。由此引发的各种战争和流血冲突使中东国家缺乏一种现代化运动所必需的稳定的地区及国内环境。在民族问题方面，除了人所共知的阿以冲突外，阿拉伯人同柏柏尔人、波斯人之间存在矛盾；而土耳其人又同亚美尼亚人、伊朗人，以及塞浦路斯的希腊人存在争端；库尔德民族问题则直接涉及和影响土耳其、伊朗、伊拉克等国的政局稳定，并造成三国关系的纠葛。黎巴嫩各教派之间的冲突成为中东地区各种矛盾"集合"的缩影。在领土与边界问题上，伊朗同阿拉伯国家在巴林主权、阿布·穆萨岛、大小通布岛、阿拉伯河以及胡齐斯坦(阿拉伯斯坦)归属问题上争执不休，并往往刀兵相见；而阿拉伯国家相互间在布赖米绿洲、哈瓦尔群岛、科威特主权，以及沙特同也门、伊拉克等相邻国家在边界划分上的分歧又常常导致关系恶化、战云密布。这一切都成为造成中东地区迸发周期性冲突和流血的固定"疮口"。

战争的消耗和破坏，加上庞大的军费，一直是中东国家社会和经济发展的沉重负担。一些国家因贫困而无法向国民提供基本生活需求，造成民不聊生，怨声载道，甚至为生活所迫，铤而走险。由此助长了民间反政府活动的蔓延和升温，成为社会动荡和政局不稳的重要诱因。

另一方面，由于中东国家的现代化是一种为着民族利益和命运而在外力诱导下被迫进行的选择，是在整个中东社会远未自觉的情况下仓促而起的实践。因此，中东各国的广大穆斯林群众，缺乏承受现代化与传统无情冲突的心理准备与持久耐性。当他们在现代化运动中获益时，他们会欢欣鼓舞，并对现代化运动采取迎合态度；当现代化运动对他们久已熟识的传统社会结构和旧的生产方式形成强烈冲击而使他们若有所失时，他们则感到困惑或迷惘，甚至会对现代化运动持有敌视情绪，以至于使中东各国的现代化运动缺乏一种适宜的氛围和必要的理解、认同与支持。上述各种不利因素的存在，必然对中东国家的现代化进程构成阻力。

第十四章

大国政治与中东战争及和平交往

第一节　大国战略视野中的中东

一、从雅尔塔会议到杜鲁门主义的出台

1945 年 2 月,美英苏三国首脑在克里米亚半岛南岸的雅尔塔举行会议。根据美国总统罗斯福的建议,此次会议是非正式的,而且没有事先商定的具体议程。但它却成为一次确定战后世界格局的具有重要标志性意义的会议。同时,它也是在反法西斯战争期间一直相互配合、协同作战、生死与共的美苏两个大国开始从盟友向敌人转变的分水岭。

雅尔塔会议主要讨论了对德作战计划、太平洋战场、波兰问题、德国问题、其他东西欧问题以及联合国问题等。经过三国首脑的不断磋商和较量,会议最后签署了《雅尔塔协定》,发表了《克里米亚宣言》等文件。雅尔塔会议的实质内容是东西欧的划分和关于远东的秘密协定。在上述两个问题上充分体现了美苏势力范围的划分。也就是说,美苏两个东西方大国按照当时各自实际力量所及确认了彼此所控制的势力范围,从而反映了大国主宰世界的思想。"无论是欧洲还是亚洲,当事国基本上没有什么发言权,听凭几个大国把它们的权益甚至领土,作为讨价还价的筹码。美苏争霸天下的

局面由此形成。"①

　　1945 年 4 月 12 日罗斯福突然病逝,副总统杜鲁门接任为美国第 33 届总统。罗斯福是一个理想主义者,他一直坚持战后维持与苏联某种合作的构想。这一构想也由于罗斯福本人在国内不可替代的影响而得到美国的默认。因此,罗斯福在世时,美苏两个大国总体上保持着相对的合作关系。杜鲁门上台后,美苏关系开始发生重大变化,并逐渐走向全面对抗。

　　美苏关系的变化主要有两大原因,一是战后国际形势的演变和美英苏三国在一些重大问题上不断发生摩擦和碰撞,美英和苏联之间的矛盾上升。二是美国的决策机制较之罗斯福时代已有明显变化。在决策程序上,罗斯福当政时那种集权于总统一身的做法逐渐转向内阁的群臣及其谋士们,而这些群臣谋士们所持有的独特思想和风格对战后美国外交及称霸世界的全球战略的形成起到了极为重要的作用。其中最有影响的是时任美国驻苏使馆参赞、苏联问题专家乔治·凯南。1946 年 2 月,凯南在提交美国国务院的一份关于苏联内外政策的报告(亦称长电报)中,就美国应采取的对策,进行了系统的理论阐述。凯南认为,苏联对外部世界有一种传统和本能的不安全感,并把西方资本主义看做是对苏联安全的威胁。凯南指出,苏联近期对外政策的目标是,力求分裂和削弱资本主义国家的力量及其影响,并在一切有利的时机和有希望的地方扩大苏联的势力范围。但苏联的实力与美国相比较,仍然是薄弱的,美国完全可以大胆地采取实力政策,推行强硬的遏制政策,以迫使苏联战略上的退却。凯南的分析和论述,为美国采取以实力为基础的遏制政策,提供了理论依据。

　　与此同时,英国首相丘吉尔关于战后世界格局的观点也对美国的对外政策产生了重要影响。1946 年 3 月 5 日,丘吉尔在访美期间向美国密苏里州富尔敦的威斯敏斯特学院师生发表演说,他在演说中攻击苏联推行"共产主义的颠覆"政策,将东欧国家纳入自己的势力范围,从而威胁到欧洲和世界和平。丘吉尔强调:"从波罗的海的斯德丁(什切青)到亚德里亚海的里雅斯特,一幅横贯欧洲大陆的铁幕已经降落下来!"他呼吁美国与英国继

---

　　① 资中筠主编:《战后美国外交史——从杜鲁门到里根》,世界知识出版社 1993 年版,第 33 页。

续合作,遏制苏联的扩张。丘吉尔还特别提到了土耳其、伊朗和希腊面临的危险。丘吉尔提出的"铁幕"为凯南的"遏制"理论作了进一步的补充。

正是在内外多种因素的影响和推动下,1947年3月12日,杜鲁门总统在美国国会两院特别会议上发表了一次重要演说。这篇演说稿经有关部门集体讨论,充分酝酿和精心起草。演说稿开宗明义。杜鲁门称他之所以必须在国会联席会议上讲话,是由于"世界面临的局势和严重性","涉及美国外交政策与国家安全"。他强调了通过援助保卫希腊和土耳其领土完整和安全,遏制苏联渗透的必要性,等等。由此形成了以实力威慑遏制苏联和实施反共的对外干涉为特色的"杜鲁门主义"。然而,杜鲁门主义绝非出自一人,而是代表了一批在冷战期间主张对苏遏制和确立美国"领导权"的鼓吹者。他们共同制定了体现美国称霸全球战略的一系列政策,奠定了战后(及至冷战结束)美国的外交格局和指导思想。尽管在此后的40余年中,随着世界局势的变化,美国历届政府对其外交政策都有所修正,也有过不少以总统命名的"主义",也出现过一些知名的战略家、外交家的理论,但是一切变化都是在杜鲁门时期所奠定的总格局中进行的。①

二、美苏在中东的角逐

杜鲁门主义的出笼实际上也同中东的重要战略地位及其在战后的事态变化有直接的关联。

从地理环境上看,中东地处亚非欧三大洲接合部,是东半球的中心地带。以中东为基点,北上可达北欧诸国,西北可达西欧诸国,东面有通往南亚、东南亚及东亚各国的距离几乎相等的三条路线。中东的国际海域则环绕黑海、地中海、里海、红海和阿拉伯海,素有"三洲五海之地"的美称。同样,沟通上述五大海域的博斯普鲁斯、达达尼尔、曼德和霍尔木兹四大海峡,也是扼守国际航道的门户。此外,中东还有四大海湾,即亚丁湾、波斯湾、阿曼湾和瓜达尔湾,以及著名的苏伊士运河。因此,中东又被称为"四峡四湾

---

① 资中筠主编:《战后美国外交史——从杜鲁门到里根》,第37页。

一河之地"。① 中东地区这种得天独厚的地理位置使它成为世界陆海空交通枢纽和咽喉地区,从而具有极其重要的战略地位。

丰富的石油资源是中东所具有的重要战略价值的第二大因素。现代工业的支柱之一是能源,而石油又是当代最重要的能源。中东一直被喻为"世界石油宝库",其探明石油储量占世界探明石油总储量的 2/3 以上,天然气储量约占世界天然气总储量的 1/3。位居世界石油储量前五位的国家均在中东地区,它们分别是沙特阿拉伯、伊拉克、科威特、阿联酋和伊朗。中东地区的石油资源不仅储量大,分布集中,而且还具有埋藏浅、自喷率高、含硫少、开采成本低等比较优越的开发条件。在战后世界对石油需求迅速上升的情况下,控制中东的石油无论在经济上还是在战略上都具有特殊意义。因此,当强权对外扩张或是谋求霸权时,总是将中东作为首选目标。

中东地区的重要战略价值使战后试图称霸世界的美国必然将中东视作其全球战略的有机组成部分。美国历来把控制中东北部、东地中海区域当作遏制苏联军事力量进入地中海和中东的防御地带。杜鲁门主义的出笼全面体现了战后美国的战略意图,并且成为整个冷战时期美国中东政策的源头。

战后美国在中东的基本利益主要集中在四方面:1.最大限度地削弱和阻止苏联在中东影响的扩大,打击地区强权势力和激进的民族主义势力;2.全力支持以色列,确保其生存与安全,促使阿以和巴以冲突朝着有利于西方的政治解决方向发展,同时借助以色列实现美国在中东地区的政治和军事战略意图;3.控制石油资源,确保以美国为首的西方国家获取廉价石油,同时又将石油作为美国掌控其盟友的重要手段;4.中东地区人口众多,资源丰富,是西方工业国获得原材料和进行商品倾销的广阔市场,并从中攫取经济和贸易利益。

战后杜鲁门主义的出笼和美国中东政策的形成直接影响了在冷战背景和两极格局下的苏联中东政策。早在沙皇彼得一世时代,沙俄便制定了将其势力扩展到地中海、波斯湾、印度洋,与欧洲列强争夺海上霸权的"南下政策"。彼得一世认为:"当俄国可以自由进入印度洋的时候,它就能在全

---

① 彭树智主编:《中东国家和中东问题》,河南大学出版社 1991 年版,第 7 页。

世界建立起自己的军事和政治统治。"①如果说,战后苏联的中东政策仍然可以看到彼得大帝南下政策的影子,那么,杜鲁门主义出笼后由美国导演的反苏反共浪潮则加快了苏联对中东的渗透,及其对实现传统南下政策的强烈愿望,由此促成了冷战时代美苏两个大国在中东的激烈抗衡和较量。

苏联在中东的基本政策及其利益主要体现在以下几方面:1.确保苏联在中东的权益不受威胁和损害,力促共产主义意识形态在中东的传播;2.扶植苏联盟友对抗美国和西方对中东的控制,同时根据自身利益,有限支持阿拉伯国家和巴勒斯坦人反对以色列的侵略和扩张;3.积极介入地区冲突,增强军事存在,插手地区冲突的政治解决,不断扩大苏联的影响,同时谋求参与中东和谈,打破美国主导或独揽和谈局面,确立苏联在和谈中的重要地位。

战后美苏之间对中东的争夺在不同阶段侧重点不同,而且互有攻守。但从整体看,美国居于优势地位。因而美国竭力维系中东的稳定,以确保美国战略利益的顺利实现。同美国相比,苏联在中东根基不那么牢固。苏联主要采取各种可供利用的手段,助长中东国家的反美和疏美情绪或倾向,以及运用挖美国墙脚的策略,挑拨和破坏美国同中东国家的关系,以便在动荡和战乱中获取私利,达到美苏"均势"的目的。这是整个冷战时期在雅尔塔体系框架内美苏争夺中东和中东格局的一个重要特点。

第二节　阿以冲突、战争与和平进程

一、阿以冲突的历史根源及实质

1948 年,犹太人根据联合国分治决议在巴勒斯坦建立了以色列国。从此,阿拉伯人和犹太人两个民族的矛盾与冲突就演变为当代中东史上的重大问题。阿以冲突围绕巴勒斯坦问题展开,冲突的实质是以色列同阿拉伯国家争夺巴勒斯坦的主权归属。因此,巴勒斯坦问题是阿以冲突的核心。

---

① 刘竞等:《苏联中东关系史》,中国社会科学出版社 1987 年版,第 280 页。

另一方面,由于中东的重要战略价值,致使超级大国直接或间接、幕前或幕后插手巴勒斯坦问题,并以此作为它们谋求政治和经济权益的筹码。这样,巴勒斯坦问题便具有了异常复杂的历史和国际背景。

从历史上看,巴勒斯坦地区的原始居民是迦南人,公元前 4000 年左右,他们从阿拉伯半岛东部沿阿拉伯海一带到此定居。在《旧约全书》中,巴勒斯坦被称为"迦南地"。希伯来人是犹太人的祖先,他们和迦南人、阿拉伯人同属闪米特人的后裔,和西亚其他古老民族一起曾共同生息在巴勒斯坦土地上。公元前 1800 年,希伯来人进入迦南,后迁徙埃及。公元前 1350 年,由于希伯来人不堪忍受埃及法老的奴役,重返巴勒斯坦,击败了迦南人和腓力斯人,于公元前 1029 年建立了统一的希伯来王国,成为历史上最早的犹太国家。希伯来王国经历了扫罗、大卫和所罗门三个国王将近 100 年的统治。公元前 928 年,希伯来王国分裂为两个国家:北部称以色列王国,南部称犹大王国。后来,这两个国家分别在公元前 722 年和公元前 586 年被亚述帝国和东方新崛起的巴比伦王国所灭,并导致犹太人的第一次离散,结束了犹太人在巴勒斯坦立国的历史。

继亚述人和巴比伦人之后,巴勒斯坦先后又被波斯、希腊和罗马帝国轮番占领。犹太人再度遭受了两次大离散。特别是在罗马统治时期,罗马统治者残酷镇压犹太人的三次起义,犹太人死亡 150 多万人,幸存者几乎全部逃离或被驱逐出巴勒斯坦。至此,终结了犹太民族主体在巴勒斯坦生存了1400 年的历史。

637 年,巴勒斯坦并入阿拉伯帝国后,其居民、宗教和文化逐渐阿拉伯化。1518 年,巴勒斯坦作为一个行省纳入了奥斯曼帝国的版图,但巴勒斯坦的阿拉伯民族特征没有改变。

自巴勒斯坦并入阿拉伯帝国后,阿拉伯穆斯林不断移入巴勒斯坦,同当地原有的居民在千百年的历史进程中,相互融合与同化,形成了现代的巴勒斯坦阿拉伯人。他们世世代代在这里劳动、生息、繁衍,成为巴勒斯坦历史和文化的主要创造者。

19 世纪末,由于在不同流散地的各种遭遇,欧洲犹太人中兴起了复国思潮,后来发展成为犹太复国主义。犹太复国主义号召并组织犹太人返回巴勒斯坦,重建犹太国。犹太复国主义运动首先得到了当时在中东有特殊殖民利益的英国的支持。1917 年,英国发表《贝尔福宣言》,表明"赞成在巴勒斯坦为犹太人建立一个民族家园,并且愿为实现这一目标尽一切努力"。1920 年,英国取得了对巴勒斯坦的委任统治权。在委任统治的最初 19 年中,由于英国的"扶犹排阿"政策,巴勒斯坦的犹太移民从 5.5 万人增加到近 45 万人。

第二次世界大战期间和战后,美国成为犹太复国主义运动的支柱。美国利用其雄厚的实力,在中东和巴勒斯坦地区排挤英国,并企图取而代之。1947 年 11 月 29 日,联合国大会在美国的操纵下,以美苏等 33 国赞成、阿拉伯国家等 13 国反对、英国等 10 国弃权,通过了"巴勒斯坦将来治理(分治计划)问题的决议[第 181(二)号决议]"。决议规定英国对巴勒斯坦的委任统治应于 1948 年 8 月 1 日前结束,在委任统治结束后的两个月内成立阿拉伯国家和犹太独立国家,耶路撒冷市国际化。当时,巴勒斯坦的阿拉伯人约有 130 万,占总人口的 2/3,实际拥有土地占总面积的 93.7%;而犹太人约有 60 万,占总人口的 1/3,拥有土地仅占总面积的 6%。而分治决议划分给犹太国的土地占总面积的 57%,并且大部分是肥沃的沿海地带。显然,分治决议对犹太复国主义者十分有利,并使犹太复国主义者抢占阿拉伯人土地的行为合法化。这就给中东地区以后的发展埋下了祸根,同时也成为阿以持久冲突的根源。从 1948 年到 1973 年的 25 年间,阿拉伯国家和以色列之间经历了四次战争。

二、四次中东战争

第一次中东战争即巴勒斯坦战争爆发于 1948 年 5 月至 1949 年 2 月,战争的起因是由联合国分治决议引起的。

联合国分治决议通过后,立即在阿拉伯国家和以色列产生了截然不同的强烈反响。巴勒斯坦阿拉伯人和阿拉伯国家纷纷举行示威游行反对分治。1947 年 12 月,阿盟宣布阿拉伯人"决心为反对联合国分裂巴勒斯坦的决议而战",采取"决定性手段"制止巴勒斯坦的分治。

犹太复国主义者把分治决议看做是他们建国的法律依据,并且在美国的支持下决定采用武力建立犹太国。从 1948 年初,犹太复国主义者的武装力量"哈加纳"、"伊尔贡"等组织,开始对居住在拟议中的犹太国中的阿拉伯人实行恐怖活动和屠杀政策。截至4月底,约有30万巴勒斯坦人被赶出家园。另一方面,犹太复国主义者加速建国步伐。5月14日,本—古里安在特拉维夫现代艺术博物馆正式宣布"以色列国"成立。美国立即给予承认;苏联也在5月17日承认了以色列。

1948年5月14日,本—古里安宣布以色列建国

阿盟不承认以色列。5月15日,埃及、外约旦、伊拉克、叙利亚和黎巴嫩的军队相继进入巴勒斯坦,第一次中东战争爆发。

战争初期,阿拉伯军队在数量上略占优势。埃及、外约旦、叙利亚、伊拉克和黎巴嫩等国合计出兵4.2万人。以色列战斗人员为3.4万人。阿拉伯军队装备也比较强,甚至拥有一些战斗机。战争前四周,阿拉伯军队捷报频传,埃军挺进到耶路撒冷南部,控制了内盖夫的主要公路;外约旦阿拉伯军团5月18日占领耶路撒冷旧城阿拉伯人区,随后进入耶路撒冷犹太区;伊军攻克纳布卢斯、杰宁和距地中海仅10公里的图勒卡姆。

在关键时刻,美国急于通过联大安理会强迫阿以停火来挽救以色列。但遭到英国反对。英国不甘心退出巴勒斯坦,想利用阿拉伯国家来反对美国,进而恢复对巴勒斯坦的统治。战争一开始,英国就向阿拉伯国家提供财政和军事援助,并派军官指挥阿拉伯军团。美国向英国施加压力,英国被迫改变态度,并停止一切援助。于是,安理会通过了首次停火四周的议案。6月11日,阿以正式停火。停火期间,以色列购进大批坦克、飞机和大炮,兵力增至6万人,实力迅速增强。阿拉伯国家只补充了一些陈旧的武器,而且由于外约旦国王提出巴勒斯坦与外约旦合并而引起内部争执。7月9日,战事再起时,以色列转败局为优势,10天内占领了1000余平方公里的土地,夺回除内盖夫和胡拉湖地区外犹太国的所有土地,并大大改善了其战略地位。

7月15日,美国再次操纵安理会通过第二次无限期停火决议。7月19日,正式停火。其间,以军人数发展到9万人,并配备了100多架飞机和16艘舰艇以及其他军火。相反,阿拉伯国家内部矛盾扩大,军力进一步削弱。其结果使以军敢于在10月15日破坏停火协议,发动大规模反攻。历经约夫、希拉姆和霍雷夫三个战役,以军控制了巴勒斯坦的大部分地区。面对不可扭转的军事形势,在联合国调解专员的斡旋下,埃及、黎巴嫩、外约旦、叙利亚分别于1949年2月24日、3月23日、4月3日、7月20日同以色列签订停战协定。伊拉克拒绝同以色列谈判,但表示接受以约协定。至此,巴勒斯坦战争结束。

经过这次战争,以色列占领了巴勒斯坦4/5的土地,比分治决议规定的犹太国的面积还多6700平方公里。埃及控制了加沙,外约旦兼并了约旦河西岸和耶路撒冷旧城。而分治决议规定要成立的阿拉伯国却没有建立起来,近百万巴勒斯坦阿拉伯人沦为难民,阿以矛盾加深了。

第二次中东战争即苏伊士运河战争爆发于1956年10月至11月。

20世纪50年代,埃及是当时中东各种矛盾的焦点。首先是埃及同英国的矛盾与斗争。埃及7月革命后,英国被迫根据1954年的英埃协定废除1936年的英埃条约,并于1956年6月从埃及撤出全部军队。但苏伊士运河公司依然控制在英法殖民者手中,因此,收回苏伊士运河的主权,成为埃及人民新的斗争目标。其次,埃及坚决支持巴勒斯坦人民收复失地和恢复民族主权的斗争,同以色列的矛盾日益尖锐。1955年2月,以色列派伞兵越过停火线,摧毁了加沙地带的埃及陆军司令部。为了抵御以色列的侵略扩张,埃及急需加强自己的武装力量。于是,在埃及购买武器问题上又导致了英美法同苏联的矛盾,加剧了东西方对中东的争夺。

英美企图通过所谓援助,对埃及实施政治和经济控制。1952年秋,埃及计划在尼罗河中游阿斯旺修建高坝。由于资金匮乏,埃及求助于英美和世界银行。英美提出苛刻的财政监督条件。后来,美国又追加两个政治条件,即埃及今后不再与苏联进行军火交易;埃及应促使阿以缔结和平条约。埃及断然拒绝了这一要挟。为了迫使埃及屈服,美国撤回对埃援助的声明,英国和世界银行也相继宣布取消援助和贷款。

美英的决定并未吓倒埃及人民,纳赛尔总统坚定表示,"埃及永远不会向美元和武力屈服",埃及将用属于自己主权的苏伊士运河的收益修建高坝。1956年7月26日,纳赛尔宣布将苏伊士运河收归国有。

埃及的决定震惊了西方。英法一方面冻结埃及在各自国内银行的存款和运河公司基金,下令英法船只不向埃及交纳通行费。另一方面,迫不及待地决定诉诸武力。英法同以色列相互勾结,制定了联合侵埃计划:由以色列先向西奈半岛发动进攻,给英法制造干涉的借口;然后由英法出兵塞得港,占领运河区,逼迫纳赛尔下台。

1956年10月29日晚,4.5万名以军分四路侵入西奈半岛,中线一营伞兵空降米拉特山口东侧,矛头直指苏伊士城,从而揭开了苏伊士运河战争的序幕。30日,埃及全国总动员。埃及装甲部队迅速开进西奈支援驻守部队向以军反攻,空军袭击米拉特山口,海军炮轰海法港。正当埃及军民奋力反击、重创以军时,英法在30日下午向埃及发出最后通牒,要求埃以双方立即停火,从运河两岸后撤10英里,由英法军队进驻运河区重要港口,否则,英法将进行军事干涉。埃及立即回绝了英法的最后通牒。31日下午,英法出动大批飞机轰炸开罗、亚历山大等城市。为防止英法占领运河区和免受两面夹击,埃军主动从西奈撤回运河区,集中兵力抗击英法侵略军。同时,用6艘满载水泥和废铁的沉船封锁运河,阻止英法军舰通过。

11月5日,英法孤注一掷,派伞兵和从马耳他调来2万名海军陆战队进攻塞得港。塞得港军民同仇敌忾,英勇奋战。在激战中,有1000多军民牺牲,2万多人受伤,1.2万幢住宅毁于战火。正如纳赛尔所说:"塞得港挫败了帝国主义的阴谋,塞得港贡献出了自己来拯救整个埃及。"

侵埃战争使英法陷入了无法解脱的内外交困中,英法被迫于11月6日宣布停火,第二次中东战争以英法以的失败而告终。1956年12月22日,英法侵略军全部撤出埃及,英法在中东的殖民统治作为一个时代而结束。

第三次中东战争即"六·五"战争爆发于1967年6月5日。

苏伊士运河战争后,苏联加快在中东的扩张。由于中东是苏联南下扩张的要道,苏联试图借美国深陷越南战争之机,以"经援"和"军援"为手段,重点向埃及渗透。同时,确立它在叙利亚和伊拉克的地位。

面对苏联咄咄逼人的攻势,美国采取了扶植以色列、利用以色列打击埃及、与苏联抗衡的对策。美国竭尽全力武装以色列,仅1967年3月至5月,向以色列运交了400辆新式坦克和250架新式飞机,抽调了1000名所谓"志愿人员"充实以色列空军。同时,美国还妄图以停止向埃及供应小麦胁迫埃及转向美国。结果适得其反,美埃关系几乎破裂,埃及更加依赖苏联。

以色列自1957年从西奈撤军后,一直在扩军备战,伺机报复。1965年,以色列发生经济危机,社会动荡不安。以色列想用战争转移矛盾,摆脱困境,并想通过战争消灭自1964年发展起来的巴勒斯坦解放组织武装力量。以色列仰仗美国的支持,公开叫嚷,以军将在"自己选择的时间和地点,以自己选择的方式"发动进攻。

以色列首先设置了一个圈套,故意向苏联泄露它将在5月17日进攻叙利亚的假情报。苏联迅速将这份"情报"转达给埃及,并试图推出埃及牵制以色列。纳赛尔对以色列的军事冒险估计不足,认为只要埃及采取威慑行动便可打乱以军侵叙计划。5月15日,埃及宣布全国进入最高戒备状态,加强了西奈边界;16日,埃及要求联合国部队撤离边境观察哨所;22日,埃及封锁亚喀巴湾,禁止以色列船只和为以色列运送物资的外国船只通过。

以色列抓住亚喀巴湾封锁一事大做文章,接着,在23日进行了全面战争动员。顿时,中东局势恶化。两个超级大国采取了截然不同的态度。美国威胁说,如果用和平措施使亚喀巴湾向以色列船只开放的努力失败,它将不惜使用武力作为最后手段。苏联却建议苏美分别约束埃及和以色列,一起缓和中东紧张局势。苏联告诫埃及"不要首先开火",纳赛尔也郑重表示"不会开第一枪",他甚至解除了西奈半岛驻军的最高戒备状态。5月31日,安理会通过一项提案,呼吁"有关各方特别克制"。埃、叙、约三国松懈了战备,以色列则按计划完成了战争的最后准备。

6月5日清晨,以色列发动闪电战,出动全部飞机,以每隔10分钟出击一次的频率,轮番轰炸埃、叙、约的导弹基地和空军设施。埃及的空军被摧毁,叙、约的空军也受到重创。空袭后,以军地面部队又在空军掩护下,以坦克为先导向加沙、西奈和西岸大举进攻。西奈半岛、加沙、西岸以及耶路撒冷城全部被以军占领。约旦和埃及被迫在7日和8日宣布接受联合国停火决议。叙利亚9日宣布停火。但以色列借口叙军"违反"停火协议,于当日11时30分对叙发动全面进攻。10日晚,以军攻占戈兰高地大部分地区,控制了通往大马士革的重要公路,夺取了横跨阿拉伯地区通往黎巴嫩的输油管。6月11日,叙以代表在联合国军事人员的参与下在库奈特拉签署停火协议。

"六·五"战争以阿拉伯国家的失利和以色列的阴谋得逞而结束。在6天的战争中,埃、叙、约三国损失惨重,死伤官兵约5万人,丢失领土15700平方公里,又有近百万人沦为难民。

"六·五"战争后不久,美苏两国为了维护各自在中东的利益,于7月10日促使安理会作出决定,派出联合国观察员进驻苏伊士运河等地"监督停火"。11月22日,联合国通过英国提案,即242号决议。该决议要求以军从被占领的阿拉伯土地上撤走,并提出该地区每个国家在安全和公认的边界内和平生活的原则。这些原则后来成为全面解决中东问题的基础。

第四次中东战争即"十月战争"爆发于1973年10月。10月是伊斯兰教的"斋月",阿拉伯人称这次战争为"斋月战争"。10月6日又是犹太教的"赎罪日",因此,以色列称它为"赎罪日战争"。

"六·五"战争结束后,美苏两国竭力在中东维持"不战不和"的局面,打是有控制的打,停是有控制的停,并且不断在幕后拿阿拉伯人的利益作交易,以避免美苏直接冲突。

以埃及为首的阿拉伯国家在战争中已认清美国的真面目,同时对苏联的中东政策也开始有所认识,决心突破这种"不战不和"的局面。由于埃及在"六·五"战争中的惨重损失,又不得不依靠苏联的援助。1970年9月,纳赛尔逝世,萨达特继任总统。萨达特仍然寄希望于苏联,但持有戒心。萨达特既利用苏联的军援去争取实现埃及的目标,又保持对美国的渠道畅通。他提出首要目标是解放被占领的土地,恢复巴勒斯坦人民的民族权利。1971年2月,萨达特提出一项和平倡议,表示如果以色列撤出1967年侵占的阿拉伯领土,埃及将同以色列讲和,并可为重开运河作出临时安排。同时,积极备战,打算通过战争实现目标。3月,萨达特访苏,要求苏联迅速提供曾许诺纳赛尔的新式武器。

　　美国为了打入埃及、与苏联抗衡,响应萨达特的和平倡议,并派国务卿罗杰斯等访问埃及。苏联对此极为不安,策划了搞掉萨达特的政变,但阴谋被粉碎。为了保住在埃及的地位,苏联最高苏维埃主席团主席波德戈尔内访问开罗。鉴于苏联保证供给埃及所急需的武器,1971年5月27日,两国签订了为期15年的《埃苏友好合作条约》。但苏联并未及时向埃及提供武器,萨达特后来几次访苏也均未成功。相反,美苏首脑在1972年5月莫斯科会谈后,却表示要在中东实现所谓的"军事缓和"。7月18日,萨达特正告苏联大使,埃及再也不受苏联的欺骗。接着,他宣布结束苏联"顾问"和"专家"在埃及的使命,并接管苏联在埃及建立的所有军事设施。至此,埃及为最后突破"不战不和"局面扫除了一大障碍。从1973年初起,阿拉伯国家加紧备战,统一了反击以色列的战略,埃叙两国成立了武装部队联合司令部,制定了以"有限战争"为目标的"白德尔"行动计划。9月10日—12日,埃、叙、约三国首脑在开罗会晤,确定了共同战斗目标,完成了战前准备。

叙利亚军队在"十月战争"中

10 月 6 日 14 时,埃叙开始执行"白德尔"行动计划。随着运河东岸以色列防御工事沙垒中的两声巨响,埃及出动 10 万军队、200 架飞机、2000 门大炮和火箭发射器、1000 余辆坦克,向运河东岸的以军阵地发起突然攻击。埃军突破以色列吹嘘为"坚不可摧"的"巴列夫防线"。至 13 日,拔除以军在运河东岸的最后一个据点,控制了西奈半岛纵深 10—15 公里的地区。在戈兰高地,叙利亚的 3 个师分别挺进,于 7 日突破以军阵地,收复大片失地,包围了库奈特拉。巴解组织的 2.3 万名游击队在以占区开辟了第三战场,支援前线。约旦等 9 个阿拉伯国家出动 7.5 万部队、9 个空军中队和 500 辆坦克参加战斗。沙特阿拉伯等产油国向埃及提供了 20 多亿美元的援助,并使用石油武器配合军事斗争,给以色列及其支持者以沉重打击。

但是,初战告捷后,埃军突然于 10 月 9 日后停止进攻,并以 4 天时间巩固阵地,调整部署。以色列趁机变被动为主动,集中兵力,实施先北线后西线各个击破的方针。从 10 月 9 日起,以军先出动飞机连续轰炸叙利亚的重要军事目标。10 日,以军在北线集中 15 个旅和 1000 辆坦克向叙军反扑,再度占领戈兰高地,并向大马士革逼近。14 日,以军将主力转向西奈作战,同埃军展开了一场空前规模的坦克战,埃军损失严重,被迫转攻为守。15 日,以军从埃及第二军和第三军接合点的薄弱环节偷渡运河成功,进入西岸,摧毁了埃及的一些导弹基地,切断了供应线。19 日晚,以军在运河西岸建立了一个难以攻破的桥头堡。

美苏为了维护各自在中东的利益,战争一开始就通过"热线"频繁接触,对战争进行干预。美国向以色列提供了价值 22 亿美元的所谓"紧急安全援助",美国国务卿基辛格扬言:"在以色列的安全问题上,我们不会让步。"苏联在向埃及提供武器援助的同时,派总理柯西金访问开罗,但苏联对埃及的援助不如美国对以色列那么积极,数量也没有那么多,而且埃苏在一些问题上还存在分歧。

20 日,美苏在莫斯科单独谈判,并在 22 日敦促安理会通过了执行 242 号决议的 338 号决议。在苏联的压力和催促下,加上战场上受挫,萨达特表示:"我不能同美国打仗,也不能承担第二次使我们的武装部队全军覆没的历史责任。"埃、叙两国分别在 22 日和 24 日宣布停火。以色列虽然也在 22

日表示停火,但 23 日又进攻苏伊士城,并包围了埃及第三军。安理会当日又通过 339 号决议,要求联合国秘书长采取措施,派出观察员监督停火。11 月 1 日,安理会终于就派遣一支联合国紧急部队问题通过决议。第四次中东战争随告结束。

"十月战争"使以色列遭受重大损失。据统计,以军伤亡 5000 余人,损失飞机 200 余架、坦克近 1000 辆、舰艇 30 余艘,物资消耗达 70 亿美元,从而加剧了其政治和经济矛盾。

"十月战争"也使阿拉伯国家付出了重大代价,但它们洗刷了"六·五"战争中蒙受的耻辱,恢复了民族尊严,收回了苏伊士运河东岸的 28—30 公里宽的狭长地带和戈兰高地部分地区,为公正解决阿以冲突创造了有利条件。

三、以色列入侵黎巴嫩

除了上述四次中东战争外,1982 年 6 月以色列发动的入侵黎巴嫩的战争对战后阿以关系的发展演变亦曾产生重要影响。这场战争是在黎巴嫩国内长期内战的背景下发生的,以色列打击的主要目标是巴勒斯坦解放组织(简称"巴解组织")。因此,也有人称其为第五次中东战争。

巴解组织成立于 1964 年,是由 8 个背景各异的武装组织和一些群众团体及各界代表构成的统一战线性质的联合组织。巴解主张通过武装斗争消灭以色列,在巴勒斯坦全境建立一个统一、民主和独立的国家。巴解总部最初设在约旦首都安曼。但由于巴解组织未能处理好同约旦政府和军队之间的关系,并且不断卷入约旦国内的反政府活动中,形成"国中之国",最终导致了 1970 年 9 月约旦政府出动军队大规模镇压和驱赶巴解组织的流血事件,即所谓的"黑九月事件"。此后,巴解总部被迫迁往黎巴嫩首都贝鲁特,并以黎巴嫩南部为基地,频繁开展袭击以色列的各种武装活动,成为以色列的眼中钉。因此,以色列一直在寻找报复巴解组织的机会。

1982 年 6 月 6 日,以色列借口其驻英大使什洛莫·阿尔戈夫在伦敦遇刺,出动陆海空各兵种对黎巴嫩发动了名为"加利利和平"的大规模军事入侵。以色列宣称这次军事行动的目的是"使加利利地区所有居民远离来自黎巴嫩的巴勒斯坦恐怖分子炮火的射程",并将巴勒斯坦武装驱逐到离以色列边境40公里以外。以色列军队首先对黎南部巴解游击队发起猛烈进攻,陆续分割包围黎东南地区的巴解武装力量,摧毁了巴解组织在这一地区建立的一系列军事基地和设施。紧接着,以色列又于6月9日出动空军,突袭贝卡谷地叙利亚军队的防空导弹基地。在以叙持续两天的激烈空战中,以军共出动飞机300多架次,叙军出动200多架次。空战使叙利亚在贝卡谷地的19个防空导弹连丧失殆尽。

以色列军队完成对黎南部的战事后,又挥师围攻贝鲁特西区。因为巴解总部就设在贝鲁特西区,而且以军在占领黎南部地区后,巴解组织游击队的大部分战士也从黎南部撤到了贝卡谷地和西区。以军逐渐缩小包围圈,巴解游击队面临生死存亡的决战。在美国的斡旋下,经过长达两个月的艰苦谈判,巴解与以色列、黎巴嫩达成协议:巴解武装力量撤出贝鲁特西区。1.2万名巴解战士携带轻武器分别转移到8个阿拉伯国家,巴解总部迁往突尼斯。叙军也撤出了贝鲁特。以色列对黎巴嫩的入侵使巴解游击队损失了2/3的兵力,丢掉了黎巴嫩南部的基地。巴以力量对比更加悬殊。巴勒斯坦人民的斗争进入了更为艰难而复杂的阶段。

四、埃以和谈和阿以冲突的转折

"十月战争"后,阿以冲突发生新变化。美国为了更好地在中东与苏联争夺,逐步改变过去单纯偏袒以色列和敌视阿拉伯国家的政策。美国在支持以色列的同时,竭力改善同阿拉伯国家的关系。萨达特看到美国在中东有更大的发言权,也开始发展同美国的关系。1974年2月,埃美恢复外交关系,6月,两国签订了《埃美关系和合作协定》。

埃美关系的缓和使苏联感到不快。苏联向埃及施加压力,断绝武器供应,并以债务相逼。埃苏关系彻底破裂。1976年3月,埃及宣布废除《埃苏友好合作条约》,同时取消了为苏联海军提供海港的便利。埃及走上了联美抗苏和以的道路。1977年11月,萨达特总统访问耶路撒冷,这也是历史上第一位阿拉伯国家首脑访问以色列,从而打破了阿以双方长期全面对抗的局面。1978 年 9 月,萨达特总统和以色列总理贝京在美国总统卡特的参与下,在美国的戴维营举行和谈。经过艰苦的谈判,双方于当月 17 日在白宫签署了"戴维营协议",该协议包括《关于实现中东和平的纲要》和《关于签订埃以和约的纲要》两个文件。前一项文件主要涉及巴勒斯坦问题;后一项文件主要涉及埃、以之间的问题。这是埃及在阿以冲突中战略转变的重要标志。1979 年 3 月 26 日,埃及和以色列政府据此正式签署了《埃及以色列和平条约》。这个条约结束了双方之间存在了 30 多年的战争状态。根据条约,以色列军队于 1980 年 1 月 25 日撤至阿里什至穆罕默德一线以东地区,埃及恢复了对西奈半岛约 2/3 地区的管辖。同年 2 月 26 日,埃、以两国互派第一任大使,建立了正式的外交关系。埃及成为第一个与以色列建交的阿拉伯国家。1982 年 4 月 25 日,除塔巴地区外,以色列军队全部撤出了西奈半岛。塔巴地区于 1989 年 3 月 15 日归还给埃及。埃以和解使埃及收复了失地,为埃及摆脱战争的浩劫和民族经济的发展与繁荣创造了有利的和平环境,因而受到大多数埃及人民的拥护。同时,它打破了阿以之间的军事对峙,开创了通过谈判解决争端的先例,使阿以冲突朝着和平解决的方向迈出了第一步。

但是,埃以和解的另一个连锁反应是加深了阿拉伯国家之间的矛盾,并引起了分化与改组。1979 年 3 月,阿盟决定对埃及实行政治和经济制裁,阿盟总部也从开罗迁往突尼斯。在国内,萨达特受到反政府分子的极端仇恨,以至于他在埃及庆祝十月战争 8 周年举行阅兵时突遭枪击身亡。

另一方面,埃以和解后,阿以冲突集中到巴勒斯坦解放组织方面。但由于在 1982 年 6 月发生的以色列入侵黎巴嫩的战争中,巴解武装力量受到重挫,元气大伤,已无力同以色列进行正面抗衡。在这种形势下,中东逐渐出现了一种通过和谈解决阿以冲突的趋势。自 1982 年 9 月,有关各方相继提出了一些政治解决巴勒斯坦问题的方案,其中包括:里根方案、非斯方案、苏联方案,以及约巴联合行动方案,等等。但是,有关方面的基本立场相去甚远,矛盾错综复杂,还没有一个方案尚能为多方所接受。基于上述种种因素,中东和谈在 80 年代未能出现重大突破。然而,谋求政治解决阿以冲突已成为中东形势发展的潮流,并且推动着中东和平进程。

第三节　阿富汗战争与苏联在中东的败退

一、苏军入侵阿富汗

1979 年 12 月 27 日,苏联军队采用空陆并进的闪电战方式入侵阿富汗。7 天后,苏军占领阿富汗所有重要城市、军事基地和战略通道。由此揭开了阿富汗当代史上长达 10 年之久的苏联侵占和阿富汗人反侵占的阿富汗战争。

苏联入侵阿富汗具有深刻的历史背景。1978 年 4 月,阿富汗人民民主党在苏联支持下,发动政变推翻达乌德政权,改国名为阿富汗民主共和国。但人民民主党执政后,阿富汗国内局势和人民民主党内部并不稳定。阿富汗东部、中部、西部和南部因对人民民主党政策的不满先后出现穆斯林反政府武装活动。人民民主党内部"人民派"和"旗帜派"两大派围绕如何对待穆斯林反政府武装以及政府的内外政策等问题展开了派系间的权力之争。几经较量,政府副总理哈菲佐拉·阿明除掉了与苏联密谋杀害他的政府总理努尔·穆罕默德·塔拉基,执掌阿富汗大权。阿明上台后,指责苏联支持塔拉基企图杀死他,并驱逐了苏联驻阿大使,苏阿关系恶化。为了防止阿明倒向西方,苏联决定直接干预阿富汗内政。1979 年 11 月 29 日,苏共政治局 4 位要员在提交苏共政治局的一份秘密报告说,"阿明的政策走向有利于华盛顿","我们必须竭尽全力避免反革命在阿富汗获胜,防止阿明投入西方怀抱。待掌握阿明确已开始向反革命方向转变的事实后,应采取果断措施。"[①]12 月 12 日,苏联最高当局做出了入侵阿富汗、消灭阿明的最后决定。

前苏联国家安全委员会主席克留奇科夫在 1996 年出版的《私事》一书中曾披露有关苏联出兵阿富汗的原因。克留奇科夫认为主要原因有 4 点:其一,苏阿两国有漫长的边界,具有重要的战略意义,确保边界的和平及安

---

① 赵国忠主编:《简明西亚北非百科全书》,中国社会科学出版社 2000 年版,第 439 页。

全是最重要的考虑;其二,阿富汗与苏联中亚地区有密切的民族联系和广泛而互利的经济关系;其三,西方国家对阿富汗,尤其是其北部地区兴趣浓厚;其四,如果阿出现原教旨主义政权,势必冲击中亚地区,甚至发生流血冲突,导致中亚一些共和国解体和脱离苏联。①

在国际层面,关于苏联侵阿的动机则存在两种观点:包括美国总统卡特和许多阿富汗人士在内的一派持"进攻"说,他们认为苏联的目的在于夺取伊朗和巴基斯坦、南下暖洋、威胁霍尔木兹海峡。另有许多人坚持"防御"说,其中包括美国军事科学院的专家,他们认为,苏联的动机主要在于巩固在阿富汗多年经营的成果,防止南部边境出现一个伊斯兰原教旨主义的敌对政权,从而危及中亚各穆斯林共和国的安全。②

总之,苏联出兵阿富汗取决于多种因素。但最根本的一点是苏联同美国争夺中东霸权的需要。苏联渴望尽可能多地扶植亲苏政权,控制战略要地,确保苏联在中东的优势。而20世纪70年代后期中东局势的各种新变化,尤其是伊朗伊斯兰革命后建立伊斯兰共和国,并和美国反目成仇,牵制着美国的决策和注意力,从而为苏联入侵阿富汗创造了时机和条件。

二、苏军侵占阿富汗与卡尔迈勒政权

实际上,苏军对阿富汗的入侵早有预谋。在阿明上台之前,苏联已筹划和准备入侵行动。1979年11月,苏联陆续向阿富汗调入少数中亚部队,分别掌握了喀布尔机场、巴格拉姆空军基地和其他战略要地。与此同时,在苏阿边界地区完成了对4个摩托化步兵师的作战部署。12月23日,苏联国家安全委员会下属的阿尔法反恐怖小组抵达阿富汗首都。24日晚至27日,苏联以援阿军事装备及随行警卫人员的名义,出动350余架次运输机,从白俄罗斯、南高加索和中亚三个地区将3个空降师的部分兵力运入阿富汗境内。27日上午,阿尔法小组及其随行部队约1000人接到推翻阿明政府的命令。当晚7时,苏军空降师在阿尔法小组等特种部队的配合下,首先

---

① 彭树智主编、黄杨文著:《中东国家通史·阿富汗卷》,第289—290页。
② 黄杨文:《中东国家通史·阿富汗卷》,第290页。

抢占喀布尔电信大楼,切断喀市与外界的联系,同时包围和占领了广播电视台和政府各部等要害部门和交通要道。整个行动迅速顺利,苏军未遭遇任何顽强抵抗,便击毙了阿明,逮捕了一批政府重要官员,并于当晚 12 时完全控制了喀布尔。

12 月 28 日凌晨,苏军地面部队编成东、西两个集群从铁尔梅兹和库什卡越过边境进入阿富汗。东西两路大军长驱直入,基本上也未受到阻击。1980 年 1 月 2 日,东西两路大军在坎大哈会合。翌日,又分别抵达阿、巴(巴基斯坦)和阿、伊(伊朗)边境地带,控制了通往这两个国家的主要通道。苏军从入侵到完成对阿富汗的军事占领仅用了 7 天。苏军在入侵行动中,共动用 7 个摩托化步兵师、一个坦克师(另有 1 个摩托师作为预备队)、3 个空降师、1 个歼击航空兵师另 3 个武装直升机团及后勤部队共 10 余万人,装甲坦克 2000 余辆、步兵运输车和装甲车 3000 余辆,大炮 2000 门、战斗机和武装直升机各 100 余架。①

苏军占领阿富汗后,旋即用苏军坦克将亲苏的旗帜派要员卡尔迈勒从塔什干接回到喀布尔,组成了阿富汗新政府。卡尔迈勒本人出任党的总书记兼革命委员会主席、政府总理兼武装部队总司令。此前,苏联中亚境内的一家电台以喀布尔电台的名义宣布,人民民主党领导人卡尔迈勒已取代阿明政府组成了新政府。

卡尔迈勒上台后,在其施政纲领中宣称:"新政权将继续二月革命的理想,但当前的直接任务不是实现社会主义。新政权对外奉行和平、积极中立及和平共处的政策。"与此同时,他还根据苏联的授意于 1980 年 1 月提出了一个六点计划,该计划包括释放所有政治犯、取消反民主反人道的规定、尊重伊斯兰教原则、恢复和平与秩序、保障公民自由及保护青年知识分子等内容。政府还下令修建清真寺,恢复传统的黑红绿三色国旗,避免使用"社会主义"之类措词,并将几名非党人士拉入了政权。但是,阿富汗人民并不认可卡尔迈勒政权,并视卡尔迈勒为苏联人的傀儡。当 1980 年 1 月阿富汗组建"祖国民族阵线"时,除少数地主、部落首领和宗教上层外,多数阿富汗人都采取了拒绝态度。另一方面,人民民主党内部的明争暗斗依然在持续。

---

① 赵国忠主编:《简明西亚北非百科全书》,第 440 页。

卡尔迈勒政权步履维艰。

苏联为了确立它在阿富汗的绝对权威,在政治、经济、文化和军事上全面控制阿富汗。苏军占领阿富汗后,苏联军事和文职顾问从3500余人猛增至1万余人,他们操纵着政府的决策和日常工作,军队中增设了苏联政治顾问。苏联文化影响充斥阿富汗社会。在经济上,过去多数由西方援助的项目被苏联所取代,苏联提供的外援达到阿富汗所获外援的80%。另据统计,1978—1979年度至1983—1984年度,苏阿贸易也从1.123亿美元骤然增至4.008亿美元,在阿外贸总值中占到55%。在军事上,苏联把阿富汗作为向南亚渗透的桥头堡,并在阿西部、北部和东部兴建了导弹基地和空军基地,在赫拉特、坎大哈等地建造了大型储备基地,目标直指巴基斯坦、伊朗和中国。[①]

苏联提供的大量经济和军事援助维系着卡尔迈勒政权,处在苏联卵翼下的卡尔迈勒不能不对苏联人言听计从,并且按照苏联人的旨意来制定和实施阿富汗的内外政策。这种关系体现了卡尔迈勒政权的傀儡本质。

三、阿富汗全民抗苏战争和苏军的撤离

苏军的入侵激起阿富汗人民的强烈愤慨。全国范围内爆发了全面的武装抵抗运动。从城市到乡村,从平原到山区,阿富汗人民以各种形式开展反抗苏军占领的斗争。国内各地区部落、部族武装抵抗组织相继成立。从1978年6月到1980年,这些大小不同的武装抵抗组织多达200余个。阿富汗的武装抵抗组织大体上可分为六类。第一类是逊尼派原教旨主义组织,它们与逊尼派传统主义组织的总部均设在白沙瓦,其势力最为雄厚,控制着在巴基斯坦的阿富汗难民和国际社会的援助。原教旨主义组织多从穆斯林青年会分化而来,其中有古尔布丁·希克马蒂亚尔的伊斯兰党、布尔汉努丁·拉巴尼的伊斯兰促进会(又译"伊斯兰组织")、尤尼斯·哈里斯的伊斯兰党(哈里斯派)和阿卜杜勒·拉苏尔·萨亚夫的伊斯兰联盟。第二类即由宗教世家控制的逊尼派传统主义组织,如赛义德·艾哈迈德·盖拉尼的

---

① 黄杨文:《中东国家通史·阿富汗卷》,第294—295页。

伊斯兰民族阵线、西卜加图拉·穆贾迪迪的伊斯兰民族解放阵线和穆罕默德·纳比·穆赫默迪的伊斯兰革命运动。第三类组织是部族和地区性的，多在苏联入侵后建立，主要有努里斯坦圣战者阵线、库纳尔部族委员会、坎大哈部族阵线和哈扎腊地区的伊斯兰联合革命委员会等。第四类是总部设在伊朗的什叶派原教旨主义组织，共有 8 个，如胜利组织、伊斯兰圣战卫士、伊斯兰运动、真主党等。第五类是由火焰派分化而来的左翼组织，如阿富汗解放组织和阿富汗人民解放组织。最后还有个别民族主义组织，如阿富汗社会民主党。上述组织有自己的游击队，通过在白沙瓦的总部获得后勤补给。[1]

阿富汗国内坚持抗苏的主要力量是部落、部族武装组织，它们凭借落后的武器，破坏交通线、炸桥梁、埋地雷、设路障，袭击苏军的据点、哨所和巡逻队，同时运用化整为零打了就跑的游击战术，使苏军的现代化装备和集团兵力失去了优势，疲于奔波。

为了摆脱被动，从 1980 年下半年起，苏军开始逐步调整战略，改变战术，采用收缩战线、重点围剿的方式，把阿全国划分为五大战区，主要兵力集中镇守大城市和交通干线。另一方面，调集重兵不断对潘杰希尔山谷、库纳尔山谷等地的游击队重要基地发动大规模进攻。但仍收效甚微。例如 1984 年 4 月，苏军共向潘杰希尔山谷发动 7 次大规模围剿，而穆斯林游击队则采取避实就虚、分散躲避的战术应对苏军的进攻，致使苏军的大兵团进攻犹如拳头打跳蚤，无法消灭游击队的有生力量。相反，苏军在攻势中却有数千名官兵死伤、被俘和叛逃。潘杰希尔山谷因此成为抵抗运动的象征。

随着抵抗运动的发展，阿富汗全国 80% 的地区陆续被游击队所控制。各抵抗组织之间不断加强联系，并走向合作。1982 年，逊尼派的 4 个原教旨主义组织和 3 个传统主义组织分别建立了名称均为"阿富汗圣战者伊斯兰联盟"的联合组织，总部设在白沙瓦。1985 年 5 月，两大组织宣布合并，同时沿用原名，外界通称"七党联盟"。1987 年 9 月，以伊朗为基地的 8 个什叶派组织成立了"阿富汗伊斯兰革命联盟"，即"八党联盟"。1986 年，北方的各游击队还成立了以马苏德为首的抵抗总指挥部。

---

① 黄杨文:《中东国家通史·阿富汗卷》，第 295—296 页。

阿富汗抗苏战争是一场全民性的民族解放战争。在近 10 年的抗战岁月里,阿富汗人前仆后继,不畏牺牲,为国捐躯的将士数以十万计,无辜平民死亡人数超过 100 万。而苏军也为他们的军事占领付出了沉重代价。据《真理报》1989 年 8 月 17 日公布的数字,苏军阵亡 13 833 人,负伤 11 381 人,失踪和被俘 330 人。据西方的不完全统计,在近 10 年的时间里,苏军伤亡约 4 万人,损失各类飞机数百架,被击毁的坦克和装甲车 2000 余辆,耗资约 500 亿美元。苏军在阿的军事占领已成为苏联沉重的包袱。

1985 年戈尔巴乔夫出任苏共总书记后,阿富汗问题的政治解决逐步被提上议事日程,其目的在于改善与西方及中国的关系,减轻经济负担。1986 年 5 月,阿富汗人民民主党中央全会召开,苏联新看中的纳吉布拉当选为新的总书记。在苏联看来,纳吉布拉的职业生涯和灵活的政治态度是保障现政权稳定和促进政治解决的有利因素。同年 10 月,纳吉布拉取代卡尔迈勒出任革委会主任,1987 年 11 月当选为共和国总统。

1986 年 7 月底,戈尔巴乔夫在海参崴发表讲话,宣布年底前从阿撤走 6 个团的苏军,计 8000 人。撤军行动于 10 月底完成。随后,纳吉布拉提出了一个民族和解纲领,宣布要建立一个民族团结政府。同时又将国名改为"阿富汗共和国",并表示将与前国王查希尔和七党联盟中的温和派分享权力。苏联和喀布尔政权试图建立一个以人民民主党为核心而摒弃原教旨主义派别的联合政府。

然而,纳吉布拉的建议未能得到任何响应,抵抗组织和游击队表示要将抗苏战争坚持到苏军全部撤离和现政权被推翻为止,并继续加大对苏军的袭击。在这种情况下,戈尔巴乔夫被迫于 1988 年 2 月 8 日再度发表声明,宣布苏军将撤离阿富汗的决定。

1988 年 4 月 14 日,在联合国秘书长德奎利亚尔的主持下,巴基斯坦、喀布尔政权、苏联和美国四国外长在日内瓦签署了关于政治解决阿富汗问题的历史性协议,该协议包括 4 项文件和 1 份谅解备忘录。协议规定,苏军自 5 月 15 日起将在 9 个月内全部撤出阿富汗,而前 3 个月将撤出 50%的部队;巴基斯坦和喀布尔政权相互尊重主权、政治独立和领土完整,互不使用武力;美苏支持这一政治解决方案,尊重巴基斯坦和喀布尔政权的主权、独立、领土完整和不结盟政策;喀布尔政权采取一切措施确保难民自愿返回家园。

日内瓦协议签署后,苏联遵照协议开始实施苏军撤离阿富汗的行动。1989 年 2 月 15 日最终完成了全部撤军工作。苏联的撤军是阿富汗人民长期抗苏民族解放战争的伟大胜利,显示了阿富汗反击外来侵略者、争取自由民主的光荣传统,它同当年阿富汗人三次抗击英国侵略者的壮举一样,而被载入阿富汗的史册。另一方面,苏军撤离阿富汗也表明了苏联同美国争夺中东霸权的败退,它已无力再继续同美国的抗衡。因此,撤军阿富汗或许也是苏联试图阻止和延缓其解体的一种无奈选择。但就阿富汗本身来说,由于日内瓦协议未能就阿富汗未来的政治前途做出妥善安排,阿富汗国内各派之间的部族、民族和宗教矛盾依然存在,并且大都拥兵自重,这就造成了苏军撤离后阿富汗仍处在动荡和混战之中的悲剧。

第四节　两伊战争与海湾战争

一、两伊战争的起因

1980 年 9 月 22 日,伊拉克和伊朗之间爆发大规模战争。这场战争是第二次世界大战后中东地区伤亡最大、损失最重和持续时间最长的一场战争。它不仅给两伊人民带来沉重灾难,而且对海湾和中东局势构成重大影响。

领土和边界争端、民族纠葛、教派矛盾以及两国都企图称雄海湾的动机是导致两国兵戎相见的基本原因。其中最重要的是边界和领土之争。

伊拉克和伊朗两国有着 1280 公里长的共同边界,边界东南一段以阿拉伯河下游为界。阿拉伯河位于伊拉克南部,是西亚著名两大河流——底格里斯河和幼发拉底河在伊拉克境内的库尔纳城汇合后,又与来自伊朗的支流卡隆河相汇,然后向南注入波斯湾的一段河流,全长 204 公里。阿拉伯河下游最后的 105 公里正好是两伊的边界线。这段边界原以该河伊朗一侧的浅水线为界,河流主权属伊拉克。根据 1914 年奥斯曼帝国和伊朗划界委员会纪要及 1937 年伊拉克同伊朗签订的边界条约,双方同意霍拉姆沙赫尔和阿巴丹两段(共约 11 公里)以该河主航道中心线为界。但伊朗并不满意。

1969年4月,伊朗趁伊拉克库尔德人叛乱、复兴党政权立足未稳之际,宣布1937年边界条约无效,并支持库尔德人的反政府活动。两伊关系骤然紧张。在阿尔及利亚总统布迈丁的斡旋下,1975年双方签订了《阿尔及尔协议》,规定两国河界均以阿拉伯河主航道中心线划分,但伊朗应在其西北部划出一块400平方公里的土地作为对伊拉克的补偿,并停止对伊拉克库尔德人的支持。伊拉克将这一协议看成是权宜之计,两国边境争端暂时得以平息。

1979年2月,伊朗爆发伊斯兰革命,推翻巴列维国王,什叶派领袖霍梅尼上台。霍梅尼对外主张"输出革命",呼吁伊拉克什叶派进行"伊斯兰革命",推翻逊尼派政权,"建立伊斯兰共和国"。伊拉克便支持伊朗的库尔德人和其他少数民族的自治需求。两伊矛盾日趋激化,边界不断发生小规模武装冲突。

两伊边界和领土争端的另一个现实原因是,阿拉伯河两岸蕴藏着丰富的石油资源,集中了两国的油井、炼油厂和油港,阿拉伯河航道在两伊输出石油方面作用非凡。而阿拉伯河是伊拉克的唯一出海口,伊拉克一直想改变两国共享阿拉伯河水域主权的现状,逐渐对《阿尔及尔协议》表示不满。在巨大的石油利润面前,伊朗也不让步。伊拉克依仗10年来的经济大发展,兵强马壮,试图在霍梅尼政权立足未稳、伊朗国内处于动荡之际,先发制人,以武力手段来阻止伊朗"输出革命",并实现独享阿拉伯河主权的目的。

伊拉克和伊朗之间的民族纠葛主要是两国分属阿拉伯人和波斯人两个不同民族。在历史上,阿拉伯人和波斯人彼此都征服、统治、压迫过对方,宿以仇敌相视。两国独立后,当权的统治阶级不仅没有设法消除两个民族之间的旧怨,而且继续推行民族压迫政策,又结下新仇,造成两个民族之间的矛盾进一步深化。此外,两国间的宗教矛盾也很尖锐,并且同民族矛盾交织在一起。伊拉克和伊朗均为什叶派占多数的伊斯兰国家。在伊拉克人口中,什叶派占60%左右,逊尼派虽在人数上少于什叶派,却长期执掌国家政权。伊拉克什叶派同伊朗什叶派有着千丝万缕的联系,而且什叶派的圣地和宗教中心大都在伊拉克境内。伊朗什叶派宗教领袖霍梅尼本人曾长期蛰居伊拉克,并在伊拉克什叶派中影响很大。后来,伊拉克政府应伊朗国王的要求,将霍梅尼驱逐出境。霍梅尼一直对此耿耿于怀,并埋下了要向伊拉克统治者萨达姆·侯赛因复仇的火种。

总起来看,导致两伊战争的原因是复杂的,也是长期潜在的。而伊朗在伊斯兰革命胜利后,力主输出革命的狂热对这些潜在因素起到了一种催化剂的作用,加之权欲膨胀的萨达姆错误估计形势,企图在动荡之中通过武力打败伊朗,称雄海湾。这便造成两伊战争迫在眉睫。

二、战争进程和结局

从整个战略态势看,持续 8 年之久的两伊战争的进程可划分为主要在伊朗境内作战(1980 年 9 月至 1982 年 6 月)和主要在伊拉克境内作战(1982 年 7 月至 1988 年 8 月)两大阶段。在两大阶段内,又可划分为伊拉克进攻、伊朗反攻、伊朗进攻、伊拉克反攻 4 个时期。在双方进攻和反攻之间,都出现过战略相持的局面。这是两伊战争的大致脉络。

1980 年 9 月 22 日,伊拉克总统萨达姆发出"向伊朗发动总体战争"的命令。当天,伊拉克出动空军轰炸了包括德黑兰附近麦赫拉巴德纳的 3 个空军基地及其他 7 个城市的机场。地面部队兵分三路进入伊朗境内,伊朗措手不及。几天内,伊拉克就占领了伊朗 2 万多平方公里的土地。但因遇到日渐顽强的抵抗和本身的兵力不足,难以向纵深发展。1981 年 9 月至 1982 年春,伊朗组织了一系列反攻,收复绝大部分失地,取得战场的主动权。6 月,伊拉克宣布单方面停火,并将军队全部撤回边界伊拉克一侧。

1982 年 7 月,伊朗发动"斋月行动"的反攻,并把战争推进到伊拉克境内,双方在伊拉克第二大城市巴士拉外围各投入十几万兵力,进行了一场鏖战。伊朗以数万人的代价,换取了 300 平方公里的伊拉克土地。1983 年 2 月 15 日、3 月 15 日,萨达姆总统先后两次向伊朗发出结束战争的呼吁,而伊朗方面坚持两伊停战的条件是:伊拉克必须承担战争的责任;萨达姆总统必须下台;赔偿伊朗 1500 亿美元战争损失。伊拉克无法接受伊朗的条件,战争时起时伏。至 1988 年 2 月,陆上战争基本上是在伊拉克境内展开,伊朗付出极大代价占领了伊拉克盛产石油的马季农岛和伊拉克出海口法奥,但未能深入伊拉克腹地。在此期间,双方进行了引起国际社会进一步关注的"袭城战"和"袭击油轮战"。自 1984 年 2 月起,双方轰炸和炮击了包括彼此首都在内的非军事目标,袭击对方及其他国家在波斯湾航行的油轮和货船。在袭击油轮战中,受到袭击的船只达 540 多艘。

1988 年 2 月以后,战局又出现新的变化,得到大量外援的伊拉克转入反攻,7 月中旬,几乎收复所有失地,并再次攻入伊朗境内。长年的战争,使伊朗经济严重萎缩,武库空虚,军心涣散,缺乏外援,领导层主和派力量上升,严酷的现实迫使霍梅尼改变态度。7 月 18 日,伊朗总统哈梅内伊致函联合国秘书长,宣布接受 1987 年 7 月联合国安理会通过的两伊立即停火、以谈判解决争端的 598 号决议。伊拉克本来就希望体面地结束战争,对该决议一直表示同意。在联合国的调解下,持续 8 年的两伊战争于 1988 年 8 月 20 日正式停火。

两伊战争是旷日持久的消耗战,长期的残酷战争给两伊带来十分严重的后果。据估计,战争造成两国死亡约 100 万人,伤亡约 170 万人,伤亡人数约占当时两国总人口的 4.5%,相当于四次中东战争伤亡总数的 17 倍。[①]在经济上,两伊都是海湾的重要石油生产国,石油工业关系两国经济命脉,战争使两国的石油工业以及与石油工业相配套的各种工业和基础设施,诸如油田、炼油厂、储油设备、石油管线和终点等都遭到严重破坏。据估计,两伊的直接和间接经济损失高达 1000 亿美元。[②]一些西方评论家则指出,战争造成的损失将使两伊的经济发展倒退 10—20 年。

战争对中东和波斯湾局势同样带来巨大负面效应。它打破了中东波斯湾国际关系的平衡,削弱了阿拉伯国家团结一致反对以色列侵略扩张的力量。因为阿拉伯国家围绕两伊战争在原有矛盾的基础上又发生了新的分合离聚的变化,加深和扩大了阿拉伯世界的分裂,从而使它更难用一种共同的声音来应对各种挑战。

三、伊拉克入侵科威特

两伊战争的硝烟刚刚驱散,伊拉克的战争创伤尚未痊愈,1990 年 8 月 2 日,伊拉克军队突然挥戈南下,武装占领兄弟邻邦科威特,并由此引发了震

---

① 赵国忠:《八十年代中东内幕》,浙江人民出版社 1989 年版。
② 《人民日报》1988 年 8 月 10 日。

惊世界的第二次海湾战争。

伊拉克入侵科威特的主要原因首先是领土争端。历史上科威特曾是奥斯曼帝国巴士拉省的一个县,1923年洛桑条约签署后,伊、科分别成立了受制于英国的两个政治实体。英驻伊高级专员珀西·考克斯与科威特埃米尔艾哈迈德交换信件,承认上述边界协议所划定的边界。但当1961年科威特宣布独立时,伊拉克不予承认,并提出主权要求,导致第一次伊科危机。1963年复兴党上台执政后,宣布科威特独立,并表示尊重伊科边境现状,而对有争议的边界未做具体勘定。伊拉克从科威特获得3000万第纳尔长期无息贷款的回报。70年代初,伊拉克出于经济和军事利益考虑,对扼制其出海口的科威特布比延、沃尔拜两岛提出主权要求,遭科威特拒绝后,伊军占领部分有争议的边境地区,导致第二次伊科危机。在阿拉伯国家的干预下,伊拉克被迫撤军。1975年,时任伊拉克副总统的萨达姆向科威特埃米尔提议,科威特若放弃沃尔拜岛主权,并将布比延之一半租给伊拉克99年,伊将承认现存伊科陆路边界。科威特欲在伊拉克承诺向科提供淡水条件下,租让部分领土,但决不放弃科的一切领土主权。双方经多次谈判,一直没有达成协议。两伊战争爆发后,科威特全力支持伊拉克,伊科边界矛盾得以缓和,而伊拉克对科威特领土欲望依然存在。

伊拉克入侵科威特的第二个原因是萨达姆为了谋求地区霸权,充当阿拉伯世界的盟主。萨达姆总统1979年执政后,依仗伊拉克的政治、经济、军事优势,一心想成为阿拉伯世界的盟主,两伊战争使其雄心受挫。战后,伊拉克面临国库空亏、负债累累等经济困难,但它以战养战,拥有一支装备精良的百万大军。强大的军事实力,再度激发了伊拉克地区称霸的野心。而科威特石油资源丰富,黄金、外汇储备雄厚,海外投资遍及全球,战略地位十分重要。占领科威特,可以进一步增强伊拉克的经济实力,迅速缓解其财政紧张局势,大大改变伊拉克在海湾不利的地理位置,为称雄海湾,进而主宰中东奠定坚实的基础。入侵吞并科威特显然出于更深、更长远的战略考虑。

伊拉克入侵科威特的第三个原因是萨达姆过高估计自己的力量,并对国际形势的变化做出了错误判断。80年代末至90年代初,国际形势发生巨大变化,苏美缓和,冷战趋于结束,东欧国家出现政治多样化,西欧国家也在进行自身调整,世界注意力转向欧洲,客观上为地区力量的崛起提供了契机。萨达姆认为西方大国正在忙于自身事务,无暇顾及中东,侵科不会引起美国的过分强烈反应,于是迈出侵科的步伐。

1990年8月2日清晨2时,伊拉克10万大军打着支援科威特反政府军事政变的旗帜,大举入侵科威特,因双方军事实力悬殊,不到10个小时,伊军便控制了科威特全境。科威特埃米尔萨巴赫及王室大部分成员逃往沙特阿拉伯避难,科威特军队的2/3兵力也随之退入沙特阿拉伯境内。伊拉克当局宣布执政的萨巴赫家族已被推翻,"自由科威特临时政府"成立。8月7日,科威特共和国宣布成立。翌日,宣布伊科两国永久合并。8月28日,伊拉克颁布法令,将科威特划为伊拉克第19个省,将伊科有争议的边界地区划归巴士拉省,其余地区分为3个行政区,调伊内政部长马吉德出任科威特省省长,并把科威特市易名为"卡迪马"。至此,正式完成对科威特的吞并。

四、海湾战争及战后的中东和谈

伊拉克大规模入侵和吞并科威特后,引起国际社会的强烈反响,联合国安理会接二连三地通过了一系列决议,谴责伊拉克的入侵行动,要求伊拉克无条件撤军,同时还决定对伊拉克实行强制性经济制裁和武器禁运,在海湾地区部署海军力量,实行空中封锁等。另一方面,为了迫使伊拉克尽快从科威特撤军,联合国安理会又通过一项不寻常的678号决议,该决议指出,如果到1991年1月15日前伊拉克仍不撤军,将授权联合国成员国使用一切必要手段维护和执行安理会有关决议。这个决议实际上是对伊拉克的最后通牒,它也表明允许对伊拉克使用武力。

美国借此时机,率先向沙特阿拉伯和海湾地区调兵遣将,集结军队。紧接着,英国、法国、加拿大、澳大利亚、荷兰和土耳其等20多个国家也先后向海湾地区派出军事力量。1991年1月17日,海湾战争爆发。整个战争大致分为大规模空袭和100小时地面进攻作战两个阶段,共历时42天零5个小时30分钟。战争结果以美国为首的多国部队打赢了这场战争,伊拉克自食战争的苦果。

海湾战争是一场大规模的局部战争。美国之所以甘冒诸多风险,不惜动用重兵,充当海湾战争的主角,同样蕴含着深刻的战略考虑。

第一,维护美国和西方世界的"经济生命线"。石油是一种具有重大意义的战略物资,战后美国历届政府都把它视为关系美国国家利益和战略意义的最重要因素之一。从某种意义上讲,海湾的石油堪称美国和西方国家经济的"生命线"。据统计,西方国家每年从海湾地区进口的石油占其国内石油总消耗的比重分别为:日本64%、法国35%、意大利32%、英国14%、美国11%、前西德9%。西方国家对海湾石油需求的状况说明,海湾石油同西方国家的经济兴衰息息相关,同时它也是西方工业赖以生存的"命脉"。然而,海湾的石油一旦被萨达姆所控制,这就意味着卡住了西方的脖子。因此,石油因素是美国和西方国家诉诸武力、发动海湾战争的一个重要原因。

第二,确立美国在冷战后时代的"全球领导地位"。海湾危机和海湾战争发生在新旧世界格局转换的过渡时期,作为冷战时代美国最后一位总统的布什认为,随着冷战趋于结束,美国长期面临的"苏联威胁"已不复存在,在新形势下,对美国在全球利益构成的新的威胁主要来自地区强权和美国的西方盟国。因此,美国在这一时期的国家安全战略的基本目标相应转变为"利用一切必要手段抑制和削弱新崛起的地区强权力量","以及进一步牵制西方盟国,突出美国在全球的领导地位"。这便是所谓"布什主义"的实质。美国对伊拉克发动的海湾战争,实际上就是要利用海湾战争来建立能够充分体现美国全球领导地位的冷战后世界新秩序。同时,对萨达姆的惩治也将起到杀一儆百的作用,使世界范围内的其他地区强权国家不敢轻举妄动,从而确立美国在冷战后世界新秩序中的主导地位。

此外,伊拉克对科威特的入侵为美国发动海湾战争创造了极为有利的前提条件。伊拉克公然违反国际法准则入侵和吞并科威特,遭到世界上大多数国家的强烈谴责和反对。截至海湾战争爆发前,除美国外,有41个国家参加反伊联合军事行动,而在海湾战争爆发时,可用于同伊拉克军队作战的美国及多国部队也达到29个国家。基于上述各种因素,美国打着联合国的旗号,以驱赶入侵者、解放科威特为名,对伊拉克发动的海湾战争使它在政治上"师出有名"。在军事上,美国得到西方及中东地区多数国家的支持,组成了以美国为首、拥有百万大军的多国部队,并在海、空及武器装备方面对伊拉克形成绝对的压倒优势。在经济上,海湾战争的巨额费用主要是由反伊联盟和海湾国家分担的,据说仅海湾国家提供的战争经费就高达近

600 亿美元。这些极为有利的条件确保了美国能够迅速打赢战争。

海湾战争后,由于美国打赢了战争,中东政局和中东政治舞台上各派的力量发生深刻变化。一方面,海湾战争使美国充分显示了它作为冷战后时代的唯一超级大国的军事实力。美国利用海湾战争不仅实现了它在中东的军事存在,而且确立了它在中东的强权地位。另一方面,海湾战争期间,因对战争所持立场的不同,阿拉伯国家内部经历了新的分化与组合,阿拉伯国家原有的抗以阵营实际上已不复存在,阿以力量对比开始明显朝着有利于以色列的方向发展。

后冷战时代,在国际形势趋于缓和的大气候下,阿以双方对冲突的立场均有程度不同的变化,并以各种方式表达了要求通过政治解决最终实现中东和平的愿望。在这种形势下,美国试图借助推动阿以问题的解决,来建立以美国为主导的中东"新秩序"。为此,美国国务卿贝克 1991 年曾先后 8 次到中东进行穿梭外交,说服主要的阿拉伯国家和以色列通过召开中东和会解决阿以争端。

1991 年 10 月 30 日,经过美俄和有关各方 8 个月之久的艰苦努力,解决阿拉伯国家和以色列争端的中东和平国际会议在西班牙首都马德里召开。美国和俄国作为两个发起国主持了会议,但起主导作用的是美国。叙利亚、黎巴嫩、约旦、巴勒斯坦(与约旦组成联合代表团)和以色列的代表团参加了会议。埃及、欧共体、联合国、海湾合作委员会和马格里布联盟派代表以观察员身份与会。

马德里中东和会召开后,阿以双方先后进入了十几轮的双边会谈。在以色列分别同巴勒斯坦、约旦、叙利亚、黎巴嫩各方的双边谈判中,首先在巴以谈判中实现了突破。1993 年 9 月,巴以实现了相互承认,并签订了关于临时自治安排的原则宣言;1994 年 5 月,签订了关于实施加沙—杰里科自治执行协议;8 月,又签订了关于行政管理权移交的协议(包括加沙、杰里科等西岸地区,但耶路撒冷除外)。在巴以谈判实现突破的推动下,约以签署了《和平条约》,实现了关系正常化。叙以和黎以之间的谈判也在时续时断的进展中。

马德里和会是中东当代史上一个具有重大历史意义的事件,是解决旷日持久的阿以冲突的又一个里程碑,它标志着阿以冲突从此开始进入面对面解决争端的新阶段。

第十五章

当代文明交往长河中的伊斯兰潮

第一节　"伊斯兰革命"与
中东涌动伊斯兰潮

一、回归宗教的革命

　　20世纪70年代,以伊斯兰原教旨主义为主导的宗教复兴思潮在中东盛行。1978—1979年伊朗爆发由宗教领袖霍梅尼领导的伊斯兰革命,延续半个多世纪的伊朗巴列维王朝在伊斯兰革命的狂飙中寿终正寝。伊朗伊斯兰革命的胜利震撼了整个世界,同时也将战后中东地区的伊斯兰复兴运动推向了高潮。

　　伊朗伊斯兰革命的导火线是库姆事件。1978年1月,伊朗官方报纸《消息报》发表了一篇未署名文章,抨击宗教领袖霍梅尼。库姆随即爆发大规模抗议和游行示威活动。政府出动军警镇压,造成70人死亡,400人受伤。由此引发了伊朗全国范围内的日益高涨的反对巴列维国王的群众运动。这场群众运动随着势态的不断发展,逐渐演变成为以宗教力量为主导的旨在推翻巴列维王朝的革命。1978年12月16日,巴列维国王在一片反对声中神情黯然登上专机,踏上一去不复返的流亡之路,并且最终客死他乡。与之相反,1979 年 2 月 1 日,备受推崇和众望所归的霍梅尼结束流亡生涯凯旋伊朗首都德黑兰。随后,在霍梅尼的领导和支持下,伊朗原教旨主义教士逐步牢固掌握国家政权,并在伊朗建立新的"伊斯兰共和国"。

霍梅尼新建的伊朗伊斯兰共和国,实际上由伊斯兰什叶派教士阶层执掌国家权力。根据 1979 年 12 月伊朗颁布的新宪法,"伊斯兰共和国只承认真主的统治","民法、刑法、财政、经济、行政、文化、防务和政治等所有法律和规章必须依据伊斯兰的准则";规定"教士依据《古兰经》和真主的传统发挥永恒的领导作用";赋予霍梅尼至高无上的权力,包括任命最高法院、批准议会人选,任命总统、统帅全国武装部队,决定宣战和媾和、

1979 年霍梅尼从国外返回

发布特赦等。同时,设立了"宪法监护委员会,议会通过的法案未经其批准不能生效,委员中半数是由最高宗教领袖任命的教士"。① 教士们还成立了伊斯兰共和党和伊斯兰革命卫队,设立了伊斯兰法庭、伊斯兰革命委员会和建立圣战者组织等,从而形成了一整套独立的党政军和僧众社团体系。因此,霍梅尼在伊斯兰革命胜利后在伊朗建立的是一个地道的宗教领袖制的全面伊斯兰化的神权国家。同时,它也成为 20 世纪 70 年代中东地区伊斯兰复兴运动的一个中心。

从表象上看,伊朗伊斯兰革命的爆发起因于宗教,但透过表象可以看出,它有着深刻的政治、经济和社会等方面的复杂原因,是愤怒的伊朗民众对巴列维王朝背离伊朗具体国情的现代化实践的逆向回应。

---

① 刘竞、安维华主编:《现代海湾国家政治体制研究》,中国社会科学出版社 1994 年版,第 275—276 页。

伊朗宗教力量之所以能够在推翻王朝的革命中扮演主角,并且随后成为70年代末和80年代初中东地区伊斯兰潮的中心,取决于伊朗什叶派穆斯林在伊朗所具有的广泛而雄厚的社会基础和强大的召唤力,以及什叶派同伊朗世俗王权之间的长期斗争。伊朗在16世纪初将伊斯兰教什叶派的十二伊玛目派确定为国教。自那时起,什叶派教义在伊朗成为占统治地位的意识形态。1906年,伊朗的宪法又规定宗教领袖具有立法、司法和监督教育等权力,不经5名以上高级教士组成的"常设委员会"同意,国王不得批准任何法律和法令。这种状况使什叶派在伊朗社会生活中具有极大的影响,并对王权形成钳制。在伊朗现代史上,世俗王权同宗教神权之间的斗争、妥协和合作交替出现,但斗争远远大于合作。原因在于,世俗王权不断对宗教神权进行削弱和打击。巴列维王朝的创建者礼萨·汗早期仿效凯末尔模式在伊朗实施变革,在社会、政治、经济、文化和教育等领域对什叶派力量构成了无情挤压,王朝政教关系趋于恶化。因此,"在礼萨国王统治的整个时期,什叶派宗教人士虽然沉默不语,但一直是他的敌人"。① 处于蛰伏状态的什叶派始终在积蓄力量寻找向世俗王权发难的时机。

礼萨·汗的继承者巴列维在20世纪60年代初发动的"白色革命"也是一场社会变革运动。其初衷是为了尽快摆脱伊朗落后的社会和经济结构的束缚,加速推进伊朗的现代化。同时将伊朗传统的地主阶级改造为现代资产阶级,促进小农阶级的发展和工人地位的相应提高,为王朝统治构建新的社会基础,以便早日实现王权统治下的西方资本主义发达国家的美梦。但随着"白色革命"的深入进展和伊朗国力的骤然增长,巴列维急剧膨胀的权欲、专横和独裁使伊朗的社会改造和现代化偏离了既定目标,走上了一条脱离伊朗国情的疯狂和畸形的发展道路。这种发展模式最终将巴列维推向了伊朗社会各阶层民众的对立面,从而为什叶派宗教势力的崛起,并在全国发动和领导反对王权的伊斯兰革命创造了条件,它使伊朗人民反国王的斗争,以什叶派宗教势力同王权之间的矛盾为表现形式而展开。貌似强大的巴列维王朝顷刻间土崩瓦解。

① [苏]E.H.多罗申科:《伊朗的穆斯林什叶派传统与当代现实》,转引自《西亚非洲》1982年第1期。

伊朗革命的胜利结束了由巴列维王朝领导的君主制现代化运动。这场革命是在伊斯兰旗帜下由霍梅尼为首的什叶派教士集团领导的反对世俗专制王朝的"全民起义",故此又被称为"伊斯兰革命"。从实质上看,这是一场具有浓厚宗教色彩的反帝反封建的资产阶级民族民主革命,因而具有进步的历史意义。但革命成功后,伊朗的全面伊斯兰化则是一种倒退,并且意味着伊朗走向现代化的发展道路的艰难而曲折。

二、中东伊斯兰潮的泛起

伊朗现代化运动的失败和伊斯兰革命的成功似乎印证了有关"现代性孕育着稳定,而现代化过程却滋生着动乱",以及"现代化早期阶段的标志是常常有宗教原教旨主义运动的出现"①的结论。伊朗伊斯兰革命胜利后,旋即在中东各国产生强烈共鸣和回应,广大穆斯林视其为"现代史上伊斯兰少有的胜利",并受到巨大鼓舞,中东各国陆续掀起复兴伊斯兰的轩然大波,从而构成了 20 世纪 70 年代末和 80 年代初的中东伊斯兰潮。

伊朗伊斯兰革命酿成的伊斯兰潮首先在素有"伊斯兰盟主"之称的沙特阿拉伯引起连锁反应。1979 年 11 月在沙特圣城麦加发生的原教旨主义者武装攻占麦加大清真寺的事件就是其中的典型事例。

1979 年 11 月 20 日,即伊斯兰教历 1400 年的第一天,一个名叫朱海曼·乌塔比的宗教极端分子及其姻兄弟卡塔尼在麦加大清真寺晨拜时开枪打死领拜的伊玛目,同时自称是人们期待已久的马赫迪,扬言"马赫迪和他的人将在圣寺寻求藏身之地和保护,因为他们到处受到迫害,除圣寺外别无求援之所"。② 随后,约 2000 名宗教武装分子完全控制了圣寺,并胁迫寺内的祈祷者承认他们就是降临人间的马赫迪。事件发生后,沙特政府立即调集军警,包围圣寺。另一方面,沙特国王请求宗教权威机构拟定出一份"费特瓦"(宗教裁决意见),要求反叛者放下武装,否则将以武力镇压。经过 45

---

① 塞缪尔·P.亨廷顿:《变化社会中的政治秩序》,王冠华等译,上海三联书店 1989 年版,第 38、35 页。

② Joseph A.Kechichian, "The Role of the Ulema in the Politics of an Islamic State: The Case of Saudi Arabia", *International Journal of Middle East Studies*, Vol.18, No.1, 1986.

天的僵持,沙特政府最后还是以武力控制了局势。据说在冲突中沙特士兵阵亡达 2700 人之多。乌塔比及幸存的追随者共 63 人被押解出圣寺,受到审判,并且分别在 8 个城市里被处以斩首的极刑。在这些被处以极刑的人中还有一些外籍人,其中包括 10 名埃及人、7 名也门人、3 名科威特人、1 名苏丹人和 1 名伊拉克人。这些外籍人有不少是在麦地那大学学习伊斯兰神学的留学生。

麦加事件不是一个孤立的偶发事件。它体现着变革年代沙特社会新旧两种势力之间的矛盾和斗争。乌塔比出身于阿拉伯半岛著名的乌太巴部落,该部落同阿拉伯半岛上的其他著名部落一样,既是沙特王权的同盟者,也是早期现代沙特国家基础的有机组成部分,并在沙特社会占有重要地位。但随着战后沙特王国现代化的发展和新兴官僚、技术阶层的出现,其社会和政治地位受到严重削弱,并切身地意识到他们在政治决策时被抛在了一边,因而感到迷惘,同时伺机表达他们对日益增长的现代资本主义势力的仇视。另一方面,阿拉伯半岛的部落和部族通常是和传统的宗教文化及其价值观紧密联系在一起的。乌塔比在沙特代表保守的宗教极端势力,以他为首的宗教极端派认为在沙特社会变革和现代化发展中出现的各种新事物是对传统宗教文化的"侵蚀"和"玷污",而且也是由于沙特统治者在宗教和道德方面的松弛与堕落所造成的。因此,他们呼吁在政治上废除对沙特家族的效忠,并以武力铤而走险,试图从意识形态上影响或阻止沙特的社会变革。

在麦加事件发生之时,沙特王国的东方省还发生了什叶派穆斯林的"骚乱"。什叶派是沙特的宗教少数派,人口约 50 万人,主要居住在盛产石油的东方省。什叶派穆斯林主要从事与石油工业相关的工作。在沙特石油工业中占有相当分量。但长期以来,什叶派穆斯林在社会上一直受到各种歧视和不公正的待遇。同时,沙特当局还禁止什叶派信徒公开举行自己的宗教仪式活动,特别是在"阿术拉日"举行阿里次子侯赛因殉难的纪念活动。什叶派穆斯林认为,在沙特社会中,逊尼派位居第一等,基督教徒位居第二等,犹太教徒为第三等,最后才是什叶派信徒。[①] 因此,什叶派穆斯林

---

① Mordechai Abir, *Saudi Arabia in the Oil Era: Regime and Elites, Conflict and Collaboration*, Westview Press, 1988, p.154.

对沙特政府及其当权者一直存在愤懑情绪。

1979年11月下旬,即"麦加事件"发生后不久,卡提夫及其附近居住的什叶派穆斯林决定公开集会,举行纪念"阿术拉日"活动,以抵制沙特政府的禁令。11月28日,沙特军警试图驱散在卡提夫参加"阿术拉日"活动的大批什叶派穆斯林,从而激怒了群众。于是,冲突升级,事态恶化。愤怒的什叶派信徒袭击英国—阿拉伯银行、焚烧汽车、捣毁商店橱窗。骚乱很快开始向邻近卡提夫的赛哈特和其他什叶派穆斯林聚居区扩展,拉斯塔努拉和达兰周围的石油设施也遭到不同程度的破坏。在持续三天的骚乱中,示威者高举霍梅尼的画像和标语牌,抨击沙特家族和"美帝国主义者"。他们高呼反美口号,要求沙特停止向美国供应石油,支持伊朗的伊斯兰革命,还有一些人甚至要求在哈萨建立伊斯兰共和国。① 为防止事态扩大,沙特政府向东方省紧急调兵,被派往出事地的国民警卫队在对抗中向什叶派信徒开枪射击,有17人被当场打死,许多人被打伤,几百人被逮捕②。1979年11月什叶派骚乱平息后,哈萨和卡提夫地区在霍梅尼返回伊朗周年之际,又发生了第二次骚乱。许多青年学生高呼反政府和反美的口号,再次出现了焚烧汽车的场面,而且沙特银行又成为示威者袭击的目标。这次骚乱持续了7天之久。在事件中,有4人被打死,许多人被逮捕。③

沙特东方省什叶派穆斯林的"骚乱",其性质不同于麦加事件。东方省什叶派穆斯林在宗教旗帜下掀起的伊斯兰潮主要是为了在沙特社会变革和现代化进程中维护和争取本教派应享有的更多的政治、经济和宗教权益。由此显示了伊斯兰潮所追求目标的多元性。

埃及是最大的阿拉伯国家,在阿拉伯世界的地位和影响举足轻重。1981年10月6日,埃及为庆祝十月战争胜利8周年举行盛大阅兵式。在这次阅兵式上,埃及总统萨达特遇刺身亡,实施此次暗杀活动的也是埃及的宗教极端组织。

萨达特遇刺是继伊朗伊斯兰革命和沙特阿拉伯的麦加事件后在中东地

---

① Mordechai Abir, *Saudi Arabia in the Oil Era: Regime and Elites, Conflict and Collaboration*, Westview Press, 1988, p.155.

② ［美］《中东报道》,1980年10月,第90期。

③ ［美］《中东报道》,1980年10月,第90期。

区发生的又一次重大事件,并成为 20 世纪 70 年代末和 80 年代初以伊斯兰革命为"震源"而波及中东和亚非广大地区的当代伊斯兰复兴运动高潮的重要组成部分。它是当时埃及国内政治、经济和社会各种矛盾激化的集中反映,是困惑的穆斯林对埃及社会发展和现代化所带来的各种问题的一个非理性的激烈反应,是埃及原教旨主义极端势力发展的必然结果。

穆斯林兄弟会是埃及最大的伊斯兰原教旨主义组织。截至 1981 年 9 月,它在全国已建立 1500 个分会,估计会员人数 20 多万,同情者和支持者有 200 多万。① 同时它还控制着数家银行、商店、企业、医院和十几所大学,经济实力雄厚。穆斯林兄弟会自 1928 年成立以来,一直同政府保持着一种十分微妙的关系。双方之间合作与对抗并存,但在更多的时候,穆斯林兄弟会扮演的是反政府的角色。特别是阿拉伯国家在"六·五"战争失败后,兄弟会加强了地下活动,鼓吹埃及的战败是因为纳赛尔"脱离了伊斯兰原则",只有发动全体穆斯林的"圣战",才能战胜以色列。同时它们还试图以伊斯兰原教旨主义取代世俗的纳赛尔主义。

除穆斯林兄弟会之外,埃及国内在"六·五"战争之后又出现了一些更具极端性的宗教组织。其中包括"圣战组织"、"穆罕默德青年"、"伊斯兰解放组织"、"穆斯林社会"、"赎罪与迁徙组织"、"真主的战士"等。② 这些组织因主要从事诸如扣押人质、绑架、暗杀、攻击外国和政府设施等暴力恐怖活动而身背恶名。它们被政府视为非法组织,并遭到严厉打击。

埃及的宗教极端组织暗杀萨达特,并在国内掀起狂热的伊斯兰潮,其主要原因可归结为三点:一是反对萨达特在经济领域推行的自由开放政策。尽管这些政策在促进埃及私营经济发展和提高国民经济增长率方面发挥了一些积极作用,但也产生了一系列负面的社会问题。其中最突出的是日趋严重的贫富两极分化和社会不公现象的加剧,以及政府官员的贪污腐败,从而助长了极端宗教思潮的泛滥。二是反对萨达特在外交上实施的亲美与埃以和解的政策。埃及国内的反对派认为,在阿以严重对抗的态势下,萨达特竭力改善同美国的关系,单独实现埃以关系正常化是一种损害阿拉伯民族

---

① 钟山:《埃及穆斯林兄弟会的产生发展》,《西亚非洲》1982 年第 1 期。
② 转自彭树智主编:《伊斯兰教与中东现代化进程》,第 296 页。

利益的妥协和背叛。另一方面,萨达特的和平行动也遭到许多阿拉伯国家的反对,阿盟总部迁出了开罗,埃及成员国的资格被停止,多数成员国还与埃及断交并进行经济制裁,埃及在阿拉伯世界陷于孤立。这种状况对埃及的极端宗教势力起到了推波助澜的作用,并使它们得到有恃无恐的发展。三是萨达特实施的"宽容"宗教政策为宗教势力向埃及城乡和社会各领域的渗透提供了可能。1970 年纳赛尔去世后,为了填补因"非纳赛尔化"而造成的政治与思想真空并巩固政权,萨达特采取依靠和利用伊斯兰教的政策。他通过法律手段强调国家的宗教色彩,在社会生活方面推行一系列伊斯兰化措施,甚至在高等院校还成立了"伊斯兰委员会"。这些措施使埃及的宗教势力迅速壮大,许多教师通过课堂或各种会议宣传宗教思想,抨击时政,散布对政府的不满情绪,一些虔诚信教的学生则充当兄弟会的喉舌,从事组织集会、散发传单之类的活动等,并在埃及形成了空前的"宗教热"。萨达特遇刺正是在这种狂热的宗教氛围下发生的,而萨达特本人也因自身的政策失误付出了无法弥补的代价。

20 世纪 70 年代末至 80 年代的中东伊斯兰潮在一些小国也有明显表现。突尼斯就是一个实例。突尼斯伊斯兰潮的主要特点是,一些老牌宗教组织重新抬头,恢复活动;一些受伊朗影响的更加激进的新组织陆续涌现。其中有代表性的是"伊斯兰解放党"和"伊斯兰倾向运动"。伊斯兰解放党1952 年成立于约旦,其主导思想是"在穆斯林国家得到解放,成立一个单一的伊斯兰国家和产生一个伊斯兰国家的哈里发"。同时,主张通过军队政变夺取政权,重点在军队中,尤其是在空军中发展成员。成立于 1981 年的伊斯兰倾向运动在大学生和知识界中有较大影响,主要以清真寺和学校为据点,鼓吹暴力,煽动进行伊斯兰革命和狂热的宗教情绪。1984 年和 1987年,突尼斯国内曾经两度发生社会大骚乱,大批群众蜂拥街头,游行示威,烧汽车,砸商店,筑街垒,并提出了推翻政府的口号。政府不得不宣布全国处于紧急状态,实行宵禁,并逮捕了许多原教旨主义者及其领导人。

突尼斯伊斯兰潮的兴起,主要受国内外两种因素的影响。在国内,自独立以后,以布尔吉巴为首的新宪政党力主社会改革,实行"非殖民化"和世俗化,禁止或限制一切以政治为目的的宗教运动。另一方面,突尼斯又通过司法改革,大力削弱了宗教势力。在教育改革中,关闭了全国最大的宗教中心——齐东神学院,改作隶属于教育部的国立学校,从而使齐东神学院的宗教地位迅速下降。同时,引进西方科学技术和教育机制,对各种私立的、专门讲授和进行《古兰经》教育的古兰经学校实行国有化,将其纳入国家统一的教育体系。这些变革严重冲击着伊斯兰传统价值,由此引起了突尼斯原教旨主义者的极大不满。在国外,则是由于伊朗爆发的伊斯兰革命在突尼斯原教旨主义者中产生了强烈共鸣,并因此受到巨大鼓舞。他们从伊斯兰革命中看到了希望,于是效法伊朗,成立组织,从事反政府的活动。

三、伊斯兰潮兴起的原因

20 世纪 70 年代末至 80 年代初,中东地区出现的伊斯兰潮是一种以宗教复兴为特征的社会思潮逐渐发展为社会运动的政治现象。伊斯兰潮的兴起及其随后形成的复兴运动主要关涉两大问题:一是对第二次世界大战结束后中东国家社会改革和现代化运动的反思与批判;二是对处于困顿和趋于衰微中的传统伊斯兰文化和价值观的重新肯定。同时也是对迅速向中东伊斯兰国家渗透的西方文化和西方霸权的抗拒。

第二次世界大战的结束使中东国家获得了新生。在战后新的国际形势下,独立后的中东国家有的选择了共和制,有的仍然维持着传统的君主制,但各国随后在外力的驱动下都无一例外地开始了现代化发展的探索。然而,经过几十年的现代化实践,当中东国家的广大穆斯林群众回首审视现代化发展的得失时,他们切身地感受到各国政府和各种政权曾刻意仿效的一系列外来的或是经过本土改良的所有政治与经济发展模式,不管是带有社会主义公有制印痕,还是打着资本主义私有制的招牌,它们都未能从根本上改变各国穆斯林的政治和经济地位,更没有使伊斯兰世界出现穆斯林所渴望和憧憬的"太平盛世"。

与此同时,中东各国在政治上却依然不同程度地遭受着强权和大国的频繁干涉与摆布;在经济上也远未能够实现真正的独立与自主。在不平等的世界经济秩序下,中东国家丰富的民族资源继续被西方垄断资本所掠夺,并且进一步加深了中东国家经济的对外依赖性。由于中东国家在政治和经济方面没有完全掌握自己的命运,因此,中东国家也不可能完全摆脱各种外来势力的控制和威胁。其结果,它使中东国家始终处于不断的分化与组合之中,许多国家为了自身的利益不得不寻找靠山,从而导致中东穆斯林社会的长期分裂与内耗。这种状况反过来又极大地削弱了中东伊斯兰国家团结一致,共同抗击以色列扩张的力量,在战后阿以之间爆发的多次战争中,阿拉伯人屡遭失败和挫折,巴勒斯坦人的民族权利被褫夺,阿拉伯国家丧失了大片领土,数百万巴勒斯坦人成为四处漂泊、无家可归的难民。阿拉伯人在物质和精神上饱尝了战败者的巨大耻辱。因此,伊斯兰潮试图利用宗教固有的内聚力取代世俗民族主义,强化阿拉伯民族的团结与统一,抵御共同敌人。

另一方面,由于缺乏现代化建设的经验,中东国家在推进现代化的过程中又出现了这样或那样的失误,产生了一系列难以解决的问题。

首先是迅猛的工业化发展破坏了中东各国原有的以农牧为主体的自然经济结构,大批农牧民被吸引到城市,城市人口增长过快,而多数中东国家的基础设施与公共服务网络又相当薄弱,不能为过快的城市发展提供必要的前提条件,致使城市化呈畸形发展之势,诸如贫困、失业、拥挤和混乱等社会问题日益突出。

其次,中东各国的现代化未能给各国广大的中下层穆斯林带来普遍而明显的实惠,大多数穆斯林的贫困状态也没有得到根本改善。各国现代化的成果被少数人攫取或独占。例如,在富裕的中东产油国,自70年代以来积累的巨额石油财富,绝大部分都落入王公贵族、部落酋长和军政要员的私囊。在资本主义生产关系较为发达的埃及、土耳其、突尼斯等国,当权者在推进国家现代化过程中,利用经济自由政策和他们自身所享有的各种特权聚敛财富,投机商和承包商则乘机牟取暴利,顷刻之间变成腰缠万贯的暴发户。社会财富分配严重不公已到了无法收拾的地步。这种贫富两极分化的现象同伊斯兰教义所主张的"平均主义"思想形成极其明显的反差,因而它加深并激化了中东各国内部久已存在的阶级矛盾,广大穆斯林群众对本国当权的统治者充满了敌对情绪,并不断转化为引起各国政局动荡不定的隐患。

再次,随着中东国家现代化运动的深入发展,不断暴露出各国统治阶层的治国乏术和腐败无能。许多国家的经济发展长期处于徘徊状态,国有企业管理落后,工厂开工不足,生产效益低下,通货膨胀居高不下,国库空虚,财政拮据,对外依赖严重,国民经济始终面临着破产或崩溃的威胁。但大多数中东国家的统治阶层却热衷于相互之间的权力派系斗争,以至于使国家频繁地出现政变和动乱等,严重阻碍着中东国家的社会、政治和经济的健康发展。

最后,由于中东国家着力推进现代化,同时对外采取开放政策,西方的意识形态、价值观和生活方式得以在中东国家长驱直入,并对穆斯林传统的社会结构形成强烈冲击,使其发生动摇乃至解体。穆斯林崇尚的伊斯兰精神呈江河日下之势,它挫伤了穆斯林的宗教感情,并唤起他们对早期被理想化的伊斯兰"盛世"的怀念和向宗教回归的心态。但对当代的伊斯兰教来说,呼唤向宗教的回归并不意味着单纯的"复古",它的真正目的在于最大限度地强化伊斯兰教在国家和社会中的地位。同时托古改制,自我更新,通过复古的主张和要求,达到自我调节、自我完善,以便适应不断变化和发展的社会现实的需要,确保伊斯兰教在国家和社会生活中的不可动摇的绝对影响。上述各种内外因素的汇集及其相互之间的催化,便成为当代伊斯兰潮兴起的主要原因。

第二节　伊斯兰潮的内涵和发展阶段

一、伊斯兰潮的主要内涵及表现形式

总体上讲,20 世纪 70 年代末期以来中东地区出现的伊斯兰潮是一种宗教与政治的混合物,同时也是中东伊斯兰国家在社会转型时期和现代化进程中不可避免的社会反应。

关于"伊斯兰潮"或"伊斯兰复兴"的内涵及其定义,因人而异。一般来说,西方人普遍将其通称为"伊斯兰原教旨主义",并将由伊斯兰潮引发的伊斯兰复兴运动称为"伊斯兰原教旨主义运动"。实际上,原教旨主义也是借用英文 Fundamentalism 一词而来的,它原指 20 世纪初基督教新教徒中要

求逐字逐句理解《圣经》,并恪守基督教信仰中原始的、根本的、正统的信条的一股潮流。现今人们将这一概念运用于穆斯林世界,从广义上讲,它是指伊斯兰教中要求严格遵循伊斯兰教基本教义,并用这些教义约束和规范穆斯林社会与生活的思潮或运动。但是,中东国家的穆斯林,特别是作为发动伊斯兰潮的各国伊斯兰主义者,则对原教旨主义一词有其自身的界定和诠释。伊斯兰主义者宁愿自称其为"萨拉菲因"(Salafiyyin——虔诚先知的追随者),而不愿称其为"乌苏利因"(Usuliyyun——原教旨主义者)。因为"萨拉菲因"在阿拉伯语中意为尊奉前三代穆斯林为楷模的人。同时"圣训"条文中也宣称,最好的一代是穆罕默德的一代,接着是第二代,再接着是第三代。这条圣训强调的是伊斯兰教的原始精神。前三代,尤其是第一代穆斯林的思想和行为应被后人坚持和仿效。正因为如此,某些伊斯兰学者竭力反对使用"原教旨主义"这一源于基督教的词汇来阐释伊斯兰主义者掀起的宗教复兴思潮或运动。相比而言,"伊斯兰复兴运动"的说法,则比较贴切地反映了当代波及范围如此广泛、冲击程度如此强烈、爆发时间如此集中的"伊斯兰潮"的全貌,并为世界上多数学者所接受。

当代伊斯兰复兴运动的兴起有着悠久的历史渊源。在伊斯兰教千余年的发展演进过程中,就曾多次出现向早期宗教回归的"宗教复兴"现象。远的不说,自近代以来就有阿拉伯半岛的瓦哈比运动;19世纪苏丹的马赫迪运动;北非的萨努西运动和伊朗的巴布教运动;进入20世纪以来,又相继发生了"泛伊斯兰运动"以及埃及人哈桑·班纳创立和领导的影响整个中东地区的"穆斯林兄弟会"的活动等。上述不同时期的各种宗教运动,无论采取什么形式出现,它们都是在"复兴伊斯兰"的旗帜下而发动的政治和社会运动,并且都不约而同地强调,社会偏离了正道,应该使其重新回归到伊斯兰教的原旨教义上,以符合伊斯兰教的真精神。伊斯兰教在不同历史时期出现的周期性衰微,导致穆斯林作出复兴宗教的回应。这也是伊斯兰教在不断变化的物质世界中适时地调整自我,并以此维系自身生存和发展的特有规律,伊斯兰教正是凭借这一特有的规律而保持或延展其活力。

当代中东地区的伊斯兰潮和复兴运动同样也是伊斯兰世界面临的政治和社会危机的产物。但它的酝酿和爆发却有着更为复杂的历史与现实原因。同以往的"伊斯兰复兴"思潮或运动相比,两者之间既有共同点,也存在不同点,而这些不同点便构成了当代伊斯兰潮所蕴含的新内容。归纳起来看,当代的伊斯兰潮主要包括三种类型,亦可视为三种主要社会潮流,它们相互交织,彼此影响,主导和支配着20世纪70年代末期以来的伊斯兰复兴运动。

第一种形式是宗教与政治或政治与宗教互为融汇,并由官方自上而下地推行社会生活伊斯兰化的新泛伊斯兰主义。由于面临或迫于"宗教复兴"思潮和宗教反对派的压力,中东各国政府为了利用伊斯兰教来争取本国各阶层穆斯林的支持,巩固自己的统治基础,都普遍采取自上而下的方式在各国开展"伊斯兰化运动"。其主要表现手段是:政府在施政时,均以伊斯兰教义为价值标准,尽可能地使用穆斯林熟悉的伊斯兰语言,并依靠宗教权威机构来阐释各项政策的"合法性";政府支持并资助各种宗教活动,大力兴修清真寺和其他宗教设施,发展和鼓励伊斯兰教育、出版和文化事业;弱化"政教分离"宣传基调,适度推进和实施伊斯兰教法,制定有关教令和法规须通过宗教权威机构核准同意的制度,或者经由宗教学者对其合法性进行论证说明的程序;强化伊斯兰教的弘扬与传播,以巨资扶持贫困伊斯兰国家的宗教事业,或直接向国外选派传教士等,不断扩大伊斯兰教在世界各组织中的影响;在经济领域,建立伊斯兰银行,采取"变通"方式替代《古兰经》明文禁止获得的非法利息。此外,有些国家还将原来作为自愿缴纳的宗教税"扎卡特"改为一种固定税收,以体现国家的伊斯兰属性与特征。

第二种形式是在各国民间中广泛存在,且自发而起的要求抵御西方意识形态和生活方式,强化伊斯兰信仰,恢复伊斯兰固有文化传统的"群众性运动"。随着中东地区现代民族独立国家的建立及其实施的现代化政策,各种外来的思想观念和生活方式不断渗入穆斯林社会。各国穆斯林纷纷要求恢复和加强传统的宗教生活,实现"社会伊斯兰化"。同时积极维护伊斯兰教道德规范,主张"净化"生活方式,如严格禁酒,反对从事不符合教规的娱乐活动。准时到清真寺礼拜,严守斋戒和缴纳宗教税等。在日常生活中,强调要注重自身的伊斯兰特色,如重新穿戴传统服装:妇女披头巾,罩面纱;男人穿长袍,蓄胡须等。

第三种形式是一种由少数人鼓动但能量极大的纯政治性的伊斯兰主义,也就是西方人通常说的伊斯兰原教旨主义,或称激进的宗教思潮。即使这种最激进的宗教思潮,其内部仍有激进与温和、合法与非法之分。就其本质来说,它鼓吹的不是宗教,而是在宗教招牌或外衣下的政治;它有自己系统的理论主张,对经训有独特的解释,并以暴力或和平手段强制执行自己的政治主张。但不管这种宗教思潮表现形式如何,它在意识形态上都竭力排斥一切不符合经训、教法的或外来的思想学说和意识形态,力求以伊斯兰教的原教旨教义为衡量一切、判断是非的准绳,在政治上,则主张实施伊斯兰教法的统治;在社会生活中,则反对西化、世俗化,全盘推行伊斯兰化,或是在那些已经实行了法制改革的地区和国家,重新恢复伊斯兰教的地位和影响。由于这种宗教思潮大都主要以各国现政权为斗争目标,同时为了制造舆论扩大影响,激进的宗教分子往往采取绑架、暗杀、劫机、爆炸等恐怖手段,有时还袭击政府官员、外国游客、侨民、新闻记者和外交官等。因此,它有破坏性,且恶名远扬,对各国政府也是一种极大的麻烦和困扰。

尽管当代伊斯兰潮和复兴运动的表现形式不同,但从整个中东地区和全球范围看,它们都有着某些共同点和相似之处。第一,它具有超民族、跨地域、不受国界限制的特征。自伊朗伊斯兰革命后,骤然而起的伊斯兰潮以中东为辐射点,迅即波及亚非两大洲广阔地带,乃至全球其他地区。其涉及地域之广、民族之多、人数之众,均为世界罕见。它对世界政治、经济和文化的冲击与影响也是空前的。第二,伊斯兰潮和复兴运动呈现多中心、互不统属和形式多样的色彩。思潮兴起时间相对集中,彼此互动,但无统一性。因为它不存在得到所有穆斯林认同的领袖或权威人物,更无任何统一的行动纲领或计划。各地的伊斯兰潮大都以我为中心,追求的目标也很不一致,甚至相互指责和攻讦。第三,普遍带有反对西方和外来"异质"文化,谋求自身"净化"和发展的性质。同时,它们还把斗争矛头指向本国当政者,抨击他们与西方同流合污,谴责他们政治腐败,宗教和道德松弛与堕落等。

总之,当代伊斯兰复兴运动是由多种因素引发的,而这种复杂性又决定了其表现形式和所追求目标的多元性。因此,人们不能采取笼而统之的简单方式对当代伊斯兰复兴运动作出肯定或否定的结论。但是当代中东各国的伊斯兰复兴运动试图通过复兴宗教的途径来摆脱当今穆斯林世界面临的外部挑战和内部危机,从而振兴伊斯兰教,重铸伊斯兰教昔日的辉煌,在这一点上则是相通的。无论复兴运动的倡导与参加者意识到与否,他们都处

在中东现代化进程之中。实际上,伊斯兰教也正是伴随时代变迁在不断进
行的自我调整中而得到发展的。

二、伊斯兰潮的发展和演变

20世纪90年代初,伴随苏联的解体,维系了近半个世纪的雅尔塔体系
框架内的"两极"格局崩溃,冷战结束,和平与发展成为当今世界的主流。
但是,在新旧格局转换过程中,中东地区又出现了新一轮的伊斯兰潮。这一
轮伊斯兰潮的泛起,同1991年的海湾战争和苏联解体后中东局势的骤然变
化以及美国势力与影响的迅速增长密切相关。

海湾战争和苏联解体后,美国一枝独秀,成为世界上唯一的超级大国,
中东政局随之发生根本性转折。这种转折主要表现在以下几个方面:1. 由
于前苏联的解体,美苏两霸自第二次世界大战后长期争夺中东的战略"均
势"被打破,俄国在中东的影响如江河日下,因此,美国在中东的主要战略
威胁由来自地区之外而转向地区之内,其主要对手由前世界超级大国苏联
转向诸如伊拉克、伊朗和利比亚等"激进的"反美地区大国,斗争的性质也
由争夺世界霸权转向通过迅速拓展在中东的利益而维护和巩固美国在全球
的霸权。2. 中东和平进程的突破性进展表明,美国在中东事务中发挥着越
来越明显的"主导作用",这便为美国在该地区不断扩大其权益提供了前所
未有的机遇。3. 海湾战争后,部分海湾国家出于自身安全的考虑,同意美
国在各自国家驻守设防,美国得以在海湾国家储存大量军事物资,并与有关
国家签署了双边军事协议等,从而使美国在中东地区的防务能力达到"空
前高度"。与此同时,美国在冷战后经过一系列调整,逐步形成了新时期的
中东总体战略。其战略目标可以概括为:军事、外交、经济三管齐下,东遏
"两伊"(伊拉克和伊朗),西控"两亚"(利比亚和阿尔及利亚),中促和谈;
以海湾为重点,加强前沿部署,力争快速反应,逐步建立一个以美军为核心、
以地区盟国为主体的防务网络。通过这一防务网络,美国不仅可以牢牢控制
中东石油这一战略资源以及贯通大西洋、印度洋和太平洋的战略通道,增强
西欧盟国的南翼安全,而且能够将西欧、中东、南亚、东亚四大战略区连成一
片,对俄罗斯、中国等主要对手形成战略包围态势,从而使美国保持和加强在

国际事务中的主导地位,在全球范围内最大限度地获取经济和政治利益。①

然而,美国在海湾战后构筑"中东新秩序"时,既未摈弃偏袒以色列的传统政策,也没有在阿以冲突问题上抛开历来奉行的"双重标准",加之海湾战争后美国军事力量急剧增长,西方文化和生活方式进一步侵入中东,这在更大程度上强烈刺激了阿拉伯人的民族意识和穆斯林固有的抵制"异教徒"的宗教情绪。特别是诸如苏丹、也门、巴勒斯坦国等这些在海湾战争期间曾站在伊拉克一边的中东穷国在战后的困难处境导致它们更加仇视美国和西方集团,并使久已存在的各种愤懑因素相互作用汇集而成的伊斯兰潜流,在海湾战争后以一种激进形式迸发出来。与此同时,苏联的解体,以及信仰伊斯兰教的中亚诸国的独立也使伊斯兰原教旨主义者更加相信"不要东方,不要西方,只要伊斯兰"口号的正确,从而为后冷战时代中东伊斯兰潮的重新抬头和蔓延提供了前提条件。

海湾战后,中东地区的伊斯兰潮是在特定的社会和历史条件下产生的,它具有若干新特点。

第一,发展势头迅猛,波及面甚广,并出现国际化趋势。进入90年代以来,中东各国的穆斯林聚居地都程度不同地掀起了伊斯兰原教旨主义运动,各种合法的和非法的、公开的和隐蔽的、暴力的和非暴力的伊斯兰组织、政党,如雨后春笋层出不穷。在埃及,伊斯兰原教旨主义组织多达几十个,其人数有几十万之众;在阿尔及利亚,1989年成立的"伊斯兰拯救阵线"发展异常迅速,自1990年以来连续赢得地方和全国大选的胜利,并且几乎合法取得政权;在苏丹,以哈桑·图拉比为首的原教旨主义组织"伊斯兰民族阵线"自1989年6月逐渐坐大,并成为"北非、中东原教旨主义势力新的聚集地"和"第二个中心";在阿富汗,为数众多的伊斯兰组织和政党经过十余年的斗争发展成为阿富汗的决定性政治力量,并在夺取政权后,确立了"阿富汗伊斯兰国"的政体;在巴勒斯坦被占领土,伊斯兰抵抗运动"哈马斯"在海湾战争期间和反以斗争中不断壮大,已具有同巴解组织主流派分庭抗礼的实力。另一方面,当今中东各国的原教旨主义组织也在逐步加强着相互之间的接触和协作,并以中东地区为辐射点,向外界扩大声势和影响。例如,

① 刘江:《冷战后的美国中东安全战略》,《西亚非洲》1995年第6期。

1991 年 10 月,伊朗出面召集了"支援巴勒斯坦革命国际会议",这次会议的宗旨实际上就是为了强化国际伊斯兰原教旨主义组织之间的协作。又如,1992 年 4 月,在苏丹宗教领袖图拉比的支持下,在苏丹首都喀土穆召开了由许多中东国家的伊斯兰组织和政党的代表参加的"阿拉伯伊斯兰会议",会议决定在喀土穆建立一个常设机构,并打算每年定期召开会议。显然,中东的伊斯兰原教旨主义组织与政党,试图通过它们之间的联合与协作,不断壮大队伍,以便在整个中东乃至世界上形成气候。

第二,伊斯兰潮开始从清真寺向社会扩展,甚而以夺取国家权力为最终目标。一般来说,70 年代末中东地区的宗教复兴浪潮主要是由于各国迅猛的现代化发展对伊斯兰传统价值和道德观念造成的强烈冲击所引起的,它基本上都以清真寺为主要阵地,鼓吹清教思想和向早期的宗教原则回归,并以遏制日趋自由化的世俗主义为主旨。海湾战后,中东地区的伊斯兰潮普遍带有越来越浓厚的政治色彩。各国伊斯兰原教旨主义组织逐步开始冲出清真寺,走向街头、田间和社会,并采取组织罢工、发动游行、制造事端等手段,迫使所在国政府答应它们的各种政治要求。同时在另一些国家,原教旨主义势力则通过合法的议会选举方式步入政坛,或者通过武装斗争方式直接夺取国家政权。海湾战后,中东各国伊斯兰运动的变化显示出,它不仅是意识形态领域的一种宗教复兴思潮,而且也是一种具有明确斗争目标的政治运动,伊斯兰原教旨主义极端势力的最终目的是要用伊斯兰政权取代中东各国的现政权。

第三,伊斯兰潮开始由东向西转移,特别是在诸如北非的苏丹和马格里布的阿尔及利亚等这些贫穷或相对贫穷的阿拉伯国家又形成新的中心。海湾战后,中东地区伊斯兰潮的泛起是海湾战争前后中东各国国内各种新旧矛盾相互催化的结果,一些贫穷或相对贫穷的中东国家一直处于日趋尖锐的矛盾旋涡之中,从而在这些地区和国家酿成了新的伊斯兰运动高潮。出现这种变化的具体原因在于:1.海湾战争期间,阿拉伯国家间的分歧以及大部分阿拉伯国家特别是海湾地区的富油国对以美国为首的西方国家在海湾采取军事行动的竭力支持使新兴的伊斯兰原教旨主义者确信,阿拉伯国家的统治者已彻底沦为西方国家的帮凶和西方利益的保护者,因此,他们试图通过更激进的方式同所在国当权者进行不可调和的斗争,以便推翻现政权,全面确立伊斯兰原教旨主义者主宰中东各国社会、政治和经济发展的地位。2.海湾战争后,一些贫穷或相对贫穷的阿拉伯国家因在海湾战争中支持伊拉克而失去了海湾富油国对它们在经济、财政和劳务创汇等方面的长期支持和援助,而伊拉克的战败及其在战后遭受的国际制裁,又使它们无法从伊拉克获得任何好处,再加上西方采取的有效孤立政策,致使这些贫穷阿拉伯国家的经济和政治形势每况愈下,国内各种矛盾持续恶化,这便助长了伊斯兰原教旨主义势力的迅速上升,并使多数贫穷或相对贫穷的阿拉伯国家成为新伊斯兰潮的集中迸发区。3.海湾战争后,在国际和解大气候影响下,阿以和平进程取得的实质性进展及其连锁反应对伊斯兰原教旨主义也产生巨大冲击。消灭犹太国家曾经一直是原教旨主义者所拥有的最具感召力的政治祈求之一。承认和平,意味着放弃自己的政治资源;公开反对和平,则可能失去许多渴望和解的各国穆斯林的支持,乃至招惹来各方面的压力和打击。在这种进退维谷的情况下,伊斯兰原教旨主义者希望利用海湾战争后中东贫穷国家普遍存在的仇视西方强权的心态,施展能量,推波助澜,挑起伊斯兰潮,从而淡化和抵消中东和平态势的影响,把国际社会的注意力吸引或转移到他们身上,并借此达到突出其作用和影响的目的。

三、后冷战时代伊斯兰潮的总体走向

海湾战后中东地区再度出现的伊斯兰潮,实际上是中东穆斯林社会对海湾战争后不断增长的西方利益和美国霸权的一种自然而然的传统形式的反应与抗议,它试图改变自身在政治经济权益平衡关系上的扭曲的不合理的现状。正如一些学者所分析指出的:"当代的伊斯兰复兴运动是寻求稳定和复兴过去伊斯兰传统的努力,它是由鄙弃那些致使许多伊斯兰国家经济和社会问题不断恶化的西方价值、世俗民族主义和西方腐化思想的情绪所激发的,……在穆斯林社会,每当非伊斯兰文化影响占据社会主流的时候,穆斯林大众的复古情绪便开始滋生,最终将导致文化的、道德的和政治的革命,重新使伊斯兰思想成为社会的主导因素。"[1]

---

[1]　赵国忠主编:《海湾战争后的中东格局》,第196—197页。

同 20 世纪 70 年代末和 80 年代初的伊斯兰潮相比,海湾战后中东地区出现的新一轮伊斯兰潮所释放的"能量"远不如前者,其波及面和持续的时间也很有限,但它对所在国政府的颠覆性和破坏性却是空前的。这也是由海湾战后伊斯兰潮追求的政治目标和采取的斗争手段所决定的。

然而,关于后冷战时代中东伊斯兰潮的总体走向问题,研究者曾提出诸如"运动衰败论"、"中心转移论"、"东西呼应论"和"十字路口论"等观点。①这些观点之间明显存在歧见,但多数研究者比较认同后冷战时代中东的伊斯兰潮呈"退潮"之势的判断。其主要依据是:1.中东局势整体趋向政治和解,美国在中东的主导地位进一步加强,它在启动中东和平进程的同时,加大了对极端宗教势力的遏制和打击;2.中东各国迫于压力,强化同外部世界联手围堵挤压极端宗教势力和非法宗教组织,制定了一系列防范机制,压缩了极端宗教势力活动的空间;3.后冷战时代全球化趋势日渐强劲,对中东各国的社会、政治和经济等构成巨大挑战,中东各国现代化发展的紧迫性更加突出,这在很大程度上淡化了民众对伊斯兰潮兴起之初的那种狂热与激情。此外,在分析判断伊斯兰潮的走向时,还应该看到,后冷战时代中东各国的原教旨主义极端派并不能代表,也不能支配整个中东地区伊斯兰复兴思潮的主流,而且它们在总体上始终处于互不统属的分散状态,既无统一的组织和领导机构,也没有共同的行动纲领,特别是由于它们惯于采取的暴力过激行动亦难得到大多数穆斯林的认同与支持。因此,它们缺乏广泛的群众基础,其"发酵功能"也受到有效抑制。

另一方面,分析伊斯兰潮的"退潮",还必须从它自身寻找原因。"伊斯兰原教旨主义运动植根于贫穷、耻辱、失望和怨恨之中,产生于包括从外部引进的及当地伪造的各种政治、经济的'灵丹妙药'失败之后"。② 反观伊斯兰教本身,它的盛行并未将广大穆斯林带入经济繁荣、社会稳定、平等和谐和国泰民安的理想社会,以伊朗为例,一度曾被中东各国伊斯兰原教旨主义者竭力仿效的"伊斯兰革命"模式越来越失去昔日的召唤力和鼓动作用。伊朗"伊斯兰革命"至今已过去 30 年,但宗教革命的胜利并没有给伊朗社

---

① 参见北京大学亚非研究所编:《亚非研究动态》1995 年第 1 期。

② Bernard Lewis, "Rethinking the Middle East", *Foreign Affair*, Winter 1992.

会及其经济带来伊朗国民所渴望的繁荣与奇迹。相反,伊朗国民生活水平明显下降,经济形势每况愈下,对外政策出现各种麻烦,并在国际社会处于孤立地位。伊朗的现实不能不对其他中东国家的原教旨主义者及普通民众产生强烈的负面效应,并使他们在追求将伊斯兰教作为社会与政治变革的归宿时有所收敛,或者受到来自各方的更多的"羁绊"和制约。与此同时,由于受极端宗教思潮的困扰,许多中东国家长期处于政局动荡、战乱不止、经济恶化和民穷国弱的窘境。这种状况必然引发中东各国民众的反思,并着力探寻思维定式和政治诉求的新突破。因此,后冷战时代的伊斯兰潮在整体上呈"退潮"之势。

第三节　伊斯兰潮对中东社会和政治的作用

一、伊斯兰潮对中东的冲击

20 世纪 70 年代末至 90 年代中期的伊斯兰潮对当代中东的影响非同寻常。这种影响涉及政治、经济和社会生活等诸多方面。

首先从政治上看,它在一定程度上变更了中东的政治地图和各派力量的对比。其具体表现:一是中东地区先后在伊朗和苏丹诞生了两个伊斯兰原教旨主义政权,它们成为中东伊斯兰原教旨主义势力的重要堡垒。但两者的不同点在于,伊朗是通过宗教领袖发动和领导的大规模的民众运动推翻巴列维王朝,建立伊斯兰共和国的;而苏丹则是采取武力方式夺取国家政权的最典型的实例。1989 年 6 月,苏丹宗教领袖图拉比领导的"伊斯兰民族阵线"支持巴希尔将军成功发动政变,在苏丹推行具有浓厚伊斯兰色彩的内外政策。1990 年苏丹完成政教合一国家的法律程序,图拉比宣称:"苏丹已成为把伊斯兰原教旨主义扩展到非洲和阿拉伯世界的跳板。"[1]二是许

---

① 刘竞:《动荡不安的中东政局》,《西亚非洲》1993 年第 2 期。

多中东国家的宗教政治反对派频繁发起夺取国家政权的攻势,致使所在国政局不稳或权力更迭频繁。与此同时,反对派不断制造诸如爆炸、绑架、谋杀政要、破坏公共设施等各种极端暴力事件,酿成严重的社会"骚乱"。

然而,对中东国家现政权构成更严重挑战的是原教旨主义势力也在运用合法手段与合法程序同所在国的当权者争夺国家权力。中东各国普遍出现了原教旨主义派别通过合法选举,进入议会,参与国家政治的明显趋势。以下事实可以充分证明这一点。1989年11月在约旦议会选举中,"穆斯林兄弟会"获得众议院80个席位中的23席,随后又有5名议员进入内阁担任重要职务,并基本控制了约旦议会;1992年9月在黎巴嫩议会选举中,有12名伊斯兰原教旨主义者进入新议会,同时,黎巴嫩原教旨主义的"真主党"已取代阿迈勒运动在黎巴嫩什叶派穆斯林中的影响,而且它们准备接受和平的现实,逐渐进入黎巴嫩的政治进程①;1992年10月,在科威特议会选举中,伊斯兰主义者在50个选举席位中,获得其中的2/3,从而对萨巴赫家族的统治形成威胁。土耳其是一个实行政教分离的共和制国家,它以法律条文明确规定不允许任何政党利用宗教进行政治宣传。然而,在当今的土耳其政治中,不仅各政党争先恐后地利用宗教吸引选民的支持,而且更有亲伊斯兰政党直接参加选举。如在1994年3月的土耳其地方选举中,亲伊斯兰的"繁荣党"(Refah Party)赢得了全国选票的19%。即使像沙特阿拉伯这样一个恪守伊斯兰法规、保持伊斯兰特征的政教合一的国家,在90年代初期也出现了新的伊斯兰潮。1991年5月,沙特王国新兴的伊斯兰主义者向沙特国王法赫德呈送了一份由57人签名的"请愿书",继而又在1992年9月经沙特宗教权威谢赫·伊本·巴兹之手向沙特政策转递了一份由107人签名,长达45页的"劝告备忘录"。"请愿书"和"备忘录"要求建立独立的具有决定沙特国内外政策实权的协商会议,重新确立伊斯兰教至高无上的地位,组建最高沙里亚法庭,确保对一切法规和条约的审查与修订,废除背离宗教法的所有政治、行政和经济法令,赋予伊斯兰专家对政府一切机构和部门工作的监督和参与权等。与此同时,他们开动宣传机器,大造舆论,掀

---

① [美]《基督教科学箴言报》1995年7月13日。

起了90年代沙特王国以宗教为旗帜的"合法的反政府运动"①。

20世纪70年代末至90年代中期的伊斯兰潮对中东国家的影响不仅表现在政治方面,同时还表现在经济和社会生活方面。在经济方面,中东国家原本都是一些长期遭受西方殖民者统治和奴役的发展中国家,经济基础薄弱,生产力落后。第二次世界大战结束后,通过不懈抗争陆续获得独立的中东国家在推进现代化过程中,大都遭遇挫折和失败,这种状况导致多数中东国家在全球经济格局中始终处于被动和弱势地位。而伊斯兰潮的兴起及其向整个中东地区的蔓延又对中东国家的经济发展构成猛烈冲击,犹如雪上加霜。仍以伊朗为例,伊斯兰革命胜利后伊朗宗教领袖霍梅尼当政的10年,伊朗社会实现了全面伊斯兰化。但伊朗经济在此期间却受到重创。10年间,伊朗几乎没有实施任何大的建设项目,基础设施陈旧老化,石油工业徘徊不前,并呈委靡之势,伊朗整体经济发展陷入停滞状态。昔日财大气粗的石油富国,不断被财政赤字所困扰,以至于有学者做出了霍梅尼当政10年伊朗经济倒退了20年的判断。

埃及和土耳其是中东地区的两个区域性大国,但两国同样不能摆脱伊斯兰潮对其经济发展造成的各种负面效应。旅游业是埃及获取巨额外汇的重要资源,埃及的宗教极端组织恰恰选择旅游景区和设施,以及来自世界各地的旅游者作为重点袭击的目标,并采取各种暴力手段制造一系列诸如爆炸和劫持绑架游客等事件,破坏埃及的旅游业,殃及埃及经济的发展。土耳其宗教势力的上升及其追求的目标是对土耳其作为一个世俗国家的颠覆与否定。土耳其前伊斯兰政党"救国党"领导人埃尔巴坎曾在沙特阿拉伯的一次集会中发表演讲说:"我们在50年以前已经放弃了《古兰经》,宗教和国家已被分离,《古兰经》被宣布为不适用。我们所有的人都有义务使《古兰经》的教导重新发挥作用,为了达到这一目的,需要进行一场圣战。"该党甚至还有人渲染"一个世俗的国家就是该被打倒的国家"。② 土耳其宗教势力的崛起及其咄咄逼人的发展态势造成土耳其各派政治力量之间的激烈斗争,从而使土耳其政局长期处在动荡不定之中。而政局动荡引发的连锁反

① 王铁铮:《浅析90年代沙特王国的伊斯兰潮》,《西亚非洲》1996年第6期。
② 转引自蔡佳禾:《当代伊斯兰原教旨主义运动》,宁夏人民出版社2003年版,第200页。

应是对土耳其经济的负面冲击。例如,在 1979 年和 1980 年,由于受伊斯兰潮的影响,土耳其经济连年出现负增长,通货膨胀率分别达到 70% 和 101%。另一方面,由宗教因素造成的社会秩序失控也在破坏着土耳其经济发展所需的适宜的内外环境,土耳其始终无法摆脱经济的恶化循环,外债负担日趋加重,及至 1999 年,土耳其外债已达到 970 亿美元,外债率为 31.9%。①

20 世纪 70 年代末至 90 年代中期的伊斯兰潮对中东社会的影响主要反映在中东各国程度不一地出现了社会生活伊斯兰化的趋势,伊斯兰宗教礼仪、法规、戒律和伊斯兰文化传统及价值观也得到相应的强化。自 70 年代末期以来,伴随伊斯兰教力量的上升,宗教气氛在中东各国变得日益浓厚起来,其中最明显的标志是清真寺数量大增。据估计,科威特等海湾国家的清真寺在伊斯兰潮最初兴起的 10 年中翻了两番。埃及、土耳其等"世俗化"发展较快的国家中也出现了大量新建的清真寺。与此同时,许多中东国家的穆斯林更加自觉地履行伊斯兰教的宗教功课——礼拜。一位长期居住在中东地区的西方记者观察到,70 年代以来,"参加礼拜的人明显地增多了,每到星期五,工厂、市场、公共场所便没有了生气,人们都到清真寺去了"。他写道,开罗的清真寺每逢星期五都是拥挤不堪,礼拜者只好在寺外的人行道上祈祷。正在值勤的警察会就地铺一块小地毯开始祈祷,祈祷完后又继续执行他的公务。飞机上的乘务员把一条毛巾铺在飞机的过道上做祈祷,穿着白色短裤的网球运动员把球拍放在运动场上然后祈祷,在田野里劳作的人们脱掉鞋子,跪在几片纸板上祈祷。大学生们在学生宿舍的走廊里集体祈祷。一位祈祷者说:"如果我不祈祷,我的内心就会发慌,祈祷后,我的心就平静了。"另一位祈祷者说:"在日常生活中,人们被巨大的经济和社会鸿沟分隔开来。但在清真寺,我们人人在真主面前都是平等的。"②

在文化和意识形态领域,中东国家开始主动抵制外来的,特别是西方的音乐、电影和电视节目等文化产品,与此同时,各种关于伊斯兰教的出版物受到青睐,广播、电视中的伊斯兰节目骤增。各类官方和民间的宗教团体和

① 彭树智主编,黄维民著:《中东国家通史·土耳其卷》,第 333 页。
② 转引自肖宪:《当代国际伊斯兰潮》,世界知识出版社 1997 年版,第 47 页。

组织大量涌现,并积极开展宣教活动,举行伊斯兰艺术、建筑、科技展览,举办背诵和书写《古兰经》的比赛等。一些国家除了鼓励传统的清真寺教育外,还在不少现代教育机构和院校中增设了伊斯兰教课程。就连世俗化开始最早的土耳其也在 1982 年颁布的新宪法中规定:"中小学有义务进行伊斯兰宗教教育。"

伊斯兰潮对中东社会的影响还明显地反映在人们的着装上。自伊斯兰潮兴起以来,在许多中东国家,恢复穿着传统服装成为一股时尚和风潮。男人戴头巾、蓄胡须、穿长袍;女人则穿上不暴露身体任何部分的黑袍,并蒙上面纱。埃及开罗大学的一名女学生坦言:"对我们来说,穿西方式的服装不过是一种伪装,而只有穿上我们的传统服装,才恢复了我们的本来面目。"还有一些人认为,青年们改穿传统服装是在表达一种对现实不满的"文化抗议"。① 社会风气的变化还导致许多中东国家要求恢复实施伊斯兰教法的呼声升温。一些国家迫于压力,被迫开始全面或部分实行伊斯兰法,尤其是将传统的伊斯兰刑法重新引入本国的法律体系中。凡此种种,都在中东国家和中东社会营造了一种空前的宗教环境和宗教氛围,回归宗教又成为许多人的价值选项和精神寄托。同时,伊斯兰潮所产生的各种影响也促使中东各国的统治者进行深刻的反思,并做出积极和务实的调整与变革,以便回应伊斯兰潮的挑战。

二、中东国家对伊斯兰潮的回应

20 世纪 70 年代末至 90 年代中期的伊斯兰潮对中东各国和中东政局确实产生了不容低估的冲击和震荡,尤其是原教旨主义极端派否认现存社会与政治制度的合法性,并竭力比照伊斯兰教初创时期的辉煌历史和所谓"纯洁的"伊斯兰原则来改造社会,这实际上意味着他们同中东各国现政权的矛盾与冲突有着不可调和的性质。各国原教旨主义极端派的种种活动引起中东地区相关国家的担忧是显而易见的,不少人甚至产生原教旨主义极端派在一个国家的胜利将会引发"多米诺骨牌"效应的惊恐也不无道理。

---

① 肖宪:《当代国际伊斯兰潮》,第 48 页。

但就多数中东国家的执政党和当权者来说,它们仍然拥有足够的政治资源和军事力量来控制本国原教旨主义的发展势头与演变趋向。由于中东各国的执政党和当权者大都有长期经营的历史,他们一直牢牢控制着包括军队、警察、法庭等国家机器,以及包括广播、电视、报刊等新闻和舆论媒体,因此拥有维系政权所需的必要手段与基础。其次,中东各国的统治当局同本国的宗教权威阶层基本上都保持着比较密切的协调关系,或者建立了政教联盟,它们一般都能得到本国宗教权威机构和宗教上层人士的支持,并获得政治上的"合法性",从而抵御原教旨主义者的攻击。另外,中东地区的主要穆斯林国家特别是海湾地区的富油国因经济和政治利益普遍同以美国为首的西方国家有特殊关系,或缔结有双边或多边安全协定与条约,并得到西方的"保护"和支持,一旦亲西方的穆斯林国家的当权者受到原教旨主义势力的致命威胁,西方集团绝不会袖手旁观。上述各种因素决定了原教旨主义势力难以在整个中东取得突破性进展。

尽管如此,中东各国的统治者转而更加注重或是越来越多地利用伊斯兰教来巩固政权,以便使其更具"合法性"。例如,沙特王室强调自己是伊斯兰正统教派和两大圣地的保护者;约旦国王称其隶属古莱氏部落的哈希姆家族,是穆罕默德的苗裔;埃及总统萨达特亦曾自封虔诚的信教者,"安拉的仆人";利比亚的卡扎菲在推翻伊德里斯王朝后,旋即在利比亚推行"伊斯兰社会主义",等等。另一方面,中东各国的统治者也开始重新评估和审视现行的各项内外政策,并根据需要适度地进行了社会和政治变革,特别是对宗教采取了一系列宽容与妥协政策,甚至允许宗教反对派的存在。同时不断强化本国的伊斯兰特征和属性。从总体上看,只要伊斯兰原教旨主义势力的活动不直接挑战或造成所在国社会的剧烈动荡,不直接威胁到所在国当权者的统治,中东各国的统治者并不都把原教旨主义者视为不可调和的敌对者。实际上,为了长久维系和巩固统治,许多中东国家的当权者同样也利用原教旨主义者,把他们作为遏制本国激进民主势力和自由派势力发展的筹码。在伊斯兰潮的大背景下,中东国家的一些原教旨主义组织和政党之所以能够逐步趋向于"合法"存在,这同中东国家对原教旨主义组织和政党政策的某些"弹性"变化有很大关系。例如在埃及,穆巴拉克允许原教旨主义组织合法存在的前提就是非暴力和不能直接干预政治。在沙特,除非形势迫不得已,沙特王室更倾向通过循循善诱的说教或恩威兼施的妥协调和方式,而不是真枪实弹的暴力镇压来缓解同原教旨主义者的冲突。当伊斯兰潮兴起时,沙特政府往往采取一些强化伊斯兰教的措施,比如针对某种背离伊斯兰法规的现象重新颁布一些禁令,或者通过减轻国民税收,增加国民福利待遇等施惠取悦于国民的"让步"手段来安抚包括原教旨主义在内的广大穆斯林群众,以维系社会的稳定。

客观地讲,20世纪70年代末至90年代中期中东伊斯兰潮的兴起取决于多种因素,中东国家内外各种矛盾和冲突的聚合成为催生中东伊斯兰潮的根源。海湾战争结束后,美国《华盛顿邮报》的新闻评述曾指出,新的伊斯兰好战精神是由西方帮助激发起来的,他们的行动,为伊斯兰原教旨主义激进势力主张采取军事路线、暴力行动甚至恐怖手段提供了依据①。但就整个伊斯兰潮来看,它只是一种处于守势的应付内部危机和外部挑战的社会改革运动,它强调对传统的回归,强调伊斯兰教的包容性与适应性,强调对穆斯林社会生活所有方面的约束性,并力图以此唤起穆斯林对传统文化与价值观念的认同,以及对自身伊斯兰特征的再肯定。伊斯兰原教旨主义极端派及其追求的政治目标并不代表伊斯兰潮的主流,其暴力行动和恐怖手段在本质上也是弱势群体在心理极度扭曲下的无奈选择。暴力和恐怖主义的源头是极端民族主义和极端宗教主义。它在中东穆斯林群体和非穆斯林群体中都有不同程度和不同方式的表现。需要澄清的是,在涉及恐怖主义问题时,往往有人会将它们同伊斯兰教自然地联系在一起,或者视为等同关系。实际上,这是一种误解。鼓吹恐怖主义和煽动恐怖活动只是伊斯兰世界的一股逆流,属极少数人所为,它绝不能改变或替代伊斯兰教的主流发展方向。美国著名学者埃斯波西托亦曾指出:"专注于作为一种全球性威胁的'伊斯兰原教旨主义'助长了一种把暴力等同于伊斯兰教的倾向。这种倾向未能把个别人非法地利用宗教与世界穆斯林大多数的信仰和实践区别开来,而后者如同其他宗教一样,希望在和平中生活。"②因此,当代中东的伊斯兰潮尚不具有对多数中东国家的现政权构成致命威胁的能量。但

① [美]《华盛顿邮报》1993年5月1日。
② [美]J.L.埃斯波西托:《伊斯兰威胁:神化还是现实》,东方晓等译,社会科学文献出版社1999年版,第333页。

是,中东各国的当权者并不以此掉以轻心。相反,由于中东地区已有原教旨主义势力夺取国家政权的前车之鉴,他们更加小心翼翼地妥善处理宗教与世俗、传统与现代、西方文明与东方文明之间的各种关系,尽可能地顺乎民心,并采取各种变革措施来获取民众的拥戴,从而抵御宗教极端势力的挑战。那些亲美的海湾君主制国家,为了"软化"国内的反美情绪,也开始进一步对其亲美政策有所收敛或节制,并同美国保持一定的距离,以便巩固统治基础,维系政权的长治久安。

三、伊斯兰潮在西方的反响

政治出发点的不同,必然会得出截然相反的结论。当代中东的伊斯兰潮在西方的反响完全不同,甚至一度出现谈虎色变的惊恐。

一些西方政治家警告说,从巴勒斯坦到阿尔及利亚的弧形地带,已成为局势紧张、可能爆发动乱的地区。西方舆论界认为,随着苏联的解体,伊斯兰原教旨主义看来正在取代共产主义成为西方国家的最大威胁。例如,法国议员雅克·博梅尔鼓吹在苏联解体和华约组织消失后,"最严重的威胁来自伊斯兰国家",他告诫西方要当心原教旨主义这把"由生物武器、化学武器和核武器"组成的"毒辣的弓"[1];美国学者罗宾·赖特声称:"伊斯兰的复兴进一步鼓励了一个新的伊斯兰集团的形成。伊斯兰教正日益填补着意识形态真空和帮助恢复这些穆斯林国家间历史上的联系"[2];美国中央情报局前任局长盖茨认为:"过激的原教旨主义现象是引起人们严重不安的事态发展"[3],他呼吁美国对这一现象要加倍关注。还有一些人甚至认为在冷战之后,伊斯兰教已成为"绿色危险","是在全球蔓延的癌症,危及西方价值观的合法性并威胁到美国的安全"[4]。由此构成了"伊斯兰威胁论"的大合唱。

在西方蓄意挑起对伊斯兰教的恐怖心理方面,最具有代表性的人物莫

---

① [法]雅克·博梅尔:《法国、北约和美国》,《世界报》1994 年 4 月 1 日。

② [美]《洛杉矶时报》,1992 年 8 月 4 日。

③ [美]《华尔街日报》,1993 年 8 月 23 日。

④ Samuel P. Huntington, "The Clash of Civilizations?", *Foreign Affairs*, Summer 1993.

过于美国著名政治学者、哈佛大学约翰·奥林战略研究所所长塞缪尔·亨廷顿教授。1993年夏,亨廷顿在美国《外交》季刊上发表题为《文明冲突》的文章。该文认为"在这个崭新的世界形势下,发生冲突的根本原因将不再主要是意识形态因素或经济因素。人类的最大分歧和冲突的主导因素将是文化方面的差异,文明的冲突将主宰着全球政治;文明之间的差异界线将成为未来的战线。"故此,文章断定,文明的冲突作为世界政治的核心因素正在取代冷战时代的意识形态,而且只有从文明冲突的角度才能更准确地解释世界上发生的变化。亨廷顿宣称,目前儒教和伊斯兰教正在进行合作,从而对西方的利益、价值观和权力构成了挑战。同时,亨廷顿还以政府战略谋士身份在文章结尾为政府提出政策,建议美国政府联合同类文明,利用儒教和伊斯兰教国家之间的分歧和冲突,限制儒教和伊斯兰国家扩大军事力量,打击儒教和伊斯兰教,从而遏制异类文明的挑战。

亨廷顿的文章发表后,立刻引起国际学术界的广泛关注和强烈反响。事实上,亨氏提出的这个所谓"新理论",仍未从根本上摆脱"冷战"思维模式的影响。而且,即使在亨氏理论大受"喝彩"的西方,也有一些理智的学者和政治家对此持怀疑或否定态度。例如,美国著名国际问题专家、波士顿大学政治学教授、哈佛大学科学和国际事务中心研究员沃尔特·克莱门斯就撰文指出,亨廷顿夸大了文明差异的影响。他认为,我们"这个世纪的大冲突都不是文明冲突引起的"。"文明之间的裂缝比之国际事务中的其他一些因素,只是第二位或者第三位的。现在同以往一样,国家之间的合作或者冲突是以设想的利益为基础的。互相依存的关系和技术的发展使不同文化之间的合作成为可能和有利的事。"①

毫无疑问,亨氏理论的提出是为美国新时期的全球利益服务的。透过这一理论的表层,它在一定程度上也折射出美国在后冷战时代新的历史条件下,试图借助一种臆造的"新理论"继续干涉别国内政,谋求世界霸权的战略。将海湾战争后中东地区再度兴起的伊斯兰潮片面而机械地演绎和渲染成所谓"伊斯兰威胁论",实际上是西方把当代伊斯兰潮中不代表事物主

---

① ［美］沃尔特·克莱门斯:《不同的文明有利益冲突但可以合作》,《国际先驱论坛报》1997年1月7日。

流的某些极端倾向人为地无限扩大了,其真实目的说穿了就是要在后冷战时代寻找一个能够替代前苏联和共产主义的新的假想敌人,以便为其在政治、经济和军事上进一步遏制发展中国家和谋求新霸权的内外政策提供依据。另一方面,一些亲西方的中东国家的当权者在若干场合也采取迎合西方"伊斯兰威胁论"舆论渲染的做法,同样也有自己的如意算盘,即通过过分夸大伊斯兰原教旨主义的威胁来换取西方的好处,或者将其作为向西方索求更多更有效支持的砝码,从而摆脱内部危机,巩固自身统治。

总之,当代中东伊斯兰潮的潮起潮落在很大程度上是由西方在中东的政策和中东国家政局的变化来决定的。一般来说,凡是社会、政治和经济形势比较稳定的国家,原教旨主义势力在那里的活动就趋于缓和,反之,原教旨主义势力针对政府的活动则异常活跃,甚至对现政权构成致命威胁。另一方面,对整个中东国家来说,维护稳定,确保政权,休戚相关。因此,在谋求社会、政治和经济的稳定发展时,不断协调和妥善处理同原教旨主义势力的关系将是中东各国长期面临的共同课题。

第四节　伊斯兰潮对中东文明交往史的影响

一、伊斯兰教在文明交往中的兴与衰

如前所述,当代中东的伊斯兰潮主要关涉两大问题:一是对第二次世界大战后中东国家社会变革和现代化运动的反思与批判;二是对处于困顿和式微中的传统伊斯兰文化与价值观念的重新肯定,同时也是对迅速向中东渗透的西方文化和西方霸权的抗拒。因此,解读当代伊斯兰潮对未来中东国家和中东社会的潜在意义,还必须进一步从伊斯兰宗教文化发展演变的历史及其在对外交往的态势和变化中探寻答案。

伊斯兰教是一种适合于阿拉伯人和东方民族的宗教。作为伊斯兰教发源地的中东,其固有的文化传统、经济构成和地域环境为伊斯兰教的生存和传播提供了适宜的气候和土壤。早期的伊斯兰教显示出勃勃生机与活力,伊斯兰教伴随穆斯林军队对外战争的节节胜利,在征服地得到迅速传播,被征服地的大批土著居民陆续皈依伊斯兰教。因此,伊斯兰宗教文化是在伊斯兰意识形态的指导下对征服地民族的文化因素进行筛选、过滤、加工、改造后予以吸收和融汇而成的。换言之,伊斯兰宗教文化主要由三种文化源流构成,即阿拉伯人的固有文化;伊斯兰文化;波斯、印度、希腊、罗马等外族的文化。① 由此体现了早期伊斯兰宗教文化的开放性以及它在对外交往中所具有的兼容并蓄特点,并因此显示出旺盛的生命力。

从 7 世纪中叶伊斯兰教创立到 16 世纪初,伊斯兰世界达到空前的鼎盛与统一,其疆域横跨欧亚非三大洲。与此同时,伊斯兰宗教—政治—文化结构也得到空前的巩固。进入 17 世纪后,伊斯兰世界开始受到来自新崛起的以基督教文化为主要代表的西方文明的挑战,但在这一时期,正在成长中的西方文明还不具备同十分坚固的伊斯兰宗教—政治—文化结构相抗衡的力量。正如著名英国历史学家汤因比所指出的:"过去,伊斯兰与我们西方社会不断地发生多次相互间的作用与再作用,但条件不同,角色也在变换。他们之间的第一次遭遇发生在西方社会尚处幼年之时,那时,伊斯兰教已是阿拉伯人所处的辉煌时代的一种特殊宗教了。阿拉伯人刚好征服并重新统一了中东古文明的领土,他们打算把这一帝国扩张为世界国家。在那第一次冲突中,穆斯林几乎占领了西方社会原有领土的一半,只差没有使自己成为全世界的主人"②。这一时期,伊斯兰教的勃勃生机和活力不仅单纯体现在它同西方社会初次较量中所占据的优势,而且还体现在它曾创造的足以使人类引以为自豪的灿烂的阿拉伯—伊斯兰文化上。当欧洲尚处于黑暗时代,穆斯林便高举着知识和学术的火炬,在诸如哲学、历史、地理、逻辑、数学、天文学和医学等各个领域对世界作出了杰出贡献;他们从西班牙的科尔多瓦到孟加拉的戈尔,建筑了一些世界上最优美的建筑物;他们通过翻译运动,把阿拉伯学术的精华,其中包括阿拉伯人保存的东西方文化遗产和他们自己的发展、创新都传给了西方世界;他们还在世界政治家的史册上谱写了一系列光辉的名字。所有这一切,都对人类文明的发展史起到了承前启后、

---

① ［埃及］艾哈迈德·爱敏:《阿拉伯—伊斯兰文化史》第一册,纳忠译,商务印书馆 2001 年版,第 32 页。

② ［英］汤因比:《文明经受着考验》,沈辉译,浙江人民出版社 1998 年版,第 157 页。

沟通东西的作用。

但自 17 世纪中叶起,特别是 1699 年《卡洛维茨条约》的签订,标志着伊斯兰传统的宗教、政治和文化范式开始全面走向衰势,同时整个伊斯兰世界也在经历着由盛而衰的变化。另一方面,由于阿拉伯—伊斯兰文化的西传唤醒了沉睡中的欧洲,经过文艺复兴和宗教改革运动洗礼后的西方国家,先后爆发了新兴的资产阶级革命,出现了倡导和弘扬平等、博爱、自由的基督教新教伦理。这种新教伦理使长期被禁锢和束缚的人性得到解放,人的才能和创造力得到超前发展。西方社会得以在不很长的时间内形成了比较健全而稳固的政治社会体制,同时又在工业革命浪潮的推动下,实现了非凡的器物文明和科技进步,西方人的新观念和新技术使他们在许多领域已远远走在了世界的最前列。为了满足自身资本主义发展的需要,西方开始向海外寻找空间,拓展市场。地处欧亚非三大洲交叉口的伊斯兰故土,由于其重要的战略地位和它所控制的广阔地域,首当其冲地成为西方觊觎垂涎的对象。在新的历史条件下,西方向伊斯兰世界的挑战既是它们资本主义发展的需要,也是它们受到向伊斯兰世界复仇心态的驱动。在这次和此后的一系列较量中,拥有新观念和新技术的西方完全占了上风。伊斯兰教因其观念的陈腐和僵化,导致其宗教文化日渐衰微,加上政治和军事上呈露的明显衰势,他们已经无法找到同西方抗争的武器,因此也就无法阻挡西方入侵的狂潮。19 世纪下半叶,伊斯兰世界相继沦为殖民地或"被保护国",并在物质和精神上遭受西方列强和殖民者的双重压迫与蹂躏。

伊斯兰宗教文化从一种强势文化向弱势文化的转换,以及伊斯兰世界由盛而衰的演变,显然取决于内外和主客观多种原因。但从文化和文明交往的视野来看,伊斯兰法学思想和神学体系在 10 世纪日臻完善和程式化后,随之关闭伊斯兰教施展活力的创制(伊智提哈德)大门,出现故步自封、抱残守缺和僵化不变的趋势则是一个重要原因。这种状况导致伊斯兰宗教文化原有的开放性和兼容并蓄的特点被严重削弱,从而使其失去了鲜活的创造力。因此,近代以来出现的伊斯兰现代改革主义者无不主张通过变革为伊斯兰宗教文化和伊斯兰世界重新注入活力,扭转衰势,摆脱困境。伊斯兰现代改革主义者大都试图通过尽可能地吸收外来文化的合理因素和有益养分,使自身的传统文化同新兴文化相互协调、相互融汇,以便适应现代科学发展和社会发展的需要,赶上世界前进的步伐。伊斯兰现代改革主义者的这种理论探索为长期处于封闭中的穆斯林的精神和思想解放创造了条件与契机。进入20世纪以来,特别是第二次世界大战后,在世界范围内新的现代化浪潮的冲击下,伊斯兰文化和价值观的潜移默化和中东国家现代化发展的历史轨迹,在某种意义上正是承袭了伊斯兰现代改革主义者开创的道路而不断深化和发展的。

二、伊斯兰潮对文明交往史的启示

当代中东的伊斯兰潮是在第二次世界大战后中东国家社会结构和政治经济经历剧烈变动的历史条件下发生的。从本质上讲,它是处于弱势的宗教文化力图通过变革与更新激发自身新的活力的抗争,也是不同文化和不同文明之间在碰撞中交往的特殊产物。因此,无论是作为客体的外部世界,还是作为主体的中东国家,都需要透过表象对当代中东伊斯兰潮的真实内涵做出比较客观的判断和评价。但更重要的是,还必须进一步从当代中东伊斯兰潮兴起、发展和演变的历程中来总结和诠释不同文明交往的一些突出特点和规律。

在各国走向现代化的进程中,当代中东的伊斯兰潮至少在两个层面的问题上值得深刻反思。

其一是如何保持和发展自身的传统宗教文化,以适应时代和社会的变迁与进步。对于任何一个特定的民族和国家来说,现代化的发展和文明的演进绝不能脱离其民族性及其固有的传统和宗教文化。不同时期和不同阶段的发展战略必须是其历史的一种合理延续,并需要进行与时俱进的变革,实现现代因素与传统因素的有机融汇。否则,就有可能走向死胡同,或是为各种失误而付出沉重的代价。第二次世界大战后,中东国家屡遭坎坷和挫折的现代化实践以及伊斯兰潮所产生的负面影响,实际上已说明了这一点。传统宗教文化是每个民族赖以存在和发展的基础,是每个民族长期思维活动和生产活动历史的积淀和结晶,它的生存与不灭自有其内在依据。因此,传统宗教文化应该是一个民族和国家走向现代化的源头。但是,承认传统宗教文化在一定时期存在的合理性,并不意味着肯定其背离时代或逆历史潮流的消极因素,乃至陈腐的历史沉渣。在人类历史的长河中,落后必然要让位于先进,新事物终将取代旧事物,这是不以人们意志为转移的客观规律,任何人都不可能改变这一自然法则。在人类走向现代化的艰难而漫长的历程中,传统宗教文化需要伴随时代变迁和社会发展不断进行自我更新和自我改造。

其二是不同宗教文化和不同文明之间的交往,特别是强势宗教文化与弱势宗教文化之间的交往应该建立在相互尊重、和平共处的基础之上,并以兼容并蓄的精神吸纳不同文化的有益养料和成分,以彼之长补己之短,实现不同文化的合理融汇与发展。力戒文化霸权主义和对异质文明的排斥。人类文明是人类的共同成果,而且具有互补性。人类不断走向进步和朝着更高文明的演进,是历史发展的必然趋势。任何文明都不可能是尽善尽美的,而是需要在同异质文明的不断交往中为自身注入新的活力,从而使之发扬光大。处于弱势的宗教文化应以科学开放的态度,在弘扬原有优秀传统的前提下,面对现实,顺应时代潮流,超越禁锢自身的宗教文化范式,向现代文明迈进。强势宗教文化同样也需要以平等、公正的姿态来实现同弱势宗教文化的正常交往,任何形式的文化霸权主义和力图排斥、挤压、取代异质宗教文化的动机都将导致冲突的爆发。因此,文明交往的本质在于互补和共存,并在相互的沟通和融汇中达到共同发展。

第十六章

冷战后的全球化交往与中东的回应

第一节 经济全球化态势下中东社会 发展战略的调整

一、经济全球化的发展和挑战

20世纪80年代和90年代之交,伴随苏联的解体和东欧的剧变,战后以雅尔塔会议为标志逐渐形成的两极格局崩溃,冷战结束。和平与发展成为当今世界的两大主题。

在新的历史时期,世界经济发展的一个突出特点是全球化趋势日渐强劲。关于经济全球化,见仁见智,国内外的认识并不完全一致。按照前中国入世谈判首席代表、《经济全球化丛书》的学术总指导龙永图先生的观点,经济全球化一般被视为一种新的国际关系体制,包括生产、金融和科技三个方面的全球化。三者之间,生产发展决定金融科技的发展,同时金融和科技的发展又对生产发展产生巨大的反作用。经济全球化的主要特点是生产的全球化。① 也有学者认为,经济全球化的内涵十分广泛,其中包括资本、商

---

① 转引自刘力、刘光溪主编:《经济全球化丛书》总序言,中国社会科学出版社1999年版。

品、服务、劳动以及信息超越国际市场和国界进行扩散的各种现象。① 国外一些学者认为,经济全球化是指贸易自由化、金融自由化、生产的外销以及全球村中各个国家的经济机构和规则不断协调的过程。② 同时它还是一种动态的发展过程。

全球化时代的重要标志是诸如生物技术、信息和通信技术、微电子技术等三大技术的革新及其重大突破。这些技术革新为世界经济的迅猛发展开拓了全新的视野,并将人类社会的进步深入到前所未有的程度。与此同时,新一轮的技术革新变更了工业化的内涵。首先是生产资本、劳动力和原材料等基本要素发生了质变,丰富的劳动力、廉价和低附加值的原材料都不再构成相对优势,并被新技术和新知识所取代;其次,资源和劳动力密集型的生产方式逐渐让位于科学和技术密集型的生产方式;再次,工业和技术的主次关系换位,以往是工业处于先导地位,工业发展带动技术进步,而在全球化时代,技术被置于先导地位,跃居为第一生产力,技术进步成为推动工业乃至其他产业发展的主导力量。③ 工业化内涵变更的结果是,以工业化为核心的经济竞争转化为以技术为核心的竞争,这对一个国家经济综合实力的要求更加突出。

从理论上说,技术革新所带来的新的科学技术是没有国界或阶级属性的,它属于人类共享资源,有利于人类的共同进步,也有助于加强人类社会的开放性。在全球化时代,互联网等高科技手段使世界各地之间的距离大大缩短,彼此相互交流和相互依赖的程度空前提高,科学技术的传播变得更加便利。因此,在表象上,全球化时代的技术革新无论对于发达国家还是发展中国家来说都是一种机遇。但从根本上看,经济全球化是一场以发达国家为主导、跨国公司为主要动力的世界范围内的产业结构调整。因而,经济全球化的制度和规则安排也被一些研究者称为"发达国家霸主制"。④ 法国学者雅克·阿达甚至认为,经济全球化就是资本主义经济体系对世界的支

---

① 刘力、章彰:《经济全球化:福兮? 祸兮?》,中国社会科学出版社 1999 年版,第 2—3 页。

② Belkacem Laabas, *Arab Development Challenges of the New Millennium*, Burlington, Ashgate Publication Company, 2002, pp.44 - 45.

③ 冯璐璐:《中东经济现代化的现实与理论探讨:全球化视角研究》,第 165 页。

④ 王明华:《经济全球化的几个理论问题》,《经济问题》2002 年第 6 期。

配和控制,全球化进程就是资本主义横行世界和肆虐全球的进程。[①] 原因在于:"截至目前为止,经济全球化还是中心强权国家利益主导的全球化,这种全球化既包括中心国家先进生产力的全球性传导,也包括其生产关系及与之相适应的社会政治制度和价值观的输出乃至强行输出,如私有制的强行输出、以实行西方民主制度为先决条件的区域经济一体化等。生产力的全球性传导当然是同发展中国家现代化的利益相一致,但生产关系、社会政治制度和价值观的输出,则更多的是引起尖锐的阶级矛盾和民族冲突,甚至全球性危机。"[②]埃及著名经济学家萨米尔·阿明亦曾指出,生产过程全球化是当代资本主义最显著的特征之一,在此过程中发达国家因为拥有资本、先进的生产技术和营销网络而成为绝对的中心,其他边缘国家则只是充当全球化生产的劳动力,全球化虽然没有使正处于发展中的民族国家趋于消亡,但却严重影响到民族国家经济管理的效率。由此可见,经济全球化是一把"双刃剑"。对于广大的发展中国家来说,由于它们在世界经济体系中所处的弱势和边缘地位,全球化使其面临的挑战远远大于机遇。

中东国家同其他发展中国家的情况大同小异,随着经济全球化和一体化趋势的不断加强,中东国家在经济、政治、宗教和文化等诸多方面都处于不利的被动地位。从某种意义上讲,经济全球化对于地处伊斯兰宗教文化圈中心区的中东国家不仅是一场经济和技术的较量,同时也是政治、宗教和文化上的较量,并使它们面临各种严峻的挑战。

二、中东国家发展战略的调整及其走向

面对冷战后日益强劲的全球化趋势的冲击,中东国家自 20 世纪 90 年代以来,先后开始对本国的社会发展战略进行认真的总结和反思,并在不断的挫折和失败中逐渐学会以更客观、更理性、更开放的视野来评估自身的各项社会发展政策,相继步入新一轮发展战略的调整和变革中。

20 世纪 90 年代以来,中东国家发展战略的调整与变革涉及经济、政

---

① 转自刘力、章彰:《经济全球化:福兮? 祸兮?》,第 2 页。
② 曾昭耀:《论全球化与现代化》,载谈世中等主编:《经济全球化与发展中国家》,社会科学文献出版社 2002 年版,第 226 页。

治、社会和文化教育等多个领域。从经济调整的指导思想来看,中东国家越来越深刻地认识到,全球化经济的突出特点是开放的,是需求导向或市场导向的,同时也是以技术进步和知识积累为基础的。因此,中东各国不断在弱化或放松国家对经济的控制和干预,努力向市场经济转轨,以便尽早建立以市场为主导的现代经济体系。为了实现这一目标,中东国家经济和社会发展战略的调整普遍出现了以下几种趋势。

1. 制定和实施面向市场的各项经济政策,确立以出口为主导的综合发展战略。其中以土耳其和以色列最为突出。土耳其自 1991 年起制订了新的经济发展计划,对经济进行彻底改革,以便建立自由市场的经济体制。土耳其的经济改革计划基本上是按照西方的模式和思路,政府不再严格控制国有经济,国有企业的自主权逐渐扩大。市场运行机制比较灵活,商品价格基本放开,银行有权自定利率。另一方面,为了适应全球竞争的需要,土耳其还确定了外向型的经济发展战略,其目标之一就是要实现经济的国际化,并能尽早加入欧盟,融入欧洲经济的一体化进程中。以色列是中东地区面向市场和实施出口战略最成功的国家,它在中东地区率先完成由重点发展进口替代型的传统产业转向重点发展高科技和出口导向型工业品的调整。1995 年,以色列高科技产品占工业总产值的比例已超过 50%;1990 年至2002 年,高科技产品出口增长了 3 倍。[①] 同时,以色列还拥有约 4000 家高新技术公司,是全球除加利福尼亚地区以外高新技术公司最密集的地区,[②]涉及电信设备、软件、半导体、生物技术和医疗电子器械等领域。近年来,高科技和高附加值的产品已占以色列出口产品的 70%。海湾六国也是市场经济发展较快的国家,六国根据市场需求组建的现代经济部门已在国民经济中占据主导地位,工业和服务业产值在国民生产总值中约占 90%。其他中东国家虽然并不完全认同西方化的自由市场经济,但已开始更多地考虑市场因素,并将其纳入经济转轨的决策中。逐步建立完善的市场经济机制显然已成为中东国家未来经济现代化的发展趋势。

---

① 《2003 年以色列经济问答》,以色列驻华大使馆商务处网站,http://www.isaeltrade.org.cn/html/9 - a20 - 1.htm.

② Clement M. Henry & Robert Springbory, *Globalization and the Politics of Development in the Middle East*, Cambridge University Press, 2001, p.207.

2. 采取多种途径扩大不同类型私营经济的比重,增强经济活力,充分发挥私有经济在社会发展和应对全球化中的作用。20 世纪 90 年代以来,沙特阿拉伯私有化进程空前发展,截至 1996 年,私营企业在国内生产总值中所占比例达到 35%。[1] 国内私营商业银行已接替了沙特阿拉伯工业发展基金的地位而成为国内石化扩建工程的主要筹资者。阿联酋和阿曼鼓励私人企业家投资的效果颇为显著。其中阿联酋政府在 1998 年投资只有 37.3 亿美元,但私人投资却高达 66.1 亿美元,有力地推动了经济的发展。阿联酋已成为中东地区私营经济发展最快的国家之一。

中东其他国家也都采取相应措施扩大私有化经济的比例。如土耳其 1995 年私营部门在固定资本投资中已占 82.1%,2003 年,土耳其私有化委员会宣称已完成 10 亿美元的招标;[2]叙利亚对外国投资者和商人实行“三不政策”,即不国有化、不没收私营企业,不征用私营企业的财产;伊朗从 1993 年开始大量削减对国营企业的补贴,面向私营企业开放,同年其以私营企业和合资企业为主生产的非石油产品出口达 40 亿美元,创历史纪录,[3]埃及于 1991 年颁布的新的《国营企业法》标志着埃及国营企业私有化的开端。根据此法令,国有企业的投资和信贷不再纳入政府财政预算,置国有企业和私营企业于同等地位,允许国有企业清算资产。1996 年,埃及私有化进程加快。及至 1999 年底,已出售股份的公司达到 129 家,私有化收益累计 124 亿埃镑,占国内生产总值的 35%。此外,埃及还将私有化的范围扩展到基础设施建设上,并把国内私人投资作为新建港口、电信、发电站等大型项目的主要投资来源。

在促进私有化的进程中,中东各国同样十分重视引进外资以及与外国公司进行合作。在石油生产国,外国资金已充斥于旅游业、运输业、房地产、电信业等各个领域,此外阿曼和巴林等国还允许外国投资者购买本国公司多一半的控股权,允许外国人直接持有当地公司上市交易的股票,土耳其在地中海东岸的梅尔辛湾和伊斯肯德伦湾则建立了两大外资投资区。

3. 加快经济结构的调整和改造,推进工业化和经济多样化进程。以海

---

① 王京烈主编:《面向二十一世纪的中东》,社会科学文献出版社 1999 年版,第 212 页。
② 姚大学、李芳洲:《全球化与中东国家的经济改革》,《西亚非洲》2005 年第 4 期。
③ 陈德照:《海湾战争后中东经济形势的变化》,《世界经济》1995 年第 1 期。

湾产油国为例,其主要做法:一是加大工业化投资,并将重点放在非石油工业以及与石油工业相关的下游工业上。根据设在巴林的海湾工业顾问组织的报告,90 年代上半期,海湾合作委员会成员国的工业投资比以往增长了 8 倍。二是提供各种优惠政策,大力促进农业和经济作物的生产,尽可能地实现粮食和农副产品的自给自足,减轻对外依赖。三是发展金融业,逐步建立中东金融市场。随着产业的多样化和私有银行的大量出现,海湾地区的金融业得到迅猛发展,巴林、卡塔尔和迪拜先后成为中东地区地位显著的金融中心。根据美国《商业日报》的报道,仅在 1994 年初中东已有 1100 多家银行和公司在阿拉伯股票市场从事股票交易,资本总额达到 370 亿美元左右。① 另据统计:在 1994—2004 年的十年间,阿拉伯国家的银行取得了年增长率 8.2% 的喜人成绩,客户存款增长 9.6%,存款总额达 5560 亿美元,总资产增至 8920 亿美元。2005 年,阿拉伯国家中约有 470 家银行机构,其中 71 家列入世界银行排行表。② 中东地区金融体系的日趋完善在一定程度上为中东各国社会发展战略的调整提供了财务和资金保证。四是积极创造条件,发展观光旅游和娱乐等新兴产业,扩大创汇。中东是人类古老文明的发源地之一,也是世界三大宗教的发祥地,有着非常独特的文化、民俗风情、建筑艺术和地形地貌,潜藏着巨大的旅游业资源。90 年代以来,中东、尤其是海湾地区的旅游业已经成为一项十分兴盛的产业,其发展速度在世界处于领先地位。巴林、阿曼和阿联酋都已制订了发展旅游业的长远计划,大力兴建旅馆、娱乐设施以及通向世界各地的空中航线。

上述措施使海湾产油国在保持传统优势产业的基础上,经济构成逐渐趋于合理,并且开始朝着健康、持续的方向发展。同时,它们也为其他中东国家根据各自的国情推进工业化和经济多样化提供了一些新经验和新思路。

4. 顺应全球化的大趋势,促进区域经济一体化与对外经济合作。乌拉圭谈判和 1995 年世界贸易组织成立后,中东国家不断采取各种措施强化该地区、跨地区性自由贸易区的建立以及经济合作的范围。1996 年埃及在第 21 届阿拉伯首脑会议中提出建立阿拉伯自由贸易区的计划草案。1997 年

---

① 陈德照:《海湾战争后中东经济形势的变化》。
② 彭树智主编,钟志成著:《中东国家通史·海湾五国卷》,第 249 页。

这项计划被纳入到发展和促进阿拉伯国家间贸易的协议中,中东所有阿拉伯国家均参加了该协议。1998年1月1日大阿拉伯自由贸易区计划开始实施,其主要目标是:自1998年到2007年的10年内,成员国以每年10%的速度逐步取消对阿拉伯国家产品的进口关税以及关税性税收。

进入新世纪后,埃及、约旦、摩洛哥、突尼斯于2001年5月签署协议,筹建环地中海阿拉伯国家自由贸易区;2003年按照海湾国家第23届首脑会议的决议,海湾国家建立关税同盟,海湾成员国对内互免关税、取消贸易限制,对外统一关税标准。此外,海湾国家还计划于2007年成立共同市场,2010年统一货币。

20世纪90年代以来除了中东和阿拉伯世界内部的合作之外,还出现了范围更为广阔的经济合作尝试。其中包括1995年底启动的地跨亚、非、欧三洲的南北一体化组织,即欧盟—地中海伙伴关系联盟。欧盟—地中海伙伴关系联盟的建立无疑标志着中东的区域经济已经打破了地区界限而趋于世界性的一体化发展。1997年环印度洋地区合作联盟成立,中东的阿曼、阿联酋和也门成为其中的成员国,埃及为对话伙伴国。该联盟的最终目标是至2020年实现贸易自由化。除此以外,土耳其、以色列、巴林、埃及、科威特和卡塔尔、阿联酋这两组国家分别于1995年和1996年加入世界贸易组织,沙特阿拉伯、也门、黎巴嫩已经成为世界贸易组织观察员国,这意味着中东国家的贸易范围已经由双边合作向多边合作扩展。

5. 大力普及各级各类教育和提高信息技术,加速开发人力资源,应对新时期人才和智力的竞争。20世纪90年代以来,埃及和约旦的教育发展在中东国家具有一定的代表性。两国的突出特点是:政府加大对教育的投入和拨款,鼓励公私双管齐下,多途径兴学办教;注重师范和各类职业技术培训,全面提升国民素质,尽可能满足社会经济各部门对不同人力的需求,优先和重点发展高等教育,更多更快地为高新产业部门输送高端人才。与此同时,中东国家在开发人力资源方面不断加强对本国劳力的培训和使用,各国不同程度地实施人力本土化政策,努力扩大本土人力使用的数量和领域。阿曼在人力本土化方面走在海湾国家的前列,它在1992年就制定了阿曼化政策,而且这一政策也是阿曼《2020年前景》长期发展规划中国家改革和发展战略的重点。

与此同时,信息产业在中东各国日益得到重视和发展。有些国家甚至将其作为国民经济的支柱产业。例如埃及从 1999 年开始实施信息技术的"五年"计划,建立了信息技术园区。约旦和阿联酋在校园内开始普及计算机教育,将它作为培养现代技术劳动力的基础课程之一。就连固守伊斯兰传统的沙特阿拉伯也在 1999 年取消了对因特网的禁令。此外阿联酋于 2000 年 10 月在迪拜建成世界上第一个电子商务自由贸易中心。信息产业和网络技术已在中东各国的社会经济中发挥着越来越重要的作用。

全球化时代,中东国家不同程度地对本国经济和社会发展战略的调整,其宗旨是试图克服和纠正各国自第二次世界大战结束以来在实施经济和社会发展战略过程中出现的诸多弊端,削弱国家过度干预和人为因素造成的种种制约与失误,特别是渴望借助市场机制的自由、合理发挥,最大限度地增强经济的活力,促进社会经济的迅速发展,加快实现国家的现代化。然而,由于中东国家传统经济结构的种种局限,新技术吸收容量和自我创新或再创新能力的严重不足,再加上现存国际经济秩序和全球化趋势对中东国家带来的诸多不利因素,中东国家很难在较短的时间内完成对传统经济的彻底改造,并将美好的愿望变为现实。实际上,在中东国家进行经济和社会发展战略调整的过程中,还需要进一步首先从思想上廓清对诸如全球化、现代化等重大问题的认识,需要在一些关涉国家前途和命运的大事上保持清醒头脑,形成共识与合力,尽可能避免因思想认识上的冲突和混乱所造成的任何延宕。只有这样,中东国家才能抓住有利时机,营造适宜的社会发展条件和氛围,通过不懈的努力,逐步完成对传统经济模式的创新与改造,缩小同发达国家的差距,并能融入到全球化的洪流中。

第二节　现代化变革中的中东民主化政治

一、现代政治制度的形成及其演进

马克思认为:"物质生活的生产方式制约着整个社会生活、政治生活和精神生活的过程"。① 这也就是说,一个社会的基本制度、社会结构,以及政治、法律、宗教、哲学、道德等观点,归根到底都是由生产方式决定的。但是,马克思主义的社会历史观不仅是唯物的,而且是辩证的。马克思主义从来不认为经济因素是引发社会变革的"唯一决定性因素",而认为是各种因素互动、综合作用的结果。任何一个单独因素都不能孤立地起作用。马克思主义的辩证唯物史观对于人们客观认识中东国家的政治发展与民主化进程提供了理论依据。

中东国家现代政治制度的形成与发展取决于中东各国的经济基础、社会结构、宗教文化传统和历史发展阶段等诸多要素。中东国家固有的社会特征,使其对政治民主化的发展同样有着特殊的规定性,从而体现了符合自身的发展逻辑,以及同西方式民主在形式和内容上的差异。第一次世界大战结束后到 20 世纪 70 年代初期是中东国家现代政治制度基本框架大体形成的时期。由于中东各国具体国情的差异和各国统治阶级属性的不同,由此决定了中东国家政权性质的区别,先后出现了君主制、君主立宪制和共和制等不同类型的政治体制。中东国家的政治体制因受资本主义社会经济形态和其他因素的影响,各国大都效仿西方的行政管理体制,同时也不同程度地借鉴了西方的某些民主参政方式。例如建立咨询议会制度,在社会上层适度扩大民主参政范围。沙特阿拉伯和阿曼的君主制就属于此种类型。科威特、巴林等海湾诸国和约旦、摩洛哥等国则在确定君主权力的基础上,采用立宪形式,并以分权方式,建立了议会制度。土耳其、埃及、叙利亚和前萨达姆时期的伊拉克,以及以色列和黎巴嫩等国都是中东地区的共和制国家。伊朗原为君主制国家,1979 年伊斯兰革命胜利后,确定了伊斯兰共和制政权,并实施宗教领袖制。中东地区的共和制国家,除以色列和黎巴嫩采用多党议会制外,大都实行总统制,总统在很大程度上握有控制议会的特殊权力。另一方面,在中东地区,除土耳其外,其他国家均未实行政教分离政策,或是坚持以伊斯兰沙里亚法为国家立法的主要原则。

与世界其他国家和地区相比,中东地区大多数国家政治发展相对缓慢滞后。传统的政治治理模式仍为绝大多数中东国家普遍存在的政治现实。

---

① 《列宁全集》第 26 卷,人民出版社 2017 年版,第 58 页。

其主要表现是:在统治方式上,家族统治、世袭制、集权与独裁、强人政治等现象在中东国家比较盛行,其中以血缘、地缘关系为基础的威权主义政权仍占很大比重,这些政权的"合法性"根植于一定的历史传统和家族世袭制。那些实行共和制的国家,也存在明显的家族制或世袭制的痕迹,如萨达姆时代的伊拉克政权,现代叙利亚政权等。在具体的政治生活中,大部分中东国家存在集权与独裁等问题。许多国家虽然颁布了宪法,但并没有对国家最高首脑的权力进行有效限制的规定,缺乏制约权力的机制。立宪政体在本质上应是权力受到限制的政体,但许多中东国家仅有立宪之名,缺乏行宪之实,在政治治理上存在明显的"人治"特点。另一方面,中东国家还缺乏有效的政治参与和公民意识,传统的臣民意识仍占主要形式。① 上述现象的存在被一些阿拉伯学者称为"自由缺失",而西方则认为是一种"民主缺失"②。

及至 20 世纪 70 年代中期,中东国家的政治制度整体上一直未发生实质性的变化。与此同时,由于战后在推进社会经济发展过程中衍生的各种问题导致一些国家政局不稳,中东国家的政治发展甚至出现逆转。这种逆转的主要表现是:最高统治者个人集权和独断倾向加重;咨议制度和议会制度极不健全,并在多数国家名存实亡;共和制国家军人参政或干政现象十分普遍;政党和政治派别受到严格限制;宪法在不少国家成为统治阶级实行专制的工具。③ 这种状况造成中东国家的政治发展步履艰难。

二、民主化政治的转机和动力

第二次世界大战结束后是中东国家全面实施现代化发展战略的重要时期。尽管中东国家在长期的现代化实践中屡遭挫折和失败,并且未能达到现代化预期的各种目标。但是,现代化战略的实施毕竟促进了经济的发展,中东各国的经济结构开始发生重大变革,以传统农牧业为主体的经济构成

---

① 王林聪:《论中东伊斯兰国家民主化及其前景》,《西亚非洲》2004 年第 2 期。

② Richard N.Haass, "Towards Greater Democracy in the Muslim World", *The Washington Quarterly*, Summer 2003.

③ 杨鲁平:《浅析中东国家的政治民主化》,《西亚非洲》1994 年第 2 期。

逐渐向现代工业经济转型。而经济发展引起的连锁反应是社会结构也在发生着相应变化。中东国家陆续萌生或出现了诸如企业家、经理、大商人、土地经营者、职员、文官、工程师、律师、医生、教授、中小学教师等专业技术人员。他们构成了中东国家新兴的社会阶层——中产阶级。这个新的阶层主要凭借自身掌握的文化知识和科学技术，以及自身的教育和训练素质获得其地位。社会和经济发展的需要则为他们的升迁与社会地位的变换提供了机遇。

中东国家新兴中产阶级队伍的形成不仅体现在人数的迅速增长，同时他们在本国各个领域特别是经济领域越来越发挥出举足轻重的作用。国家经济的正常运作在很大程度上依靠他们来维持，而且他们也是推进国家现代化发展的重要力量。新兴阶层社会作用和地位的提高也使他们的参政意识得到强化，并通过各种途径来表达参政的愿望，主张"专家治国"，推进"民主政治"等，从而在各国的政治舞台上施展着影响。另一方面，中东国家在战后推进现代化发展的过程中，各国的教育事业普遍得到迅速提高，这对国民素质的上升，民主自觉意识和政治参与观念的增强都产生着潜移默化的促进作用。加之新兴社会阶层的出现，两者形成的合力对中东各国的政治发展构成强大的内部压力。

在推进现代化的过程中，中东国家的政治发展也面临着来自西方的各种压力。中东国家因其所处的重要战略位置和蕴藏丰富的石油资源而备受西方关注。西方国家常常借助中东国家在现代化发展中遇到的困难，以提供贷款和援助为条件，迫使中东的一些受援国按其意愿进行经济和政治变革，以适应西方的需要。特别是"9·11"事件后，美国不惜动用武力颠覆支持恐怖主义或疑为与恐怖主义有染的中东国家合法政权，试图仰仗一己之力塑造中东民主，并且抛出了对中东国家实施所谓民主改造的"大中东计划"。欧盟也在推动中东国家政治变革中扮演着重要角色。欧盟主张通过政治合作和经济援助来加强中东国家自下而上的民主动力。其具体做法是：支持中东各国的公民社会，以便对民主化施加内部压力；扩大经济自由化，以此影响政治自由化，拓宽民主化的潜力。欧美对中东国家政治发展和变革的态度成为中东国家必须面对的外部压力。

在内外双重压力下，中东国家的当权者切身地感受到权力危机。出于巩固政权的考量和趋利避害心理的驱动,中东国家迫切需要寻求其统治的内部和外部的"合法性"。这种态势和氛围成为后冷战时代中东国家推进民主化政治的新动力,民主政治的变革随之在中东国家兴起。

三、民主化政治的发展趋势

总体上看,进入后冷战时代以来,中东国家民主化政治的进展具有两大特点:一是政治变革在很大程度上是在权威政权框架内进行的,各国的当权者掌握着民主化进程的节奏;二是民主化进程呈现出一个缓慢、渐进的发展过程。上述特点是由中东国家的政权属性以及中东社会成长的不成熟所决定的。

从政治发展的角度看,政治权力的过早衰微大都会成为转型期国家经济发展停滞、政局不稳定的直接原因。中东国家的权威政权显然不愿意因开放政治权利而结束政治生命,因而竭力维护传统的权力分配,以获得尽可能多的统治合法性。与此同时,中东国家的权威政权又必须进行必要的政治变革,以满足民众基本的民主诉求,[①]否则将失去统治的基础。这种"二律背反"的现实导致中东国家的民主化政治只能在内外压力的矛盾和斗争中起步与发展。而权威政治在中东国家民主化政治进程的特定阶段仍在发挥有效作用,并对政治经济和社会发展产生一定的积极意义。20世纪90年代以来,中东国家民主化政治的主要进展体现在以下两方面:

第一,多数中东国家的当权者迫于内外压力,逐步开始对民主和民主化政治予以肯定,并把稳定、发展和倡导民主作为政治运行的目标。在这一思想指导下,许多共和制国家进一步解除"党禁",并颁布法令,允许多党和政府反对派存在,出现了多党进入议会或多党组成联合政府。在一些国家甚至出现了政府反对派通过合法选举掌握国家政权的不寻常事件。例如,在土耳其,埃尔巴甘领导的繁荣党曾借助大选一度执掌国家政权。在其他中东国家,如阿尔及利亚、巴勒斯坦民族自治权力机构和约旦等国亦曾出现类似的事件。在埃及,2005年5月,埃及举行全民公决,通过宪法第76条修正

① 姚大学、慈志刚:《中东政治民主化的内在机制和外部压力》,《西亚非洲》2007年第4期。

案,废除了"唯一候选人"的选举制度,允许有多党多名候选人通过直接选举产生总统。在伊斯兰共和制的伊朗,改革派和保守派轮番上台执政,妇女有史以来首次进入国民议会,2001 年伊朗出现了首位女副总统努苏·埃尔特卡尔博士,同时在议会中也可以经常听到反对派的声音。另一方面,中东国家先后进行了一系列民主化尝试。例如,1999 年科威特政府颁布法律,赋予妇女全部的政治权利;2000 年以后,约旦、卡塔尔和埃及先后成立国家人权机构;2001 年巴林举行全民公决,将巴林由埃米尔国转变为拥有民选议会和司法独立的立宪君主国。2005 年 12 月,伊拉克举行战后首次正式的议会选举;2006 年 6 月,科威特妇女根据选举法首次获得选举权和被选举权,等等。这些事实表明中东国家国民政治参与的渠道在不断增加和扩大,国民的政治权利相应地得到了提高,从而推动了各国民主化政治的进展。

第二,中东国家越来越多的当权者已经清醒地意识到政治开放的必要性,并且试图通过有限民主来增强其政权的合法性。其重要表现是君主制国家的政治协商机制趋于成熟。各国陆续建立了由不同社会阶层和派别组成的协商委员会或咨询委员会,为国民提供献计献策或表达不同政见的权利和机会。巴林于 2000 年恢复了被解散 25 年之久的议会,实行自上而下的民主改革,直接选举产生国民议会下议院,允许妇女和宗教派别参选。2003 年 4 月卡塔尔以全民公投的形式通过了新宪法,赋予妇女选举权。沙特阿拉伯自 1993 年成立协商会议以来,其成员已由当初的 60 名增加到现今的 160 名。2003 年 8 月,法赫德国王批准建立国民对话站,"发表意见、互相沟通,开设对话渠道"。同年 10 月,沙特王国首次举行了建国后的地方选举,从而使政治改革向前推进。另一方面,各国政府为了加快适应现代化和全球化的需要,不断吸纳越来越多的现代化所造就的"政治精英"与"专家治国论者"进入政府管理和技术部门,并使他们在各国的现代化过程中发挥作用。中东的君主制国家多为富有的石油生产国,在经济上经历了迅猛的发展,形成了比较先进的现代石油经济体系。而经济的发展又促成了其社会结构的多层化和多元化的重大变革。对这些国家来说,其社会结构最具影响力的变化是各国产生了由政治精英和专家治国论者等知识型群体所构成的新兴社会阶层,即技术—官僚文官集团。他们在各国的经济和政治发展中扮演着重要角色。各国通常的做法是,在确保君主制合法性和权威性的前提下,政府权力与职能交由新型的技术—官僚文官集团来运作。这种将传统因素与现代因素糅合在一起的做法,既能保存传统的君主政体,又能基本满足经济基础和社会结构对上层建筑的需要,并为新的发展提供了可能。

民主化是中东国家政治发展的必由之路,20 世纪 90 年代以来,中东国家民主化政治的进展实际上已经充分体现了这一趋势。但由于多数中东国家尚未从根本上完成由传统社会向现代社会的转型,中东国家民主化政治的实现将是一个漫长的进程,它有赖于在内外压力下中东各国权威政权的逐步变革,有赖于政治精英和社会精英不懈地挖掘传统文化资源,有赖于不断提高社会经济发展水平和民众意识。①

第三节　美国全球战略中的阿富汗和
伊拉克战争

一、阿富汗塔利班的崛起

1989 年,伴随苏联军队的撤离,阿富汗国内抵抗组织各派之间的部族、民族和宗教矛盾趋于表面化。各个派别为争夺地盘或扩大势力范围,相互之间厮杀不休,阿富汗重新陷入血腥的内战之中。

在阿富汗长期的内战中,"塔利班"异军突起。"塔利班"(Taliban)是阿拉伯语"塔利布"(talib)的波斯语(及普什图语)复数形式,意为宗教学生。塔利班武装也被称为"学生军"。它的骨干成员主要来自宗教学校,或受到培训的阿富汗普什图族难民。塔利班属于逊尼派原教旨主义组织,视《古兰经》为法律,致力于推翻以拉巴尼为首的阿富汗温和的伊斯兰政权,建立"世界上最纯粹的伊斯兰国家"。塔利班于 1994 年初成立于巴基斯坦的边

---

① 　王林聪:《论中东伊斯兰国家民主化及其前景》,《西亚非洲》2004 年第 2 期。

境小城,当时的成员仅有 800 多人。塔利班首先重创希克马蒂亚尔领导的伊斯兰党。其后,塔利班迅速壮大,在战场上取得节节胜利:1994 年 11 月,它消灭军阀势力,控制坎大哈;1996 年 9 月夺取喀布尔,把总统拉巴尼赶出首都,建立了塔利班政权;1998 年 8 月,塔利班攻克反塔利班联盟的指挥中心所在地——北方重镇马扎里沙里夫,控制了阿富汗 90% 以上的国土;到 2000 年 9 月已控制阿富汗 95% 的土地。

塔利班的首脑是奥马尔,他既是最高宗教领袖,又是最高政治领导人。1996 年 3 月,1200 多来自阿富汗各地的乌里玛和毛拉在坎大哈召开了"大舒拉",即大协商会议。奥马尔被一致推举为"信士司令"(Amir al-Muminin),这是四大哈里发中的第二任即欧麦尔曾用过的称号,在阿富汗历史上也只有道斯特国王曾使用过。由此奠定了奥马尔在塔利班中的最高精神领袖的地位。与此同时,塔利班宣布将国名从"阿富汗伊斯兰国"改为"阿富汗伊斯兰酋长国"。

塔利班掌权后,对内强制推行全面的伊斯兰化,要变阿富汗为"以伊斯兰法典为基础的纯粹的伊斯兰国家",实则是一个高度压迫性的政权。该政权废除了先前所有"非穆斯林的法律和规定",代之以伊斯兰教的沙里亚法,同时宣布除伊斯兰教外,传播其他宗教均为违法行为。随后摧毁了阿富汗巴米扬地区两尊 1500 年前的世界级艺术珍品巨型佛像。在社会生活方面,塔利班政权禁止放映电影和电视,严格控制一切娱乐活动。责令男人必须蓄须,修剪胡须不得短于一个拳头长。对未婚而发生性关系者,鞭笞 100 下或用石头砸死。对同性恋者,用推倒一堵砖墙的办法将其压死;对偷盗者,施以砍手或削足的惩罚。对妇女则实施性别歧视政策,迫害和摧残女性。塔利班政权剥夺了妇女接受教育和外出工作的权利,规定妇女外出必须身着黑、灰色罩袍,不能露出身体肌肤。如不慎暴露了脚踝,就会遭到宗教警察毒打,甚至投进监狱。妇女也不能大声说笑,不能与陌生人说话等。为了对社会生活实施监督,塔利班还专门成立了"教规督察部",负责"推行善美,禁止邪恶"的工作。这个部门被授予特殊权力,有权强制实施"由《古兰经》和逊奈所决定的惩罚"。它无所不在,无孔不入,严格控制着塔利班控制区人民的日常生活和行为,以至于阿富汗学者塞卡尔亦指出,塔利班的残酷统治是中世纪式的。

塔利班政权在国际上处于孤立地位。只有巴基斯坦、沙特阿拉伯和阿拉伯联合酋长国三个国家在外交上先后承认塔利班,而在喀布尔设立使馆的只有巴基斯坦。因此,塔利班政权实际上是断绝了与国际社会的联系。与此同时,塔利班推行极端主义的泛伊斯兰外交,与乌萨马·本·拉登关系密切。由于本·拉登在苏军入侵阿富汗时进入阿富汗,并全力支持阿富汗抵抗组织抗击苏军的侵略,一直被视为阿富汗抗苏战争期间的英雄。拉登在接受美国《新闻周刊》记者采访时表示,"我们支持塔利班并把自己当作他们的一分子。我们的血是和阿富汗兄弟的血流在一起的。对我们而言,阿富汗只有一个政府,就是塔利班。我们遵守他们的命令。"①1998 年,本·拉登在接受卡塔尔"半岛"阿拉伯语电视台采访时说:"我与塔利班的关系坚不可摧。这是一种建立在意识形态之上的关系,而不是单纯的政治或商业关系。真正的情况是我们不独立运作。在拥有很多信徒的这样一个国家,我们必须遵守伊斯兰教法。""我们的目标是把我们的伊斯兰领土从恶魔的手中解脱出来。"②

二、反恐旗号下的阿富汗战争

2001 年 9 月 11 日,美国遭到恐怖组织劫持民航飞机撞击纽约世贸大厦双子楼的自杀式恐怖袭击。"9·11"成为美国和世界进入 21 世纪后所遇到的最严重的恐怖事件。9 月 20 日,美国总统布什在电视讲话中声称,世界上每一个国家都必须在美国和恐怖主义两者之间做出明确选择,并强调,美国今后将把任何一个继续窝藏或支持恐怖主义的国家视为敌人。布什总统的讲说标志着美国开始把打击国际恐怖主义,彻底消除恐怖主义对美国的威胁作为外交和安全政策的首要目标。

"9·11"事件后,美国把藏身阿富汗的本·拉登认定为首要嫌犯。美国认为本·拉登及其"基地"组织具有制造暴行的意志和能力。本·拉登曾经说:"杀害美国人和他们的盟友是每一个穆斯林的宗教责任,应在所有

---

① 麦高:《本·拉登流亡阿富汗的日子》,第 267 页。

② *Sunday Telegraph*, Dec.7, 2001.

国家完成自己的责任,从他们手中解放阿克萨清真寺,将他们的军队赶出穆斯林的土地。"他还曾发出要对美国发动这种袭击的暗示。另外,美国确认制造这起恐怖事件的19名劫机者中至少3人与基地组织有联系,而基地组织一直由本·拉登负责,"9·11"事件这样的大规模袭击肯定要本·拉登亲自批准,等等。美国得出结论:本·拉登是"9·11"事件的幕后策划者,基地组织成员是实施者。同时美国要求塔利班政权交出本·拉登,并接受美国对本·拉登的审判。

然而,塔利班却拒绝了美国有关本·拉登参与"9·11"事件的指控。塔利班的外交部长发表声明说:"我们过去尽了最大的可能,将来也会以我们能够采取的任何方式向美国保证,乌萨马没有卷入这些活动。"①此外,塔利班还提出,即使本·拉登有罪,他也必须在第三国受审,②并断言,塔利班领导层没有人公开表示支持恐怖主义活动,也没人公开赞成"9·11"爆炸事件。

9月20日,布什在广播讲话中对塔利班发出最后通牒:向美国政府交出在阿富汗的所有基地组织领袖;立即和永久地关闭恐怖分子训练营地,并向有关方面交出所有恐怖分子;保护在阿所有外国记者、外交官和援助人员的安全;释放所有非法关押的外国公民;允许美国彻底检查所有恐怖分子训练营地;无条件和立即接受所有上述要求,否则将与恐怖分子共命运③。

紧接着,美国又制订了外交方面的三大目标:最大限度地孤立塔利班和基地组织;建立国际反对塔利班和基地组织的政治和军事联盟;从非军事方面推进对塔利班和基地组织的制裁。④ 这些目标都得到了顺利实现,因为"9·11"事件使美国博得了许多国家的同情,甚至伊朗城市街头也有人持烛守夜,悼念遇难者。在西方国家中,北约援引有关集体防御的条款予以声援,澳大利亚和新西兰援引美澳新条约表示支持,联合国安理会通过1373号决议要求所有国家采取措施反对恐怖分子及其金融网络。另外,有100

---

① Hugh Dellios, "Reaction in Mideast is Mixed: Arafat Says He is 'Completely Shocked'", *The Chicago Tribune*, 11 Sep., 2001.

② 路透社华盛顿2001年9月18日电。

③ George W. Bush, "Address to a Joint Session of Congress and the American People", White House, 20/9/2001, http://www.whitehouse.gov/news/releases/2001/09/20010920-8.html.

④ Tom Lansford, *A Bitter harvest: US Foreign Policy and Afghanistan*, p.163.

多国向美国提供了反恐合作及情报合作,30 国提供了司法合作调查,27 国同意提供双边和多边的军事援助。①

美国还向对阿战争的关键国家巴基斯坦提出了 7 点要求,主要是阻止基地组织特务在边境地区的活动及基地组织的物资运输,提供飞机的过境及着陆权,允许使用港口和军事基地,提供相关情报,阻止巴基斯坦志愿者进入阿富汗,停止支持塔利班等。② 巴基斯坦全部接受。此外,沙特、阿联酋也相继断绝与塔利班的关系,沙特阿拉伯在与塔利班的断交声明中,指责后者利用阿富汗国土"窝藏、武装、鼓励犯罪分子进行恐怖活动,恐吓无辜平民,在全世界从事毁灭活动,从而损害了伊斯兰和穆斯林的声誉"③。俄罗斯则对美国做出积极回应:同意美军使用乌兹别克斯坦和塔吉克斯坦的军用机场;同时,它还向阿富汗北方联盟提供了 72 辆 T－55 型、T－62 型坦克和 30 辆步兵作战车。④

9 月 19 日,美国宣布了代号为"无限正义行动"(Operation Infinite Justice)的军事打击计划。同时,美国向海湾地区集结了 4 个航母战斗群、3 个两栖战舰编队,配备有飞机 300 余架;并向该地区增派了 100—150 架各类军用飞机。到 9 月底,美国共在阿富汗周边地区部署了 18 万兵力。英国也在海湾地区集结了 24 艘战舰、2.3 万兵力。

2001 年 10 月 7 日,美国发动的推翻塔利班政权的阿富汗战争正式打响,这场战争分为四个阶段,第一阶段为持续四周的空袭行动,塔利班武装在猛烈空袭的打击下遭受重创,战斗力大大下降。第二阶段为北方联盟军队的大举进攻,并于 11 月 9 日占领马扎里沙里夫。第三阶段北方联盟先后兵不血刃地控制了首都喀布尔和昆都士。塔利班军队被迫转入游击战,分散进入山区。北方联盟部队乘胜追击溃逃的塔利班武装。11 月 30 日夜到 12 月 1 日晨,美军对坎大哈周围的军事据点和可疑目标进行猛烈的地毯式轰炸。同时,由卡尔扎伊率领的普什图武装和 1100 名美国海军陆战队完成了对坎大哈的合围。12 月 6 日,塔利班的最高领袖奥马尔决定,坎大哈及

① Tom Lansford, *A Bitter harvest: US Foreign Policy and Afghanistan*, p.65.

② Bob Woodward, *Bush at War*, Simon and Schuster, 2002, p.59.

③ 新华社利雅得 2001 年 9 月 25 日电。

④ Angelo Rasanayagam, *Afghanistan: A Modern History*, I.B.Tauris, 2003, pp.251, 253.

其附近诸省的塔利班军队向当地的新政权全面缴械。随即,卡尔扎伊的部队进入坎大哈。至此,在阿富汗统治了5年之久的塔利班政权崩溃。但是,在农村山区仍然残存塔利班的武装,奥马尔逃之夭夭,拉登及其基地组织成员也不见踪影。此后是战争的第四阶段即最后阶段,联军与阿富汗武装继续追击基地组织,于2001年12月进行了对托拉博拉山洞综合体系的进攻,2002年2月进行了对沙希库特山谷的进攻。至此,战事正式结束。在这场世纪之初的战争中,截至2002年1月,美军有56人阵亡、200人负伤;塔利班有约4000人阵亡,包括600—800名基地组织成员,另有7000人被俘;北方联盟有约600人阵亡。估记死亡的平民为1300人。①

　　美英的军事打击行动,结束了阿富汗内战,摧毁了塔利班政权。从某种意义上讲,塔利班的兴衰是对阿富汗现代化挫折的一种反应,是阿富汗社会进行另外一次尝试和选择的努力。其失败的直接原因固然是美英军事打击,但是塔利班这种宗教保守主义和政治极端主义的选择既违背当代世界的发展潮流,也不符合阿富汗社会的历史发展需要,因此,它的失败具有历史必然性。

三、伊拉克萨达姆政权的倾覆

　　美国推翻塔利班政权的军事行动取得胜利后,美国国内的新保守主义势力在政界的影响骤然飙升。同时,它又进一步刺激了美国的单边主义和轻视国际准则的倾向。新保守主义者认为,美国可以无视他国主权,并通过"先发制人"的手段,直接或不受约束地打击恐怖主义。于是,作为美国霸权主义"眼中钉"的伊拉克萨达姆政权就成为塔利班之后美国实施所谓反恐军事打击的又一个目标。

　　美国之所以要对伊拉克实施军事打击,其中蕴含着深层的战略设想和战略考虑。概括起来,可归纳为以下几点:1.控制和攫取伊拉克石油资源,竭力使美国石油垄断资本和某些政要从石油生意中牟取利益,同时冲击国际油价,削弱欧佩克;2.通过对伊拉克动武达到杀一儆百的作用,进一步巩

---

① Tom Lansford, *A Bitter Harvest: US Foreign Policy and Afghanistan*, p.169.

固美国在中东的主导地位,遏制伊朗、叙利亚等所谓"邪恶轴心"国家,并影响中东其他温和政权;3.将伊拉克作为建立"民主"橱窗的实验,推动中东地区的民主化和世俗化,以便按照西方的价值观或意愿对伊斯兰世界进行改造。美国的如意算盘同样可以在美国发动对伊战争之前即2003年2月26日,布什总统对美国右翼的企业研究所的一次演讲中得到印证。布什总统在这次演讲中宣称,"只有在伊拉克建立新政权,才能成为其他中东国家自由的典范"。[①] 他反复强调,要以萨达姆之后的伊拉克为样板,推进整个中东的民主化,并且还要从伊拉克和巴勒斯坦开始来对伊斯兰世界进行改造。

但是,美国要对一个主权国家实施军事行动,又不能没有一个正当的理由或说法。因此,布什政府通过美国中央情报局和军方的情报部门为萨达姆政权罗列了一系列罪名作为向伊拉克发动战争的理由。这些理由主要包括:伊拉克发展大规模杀伤性和生化武器;与恐怖主义的基地组织联系密切,支持哈马斯等巴勒斯坦的"恐怖组织";以及萨达姆是独裁者,对伊拉克人民犯下了滔天罪行,等等。实际上,伊拉克战后的大量事实证明,布什政府对萨达姆政权罗列的前两项罪名,纯属子虚乌有,而且美国官方和媒体也都承认这一点。因此,美国对伊拉克发动的军事行动是建立在既定的战略目标和虚拟假设的理由之上的,由此显现了美国在对伊战争上的单边主义和霸权主义的傲慢。

伊拉克战争是一场敌我力量极为悬殊的较量,因为伊拉克在海湾战争期间已受到重创。尽管如此,美国仍然希望"师出有名",并竭力试图得到联合国的授权。当这一努力连遭失败,而且法、德、俄等国坚决抵制美国的战争选择时,美国转而开始组建"志愿者联盟"。2003年3月18日,时任美国国务卿的鲍威尔宣布该联盟已有45个国家,包括英国、波兰、澳大利亚、西班牙等国,其中还有不愿透露国名的15国,它们多数为穆斯林国家。另一方面,美国还在暗中秘密地进行着以重金收买伊拉克高级将领和军官的各种活动,以至于战争爆发前,伊拉克军队中驻守要地的一些高官已经"消遁"或"蒸发"。所有这一切在战争爆发前就已注定了萨达姆政权必遭颠覆

---

① 《日本经济新闻》2003年2月28日。

的结局。

伊拉克战争于 2003 年 3 月 20 日开始,战争共分三个阶段:第一阶段为 3 月 20 日至 30 日,其间联军展开了针对伊拉克总统萨达姆及高级官员的"斩首"行动,针对伊首脑机关、指挥通信系统和媒体的"震慑"行动及意在切断萨达姆与军队关系的"切断蛇头"行动。第二阶段为 3 月 30 日至 4 月 5 日,主要是打击包括共和国卫队在内的伊重要目标,支持巴格达地面作战。第三阶段为 4 月 5 日至 5 月 1 日,对南、北部城市进行空袭,打击伊军残余力量。在南部,联军在一些城市与伊军展开激战,如巴士拉、纳西里耶、库特等地,但总体进展顺利。4 月 3 日,联军进攻巴格达,于 12 日完全占领该城。4 月 9 日,首都中心广场上萨达姆的雕像被推倒。在北部,联军在库尔德武装的配合下,也顺利地先后占领基尔库克、提克里特等地。5 月 1 日,布什在林肯号航空母舰上宣布伊拉克战争的主要军事行动结束。

伊拉克战争结束后,美军继续追捕在逃的伊拉克总统萨达姆。2003 年 12 月,萨达姆在其家乡提克里特被美军抓获。2006 年 11 月 5 日,伊拉克高等法庭对涉及杜贾尔姆村惨案的萨达姆作出判决。法官以反人类罪和故意杀人罪的指控,判处萨达姆及其同母异父兄弟巴尔赞·提克里提绞刑。12 月 30 日,萨达姆被执行绞刑。参与审理萨达姆案件的许多法官和检查官都接受过联合国的培训,审判经费由美国提供,据说在美国驻伊使馆还集中了一批美国律师在幕后指导,由此显示了美国对审判的影响。而萨达姆之死则意味着伊拉克萨达姆时代的彻底终结。

四、战争的影响与后果

"9·11"事件后,美国在反恐的旗帜下,先后发动了推翻阿富汗塔利班政权和伊拉克萨达姆政权的两场战争。战后,为了确保社会治安和政局的稳定,美国在两国大量驻扎军队,从而使美国的政治和军事影响空前增长。同时它也进一步巩固了美国在中东地区和中东问题上的主导地位。

另一方面,鉴于美国对伊拉克实施的军事行动并未得到国际社会的一致认同,美国在战后不得不想方设法继续为它进攻和占领伊拉克寻找"合法性",以便消除对伊动武所引发和衍生的各种负面效应。为此,美国在战

伊战后在伊拉克城市街道上巡逻的美国大兵

后的伊拉克展开了积极搜寻大规模杀伤性和生化武器的活动。然而,依旧没有任何收获。在这种情况下,布什变换态度,并于 2003 年秋为美国对伊战争提出了新的理由,认为伊拉克是反恐战争的"核心战线",宣称一个自由民主的伊拉克将为中东其他国家树立楷模。与此同时,美国在战后采取一系列举措铲除了伊拉克复兴党的一党政治,确立了战后伊拉克的基本政治经济框架,其目标是建立市场经济和西方式的民主政治,即建立一个"民主"、世俗、分权的伊拉克,阻止逊尼派力量的复苏和维持伊拉克政治的平衡。美国的政策受到什叶派和库尔德人的欢迎。这些都是美国所希望看到的结果,也是美国伊拉克战略考量的重要内涵。

但是,任何事物都具有双重性。由于美国并未完全认识到伊拉克的复杂现实和历史传统,再加上它对伊拉克动武的合法性一直受到质疑,因此,伊战后的美国遭遇到各种严峻的挑战:一是反美活动愈演愈烈。面对美国的占领,复兴党人、以基地为主的从国外进入的激进伊斯兰组织和不满于美国占领的伊拉克民众纷纷展开反美活动,尤其是在逊尼派地区。联合国和国际救援组织也成为袭击对象。联军对简易的路边炸弹手足无措,伤亡不断,压力沉重。美国滥杀无辜、随意抓人、擅闯民宅等行为激起了民众进一步的愤怒和不满。二是社会治安混乱。美国占领后,大批刑事犯从监狱中获释,加上大量枪支流落民间,美军无力控制局面等原因,刑事犯罪活动猖獗,包括抢劫、杀人、绑架、强奸等。同时,教派矛盾急剧上升。什叶派和逊尼派的关系迅速恶化,大规模流血冲突持续不断。三是经济重建步履维艰。反美武装对输油管频繁地进行袭击,使石油产量呈现波动。基础设施受到严重破坏,水、电无法正常供应,水处理设施不能运作,国内 2/3 的居民面临温饱问题,人均收入仅为几美元,失业率高达 50%,儿童死亡率持续上升。战争期间使用的贫铀弹还造成严重的环境污染。严峻的治安局面和经济萧条造成大批人口外逃,形成难民潮。

就地区局势来看,伊拉克战争也改变了原有的中东政治格局。伊朗是战争最大的受益国。战争为伊朗除去了萨达姆这个死敌,同时伊朗通过伊拉克的什叶派得以对伊拉克的局势进行控制,以至于有人惊呼在战后中东出现了一个"什叶派新月"(包括黎巴嫩的真主党在内)。尽管美国一再指责伊朗和叙利亚在幕后支持伊拉克的反美活动,并进行公开的威胁,但收效不大。同时,沙特阿拉伯、埃及等逊尼派阿拉伯国家对伊朗在伊拉克的影响十分担忧,有媒体报道沙特曾向伊的逊尼派组织提供援助,而土耳其则对库尔德自治区未来的独立前景保持警惕。因此,伊战使伊拉克成为危及地区稳定的重要因素。

在伊拉克战争期间和战后,美国付出的代价同样是惨重的。据统计,截至 2007 年年中,美国阵亡人数达到 3705 人;[①]受伤人数接近 3 万。据美联社报道,4 年里美国在伊拉克的开销将近 5000(一说为 3250)亿美元,除去通货膨胀几乎接近越南战争 12 年的花费。

总起来说,战后伊拉克形势的特点可以概括为五"化":越南化、黎巴嫩化、波黑化、阿富汗化、伊拉克化。越南化,指美国在伊拉克驻军长期化,战争大量消耗美国的人力财力,从而使伊拉克成为陷阱;黎巴嫩化,指伊拉克新的政权结构是黎巴嫩式的教派政治,具有潜在危险,同时各教派之间存在尖锐矛盾,政党以教派为基础并拥有自己的武装,形成地方割据,并与外国建立密切联系;波黑化,指伊的教派矛盾已发展为教派清洗和大规模的强制人口迁移,造成严重的人道主义危机,并危及国家认同;阿富汗化,指伊拉克

---

① 中广网引自中新网资料,见 http://www.cnr.cn/military/daodu/200708/t200708185045-44815.html.

像阿富汗那样成为伊斯兰国际极端力量反美的重要基地;伊拉克化,指美国推动伊拉克军队和警察的扩编,实现战争"伊拉克化",同时,它未来也可能指伊拉克在国际政治中的独特经历:在外来军事打击之下,一个主权国家发生政权更迭,陷入极端无政府状态,面临解体前景。①

第四节　漫长而曲折的中东和平进程

一、拉宾遇刺对中东和平的影响

1993 年 9 月 13 日,在美国总统克林顿的主持下,巴解组织主席阿拉法特和以色列总理拉宾在美国白宫草坪正式签署《关于临时自治安排原则宣言》,即著名的《奥斯陆协议》。随后,根据协议,巴勒斯坦开始分两个阶段实行自治。

1993 年 9 月 13 日,在美国总统克林顿主持下,阿拉法特和拉宾在白宫草坪
签署《奥斯陆协议》

———————————
① 黄民兴等:《中东历史与现状十八讲》,陕西人民出版社 2008 年版,第 173 页。

第一阶段为过渡自治安排,并将于 1995 年 9 月完成。1994 年 7 月,巴勒斯坦自治领导机构开始在加沙和杰里科行使权力。与此同时,阿拉法特结束 27 年的流亡生活返回加沙。1996 年 1 月,巴勒斯坦举行历史上首次大选,选举巴勒斯坦民族权力机构(自治政府)主席和巴勒斯坦立法委员会。阿拉法特当选为民族权力机构主席。2 月 12 日,阿拉法特宣誓就职。第二阶段为永久地位的谈判。《原则宣言》规定,有关谈判不迟于过渡时期的第三年(1996 年 5 月 4 日)开始,整个自治进程最迟在巴自治后的 5 年内(1999 年 5 月 4 日)结束。

但是,奥斯陆协议的实施却在以色列国内引起强烈反应,以色列的极右势力坚决反对该协议,并且最终导致 1995 年 11 月拉宾总理的遇刺身亡和以色列右翼的利库德集团领袖内塔尼亚胡的上台。1996 年 5 月 31 日,内塔尼亚胡在大选中获胜。他执政后,以色列右翼势力抬头。以色列政府转而推行"三不政策":不允许建立巴勒斯坦国;不撤出戈兰高地;耶路撒冷不可分割。内塔尼亚胡早在竞选中就说过,奥斯陆协议"是一个悲剧性的错误",是"插在以色列背上的一把尖刀",他发誓要"推翻它"。他极力反对以色列从西岸撤军,还承诺要扩大犹太人定居点。[①] 他当选总理后又对新闻媒体说:"工党政府留给我们一个很坏的协议和一个艰难的处境。我们只得走向和平,但是要有一个不同的政策。"[②]内塔尼亚胡的强硬态度,致使巴以中东和平进程遭遇重重阻力。1997 年 1 月,经过多方的努力,特别是面对来自国内外的强大压力,巴以双方在埃雷兹检查站就希伯伦撤军问题勉强达成了协议。但由于彼此缺乏信任,造成巴以和平进程一直处于停滞状态。在巴以和平进程陷于僵局的情况下,又是美国出面对双方施加影响,并进行一系列撮合。进入 1998 年 10 月后,美国加大对巴以和谈的调解力度,并促成巴以双方重开谈判。10 月 15 日,克林顿总统邀请阿拉法特和内塔尼亚胡在美国举行谈判。会谈始于美国白宫,后移至马里兰州的怀伊河会

① Barton Gellman, "Gap Widens is Mideast Peacemaking; Palestinians, Israel Take Hard Lines, Endangering Oslo Accords", *Washington Post*, March 25, 1997; Laura Zittrain Eisenberg and Neil Caplan, *Negotiating Arab-Israeli Peace: Patterns, Problems, Possibilities*, Indiana University Press, 1998, p.145.

② Ian J. Bickerton, & Carla L. Klausner, *A Concise History of the Arab-Israeli Conflict*, Perntice Hall, Upper Saddle River, 1998, p.301.

议中心。经过紧张的谈判和讨价还价,双方于 10 月 23 日达成了一项关于以色列从西岸撤军等问题的《怀伊河备忘录》(亦称《怀伊河协议》或《华盛顿临时协议》)。这个备忘录并无多少实质性的新意,双方只是重申了履行已有协议的意愿。因此,协议的执行依然停留在口头上和纸面上,原定的 1999 年 5 月 4 日巴勒斯坦实行完全自治的最后期限不得不再度推迟。

1999 年 7 月主张和谈的以色列工党领袖巴拉克在大选中击败内塔尼亚胡,重新组成新内阁。巴拉克在以色列议会举行的就职演说中,强调他上任后将把推进中东和平进程放在一个重要位置。随后,巴拉克开始同巴勒斯坦方面进行会谈。9 月 5 日凌晨双方在埃及旅游胜地沙姆沙伊赫饭店签订了执行《怀伊河协议》的《沙姆沙伊赫备忘录》,规定永久地位谈判将不迟于 1999 年 9 月 13 日开始,并在 5 个月内达成框架协议,在一年内达成全面协议。这意味着 2000 年 9 月 13 日将成为巴勒斯坦建国的日子。但最终地位的谈判涉及耶路撒冷地位等诸多棘手问题,难度极大。2000 年 7 月 11—25 日,巴拉克和阿拉法特在华盛顿的戴维营进行了极为艰难的谈判,但终因在耶路撒冷问题上的分歧,谈判宣告破裂,原定的建国日期又成泡影。

相比之下,约以谈判较为顺利。1994 年 7 月侯赛因国王和拉宾签署《华盛顿宣言》,结束了两国间的战争状态。10 月,双方实现关系正常化。在对叙利亚和谈中,拉宾政府表示愿意根据"土地换和平"原则解决戈兰高地问题,但双方在"撤"与"和"孰先孰后问题上无法取得一致,拉宾遇刺后,双方的谈判又告失败。1999 年 7 月巴拉克出任总理后,和平进程重新启动。但双方仍在老难题上僵持不下。黎以谈判始终受到叙以谈判的牵制。同样,双方也是在"撤"与"和"的先后问题上纠缠不清,1994 年 2 月黎以谈判陷入僵局。1999 年 12 月,巴拉克政府批准了单边撤军计划,规定以军将"最迟不超过 2000 年 7 月"从黎南部撤军。但到 2000 年 5 月 24 日,以军已从黎南部安全区完成撤军。这也是巴拉克政府推动中东和平进程的唯一的重要进展。

二、新世纪中东和平的艰难演进

当人类迎来新的 21 世纪之时,中东和平并未显露黎明的曙光,甚至被乌云所笼罩。2000年9月,以色列利库德集团新领袖和强硬派代表人物沙龙强行"访问"耶路撒冷城阿克萨清真寺,旋即引发了巴勒斯坦第二次起义,即阿克萨起义。起义的主要原因:一是由于以色列工党实施的"以土地换和平"的计划并未带来预期的和平;二是巴勒斯坦人在过去几年的自治实践中也未享有自由和生活的改善,从而引起巴勒斯坦人的愤怒。因此,起义的爆发意味着和平进程已陷于停顿。及至2003年5月,冲突造成的死亡人数多达3100余人。

2001年初,倾向于新保守主义的美国共和党人小布什当选总统,其后又发生"9·11"事件。由此导致小布什政府将反恐作为其外交的核心,并在中东和谈问题上奉行所谓"超脱"政策,实际上是默认以色列的强硬政策。在这种背景下,同年3月上台执政的沙龙随即将巴民族权力机构列为恐怖主义的支持者,对巴激进组织人员进行"定点清除",巴以和谈完全中止,美国提出的旨在恢复和谈的《米切尔报告》和《特尼特计划》等两个文件都未获执行。12月,以军更将阿拉法特围困在拉姆安拉的总统府内,禁止其外出。

为了缓和巴以冲突,2002年3月,第14次阿拉伯国家首脑会议通过了以沙特王储阿卜杜拉的建议为基础的"阿拉伯和平倡议",要求以色列撤出所有阿拉伯领土,接受享有主权、以东耶路撒冷为首都的巴勒斯坦国,公正解决巴难民问题;阿拉伯国家将相应承认以色列的存在,确保其安全并实现关系正常化。另一方面,经过联合国、美国、俄罗斯和欧盟四方长时间的磋商与外交运作,四方委员会于2003年4月30日也推出了一个中东和平"路线图"计划。"路线图"计划为结束巴以冲突制定了一个分为三个阶段的时间表:

第一阶段(从公布之日至5月底):巴方承认以色列和平、安全生存的权力,停止巴勒斯坦武装起义;重整安全部队,用于逮捕、解除和约束针对以色列目标的暴力袭击;完成巴勒斯坦总理任命,并修改现行法律,赋予总理相应权力等。以色列必须支持建立独立的巴勒斯坦国;停止兴建犹太人定居点并拆除自2001年3月以来修建的非法定居点;停止袭击巴勒斯坦居民区;逐步从巴自治区撤军;逐月归还遭以色列扣押的巴方税款。

第二阶段(2003年5月至2003年底):以色列军队最大程度撤出巴勒

斯坦被占领土;巴方出台第一部宪法;建立具有临时边界的巴勒斯坦国;"四方机制"推动国际社会和联合国承认巴勒斯坦。

第三阶段(2003年底至2005年):进行巴以最终地位问题谈判,内容包括边界、耶路撒冷地位、难民回归权、犹太人定居点以及以色列与阿拉伯国家实现和平等,最终建立正式巴勒斯坦国。

但是,主张"以安全换和平"的沙龙却准备实施自己的单边主义政策。2002年6月中旬,以色列根据工党的建议,开始修建隔离墙,以便将本土和西岸巴自治区隔离。根据计划,以色列将沿1967年停火线建造一条长约400公里的隔离墙,设置铁丝网及附属电子监控设备。以色列宣称其目的是预防自杀性袭击,但事实上它还带有吞并巴领土、自行划定未来边界等意图。因此,该计划遭到巴方的强烈反对。

在美国的压力下,2003年6月,美、巴、以三国首脑在亚喀巴会晤后,正式启动"路线图"计划。沙龙宣布承认巴建国权利,承诺拆除西岸未经许可建立的犹太定居点。阿巴斯宣布停止武装起义,并呼吁人民以和平手段结束以色列占领。但好景不长,此后巴以间发生多起严重流血冲突,双边关系陷入僵局。同时,巴民族权力机构内部的矛盾也表面化,阿巴斯于9月辞去总理职务。

以色列随即加快了单边行动。2003年12月,沙龙宣布了撤出加沙和西岸定居点的计划。该计划立即引起利库德内强硬派和宗教党派的激烈反对。2004年6月和10月,以色列内阁和议会分别通过了单边撤离计划。但是,以巴之间的暴力冲突却愈演愈烈,隔离墙成为双方矛盾的新焦点。同年3、4月,哈马斯的两任领袖亚辛和兰提斯均在以色列的定点清除中丧命。被以色列认为是"中东和平障碍"的巴民族权力机构主席阿拉法特则于11月在巴黎不幸病逝。

2005年1月,阿巴斯平稳当选巴勒斯坦民族权力机构主席,为以巴改善关系打开了一扇门。2月,巴激进组织就暂停袭击以色列、接受1967年边界等内容达成协议,巴以领导人实现了会晤;小布什则在国情咨文中宣布将向巴勒斯坦提供3.5亿美元援助。

2005年8—9月,以色列撤出加沙地区及西岸的部分定居点。但哈马斯等武装派别此后不断向以境内发射火箭,以色列并未从单边行动中获益。

同时,利库德内部的矛盾因此激化。11 月,工党宣布退出联合政府;沙龙随后也退出利库德集团,另组前进党,并提前大选。然而,沙龙于 12 月突然中风,副总理奥尔默特领导前进党,该党在 2006 年 3 月的大选中胜出。前进党的胜利证明了温和党派的民意支持上升。

2006 年 1 月,哈马斯在巴勒斯坦立法委选举中首次历史性地胜出。3 月,哈马斯组建的巴自治政府宣誓就职,从而在巴领导层中形成了事实上的"双轨制":法塔赫的阿巴斯领导民族权力机构,哈马斯主持政府工作和立法委。但哈马斯拒不接受中东问题有关四方提出的承认以色列、放弃武装斗争和承认业已达成的巴以协议的三项要求,因此西方国家和以色列立即对哈马斯进行抵制。西方的抵制促使哈马斯成员采取极端措施。6 月 25 日,哈马斯人员捕获以色列士兵沙利特。以军随即予以报复,于 3 天后入侵加沙,军事行动于 11 月结束。同时,法塔赫与哈马斯武装人员之间的冲突愈演愈烈,而双方于 6 月展开的建立联合政府的谈判最终于 11 月底破裂。

2007 年 2 月,法塔赫与哈马斯在沙特阿拉伯的斡旋下,签署麦加协议,决定成立联合政府。但双方在政见、阁员任命、安全部队指挥权等问题上依然矛盾重重,而两派的武装冲突继续升级。6 月中旬,哈马斯武装击败巴解,控制了加沙地带。6 月 14 日,阿巴斯宣布解除哈尼亚的总理职务,翌日委任独立人士法耶兹出任总理,组建紧急政府。巴勒斯坦事实上出现了两个政权。

另一方面,哈马斯激进组织在加沙不断向以色列南部发射火箭弹,造成财产损失和人员伤亡,并对以色列的安全构成威胁。2008 年 12 月 27 日,以色列发动代号为"铸铅行动"的军事行动,对加沙的哈马斯武装和军事设施采取大规模的空袭和地面进攻,致使哈马斯武装受到重创。以色列对加沙的军事行动固然打击了哈马斯的气焰,但也进一步加深了巴以两个民族之间的仇恨。同时,它还激化了巴勒斯坦内部两大派之间的矛盾和恩怨,从而对中东和平进程设置新的障碍。

阿以和巴以冲突渊源久远,根深蒂固。它涉及历史、民族、宗教、领土和现实利益等诸多方面,这种矛盾和冲突很难在短时间内得到解决。但从历史的发展来看,冲突中同样蕴含着文明的交融。换言之,冲突虽然是人类文明交往中的严重病痛,但也表现出人们从困扰和损失中挣脱困境的努力。

世俗性的和宗教性的冲突,同和解总是伴随在一个共同交往过程之中。人类文明交往史证明,无冲突便无和解,无和解难以化解冲突。① 回顾近60余年来的中东史,阿、犹两个民族在旷日持久的战争与冲突中,共同承受了太多的苦难,以至于已经不堪忍受。因此,在中东地区实现和平,是中东国家的期盼,是中东各国人民向往的目标。中东人民对和平的渴望和期盼,必将成为推动中东和平进程的强大推动力,并能最终实现中东的持久和平。

___

① 彭树智:《文明交往论》,第484页。

第十七章

"阿拉伯之春"与中东政治和社会嬗变

第一节　21世纪初期美国中东
政策的两次调整

一、小布什的反恐战争与"大中东计划"

进入21世纪后,由于发生了"9·11"事件,美国便以反恐为旗号,先后发动对阿富汗和伊拉克的两场战争,推翻了塔利班和萨达姆政权。然而,这两场战争并未完全达到美国预设的目标。相反,战后阿富汗和伊拉克的形势依然严峻,反美情绪日益升温,社会更加动荡。面对这种复杂形势,美国舆论界认为,中东国家的落后、腐败和专制是滋生恐怖主义的温床。小布什政府也逐渐意识到仅仅依靠推行单边主义政策既不利于实施美国的反恐战略,更不利于维护美国在中东的根本利益,因而开始由单边主义向多边主义转换。小布什政府主张,只有推动大中东国家的民主改造才能消除恐怖主义产生的根源,才能建设美国主导下的全球"同质"社会,确立美国的全球"领导者"地位。

2004年2月,时任美国国务卿鲍威尔在访问巴林时表示,美国正在酝

酿推进中东民主改革的伟大计划。① 随后,英国的一家名为《生活报》(Al
Hayat)的阿拉伯语报纸曝光了美国的"大中东计划"草案。② 6月,经过美
国决策层反复酝酿和修改,旨在对中东国家进行彻底改造的"大中东计划"
正式出笼。③ 该计划涉及三大方面的改革:1. 推进民主改革,建立"良治"
政府;2. 普及基础教育,建设知识社会;3. 推动经贸发展,扩展经济计划,建
设商业社会。该计划的每一个方面都分别列出了详尽的具体实施细则。从
"大中东计划"的内容及其设想的目标来看,它实际上是后冷战时代美国政
府特别是小布什政府强制推行所谓"民主改造中东"一系列思想、政策和战
略的延伸与整合。其实质,就是要用西方的价值观改造中东国家,促成中东
国家与美国同质的政治体制,从而掌控和支配中东国家,构建美国主导中东
的机制化霸权。同时它也体现了美国试图通过向中东国家"输出民主",以
达到一劳永逸地解决中东地区的反美主义和恐怖主义,重塑中东秩序的
目的。④

在"大中东计划"的框架下,小布什政府对中东国家实行的"民主改
造",因类型不同采取的手段也有所区别。具体包括以下四种类型。

第一,对阿富汗和伊拉克的"民主重建"。美国在正式提出"大中东计
划"之前,对两国的"民主改造"伴随战后重建已经开始。美国试图将两国
塑造成"民主的模板",以推动其他中东国家的民主化进程。在政治上,美
国排除两国原有政权的影响,着力建立西方式的民主宪政体制。在美国主
导下,阿富汗各方签署了《波恩协议》。阿富汗的政治重建就是在该协议的
框架下展开的。2004年阿富汗通过以美国宪法为模板的新宪法,同年进行
了总统选举。伊拉克战后,美国完全控制伊拉克内政,取缔复兴党,打碎复
兴党的国家机器,组建了伊拉克临时政府。2005年伊拉克全民公决批准了
新宪法。这部宪法将"议会制"和"联邦制"作为伊拉克的政治制度。阿富

① Sami E.Baroudi, "Arab Intellectuals and the Bush Administration's Campaign for Democracy: The Case of the Greater Middle East Initiative", *The Middle East Journal*, Vol.61, No.3, 2007, p.396.

② Sami E.Baroudi, "Arab Intellectuals and the Bush Administration's Campaign for Democracy: The Case of the Greater Middle East Initiative", *The Middle East Journal*, Vol.61, No.3, 2007, p.397.

③ 大中东计划主要涉及22个阿拉伯国家,以及北层的土耳其、伊朗、阿富汗等国。

④ Völker Perthes, "America's 'Greater Middle East' and Europe: Key Issues For Dialogue", *Middle East Policy*, Vol.XI, No.3, 2004, p.85.

汗和伊拉克制宪的完成,标志着两国基本确立了宪政民主体制。两国在这一制度框架下进行了多次竞争性选举。如 2004 年和 2009 年的阿富汗总统选举,2005 年和 2010 年的伊拉克议会选举。美国通过暴力方式,推翻了阿富汗和伊拉克原有的威权主义政治体制,代之以西方的宪政民主制度。但两国政治制度的骤变不是源于内部,而是外部势力所强加。

在经济上,改变两国原有经济体制,确立新自由主义的经济原则。经济自由主义是美国"新保守主义"的重要特征,同时也是美国"大中东计划"的要素之一。阿富汗新政府在美国施压下摈弃了塔利班时期所依靠的毒品经济,转而实行自由市场经济,积极参与区域经济合作,先后加入"中亚区域经济合作组织"、"南亚区域合作联盟"和"经济合作组织"等地区合作组织。伊拉克战争结束后,美国对伊拉克经济体制进行改革,废止复兴党时期国家主义的经济政策,并对伊拉克的国有经济部门,特别是石油部门进行私有化,扶持私有经济的发展。美国在新自由主义的原则下,对阿富汗和伊拉克两国经济体制进行的改革,不仅是为了在中东树立一面美国式的自由经济旗帜,而且也是为了获得更多的经济利益,特别是石油利益。伊战结束之初,美国的哈利伯顿公司就从伊拉克获得了 70 亿美元的订单。

在安全上,创建新的安全部队,维护两国秩序。阿富汗战争后,联合国安理会通过 1386 号决议授权北约组建"国际安全援助部队",负责喀布尔的安全。2003 年 10 月后,逐渐扩展到阿富汗全境。而美国领导的联军则继续负责打击塔利班。2007 年初,"国际安全援助部队"共有来自 37 个国家的 35460 人,其中美军 1.4 万人。2002 年阿富汗安全部队创建后,美国国防部为该部队提供资金、装备和提供训练。2006 年阿富汗安全部队已达36000 人。[①] 美国推翻复兴党政权后,对伊拉克实行分区占领。10 月,联合国安理会通过 1511 号决议,授权组建多国部队,以取代之前的"联军"(Combined Joint Task Force),负责维护伊拉克的国内秩序。该决议实际上是赋予了美国占领军的合法性。2004 年伊拉克安全部队的规模已达 16.4万人。[②]

① Michael O'Hanlon,"Toward Reconciliation in Afghanistan",*The Washington Quarterly*,Vol.35,No.2,2009,p.140.

② David H.Petraeus,"Battling for Iraq",*Washington Post*,September 26,2004.

第二,对温和的阿拉伯国家推出"民主倡议"。美国的"大中东计划"公布后,遭到阿拉伯国家的普遍反对,认为美国企图将中东纳入其帝国轨道。① 为抵制美国,阿拉伯国家提出了"阿拉伯改革倡议"(Arab Reform Initiatives)。2004年1月,也门主办关于民主和人权的地区论坛,并通过《萨那宣言》。② 宣言表态支持民主原则,建议召开"阿拉伯民主对话论坛"(Arab Democratic Dialogue Forum),以促进各国在民主和人权领域的交流。3月,在埃及亚历山大图书馆举办了中东各国非政府组织参加的关于阿拉伯世界改革的会议,③并通过"亚历山大里亚声明"(Alexandria Statement),要求阿拉伯国家起草三权分立、媒体独立,以及允许学生示威的宪法。5月,阿盟在突尼斯召开峰会,通过支持政治改革的决议,要求各国自行决定改革步伐。④ 显然,阿盟提出政治改革决议,是为了缓解来自美国的压力,并使改革主导权掌握在各国政府的手中。总之,伊战后政治改革的话题弥漫阿拉伯世界,这对于阿拉伯国家的政治发展无疑具有重要影响。

由于阿拉伯国家的普遍抵制,美国不得不改变策略,转而以相对温和的"大中东倡议"替代之前的"大中东计划",因而获得多数阿拉伯国家的接受。在美国"大中东倡议"下,"未来论坛"(Forum for the Future)成为美国推动阿拉伯国家改革的最重要的多边对话机制。2004年12月第一届"未来论坛"在摩洛哥的拉巴特召开,八国集团和"大中东地区"的30多个国家的政府和一些非政府组织与会。在这次会议上,各方表达了希望推进中东地区的民主改革、经济和文化发展,并建立"未来基金会"以支持改革。及至2011年,该论坛已成功举办七届。在"大中东倡议"的具体实施上,美国一方面通过向温和的阿拉伯国家提供"民主援助",推动这些国家的经济自由化、传媒独立,以及政党、社会文化和公民社会的发展。⑤ 同时美国严格监督和管理这些项目。例如,美国直接参与巴林教育体系的改

① Sami E.Baroudi, "Arab Intellectuals and the Bush Administration's Campaign for Democracy: The Case of the Greater Middle East Initiative", *The Middle East Journal*, Vol.61, No.3, 2007, p.397.

② http://2005-2009-bmena.state.gov/rls/55663.htm.

③ 亚历山大图书馆由埃及政府主管。

④ Neil MacFarquhar, "Arab Leaders Adopt Agenda Endorsing Some Change", *New York Times*, May 24, 2004.

⑤ 闫文虎:《美国对中东"民主化"改造战略》,《西亚非洲》2005年第1期,第47—48页

革,培训了 100 多名巴林教育部的官员和教师,以及 1000 多名中学生,甚至在一些项目中引导巴林学生讨论和学习美国宪法。美国还培训巴林的记者,大力倡导传媒独立,支持巴林的司法改革等。2006 年,美国为推进"大中东地区"各国政府的民主与政治公平的预算达到 11.192 亿美元,占支出总额的 12.2%(不包括经济和文化预算)。[1]

另一方面,美国同时也向温和的阿拉伯国家施加政治压力,要求其加快民主改革。[2] 2005 年布什在一次演讲中表示,埃及已走上和平之路,现在是该走民主之路的时候了。美国驻埃及大使和其他官员亦曾多次接见埃及的政治反对派,如"明日党"(Al Ghad Party)领袖艾曼·努尔[3](Ayman Nour)。在这种情况下,阿拉伯国家被迫加强民众的政治参与。如巴林赋予政党以合法性,举行议会选举,副首相第一次由什叶派出任。在议会的 40 个席位中,反对派占据了 18 席;科威特赋予妇女选举权和被选举权等;而埃及改革步伐最大。2005 年 5 月埃及通过宪法修正案,废除"唯一候选人"的总统选举制,开启了多党和多名候选人的制度,随后举行了总统大选。[4]

2006 年后,随着美国深陷阿富汗和伊拉克泥潭,哈马斯赢得巴勒斯坦议会选举,美国对中东国家"民主输出"的支持力度有所减弱。阿拉伯国家则开始压制政治反对派。但美国在阿拉伯国家的"民主输出"却打破了威权主义的稳定性,其潜在后果在阿拉伯剧变中得到了有力验证。

第三,对所谓"无赖国家"的遏制与颠覆。美国认定的"无赖国家"大都集中在中东。[5] 美国认为这些"无赖国家"具有三大特征,即威权主义的政治体制、支持恐怖主义和发展大规模杀伤性武器。在美国看来,威权主义政治体制与恐怖主义和大规模杀伤性武器之间存在必然联系。因此,颠覆"无赖国家"是美国"大中东计划"的主要目标之一。

---

① Stephen McInerney, *The Federal Budget and Appropriations for Fiscal Year 2011: Democracy, Governance, and Human Rights in the Middle East*, Washington, D.C.: Heinrich Böll Stiftung North America, 2010, p.42.

② Katerina Dalacoura, "US Democracy Promotion in the Arab Middle East Since 11 September 2001: A Critique", *International Affairs*, Vol.81, No.5, p.968.

③ United States Department of State, *Supporting Human Rights and Democracy: The U.S. Record 2004-2005*, Washington, DC: Bureau of Democracy, Human Rights and Labor, 2005, pp.183-184.

④ 王泰、焦玉奎:《宪政民主下的埃及大选及其影响》,《西亚非洲》2006 年第 4 期,第 38 页。

⑤ 分别为伊朗、伊拉克、叙利亚和利比亚。

2003 年萨达姆政权垮台后,美国主要通过加强政治和军事遏制,以及支持反对派的手段来对付其他"无赖国家",最终目的就是要颠覆这些国家的政权。① 伊拉克战争后,利比亚宣布承担"洛克比空难"责任、赔偿遇难者家属、放弃大规模杀伤性武器。美国对利比亚的态度转变,取消了对其长达18 年的经济制裁,并与利比亚建立外交关系,两国实现和解。对伊朗来说,小布什政府发动的两场战争推翻了伊朗的两大宿敌,伊朗在中东的影响力大增,并加快发展核能力。因此,美国对伊朗采取更强硬的政策。其一,加强对伊朗的遏制。美国除继续实行达马托法制裁伊朗的石油部门之外,开始制裁伊朗的金融和贸易部门。如禁止伊朗的银行向美国的银行兑换货币等。美国的经济制裁确实限制了伊朗经济的发展。据统计,2007 年,伊朗失业率达到 15%,生活在贫困线以下的民众达到 40%。② 与此同时,美国借伊朗在海湾的军事威胁为名,拉拢海湾国家孤立伊朗。2006 年 5 月,美国发起"海湾安全对话"(Gulf Security Dialogue),以增强美国与海湾国家的军事合作。同时美国借此向海湾国家出售大量军火。2007 年 7 月,美国与沙特签订了总值高达 20 亿美元的军售订单。③ 时任美国国务卿赖斯称此举是为帮助温和的阿拉伯国家抵抗伊朗、叙利亚和真主党的威胁。其二,美国支持伊朗的政治反对派和公民社会,向伊朗"输出民主"。2006 年美国国会通过"伊朗自由支持法案"(Iran Freedom Support Act),建议美国政府借助支持伊朗反对派和独立媒体,以颠覆伊朗政权。美国为此还投入 7500 万美元,主要用于支持美国之音波斯语频道和自由欧洲电台向伊朗广播,支持流亡的伊朗政治人物和非政府组织,以及联系伊朗国内的反对派等。④

① Mir H. Sadat, Daniel B. Jones, "U. S. Foreign Policy Toward Syria: Balancing Ideology and National Interests", *Middle East Policy*, Vol. XVI, No. 2, 2009, p. 96, Abbas Milani, "U. S. Foreign Policy and the Future of Democracy in Iran", *The Washington Quarterly*, Vol. 28, No. 3, 2005.

② Grace Nasri, "Iran: Island of Stability or Land in Turmoil", *Digest of Middle East Studies*, Vol. 18, No. 1, 2009, p. 63. 有的学者甚至认为 2005 年,伊朗青年的失业率达到 30%。参见 Abbas Milani, "U. S. Foreign Policy and the Future of Democracy in Iran", *The Washington Quarterly*, Vol. 28, No. 3, 2005, p. 46.

③ Gawdat Bahgat, "Arab Peace Initiative: an Assessment" *Middle East Policy*, Vol. XVI, No. 1, 2009, p. 37.

④ Shirin Ebadi, Muhammad Sahimi, "Bush's Follies and Democracy in Iran", *New Perspectives Quarterly*, Vol. 24, No. 3, 2007, p. 48.

　　小布什政府对叙利亚的政策同样如此。2003 年美国国会通过"叙利亚责任及恢复黎巴嫩主权法案"(Syrian Accountability and Lebanese Sovereignty Restoration Act),禁止美国公司向叙利亚出口商品和投资,减少外交联系,禁止叙利亚政府资产的交易等。① 2004 年小布什要求美国的金融机构切断与叙利亚商业银行的联系,冻结部分叙利亚资产。② 2005 年美国召回驻叙利亚大使。同时,美国向土耳其施压,阻止其调解叙以两国的关系。2007 年以色列在美国的支持下空袭叙利亚。③ 此外,美国还公开支持叙利亚的非政府组织和政治反对派。2007 年布什在白宫接见了叙利亚反对派的领袖。

　　然而,小布什政府对伊朗和叙利亚的政策并不很成功。原因在于,这些所谓的"无赖国家"处于美国主导的国际体系之外,美国无法通过常规手段来"输出民主"。换言之,美国只能寄希望于遏制手段,迫使这些国家效仿利比亚,改变对美国的态度,或是引发和制造其内部经济问题,致使威权主义政体的瓦解。

　　第四,对巴以问题的"民主"解决。小布什政府认为巴以问题难解的根源在于巴勒斯坦民族权力机构缺乏民主。小布什宣称"对于巴勒斯坦人民来说,民主之路是通往独立、尊严和进步的唯一途径",那些阻挠和破坏改革的巴勒斯坦领导人是巴勒斯坦"通向和平和民主的主要障碍"。④ 实际上,巴勒斯坦民众早已渴望改革,据 2002 年的民意调查,91%的巴勒斯坦人支持改革。⑤ 以色列和美国也将政治改革作为和巴勒斯坦谈判的先决条件。在各方压力下,2002 年 5 月阿拉法特签署《基本法》。2003 年 5 月,巴民族权力机构举行改革,态度温和的阿巴斯就任总理。2004 年,阿拉法特去世后,阿巴斯于 2005 年当选巴勒斯坦民族权力机构主席。美国重拾 2002

---

　　① Stephen Zunes, "U.S.Policy Toward Syria and The Triumph of Neoconservativism", *Middle East Policy*, Vol.XI, No.1, 2004, p.52.

　　② Alfred B.Prados, "Syria: U.S.Relations and Bilateral Issues", *CRS Issue Brief for Congress*, IB92075, March 13, 2006, p.15,

　　③ Mir H.Sadat, Daniel B.Jones, "U.S.Foreign Policy Toward Syria: Balancing Ideology and National Interests", *Middle East Policy*, Vol.XVI, No.2, 2009, p.96.

　　④ 陶文钊:《布什政府的中东政策研究》,《美国研究》2008 年第 4 期,第 19 页。

　　⑤ Judy Barsalou, "The Long Road of Palestinian Reform", *Middle East Policy*, Vol.X, No.1, 2003, p.156.

年提出的"中东和平路线图"计划,它对巴勒斯坦的援助也由 2002 年的约 7500 万美元猛增至 2005 年的 2.744 亿美元。[①] 2006 年,巴勒斯坦第一次举行立法委员会的选举。但选举结果却大出美国所料,哈马斯赢得 132 席中的 74 席,而法塔赫仅赢得 45 席。美国要求哈马斯承认以色列、拒绝恐怖主义、接受巴以签订的条约,但遭到拒绝,"中东和平路线图"计划遂变为一纸空文。

哈马斯的胜利使美国推动巴勒斯坦"民主改革",实现巴以和平的希望落空。美国在巴以问题上的"民主"实践表明,民主并不能构成巴以实现和平的必要条件,美国的"民主输出"反而削弱了巴勒斯坦的温和派。正如一位巴勒斯坦人所言,"如果美国强加给我们一位领导人,即使他是先知穆圣,我也不会选他"。[②] 这种强烈的反美主义促成了哈马斯的胜利,同时也与阿富汗和伊拉克问题一同瓦解了布什政府对中东实施民主改造的基础。2007 年之后,小布什政府开始逐渐弱化对中东国家的"民主改造"进程,回归现实主义。

小布什的"大中东计划"是美国 21 世纪初期中东政策的核心内容之一。小布什政府企图通过"民主改造",建构中东"新秩序",维护美国在中东的独霸地位,由此体现了美国的"民主和平论"具有明显的理想主义色彩。而在其背后则隐藏着美国的现实利益,即民主的中东有助于美国的国家安全和对中东地区的控制。美国的政策打破了中东原有的地缘政治格局,伊朗的影响扩大,并形成东起伊朗西至黎巴嫩的所谓"什叶派新月地带"。另一方面,美国的政策也削弱了中东威权主义国家的政治稳定,这预示着中东新一轮变革的到来。

二、奥巴马政府对中东政策的再调整

2009 年,奥巴马当选美国新总统。奥巴马接手的中东,问题成堆。美

[①]　Aaron D.Pina,"Palestinian Elections", *CRS Report for Congress*, RL33269, February 9, 2006, p.17.

[②]　Judy Barsalou,"The Long Road of Palestinian Reform", *Middle East Policy*, Vol. X, No. 1, 2003, p.156.

国对中东的主导权备受威胁。在这种形势下,新上台的奥巴马政府不得不
对美国的中东政策进行再调整。奥巴马首先着手弥合与伊斯兰世界的裂
痕,寻求与伊斯兰国家缓和关系。2009 年 4 月,奥巴马访问土耳其,他赞扬
土耳其在世俗化、现代化和伊斯兰教信仰之间保持了平衡,肯定伊斯兰信仰
为世界和平作出的重大贡献。6 月,奥巴马在埃及开罗大学发表演讲,明确
提出伊斯兰教是促进和平的力量,美国希望与伊斯兰世界结束多年的猜忌,
要彼此寻求共识、和平共处。同时强调,美国与伊斯兰世界在打击极端主义
方面具有共同利益,并希望美国与全世界的穆斯林应在共同利益和相互尊
重的基础之上有一个"新开端"。奥巴马的表态实际上也是为美国中东政
策的战略调整作出先导和铺垫。奥巴马调整中东政策的一个突出特点是注
重应用美国的"巧实力"(Smart Power)。他宣称:"为了应对挑战,美国要采
取新战略,巧妙地利用、平衡和整合美国的力量"①希拉里·克林顿亦明确
提出所谓"巧实力"外交。按照"巧实力"的提出者约瑟夫·奈的解释:"巧
实力之'巧'主要在于针对不同的具体情况,灵活地、平衡地将硬实力和软
实力结合起来使用。"他认为,美国"需要认真考虑,如何运用巧实力来解决
一些重要问题,包括中东和平问题、阿富汗问题、伊拉克问题、伊朗问题等都
不是仅仅可以依靠硬实力得以解决的"②。

　　基于上述因素,奥巴马政府对中东政策的调整大致可归纳为 4 点:
1. 美国中东政策的重点由伊拉克开始转向伊朗。奥巴马明确表示,伊朗问
题(焦点是核问题)是其政府重大外交挑战之一。他强调:"全世界必须努
力制止伊朗的铀浓缩计划,防止伊朗获得核武器"。美国将"建立一个强有
力的国际联盟来防止伊朗获取核武器"。同时,"向伊朗特别是伊朗人民说
明改弦易辙可以获得的好处:经济往来、安全保证和外交关系"。③ 2. 反恐
战略重点从伊拉克转到阿富汗和巴基斯坦。即从"反恐—防止大规模杀伤
性武器扩散—建立大中东和平"三位一体的目标,收缩为防止国际恐怖组

---

① 中国现代国际关系研究院:《国际战略与安全形势评估 2008/2009》,时事出版社,2009 年
3 月版,第 296 页。

② http://foreign.senate.gov/testimony/2009/Clinton testimony090113a.pdf.

③ Barack Obama,"Renewing American Leadership",*Foreign Affairs*,July/August,2008,p.6.

织再次以阿富汗为基地发动大规模恐怖袭击。① 反恐目标是最终消灭对美国构成最大现实威胁的"基地"组织及其分支和追随者。另一方面,增加对阿富汗和巴基斯坦的援助,帮助两国的经济发展与民主建设。3. 在维护西方民主问题上,从强制手段转向"软实力",淡化与阿拉伯国家的意识形态分歧,缓和"中东民主化"压力,修复与阿拉伯"温和国家"的关系。4. 在推动中东和平进程方面,从单纯解决巴以问题转向谋求实现"全面和平"。奥巴马明确表态,希望巴以谈判以 1967 年边界为基础。② 这被美联社认为是奥巴马政府在中东和平政策上的一个重要转变。

在奥巴马政府对中东政策的调整中,反恐战略和包括伊朗核问题在内的海湾局势占有突出地位。美国新的反恐战略包括:动用一切合法手段和执法力量投入反恐行动;加强与其他国家和国际机构的合作;针对不同情况采取有区别的应对策略,继续与阿富汗和巴基斯坦当地政府合作,投入重兵清剿"基地"组织残余势力;将美国的价值观视为反恐战略的最强大武器,强调美国穆斯林也是美国社会的重要组成部分,并通过多元文化和宗教信仰融合化解与伊斯兰世界的矛盾,重建美国在全球的领导。奥巴马政府竭力将政治、外交、经济等多重手段综合纳入反恐战略,反映了奥巴马试图从根本上铲除恐怖主义的土壤。

伊朗核问题关系海湾局势的稳定,海湾地区也被视为美国中东战略的核心利益区。奥巴马要求伊朗履行国际义务,按照国际法和平使用核能,同时放弃核能武器化。归纳起来看,奥巴马政府在伊核问题上的主要措施:一是接触谈判,并把美伊谈判纳入类似朝核六方会谈的多边框架内;二是联合遏制,力图通过美中俄和整个国际社会对伊朗施压和实行更严厉的制裁;三是军事打击,当各种更为严厉的制裁被证明仍不能使伊朗放弃核浓缩活动的情况下,做好实施军事打击的选择,军事打击是最后的手段。

综上,小布什和奥巴马政府在新世纪对美国中东政策的不断调整,旨在进一步巩固和强化美国在中东地区不可替代的主导权,进一步巩固美国的霸权地位。尽管,这种政策调整不可能完全实现它所企盼的战略目标,但其

---

① 杜兰:《奥巴马政府反恐政策的调整》,《瞭望》新闻周刊,2009 年 9 月 16 日。
② 《巴拉克·奥巴马总统就美国对中东和北非政策发表讲话》, See http://iipdigtal usembassy.gov/ st/ chinese/Texttrans/2011/05/ 20110519201824xO.793449.html,2012-12-11.

蕴含的潜移默化的影响力则是不可否认的。特别是美国围绕对中东国家进行"民主改造"所采取的一系列举措,推波助澜,助长了中东国家民众对本国统治者"合法性"的质疑。因此,从实质上看,美国对中东国家的民主改造策略,再加上诸如"维基解密"、"脸谱"、"推特"、"优兔"和手机短信等为代表的西方新媒体在意识形态方面的各种鼓动性宣传,它们对于随后爆发的阿拉伯剧变实际上起到了一种思想动员和酵母效应。

第二节 "阿拉伯之春"及其在中东政坛的震荡

一、布瓦吉吉之死与突尼斯本·阿里政权的垮台

2010年12月17日,在突尼斯南部小城西迪布吉德市,一位26岁的失业大学生穆罕默德·布瓦吉吉,为养育7口之家,以街头贩卖果蔬谋生。但因未取得营业执照,他在经营中拒绝反复缴纳罚金,并与以粗暴方式处罚他的城管和警察发生纠纷。随后他到当地政府申诉,却未得到公正处理,甚至被拒绝进入政府大楼。当天上午11:30分左右,愤怒而绝望的布瓦吉吉在政府门前的广场上点燃汽油自焚,[1]由此酿成了蔓延突尼斯全国的民众抗议浪潮。

布瓦吉吉自焚事件之所以在突尼斯民众中引起强烈反响,同突尼斯国内表面呈现一派歌舞升平的虚假繁荣,实则社会矛盾暗流涌动的现实密切相关。在突尼斯革命爆发前几年,突尼斯的经济发展在整个北非地区表现突出。2007年、2008年、2009年的GDP增长速度分别为6.3%、4.6%、3.1%。能源和采矿业投资需求旺盛。而通货膨胀率2008年为5.1%,2009年降至3.5%。2010年经济显露危机之时,突尼斯的GDP仍维持增长。[2]同时突尼斯还被国际货币基金组织评为非洲最有竞争力的国家。然而,经

---

[1] http://www.whatsonxiamen.com/news17078.html

[2] Nabahat Tanriverdi, "Background of the Tunisian Revolution", *Alternative Politics*, Vol.3, No.3, November 2011, p.559.

济发展失衡却造成突尼斯青年人和接受高等教育的大学生失业率居高不下。突尼斯人口中,1/3 处于 15~30 岁的年龄段,青年人的失业率为 30%。青年大学生失业率 2007 年为 18.2%,2009 年为 21.9%,2011 年 5 月达到 29.2%。特别是在中西部、东南部和西南部地区的大学生失业率一直保持在 25%上下。① 青年人和大学生的失业问题成为突尼斯社会动荡和不公的根源之一。更严峻的是,以本·阿里总统家族为核心形成的利益集团,贪婪腐败、巧取豪夺、奢华无度,严重破坏突尼斯正常的经济秩序,从而吞噬着政府的政治合法性。

2009 年 7 月,美国前驻突尼斯大使罗伯特·高德斯向国务院汇报的电文,经维基解密网站公诸于世,电文内容涉及 2008 年 6 月至 2009 年 7 月这一段时间。在电文中,美国大使将本·阿里家族描述为"准黑手党",并称其为突尼斯"腐败的核心"。总统家族垄断着几乎所有暴利行业,并将黑手伸向每一个有潜力的企业。第一夫人莱拉成为众矢之的,民众对她的仇恨已达到无可比拟的程度。而总统先生每天享受的美食甚至都是从意大利用专机运送而来。电文结论是,突尼斯的腐败逐日增长。从电文内容看,本·阿里实际上已完全背离民意,成为贪腐和专制独裁的渊薮。电文立刻在突尼斯国内外产生强烈反响。突尼斯民众中广为流传的本·阿里家族的"秘密"得到了证实,从而点燃了长久郁积在民众心中的冲天怒火。

布瓦吉吉自焚事件后,西迪布吉德市的群众抗议浪潮持续了十天。在此期间,本·阿里为缓和与平息民愤,曾在事发第二天亲自前往医院看望布瓦吉吉,并承诺实施进一步改革,提供更多就业岗位。但布瓦吉吉在一周后因病重不治身亡后,民众的抗议活动迅速向突尼斯各地蔓延。2011 年 1 月 7 日,在塔拉(Thalla)市,游行人群和防爆警察发生严重冲突,造成 20 余人伤亡,事态进一步升级。示威民众强烈要求本·阿里政府下台。塔拉事件标志着所谓"茉莉花革命"的正式爆发。②

自 1 月 10 起,突尼斯全国各大城市的社会各阶层都被调动起来,突尼

---

① Monqi Boughzala, *Youth Employment and Economic Transition in Tunisia*, Global Economy and Development Program, 2011, pp.3-11.

② 茉莉花是突尼斯的国花,花朵呈黄白颜色。突尼斯革命爆发后,媒体和学界称之为"茉莉花革命"。

斯全国总工会、律师协会以及人权组织的成员,纷纷涌入游行示威运动中。11日,突尼斯记者开始静坐抗议;12日,苏赛爆发总罢工;13日,斯法克斯也爆发总罢工。14日,突尼斯全国总工会呼吁全国举行为期24小时的总罢工,以声援全国各地的示威民众。同日,还有约50万民众在首都突尼斯城的布尔吉巴大道聚集,决定对本·阿里政权进行最后一击。在危机时刻,本·阿里仍试图通过让步和承诺换取民众支持。但他已完全失去民众信任。因此,本·阿里转而诉诸武力,责令军队予以镇压,却遭到军队总司令拉希德·本·奥马尔的断然拒绝。当晚,惊恐不安的本·阿里携其家眷,仓皇逃离突尼斯前往沙特阿拉伯。至此,统治突尼斯长达23年的本·阿里政权瞬间土崩瓦解。突尼斯进入一个新的时期。

二、阿拉伯共和制政权的变更潮与社会动乱

本·阿里政权的垮台仅仅是阿拉伯梦魇的肇始,它所引发的连锁效应旋即向外扩展,几乎使22个阿拉伯国家席卷而入,形成了一场声势浩大的如同狂飙般的政治运动,先后导致四个阿拉伯共和制政权的更迭和整个阿拉伯世界的骚动。阿拉伯国家的这一政治剧变,被西方媒体称为"阿拉伯之春"(Arab spring)。①

本·阿里政权倾覆后,阿拉伯剧变首先在威权主义的阿拉伯共和制国家出现新的高潮,它涉及的国家包括阿尔及利亚、埃及、利比亚、也门、伊拉克、叙利亚、黎巴嫩和毛里塔尼亚等十余国,而"热点"最终聚焦于埃及、利比亚、也门和叙利亚四国。埃及首当其冲,1月25日,埃及民众在突尼斯"茉莉花革命"的冲击下,有45000人汇聚首都开罗市中心的解放广场举行抗议集会,这些人绝大多数都是青年人。在开罗之外的亚历山大、伊斯梅利亚、大迈哈莱等城市也有数千民众集会,与首都的抗议活动遥相呼应。由此揭开了埃及"1·25革命"的大幕。在此后的18天里,每天涌入解放广场的人群从几万,陡增到几十万,那些原本是围观的开罗市民和革命的同情者也都

---

① "阿拉伯之春"亦称"阿拉伯革命"、"阿拉伯起义"等,是指西方国家希望整个阿拉伯国家都能够效仿西方的价值观,出现一个所谓的民主高潮或民主革命。但西方的期盼最终未能变为现实。

义无反顾地投身到抗议活动中。几经较量,包括埃及政治和司法精英,以及军队最高领导人在内的社会各阶层都陆续转向支持革命。军方发表声明,宣称埃及"武装部队将不会诉诸武力以对付我们伟大的人民,你的军队知道你的要求的合法性,并热衷于承担自己的责任,以保护国家与公民,申明保证透过和平手段保障每一个人的言论自由"①。在内外一片愤怒的声讨中,被喻为"当代法老"的埃及总统穆巴拉克陷入众叛亲离的窘境。尽管穆巴拉克并不情愿退出历史舞台,而且公开表态他不会像突尼斯的本·阿里那样离开自己的祖国,但他已无力回天。2月11日,埃及副总统苏莱曼宣布穆巴拉克辞职,权力由军方临时接管。② 穆巴拉克的统治就此终结,随后对他的审判和清算也接踵而来。

利比亚政权的更迭是因1996年利比亚监狱发生的枪杀囚犯事件所引起。③ 2008年4月,也就是枪杀事件的十多年后,死难囚犯的一些家属开始通过律师和法庭寻求公正的处理。同时他们不断走上班加西街头示威。2011年2月15日,死难者家属的代理律师、利比亚人权活动家法特西·特尔比尔被捕,从而激化了事态。当晚,数百名示威者聚集班加西警察总部抗议。当局出动警察采取暴力镇压,造成40多名示威者受伤。此后,示威者和军警的冲突迅速升温。随着军警与示威人群在冲突中开枪致死人数的增长,利比亚国内的政府反对派越来越多的站在示威者一边,明确提出推翻卡扎菲政权的口号。另一方面,在利比亚东部和西部的一些地区,反对派与政府的对峙逐渐衍化为大大小小规模的武装冲突,利比亚当局甚至出动飞机大炮进行镇压。利比亚实际上已陷入全国性的内战。由于在战争中造成伤亡人数的急剧飙升,遂引起国际社会的关注和干预。国际刑事法院宣布将授权对卡扎菲及其子等是否犯下战争罪开展调查;阿拉伯联盟通过决议,声明卡扎菲政权"已失去合法性";联合国安理会第1973号决议则敦促双方

---

① http://af.reuters.com/article/egyptNews/idAFLDE70U2JC20110131.

② 半岛电视台:http://english, aljazeera. net/news/middleeast/2011/02/2011201121125158706862. html.

③ 1996年6月28日,利比亚监狱的一些囚犯,因不满监狱的恶劣条件和不允许家属探视而劫持两名狱卒逃跑。随后,狱方同意与囚犯谈判,囚犯释放了一名狱卒,另一名狱卒已死。翌日,1270名囚犯聚集在天井里,准备与前来的卡扎菲连襟、利比亚情报总管塞努西谈判,但塞努西却下令残忍地枪杀了这些囚犯。这被利比亚人视为有预谋的屠杀事件。

停火,授权在利比亚设立禁飞区,并可派地面部队进入利比亚,采取必要手段保护平民,等等。在国际社会的声讨中,北约自3月9日开始对卡扎菲军队实施空袭,法、美、英三国的轮番轰炸持续了一百多天,摧毁了卡扎菲的大部分军事力量。10月20日,在北约实施7个月的军事干预后,卡扎菲最后的藏身地其家乡苏尔特被攻陷。在空袭中已受重伤的卡扎菲被反对派武装捕获,并在备受虐待和屈辱后被当场射杀,一代枭雄的跌宕人生就此落幕。同时这也意味着利比亚的厄运刚刚拉开帷幕。

相比而言,也门统治者萨利赫在阿拉伯剧变中的下台还算"体面"。也门危机缘起于执政的全国人民大会党修宪的图谋,2011年1月1日,执政党借助在议会中的绝对优势投票通过修正宪法案,取消总统只能任期两届,每届7年的限制性条款,并将每届总统任期改为5年,且有权无限连任。对此,议会中占少数席位的反对党议员拒绝接受,遂以静坐抗议。显然,执政党的修正案旨在为恋栈贪权的萨利赫总统的继续连任,甚而成为终生总统着手法律准备。与此同时,也门舆论还盛传,萨利赫打算未来将其总统职位传给其子艾哈迈德。这些消息传出后,立即引起也门民众的强烈不满和愤怒,从而成为也门反政府示威活动的导火线。在巨大压力下,萨利赫对也门民众采取软硬兼施的双重手段:一方面,他被迫做出让步,终止议会已通过的修正案,重申总统只能连任两届;①表示与反对派开展对话,承诺实施更多的政治和经济改革,满足反对派的诉求等。另一方面,他谴责也门动乱有幕后推手,是敌人针对也门安全与稳定的阴谋;责令安全部门加强对示威活动的管控,逮捕了一大批示威活动的活跃人士;鼓动其支持者举行反示威的游行等。萨利赫采取的这种双重手段非但不能缓解矛盾和稳定局势,反而是打开了也门内乱的潘多拉魔盒,各种社会问题暴露无遗。反对党揭竿而起,更加猛烈地抨击萨利赫玩弄权术,萨利赫长期仰赖的本家部落反目成仇,军队的一些高级将领也倒戈站在萨利赫的对立面。也门国内的抗议浪潮此起彼伏。在也门内乱骤然加剧的形势下,包括美国、欧盟、海湾合作委员会在内的国际社会采取各种方式进行频繁的斡旋,并对萨利赫不断施以高压。经过10多个月的僵持和拉锯,2011年11月23日,也门总统萨利赫

---

① 《也门总统称不谋求连任》,人民网,2011年1月24日。

被迫在沙特首都利雅得签署了保留名誉总统身份和移交权力的文件。① 原本一触即发的也门内战暂时得以延缓。

　　叙利亚在 2011 年 2 月初已有部分青年人通过"脸谱"网站建立了"叙利亚 2011 年革命"的网页,进行反对政府的一系列宣传活动。叙利亚最早的公开的反政府示威活动出现在南部边境城市德拉。2011 年 3 月 15 日,德拉爆发大规模群众性反政府游行示威,并与警察发生激烈冲突,造成多人伤亡。这一事态引起连锁反应,反政府的抗议浪潮迅速向各地蔓延。实际上,叙利亚不断加剧的社会矛盾由来已久。2000 年 6 月巴沙尔之父老阿萨德病逝后,继承父位新上台的巴沙尔雄心勃勃,实施多项开放政策和社会经济改革。这些举措虽在一定程度上刺激了经济发展,但政治改革则因既得利益集团的重重阻碍反而加剧了社会矛盾。因此,当阿拉伯国家的反政府抗议活动爆发后,必然在叙利亚产生强烈的共鸣。但不同的是,叙利亚的反政府抗议活动很快演变为残酷的内战。以巴沙尔为首的政府军为一方;以叙利亚自由军为反政府的另一方,同时反政府一方又囊括了多支属于不同派别和势力的武装力量,并受到不同的外部大国或强权的支持。由此形成了错综复杂的武装冲突和战争局面。战争初期,由于受到各路反对派武装的联合夹击,巴沙尔政权一度仅能控制首都大马士革至霍姆斯中部及拉塔基亚沿海地区大约占国土 20% 的疆域。巴沙尔政权岌岌可危,苦苦硬撑。在巴沙尔政权垂危的关键时刻,伊朗、黎巴嫩真主党,以及后来俄罗斯空军的介入,叙利亚战局得以扭转,巴沙尔政权逐渐站稳脚跟,叙利亚陷入了旷日持久的拉锯式的内战旋涡之中。

　　在上述阿拉伯五国处于政权更替和内战不止的态势下,其他共和制阿拉伯国家,诸如阿尔及利亚、伊拉克、黎巴嫩、毛里塔尼亚和巴勒斯坦等国的局势同样很不平静,这些国家也都出现了规模和程度不等的反政府抗议活动。但是,这些抗议活动由于各国政府抓住时机,采取了比较有效的应对措施,特别是通过各种安抚策略,以及承诺政治经济变革来迎合民众的诉求,缓和民众的愤懑情绪,从而避免了进一步激化矛盾和冲突导致政权不保的厄运。

---

　　① 马晓霖主编:《阿拉伯剧变:西亚、北非大动荡深层观察》,新华出版社 2012 年版,第366 页。

总起来说,阿拉伯剧变是由阿拉伯国家多年来累积的各种内外矛盾所催生,折射出其内生性、突发性、连锁性和颠覆性这四大特点。从本质上看,阿拉伯剧变的根源在于,阿拉伯威权主义政权在政治上的极度僵化和追求现代化发展的"错位",治国乏术却又恋栈贪权和奢华无度,以至于无法满足阿拉伯民众对民生、民主、民权的基本愿望。换言之,阿拉伯剧变实际上也是阿拉伯民众对本国威权主义统治者"合法性"的质疑和否定,是阿拉伯民众渴望政治民主和经济繁荣,以及重新选择现代化发展道路的一种自发性的群众性抗争。

三、阿拉伯君主国何以维持政局相对稳定

阿拉伯君主制国家是阿拉伯世界的有机组成部分,中东现存的 8 个阿拉伯君主制国家也是当今世界上君主制最集中的地区。它们包括:沙特阿拉伯、科威特、巴林、卡塔尔、阿拉伯联合酋长国、阿曼、约旦和摩洛哥。尽管在此次阿拉伯政治剧变中,巴林、阿曼、沙特、摩洛哥和约旦等这些君主制国家由于受共和制国家变局的冲击和影响,不同程度地出现了民众的示威抗议活动。整体来说,阿拉伯君主制政权似乎表现得更好,与威权的共和制政权形成鲜明对比。[1] 与此同时,海湾地区虽"改革呼声不绝于耳,但几乎没有人要颠覆政权;反对派挑战统治者的政策与实践,但并不针对君主制政权本身"[2]。另据卡塔尔大学一项民意测验给出的结论是,对民主的支持和对政治参与的兴趣在卡塔尔民众中锐减。报告显示,卡塔尔人认为生活在民主国家"非常重要"的比例从74%下降到65%。[3] 由此凸显了面对阿拉伯政治变局,君主制和共和制阿拉伯国家彼此之间的强烈反差。

阿拉伯君主制政权在阿拉伯变局中能够维持各王国与王权的相对稳定,取决于政治、经济、社会和宗教文化等多种因素。概括起来大致可归纳

---

[1] 乌兹·拉比主编:《变化的中东部落与国家》,王方、王铁铮译,中国社会科学出版社 2020 年版,第 110 页。

[2] 乌兹·拉比主编:《变化的中东部落与国家》,王方、王铁铮译,中国社会科学出版社 2020 年版,第 64 页。

[3] Justin Gengler, "Quter's Ambivalent Democratization", *Foreign Policy*, 1 November 2011.

为以下几点：

一是阿拉伯古老和根深蒂固的宗教文化传统，以及错综复杂的家族和部落纽带关系，同阿拉伯君主制的主要价值取向彼此吻合，从而使其能够获得相对持久的政治"合法性"。同时从经济基础决定上层建筑的观点看，这一政治形态与阿拉伯君主制国家现有的社会经济条件基本上相互适应。因此，尚能得到多数民众的认同。与此同时，君主制政权根据中东地区固有的宗教地域特点，都建立了比较协调和牢固的政教联盟关系：教权与王权互为依存，王权为教权提供政治庇护，教权为王权提供宗教"合法性"的支持。或者说，阿拉伯君主制与各国穆斯林崇尚的宗教的结合，构建了政教合一的君主制政体，从而使君主制的统治蒙上了君权神授的神圣外衣。这是君主制政权得以长期存续的社会基础。

二是雄厚的石油财富是海湾君主国君臣关系的调节器。海湾君主国大多是盛产石油的国度，又被称为依靠石油利润致富的"食利国"。石油美元提供的巨大财力，成为君主国实施统治的有力杠杆。海湾君主国普遍实行高福利政策，国家为国民提供包括教育、医疗、住房和其他一系列福利保障。高福利政策以及为国民提供的各种优惠在君臣关系中有效发挥着润滑剂作用，经济"收买"往往是君主国化解社会矛盾和冲突的重要手段。例如，在阿拉伯政治剧变期间，为应对危机，科威特王室率先拨付 50 亿美元改善民生，向国民免费发放 14 个月的食品供应券；巴林王室向每户居民发放 1000 第纳尔[①]；沙特王室投入 1300 亿美元，用于促进就业、改善民生；卡塔尔则主动增加国家雇员薪金，行政机关雇员工资增长 60%，军官工资增长 120%。[②]

三是除了经济收买和抚慰措施外，阿拉伯君主国在维护王权和家族统治的前提下，也能依据时代和社会的变化不断进行缓慢、渐进的改良与变革，以便迎合民众的意愿和诉求。特别是在非常时期或危机时刻，阿拉伯君主国的集权制能够使它不受任何掣肘地迅速做出应对性决策，缓和矛盾和平息骚乱。例如在阿拉伯剧变时期，为稳定局势，摩洛哥国王主动提出修改宪法，并通过放弃对首相的任命权来约束王权；在阿曼，当港口城市苏哈尔

---

① 1 巴林第纳尔约等于 2.655 美元。

② David Robert，"The Arab Worlds Unlikely Leader：Embracing Qatar Expanding Role in the Region"，*POMED Policy Brief*，13 March 2012.

爆发大规模民众抗议游行时,阿曼王室适时推出改善民生方案,并撤换了12名内阁大臣等。[①] 另一方面,阿拉伯君主国还有一些确保民众申冤和传递诉求的传统渠道,诸如国王、王子和其他高官大臣与民众经常性的或定期的会面以了解民情,同时还有设在王国各地的马吉里斯会议,[②]这些交流和对话途径不仅使民众有机会表达其关注的各种问题,同时也有利于他们宣泄和释放不满,从而化解矛盾和维护社会稳定。

四是阿拉伯君主国历史上都同西方有着藕断丝连的各种联系,独立后一直是西方特别是美国的战略盟友。在中东局势动荡不定,充满不确定性的环境下,这些君主国离不开美国提供的经济支持和军事保护,而美国则需要君主国具有重要战略价值的丰富的油气资源。因此,彼此的关系是建立在互有所求的基础上。美国不仅向君主国提供各种所需的帮助,甚至可以放弃它一贯标榜的民主原则,在民主问题上提出所谓"中东例外论",来为阿拉伯君主制政权的专制进行辩解和开脱,从而维护君主制的权威。美国对阿拉伯君主国的支持和保护是它们能够化险为夷的另一个要素。此外,阿拉伯君主国的政府反对派通常都缺乏广泛的社会基础,同时也无法得到同王权建立政教联盟的宗教权威阶层的认同与支持,因而大多都不具有宗教上的"合法性"。这便造成政府反对派的力量弱小,召唤力十分有限,难以撼动王权的统治根基。

第三节 恐怖主义的猖獗和
"伊斯兰国"的兴衰

一、"基地"组织的扩张与渗透

阿拉伯剧变使中东政治版图发生重大变化,它打破了中东地区仅存的

---

① 丁隆:"阿拉伯君主制政权相对稳定的原因探析",《现代国际关系》,2013 年第 5 期。

② 马吉里斯是一种具有部落传统的非正式的对话机制,分为不同级别,从中央政府到地方或部落,在召开马吉里斯会议时,参会者对话的内容很广泛,既允许个人申诉委屈或冤情,也可以讨论行政和官僚问题,甚至还包括商业交易等。See Abbulateef al-Mulhim, "The Eastern Province, Land of Opportunities", *Arab News*, 4 April

微弱平衡关系,并使一些国家出现政治"真空"。这种状况为各派别抢夺地盘、武装割据、扩张势力,进而力图填补权力"真空"提供了机遇。在这些派别和势力中,对中东政治发展构成最大破坏力的莫过于伴随阿拉伯剧变而出现的猖獗的恐怖主义活动。

阿拉伯剧变后出现的各种恐怖主义组织及活动,源头是在中东各地一直非常活跃的"基地"组织,其斗争锋芒主要指向以美国为首的西方国家,以及所在国的统治者。它们认为这些统治者已经与西方同流合污,沆瀣一气。阿拉伯剧变使中东恐怖主义组织和势力经历了不断的分化与组合,并在亚非两大洲形成了"阿富汗、巴基斯坦—叙利亚、伊拉克—阿拉伯半岛"和"北非马格里布诸国—非洲之角索马里—西非尼日利亚"恐怖主义势力的两大三角地带。就中东地区来说,最具恶名的恐怖主义组织是"基地"组织在伊拉克、阿拉伯半岛和马格里布等地的各个分支。这些恐怖主义组织采用各种残暴手段,在中东国家制造一系列暴恐事件,其恶劣影响向周边外溢,直接威胁中东地区的安全与稳定。

埃及被"基地"组织视为发动"圣战"的新战场。穆巴拉克垮台后,恐怖主义分子趁机在埃及落脚,并成立了新的信奉萨拉菲派圣战主义的派系。一些小规模的恐怖组织则在埃及北部纷纷涌现。在西奈,恐怖分子针对西方旅游者的各种绑架和袭击活动曾震惊世界。基地阿拉伯半岛分支由沙特和也门的"基地"组织合并而成。2012年2月,美国将其列为最有可能对美国本土安全构成威胁的恐怖组织,它还是"基地"组织的恐怖技术研究中心和指挥策划中心。[①] 该组织最初的袭击重点是沙特王室、油田和石油设施,以及沙特境内的西方目标等。半岛分支在也门的活动亦呈不断扩大之势,2011年也门陷入动荡后,半岛分支在混乱中控制了半岛南部多座城镇,甚至一度占领阿比杨省省会津吉巴尔市,并宣布将其作为"基地"组织在也门南部建立的"伊斯兰酋长国"的首府。

在北非的马格里布地区,这里的恐怖主义组织曾多次宣布效忠"基地",并且早在2007年已更名为"伊斯兰马格里布基地组织",亦即"北非分支"。阿拉伯剧变爆发后,北非分支先后在阿尔及利亚、利比亚等国构建庞

---

① 顾正龙:《中东的"恐怖"乱局》,《瞭望》新闻周刊,2013年4月7日。

大的恐怖网络。同时将其活动范围拓展到萨赫勒地区,使它成为招募人员、筹集资金、配置武器和策划恐怖活动的新据点。另一方面,北非分支还从事偷窃军火、筹建新的恐怖训练营和制造一系列恐怖爆炸案件。北非分支同索马里的"伊斯兰青年运动"、"利比里亚伊斯兰战斗团"、尼日利亚的"博科圣地"等组织也存在密切联系,并逐渐向撒哈拉以南的黑非洲蔓延。自2011年以来,尼日利亚"博科圣地"频繁在尼日利亚、马里、乍得和毛里塔尼亚等地发动恐怖袭击,甚至卷入了马里政变。索马里"伊斯兰青年运动"在东非地区的索马里、埃塞俄比亚、肯尼亚的活动十分猖獗,目的是在三国交界地区建立"东非伊斯兰酋长国"。①

除了"基地"组织猖獗的恐怖活动外,中东地区还出现了一些"变异基地组织"。所谓变异基地组织,主要是指那些冠以"基地"之名,或是打着"基地"旗号,从事极端活动的人员和组织。实际上,这些从事极端活动的人员和组织同"基地"组织并无隶属关系,或是直接的联系。他们这样做的主要原因在于:有利于极端组织搜罗和招募同伙,扩大自身影响,制造轰动效应;也有一些肇事者是为了转嫁恶名,摆脱社会注意力,免遭谴责和打击;还有一些国家将本国内的极端组织和势力刻意打上"基地"标签,有助于这些政权在打击极端势力的行动中,赢得国际社会的支持和理解。②

显然,阿拉伯剧变后中东的恐怖主义组织和势力更趋复杂与多样性,并呈现跨国界、跨地区和全球化蔓延的特点。恐怖主义是一种极端的社会思潮,关于对恐怖主义和恐怖组织的认定各国存在差异和歧见。但毫无疑问的是,恐怖主义的根源来自于极端民族主义、极端宗教主义和极端分离主义。恐怖主义是一种社会逆流,由极少数人群所为,对恐怖主义需要根据具体问题进行具体分析,而不能将其同特定的民族和特定的宗教挂钩。就中东地区的恐怖主义来说,恐怖主义产生的动因极其复杂,其中关键因素可归纳为:一是恐怖组织和势力对伊斯兰"圣战"思想的曲解与误读;二是作为在中东具有主导权的美国在中东实施的霸权和"双标"政策;三是由于阿富汗和伊拉克战争以及阿拉伯剧变,导致许多中东国家政治失序、经济衰败、

---

① 《瞭望》新闻周刊,2013年4月7日。
② 涂龙德、周华:《伊斯兰激进组织》,时事出版社2010年版,第344页。

民不聊生,迫使一些弱势人群在心理极度扭曲的情况下无奈地选择铤而走险;四是阿拉伯剧变造成许多中东国家动荡不定,这种混乱局势为恐怖主义的滋长提供了适宜的土壤和气候。恐怖主义的危害显而易见:它加剧了中东局势和中东各国政局的动荡与混乱,造成不计其数的无辜生命和巨额财产的损失,殃及中东经济和世界经济健康有序的发展;它还进一步恶化了中东地区不同民族和不同宗教之间的关系,强化了彼此之间的新仇旧怨,阻碍和破坏中东的和平进程;同时,中东恐怖主义的猖獗,对世界其他地区具有极大的感染示范效应,刺激和诱发恐怖主义向全球蔓延。①

二、从基地伊拉克分支到"伊斯兰国"的蜕变

如前上述,"阿拉伯之春"为新的恐怖主义势力的滋长营造了更加适宜的土壤和气候。其组织结构、行动方式、作战目标和价值取向等均有新的变化。2014 年 6 月以来"伊斯兰国"的崛起,就是一个有力的佐证。

"伊斯兰国"由其前身基地组织伊拉克分支脱胎而成。该分支正式成立于 2004 年,它的第一任领导人是臭名昭著的恐怖分子阿布·穆萨卜·扎卡维(Abu Musab al-Zarqawi)。此前,扎卡维曾在阿富汗获得本·拉登 20万美元借款的资助,②建立恐怖分子训练营,取名"沙姆战士团"。③ 2003 年伊拉克战争后,扎卡维的"沙姆战士团"开始向伊拉克渗透,其势力在伊拉克乱局中不断壮大。2004 年 9 月,扎卡维宣布效忠基地组织和本·拉登,④并将"沙姆战士团"更名为"基地组织伊拉克分支"。2006 年 6 月,扎卡维遭美军空袭身亡。扎卡维的继承人是马斯里和阿布·巴格达迪,两人上台后,通过与伊拉克其他恐怖主义组织和一些部落代表协商,正式宣布成立"伊拉克伊斯兰国"(al-Dawla-Islamiya fi Iraq, Islamic State in Iraq)。但是,马斯里和阿布·巴格达迪同样未能摆脱与扎卡维一样的厄运。2010 年 5 月,

---

① 王铁铮主编:《全球化与当代中东社会思潮》,人民出版社 2013 年出版,第 373 页。

② http://musingsoniraq.blogspot.com/2014/06/tracking-al-qaeda-in-iraqs-zarqawi.html.

③ "沙姆战士团"因其主要成员均来自沙姆地区,故名。该地区包括约旦、叙利亚、黎巴嫩和巴勒斯坦,亦称利凡特或新月带。

④ "Al-Jamaa Hassan Hussain li Ahl al-Islam", *Muskar al-Battar* 21 (2004).(http//ia600407. us archive org/6/items/Al-BATAR-Leaflet/021.pdf).

两人同时被伊拉克安全部队和美军所击毙。随后,来自古莱什族的阿布·贝克尔·巴格达迪作为新的领导人宣誓就职。此时的"伊拉克伊斯兰国"不断将其政治和领土影响力跟伊斯兰教创教者穆罕默德在麦地那时期的影响力相提并论,由此申明自己的宗教合法性。①

巴格达迪掌控伊拉克伊斯兰国后,立即着手对其进行所谓的"地方化"和"专业化"改造。"地方化"是指注重招募伊拉克本土的逊尼派来扩充力量,而不是像扎卡维时期那样主要依靠招募外籍的恐怖分子,通过这一措施增强伊拉克伊斯兰国在当地逊尼派中的吸引力②;"专业化"主要是采取精减伊拉克伊斯兰国"内阁"人数的方式,来强化它的灵活性和效率。同时大力提拔专业指挥人员,任命前萨达姆军队的陆军上校萨米尔担任自己的副手,负责军事方面的一切事宜,并招募大量前萨达姆时期军队和情报机构相关指挥人员。③ 另一方面,为了谋求宗教合法性,巴格达迪还自诩穆罕默德的后裔。

2010年底,"阿拉伯之春"爆发后,巴格达迪借助中东国家的混乱和动荡,进而巩固它在伊拉克的地盘和影响,并且不断向内战中的叙利亚渗透。2012年7月,"伊拉克伊斯兰国"发动"破墙"运动,解救被伊拉克政府监禁的组织成员和高级指挥官,在一年的时间里,先后对伊拉克监狱发动8次较大的攻击。④ 当年9月发动对提克里特市塔斯菲拉特监狱的袭击,帮助关押在死囚牢房的47名"伊拉克伊斯兰国"的高层领导人成功越狱。⑤ 后来又发动对阿布格莱布监狱的袭击,造成大约500名囚犯逃脱。对于"伊拉克伊斯兰国"来说,2011年至2013年是至关重要的三年,它在这三年完成了最终的演变和成长,成为一个有能力征服领土和统治领土的组织,同时将其

---

① Brian Fishman, "Redefining the Islamic State: The Rise and Fall of Al-Qaeda in Iraq", *National Security Studies Program Policy Paper*, Washington New America Foundation, August 2011.

② Sinan Adnan and Aaron Reese, "Beyound Islamic State: Iraq's Suuni Insurgency", *Middle East study Report*, Washington: Institute for the Study of War, 2014.

③ Brian Fishman, "Redefining the Islamic State: the Rise and Fall of Al—Qaeda in Iraq", *National Security Studies Program Policy Paper*, New York: New America Foundation, August 2011.

④ Jessica D.Lewis, "Al-Qaeda in Iraq Resurgent: The Breaking the Walls Campaign, Part I", *Middle East Security Report* 14, Washington: Institute for the Study of War, September 2013.

⑤ Tim Arango and Eric Sehmitt, "Escaped Inmates form Iraq Fuel Syrian Insurgency", *New York Time*, February 12, 2014.

触角伸向了叙利亚。①

2013 年 4 月，巴格达迪宣布建立"伊拉克和沙姆伊斯兰国"（Islamic State in Iraq and Al-Sham，简称 ISIS），该组织宣称，"ISIS 不是'基地'组织的分支，我们跟它没有组织关系，本组织对它的行动概不负责。"②从 2014年 6 月起，ISIS 多路出击，疯狂向外拓疆。巴格达迪先是抽调半数主力，东进伊拉克，攻城略地，先后占领摩苏尔、提克里科、费卢杰等重镇，并控制伊叙和伊约边界的所有过境点。紧接着，ISIS 武装继续向叙利亚纵深推进，重创叙利亚政府军和美国支持的叙利亚反政府武装"叙利亚自由军"，确立它在叙北部和东北部的势力范围。及至 2014 年底，ISIS 的扩张势力达到顶峰，它在伊叙的整个控制区域约为 26 万平方公里，并临时"定都"叙利亚的拉卡。与此同时，ISIS 的武装人员也从 10000 余人，急剧膨胀到将近 90000 人，其中在伊拉克境内 30000 多人，叙利亚境内 50000 多人。在这些战斗人员中，至少还包括来自 90 多个国家的 15000 名外籍人员。③

2014 年 6 月 29 日，巴格达迪在摩苏尔宣布将"伊拉克和沙姆伊斯兰国"重新更名为"伊斯兰哈里发帝国"（简称"伊斯兰国"），并公开了一段用五种语言宣布成立哈里发国的录音。同一天，伊斯兰国还发布了题为《打破国界》和《塞克斯—皮科协定的终结》的视频。④ 巴格达迪扬言这个"伊斯兰国"的疆域不仅囊括伊斯兰会议组织所有成员国，而且还包括地中海北岸的意大利、西班牙，甚至中国的新疆。巴格达迪自封"哈里发"，他要求全世界的穆斯林服从其统治，号召追随者"征服罗马和西班牙"，"把真主的旗帜插上白宫"，"几年内占领新疆"，进而"获得全世界"。

---

① ［英］查尔斯·利斯特著：《"伊斯兰国"简论》，娄亦珲译，中信出版集团 2016 年出版，第 46—47 页。

② "On the Relationship of Al-Qaeda and the Islamic State in Iraq and Sham", *Al-Fajr Media*, February 4, 2014.

③ Brian Bennett and Richard A. Serrano, "More Western fighters joining Militant in Iraq and Syria", *Los Angeles Times*, July 19, 2014.

④ 查尔斯·利斯特：《"伊斯兰国"简论》，第 52 页。

三、"伊斯兰国"的基本结构和主要特点

同其他恐怖主义组织相比,"伊斯兰国"在许多方面已有很大变化,并同它们存在诸多差异,可谓"基地组织"的"加强版"。它秉持的伊斯兰教义不仅更加极端,内部结构也更加紧密,在战事和民政方面的专业化程度更高。[①]

第一,武装人员的来源和构成趋于多元化。"伊斯兰国"武装的骨干主要来自基地伊拉克分支和车臣的伊斯兰反叛者,后来随着战事的不断扩大,它开始吸收来自世界几十个国家的"圣战者"。这些人中包括具有欧美公民身份的穆斯林二、三代移民,还有一些皈依伊斯兰教的"纯种白人",以及来自"东突"伊斯兰运动的恐怖分子。同时,数千名原萨达姆时期的旧军政人员和哗变的叙利亚军队的官兵也被"伊斯兰国"武装所收编。另外,"伊斯兰国"还通过劫持监狱,并采取各种胁迫和高压手段,要求获释的囚犯转为"圣战者"纳入其武装,凡是没有被认可的特殊宗教理由的拒绝者,都将遭到杀戮。

第二,在训练、作战、情报、装备等军事方面,具有极高的专业素养,[②]战斗力很强。新编入"伊斯兰国"的武装人员都要接受严格的军事训练,训练内容包括枪械使用、战术运用、通信维修等。在武器配置上,除基本的步兵装备外,还有不少坦克、装甲车、大口径重型火炮、防空武器等大型装备。这些装备的数量和打击力,已超过"基地"组织总部、阿富汗塔利班、巴基斯坦塔利班、黎巴嫩真主党等激进武装。"伊斯兰国"的大型武器装备,基本上都是通过夺取伊拉克和叙利亚的军火库所得。它们甚至还有十余架"黑鹰"直升机和几十架米格-23战机,这些战机是"伊斯兰国"武装在攻占叙利亚塔布卡空军基地和伊拉克摩苏尔机场时获得的。

第三,通过资金来源多样化以满足"伊斯兰国"的正常运作和财力需求。一般来说,恐怖主义组织大都采取接受捐赠、绑架敲诈、贩毒走私等手段来建立比较完整的资金链,"伊斯兰国"在这方面亦无根本区别。但除此之外,它还利用其他途径获得钱财。主要包括:1. 利用伊拉克北部控

---

① 王晋:《"伊斯兰国"与恐怖主义的变形》,《外交评论》,2015年第2期。

② "Islamic State Fightor Estimate Teiples—CIA",*BBC News*,September 12,2014.

制区生产石油来走私石油获取收入,每月走私石油所获款额可达 3000 万——9000 万美元;① 2. 在"伊斯兰国"占领区向非穆斯林收取"保护税",同时还通过在占领区内设置各种关卡收取"高速费"和"过桥费"等②;3. 在占领区搜刮和抢劫各种古董或文物进行倒卖,据说,仅在叙利亚就卖出了多件8000 多年前的文物,获取了约 3600 万美元的资金。

第四,组建类似于政府部门的各种机构,并以"国家"作为最高的政治组织形式,这也是"伊斯兰国"追求的终极目标。"伊斯兰国"在叙伊控制区设立了若干地方省的建制,并通过所谓的"省政府"行使权力。在总部层面,则组建诸如财政部、国防部、作战部、宣传部、内政部、通信部、伊斯兰教法部和情报部等机构,负责制定相关的指导政策和协调各部门间的关系。与此同时,"伊斯兰国"又在宗教的旗号下或盗用宗教名义,将某些伊斯兰极端思想作为从意识形态上强化伊斯兰国根基的手段和工具。推行极端政治统治,宣扬极端政治主张,实施宗教迫害。

从"伊斯兰国"的上述特点可以肯定,它不同于传统的恐怖主义组织。美国前助理国务卿布雷特·麦格克认为,"伊斯兰国"比"基地"组织更糟糕,它不再是一个恐怖组织,而是全面成熟的军队。③"伊斯兰国"凭借它所拥有的大量武器装备和严密的军事组织,以及众多极具宗教狂热精神的新兵,足以在叙利亚和伊拉克有效地建立和维持一个原始的国家,④并通过煽动宗派冲突、利用政治弱点、发挥有效而残暴的军事实力等战略,对中东地区和世界的安全构成严重的挑战。

四、"伊斯兰国"的覆灭

"伊斯兰国"建立后,它在伊叙境内外频繁发动针对平民百姓的暴恐袭

---

① Charles Lister, "Profiling the Islamic State", *Brookings Doha Center Analysis Paper*, No.13, November 2014.

② Mitchell Prothero, "Islamic State Issues Fake Tax Receipts to Keep Trade Flowing", *McClatchy DC*, September 3, 2014, (http://www.mcclatchydc.com/2014/09/03/238508_ islamic-state-issues-fake-tax.html? rh=1.)

③ Kristina Wong, "ISIS Now 'Full-Blown Army', Officials Warn", *The Hill*, July 23, 2014

④ 查尔斯·利斯特:《"伊斯兰国"简论》,第 91—92 页。

击活动,滥杀无辜。同时制造了一系列血腥的屠杀人质事件,并对异教徒雅兹迪人进行迫害与杀戮。"伊斯兰国"的暴行引起国际社会的密切关注。2015 年 11 月 20 日联合国安理会一致通过决议,以最强烈言辞谴责极端组织"伊斯兰国"制造的恐怖袭击,呼吁国际社会"采取一切必要措施"打击恐怖主义。在铲除恐怖主义毒瘤的行动中,先后有 20 多个国家联合参战对"伊斯兰国"实施严厉打击。

作为在中东具有主导权的美国,必然要应对"伊斯兰国"的发展势头。但美国在打击恐怖主义的实践中认识到,在反恐问题上,单靠美国一国之力,并一味采取大规模军事行动来铲除恐怖主义不可能实现反恐目标。因此,奥巴马政府又对小布什时期的反恐战略进行调整:1. 主张反恐与宗教脱钩,强调美国的反恐对象是暴力极端主义和恐怖主义,它不会实施针对伊斯兰世界的战争;2. 强化美国与中东国家的合作,消除中东国家及其民众的反美情绪,改善美国与中东国家的关系;3. 放弃大规模反恐战争模式,改以形式多样和日益灵活的小规模秘密军事行动;4. 主导"全球反恐论坛",构建反恐双边和多边磋商机制,同时强调标本兼治,采取多种综合反恐战略,打击和遏制恐怖主义势力。

奥巴马政府对"伊斯兰国"的政策,比较清楚地凸显了美国反恐策略的新特点。2014 年 8 月 8 日,美国应伊拉克政府的邀请,并根据美国国会2001 年通过的反恐法案,出动战机开始空袭"伊斯兰国"在伊拉克境内的目标,并于 9 月把空袭范围扩大到叙利亚边境。9 月 10 日晚,奥巴马总统在电视讲话中表示,美国将通过发动空袭和支持合作伙伴地面作战部队的方式来削弱并最终摧毁"伊斯兰国",将加大对伊拉克空袭力度,毫不犹豫地对叙利亚境内的"伊斯兰国"武装采取行动。但他又强调,美国将带领一个广泛的国际联盟打击"伊斯兰国",美国作战部队则不会重返外国战场。故此,美国加大对地面合作伙伴的支持,决定增派 475 名军事人员前往伊拉克;美方向伊拉克政府和库尔德武装提供 2500 万美元军事援助,请求国会授权向叙利亚反对派提供装备和训练支持;同时美国切断"伊斯兰国"组织外部资金来源,积极应对加入"伊斯兰国"的欧美国家公民的威胁,阻止欧美国家公民出入"伊斯兰国"所在地区。美国的上述政策旨在通过调动地区盟友,采用分头借力和分摊责任等手段来应对和打击"伊斯兰国"。这种做法既能保持美国对中东事务的主导权,同时又能避免美国的深度卷入,确保其战略东移不受牵制和影响。

俄罗斯也是宗教极端主义和暴恐势力的受害者,并且面临极端圣战分子在俄境内从事各种贩毒和暴恐活动。俄罗斯希望建立一个广泛的反对恐怖主义和极端主义的国际联盟来遏制和打击"伊斯兰国"。同时,这个国际联盟应将叙利亚军队纳入其中。俄罗斯主张,团结起来打击恐怖主义将与叙利亚本国的政治变革同步进行。因此,俄罗斯在"伊斯兰国"武装渗透到叙境内后,不断加大对叙利亚在武器装备和军事训练方面的支持和帮助。同时,俄罗斯应叙利亚政府的请求,于 2015 年 9 月 30 日至 10 月 7 日开始出动战机对"伊斯兰国"在叙利亚境内的 112 处据点或目标进行多轮空中打击,并掩护叙利亚政府军对"伊斯兰国"发动大规模地面进攻。①

"伊斯兰国"的崛起和扩张,对欧盟影响极大。特别是"伊斯兰国"的外溢效应已渗透到欧盟国家。2014 年 11 月 19 日法国《世界报》报道,据法国内政部统计,有 376 名法国人在叙利亚和伊拉克参与"圣战",其中包括 88 名女性。2014 年以来赴叙伊参与"圣战"的欧洲人激增近一倍,共有 1700 名欧洲人投奔 ISIS 武装并参与作战。欧盟对"伊斯兰国"的政策同美国一样,主要是采取空中打击的方式。法国应伊拉克政府要求于 2014 年 9 月 19 日开展军事行动,向伊拉克政府针对"伊斯兰国"的行动提供空中支援。同时法国也在强化对叙利亚境内"伊斯兰国"势力的空袭行动。英国于 9 月 30 日开始对"伊斯兰国"目标实施空中打击。德国不愿意直接参与针对"伊斯兰国"武装分子的空袭或地面战斗,但承诺向库尔德武装输送武器,并派遣约 40 名士兵,帮助训练库尔德战士。

日本在打击"伊斯兰国"方面扮演着配角,主要是依照美国的意愿提供物资支持。"伊斯兰国"通过公布日本人质汤川遥菜和后藤健二惨遭杀害的视频向日本政府施压,在日本国内引起强烈反响。首相安倍晋三发表声明说,决不饶恕恐怖分子,也不会向恐怖主义屈服,将进一步向中东扩大粮食支援、医疗支援等人道主义援助。但在人质事件上,日本国内也出现一些不同声音,批评安倍政权将国民生命安全置于危险之中。一些日本民间团

---

① 张继业:《普京:打击"伊斯兰国"并非临时起意》,新华社电讯稿,2015 年 10 月 12 日。

体还组织了示威游行,示威者手持"不要利用汤川遥菜和后藤健二的死策划推动海外派兵"等标语,呼吁民众"对安倍政权说不"。还有一些人认为:"此次人质遇害事件说明,安倍推行的不是和平外交,而是要拿起武器进行战争。这是非常难以原谅的。"①

美国自 2014 年 8 月开始对"伊斯兰国"实施空袭后,国际社会对"伊斯兰国"的打击行动逐渐形成两大作战方向。在伊拉克,主要是以美国为首包括英法和其他国家,共计 10 多个国家协助伊拉克政府军参战,联合打击盘踞在伊拉克的"伊斯兰国"武装。2015 年 1 月,伊拉克库尔德武装在美国空中力量的支援下,将"伊斯兰国"的武装人员赶出摩苏尔以北的多座城镇。与此同时,叙利亚库尔德武装也得到美军策应,击退"伊斯兰国"对边境重镇艾因阿拉伯的袭击。4 月,伊拉克政府军收复萨拉赫丁首府提克里克,赢得对"伊斯兰国"的首场重大军事胜利。2016 年,伊拉克政府军在国际联盟空中支援下,收复安巴尔省首府拉马迪、西部城市费卢杰。10 月,伊拉克政府军又夺回伊拉克第二大城市摩苏尔。2017 年 7 月,伊拉克政府军控制了整个摩苏尔地区。12 月,伊拉克政府宣布取得打击"伊斯兰国"的最后胜利。②

叙利亚战场的情况比较复杂。由于美国与俄罗斯对叙利亚巴沙尔政权所持立场不同,因此,以美国为首的联军主要通过协助它们支持的叙利亚反政府武装来打击和清剿"伊斯兰国",以便不断扩大反对派武装的势力和影响。俄罗斯主要是在伊朗地面军事力量的配合下,协助叙利亚政府军打击"伊斯兰国",同时确保巴沙尔政权的存续。美国和俄罗斯分别在 2014 年 9 月 22 日和 2015 年 9 月 30 日开始对叙利亚境内的"伊斯兰国"发动空袭。据美国空军中央指挥部的统计数字,西方联军在 2015—2017 年间,每年对叙境内的"伊斯兰国"目标进行了 9912 至 11825 次空袭,投下的炸弹数量由 2015 年的 28696 枚上升到 2017 年巅峰期的 39577 枚。③"伊斯兰国"遭受沉重打击。自 2015 年开始,"伊斯兰国"控制的边境地区逐渐缩小;2016 年 2 月,它控制的叙土边境线缩短了三分之二;与此同时,叙利亚政府军在俄

---

① 新华社电讯稿,2015 年 2 月 1 日。
② 杜鹃:《"伊斯兰国"壮大与衰落》,新华社电讯稿,2019 年 10 月 28 日。
③ 《伊斯兰国的覆灭之路》,见 https://www.sohu.com/a/302137137-354194。

罗斯的帮助下,于 2016 年以来先后收复阿勒颇、东古塔、德拉、库奈特拉等战略要地;2017 年 10 月,"伊斯兰国"在叙利亚的大本营拉卡被美国支持的"叙利亚民主军"攻陷;11 月 3 日,叙军方宣布,叙利亚政府军已完全收复代尔祖尔省首府代尔祖尔市;2018 年 11 月 19 日,叙军方发表声明称,已完全消灭叙南部的"伊斯兰国"武装。2019 年 10 月 27 日,美国《新闻周刊》报道,美军针对"伊斯兰国"头目巴格达迪展开了特殊抓捕行动,并将其击毙。而在 2020 年 9 月 30 日的莫斯科新闻发布会上,俄罗斯国防部长邵伊古宣布:在过去五年,俄罗斯与叙利亚联军彻底摧毁了叙利亚的"伊斯兰国"武装集团,"伊斯兰国"武装在叙利亚已不复存在。叙利亚政府军在俄罗斯空天军的支持下从武装分子手中解放了 1024 个定居点,88% 的疆土处于叙利亚政府军的控制下,俄叙联军歼灭了 865 个武装集团的首领和超过 13.3 万名武装分子,以及超过 13.3 万处的基础设施。这一切都表明"伊斯兰国"已走向末路。同时"伊斯兰国"死而不僵,残余势力在世界各地不断渗透,新建分支,仍将对国际社会构成长期安全威胁

第四节　中东剧变的拐点和地区冲突的发展

一、中东剧变的拐点和反思

在中东剧变中,多个阿拉伯共和制政权在民众的欢呼声中相继更迭,各国民众憧憬和期盼着一种新制度与新生活的到来。但旧政权的垮台并不意味着新制度的建立,而民众渴望的新生活也不可能自动降临。中东国家政治发展的复杂性、多变性和不确定性注定了其寻求正道与良治的艰难历程。

早在政治剧变之初,巴林思想家贾比尔·安莎里就曾写道:"一层厚厚的浪漫主义之膜,正裹绕阿拉伯国家当前的变革要求。这种情形,我们这一代人也曾经历过,我们曾经梦想过统一、自由和社会主义,但我们等来的却

是专制,它带给我们的只有挫败和失望。"①另一位阿拉伯政治家则指出,变革不应止于改变统治者,而应致力于改变社会,即改变社会的经济、文化基础。问题是:如何让变革从表面及于纵深,从形式过渡到实质?②这些担忧和发问似乎已预感到阿拉伯变局前景的迷惘。阿拉伯变局后来的走向也印证了这一点。在阿拉伯共和制国家实现政权更迭后,各国的政治发展却未能朝着民众期待的民主方向稳步前行,各派不同势力的较量和争斗导致阿拉伯剧变出现了"拐点"。其重要表现:一是向威权主义政治"回摆";二是在外部势力的介入和干预下一些国家陷入更加无序的持久混战;三是宗教势力的影响在不少国家依然呈上升之势。

埃及首先经历了翻烧饼式的政权"轮回"。穆巴拉克垮台后,穆斯林兄弟会最高决策指导局成员穆尔西于 2012 年 6 月就任民选总统。穆尔西上台伊始,新官上任三把火,他通过颁布总统令和总统宪法声明的方式,不断扩大总统的权力,同时调换了 17 名省长;经济上,他提出了"百日计划"、"能源补贴改革"等。但他在政治和经济方面的决策,非但没有能够营造宽松的政治生态和改善民生,反而使埃及经济持续下滑,24 岁以下年轻人的失业率竟高达 40%,引起国内的广泛不满。2013 年 7 月,在权力之巅昙花一现的穆尔西,在埃及民众强烈的示威声中被少壮派军官阿卜杜拉·法塔赫·塞西为首的埃及军方解除总统职位,并由军方接管政权。此后,在 2014 年 3 月和 2018 年 4 月的两次大选中,塞西连任埃及总统。

卡扎菲政权在西方军事干涉下倒台后,利比亚也未能像西方所设想的那样,成为一个统一、稳定、和平的国家。相反,利比亚国内的部落武装和军事派系林立,彼此之间长期混战,形成了西部以民族团结政府为首,东部以国民代表大会和国民军联盟的两大政治力量,其他地区基本处于无政府状态。民族团结政府虽然得到国际社会普遍承认,但实力有限,且缺乏经济和社会治理能力,无法掌控全国局势,民众对政府怨声载道;国民代表大会仰仗与哈夫塔尔领导的国民军结盟,并在埃及、阿联酋、沙特等国的支持下,在

---

① 贾比尔·安莎里:《只有革命浪漫主义还不够》(阿拉伯文),《生活报》,2011 年 4 月 25 日。转引自马晓霖主编:《阿拉伯剧变:西亚、北非大动荡深层观察》,第 437 页。
② 阿多尼斯:《布瓦吉吉的骨灰》(阿拉伯文),《生活报》,2011 年 4 月 28 日。转引自《阿拉伯剧变:西亚、北非大动荡深层观察》,第 438 页。

东部城市图卜鲁格另建政府,反制和抗衡土耳其、苏丹、卡塔尔等国支持的民族团结政府。与此同时,利比亚国内还存在欧美国家支持的世俗力量和极端组织支持的宗教力量之间的博弈。利比亚原本复杂的国内矛盾正在进一步朝着国际化、多边化和极端化态势发展,新的政治秩序的重建仍遥遥无期。

突尼斯的局势可谓让人看到了一缕"阿拉伯世界微弱的曙光"。本·阿里政权被推翻后,突尼斯的政治危机尚未结束。2013 年还发生了反对党领导人肖克里·贝莱德和反对派议员穆罕默德·布拉米先后惨遭暗杀的事件,引发全国范围内的抗议浪潮,迫使内阁重组。2014 年 1 月 26 日,突尼斯制宪议会投票通过新宪法,2 月 7 日新宪法正式颁布。突尼斯制宪议会议长本·加法尔曾说,新宪法代表了突尼斯人民的广泛共识;时任联合国秘书长潘基文也赞扬突尼斯新宪法是"又一个历史性里程碑"。[①] 12 月,埃塞卜西成为突尼斯的首位民选总统,在新的联合政府的治理下,国内局势趋于相对稳定。2019 年埃塞卜西因病去世后,无党派人士凯斯·赛义德当选新总统。但突尼斯仍面临严峻挑战:一是经济不见起色,青年人失业率居高不下,甚至在 2016 年初再度发生了 28 岁的失业青年礼萨·叶海亚维触电自杀事件;[②]二是极端恐怖主义势力的威胁,多地发生暴力事件,公共秩序遭到严重干扰;三是腐败之风未得到有效遏制,按相关国际组织提供的数据,2010 年突尼斯在透明国际清廉指数中位列 178 个国家的第 59 位;2016 年却在 176 个国家中名列第 75 位。[③] 因此,突尼斯的社会改造和政治变革任重道远。

除上述三国外,也门冲突仍在持续,人们尚无法准确地预测其未来的结局。因此,在阿拉伯政治剧变出现"拐点"后,它在运动初期所展示的正能量被消耗殆尽。

阿拉伯政治剧变至今已逾 10 年,反观阿拉伯诸国的社会、政治、经济和意识形态的现状,多数国家仍然在过去的老路上徘徊不前,或是陷入长期的

---

① 陈斌杰、潘晓菁:《突尼斯通过新宪法是民主进程中重要一步》,新华社电讯稿,2014 年 1 月 27 日。

② 刘锴:《五年后突尼斯为何再陷入危机》,新华网,2016 年 1 月 26 日。

③ https://carnegieendowment.org/2017/10/25/tunisia-s-corruption-contagion-transition-at-risk-pub-73522

内乱,尚未在探寻新的发展道路中取得突破性进展,也没有找到能够理性化解长期困扰国家的社会、经济和族群割裂问题的有效策略。阿拉伯国家的发展和创新之路如此之艰难,可从三个层面来解析:一是由于自身的局限,多数阿拉伯国家实际上都没有经受过现代大工业血与火的洗礼,因而迄今还不能形成一个真正能够体现或代表先进生产力,并能领导和得到民众广泛支持的社会阶层或群体。这表明了阿拉伯国家仍处于由传统农业社会向现代工业社会转型的过程中;二是由于受内外各种因素的制约,多数阿拉伯国家都未能真正掌握自己的命运,缺乏应有的独立自主能力。从二战后的历史来看,阿拉伯国家在协调和解决内外矛盾与冲突等方面,无不受到外部大国与强权的干预和介入,这种被动和弱势地位决定了阿拉伯国家在应对内外危机方面的局限性;三是阿拉伯国家基于固有的宗教地域特点,让宗教人为地承载了过多的非宗教职能,因而需要不断理顺信仰与理性、宗教与世俗、传统文明与现代文明等方面的关系,并且必须防止伊斯兰教义被随意曲解和"工具化",从而挑起宗教狂潮,使国家的正常发展迷失方向。突尼斯思想家本·阿舒尔曾指出,"神学和真正信奉自由与多元思想的民主是无法适应的,两者间只有暂时的、战术上的调和",所以,"伊斯兰社会民主演进的障碍不仅是政治层面的,而且在根本上还与价值观念有关。因此,要建立相对性、多元化的民主理性,就必须撼动神学与教法的基本结构"[①]。由此可见,实现伊斯兰教与时俱进的不断变革和激活人的创造力,将是阿拉伯国家长期的和不可懈怠的使命。

二、叙利亚战争与也门冲突

当叙利亚境内的"伊斯兰国"被清剿后,叙利亚的局势并不稳定。事实上,叙利亚国内外的反政府势力和武装仍是巴沙尔政权的最大威胁。在长期的反政府活动中,叙国内外出现了几十个反政府组织。例如,早在2015年12月就有34个组织参加在沙特首都利雅得召开的叙利亚反对派会

---

① 本·阿舒尔:《民主派和神学派的政治活动》,阿拉伯联合酋长国《联合报》,2011年3月14日。转引自马晓霖主编的《阿拉伯剧变:西亚、北非大动荡深层观察》,第438页。

议。① 叙利亚政府反对派大致可分为三大派别:一是以"叙利亚反对派和革命力量全国联盟"(National Coalition for Syrian Revolutionary and Opposition Council,简称"全国联盟")和"叙利亚全国过渡委员会"(Syrian National Transitional Council,简称"过渡委员会")为首,并包括其他一些海内外组织的反对派势力,该派在叙国内的政治影响最大,主张"世俗主义"和"民主政治";二是主要由叙利亚境内的伊斯兰力量组建的宗教政治派别,该派试图在叙建立以"沙里亚法"为基础的"伊斯兰国家";三是主要由叙利亚境内的一些非阿拉伯民族或基督徒组成的派别,该派主张改变由叙利亚阿拉伯人主导叙利亚政治的局面,寻求各民族或族群之间的政治平等。

叙利亚反对派的背后大都有外部强权的支持和帮助,向它们提供钱财、武器装备和军事训练等。美国、沙特和土耳其等国都曾直接或间接介入叙利亚战争,2013—2018 年,美国先后三次以叙利亚生化武袭击为借口,打击叙利亚政府军目标,警告叙利亚不得对伊德利卜地区的反对派军事组织采取行动;土耳其则直接出兵,帮助叙利亚反对派在叙北部建立势力范围;沙特积极游说美国加大对叙反对派的支持力度,并表示帮助反对派组建新的军事集团等。②

另一方面,叙利亚的巴沙尔政权也得到了俄罗斯和伊朗提供的军事援助。俄罗斯力挺巴沙尔政权的原因是多方面的:其一,自冷战时期俄罗斯的前身苏联与叙利亚就一直保持良好关系。叙利亚境内长期居住着数千名俄罗斯公民,而叙利亚则有几万人先后毕业于俄罗斯的大学,这些人形成了或是带有明显俄罗斯色彩,或是亲俄罗斯的各种民间社团。其二,俄罗斯与叙利亚保持着军事联系。2015 年 9 月俄罗斯应叙利亚请求,俄军进驻叙赫迈米姆空军基地,帮助叙打击极端势力。2017 年在完成基本任务后,普京总统宣布从叙撤军。但叙俄两国的后续协议规定,俄军可无期限部署在赫迈米姆空军基地。同时,俄罗斯海军还在叙利亚港口城市塔尔图斯设有物资补给和技术保障基地。这是双方根据上世纪苏联与叙政府签署的相关条约而设立的。它也是俄罗斯海军在地中海地区的唯一军用基地。2017 年俄

---

① "Syria Opposition Seeks Unified Front at Riyadh Conference",*BBC*,December 8,2016.

② 王晋:《叙利亚重建的困境、归因与超越》,《西亚非洲》2019 年第 1 期。

叙的补充协议规定,俄军可无偿使用塔尔图斯基地49年,并在协议到期前如双方均未提出停止履行该协议,可再自动延期25年。其三,俄罗斯的地缘政治安全的考量。俄罗斯担心叙利亚政权的更迭,有可能导致伊斯兰极端势力掌控叙利亚的命运,从而影响和祸害俄罗斯北高加索地区。北高加索一直被视为极端和恐怖主义势力比较猖獗的区域。其四,俄罗斯坚持反对干涉别国内政的对外关系原则,这一点俄罗斯与美国和西方的国际规范理念存在明显区别。基于这一原因,俄罗斯总统普京在叙利亚危机中,始终主张决不能绕过联合国对一个主权国家动用武力。俄罗斯多次在联合国安理会对有关谴责和制裁叙利亚政府的决议案使用否决权。正是由于外部强权的介入,致使叙利亚战争旷日持久。

2018年6月叙总统巴沙尔在接受俄罗斯媒体采访时曾明确指出:叙利亚国内的战事并不是内战,而是一场国际战争。美国妄图重塑地区和国际秩序,而叙利亚战场也就成了美国对外干涉的重要平台和途径。①

2019年以来,伴随叙利亚政府军在战场上的节节胜利,并控制叙利亚绝大部分疆土,叙利亚战事进入收尾阶段。但叙利亚又面临严峻的国家重建的挑战。在国家重建问题上,现阶段有三种机制可供叙利亚选择:一是由联合国主导的、美国和俄罗斯联合组织的"日内瓦和谈机制",其宗旨在于,力图促使叙利亚政府和各反对派组织,通过"政治对话"解决叙利亚危机;二是由俄罗斯、伊朗和土耳其主持的,由叙政府和各反对派参与的"阿斯塔纳和平机制",该机制强化了内外势力的合作,陆续在叙境内成功建立了4个"冲突降级区",有利于叙利亚的和平进程;三是由俄罗斯倡导的"索契和平机制",目的是由俄罗斯牵头召集叙冲突各方,通过劝说和协调凝聚共识,推动和谈进展。然而,尽管存在上述三种机制,叙利亚各方在国家重建方向和政治体制方面却存在明显分歧。是重新回归到原有的中央集权制,还是新建一种介于中央集权制和联邦分权制之间的共和国与联邦区共存的新型体制,抑或是另起炉灶,进一步探寻创新机制和重建方向,这将是考验国际社会和叙利亚冲突各方智慧的持久博弈。

① 《巴沙尔总统接受俄罗斯国家电视台采访》,转引自王晋:《叙利亚重建的困境、归因与超越》,《西亚非洲》2019年第1期。

当叙利亚开始着手国家重建之时,也门反政府的胡塞武装与政府军的对峙和热战仍在持续,特别是以沙特为首的联军的军事介入,导致也门冲突更加复杂化和白热化。

胡塞武装属于伊斯兰教什叶派分支——宰德教派。20世纪70年代,被视为宰德派首领的侯赛因·巴德尔·丁·胡塞(Husayn Badr al-Din al-Huthi)建立了一个自称沙巴布·马米宁(Shabaab al-Mu'minin,即"青年信仰者")的组织。1992年,同为宰德派的也门总统萨利赫为对抗国内的逊尼派和扩大自己的力量,遂与胡塞结为联盟,后者势力不断壮大。但由于胡塞在宗教观点上越来越激进,致使双方分道扬镳。2000年,侯赛因·胡塞提出了效仿伊朗建立"神权也门",实行政教合一的主张,并将锋芒指向美国和萨利赫。2004年,在一次军事行动中,侯赛因·胡塞被政府军击毙。此后,"青年信仰者"组织更名为"胡塞人",以示永远追随侯赛因·胡塞。同时,胡塞武装也改由侯赛因·胡塞的兄弟们共同领导。

2011年11月萨利赫被迫移交政权后,也门副总统阿布德·拉布赫·曼苏尔·哈迪于2012年2月当选总统。而胡塞武装则持坚决抵制态度。2014年9月,胡塞武装攻占也门首都萨那,哈迪流亡南方。随后胡塞武装向南部继续推进,控制南部的一些城镇,占领红海沿岸港口荷台达。2015年2月,胡塞武装宣布将成立由5人组成的"总统委员会",并解散也门议会,成立由551名成员组成的"全国过渡委员会"代行议会职责。在胡塞武装势力迅速膨胀的情况下,沙特旋即联手埃及、苏丹、阿联酋、科威特、巴林和卡塔尔等十国,于3月26日发动代号为"决心风暴"的大规模空袭,开始沉重打击胡塞武装。由此揭开了也门长达6年之久的拉锯战。

沙特积极组织联军打击胡塞武装的主要原因:一是地缘政治的考量。也门毗邻沙特南部,历来被视为沙特的"后院",确保南部边境绝对安全一直是沙特的重要安全策略之一。早在1934年沙特就曾因阿西尔低地的归属问题不惜动用武力,迫使也门在兵败后将阿西尔划归沙特版图。① 1962—1970年,也门共和派与保皇派发生内战,为抵制受埃及支持的共和

---

① 阿西尔低地位于沙特最南端,与也门接壤。1934年两国因阿西尔归属问题发生军事冲突,也门兵败后同沙特签订《塔伊夫条约》,将阿西尔划归沙特。

派势力渗入沙特,沙特政府始终坚定地站在保皇派一边,并向其提供各种援助,以维系保皇派坚守的体制。这些都说明了沙特高度重视也门局势,绝不允许也门出现对沙特的负面影响。二是胡塞武装和伊朗同属什叶派,沙特认为胡塞武装得到了伊朗在各方面的支持,①甚至把胡塞武装视为伊朗在也门的"代理人"。沙特完全不能容忍一个类似于伊朗的什叶派政权出现在自己的"后院"。也有一些西方评论家将沙特与伊朗在也门的争夺看作"地区性冷战",它不是军事上的抗衡,而是政治上的较量,彼此都渴望扩大自身在该地区的影响。② 因此,从本质上看,也门冲突不过是沙伊争夺的筹码,沙特处于主动和攻势,伊朗处于被动和守势,伊朗希望借机削弱沙特。③

胡塞武装对于沙特联军的军事介入,采取针锋相对的策略。虽然胡塞武装基本上都是由来自部落民兵组成的"准军事组织",但兵员经过严格军事训练,并具有长期作战经验。它们借助攻守交替的游击战术与沙特联军巧妙周旋,重点偷袭沙特的油田和石油设施,并在也门境内伺机袭击联军和政府军的据点,夺取交通枢纽和战略要地,缴获大批武器装备,不断给予沙特联军和也门政府军以重创。同时,胡塞武装长期控制萨那周边及中西部大片土地。2017年12月4日,已倒向沙特的萨利赫在萨那城外出逃的半路上被胡塞武装击毙。而哈迪的政府军仅控制着也门南部的部分省区。2017年被哈迪罢免的亚丁省省长祖贝迪联合26名高级部落、军事和政治领导人成立"南方过渡委员会",反对哈迪政府,并寻求南方各省的自治。也门实际上已陷入无政府状态。长期的战乱造成也门局势持续恶化,加剧了也门的人道主义危机。联合国提供的数据显示,也门有超过2000万人需要人道主义救援,其中1600万人面临食品短缺。④

2018年12月,在联合国斡旋下,也门政府与胡塞武装就荷台达停火、战俘交换等议题达成一致。但不久彼此就谴责对方破坏停火协议,协议不

---

① 虽然沙特认定胡塞武装得到伊朗的大力支持,但几乎没有证据表明伊朗向胡塞武装提供了实质性的支持。参见乌兹·拉比主编:《变化的中东部落与国家》,第140页。

② Mabjoob Zweiri, "Iran and political Dynamism in the Arab world:the Case of Yemen", *Digest of Middle East Studies*, Vol.25.No.1.2016,p.4.

③ Alireza Nader, "Yemen:Victim of the Saudi-Iranian Rivalry", *The Arab Weekly*, May 8,2015, p.2.

④ 毕振山:《时事观察:也门冲突缘何加剧》,《工人日报》2021年3月11日

了了之。2019年11月,"南方过渡委员会"与哈迪政府和解,并在利雅得签署协议组建新的联合政府。不过,协议落实进展缓慢,后在沙特历时一年的反复协调下,2020年12月10日,双方同意履行利雅得协议的军事和安全条款,组建联合政府。18日,联合政府成员名单公布,其中国防部、内政部、外交部、财政部和新闻部等5个核心机构由哈迪掌控;农业、灌溉和渔业资源等5个部门由"南方过渡委员会"的成员负责;其余部门则分配给了也门"伊斯兰改革集团"和"也门社会党"等派别。26日,也门联合政府宣誓就职。联合政府内部各派别利益分配不均,执政掣肘严重。由于胡塞武装被排斥在联合政府之外,这也意味着否定了胡塞武装参与国家重建的可能性。因此,占据也门大片土地的胡塞武装必然做出反制,阻碍联合政府的运作和履职。

2021年3月22日,沙特外交大臣费萨尔在利雅得公布了沙特政府有关全面结束也门危机的和平倡议。内容包括在联合国监督下实现也门境内全面停火,重新开放萨那国际机场,允许船只和货物进出荷台达港,以及也门各方在联合国主持下磋商政治解决冲突的方案等。这也被视为沙特政府的又一次重大的最新尝试。沙特政府的新倡议实际上同美国近期对也门冲突态度的变化不无关系。美国前总统特朗普下台前几天,将胡塞武装定性为恐怖组织。新总统拜登就任后,随即撤销了对胡塞武装的恐怖组织认定,并任命资深外交官蒂莫西·伦德金为美国也门事务特别代表。同时美国还宣布停止支持沙特为首的联军在也门的军事行动,推动也门交战双方实现和谈。正是在多种因素的考量下,沙特推出了新的和平倡议。胡塞武装对美国撤销对其恐怖组织的认定表示欢迎。但对沙特的和平倡议却不买账,胡塞武装发言人表示,沙特的和平倡议非常不严肃,内容上完全没有新意。同时,胡塞武装还要求沙特应立即停止空袭和海上封锁及对也门的侵略,只有终止军事行动并解除对也门的封锁,它才可能参加和谈。可以预见,也门未来的和平充满了不确定性,和平之路依然漫漫而曲折。

三、伊朗核问题的困局

伊朗核问题是进入21世纪以来中东政治发展的另一个重要议题,它不仅影响伊朗与美国和西方的关系,同时也严重冲击着伊朗与阿拉伯国家之间的正常交往。从一定程度上讲,伊朗核问题可被视为中东局势发展变化的一个风向标。

伊朗的核能源开发活动始于20世纪50年代后期,当时伊朗在美国与其他西方国家的支持和帮助下,建立了一个核电站和一些核研究中心与铀处理设施。1979年伊朗推翻巴列维王朝,伊斯兰共和国诞生。1980年美伊断交,伊朗的核活动尚未停止。美国开始指责伊朗以"和平利用核能"为招牌秘密发展核武器,并对伊朗实施遏制政策,伊朗的核活动基本处于停滞状态。2003年2月,时任伊朗总统哈塔米宣布,伊朗在其中部地区发现铀矿资源,并着手启动核计划。伊朗重新恢复核活动,看中的是"核能"所产生的强大威慑力。事实上,自人类发明核武器后,仅有美国在二战即将结束时,分别对日本的广岛和长崎投下两枚原子弹以来,人类再未发生使用原子弹的案例。但核武器产生的空前破坏力与核辐射后遗症却是骇人听闻的,是人类记忆中无法抹掉的恶魔。伊朗自建立伊斯兰共和国后,由于向外输出伊斯兰革命,将自身置身于强邻环伺的包围圈中。特别是美国把伊朗视为眼中钉,不断强化对它的遏制手段,并将伊朗列为邪恶轴心和无赖国家。伊朗竭力发展核能,实际上是希望借助自身掌握的核能力缓解外部的压力,并且反制敌对者。

伊朗重启核活动引起国际社会和西方国家,以及相关各方的密切关注。阿拉伯国家普遍担忧伊朗发展核能,将使伊朗的实力在伊拉克战后已打破的地区原有"均势"的基础上大幅提升,并且有可能独自做大,从而对阿拉伯国家构成更严峻的威胁。美国和其他西方国家同样顾虑伊朗一旦拥有核能力后将更加难以遏制。因此,美国率先向伊朗进一步施压,多次警告伊朗立即停止与铀浓缩活动相关的所有活动,甚至威胁将伊朗核问题提交联合国安理会。国际原子能机构也通过一系列相关决议,要求伊朗与其合作,签署全面保障监督协定附加议定书,终止铀浓缩活动。在国际社会的强烈呼吁下,法德英三国积极斡旋,并于2002年打通了就伊朗核问题进行多方谈判的渠道。自2003至2013年的10年间,参加伊核问题谈判的法、德、英、美、俄罗斯和中国先后与伊朗进行了无数次各层级的磋商,最终达成的意向性妥协和临时性协议主要有三项:即2003年的《德黑兰宣言》、2004年的

《巴黎协定》、2013年的《日内瓦临时协定》。为了达成全面协定,2014年2月起,六方谈判每月进行一次。2015年4月的第14轮谈判形成了框架协议。7月14日伊朗核问题全面协议在维也纳签署。7月20日,联合国安理会通过第2231号决议核可全面协议。

全面协议包括前言、正文、附件三部分。其中篇幅最大的是五个附件,分别涉及制裁问题、核领域问题、六国与伊朗联合委员会的工作、民用核能合作以及协议执行计划等。安理会第2231号决议和全面协议的要点如下:

· 伊朗重申在任何情况下都不会寻求、开发和获得任何核武器。

· 伊朗在《不扩散核武器条约》相关规定下完全拥有和平利用核能的权利。

· 伊朗将离心机的数量削减三分之二,从约1.9万台减至6104台。

· 国际社会对伊朗的常规武器禁运再持续5年。

· 国际原子能机构人员对伊执行协议情况进行监督核查。

· 国际原子能机构核实伊朗核计划的和平性质后,联合国、美国和欧盟将解除对伊朗的相关制裁。

· 如果伊朗违反协议,相关制裁将在65天内恢复。

· 伊朗有权对国际核查人员的核查要求提出异议,由六国组成的仲裁机构做出裁定。

· 伊朗阿拉克重水反应堆将重建,仅用于和平目的。[1]

2015年10月18日全面协议生效;2016年1月16日,全面协议正式执行。2016年至2017年8月,国际原子能机构先后发布的10份报告显示,伊朗核项目的各种参数均低于协议规定。国际原子能机构和欧盟也都表示,伊朗遵守了全面协议。但美国对伊朗的制裁并没有实质性的放松。例如,2016年到期的《伊朗制裁法》被继续延长;与全面协议不相干的各种制裁仍在执行;美国财政部甚至在协议执行的第二天,还以伊朗研发弹道导弹为由,制裁伊朗的11名相关个人与实体等。这都表明了美国对履行全面协

---

① 《联合国安理会一致通过伊朗核协议》,凤凰资讯,2015年7月21日。

议职责的消极性。尽管阻力频生,但全面协议的总体执行还算平稳。伊朗在全面协议框架内实现了可自由出口石油和石化产品,可购买精炼油品和能源设备,以及国外可对伊能源投资。伊朗银行重新回归环球银行金融电信协会,海外资产与油款获得解冻,伊朗一些实体也从美国财政部的"特别指定名单"中予以删除,等等。特别是伊朗的石油产量和出口在 2016 年底已达到制裁前的水准,原油日均产量达 210 万桶,日产最高为 370 万桶。伊朗经济呈明显回暖势头。

然而,2017 年特朗普当选美国新总统后,美国对伊政策逐渐发生变化。奥巴马时期实施的制裁与谈判相结合,间或运用武力威慑的对伊政策,重新变为视伊朗为敌,全面制裁伊朗的新战略。同时美国指责伊朗是独裁政权,是中东的麻烦制造者,并宣称伊朗核问题全面协议签署后伊朗的越轨行为增多等,不一而足。2017 年 10 月 13 日,特朗普正式宣布对全面协议不会做出认可,要求国会修改《伊朗核协议审查法》。特朗普认为,全面协议存在三大缺陷:对伊朗核浓缩活动限制期过短;核查力度不够;为伊朗日后研发高级离心机留下了豁口。他要求新的审查法对这些缺陷予以纠正。中国和俄罗斯坚定支持全面协议,并认为全面协议是多边主义的重要产物,反对改变多边主义的单边行动。英法德宣称,"维护全面协议是我们共同的国家安全利益"。但特朗普政府执迷不悟,无视国际社会的共同呼声,断然于 2018 年 5 月 8 日宣布退出伊核全面协议。随后,美国对伊朗实施了多轮新的制裁,美伊关系一直处于紧张状态,致使伊核全面协议陷入僵滞和困局中。

2021 年拜登在大选中击败特朗普当选美国新总统。拜登执政后承诺将重返伊核全面协议,但他要求伊朗首先恢复履行协议,美国才能逐步解除制裁。而伊朗明确表态拒绝"分步走"方案,并要求必须一次性解除对伊所有制裁。2021 年 4 月 6 日,由欧盟主持,伊朗、法国、德国、英国、俄罗斯和中国参加的伊核全面协议恢复履约谈判在奥地利首都维也纳启动。美国因已退出全面协议,只能派新任伊朗问题特使率团通过欧洲缔约方与伊朗进行间接对话。谈判逐步取得进展,前景仍然充满不确定性。中东问题历来错综复杂而扑朔迷离,涉及多方利益的伊核全面协议未来何去何从,仍需耐心静观。

大 事 年 表

约 200 万—1 万年前　更新世。在巴勒斯坦的太巴列湖南岸出现更新世早期的人类遗迹

公元前 3100—前 2686 年　埃及早王朝时期,上埃及的美尼斯首次统一埃及

公元前 2900—前 2347 年　两河流域的早王朝时期

公元前 2686—前 2181 年　埃及古王国时期,以修建金字塔著称

约公元前 2000—前 14 世纪　腓尼基产生音节文字

公元前 1894—前 1595 年　古巴比伦王国

公元前 1567—前 1085 年　埃及新王国

公元前 1400—前 1200 年　赫梯新王国

公元前 1400—前 1070 年　中亚述时期,亚述帝国形成

约公元前 1029 年　扫罗统一希伯来人的两大部落联盟

公元前 934—前 610 年　新亚述时期

公元前 586 年　新巴比伦的尼布甲尼撒二世攻占耶路撒冷

公元前 539 年　波斯居鲁士大帝灭新巴比伦

公元前 499—前 449 年　希波战争。波斯战败

公元前 331 年　亚历山大大败波斯军队。前 330 年,波斯帝国灭亡

公元前 305 年　塞琉古王朝和托勒密王朝建立

公元前 247—公元 226 年　波斯帕提亚王国

公元前 88—公元 195 年　罗马在西亚各地和埃及建立行省

公元 226—642 年　波斯萨珊王朝

313 年　罗马皇帝君士坦丁一世发布米兰敕令,允许臣民信仰基督教

395 年　罗马帝国分裂,君士坦丁堡成为东罗马帝国的首都

610 年　穆罕默德接到真主"蒙召"的"启示",开始传播伊斯兰教

622 年　穆罕默德及弟子分批离开麦加前往麦地那。即著名的"徙志"

630 年　穆罕默德率大军占领麦加,麦加贵族接受伊斯兰教

632—661 年　四大哈里发统治时期。阿拉伯军队占领西亚北非大片地区

661—750 年　倭马亚王朝。阿拉伯军队占领西班牙大部和中亚

732 年　阿拉伯军队在法国的普瓦提埃为墨洛温王朝军队所败

749—1256 年　阿拔斯王朝

751 年　怛罗斯之战。造纸术从此西传

909—1171 年　北非和叙利亚的法蒂玛王朝

945—1055 年　白益王朝

1055—1194 年　塞尔柱帝国

1096—1270 年　第一至第八次十字军东侵。1291 年,十字军运动结束

1219—1224 年　蒙古人两度西征,灭花剌子模,洗劫波斯北部,进攻巴格达

1258 年　哈里发向蒙古旭烈兀投降并被处死。阿拔斯王朝终止

1260 年　蒙古军队在艾因扎鲁特遭受埃及马木路克军队重创。蒙古西侵终止

1263—1355 年　伊儿汗国

1326 年　奥斯曼的继承人奥尔汉从拜占廷手中夺取布尔萨,并定都于此

1370 年　帖木儿自立为西察合台汗国素丹,开始大举扩张

约 1375—1486 年　波斯的黑羊王朝

1378—1502 年　波斯的白羊王朝

1405 年　帖木儿率兵远征中国时,死于军营之中

1453 年　奥斯曼军队攻占君士坦丁堡

1492 年　天主教各君主征服了西班牙的最后一个阿拉伯王国

1499 年　奥斯曼海军在勒盘多战役中大败威尼斯舰队

1502—1722 年　萨法维王朝

1514—1517 年　奥斯曼素丹谢里姆一世入侵波斯并占领埃及

1520—1566 年　奥斯曼素丹苏莱曼大帝在位

1555 年　苏莱曼一世与萨法维国王塔赫马斯普一世签署阿马西亚和平协议

1590 年　萨法维王朝与奥斯曼帝国签署《伊斯坦布尔和约》

1618 年　奥斯曼帝国与萨法维王朝签署《埃里温和约》

1639 年　波斯与奥斯曼帝国签订《席林堡和约》

1711 年　的黎波里总督艾哈迈德贝伊建立卡拉曼利王朝

1736 年　纳第尔自立为波斯国王,建立阿夫沙尔王朝

1740 年　德拉伊叶的埃米尔穆罕默德·伊本·沙特接受瓦哈比教义

1747 年　阿夫沙尔王朝瓦解;阿赫马德·沙建立阿富汗的杜兰尼王朝

1761 年　阿富汗与印度的第三次潘尼帕特之战

1774 年　俄国与奥斯曼帝国签订《库楚克—凯纳吉条约》

1786 年　奥高·穆罕默德建立恺加王朝

1789 年　奥斯曼素丹谢里姆三世开始名为“新秩序”的西化改革

1798 年　拿破仑远征埃及

1805 年　穆罕默德·阿里出任埃及总督

1807 年　波斯和法国签署《菲肯斯泰因条约》

1813 年　波斯同俄国签署《吉利斯坦条约》

1814 年　英国和波斯签署《德黑兰条约》

1818 年　第一沙特王国灭亡

1824—1892 年　第二沙特王国

1828 年　波斯和俄罗斯签订《土库曼恰依条约》

1831 年　易卜拉欣入侵叙利亚

1833 年　阿里同奥斯曼帝国签订《屈塔希亚和约》

1839—1876 年　奥斯曼帝国的“坦齐马特”时代

1839 年　英军第一次入侵阿富汗,杜兰尼王朝复辟

1843 年　奥斯曼帝国在黎巴嫩建立新政府

1848—1896 年　波斯国王纳赛尔丁·沙在位

1848 年　波斯巴布教徒起义

1876 年　英、法成立赫迪夫债务委员会,监督埃及还债

1876 年　哈米德二世颁布奥斯曼帝国的第一部成文宪法

1878 年　阿富汗第二次抗英战争开始

1879 年　埃及祖国党成立;阿富汗同英国签署《甘达马克条约》

1880 年　埃及建立由欧洲国家成立的"清算委员会"

1905—1907 年　祖国党在土耳其成立,并发展壮大为统一与进步党

1906 年　伊朗历史上第一届议会召开,并通过第一部宪法

1907 年　英、俄签订协定,在伊朗、阿富汗和中国西藏划分势力范围

1908—1909 年　青年土耳其党革命,素丹哈米德二世被废黜

1909—1914 年　奥斯曼帝国治下的阿拉伯人开展普遍的结社活动,谋求民族利益

1911 年　恺加王朝复辟,伊朗立宪革命结束

1911 年　青年土耳其党人与也门签署《达安和约》,承认北也门自治

1914 年　奥斯曼帝国与德国签订同盟条约,俄、法、英对奥斯曼宣战

1916 年 3 月　英、法签订《赛克斯—皮科协定》,秘密瓜分西亚阿拉伯地区

1918 年 10 月　奥斯曼帝国与协约国签订《摩德洛斯停战协定》

　　　11 月　《达安和约》失效,北也门独立

1919 年 5 月　阿富汗第三次抗英战争开始

1920 年 8 月　奥斯曼素丹政府与协约国签订《色佛尔条约》

1921 年 1 月　凯末尔在安卡拉召开国民会议,与素丹政府分庭抗礼

　　　11 月　英国承认阿富汗完全独立

1922 年 10 月　伊拉克与英国签订同盟条约,伊拉克独立

1923 年 7 月　协约国与土耳其签订《洛桑条约》

　　　10 月　土耳其共和国宣告成立

1925 年 12 月　伊朗立宪会议宣布礼萨·汗为国王,巴列维时代开始

1926 年 5 月　英国与伊本·沙特签订《吉达条约》,承认沙特国家独立

1936 年 8 月　英、埃缔结同盟条约,英国结束军事占领,埃及独立

1939 年 9 月　英、法对德宣战后,伊朗宣布中立

1941 年 6 月　土耳其宣布中立

　　　　8 月　苏、英出兵伊朗

　　　　11 月　德、意侨民撤离阿富汗

1943 年 9 月　伊朗对德宣战

　　　　11—12 月　黎巴嫩和叙利亚独立

1945 年年初　土耳其参战

　　　　2 月　叙、黎对德、日宣战;

　　　　3 月　阿拉伯国家联盟成立

1947 年 11 月　联合国大会通过巴勒斯坦分治决议

1948 年 1 月　英国与伊拉克签订《二十年同盟条约》

　　　　5 月 14 日　以色列国成立;15 日,第一次中东战争爆发

1949 年 10 月　伊朗"民族阵线"成立,摩萨台当选主席

1951 年 3 月　伊朗国会通过石油工业国有化法案

1952 年 7 月　埃及爆发"七月革命"

1953 年 6 月　埃及成立共和国

　　　　8 月　伊朗的扎赫迪发动军事政变,石油国有化运动失败

1954 年 4 月　土耳其和巴基斯坦缔结《促进共同合作条约》

1955 年 1 月　土耳其和伊拉克签署《巴格达条约》

1956 年 7 月　纳赛尔就任埃及总统;26 日,纳赛尔宣布将苏伊士运河收归国有

　　　　10 月　第二次中东战争爆发

1958 年 2 月　埃及和叙利亚组建阿联;伊拉克和约旦随后成立"阿拉伯联邦"

　　　　7 月　伊拉克爆发革命,成立共和国;美国出兵黎巴嫩

1959 年 3 月　伊拉克退出巴格达条约组织,该组织更名为中央条约组织

1960 年 8 月　塞浦路斯独立

　　　　9 月　石油输出国组织成立

1961 年 1 月　土耳其公民投票通过新宪法,实行多党制

6 月　科威特独立

1963 年 3 月　复兴党在叙利亚发动政变,建立政权

1964 年 5 月　巴勒斯坦解放组织成立

1967 年 6 月 5 日　第三次中东战争爆发

11 月　联合国通过 242 号决议

1968 年初　英国宣布撤离海湾地区

7 月　复兴党在伊拉克发动政变,夺取政权

1969 年 2 月　阿拉法特当选巴勒斯坦解放组织主席

9 月　利比亚的卡扎菲发动政变推翻君主制,建立共和国

1970 年 7 月　阿曼卡布斯发动政变,出任素丹;8 月,国名改阿曼素
丹国

9 月　"黑九月事件";纳赛尔去世,随后萨达特继任总统

1971 年 5 月　《埃苏友好合作条约》签订

8—9 月　巴林和卡塔尔先后独立

12 月　阿拉伯联合酋长国成立

1973 年 7 月　阿富汗发生政变,推翻君主制

10 月　第四次中东战争爆发

1974 年 1 月　埃及与以色列签署第一个脱离军事接触协议

5 月　叙利亚与以色列签署脱离军事接触协议

7 月　英国、希腊、土耳其签署脱离军事接触协议,承认塞浦路
斯分治

1975 年 3 月　伊拉克与伊朗签署《阿尔及尔协议》

1976 年 3 月　埃及宣布废除《埃苏友好合作条约》

1977 年 11 月　埃及总统萨达特访问以色列

1978 年 4 月　阿富汗发生军事政变,成立阿富汗民主共和国

9 月　埃、以签署"戴维营协议";阿拉伯拒绝阵线断绝同埃及
的一切关系

1979 年 2 月　伊朗伊斯兰革命爆发

3 月　阿盟总部由开罗迁往突尼斯;埃、以签署和约

11 月　沙特发生麦加大清真寺事件

12 月　苏联入侵阿富汗;伊朗颁布新宪法

1980 年 2 月　埃及与以色列建立外交关系

9 月　两伊战争爆发;土耳其发生军事政变,建立军政权

1981 年 5 月　海湾合作委员会成立

10 月 6 日　埃及总统萨达特遇刺,之后穆巴拉克继任总统

1982 年 6 月　以色列入侵黎巴嫩,第五次中东战争爆发

1985 年 5 月　阿富汗 7 个抵抗组织成立"阿富汗圣战者伊斯兰联盟"

1988 年 4 月　美、苏、巴与喀布尔政权签署日内瓦协议,苏联同意从阿富汗撤军

8 月　伊拉克与伊朗正式停火,两伊战争结束

11 月　阿拉法特宣布成立巴勒斯坦国

1989 年 2 月　苏联完成从阿富汗撤军,阿富汗爆发内战

6 月　伊朗宗教领袖霍梅尼逝世;巴希尔将军发动政变,苏丹建立原教旨主义政权

7 月　拉夫桑贾尼当选伊朗总统

1990 年 8 月　伊拉克入侵科威特,海湾危机发生

1991 年 1 月　海湾战争爆发,伊拉克战败,撤出科威特

10 月　马德里中东和会召开

1993 年 9 月 13 日　阿拉法特与拉宾在白宫签署《关于临时自治安排原则宣言》

1994 年初　塔利班在阿富汗成立

5 月　巴以签订关于实施加沙—杰里科自治执行协议

7 月　侯赛因国王和拉宾签署《华盛顿宣言》,结束了约、以间的战争状态

1995 年 11 月　以色列总理拉宾遇刺,利库德集团领袖内塔尼亚胡上台

年底　欧盟—地中海伙伴关系联盟启动;繁荣党成为第一个在土耳其大选中获胜的伊斯兰政党

1996 年 1 月　巴勒斯坦举行历史上首次大选,阿拉法特当选民族权力机构主席

9 月　塔利班攻占阿富汗首都喀布尔,建立政权

1998 年 1 月 1 日　大阿拉伯自由贸易区计划开始实施.

1999 年 7 月　以色列工党领袖巴拉克在大选中获胜

2000 年 5 月　以色列完成从黎巴嫩南部"安全区"的撤军

9 月　以色列沙龙"访问"阿克萨清真寺,引发巴勒斯坦第二次起义

2001 年 3 月　塔利班炸毁巴米扬大佛;以色列组成以沙龙为总理的新政府

9 月 11 日　恐怖分子发动对纽约世贸大楼的自杀式恐怖袭击

10 月　美国发动阿富汗战争

2003 年 3 月　美国发动伊拉克战争

4 月　联合国、美国、俄罗斯和欧盟共同推出中东和平"路线图"计划

5 月　小布什宣布在伊拉克的军事行动结束

2004 年 11 月　巴勒斯坦民族权力机构主席阿拉法特病逝

2005 年 1 月　阿巴斯当选巴勒斯坦民族权力机构主席

4 月　叙利亚全部撤出驻黎巴嫩军队,结束在黎近 30 年的军事存在

5 月　埃及通过宪法修正案,废除"唯一候选人"的选举制度

2006 年 1 月　哈马斯在巴勒斯坦立法委选举中胜出

3 月　前进党在以色列大选中胜出

7 月　以色列进攻黎巴嫩真主党

2007 年 2 月　法塔赫与哈马斯签署麦加协议,成立联合政府

2008 年 1 月　阿联酋政府签署协议,允许法国在其境内建立永久性军事基地。

7 月　沙特阿拉伯和卡塔尔同意正式划定两国边界。

8 月　约旦国王阿卜杜拉二世访问伊拉克,这是自 2003 年美国入侵以来,阿拉伯领导人第一次访问伊拉克。

10 月　黎巴嫩与叙利亚自 20 世纪 40 年代以来首次正式建交。

11 月　伊拉克议会批准与美国的安全协议,根据协议要求,美

军将于 2011 年底全部撤离伊拉克。

  12 月 以色列对加沙的哈马斯发动代号为"铸铅行动"的军事行动

  2009 年 1 月 哈马斯与以色列单方面停火,加沙战争结束。

  6 月 艾哈迈德·内贾德连任伊朗总统;美军从伊拉克城镇撤出,正式将安全职责交付伊拉克部队。

  8 月 也门政府军向胡塞武装发动进攻,数万人流离失所。

  11 月 约旦国王阿卜杜拉二世宣布解散议会,并任命新总理推动经济改革。

  12 月 美国总统奥巴马宣布将于 2011 开始从阿富汗撤军。

  2010 年 1 月 以色列涉嫌暗杀巴勒斯坦军事领导人马哈穆德·马布胡赫。

  2 月 法塔赫与哈马斯恢复和解谈判。

  5 月 以色列军队袭击驶往加沙的人道主义船只——马尔马拉号,造成 9 名土耳其人死亡。

  6 月 联合国安理会对伊朗核浓缩项目实施第四轮制裁,包括更严格的金融限制和扩大武器禁运。

  12 月 卡塔尔获 2022 年足球世界杯举办权;突尼斯失业青年穆罕默德·布瓦吉吉自焚,引发中东剧变。

  2011 年 1 月 埃及发生大规模抗议活动,穆巴拉克被迫下台;也门因修宪发生大规模抗议活动。

  2 月 巴林、伊朗、约旦、科威特发生大规模游行抗议活动。

  3 月 科威特、叙利亚发生大规模游行抗议活动。

  4 月 卡塔尔加入针对利比亚的军事行动。

  5 月 基地组织头目本·拉登被美军击毙。

  6 月 黎巴嫩总理纳吉布·米卡提组建由真主党主导的内阁。

  9 月 沙特政府宣布,妇女获市政选举投票权,并有资格参加各级协商委员会。

  10 月 以色列与哈马斯达成交换俘虏协议,用 1027 名被关押的巴勒斯坦人交换一名被俘的以色列士兵。

11月　也门总统萨拉赫被迫在利雅得签署移交政权,保留名誉总统身份的文件。

2012年1月　塔利班在卡塔尔开设办事处,启动与美国和阿富汗政府的和平谈判;欧盟宣布对伊朗进一步制裁,重点是银行与贸易领域。

2月　也门总统大选,临时总统哈迪正式当选总统。

4月　阿联酋召回驻伊朗大使,抗议伊朗总统艾哈迈迪·内贾德访问存在归属争议的阿布·穆萨岛。

6月　穆尔西就任埃及民选总统。

7月　叙利亚击落一架土耳其飞机。土耳其就此回应,如果叙利亚军队靠近土耳其边境,将被视为军事威胁。

11月　以色列袭击加沙地区。

2013年1月　沙特国王阿卜杜拉任命30名女性进入协商委员会,这是沙特历史上女性首次担任政治职务。

4月　巴格达迪宣布成立"伊拉克与沙姆伊斯兰国"(ISIS)。

5月　因塔克西姆广场建设问题,土耳其发生大规模反政府抗议活动。

6月　伊朗改革派代表哈桑·鲁哈尼赢得伊朗总统大选。

7月　埃及军方罢免民选总统穆尔西;欧盟将真主党认定为恐怖组织。

9月　联合国武器核查人员证实叙利亚境内存在化学武器。

10月　根据美俄协议,叙利亚总统阿萨德允许国际核查人员销毁化学武器。

12月　埃及政府宣布穆斯林兄弟会为恐怖组织;"伊斯兰国"势力扩张至叙利亚境内。

2014年1月　埃及新宪法明确禁止组建宗教政党;联合国倡导的叙利亚和谈失败。

3月　正统派犹太人举行大规模游行示威活动,抗议以色列通过立法废除信教学生免除服兵役的义务;埃及前陆军参谋长阿卜杜勒·法塔赫·塞西当选埃及总统。

6月　伊朗总统鲁哈尼表示,伊朗将帮助伊拉克政府打击

ISIS;ISIS 对伊拉克军队发动突袭,攻占包括摩苏尔在内的几个西北重要城市;ISIS 宣布建立"哈里发国"。

7月 美国、英国、法国、俄罗斯、中国和德国在日内瓦和维也纳开始就削减伊朗的铀浓缩计划和允许核查人员进入伊朗举行会谈。

8月 土耳其总理埃尔多安赢得首次总统直选。

9月 阿什拉夫·加尼赢得阿富汗总统大选;约旦对叙利亚境内的"伊斯兰国"发动空袭;阿联酋、沙特阿拉伯、巴林与卡塔尔恢复外交关系,并共同对"伊斯兰国"发动空袭;胡塞武装攻占也门首都萨那。

12月 北约正式在阿富汗退出战斗任务。

2015年1月 沙特国王阿卜杜拉去世,萨尔曼继位。

3月 美国奥巴马总统宣布,美国将根据阿富汗总统加尼的要求推迟撤军;本杰明·内塔尼亚胡当选以色列总理,组建新的联合政府;沙特为首的 10 国联军开始对胡塞武装发动空袭。

5月 因 2011 年穆斯林兄弟会被押人员大规模越狱,埃及前总统穆尔西被判死刑;梵蒂冈宣布正式承认巴勒斯坦国。

7月 伊核谈判各方达成一项协议,即限制伊朗核能力;同时允许国际原子能机构调查人员进入伊朗。

9月 沙特麦加朝圣期间发生大规模踩踏事件,造成 2400 人死亡;俄罗斯向叙利亚提供武器装备,协助叙政府军对伊斯兰国和叙利亚反叛组织发动空袭,并开始向设在叙利亚的俄罗斯基地派驻地面人员。

10月 一架从埃及沙姆沙伊赫机场飞往俄罗斯圣彼得堡的空客 A321 客机在埃及西奈半岛坠毁,机上 224 名乘客全部遇难,"伊斯兰国"宣称对此负责。

11月 土耳其击落一架俄罗斯战机。

2016年1月 联合国报告称,对伊核协议进展满意,并解除对伊朗的国际制裁;沙特阿拉伯及其盟国与伊朗断交。

3月 巴勒斯坦正式成为国际仲裁法院成员。

4月 沙特王储穆罕默德·本·萨勒曼宣布《愿景 2030》计划;美国奥巴马总统宣布增派包括特种部队在内的军事人员,以打击叙利亚境内的"伊斯兰国"势力。

5月　伊拉克军队对"伊斯兰国"发起进攻,夺回费卢杰。

6月　土耳其发生未遂政变。

7月　沙特麦地那、卡夫提和吉达三地发生自杀性炸弹袭击。

8月　叙利亚政府军与反政府武装围绕叙北部重镇阿勒颇展开激战。

9月　以色列前总理西蒙·佩雷斯去世。

10月　伊拉克军队对"伊斯兰国"主要据点摩苏尔发动反攻。

11月　埃及前总统穆罕默德·穆尔西的死刑判决被推翻。

12月　联合国安理会通过谴责定居点建设决议后,以色列暂停与12个投赞成票国家的工作关系;叙利亚政府军在俄罗斯空军和伊朗民兵的支持下,攻占叙利亚反政府武装最后控制的主要城市阿勒颇;美国参议院批准将《伊朗制裁法案》延长十年。

2017年1月　伊拉克军队攻陷"伊斯兰国"控制的摩苏尔;在俄罗斯与土耳其的斡旋下,叙利亚政府与反政府势力代表在哈萨克斯坦的阿斯塔纳进行谈判。

2月　以色列议会通过约旦河西岸犹太人"定居点合法化法案",这意味着 约旦河西岸巴勒斯坦数百公顷土地上的以色列定居点将被以色列法律视为合法。

3月　基地组织高级领导人阿布·卡伊尔·马斯里在一次无人机袭击中丧生,他是继艾曼·扎瓦赫里之后的基地组织第二号人物,也是基地组织创始人奥萨马·本·拉登的女婿;埃及最高法院对前总统穆巴拉克做出无罪判决。

4月　叙利亚发生化学武器袭击事件,造成重大人员伤亡;美国总统特朗普首度出访中东。

5月　伊朗总统鲁哈尼在大选中获2300多万选票,占总票数的56.88%,成功连任总统。

6月　巴林、沙特、埃及、阿联酋四国宣布与卡塔尔断交,也门、利比亚和马尔代夫等国紧随其后,引发卡塔尔外交危机;埃及议会以多数票通过埃及政府向沙特归还位于红海的蒂朗岛和塞纳菲尔岛的协议。

7月　耶路撒冷圣殿山发生枪击事件,引发巴以之间大规模流血冲突;美国宣布制裁涉嫌支持伊朗核武器活动的 18 个团体和个人;埃及决定成立反恐怖主义和反极端主义全国委员会,以应对日益严峻的恐怖主义威胁。

9月　美国国会通过法案,以涉嫌支恐为由削减对巴勒斯坦权力机构的援助;英国伦敦地铁站发生爆炸案,极端组织"伊斯兰国"宣称对此负责;埃及法院对前总统穆尔西做出终身监禁的判决;美国在以色列建立的第一个永久性军事基地开始启用,该基地将操控导弹防御系统;国际警察组织承认巴勒斯坦成员国地位;联合国安理会发表声明,反对伊拉克库尔德斯坦进行独立公投。

10月　美国支持的"叙利亚民主力量"攻占"伊斯兰国""首都"拉卡。

11月　伊拉克军队收复"伊斯兰国"控制的最后一个城镇拉瓦;土耳其、俄罗斯与伊朗三国首脑在俄罗斯的索契举行关于叙利亚问题的三方峰会。

12月　也门前总统萨利赫在萨那城外出逃的路上被胡赛武装击毙;美国正式承认耶路撒冷为以色列首都;欧盟多国反对美国承认耶路撒冷为以色列首都;伊拉克政府宣布已全歼"伊斯兰国"势力,伊拉克全境获解放。

2018年1月　美国总统特朗普表示,如果巴勒斯坦不进行和谈,将削减对巴援助;伊朗发生大规模抗议示威活动,约 22 人死亡,1000 人被捕;土耳其向叙利亚北部的库尔德地区发动进攻。

3月　土耳其与叙利亚政府军夺取叙北部阿芙林地区的控制权;加沙地区发生大规模游行抗议运动,以军粗暴镇压,造成大量人员伤亡。

4月　美国总统特朗普表示已成功打击"伊斯兰国",美军将撤出叙利亚;叙利亚境内再次发生化学武器袭击事件;英法美三国采取单边行动打击叙利亚境内的相关军事目标。

5月　特朗普宣布美国正式退出伊核协议,并恢复对伊朗的制裁;美国将驻以色列大使馆从特拉维夫迁至耶路撒冷;以色列大规模空袭加沙。

6月　埃尔多安赢得土耳其大选,继续担任土耳其总统。

7月　美国宣布重启对伊朗的经济制裁;以色列议会通过民族国家法,鼓励犹太人在约旦西岸修建定居点。

8月　美国总统特朗普签署恢复制裁伊朗的法案。

12月　首轮也门问题和谈在瑞士结束,双方实现停火并准备交换战俘;美国宣布将从叙利亚撤军。

2019年2月　以色列总检察长曼德尔卜利特发表声明,计划起诉涉嫌贪腐的总理内塔尼亚胡。

3月　自内战爆发以来,叙利亚首次参加在约旦首都阿曼举行的阿拉伯国家会议,这是叙总统巴沙尔·阿萨德政权重新被阿盟接纳的一个迹象;特朗普宣称,美国承认以色列对戈兰高地拥有主权。

4月　内塔尼亚胡领导的以色列利库德集团在大选中胜出,但组阁失败;加沙举行"回归大游行"抗议活动,遭到以军射击,造成大量巴勒斯坦人伤亡。

5月　美国宣布将在巴林召开会议讨论美国巴以和平计划有关经济部分的内容。

6月　美国主导的旨在解决巴以问题的中东和平会议在巴林开幕,巴勒斯坦拒绝出席。

7月　阿联酋开始从也门撤军。

9月　沙特阿拉伯国家石油公司布盖格炼油厂和胡赖斯地区一处油田遭无人机袭击,也门胡塞武装宣布对袭击事件负责;以色列进行第二次大选,前国防军总参谋长甘茨率领蓝白党胜出,但组阁再次失败。

10月　土耳其大规模出兵叙利亚北部库尔德地区,声称将在此建立一个"安全区域";针对土耳其的军事行动及其从俄罗斯购买S-400防空导弹系统,美国众议院投票通过针对土耳其及其金融部门的一揽子制裁措施。

11月　俄罗斯军警与土耳其军队开始在叙利亚北部边界地区进行首次联合巡逻,土叙危机暂告一段落;美国国务卿蓬佩奥宣布,美国不再认为以色列在约旦西岸建立的定居点违反国际法;也门政府与南方过渡委员会的代表在沙特首都利雅得签署《利雅得协议》,标志着也门南部持续数月的武装冲突正式结束;以色列"定点清除"伊斯兰圣战组织高级指挥官,加沙武装组织向以色列境内发射多枚火箭弹,以色列则以多轮空袭回应,造成大量巴勒斯坦人伤亡;以色列总理内塔尼亚胡因涉嫌贪腐将被正式起诉。

12月　美国国务卿蓬佩奥宣布对伊朗展开新一轮制裁,以"协助伊朗政府扩散大规模杀伤性武器"名义,制裁伊朗最大的民航公司马汉航空以及航运公司伊朗国航;土耳其出兵利比亚。

2020年1月　美暗杀伊朗伊斯兰革命卫队"圣城旅"指挥官苏莱曼尼将军;为报复杀害苏莱曼尼,伊军向美驻伊拉克军事基地发射导弹;伊朗政府在一份声明中表示,在第五阶段,伊朗已取消所有伊核协议对其限制措施;特朗普推出解决巴以争端的"世纪协议"即"中东和平计划"。

2月　阿拉伯联盟在开罗召开紧急外长会议,宣布拒绝接受美国政府提出的"中东和平新计划",支持巴勒斯坦合法权利;美国与塔利班在多哈签署结束阿富汗战争的和平协议,规定美国将逐步减少其在阿的驻军,塔利班承诺不再让阿富汗成为恐怖分子的庇护所,但协议墨迹未干,双方冲突又起;埃及前总统穆巴拉克病逝,埃及为其举行国葬。

3月　以色列再次举行大选,内塔尼亚胡领导的右翼政党利库德集团获得36个席位,成为以色列新一届议会第一大党;沙特以"叛国罪"逮捕拘禁了现任国王的亲弟弟艾哈迈德和前王储纳伊夫等人。

4月　以色列总理内塔尼亚胡与本尼·甘茨达成一项联合执政协议,其中包含从7月1日开始推进吞并约旦河西岸部分地区的条款。

5月　以色列新一届政府正式宣誓就职,内塔尼亚胡任总理,甘茨任副总理兼国防部长;内塔尼亚胡结束任期后,甘茨将接任总理,内塔尼亚胡则改任副总理。

6月　伊朗伊斯兰革命卫队计划于年内在印度洋建立一个永久基地。

7月　伊朗伊斯兰革命卫队在波斯湾和霍尔木兹海峡展开大规模海陆空军事演习,以应对美国航空母舰在该地区的威胁

8月　阿联酋外交部发表声明,阿联酋将与以色列实现关系全面正常化;黎巴嫩首都贝鲁特港口区储存的2700多吨硝酸铵发生猛烈爆炸,造成重大人员伤亡。

10 月　巴林与以色列正式建立全面外交关系;美国、苏丹与以色列三国的联合声明称,苏丹与以色列实现外交关系正常化,结束两国交战状态;联合国终止对伊朗的武器禁运;特朗普政府宣布对伊朗银行业实施全面制裁,紧接着又对伊朗石油部、伊朗国家石油公司及其油轮子公司实施所谓的"反恐"制裁。

11 月　伊朗首席核科学家穆赫森·法赫里扎德在首都德黑兰附近的一个城镇被暗杀。

12 月　阿联酋卫生和预防部宣布,国药集团中国生物北京生物制品研究所研发的新冠灭活疫苗在阿联酋获批上市;摩洛哥同意与以色列建立全面外交关系;以色列第 23 届议会于 22 日自动解散,将于 2021 年 3 月再次举行新的议会选举;伊朗通过了一项法律,将立即开始提升其铀浓缩丰度至 20%,并规定如果 2021 年 2 月初伊核协议各方不解除对其银行业和石油的制裁,将暂停国际核查人员进入其核设施。

译名对照和索引

参 考 书 目

一、中文著作及外文译著

[埃及]艾哈迈德·爱敏:《阿拉伯—伊斯兰文化史》,第一至八册,纳忠等译,商务印书馆 1982—2007 年版

[巴基斯坦]赛义德·菲亚兹·马茂德:《伊斯兰教简史》,吴云贵等译,中国社会科学出版社 1981 年版

[俄]雷斯涅尔、鲁布佐夫主编:《东方各国近代史》,丁则良等译,生活·读书·新知三联书店 1958 年版

[法]阿敏·马洛夫:《阿拉伯人眼中的十字军东征》,彭广恺译,河中文化实业有限公司 2004 年版

[法]罗杰·格鲁迪:《以色列问题》,[巴勒斯坦]艾哈迈德·穆萨译,世界知识出版社 1986 年版

[美]J.L.埃斯波西托:《伊斯兰威胁——神话还是现实?》,东方晓等译,社会科学文献出版社 1999 年版

[美]西·内·费希尔:《中东史》,姚梓良译,商务印书馆 1979 年版

[美]G.H.詹森:《战斗的伊斯兰》,高晓译,商务印书馆 1983 年版

[美]凯马尔·H.卡尔帕特编:《当代中东的政治和社会思想》,陈和丰等译,中国社会科学出版社 1992 年版

[美]希提:《阿拉伯简史》,马坚译,商务印书馆 1973 年版

[苏]米·谢·伊凡诺夫:《伊朗史纲》,李希沁译,生活·读书·新知三联书店 1973 年版

[叙利亚]莫尼尔·阿吉列尼:《费萨尔传》,何义译,商务印书馆 1977 年版

[伊朗]阿布杜尔礼萨·胡尚格·马赫德维:《伊朗外交四百五十年》,元文琪译,商务印书馆 1982 年版

[伊朗]穆罕默德·礼萨·巴列维:《我对祖国的职责》,元文琪译,商务印书馆1977年版

[以色列]阿巴·埃班:《犹太史》,阎瑞松译,中国社会科学出版社1986年版

[英]伯纳德·刘易斯:《现代土耳其的兴起》,范中廉译,商务印书馆1982年版

[英]伯纳德·路易斯:《中东:激荡在辉煌的历史中》,郑之书译,中国友谊出版公司2000年版

[英]乔治·柯克:《战时中东》,上海外国语学院英语系翻译组译,上海译文出版社1980年版

《第三世界石油斗争》,生活·读书·新知三联书店1981年版

车效梅:《中东中世纪城市的产生、发展与嬗变》,中国社会科学出版社2004年版

陈德成主编:《中东政治民主化——理论与历史经验的探索》,社会科学文献出版社2000年版

戴维森:《从瓦解到新生——土耳其的现代化历程》,张增健等译,学林出版社1996年版

弗朗西斯·鲁滨逊主编:《剑桥插图伊斯兰世界史》,安维华、钱雪梅译,世界知识出版社2005年版

高鸿均:《伊斯兰法:传统与现代化》,社会科学文献出版社1996年版

高祖贵:《美国与伊斯兰世界》,时事出版社2005年版

郭应德:《阿拉伯史纲(610—1945)》,中国社会科学出版社1991年版

哈全安:《阿拉伯的封建形态研究》,天津人民出版社2000年版

哈全安:《中东国家的现代化历程》,人民出版社2006年版

金宜久主编:《伊斯兰教史》,江苏人民出版社2006年版

李平民:《英国的分而治之与阿—以冲突的根源》,上海社会科学院出版社2000年版

李政:《神秘的古代东方》,中国青年出版社1999年版

刘竞、安维华主编:《现代海湾国家政治体制研究》,中国社会科学出版社1994年版

刘竞等:《苏联中东关系史》,中国社会科学出版社1987年版

刘文鹏:《古代埃及史》,商务印书馆2000年版

刘云:《土耳其政治现代化思考》,甘肃人民出版社2002年版

刘中民:《当代中东伊斯兰复兴运动研究——政治发展与国际关系视角的审视》,香港社会科学出版社有限公司2004年版

纳忠:《阿拉伯通史》,商务印书馆1999年版

彭树智:《东方民族主义思潮》,西北大学出版社 1992 年版

彭树智:《文明交往论》,陕西人民出版社 2002 年版

彭树智主编:《阿富汗史》,陕西旅游出版社 1993 年版

彭树智主编:《阿拉伯国家史》,高等教育出版社 2002 年版

彭树智主编:《二十世纪中东史》,高等教育出版社 2001 年第 2 版

彭树智主编:《伊斯兰教与中东现代化进程》,西北大学出版社 1997 年版

彭树智主编:《中东国家通史》13 卷,商务印书馆 2000—2007 年版

钱乘旦主编,肖宪等著:《沉疴猛药——土耳其的凯末尔改革》,南京大学出版社 2001 年版

孙培良:《萨珊朝伊朗》,西南师范大学出版社 1995 年版

唐大盾等:《非洲社会主义:历史、理论、实践》,世界知识出版社 1988 年版

王京烈主编:《面向二十一世纪的中东》,社会科学文献出版社 1999 年版

王林聪:《中东国家民主化问题研究》,中国社会科学出版社 2007 年版

王三义:《工业文明的挑战与中东近代经济的转型》,中国社会科学出版社 2006 年版

王三义:《英国在中东的委任统治研究》,世界知识出版社 2008 年版

王铁铮主编:《沙特阿拉伯的国家与政治》,三秦出版社 1997 年版

王彤主编:《当代中东政治制度》,中国社会科学出版社 2005 年版

吴云贵、周燮藩:《近现代伊斯兰教思潮与运动》,中国社会科学出版社 2007 年第 2 版

吴云贵:《伊斯兰教法概略》,中国社会科学出版社 1993 年版

伍庆玲:《现代中东妇女问题》,云南大学出版社 2004 年版

肖宪:《当代国际伊斯兰潮》,世界知识出版社 1997 年版

殷罡主编:《阿以冲突－－问题与出路》,国际文化出版公司 2002 年版

张俊彦主编:《变化的中东经济:现状与前景》,北京大学出版社 1992 年版

张俊彦主编:《中东国家经济发展战略研究》,北京大学出版社 1987 年版

张倩红:《以色列史》,人民出版社 2008 年版

张士智、赵慧杰:《美国中东关系史》,中国社会科学出版社 1993 年版

赵国忠主编:《海湾战争后的中东格局》,中国社会科学出版社 1995 年版

赵国忠主编:《简明西亚北非百科全书》,中国社会科学出版社 2000 年版

赵伟明:《近代伊朗》,上海外语教育出版社 2000 年版

二、英文著作

Abir, Mordechai, *Saudi Arabia in the Oil Era: Regime and Elites, Conflict and Collaboration*, Westview Press, 1988

Abrahamian, Ervand, *Iran Between two Revolutions*, Princeton University Press, 1982

Akurgal, Ekrem, *Ancient Civilisations and Ruins of Turkey*, Turistik Yayinlar, 7th ed., 1990

Amirsadeghi, Hossein, ed., *Twentieth century Iran*, London, 1977

Bickerton, Ian J., & Carla L.Klausner, *A Concise History of the Arab-Israeli Conflict*, Perntice Hall, Upper Saddle River, 1998

Bryce, Trevor, *The Kingdom of the Hittites*, Oxford, 1998

Choueiri, Youssef M., ed., *A Companion to the History of the Middle East*, Blackwell Publishing, 2007

Cleveland, William L., *A History of the Modern Middle East*, 3rd ed., Westview Press, 2004

Daly, M.W., *The Cambridge History of Egypt*, Vol.II, Cambridge, 1918

Dupree, L., *Afghanistan*, Princeton, 1980

Eisenberg, Laura Zittrain, and Neil Caplan, *Negotiating Arab-Israeli Peace: Patterns, Problems, Possibilities*, Indiana University Press, 1998

Gibb, Sir Hamilton, and Harold Bowen, *Islamic Society and the West*, Vol.I, Part I, Oxford University Press, 1957

Henry, Clement M., & Robert Springbory, *Globalization and the Politics of Development in the Middle East*, Cambridge University Press, 2001

Hourani, Albert, *Arabic Thought in the Liberal Age, 1798 – 1939*, Cambridge University Press, 1983

Hourani, Albert, *The Emergence of the Modern Middle East*, Macmillan, 1981

Hurewitz, J.C., *Diplomacy in the Near and Middle East, A Documentary Record: 1535 – 1914*, D.Van Nostrand Company, Inc., New York, 1956

Issawi, Charles, *An economic history of the Middle East and North Africa*, Columbia University Press, 1982

Kraemer, Joel L., *Humanism in the Renaissance of Islam: The Cultural Revival during the Buyid Age*, Leiden, 1986

Kuhrt, Amelie, *Ancient Near East, c.3000 – 330BC*, London and New York, 1995

Laabas, Belkacem, *Arab Development Challenges of the New Millennium*, Burlington, Ashgate Publication Company, 2002

Lansford, Tom, *A Bitter Harvest: US Foreign Policy and Afghanistan*, University of Southern Mississippi Gulf Coast, Ashgate, 2003

Lapidus, Ira M., *A History of Islamic Societies*, Cambridge University Press, 1988

Lenczowski, George, *Middle East in World Affairs*, Cornell University Press, 1980

Marr, Phebe, *The Modern History of Iraq*, Westview Press, 1985

Marriott, John A.R., *The Eastern Question: An Historical Study in European Diplomacy*, Clarendon Press, 1947

Middle East Economic Handbook, London, 1986

Morgan, David, *Medieval Persia, 1040 – 1797*, London and New York, 1988

Morony, M.G., *Iraq after Muslim's Conquest*, Princeton, 1984

Nasr, Seyyed Hossein, *Traditional Islam in the Modern World*, London and New York, 1987

Ochsenwald, William, and Sydney Nettleton Fisher, *The Middle East: A History*, 6th ed., The McGraw-Hill Companies, 2004

Owen, Roger, *The Middle East in the World Economy, 1800 – 1914*, I.B.Tauris Co. Ltd.Publishers, 1983

Quataert, Donald, *The Ottoman Empire, 1700 – 1922*, Cambridge University Press, 2000

Rasanayagam, Angelo, *Afghanistan: A Modern History*, I.B.Tauris, 2003

Roux, G., *Ancient Iraq*, George Allen & Unwin Ltd., 1980

Sasson, Jack M., ed., *Civilizations of the Ancient Near East*, Vol.II, New York, 1995

Shaw, Stanford, *History of the Ottoman Empire and modern Turkey*, Vol.I, Vol.II, Cambridge University Prss, 1976

Shwadran, Benjamin, *Middle East oil crises since 1973*, Westview Press, 1986

Sicker, Martin, *The Islamic World in Decline: From the Treaty of Karlowitz to the Disintegration of the Ottoman Empire*, Praeger Publishers, 2001

Vatikiotis, P.J., *The Modern History of Egypt*, 3rd ed., Weidenfeld and Nicolson, 1985

Williamson, Bill, *Education and social change in Egypt and Turkey: A Study in Ilistorical Sociology*, Macmillan Press, 1987

Yale, William, *The Near East: A Modern History*, London.1959

Zurcher, Erik J., *Turkey: A Modern History*, I.B.Tauris Co Ltd., 1993

后　记

改革开放三十年,特别是20世纪90年代以来的这十几年,是我和我的学术群体(西北大学中东研究所师生)在本领域获得丰收的年代。2009年之初,当我编完《中东史》之后,在写这篇后记之时,掩卷沉思,觉得自己很像一个勤劳的农民,此时此刻似乎站在田头地畔,伸伸腰,缓缓神,该清理清理劳动成果了。或者更确切地说,作为书路漫漫的长途跋涉者,我应当暂时停停脚步,回顾这些年的学术之旅,总结一下自己的心灵历程了。

回顾书路旅途,呈现在眼前的首先是有关中东研究一长串系列性成果目录(书目附后)。这些不同类型的书文,象征着个体学术生命和群体学术生命一路远行的路标。

回首书路,不是借往事以思已逝去的时光,而是如英国学者阿兰·波顿在《旅游行的艺术》中所写:"让我们在前往远方之前,先关注一下我们已经看到的东西。"当我看到上述一个个在人生学术之旅中那些转折性的路标,泛浮涌动于脑海的,是一种人生领悟,是一种臻于成熟的思路,是一种历史的洞察,是一种对学术生命的爱护,是一种对有限时间的珍惜,是一种对真善美的追求,是一种有益于社会的目标。

我在2003年的《书路鸿踪录》成书前面的《雪泥鸿爪存,披览前踪在》的序中说:"惟学人求知和创新的自觉,在促进学术龄期的耕耘,以期有益于社会。"在同书后面的《雁别蓝天去,山迎白云归》的跋中又说:"科学研究是人类思维的建造、改造、创造世界的生命活动","是人类文明交往史上的特殊的生命活动","是求真中的理性自觉,向善中的道德自觉,爱美中的审美自觉,一句话,就是文化的自觉、文明自觉,特别是在文明交往中的人生自觉。"现在,当我回首学术之旅的时候,在思考学术生命成长的心灵收获这样复杂的问题上,仍然是"文明自觉"这个简单的结论。

文明自觉具体化到科学研究上,可称之为"学术生命的自觉"。这种自觉的要点可简要归纳如下:

1. 学术生命的自觉始于科学研究生长点的选择和坚守。学者为学,以学术为生命,首先要将自我的生命同研究的对象相结合,并且必须落实到一个有开拓性的科学研究生长点上。选择好了生长点,还要坚守生长点,与研究对象熔于一炉,你中有我,我中有你,在学术生命的持续活动中,生根、长叶、开花、结果,由点到线、由线到面,表现出生机和实力。

2. 学术生命的自觉壮大于科研群体的成长。个体学术生命活动的自觉可以在科研生长点上创造成果。如果把个体学术生命融入群体学术生命之中,为了共同目的,同心协力,完成重大项目,那将是更理想的选择。个体学术生命的活动力毕竟是有限的。每一项重大的科研成果,后面必然是学术带头人引领下科研群体分工合作的结果。

3. 学术生命的自觉定位于本学科的建设上。学科建设是一种学术史思考见之于本学科的自觉活动。任何一项科学研究都不是孤立的,都有其学术史上的定向和本学科建设的定位。学者的每项科学研究项目只有从学术史定向中察其走向、从学科建设的定位中做出贡献,才能赋予学术生命的地位和意义。

4. 学术生命的自觉植根于学派意识的觉醒。这种觉醒的推动力是独立、自由的科学思想和实践。这种觉醒促进了学派建设的自觉性。不同学派是学术主体性的表现,是学术史上的常态。学派有师承关系,是一个研究群体,一代又一代志同道合者在一个又一个重大学术成果和学派理论创造过程中自觉形成的。

5. 学术生命的自觉栖息于爱、好、乐的人文精神境界之中。对研究对象在理解基础上的"爱"、专注偏爱的"好"(hào)和审美情趣的"乐"(lè),这是学术生命自觉递进上升的三种境界,它受科学的求真、向美和爱美规律的制约。爱而深思,常使学者头脑中涌动着学术思维波澜;好而成癖,没有比学术研究更为学者着迷的事;乐以审美,自然会使学术客体产生意外的生命创造。生活在爱、好、乐境界的学人,生命创造力之门经常是敞开的。

6. 学术生命自觉的座右铭和箴言。铭为:坐得住,沉下来,静下心,不浅尝辄止,要深入问题,对学术充满理解感、使命感,坚定不移走自己的路。言曰:知足知不足,有为有不为。这十字箴言可具体为:尽力知足,尽心知足,尽责知足;学习知不足,学思知不足,学问知不足;为真求知,为善从事,为美养心;不为名缰,不为利锁,不为位囚。

现在,编写完《中东史》,坐七(七十八岁)望八(八十岁)的我,还正在行走于学术的旅途上。在路上的学人们,长途跋涉磨炼了五方面的治学理念,激励我们不懈行进:

第一,专心致志。即如马克思引用但丁的格言所说:走自己的路,任别人去说罢!

第二,崇实致真。手在近处,心怀远境,屈原有歌:路漫漫其修远兮,吾将上下而求索。

第三,固本致新。物我交往,诗意治学,张载咏芭蕉诗云:芭蕉心尽展新枝,新卷新心暗已随。愿学新心养心德,长随新叶起新知。

第四,宁静致远。可以用宋代名将宗泽的《早发》诗来表达:伞帷垂垂马踏沙,山高水远路多花。眼前形势胸中策,徐徐缓行静勿哗。

第五,坚毅致强。用我自己一首诗来叙意:治学之路是活的/只要坚硬的脚跟坚定/这条路就有生命/路/没有绝境/路/不怕坎坷曲径/路/不管风雪雨晴。/脚/无畏无惧地选择方向/纵使误入隧洞/走出来/将是一片光明!

跋语:书路漫漫,且行且吟。相思不尽,栖而不息。一书之成,端赖众力。薪火相传,求真善美。成书千古事,得失寸心知。

彭树智

2009 年元旦于北京松榆斋

附录:彭树智主要学术成果一览(1982—2021 年)

一、主编图书

1.《中东国家和中东问题》(河南大学出版社 1991 年 8 月版)

2.《阿拉伯国家简史》(福建人民出版社 1991 年 9 月第一版,1999 年 10 月修订二版)

3.《二十世纪中东史》(高等教育出版社 1992 年 11 月第一版,2001 年 7 月修订二版)

4.《阿富汗史》(陕西旅游出版社 1993 年 9 月版)

5.《伊斯兰教与中东现代化进程》(西北大学出版社 1997 年 4 月版)

6.《阿拉伯国家史》(高等教育出版社 2002 年 12 月版)

7.《中东国家通史》13 卷(商务印书馆 2000—2007 年版)

8.《中东史》(人民出版社 2010 年版)

二、独立著作

1.《阿富汗三次抗英战争》(商务印书馆 1982 年 3 月版)

2.《印度革命活动家提拉克》(商务印书馆 1982 年 8 月版)

3.《无政府主义之父巴枯宁》(陕西人民出版社 1988 年 6 月版)

4.《现代民族主义运动史》(西北大学出版社 1987 年 2 月版)

5.《东方民族主义思潮》(西北大学出版社 1992 年 4 月版)

6.《文明交往论》(陕西人民出版社 2002 年 8 月版)

7.《书路鸿踪录》(三秦出版社 2004 年 1 月版)

8.《松榆斋百记——人类文明交往散论》(西北大学出版社 2005 年版)

9.《两斋文明自觉轮随笔》(三卷本)(中国社会科学出版社 2012 年版)

10.《我的文明观》(西北大学出版社 2013 年版)

11.《老学日历》(中国社会科学出版社 2015 年版)

12.《京隐述作集(一):文以载道》(中国社会科学出版社 2021 年版)

13.《京隐述作集(二):以史明道》(中国社会科学出版社 2021 年版)

三、合作成果

1.《世界史·现代编》(下册)(高等教育出版社 1994 年 8 月版)

2.《第三世界的历史进程》(中国青年出版社 1999 年 8 月版)

3.《世界史·当代卷》(高等教育出版社 2006 年 5 月版)

四、20 世纪 90 年代以来有代表性的论文

1.《巨变的世纪和变革的中东》(《西亚非洲》1990 年第 4 期)

2.《从伊斯兰改革主义到阿拉伯民族主义》(《历史研究》1991 年第 3 期)

3.《阿拉伯民族主义的历史轨迹》(《世界历史》1992 年第 3 期)

4.《阿富汗与古代东西方文化交往》(《历史研究》1994 年第 2 期,1995 年英文版《中国社会科学》秋季号转载)

5.《当代中东地区研究的几个问题》(《西亚非洲》1997 年第 4 期)

6.《唐代长安与祆教文化的交往》(《人文杂志》1999 年第 1 期)

7.《论人类的文明交往》(《史学理论研究》2001 年第 4 期)

8.《伊朗史中的文明交往与文明对话问题》(《西北大学学报》2001 年第 4 期)

9.《论巴勒斯坦阿拉伯人和犹太人的冲突》(《人文杂志》2002 年第 1 期)

10.《土耳其三题》(《西亚非洲》2002 年第 1 期)

11.《伊拉克民族国家问题六记》(《西京论坛》2003 年 2—3 期)

12.《回归史学本体,获得学术自觉》(《世界历史 2008 年增刊》)

修订版说明

　　《中东史》自 2010 年出版以来,迄今已超过十年,当时本书下限的内容基本上设定在 2008 年前后。在过去的十多年,中东社会和政治已发生重大而深刻的变化。从美国"大中东计划"的出台和实施;到"阿拉伯之春"和"伊斯兰国"的兴衰;再到"阿拉伯之春"后,中东国家特别是阿拉伯国家的动荡和变革等重大事件,无不对中东当代史的发展和嬗变打上新时代变局的鲜明烙印。贯通历史,把握当今,《中东史》的修订必须增补上述内容,以便继续提高人类文明交往历史观念的学术品位,深化历史科学的学术品格,为中国的世界史学科建设做出自己的应有贡献。

　　新版本由主编彭树智先生提供全面指导意见,王铁铮具体负责整个修订工作。

　　各章撰写分工如下:

绪论、后记　　　　　　彭树智

第一至第四章　　　　　黄民兴

第五至第七章　　　　　韩志斌

第八到第十一章　　　　邵丽英

第十二到第十七章　　　王铁铮

中东大事年表　　　　　王铁铮(西北大学中东所博士生成飞参与了中东大事年 2008—2020 年的资料整理)

编　者

2021 年 5 月

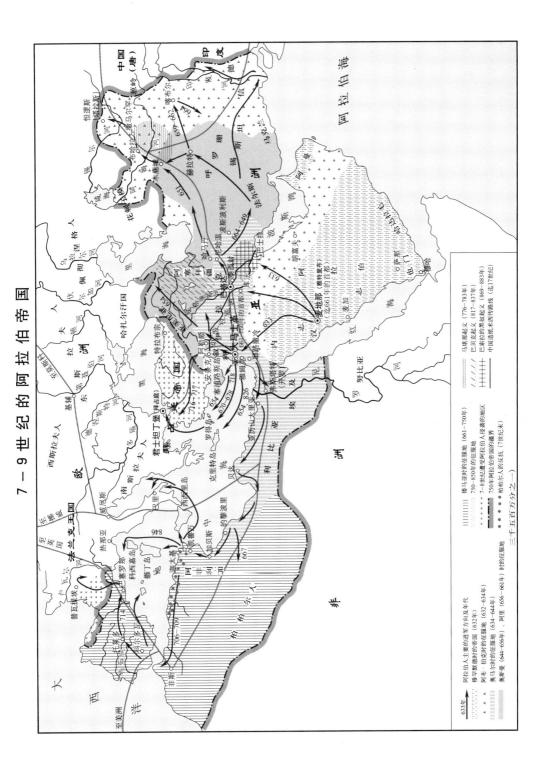

7—9世纪的阿拉伯帝国

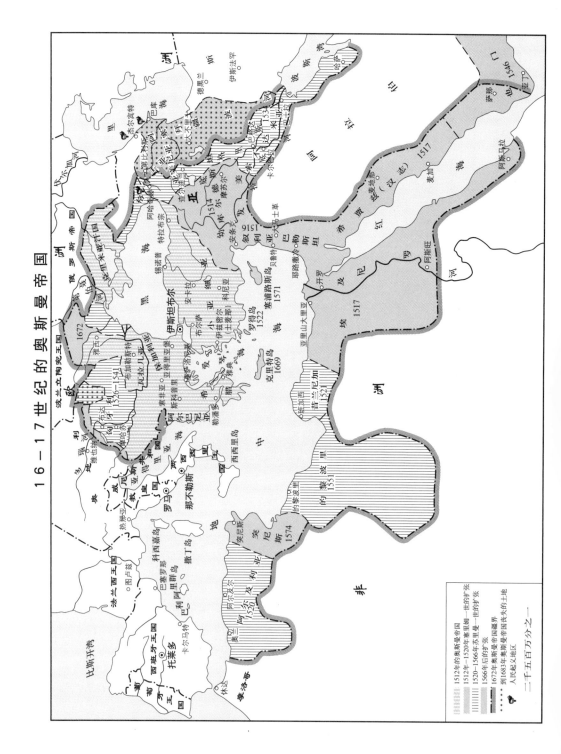

16—17世纪的奥斯曼帝国